JN413406

코레일 한국철도공사

사무직

통합기본서

시대에듀

2026 최신판 시대에듀 All-New 코레일 한국철도공사 사무직 통합기본서

Always **with you**

사람의 인연은 길에서 우연하게 만나거나 함께 살아가는 것만을 의미하지는 않습니다.
책을 펴내는 출판사와 그 책을 읽는 독자의 만남도 소중한 인연입니다.
시대에듀는 항상 독자의 마음을 헤아리기 위해 노력하고 있습니다. 늘 독자와 함께하겠습니다.

머리말 PREFACE

한국철도의 자부심을 넘어 세계 으뜸이 되기 위해 노력하는 코레일 한국철도공사는 2026년 상반기에 사무직 신입사원을 채용할 예정이다. 코레일 한국철도공사의 채용 절차는 「입사지원서 접수 ➡ 서류전형 ➡ 필기시험 ➡ 면접시험 및 인성검사 ➡ 최종 합격자 발표」 순서로 이루어진다. 필기시험은 직업기초능력평가와 직무수행능력평가, 철도법령으로 진행된다. 그중 직업기초능력평가는 의사소통능력, 수리능력, 문제해결능력 총 3개의 영역을 평가하고, 직무수행능력평가는 사무직(사무영업, 열차승무)의 경우 경영학을 평가한다. 필기시험 고득점자 순으로 최종선발 인원의 2배수 이내로 합격자가 결정되므로 고득점을 받기 위해 다양한 유형에 대한 폭넓은 학습과 문제풀이 능력을 높이는 등 철저한 준비가 필요하다.

코레일 한국철도공사 사무직 합격을 위해 시대에듀에서는 기업별 NCS 시리즈 누적 판매량 1위의 출간 경험을 토대로 다음과 같은 특징을 가진 도서를 출간하였다.

도서의 특징

❶ **코레일 4개년 기출복원문제를 통한 출제 유형 확인!**

- 2025～2022년 코레일 샘플문제를 수록하여 코레일 출제경향을 확인할 수 있도록 하였다.
- 2025～2022년 코레일 4개년 기출문제를 복원하여 코레일 필기 유형을 확인할 수 있도록 하였다.

❷ **코레일 한국철도공사 사무직 필기시험 출제 영역 맞춤 문제를 통한 실력 상승!**

- 직업기초능력평가 대표기출유형&기출응용문제를 수록하여 유형별로 대비할 수 있도록 하였다.
- 경영학 핵심이론&적중예상문제를 수록하여 사무직 전공까지 확실하게 준비할 수 있도록 하였다.
- 철도법령 이론&적중예상문제를 수록하여 법령을 꼼꼼하게 학습할 수 있도록 하였다.

❸ **최종점검 모의고사를 통한 완벽한 실전 대비!**

- 철저한 분석을 통해 실제 유형과 유사한 최종점검 모의고사를 수록하여 자신의 실력을 점검할 수 있도록 하였다.

❹ **다양한 콘텐츠로 최종 합격까지!**

- 코레일 한국철도공사 채용 가이드와 면접 예상&기출질문을 수록하여 채용을 준비하는 데 부족함이 없도록 하였다.
- 온라인 모의고사를 무료로 제공하여 필기시험에 대비할 수 있도록 하였다.

끝으로 본 도서를 통해 코레일 한국철도공사 사무직 채용을 준비하는 모든 수험생 여러분이 합격의 기쁨을 누리기를 진심으로 기원한다.

SDC(Sidae Data Center) 씀

코레일 한국철도공사 기업분석 INTRODUCE

◇ 미션

사람 · 세상 · 미래를 잇는 대한민국 철도

◇ 비전

새로 여는 미래교통 함께 하는 한국철도

◇ 인재상

사람지향 소통인

사람 중심의 사고와 행동을 하는 인성, 열린 마인드로 주변과 소통하고 협력하는 인재

고객지향 전문인

고객만족을 위해 지속적으로 학습하고 노력하는 인재

미래지향 혁신인

한국철도의 글로벌 경쟁력을 높이고 미래의 발전을 끊임없이 추구하는 인재

◇ 핵심가치

안전 | 혁신 | 소통 | 신뢰

◇ 경영목표 & 전략과제

모두가 안심하는 AX 철도안전 구축
- AI 기반 예방적 안전관리 구축
- 중대재해 근절 및 안전체계 강화
- 데이터 기반 유지보수 첨단화

레일의 가치로 미래성장 철도 구현
- 고속철도 경쟁력 강화
- 철도 운송 지속성장 기반 확충
- 철도자산 · 역량가치 극대화

국민이 행복한 모빌리티 혁신 선도
- 디지털 기반 스마트 철도 전환
- 고객경험(CX) 가치 극대화
- 국민공감 소통 · 홍보 강화

함께 성장하는 지속가능경영 실현
- 친환경철도 가속화로 탄소중립 실현
- 지역발전 · 균형성장 기여
- 공정 · 상생의 더불어 성장 촉진

신뢰받는 경영혁신체계 확립
- 혁신적 조직체질 개선
- 노동존중의 행복한 일터 구현
- 투명 · 청렴한 조직문화 구축

신입 채용 안내 INFORMATION

◇ 지원자격(공통)

❶ 학력 · 성별 · 나이 등 : 제한 없음

※단, 18세 미만자 또는 공사 정년(만 60세)초과자는 지원 불가

❷ 남성의 경우 군필 또는 면제자

※단, 전역일이 최종합격자 발표일 이전이며, 전형별 시험일에 참석 가능한 경우 지원 가능

❸ 철도 현장 업무수행이 가능한 자

❹ 한국철도공사 채용 결격사유에 해당하지 않는 자

❺ 최종합격자 발표일 이후부터 근무가 가능한 자

❻ 외국인의 경우 거주(F-2), 재외동포(F-4), 영주권자(F-5)에 한함

◇ 필기시험

과목	분야	평가내용	문항 수	시험 시간
직업기초능력평가	전 분야	의사소통능력, 수리능력, 문제해결능력	30문항	70분
직무수행능력평가	사무영업	경영학원론, 인사관리, 생산관리, 마케팅관리(재무관리, 회계학 미포함)	30문항	
	열차승무			
철도법령	전 분야	철도산업발전기본법 · 시행령, 한국철도공사법 · 시행령, 철도사업법 · 시행령	10문항	

◇ 면접시험

면접유형	평가내용
면접시험 (4대 1 면접)	NCS 기반 직무경험 및 상황면접 등을 종합적으로 평가
인성검사	인성, 성격적 특성에 대한 검사로, 적격 · 부적격 판정

❖ 위 채용 안내는 2025년 하반기 채용공고를 기준으로 작성하였으므로 세부사항은 확정된 채용공고를 확인하기 바랍니다.

2025년 하반기 기출분석 ANALYSIS

총평

코레일 한국철도공사 필기시험은 피듈형이었으며, 난이도는 평이했다는 후기가 많았다. 의사소통능력의 경우 다양한 주제의 지문이 주어졌으므로 여러 분야의 글을 골고루 읽는 연습이 도움이 될 것이며, 한자성어와 속담 관련 문제가 출제되었으므로 이에 대한 대비가 필요해 보인다. 또한, 수리능력의 경우 응용 수리 문제의 난도가 높았다는 후기가 있었다. 문제해결능력의 경우 모듈형 문제가 나왔으므로 모듈이론에 대한 학습도 놓치지 않아야 한다. 철도법령에서는 개념 문제와 금액, 기간 등 암기가 필요한 문제가 두루 출제되었으므로 꼼꼼하게 대비하는 것이 좋다.

◇ 영역별 출제 비중

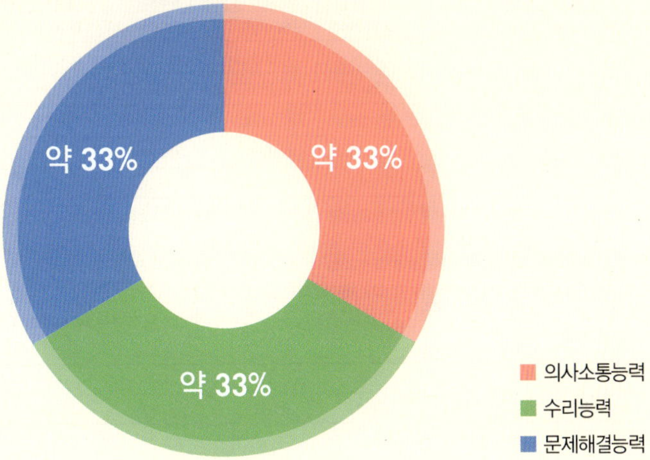

구분	출제 특징	출제 키워드
의사소통능력	• 한자성어 문제가 출제됨 • 맞춤법 및 표준어 문제가 출제됨 • 문학 지문이 출제됨	• 깨달음, 발음, 된소리, 언어적 관습, 이규보, 경설, 자동문, 띄어쓰기, 죄악세 등
수리능력	• 수열 규칙 문제가 출제됨 • 응용 수리 문제가 출제됨 • 그래프 문제가 출제됨	• 규칙성, 신재생에너지, 나무심기, 흡연율, 막대그래프, 경우의 수, 시계방향, 거리 등
문제해결능력	• PEST 분석 문제가 출제됨 • 자료 해석 문제가 출제됨 • 명제 추론 문제가 출제됨	• 과제 순서, 열차 지연, 환불, 논리적 오류, 브레인스토밍, 분실물, 공휴일 등
철도법령	• 목적, 열차의 정의, 무임승차, 벌금, 철도산업정보센터, 손익금, 이익금, 실무위원회, 철도평가, 철도시설, 전용철도, 휴업 및 폐업, 사채, 법인등기, 정관 등	

PSAT형

| 수리능력

04 다음은 신용등급에 따른 아파트 보증률에 대한 사항이다. 자료와 상황에 근거할 때, 갑(甲)과 을(乙)의 보증료의 차이는 얼마인가?(단, 두 명 모두 대지비 보증금액은 5억 원, 건축비 보증금액은 3억 원이며, 보증서 발급일로부터 입주자 모집공고 안에 기재된 입주 예정 월의 다음 달 말일까지의 해당 일수는 365일이다)

- (신용등급별 보증료)=(대지비 부분 보증료)+(건축비 부분 보증료)
- 신용평가 등급별 보증료율

구분	대지비 부분	건축비 부분				
		1등급	2등급	3등급	4등급	5등급
AAA, AA	0.138%	0.178%	0.185%	0.192%	0.203%	0.221%
A^+		0.194%	0.208%	0.215%	0.226%	0.236%
A^-, BBB^+		0.216%	0.225%	0.231%	0.242%	0.261%
BBB^-		0.232%	0.247%	0.255%	0.267%	0.301%
BB^+ ~ CC		0.254%	0.276%	0.296%	0.314%	0.335%
C, D		0.404%	0.427%	0.461%	0.495%	0.531%

※ (대지비 부분 보증료)=(대지비 부분 보증금액)×(대지비 부분 보증료율)×(보증서 발급일로부터 입주자 모집공고 안에 기재된 입주 예정 월의 다음 달 말일까지의 해당 일수)÷365

※ (건축비 부분 보증료)=(건축비 부분 보증금액)×(건축비 부분 보증료율)×(보증서 발급일로부터 입주자 모집공고 안에 기재된 입주 예정 월의 다음 달 말일까지의 해당 일수)÷365

- 기여고객 할인율 : 보증료, 거래기간 등을 기준으로 기여도에 따라 6개 군으로 분류하며, 건축비 부분 요율에서 할인 가능

구분	1군	2군	3군	4군	5군	6군
차감률	0.058%	0.050%	0.042%	0.033%	0.025%	0.017%

〈상황〉

- 갑 : 신용등급은 A^+이며, 3등급 아파트 보증금을 내야 한다. 기여고객 할인율에서는 2군으로 선정되었다.
- 을 : 신용등급은 C이며, 1등급 아파트 보증금을 내야 한다. 기여고객 할인율은 3군으로 선정되었다.

① 554,000원
② 566,000원
③ 582,000원
④ 591,000원
⑤ 623,000원

특징
- 대부분 의사소통능력, 수리능력, 문제해결능력을 중심으로 출제(일부 기업의 경우 자원관리능력, 조직이해능력을 출제)
- 자료에 대한 추론 및 해석 능력을 요구

대행사
- 엑스퍼트컨설팅, 커리어넷, 태드솔루션, 한국행동과학연구소(행과연), 휴노 등

모듈형

| 문제해결능력

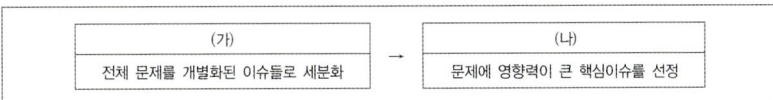

41 문제해결절차의 문제 도출 단계는 (가)와 (나)의 절차를 거쳐 수행된다. 다음 중 (가)에 대한 설명으로 적절하지 않은 것은?

(가)	→	(나)
전체 문제를 개별화된 이슈들로 세분화		문제에 영향력이 큰 핵심이슈를 선정

① 문제의 내용 및 영향 등을 파악하여 문제의 구조를 도출한다.
② 본래 문제가 발생한 배경이나 문제를 일으키는 메커니즘을 분명히 해야 한다.
③ 현상에 얽매이지 말고 문제의 본질과 실제를 봐야 한다.
④ 눈앞의 결과를 중심으로 문제를 바라봐야 한다.
⑤ 문제 구조 파악을 위해서 Logic Tree 방법이 주로 사용된다.

특징
- 이론 및 개념을 활용하여 푸는 유형
- 채용 기업 및 직무에 따라 NCS 직업기초능력평가 10개 영역 중 선발하여 출제
- 기업의 특성을 고려한 직무 관련 문제를 출제
- 주어진 상황에 대한 판단 및 이론 적용을 요구

대행사
- 인트로맨, 휴스테이션, ORP연구소 등

피듈형(PSAT형 + 모듈형)

| 자원관리능력

07 다음 자료를 근거로 판단할 때, 연구모임 A ~ E 중 세 번째로 많은 지원금을 받는 모임은?

〈지원계획〉

- 지원을 받기 위해서는 한 모임당 5명 이상 9명 미만으로 구성되어야 한다.
- 기본지원금은 모임당 1,500천 원을 기본으로 지원한다. 단, 상품개발을 위한 모임의 경우는 2,000천 원을 지원한다.
- 추가지원금

등급	상	중	하
추가지원금(천 원/명)	120	100	70

※ 추가지원금은 연구 계획 사전평가결과에 따라 달라진다.

- 협업 장려를 위해 협업이 인정되는 모임에는 위의 두 지원금을 합한 금액의 30%를 별도로 지원한다.

〈연구모임 현황 및 평가결과〉

특징
- 기초 및 응용 모듈을 구분하여 푸는 유형
- 기초인지모듈과 응용업무모듈로 구분하여 출제
- PSAT형보다 난도가 낮은 편
- 유형이 정형화되어 있고, 유사한 유형의 문제를 세트로 출제

대행사
- 사람인, 스카우트, 인크루트, 커리어케어, 트리피, 한국사회능력개발원 등

주요 공기업 적중 문제 TEST CHECK

코레일 한국철도공사

띄어쓰기 ▶ 유형

2025년 적중

02 다음 중 밑줄 친 부분의 띄어쓰기가 옳지 않은 것은?

① 휴가철 비행기 값이 너무 비싼데 그냥 헤엄쳐 갈까 보다.
② 그 문제를 깊이 파고들어보면 다양한 조건들이 얽혀 있음을 알 수 있다.
③ 감독은 처음부터 그 선수를 마음에 들어 했다.
④ 지나가는 사람을 붙잡고 그를 보았는지 물어도 보았다.
⑤ 모르는 것을 아는체하지 말고, 아는 것에 만족해하지 마라.

신재생에너지 ▶ 키워드

2025년 적중

02 다음은 2024년 신재생에너지 산업통계에 대한 자료이다. 이를 토대로 작성한 그래프로 옳지 않은 것은?

〈신재생에너지원별 산업 현황〉

(단위 : 억 원)

구분	기업체 수(개)	고용인원(명)	매출액	내수	수출액	해외공장매출	투자액
태양광	127	8,698	75,637	22,975	33,892	18,770	5,324
태양열	21	228	290	290	0	0	1
풍력	37	2,369	14,571	5,123	5,639	3,809	583
연료전지	15	802	2,837	2,143	693	0	47
지열	26	541	1,430	1,430	0	0	251
수열	3	46	29	29	0	0	0
수력	4	83	129	116	13	0	0
바이오	128	1,511	12,390	11,884	506	0	221
폐기물	132	1,899	5,763	5,763	0	0	1,539
합계	493	16,177	113,076	49,753	40,743	22,579	7,966

① 신재생에너지원별 기업체 수(단위 : 개)

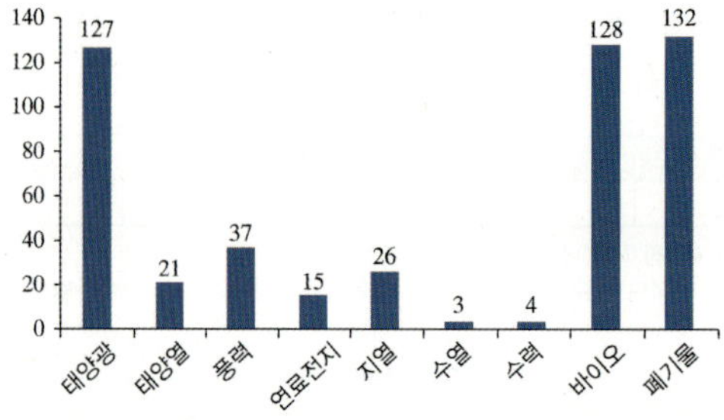

② 신재생에너지원별 고용인원(단위 : 명)

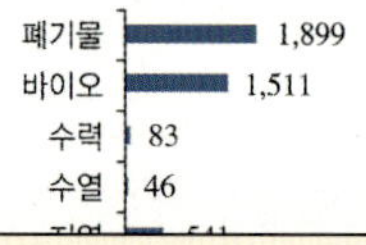

한국수자원공사

2025년 적중

맞춤법 ▶ 유형

02 다음 중 맞춤법이 옳지 않은 것은?

① 헛기침이 간간히 섞여 나왔다.
② 그 이야기를 듣자 왠지 불길한 예감이 들었다.
③ 그 남자의 굳은살 박인 발을 봐.
④ 집에 가든지 학교에 가든지 해라.

2025년 적중

도덕적 가치 ▶ 키워드

01 다음 글의 내용으로 가장 적절한 것은?

> 예술과 도덕의 관계, 더 구체적으로는 예술작품의 미적 가치와 도덕적 가치의 관계는 동서양을 막론하고 사상사의 중요한 주제 중 하나이다. 그 관계에 대한 입장들로는 '극단적 도덕주의', '온건한 도덕주의', '자율성주의'가 있다. 이 입장들은 예술작품이 도덕적 가치판단의 대상이 될 수 있느냐는 물음에 각기 다른 대답을 한다.
> 극단적 도덕주의는 모든 예술작품을 도덕적 가치판단의 대상으로 본다. 이 입장은 도덕적 가치를 가장 우선적인 가치이자 가장 포괄적인 가치로 본다. 따라서 모든 예술작품은 도덕적 가치에 의해서 긍정적으로 또는 부정적으로 평가된다. 또한 도덕적 가치는 미적 가치를 비롯한 다른 가치들보다 우선한다. 이를 대표하는 사람이 바로 톨스토이이다. 그는 인간의 형제애에 관한 정서를 전달함으로써 인류의 심정적 통합을 이루는 것이 예술의 핵심적 가치라고 보았다.
> 온건한 도덕주의는 오직 일부 예술작품만이 도덕적 판단의 대상이 된다고 보는 입장이다. 따라서 일부의 예술작품들에 대해서만 긍정적인 또는 부정적인 도덕적 가치판단이 가능하다고 본다. 이 입장에 따르면, 도덕적 판단의 대상이 되는 예술작품의 도덕적 가치와 미적 가치는 서로 독립적으로 성립하는 것이 아니다. 그것들은 서로 내적으로 연결되어 있기 때문에 어떤 예술작품이 가지는 도덕적 장점이 그 예술작품의 미적 강점이 된다. 또한 어떤 예술작품의 도덕적 결함은 그 예술작품의 미적 결함이 된다.
> 자율성주의는 어떠한 예술작품도 도덕적 가치판단의 대상이 될 수 없다고 보는 입장이다. 이 입장에 따르면, 도덕적 가치와 미적 가치는 서로 자율성을 유지한다. 즉, 도덕적 가치와 미적 가치는 각각 독립적인 영역에서 구현되고 서로 다른 기준에 의해 평가된다는 것이다. 결국 자율성주의는 예술작품에 대한 도덕적 가치판단을 범주착오에 해당하는 것으로 본다.

① 자율성주의는 도덕적 가치판단은 작품을 감상하는 각자에게 맡겨야 한다고 주장한다.
② 온건한 도덕주의에서는 미적 가치와 도덕적 가치의 독립적인 지위를 인정해야 한다고 본다.
③ 온건한 도덕주의에서 도덕적 판단의 대상이 되는 예술작품은 극단적 도덕주의에서도 도덕적 판단의 대상이 된다.
④ 톨스토이는 극단적 도덕주의를 비판하면서 예술작품은 인류의 심정적 통합 정도에만 기여해야 한다고 주장했다.

주요 공기업 적중 문제 TEST CHECK

TS한국교통안전공단

빈칸 삽입 ▸ 유형

2025년 적중

※ 다음 글의 빈칸에 들어갈 내용으로 가장 적절한 것을 고르시오. [1~4]

01

MZ세대 직장인을 중심으로 '조용한 사직'이 유행하고 있다. '조용한 사직'이라는 신조어는 2022년 7월 한 미국인이 SNS에 소개하면서 큰 호응을 얻은 것으로, 실제로 퇴사하진 않지만 최소한의 일만 하는 업무 태도를 말한다. 실제로 MZ세대 직장인은 적당히 하자라는 생각으로 주어진 업무는 하되 더 찾아서 하거나 스트레스 받을 수준으로 많은 일을 맡지 않고, 사내 행사도 꼭 필요할 때만 참여해 일과 삶을 철저히 분리하고 있다.

한 채용플랫폼의 설문조사 결과에 따르면 직장인 10명 중 7명이 '월급받는 만큼만 일하면 끝'이라고 답했고, 20대 응답자 중 78.5%, 30대 응답자 중 77.1%가 '받은 만큼만 일한다.'라고 답했다. 설문조사 결과 연령대가 높아질수록 그 비율은 감소해 젊은 층을 중심으로 이와 같은 인식이 확산하고 있음을 짐작할 수 있다.

이러한 인식이 확산하는 데는 인플레이션으로 인한 임금 감소, '돈을 많이 모아도 집 한 채를 살 수 있을까?' 등 전반적인 경제적 불만이 기저에 있다고 전문가들은 말했다. 또한 MZ세대가 '노력에 상응하는 보상을 받고 있는지'에 민감하게 반응하는 특성을 가지고 있는 것도 한몫하고 있다.

문제점은 이러한 '조용한 사직' 분위기가 기업의 전반적인 생산성 저하로 이어지고 있는 것이다. 이에 맞서 기업도 '조용한 사직'에 대응해 게으른 직원에게 업무를 주지 않는 '조용한 해고'를 하는 상황이 발생하고 있다. 이에 전문가들은 MZ세대 직장인을 나태하다고 구분 짓는 사고방식은 잘못되었다고 지적하며, 기업 차원에서는 "________________________"이, 개인 차원에서는 "스스로 일과 삶을 잘 조율하는 현명함을 만드는 것"이 필요하다고 언급했다.

① 직원이 일한 만큼 급여를 올려주는 것
② 직원이 스트레스를 받지 않게 적당량의 업무를 배당하는 것
③ 젊은 세대의 채용을 신중히 하는 것
④ 젊은 세대의 특성을 이해하고 온전히 받아들이는 것
⑤ 젊은 세대가 함께할 수 있도록 분위기를 만드는 것

벤치마킹 ▸ 키워드

2025년 적중

01 다음 중 D씨가 하고 있는 것은 무엇인가?

D씨는 하이베드 딸기 재배 기법을 배우기 위해 네덜란드 PTC+에서 교육을 받았다. 한국에 돌아온 D씨는 네덜란드 PTC+에서 배워온 딸기 재배 기법을 단순 적용한 것이 아니라 우리나라 실정에 맞게 변형한 재배 기법을 실시함으로써 고수익을 올릴 수 있었다. D씨는 수개월간의 시행착오 끝에 네덜란드의 기후, 토양의 질 등과는 다른 우리나라 환경에 적합한 딸기를 재배하기 위해 배양액의 농도, 토질, 조도시간, 생육기간과 당도까지 최적의 기술을 연구함으로써 국내 최고의 질을 자랑하는 딸기를 출하할 수 있게 되었다.

① 벤치마크
② 벤치마킹
③ 표절
④ 모방
⑤ 차용

한국공항공사

확률 ▶ 유형

2025년 적중

04 출입국관리사무소에서는 우리나라에 입국한 외국인을 조사하고 있다. 당일 조사한 결과 외국인 100명 중 중국인은 30%였고, 관광을 목적으로 온 외국인은 20%였다. 또한 중국인을 제외한 외국인 중 관광을 목적으로 온 사람은 20%였다. 임의로 중국인 1명을 조사할 때, 관광을 목적으로 온 사람일 확률은 얼마인가?

① $\frac{1}{6}$
② $\frac{1}{5}$
③ $\frac{1}{4}$
④ $\frac{1}{3}$
⑤ $\frac{1}{2}$

불량품 ▶ 키워드

2025년 적중

03 자동차 부품을 생산하는 K기업은 반자동과 자동 생산라인을 하나씩 보유하고 있다. 최근 일본의 자동차 회사와 수출계약을 체결하여 자동차 부품 34,500개를 납품하였다. 아래 K기업의 생산조건을 고려할 때, 일본에 납품할 부품을 생산하는 데 소요된 시간은 얼마인가?

〈자동차 부품 생산조건〉

- 반자동라인은 4시간에 300개의 부품을 생산하며, 그중 20%는 불량품이다.
- 자동라인은 3시간에 400개의 부품을 생산하며, 그중 10%는 불량품이다.
- 반자동라인은 8시간마다 2시간씩 생산을 중단한다.
- 자동라인은 9시간마다 3시간씩 생산을 중단한다.
- 불량 부품은 생산 후 폐기하고 정상인 부품만 납품한다.

① 230시간
② 240시간
③ 250시간
④ 260시간
⑤ 280시간

도서 200% 활용하기 STRUCTURES

1 기출복원문제로 출제경향 파악

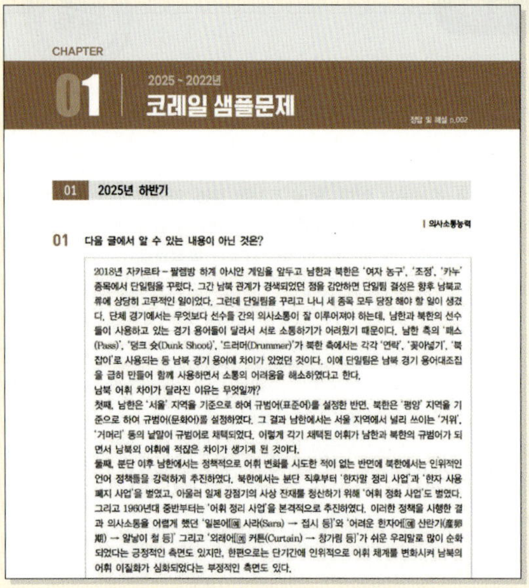

CHAPTER

01 2025~2022년 코레일 샘플문제

정답 및 해설 p.002

01 2025년 하반기

| 의사소통능력

01 다음 글에서 알 수 있는 내용이 아닌 것은?

2018년 자카르타 – 팔렘방 하계 아시안 게임을 앞두고 남한과 북한은 '여자 농구', '조정', '카누' 종목에서 단일팀을 꾸렸다. 그간 남북 관계가 경색되었던 점을 감안하면 단일팀 결성은 향후 남북교류에 상당히 고무적인 일이었다. 그런데 단일팀을 꾸리고 나니 세 종목 모두 당장 해야 할 일이 생겼다. 단체 경기에서는 무엇보다 선수들 간의 의사소통이 잘 이루어져야 하는데, 남한과 북한의 선수들이 사용하고 있는 경기 용어들이 달라서 서로 소통하기가 어려웠기 때문이다. 남한 측의 '패스(Pass)', '덩크 슛(Dunk Shoot)', '드러머(Drummer)'가 북한 측에서는 각각 '연락', '꽂아넣기', '북잡이'로 사용되는 등 남북 경기 용어에 차이가 있었던 것이다. 이에 단일팀은 남북 경기 용어대조집을 급히 만들어 함께 사용하면서 소통의 어려움을 해소하였다고 한다.

남북 어휘 차이가 달라진 이유는 무엇일까?

첫째, 남한은 '서울' 지역을 기준으로 하여 규범어(표준어)를 설정한 반면, 북한은 '평양' 지역을 기준으로 하여 규범어(문화어)를 설정하였다. 그 결과 남한에서는 서울 지역에서 널리 쓰이는 '거위', '거머리' 등의 낱말이 규범어로 채택되었다. 이렇게 각기 채택된 어휘가 남한과 북한의 규범어가 되면서 남북의 어휘에 적잖은 차이가 생기게 된 것이다.

둘째, 분단 이후 남한에서는 정책적으로 어휘 변화를 시도한 적이 없는 반면에 북한에서는 인위적인 언어 정책들을 강력하게 추진하였다. 북한에서는 분단 직후부터 '한자말 정리 사업'과 '한자 사용 폐지 사업'을 벌였고, 아울러 일제 강점기의 사상 잔재를 청산하기 위해 '어휘 정화 사업'도 벌였다. 그리고 1960년대 중반부터는 '어휘 정리 사업'을 본격적으로 추진하였다. 이러한 정책을 시행한 결과 의사소통을 어렵게 했던 '일본어[예 사라(Sara) → 접시 등]'와 '어려운 한자어[예 산란기(産卵期) → 알낳이 철 등]' 그리고 '외래어[예 커튼(Curtain) → 창가림 등]'가 쉬운 우리말로 많이 순화되었다는 긍정적인 측면도 있지만, 한편으로는 단기간에 인위적으로 어휘 체계를 변화시켜 남북의 어휘 이질화가 심화되었다는 부정적인 측면도 있다.

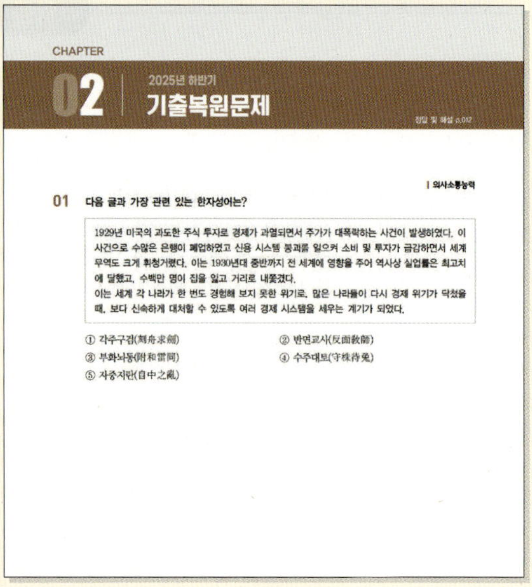

CHAPTER

02 2025년 하반기 기출복원문제

정답 및 해설 p.012

| 의사소통능력

01 다음 글과 가장 관련 있는 한자성어는?

1929년 미국의 과도한 주식 투자로 경제가 과열되면서 주가가 대폭락하는 사건이 발생하였다. 이 사건으로 수많은 은행이 폐업하였고 신용 시스템 붕괴를 일으켜 소비 및 투자가 급감하면서 세계 무역도 크게 휘청거렸다. 이는 1930년대 중반까지 전 세계에 영향을 주어 역사상 실업률은 최고치에 달했고, 수백만 명이 집을 잃고 거리로 내쫓겼다.

이는 세계 각 나라가 한 번도 경험해 보지 못한 위기로, 많은 나라들이 다시 경제 위기가 닥쳤을 때, 보다 신속하게 대처할 수 있도록 여러 경제 시스템을 세우는 계기가 되었다.

① 각주구검(刻舟求劍)
② 반면교사(反面教師)
③ 부화뇌동(附和雷同)
④ 수주대토(守株待兎)
⑤ 자중지란(自中之亂)

▸ 2025～2022년 코레일 샘플문제를 수록하여 코레일 출제경향을 확인할 수 있도록 하였다.

▸ 2025～2022년 코레일 4개년 기출문제를 복원하여 코레일 필기 유형을 파악할 수 있도록 하였다.

2 출제 영역 맞춤 문제로 필기시험 완벽 대비

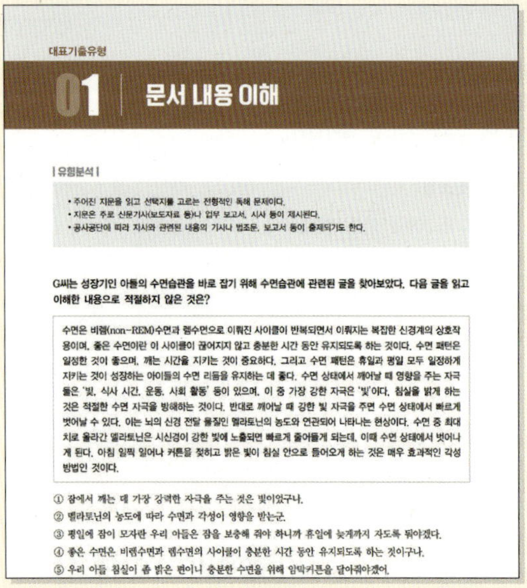

대표기출유형

01 문서 내용 이해

| 유형분석 |

- 주어진 지문을 읽고 선택지를 고르는 전형적인 독해 문제이다.
- 지문은 주로 신문기사(보도자료 등)나 업무 보고서, 시사 등이 제시된다.
- 공사공단에 따라 자사와 관련된 내용의 기사나 법조문, 보고서 등이 출제되기도 한다.

G씨는 성장기인 아들의 수면습관을 바로 잡기 위해 수면습관에 관련된 글을 찾아보았다. 다음 글을 읽고 이해한 내용으로 적절하지 않은 것은?

수면은 비렘(non-REM)수면과 렘수면으로 이뤄진 사이클이 반복되면서 이뤄지는 복잡한 신경계의 상호작용이며, 좋은 수면이란 이 사이클이 끊어지지 않고 충분한 시간 동안 유지되도록 하는 것이다. 수면 패턴은 일정한 것이 좋으며, 깨는 시간을 지키는 것이 중요하다. 그리고 수면 패턴은 휴일과 평일 모두 일정하게 지키는 것이 성장하는 아이들의 수면 리듬을 유지하는 데 좋다. 수면 상태에서 깨어날 때 영향을 주는 자극들은 '빛, 식사 시간, 운동, 사회 활동' 등이 있으며, 이 중 가장 강한 자극은 '빛'이다. 침실을 밝게 하는 것은 적절한 수면 자극을 방해하는 것이다. 반대로 깨어날 때 강한 빛 자극을 주면 수면 상태에서 빠르게 벗어날 수 있다. 이는 뇌의 신경 전달 물질인 멜라토닌의 농도와 연관되어 나타나는 현상이다. 수면 중 최대치로 올라간 멜라토닌은 시신경이 강한 빛에 노출되면 빠르게 줄어들게 되는데, 이때 수면 상태에서 벗어나게 된다. 아침 일찍 일어나 커튼을 젖히고 밝은 빛이 침실 안으로 들어오게 하는 것은 매우 효과적인 각성 방법인 것이다.

① 잠에서 깨는 데 가장 강력한 자극을 주는 것은 빛이었구나.
② 멜라토닌의 농도에 따라 수면과 각성이 영향을 받는군.
③ 평일에 잠이 모자란 우리 아들은 잠을 보충해 줘야 하니까 휴일에 늦게까지 자도록 둬야겠다.
④ 좋은 수면은 비렘수면과 렘수면의 사이클이 충분한 시간 동안 유지되도록 하는 것이구나.
⑤ 우리 아들 침실이 좀 밝은 편이니 충분한 수면을 위해 암막커튼을 달아줘야겠어.

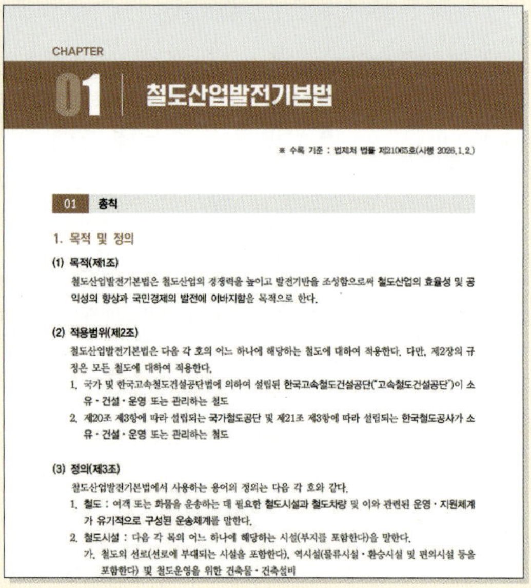

CHAPTER

01 철도산업발전기본법

※ 수록 기준 : 법제처 법률 제21065호(시행 2026.1.2.)

01 총칙

1. 목적 및 정의

(1) 목적(제1조)

철도산업발전기본법은 철도산업의 경쟁력을 높이고 발전기반을 조성함으로써 철도산업의 효율성 및 공익성의 향상과 국민경제의 발전에 이바지함을 목적으로 한다.

(2) 적용범위(제2조)

철도산업발전기본법은 다음 각 호의 어느 하나에 해당하는 철도에 대하여 적용한다. 다만, 제2장의 규정은 모든 철도에 대하여 적용한다.

1. 국가 및 한국고속철도건설공단법에 의하여 설립된 한국고속철도건설공단("고속철도건설공단")이 소유・건설・운영 또는 관리하는 철도
2. 제20조 제3항에 따라 설립되는 국가철도공단 및 제21조 제3항에 따라 설립되는 한국철도공사가 소유・건설・운영 또는 관리하는 철도

(3) 정의(제3조)

철도산업발전기본법에서 사용하는 용어의 정의는 다음 각 호와 같다.

1. 철도 : 여객 또는 화물을 운송하는 데 필요한 철도시설과 철도차량 및 이와 관련된 운영・지원체계가 유기적으로 구성된 운송체계를 말한다.
2. 철도시설 : 다음 각 목의 어느 하나에 해당하는 시설(부지를 포함한다)을 말한다.
   가. 철도의 선로(선로에 부대되는 시설을 포함한다), 역시설(물류시설・환승시설 및 편의시설 등을 포함한다) 및 철도운영을 위한 건축물・건축설비

▸ 직업기초능력평가 대표기출유형&기출응용문제를 수록하여 유형별로 대비할 수 있도록 하였다.

▸ 경영학 핵심이론&적중예상문제를 수록하여 사무직 전공까지 확실하게 준비할 수 있도록 하였다.

▸ 철도법령 이론&적중예상문제를 수록하여 법령을 꼼꼼하게 학습할 수 있도록 하였다.

3 최종점검 모의고사 + OMR을 활용한 실전 연습

제 1 회

최종점검 모의고사

응시시간 : 70분 문항 수 : 70문항

모바일 OMR

정답 및 해설

01 직업기초능력평가

01 다음 글의 주제로 가장 적절한 것은?

빅데이터는 스마트 팩토리 등 산업 현장 및 ICT 소프트웨어 설계 등에 주로 활용되어 왔다. 유통
나 물류 업계의 '콘텐츠가 대량으로 이동하는 현장'에서는 데이터가 발생하면, 이를 분석하고 활
하는 쪽으로 주로 사용됐다. 이제는 다양한 영역에서 빅데이터의 적용이 빨라지고 있다.
대표적인 사례가 금융권이다. 국내의 은행들은 현재 빅데이터 스타트업 회사를 상대로 대규모 투자에
서고 있다. 뉴스와 포털 등 현존하는 데이터를 확보하여 금융 키워드 분석에 활용하기 위해서다.
의료업계도 마찬가지다. 정부는 바이오헬스 산업의 혁신전략을 통해 연구개발 투자를 2025년까
4조 원 이상으로 확대하겠다고 밝혔으며, 빅데이터와 인공 지능 등을 연계한 다양한 로드맵을 준
하고 있다. 벌써 의료 현장에 빅데이터 전략을 구사하고 있는 병원도 다수이다.
국세청도 빅데이터에 관심이 많다. 빅데이터 플랫폼 인프라 구축을 끝내는 한편, 50명 규모의 빅
이터 센터를 가동하기 시작했다. 조세 행정에서 빅데이터를 통해 탈세를 예방·적발하는 등 다양
쓰임새를 고민하고 있다.

① 빅데이터의 정의와 장·단점
② 빅데이터의 종류
③ 빅데이터의 중요성
④ 빅데이터의 다양한 활용 방안
⑤ 빅데이터의 한계

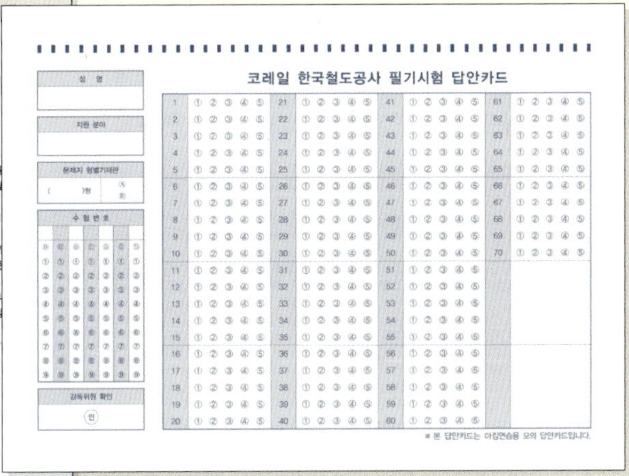

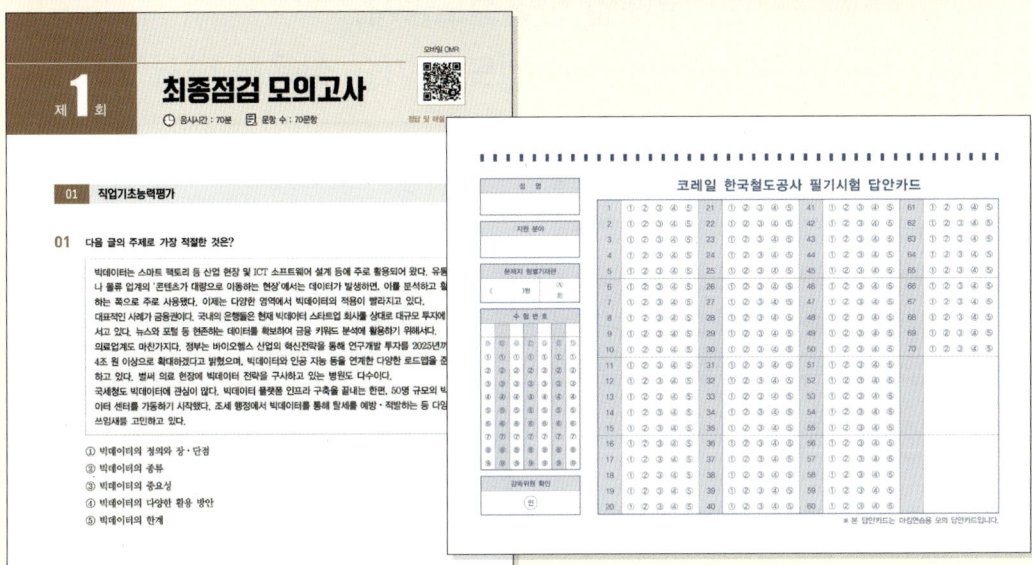

- 최종점검 모의고사와 OMR 답안카드를 수록하여 실제로 시험을 보는 것처럼 마무리 연습을 할 수 있도록 하였다.
- 모바일 OMR 답안채점/성적분석 서비스를 통해 필기시험에 대비할 수 있도록 하였다.

4 인성검사부터 면접까지 한 권으로 최종 마무리

CHAPTER 03 인성검사 소개 및 모의테스트

01 인성검사 유형

인성검사는 지원자의 성격특성을 객관적으로 파악하고 그것이 각 기업에서 필요로 하는 인재상과 가치에 부합하는가를 평가하기 위한 검사입니다. 인성검사는 KPDI(한국인재개발진흥원), K-SAD(한국사회적성개발원), KIRBS(한국행동과학연구소), SHR(에스에이치알) 등의 전문기관을 통해 각 기업의 특성에 맞는 검사를 선택하여 실시합니다. 대표적인 인성검사의 유형에는 크게 다음과 같은 세 가지가 있으며, 채용 대행업체에 따라 달라집니다.

1. KPDI 검사

조직적응성과 직무적합성을 알아보기 위한 검사로 인성검사, 인성역량검사, 인적성검사, 직종별 인적성검사 등의 다양한 검사 도구를 구현합니다. KPDI는 성격을 파악하고 정신건강 상태 등을 측정하고, 직무검사는 해당 직무를 수행하기 위해 기본적으로 갖추어야 할 인지적 능력을 측정합니다. 역량검사는 특정 직무 역할을 효과적으로 수행하는 데 직접적으로 관련 있는 개인의 행동, 지식, 스킬, 가치관 등을 측정합니다.

2. KAD(Korea Aptitude Development) 검사

K-SAD(한국사회적성개발원)에서 실시하는 적성검사 프로그램입니다. 개인의 성향, 지적 능력, 기호, 관심, 흥미도를 종합적으로 분석하여 적성에 맞는 업무가 무엇인가 파악하고, 직무수행에 있어서 요구되는 기초능력과 실무능력을 분석합니다.

뉴스 & 이슈 NEWS & ISSUE

2025.11.03.(월)

코레일 한국철도공사,
한국철도기술연구원과 철도 신기술 실용화 나서

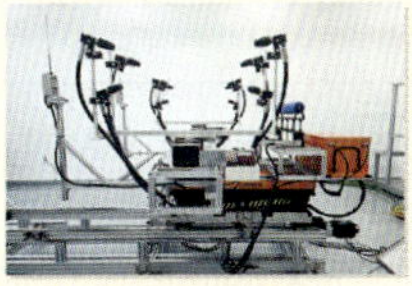

코레일 한국철도공사(이하 코레일)가 한국철도기술연구원과 철도 신기술 실용화를 위한 공동 연구를 추진한다고 밝혔다. 두 기관은 그동안 적절한 테스트베드를 찾지 못해 실용화가 지연되고 있는 연구개발 과제 중 유망기술을 선정해 현장에서 시범 운용하면서 성능을 검증하기로 했다.

첫 번째 공동 연구 과제로는 궤도, 신호제어, 전철전력 등 분야별로 안전과 효율성을 강화할 수 있는 신기술 3건을 선정했다. 지난달 열린 착수보고회에서는 (궤도) 슬래그 도상궤도, (신호제어) 선로전환기 히팅장치, (전철전력) 전차선 자동세척 시스템 개발 순으로 보고가 진행됐으며, 상용화를 위한 세부 추진계획과 기관 간 협업체계도 함께 논의했다.

한국철도기술연구원 궤도토목본부장은 "두 기관의 협력으로 우수한 연구 성과가 현장에 바로 적용되도록 하고, 대한민국 철도 기술의 도약을 위해 노력하겠다."라고 밝혔다. 코레일 철도연구원장은 "실제 철도 현장의 목소리와 철도기술연구원의 뛰어난 연구 역량을 결합해 안전하고 효율적인 신기술의 실용화를 전폭 지원하겠다."라고 밝혔다.

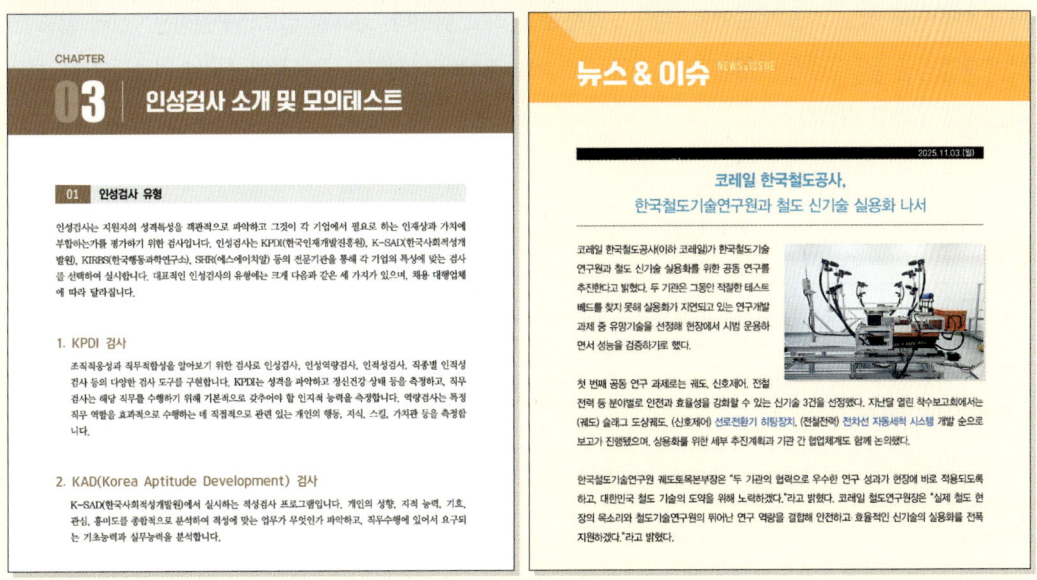

- 인성검사 모의테스트를 수록하여 인성검사 유형 및 문항을 확인할 수 있도록 하였다.
- 코레일 한국철도공사 면접 예상&기출질문을 통해 실제 면접에서 나오는 질문을 미리 파악하고 연습할 수 있도록 하였다.

2025.11.03.(월)

코레일 한국철도공사,
한국철도기술연구원과 철도 신기술 실용화 나서

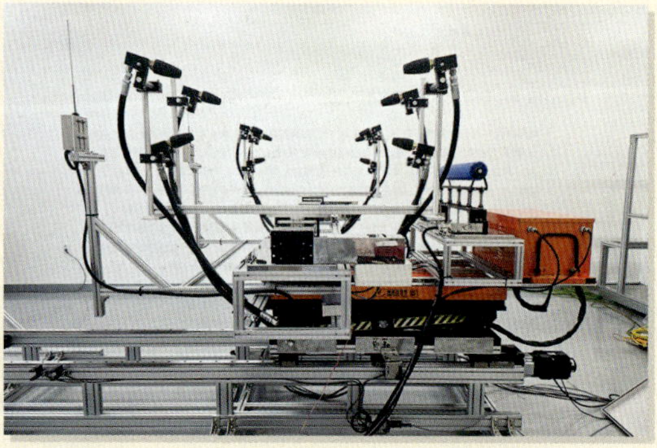

코레일 한국철도공사(이하 코레일)가 한국철도기술연구원과 철도 신기술 실용화를 위한 공동 연구를 추진한다고 밝혔다. 두 기관은 그동안 적절한 테스트베드를 찾지 못해 실용화가 지연되고 있는 연구개발 과제 중 유망기술을 선정해 현장에서 시범 운용하면서 성능을 검증하기로 했다.

첫 번째 공동 연구 과제로는 궤도, 신호제어, 전철전력 등 분야별로 안전과 효율성을 강화할 수 있는 신기술 3건을 선정했다. 지난달 열린 착수보고회에서는 (궤도) 슬래그 도상궤도, (신호제어) **선로전환기 히팅장치**, (전철전력) **전차선 자동세척 시스템** 개발 순으로 보고가 진행됐으며, 상용화를 위한 세부 추진계획과 기관 간 협업체계도 함께 논의했다.

한국철도기술연구원 궤도토목본부장은 "두 기관의 협력으로 우수한 연구 성과가 현장에 바로 적용되도록 하고, 대한민국 철도 기술의 도약을 위해 노력하겠다."라고 밝혔다. 코레일 철도연구원장은 "실제 철도 현장의 목소리와 철도기술연구원의 뛰어난 연구 역량을 결합해 안전하고 효율적인 신기술의 실용화를 전폭 지원하겠다."라고 밝혔다.

Keyword

- **선로전환기 히팅장치** : 선로전환기 분기기에 쌓인 눈이나 빙결을 전기열선장치로 녹여 선로전환을 원활하게 하는 설비장치로, 겨울철 결빙 방지를 통해 열차 운행의 안정성을 확보할 수 있다.
- **전차선 자동세척 시스템** : 전차선로의 애자와 강체 전차선 상부 등의 세척을 자동화한 시스템으로, 오염물질 제거의 자동화를 통해 전력 효율을 높일 수 있다.

예상 면접 질문

- 코레일의 철도 기술 중 인상 깊은 것이 있다면 말해 보시오.
- 코레일이 기술의 발전에 어떻게 대응해야 하는지 설명해 보시오.

2025.10.17.(금)

코레일 한국철도공사,
국제철도연맹 UIC '관광친화상' 수상 쾌거

코레일 한국철도공사(이하 코레일) 광명역이 프랑스 파리에서 열린 국제철도연맹(UIC) 주최 '2025 최고 철도 관광친화상 시상식(TopRail Tourist-Friendly Awards)'에서 역 서비스(대형역) 분야 관광친화상을 수상했다고 밝혔다. 철도 관광친화상은 철도기관의 서비스 및 철도 관광 등 7개 부문에서 우수성과 혁신성을 평가해 선정한다.

광명역은 관광객 접근성과 편의성 향상을 위한 도심공항터미널, AI(인공지능) 안내로봇, 짐배송 서비스 등 혁신 서비스가 심사위원단에게 높은 평가를 받았다. 도심공항터미널에서는 공항에 가기 전 편리하게 출국 수속을 마칠 수 있으며, AI 안내로봇은 고객이 필요한 정보를 대화형 음성안내로 실시간 제공하고 자율주행이 가능해 수하물 운반을 돕는다. 또한 짐배송 서비스는 여행 짐을 숙소로 배달해 여행객이 편리하게 이동할 수 있도록 지원하고 있다.

코레일 관계자는 "이번 수상은 한국철도의 서비스가 국제적으로 우수성을 인정받은 성과"라며, "앞으로도 국민과 외국인 모두가 편리한 철도를 만들어가겠다."라고 말했다.

Keyword

- 국제철도연맹(UIC) : 1922년 철도 기술 국제표준 정립과 회원국 간 정보공유 등을 목적으로 설립된 세계 최대 국제철도기구로, 현재 83개국 220개 철도 유관기관이 회원으로 활동하고 있다.
- 관광친화상 : 철도 관광, 열차 서비스(단거리), 열차 서비스(장거리), 역 서비스(대형역), 역 서비스(소형역), 역 서비스(역라운지), 글로벌 이니셔티브(관광 혁신사업)의 7개 부문에서 우수성과 혁신성을 평가하여 선정한다.

예상 면접 질문

- 코레일의 관광사업에 활용할 수 있는 기술이 있다면 제시해 보시오.
- 코레일에서 제공하는 서비스를 이용해 본 경험이 있다면 말해 보시오.

2025.09.29.(월)

코레일 한국철도공사,
AX · 안전 등 국정과제 이행에 전사적 노력

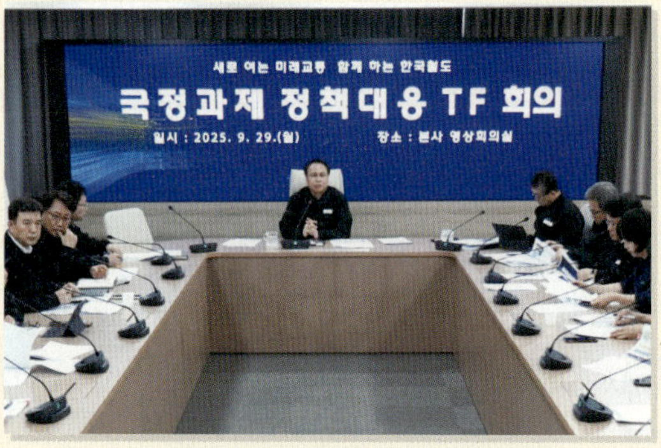

코레일 한국철도공사(이하 코레일)가 정부의 123개 국정과제 확정에 발맞춰 정책과제 실행에 속도를 내고 있다. 코레일은 '국정과제 정책대응 TF회의'를 열고 철도 안전, AX 가속화, 탄소중립, 지역균형발전 등 구체적인 추진전략과 실행체계를 점검했다.

코레일은 AI 통합안전플랫폼, 지능형 CCTV, 영업열차 검측시스템, 상태기반유지보수(CBM) 등 AI를 철도 안전에 접목해 철도안전체계를 구축할 계획이다. 또한 '코레일형 MaaS'를 중심으로 AI 기반의 초개인화 서비스, AI 안내로봇 및 외국어 · 수어 지원 키오스크, 실시간 통번역 시스템 등 AI 혁신으로 국민이 체감하는 철도서비스 구현에 속도를 낸다. 아울러 선로침목 활용 태양광발전시스템, 수소열차 기술개발 등 탄소중립을 실현하는 한편, '지역사랑 철도여행' 확대와 GTX 등 광역철도망 구축 협력으로 지역경제 활성화에 적극 나선다.

코레일 사장직무대행은 "TF의 전문성과 이행역량을 바탕으로 국정이행과제를 지속 발굴 · 실천해 국민이 체감할 수 있는 실질적인 성과를 창출할 수 있도록 최선을 다하겠다."라고 밝혔다.

Keyword

- AX : AI를 핵심 동력으로 조직이나 산업을 근본적으로 전환하는 것으로, AI 중심의 업무 프로세스를 설계하여 빠르고 효율적인 업무 환경을 구축하는 것을 말한다.
- 코레일형 MaaS : 국토교통부와 코레일이 함께 만든 통합교통서비스플랫폼으로, 예약 및 안내, 정산, 할인, 위치정보 등 맞춤형 서비스를 제공하고 있다.

예상 면접 질문

- 코레일에서 진행하고 있는 사업 중 AI를 적용할 수 있는 것이 있다면 말해 보시오.
- 코레일의 미래 업무 환경에 대해 상상해 보시오.

2025.09.19.(금)

코레일 한국철도공사,
우즈베키스탄에 '고속차량 정비기술' 이전 첫 발

코레일 한국철도공사(이하 코레일)가 우즈베키스탄 철도청(UTY) 직원 15명을 초청해 '고속차량 정비기술이전 교육'을 진행하고 수료식을 개최했다.

이번 초청 연수는 지난해에 체결된 '우주베키스탄 **동력분산식** 고속철도 차량 공급 및 유지보수 사업'의 일환으로, 사업 체결 후 처음으로 진행된 교육이다.

한편, 지난해 코레일은 현대로템과 함께 '코리아 원팀'을 만들어 **KTX-이음**과 동급의 EMU-250 6대를 공급하는 2,700억 규모의 우즈베키스탄 고속철 사업 수주에 성공했다. 이에 따라 코레일은 현지에서 고속차량 유지보수와 정비를 직접 수행하기 위해 직원 6명을 단계적으로 파견하고, 열차 운행을 위한 필수 정비에 이어 분해 정비 등 차량 전반에 대한 기술 교육도 시행할 계획이다.

코레일 해외사업본부장은 "고속철도 도입 20년 만에 기술 수출국으로 발돋움해 국제적 인정을 받았다."라며, "우즈베키스탄에 KTX 운영과 유지보수 경험을 체계적으로 전수해 현지 상황에 맞게 뿌리내릴 수 있도록 긴밀한 협력을 이어가겠다."라고 말했다.

Keyword

- **동력분산식** : 철도차량의 하단에 동력기관이 분산 배치되는 방식으로, 수송능력이 뛰어나고 가속과 감속 등 주행 성능이 좋다는 장점을 가진다.
- **KTX-이음** : 2021년 처음으로 도입된 국내 최초의 동력분산식 준고속열차로, 2025년에는 승차감을 높이고, 소음을 줄인 2세대 모델이 출고되었다.

예상 면접 질문

- 국제사회에서 코레일이 기여할 수 있는 부분에 대해 설명해 보시오.
- 해외사업을 진행할 때 중요하게 다뤄야 하는 점이 있다면 말해 보시오.

이 책의 차례 CONTENTS

PART 1 코레일 4개년 기출복원문제

CHAPTER 01 2025~2022년 코레일 샘플문제 2
CHAPTER 02 2025년 하반기 기출복원문제 31
CHAPTER 03 2025년 상반기 기출복원문제 51
CHAPTER 04 2024년 하반기 기출복원문제 70
CHAPTER 05 2024년 상반기 기출복원문제 81
CHAPTER 06 2023년 상반기 기출복원문제 99
CHAPTER 07 2022년 하반기 기출복원문제 115
CHAPTER 08 2022년 상반기 기출복원문제 122

PART 2 직업기초능력평가

CHAPTER 01 의사소통능력 134
대표기출유형 01 문서 내용 이해
대표기출유형 02 글의 주제 · 제목
대표기출유형 03 내용 추론
대표기출유형 04 문단 나열
대표기출유형 05 맞춤법 · 어휘
대표기출유형 06 한자성어 · 속담

CHAPTER 02 수리능력 154
대표기출유형 01 응용 수리
대표기출유형 02 수열 규칙
대표기출유형 03 자료 계산
대표기출유형 04 자료 이해
대표기출유형 05 자료 변환

CHAPTER 03 문제해결능력 174
대표기출유형 01 명제 추론
대표기출유형 02 SWOT 분석
대표기출유형 03 자료 해석
대표기출유형 04 창의적 사고
대표기출유형 05 논리적 오류

PART 3 직무수행능력평가

CHAPTER 01 경영학 190

PART 4 철도법령

CHAPTER 01 철도산업발전기본법 206
CHAPTER 02 철도산업발전기본법 시행령 221
CHAPTER 03 한국철도공사법 235
CHAPTER 04 한국철도공사법 시행령 240
CHAPTER 05 철도사업법 248
CHAPTER 06 철도사업법 시행령 272
CHAPTER 07 철도법령 적중예상문제 283

PART 5 최종점검 모의고사

제1회 최종점검 모의고사 292
제2회 최종점검 모의고사 326

PART 6 채용 가이드

CHAPTER 01 블라인드 채용 소개 362
CHAPTER 02 서류전형 가이드 264
CHAPTER 03 인성검사 소개 및 모의테스트 371
CHAPTER 04 면접전형 가이드 378
CHAPTER 05 코레일 한국철도공사 면접 기출질문 388

별 책 정답 및 해설

PART 1 코레일 4개년 기출복원문제 2
PART 2 직업기초능력평가 54
PART 3 직무수행능력평가 70
PART 4 철도법령 78
PART 5 최종점검 모의고사 84
OMR 답안카드

PART 1

코레일 4개년 기출복원문제

CHAPTER 01 2025 ~ 2022년 코레일 샘플문제

CHAPTER 02 2025년 하반기 기출복원문제

CHAPTER 03 2025년 상반기 기출복원문제

CHAPTER 04 2024년 하반기 기출복원문제

CHAPTER 05 2024년 상반기 기출복원문제

CHAPTER 06 2023년 상반기 기출복원문제

CHAPTER 07 2022년 하반기 기출복원문제

CHAPTER 08 2022년 상반기 기출복원문제

CHAPTER

01 2025 ~ 2022년 코레일 샘플문제

정답 및 해설 p.002

01 2025년 하반기

| 의사소통능력

01 다음 글에서 알 수 있는 내용이 아닌 것은?

> 2018년 자카르타 – 팔렘방 하계 아시안 게임을 앞두고 남한과 북한은 ‘여자 농구’, ‘조정’, ‘카누’ 종목에서 단일팀을 꾸렸다. 그간 남북 관계가 경색되었던 점을 감안하면 단일팀 결성은 향후 남북교류에 상당히 고무적인 일이었다. 그런데 단일팀을 꾸리고 나니 세 종목 모두 당장 해야 할 일이 생겼다. 단체 경기에서는 무엇보다 선수들 간의 의사소통이 잘 이루어져야 하는데, 남한과 북한의 선수들이 사용하고 있는 경기 용어들이 달라서 서로 소통하기가 어려웠기 때문이다. 남한 측의 ‘패스(Pass)’, ‘덩크 슛(Dunk Shoot)’, ‘드러머(Drummer)’가 북한 측에서는 각각 ‘연락’, ‘꽂아넣기’, ‘북잡이’로 사용되는 등 남북 경기 용어에 차이가 있었던 것이다. 이에 단일팀은 남북 경기 용어대조집을 급히 만들어 함께 사용하면서 소통의 어려움을 해소하였다고 한다.
> 남북 어휘 차이가 달라진 이유는 무엇일까? 첫째, 남한은 ‘서울’ 지역을 기준으로 하여 규범어(표준어)를 설정한 반면, 북한은 ‘평양’ 지역을 기준으로 하여 규범어(문화어)를 설정하였다. 그 결과 남한에서는 서울 지역에서 널리 쓰이는 ‘거위’, ‘거머리’ 등의 낱말이 규범어로 채택되었다. 이렇게 각기 채택된 어휘가 남한과 북한의 규범어가 되면서 남북의 어휘에 적잖은 차이가 생기게 된 것이다.
> 둘째, 분단 이후 남한에서는 정책적으로 어휘 변화를 시도한 적이 없는 반면에 북한에서는 인위적인 언어 정책들을 강력하게 추진하였다. 북한에서는 분단 직후부터 ‘한자말 정리 사업’과 ‘한자 사용 폐지 사업’을 벌였고, 아울러 일제 강점기의 사상 잔재를 청산하기 위해 ‘어휘 정화 사업’도 벌였다. 그리고 1960년대 중반부터는 ‘어휘 정리 사업’을 본격적으로 추진하였다. 이러한 정책을 시행한 결과 의사소통을 어렵게 했던 ‘일본어[예 사라(Sara) → 접시 등]’와 ‘어려운 한자어[예 산란기(産卵期) → 알낳이 철 등]’ 그리고 ‘외래어[예 커튼(Curtain) → 창가림 등]’가 쉬운 우리말로 많이 순화되었다는 긍정적인 측면도 있지만, 한편으로는 단기간에 인위적으로 어휘 체계를 변화시켜 남북의 어휘 이질화가 심화되었다는 부정적인 측면도 있다.
> 셋째, 분단 이후에 남한과 북한에서 각기 사회상을 반영하는 새로운 낱말들의 많이 생겨나면서 남북 어휘에 차이가 생기게 되었다. 특히 이념과 체제가 다른 상황에서 교류마저 단절되었기 때문에 남한과 북한 가운데 어느 한쪽에서만 쓰이는 낱말들도 많아졌다. 남한의 ‘주민 등록증’, ‘편의점’, ‘신세대’ 등과 북한의 ‘공민증’, ‘오각별’, ‘혁명전우’ 등의 낱말이 이러한 예에 속한다.

① 남북한 어휘 차이로 인해 소통상에 문제가 생겼다.
② 남북한 어휘는 규범어 설정 기준이 다르다.
③ 남북한 어휘는 언어 정책 추진에 있어서 차이가 있다.
④ 사회상을 반영한 새로운 낱말이 등장하면서 남북 어휘가 달라지게 되었다.
⑤ 남북한 순화 정책을 통해 어휘 정리 사업을 추진하여 일제 강점기의 사상 잔재를 청산하게 되었다.

02 다음과 같은 표현이 지닌 특성으로 적절하지 않은 것은?

> 미역국을 먹다.
> 뜻 ① : 시험에서 떨어지다.
> 뜻 ② : 직위에서 떨려나다.
> 뜻 ③ : 퇴짜를 맞다.

① 비유적으로 쓰이는 경우가 많다.
② 일반적인 표현보다 표현 효과가 강하다.
③ 관용어 중간에 다른 문장 성분을 추가할 수 없다.
④ 완결된 통사 구조와 의미 구조를 갖추고 있다.
⑤ 하나의 낱말처럼 고정적인 의미를 나타내므로 표현을 바꿀 수 없다.

| 수리능력

03 어떤 회사에서 대중교통을 이용하여 출근하는 직원들을 조사하였다. 대중교통 수단을 지하철과 버스로 나누었을 때 조사 결과는 다음 표와 같다. 이 직원들 중에서 임의로 뽑은 1명이 지하철을 이용하는 직원일 때, 그 직원이 남자일 확률은?

구분	남자	여자	합계
지하철	30%	35%	65%
버스	25%	10%	35%
합계	55%	45%	100%

① $\frac{7}{9}$

② $\frac{5}{11}$

③ $\frac{6}{11}$

④ $\frac{6}{13}$

⑤ $\frac{7}{13}$

04 다음은 총 혼인건수 및 조혼인율에 대한 자료이다. 이에 대한 설명으로 옳은 것은?

〈총 혼인건수 및 조혼인율〉

(단위 : 천 건, 인구 1천 명당 건)

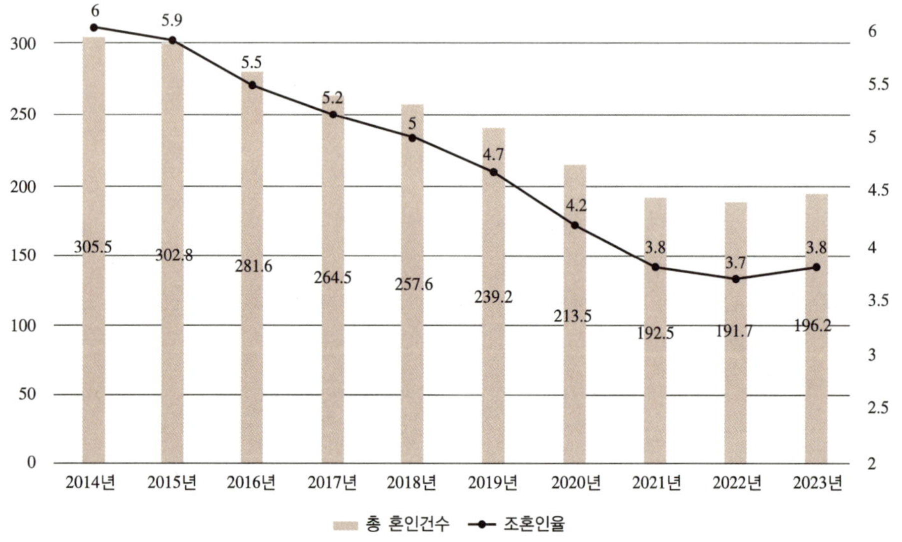

※ 조혼인율 : 특정 1년간 신고한 총 혼인건수를 당해 연도의 연앙인구로 나눈 수치를 1,000분율로 나타낸 것

① 2022년과 비교하여 2023년에는 인구가 감소했다.
② 출생아 수가 감소하고 있다.
③ 혼인 장려를 인한 주거 안정 지원 정책이 필요하다.
④ 남녀 모두 결혼 시기를 늦추기를 희망하고 있다.
⑤ 총 혼인건수와 조혼인율은 상관관계가 없다.

05 다음 그림과 같이 정사각형과 대각선으로 여러 개의 크고 작은 삼각형이 만들어졌다. 그림 속의 선을 따라 그릴 수 있는 세 번째로 작은 크기의 삼각형의 개수는?

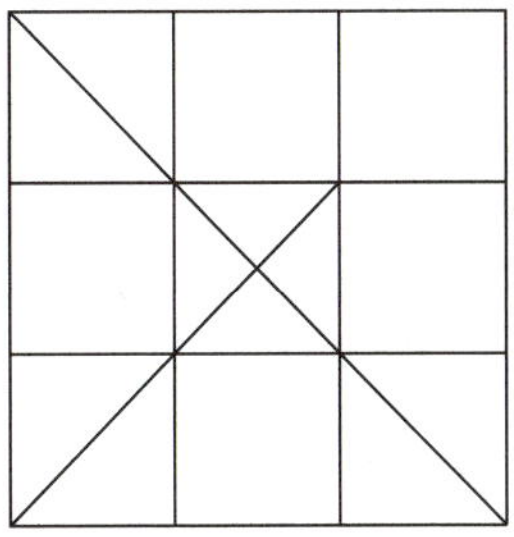

① 2
② 4
③ 6
④ 8
⑤ 10

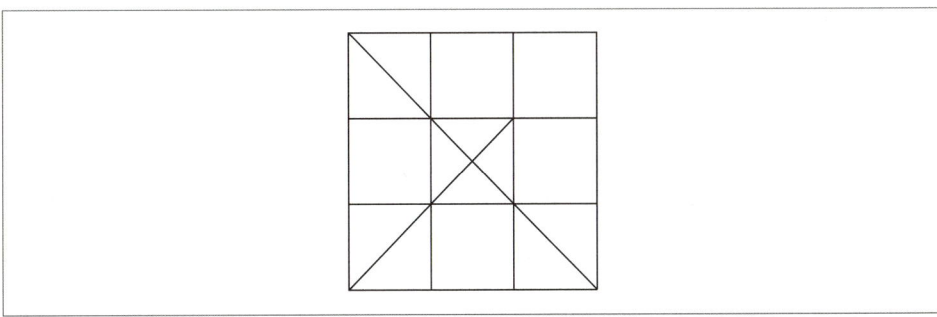

06 A ~ E의 다섯 대의 열차가 다음 〈조건〉에 따라 순서대로 도착한다. 〈조건〉이 모두 성립할 때 전체 순위를 파악하기 위해 추가할 조건문으로 가장 적절한 것은?

조건

- A는 B와 C보다 먼저 도착한다.
- C는 D와 E 사이에 도착한다.
- D는 1등이 아니다.
- B와 E는 서로 이웃해서 연속으로 도착한다.

① C는 4등이다.
② E는 D보다 먼저 도착한다.
③ D는 C의 바로 앞에 도착한다.
④ A는 1등이다.
⑤ B는 5등이다.

| 의사소통능력

01 **다음은 프레젠테이션 종료 후 청중과의 질의응답에 대한 설명이다. (가) ~ (라)와 관련된 대처 방안을 〈보기〉에서 찾아 바르게 연결한 것은?**

> 프레젠테이션을 마무리한 후 발표 내용에 대해 청중과의 질의응답이 이루어지는 경우가 많다. 청중과 질의응답을 하면 청중이 궁금한 점을 해소할 수 있어서 일방적인 내용 전달의 단점을 보완하고 상호작용을 살릴 수 있다. 청중과 질의응답을 할 때 다음과 같은 사항을 고려해야 한다.
> (가) 논점을 벗어난 질문도 일단 존중하기
> (나) 반대 의견을 주장하는 청중에게 유연하게 대처하기
> (다) 답변을 모르는 질문은 청중과 협력하여 해결하기
> (라) 공격적 태도로 지적하는 청중에게 겸손한 태도로 대처하고 상황 마무리하기

보기

ㄱ. "네, 당연히 그런 면이 있습니다. 다만, 저는 오늘은 이러한 관점에서 말씀드리는 것입니다."와 같이 상대의 입장을 부분적으로 인정하면서 발표자의 관점에서 강조하고자 하는 바를 부각하여 유연하게 대처한다.
ㄴ. "죄송하게도 제가 그 부분까지는 준비하지 못했네요. 혹시 이 문제에 대해 알고 계시는 분이 있으면 공유해 주실 수 있을까요?"와 같이 부족함을 인정하고 협력을 구한다.
ㄷ. "그렇게 생각할 수도 있겠군요.", "흥미로운 질문이에요."라고 질문의 취지는 존중하고, 그 다음에 본론의 논점과 연결 지어 자연스럽게 답변한다.
ㄹ. "제가 미처 생각하지 못한 부분까지 언급해 주셔서 감사합니다. 저도 그 부분에 대해서는 질문자님의 관점에서 다시 잘 살펴보도록 하겠습니다. 그럼 다음 질문으로 넘어가 볼까요?"와 같이 공손한 태도로 상황을 마무리 짓고 자연스럽게 다음으로 넘어간다.

	(가)	(나)	(다)	(라)
①	ㄷ	ㄱ	ㄴ	ㄹ
②	ㄷ	ㄴ	ㄹ	ㄱ
③	ㄱ	ㄷ	ㄴ	ㄹ
④	ㄹ	ㄱ	ㄷ	ㄴ
⑤	ㄴ	ㄹ	ㄱ	ㄷ

02 다음 중 문법에 맞게 수정한 문장으로 옳지 않은 것은?

	수정 전	수정 후
①	산 넘어로 너머갔다.	산 너머로 넘어갔다.
②	경노당에서 잔치를 열었다.	경로당에서 잔치를 열었다.
③	출석율이 저조하다.	출석률이 저조하다.
④	남녀 참여율이 적정하다.	남여 참여율이 적정하다.
⑤	가만이 있어라.	가만히 있어라.

03 다음은 국내 주요 프로스포츠 경기 수 및 경기당 평균관중 수에 대한 자료이다. 이에 대한 설명으로 옳은 것은?

〈주요 프로스포츠 경기 수 및 경기당 평균관중 수〉

(단위 : 경기, 명)

구분		2016년	2017년	2018년	2019년	2020년	2021년	2022년	2023년
야구	경기 수	735	736	737	733	733	731	737	735
	경기당 평균관중	11,744	11,839	11,398	10,280	579	1,937	8,651	11,408
축구	경기 수	493	463	445	441	299	412	454	468
	경기당 평균관중	5,743	5,530	4,169	6,114	382	1,393	3,148	6,475
농구(남)	경기 수	291	293	293	292	213	290	288	292
	경기당 평균관중	3,542	3,167	2,896	2,992	3,021	380	1,231	2,354
농구(여)	경기 수	111	110	111	111	82	100	97	97
	경기당 평균관중	1,402	1,117	1,091	1,081	1,081	40	450	962
배구	경기 수	229	231	230	229	192	233	242	267
	경기당 평균관중	2,216	2,254	2,251	2,535	2,047	121	1,003	2,127

① 2020년에 가장 적은 관중 수를 기록한 스포츠 종목은 축구이다.
② 2020년부터 2023년까지 경기당 평균관중의 연평균 증가율이 가장 큰 종목은 야구이다.
③ 소비자들의 경기 관람 만족도가 가장 높은 스포츠 종목은 야구이다.
④ 2019년보다 2023년에 경기당 평균관중 수가 증가한 스포츠 종목은 3개이다.
⑤ 스포츠 구단 운영에서 가장 많은 적자를 나타내고 있는 종목은 농구(여)이다.

04 다음 □안에 사칙 연산 $+$, $-$, $\times$, $\div$를 한 번씩만 사용하여 만들 수 있는 최댓값을 M, 최솟값을 m이라 할 때, $M-m$의 값은?

2 □ 3 □ 8 □ 4 □ (−3)

① 68
② 69
③ 70
④ 71
⑤ 72

05 다음과 같이 K철도회사는 KTX 고속철도, 광역 철도, 일반 열차, 관광 열차, 특수 열차를 운영하고 있다. K철도회사는 최근 승객 수 감소, 정시 운행률 저하, 유지보수 비용 증가 등의 문제가 발생하여 운영 최적화 전략을 수립해야 하는 상황이다. 다음 중 유지보수 비용 대비 이용객 수를 고려했을 때 비용 효율성이 가장 낮은 노선은?

〈노선 유형별 관련 정보〉

구분	하루 평균 이용객(명)	정시 운행률(%)	유지보수 비용(억 원)	평균 지연 시간(분)
KTX 고속철도	50,000	88.0	300	5.2
광역 철도	120,000	82.5	200	8.5
일반 열차	30,000	75.0	150	12.0
관광 열차	5,000	80.0	120	15.0
특수 열차	25,000	78.0	180	10.0

※ 모든 계산은 소수점 셋째 자리에서 반올림하여 소수점 둘째 자리까지 나타냄

① KTX 고속철도
② 광역 철도
③ 일반 열차
④ 관광 열차
⑤ 특수 열차

06 **다음은 K철도회사가 운영하는 KTX 고속철도의 수익성이 감소하는 원인을 분석하기 위해 로직 트리를 구성하는 과정이다. 이를 바탕으로 논리적인 문제 구조를 완성하고자 할 때 각 빈칸에 들어갈 내용으로 적절하지 않은 것은?**

■ 1단계 : 문제 분해
KTX 고속철도의 수익성이 감소하는 이유는 크게 __①__ 과 __②__ 로 나눌 수 있다.

■ 2단계 : 세부 원인 분석
- __①__ 의 원인은 다음과 같다.
  - 승객 수 감소
  - __③__
  - 경쟁 교통수단의 증가
- __②__ 의 원인은 다음과 같다.
  - 유지보수 비용 증가
  - 인건비 상승
  - __④__

■ 3단계 : 추가 분석
- 승객 수 감소의 원인은 다음과 같이 분석할 수 있다.
  - __⑤__
  - 티켓 가격 경쟁력 약화
  - 특정 시간대 이용률 저조
- 경쟁 교통수단 증가의 원인은 다음과 같다.
  - 저가 항공 및 고속버스의 노선 확장(저렴한 요금과 편리한 스케줄 제공)
  - 자율주행차 및 버스 서비스 향상

① 매출 감소
② 고객 증가
③ 티켓 가격 할인 증가
④ 연료비 및 운영비 증가
⑤ 고객 만족도 하락

| 의사소통능력

01 다음 글의 전개 방식으로 가장 적절한 것은?

> (가) 면접은 시나리오가 없는 무대와 같다. 생각지 못한 상황에 빠져들어 당황하는 상황이 발생하기도 한다. 그렇다면 면접에서 발생할 수 있는 곤란한 상황은 무엇이며, 이러한 상황에서 현명하게 대처하는 방법은 무엇일까?
>
> (나) 무슨 말을 해야 할지 대답이 막히는 상황이다. 긴장을 많이 한 상태에서 준비한 질문이 나오지 않거나, 의외의 질문을 받고 갑자기 머릿속이 하얘지면서 아무런 생각이 나지 않고 말이 막혀버리는 상황이 종종 발생하기도 한다. 만일 답변을 하다가 말의 진행 방향을 잃어버렸을 경우에는 중언부언하지 말고, 말을 잠시 멈추고 대답해야 할 핵심 단어를 생각하고, 이 단어를 중심으로 생각을 정리하면서 다시 말을 시작하는 것이 좋다.
>
> (다) 질문의 뜻을 모르는 상황이다. 심리적 압박감과 조급한 마음 때문에 이런 일이 발생하기도 하는데, 다시 물어보면 점수가 깎이거나 면접관에게 나쁜 인상을 줄까 봐 묻지 않는 경우도 많다. 이런 경우 잘 듣지 못한 사실을 면접관에게 정중하게 인지시키고, 질문의 의도나 뜻을 명확하게 다시 확인하는 것이 좋다.
>
> (라) 난처하거나 답변하기 곤란한 질문을 받은 상황이다. 이때는 당황하지 말고 냉정하게 질문의 의도를 생각해 볼 필요가 있다. 기분 나쁜 표정을 짓거나, 공격적으로 반응하기보다는 긍정적인 태도로 돌려 말하면서 유연하게 대처하는 것이 필요하다.
>
> (마) 이와 같이 면접에 대비하기 위해서는 예상질문을 만들어 답변을 준비하는 것과 더불어 예상하지 못한 상황에서 긴장하지 않고 현명하게 대처하기 위한 연습도 필요하다.

① (가)–(나)–(다)–(라)–(마)

② 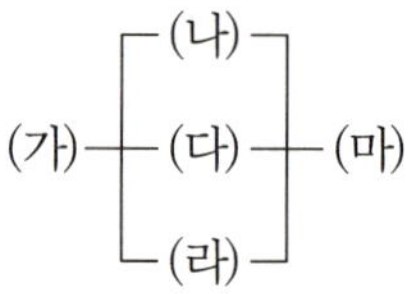

③ 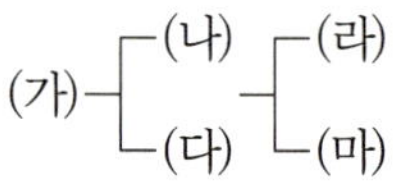

④ 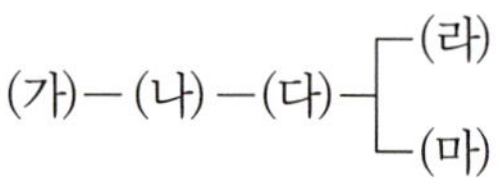

⑤ 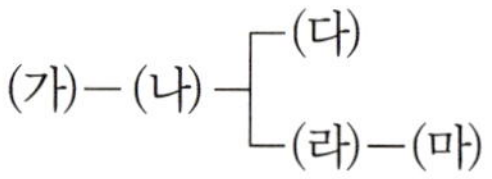

02 **다음 빈칸에 들어갈 용어로 가장 적절한 것은?**

> 기획서는 소통능력, 추진력, ________을/를 한눈에 보여주는 업무 성적표이다. 기획서의 사전적 의미는 '프로젝트의 기획 의도, 개요, 일시, 추진 일정, 소요 비용 등 프로젝트를 추진하기 위한 기본 계획을 기술한 문서'라고 할 수 있다.

① 업무평가
② 업무성과
③ 재무평가
④ 기회비용
⑤ 기대효과

03 **서로 다른 무게를 가진 A ~ C물건이 있다. A물건 10개의 무게는 B물건 5개와 C물건 1개의 무게의 합과 같고, B물건 7개는 A물건 3개와 C물건 3개의 무게의 합과 같다. 이때 A물건 15개의 무게와 같은 것은?**

① B물건 8개
② B물건 9개
③ B물건 10개
④ C물건 4개
⑤ C물건 5개

04 다음은 우리나라의 노후 준비 방법에 대한 자료이다. 이에 대한 설명으로 옳지 않은 것은?

〈노후 준비 방법〉

(단위 : %)

구분	준비하고 있음	소계	국민연금	기타 공적연금	사적연금	퇴직금	예금 · 적금 · 저축성 보험	부동산 운용	주식 · 채권	기타
전국	72.9	100	52.5	7.8	11.3	4.6	17.4	5.3	0.6	0.5
도시	75.7	100	53.1	7.8	11.6	4.6	16.9	5.1	0.6	0.3
농어촌	60.1	100	49	8.2	9.3	4.3	20.8	6.9	0.3	1.2
남자	79.4	100	53.7	8.3	10.8	5	16.2	5.1	0.6	0.3
여자	53.4	100	47.4	5.9	13.4	2.6	22.8	6.3	0.4	1.2
19 ~ 29세	59.1	100	53.9	3.7	10.2	4.4	25.5	1.3	1.0	−
30 ~ 39세	87.1	100	53.1	6.6	14.5	5.1	17.6	2.2	0.9	−
40 ~ 49세	85.7	100	54	7.6	14.5	4.5	14.6	4.1	0.6	0.1
50 ~ 59세	80.2	100	58.6	7.2	9.5	4.2	15.7	4.2	0.4	0.2
60세 이상	51.6	100	42.3	10.9	6.3	4.8	21.3	12.2	0.4	1.8

① 노후 준비 방법으로 가장 많이 사용되는 방법은 국민연금이다.
② 연령대가 높을수록 부동산 운용을 통한 노후 준비 비중이 높다.
③ 여성은 남성에 비교해 예금 · 적금 · 저축성 보험을 통한 노후 준비 방법을 선호한다.
④ 연령대가 낮을수록 안전 자산을 통한 노후 준비 방법을 선호한다.
⑤ 60세 이상의 연령에 대한 노후 준비 지원이 필요하다.

05 **5명의 친구 A ~ E가 카드 게임을 하고 있다. 각 친구는 처음에 20장의 카드를 가지고 시작하며 이 게임의 목표는 최대한 빨리 자신의 카드 수를 0장으로 만드는 것이다. 게임과 관련된 규칙이 다음과 같을 때, 한 명도 남지 않고 게임이 종료되는 라운드는?**

〈규칙〉

- 라운드별로 A부터 E까지 순서대로 차례가 돌아가며 자신의 차례에 3장의 카드를 버린다. 단, 카드가 3장 미만으로 남은 라운드에서는 남은 카드를 모두 버린다. 예를 들어 3라운드에서 3장의 카드를 버려서 2장 혹은 1장이 남았다면 남은 카드를 해당 라운드에서 모두 버린다.
- 다음 라운드가 시작되면 다시 A부터 E까지 순서대로 각자 가지고 있는 카드를 3장씩 버린다.
- 카드를 모두 버린 친구는 더 이상 게임에 참여하지 않고 남은 친구들끼리 게임을 계속 진행하며 한 명도 남지 않을 때 게임이 종료된다.

① 4라운드
② 5라운드
③ 6라운드
④ 7라운드
⑤ 8라운드

06 **한 철도 회사는 A도시에서 B도시까지 5대의 다른 열차를 운행한다. A도시에서 B도시까지의 거리는 600km이며 각 열차의 운행 속도와 정차 정보는 다음 〈조건〉과 같다. 이때 A도시에서 B도시까지 가장 빨리 도착한 열차는?**

조건

- 열차 1 : 시속 100km로 운행하며 중간에 2번 정차한다(각각 10분 정차).
- 열차 2 : 시속 120km로 운행하며 중간에 3번 정차한다(각각 5분, 8분, 7분 정차).
- 열차 3 : 시속 150km로 운행하며 중간에 1번 정차한다(15분 정차).
- 열차 4 : 시속 200km로 운행하며 중간에 2번 정차한다(각각 10분 정차).
- 열차 5 : 시속 300km로 운행하며 중간에 1번 정차한다(10분 정차).

① 열차 1
② 열차 2
③ 열차 3
④ 열차 4
⑤ 열차 5

| 의사소통능력

01 다음 문단에 이어질 문단을 논리적 순서대로 바르게 나열한 것은?

혈압이란 혈액이 혈관 벽에 가해지는 힘을 뜻한다. 혈압을 읽을 때에는 수축기 혈압과 확장기 혈압으로 각각 나누어 읽는다. 수축기 혈압은 심장이 수축하면서 혈액을 내보낼 때 혈관이 받는 압력을 말하고, 확장기 혈압은 심장이 확장하며 피를 받아들일 때 혈관이 받는 압력을 말한다. 여러 차례에 걸쳐 측정한 혈압의 평균치가 수축기 혈압 140mmHg 이상 혹은 확장기 혈압 90mmHg 이상이면 이를 고혈압이라고 한다. 이 중 특별한 원인 질환이 발견되지 않는 고혈압을 본태성 고혈압이라고 한다.

(가) 그러나 고혈압은 합병증이 없는 한 증상이 거의 없어서 '조용한 살인자'라고도 부른다.
(나) 고혈압의 90% 정도는 원인 질환이 발견되지 않는 본태성 고혈압이다. 본태성 고혈압이 생기는 근본 이유는 심박출량 혹은 말초 혈관저항의 증가에 의한 것으로 추측되고 있다.
(다) 고혈압과 관련된 위험요인으로는 흡연, 음주, 비만, 운동 부족 및 스트레스 등 환경적, 심리적 요인이 있다.
(라) 만약 가족 성향이 있어서 부모가 모두 고혈압 환자라면 자녀의 80%가 고혈압 환자가 될 수 있으며 한쪽이 고혈압 환자이면 자녀의 25 ~ 50%가 고혈압 환자가 될 수 있다.
(마) 또한 고혈압의 나머지 5 ~ 10%는 혈관이상, 부신질환, 신장이상 혹은 갑상선 질환 등으로 혈압이 증가하는 이차성 고혈압으로, 이차성 고혈압의 경우 원인 질환을 찾아 치료하면 혈압이 정상화된다.

① (가) – (나) – (다) – (라) – (마)
② (나) – (가) – (다) – (라) – (마)
③ (나) – (다) – (라) – (마) – (가)
④ (나) – (라) – (가) – (다) – (마)
⑤ (다) – (나) – (라) – (마) – (가)

| 의사소통능력

02 다음 중 '언즉시야(言卽是也)'의 뜻으로 가장 적절한 것은?

① 말하는 것이 사리에 맞는다.
② 매일 내 몸을 세 번 반성한다.
③ 가난하여 끼니를 많이 거른다.
④ 인재를 얻기 위해 끈기 있게 노력한다.
⑤ 은혜가 사무쳐 죽어서도 잊지 않고 갚는다.

03 다음은 지역별 신재생에너지 산업의 사업체 수에 대한 자료이다. 이에 대한 설명으로 옳은 것은?

〈신재생에너지 산업별 사업체 수〉

(단위 : 개, %)

구분	제조업	건설업	발전·열공급업	서비스업	합계	비중
전체	524	2,143	115,241	1,036	118,944	100
서울	28	136	415	187	766	0.6
부산	25	65	545	61	696	0.6
대구	20	106	838	18	982	0.8
인천	19	40	618	42	719	0.6
광주	24	183	1,361	29	1,597	1.3
대전	15	102	478	26	621	0.5
울산	13	23	412	16	464	0.4
세종	2	22	375	11	410	0.3
경기	137	297	8,811	183	9,428	7.9
강원	16	115	7,239	45	7,415	6.2
충북	40	91	8,502	43	8,676	7.3
충남	24	108	15,695	50	15,877	13.3
전북	37	336	26,681	58	27,112	22.8
전남	36	198	17,329	98	17,661	14.8
경북	34	183	16,548	59	16,824	14.1
경남	44	118	7,918	79	8,159	6.9
제주	4	20	1,449	31	1,504	1.3
기타	6	–	27	–	33	0

① 발전·열공급업 사업체가 신재생에너지 산업에서 가장 많은 비중을 차지하고 있다.
② 신재생에너지를 통해 가장 많은 전력을 발생시키는 지역은 전북이다.
③ 신재생에너지 산업은 전국적으로 균일하게 분포되어 있다.
④ 발전·열공급업의 부가가치 생산액이 가장 높다.
⑤ 신재생에너지 산업에 대한 정부의 정책은 확대될 것이다.

04 **A씨는 출장을 위해 항공권을 40% 할인받아 5장 구입하였다. 다음 〈조건〉을 참고할 때, 항공권 1장의 정가는 얼마인가?**

조건

- 항공권을 취소할 경우 출발 1일 전까지는 30%, 출발 전 당일에는 40%의 환불 수수료가 발생한다.
- A씨는 출발 5일 전 항공권 5장을 구매한 후, 2일 전에 3장을 취소하고 88,200원을 돌려받았다.

① 60,000원
② 65,000원
③ 70,000원
④ 75,000원
⑤ 80,000원

05 **다음은 고객만족도 조사 결과에 대한 브리핑의 일부이다. 이를 토대로 도출한 해결 방안을 바르게 제시하지 않은 사람은?**

지난 분기 고객만족도 조사 결과에 대해 발표하겠습니다. 매장 서비스의 종합적인 만족도는 큰 변화가 없었습니다. 하지만 세부 지표를 보면 많은 고객들이 직원의 친절도에 대해서는 높은 평가를 주었지만, 대기시간 상승에 따른 불만족이 높게 나타났습니다. 또한, 제품에 대한 종합적인 만족도는 높은 수준이었습니다. 특히 제품에 대해서는 가격 대비 품질에 대해 만족한다는 의견이 많았습니다. 다만 제품의 다양성이 부족하다는 일부 고객들의 지적이 있었고, 프로모션 및 할인 정보에 대한 접근성이 낮다는 점을 아쉬워했습니다. 최근에 개설한 온라인몰에 대한 의견도 있었는데, 온라인 구매 시스템이 복잡하다는 의견이 다수 있었습니다.

① 지수 : 직원들을 추가로 배치하여 대기시간을 줄이는 것이 필요하다.
② 성준 : 제품 라인업을 확장하여 고객의 선택지를 넓히는 것이 필요하다.
③ 태호 : 직원 교육 프로그램을 강화하여 서비스 품질을 높이는 것이 필요하다.
④ 민지 : 온라인 구매 시스템의 인터페이스를 개선하여 사용자 경험을 높이는 것이 필요하다.
⑤ 성민 : 프로모션 및 할인 정보를 고객에게 보다 적극적으로 알릴 필요가 있다.

06 A ~ E 5개 팀이 춘계 워크숍에 참여하기로 하였다. 다음 워크숍 시간표와 상황을 참고할 때 옳지 않은 것은?

〈상황〉

- 하나의 프로그램에는 동시에 최대 2개 팀이 참여할 수 있다.
- 이번 워크숍에는 마케팅1팀, 운영1팀, 운영2팀, 영업1팀, 영업2팀의 다섯 팀이 참여했다.
- 동일 직무의 1 ~ 2팀은 동시에 같은 프로그램에 참여할 수 없다(단, 휴식은 무관하다).
- 3가지 이상의 프로그램에 참여해야 한다.
- 프로그램에 참여하지 않는 시간은 휴식을 취하면 된다.

〈워크숍 시간표〉

시간	아트 테라피	쿠킹 클래스	방탈출 게임	어드벤처	휴식
10:30 ~ 12:00	D	A, B		C, E	
12:00 ~ 13:30	점심식사				
13:30 ~ 15:00	A		B, E	D	C
15:00 ~ 16:30	B	C	D	A	E
16:30 ~ 18:00	E	D	A, C		B
18:00 ~ 20:00	저녁시간				
20:00 이후	자유시간				

① A팀과 D팀이 같은 직무이면, B팀과 C팀은 항상 같은 직무이다.
② C팀과 D팀이 같은 직무이면, A팀과 E팀은 항상 같은 직무이다.
③ B팀과 D팀이 같은 직무이면, E팀과 A팀은 항상 같은 직무이다.
④ D팀과 E팀이 같은 직무이면, B팀과 C팀은 항상 같은 직무이다.
⑤ B팀과 C팀이 같은 직무이면, D팀과 E팀은 항상 같은 직무이다.

05 2023년

※ 한국철도공사 R직원은 윤리실천주간에 대한 기사를 살펴보고 있다. 이어지는 질문에 답하시오. [1~2]

한국철도공사는 '기업윤리의 날'을 맞아 5월 30일부터 6월 5일까지 전 직원이 참여하는 '윤리실천주간'을 운영한다고 밝혔다. ㉠ 한국철도공사의 윤리실천주간은 윤리경영에 대한 임직원의 이해와 공감을 끌어내 조직 내에 윤리문화를 정착시키기 위해 마련되었다. 이 기간 동안 한국철도공사는 직원 윤리의식 진단, 윤리 골든벨, CEO의 윤리편지, 윤리실천다짐, 윤리특강, 인권존중 대국민 캠페인, 윤리·인권경영 사내 워크숍으로 총 7가지 프로그램을 해당 기간 동안 차례대로 진행할 예정이다.

한국철도공사는 먼저 임직원 설문조사를 통해 윤리의식을 진단하고, 윤리상식을 확인하는 골든벨 행사를 갖는다. 또한, 윤리경영 추진 의지와 당부 사항을 담은 CEO 편지도 직원 개개인에게 발송할 예정이다. ㉡ 윤리 골든벨은 임직원의 행동강령 및 기타 청렴업무 관련 문항으로 구성되어 있고, 사내 포털에서 문항을 확인한 후에 정답을 담당자 사내메일로 회신하면 참여가 가능하다. 우수 정답자에게는 포상금 지급 및 청렴 마일리지를 부과할 계획이다. 그 이후에는 이해충돌방지법 시행 등의 변화에 맞춰 개정한 윤리헌장으로 '윤리실천다짐' 결의를 갖고, 기업윤리 실천 방안을 주제로 전문 강사의 특강을 진행한다. ㉢ 덧붙여 한국철도공사는 국민을 대상으로 하는 인권존중 캠페인을 진행한다. 또한, 공사 내 준법·윤리경영 체계를 세우고 인권경영 지원을 위한 정책 공유와 토론의 시간을 갖는 사내 워크숍도 진행한다. ㉣ 마지막으로 반부패 청렴문화 확산을 위해 대국민 슬로건 공모전을 추진하며 '윤리실천주간'을 마무리할 예정이다.

한국철도공사 윤리경영처장은 "윤리에 대해 쉽고 재미있게 풀어내기 위해 전 직원이 참여하는 '윤리실천주간'을 운영한다."라며 "임직원 모두가 윤리문화를 체득할 수 있도록 노력하겠다."라고 말했다. 한국철도공사 사장은 "이해충돌방지법 시행으로 공공기관의 사회적 책임과 공직자 윤리가 더욱 중요해졌다."라며 "윤리경영을 통해 도덕적이고 신뢰받는 공공기관으로 거듭날 수 있도록 힘쓰겠다."라고 밝혔다. ㉤ 한편, 한국철도공사는 20년 9월부터 윤리경영 전담조직인 윤리경영처를 신설해 윤리경영체계 확립, 마스터플랜 수립, 3無(부패행위, 갑질·괴롭힘, 성비위) 근절 운동 추진 등 윤리적인 조직문화 개선을 위해 노력해왔다. 지난해 12월에는 ○○부 산하 공공기관 최초로 준법경영시스템 국제인증을 획득하기도 하였다.

01 **다음 중 R직원이 윗글을 이해한 내용으로 적절하지 않은 것은?**

① '윤리실천주간'은 일주일 동안 진행된다.
② 전문 강사의 특강은 개정된 윤리헌장을 주제로 기업윤리 실천 방안에 대해 다룬다.
③ 공공기관의 사회적 책임과 공직자 윤리는 이해충돌방지법 시행으로 더욱 중요해졌다.
④ 윤리·인권경영 워크숍에는 인권경영 지원을 위한 정책 공유와 토론 시간을 갖는다.
⑤ 한국철도공사는 ○○부 산하 공공기관 최초로 준법경영시스템 국제인증을 획득하였다.

02 **윗글의 맥락을 고려했을 때, 밑줄 친 ㉠~㉤ 중 적절하지 않은 것은?**

① ㉠ ② ㉡
③ ㉢ ④ ㉣
⑤ ㉤

※ 한국철도공사 A직원은 환경지표에 대한 통계자료를 열람하고 있다. 이어지는 질문에 답하시오. [3~4]

〈녹색제품 구매 현황〉

(단위 : 백만 원)

구분	총구매액(A)	녹색제품 구매액(B)	비율
2020년	1,800	1,700	94%
2021년	3,100	2,900	㉠%
2022년	3,000	2,400	80%

※ 지속가능한 소비를 촉진하고 친환경경영 실천을 강화하기 위해 환경표지인증 제품 등의 녹색제품 구매를 적극 실천함

※ 비율은 (B/A)×100으로 계산하며, 소수점 첫째 자리에서 반올림함

〈온실가스 감축〉

구분	2020년	2021년	2022년
온실가스 배출량(tCO_2eq)	1,604,000	1,546,000	1,542,000
에너지 사용량(TJ)	30,000	29,000	30,000

※ 온실가스 및 에너지 감축을 위한 전사 온실가스 및 에너지 관리 체계를 구축하여 운영하고 있음

〈수질관리〉

(단위 : m^3)

구분	2020년	2021년	2022년
오수처리량(객차)	70,000	61,000	27,000
폐수처리량	208,000	204,000	207,000

※ 철도차량 등의 수선, 세차, 세척과정에서 발생되는 폐수와 열차 화장실에서 발생되는 오수, 차량검수시설과 역 운영시설 등에서 발생되는 생활하수로 구분되며, 모든 오염원은 처리시설을 통해 기준 이내로 관리함

03 다음 중 A직원이 자료를 이해한 내용으로 옳지 않은 것은?

① ㉠에 들어갈 수치는 94이다.
② 온실가스 배출량은 2020년부터 매년 줄어들었다.
③ 폐수처리량이 가장 적었던 연도에 오수처리량도 가장 적었다.
④ 2020 ~ 2022년 동안 녹색제품 구매액의 평균은 약 23억 3,300만 원이다.
⑤ 에너지 사용량의 전년 대비 증감률의 절댓값은 2021년보다 2022년이 더 크다.

04 다음 〈조건〉은 환경지표점수 산출 기준이다. 가장 점수가 높은 연도와 그 점수를 바르게 짝지은 것은?

조건
- 녹색제품 구매액 : 20억 원 미만이면 5점, 20억 원 이상이면 10점
- 에너지 사용량 : 30,000TJ 이상이면 5점, 30,000TJ 미만이면 10점
- 폐수처리량 : 205,000m^3 초과이면 5점, 205,000m^3 이하이면 10점

① 2020년 : 25점
② 2021년 : 20점
③ 2021년 : 30점
④ 2022년 : 25점
⑤ 2022년 : 30점

※ 한국철도공사 Y직원은 철도차량 중정비에 대한 자료를 살펴보고 있다. 이어지는 질문에 답하시오. [5~6]

〈철도차량 중정비〉

▶ 중정비 정의 및 개요

• 철도차량 전반의 주요 시스템과 부품을 차량으로부터 분리하여 점검하고 교체·검사하는 것으로, 철도차량 정비장에 입장하여 시행하는 검수이다.

• 철도차량 분리와 장치 탈거, 부품 분해, 부품 교체, 시험 검사 및 측정, 시험 운전 등 전 과정을 시행한다.

• 3 ~ 4년 주기로 실시하며, 약 한 달간의 기간이 소요된다.

• 이 기간 중 차량 운행은 불가능하다.

▶ 필요성

• 철도차량의 사용기간이 경화됨에 따라 차량을 구성하고 있는 각 부품의 상태와 성능이 점차 저하되고 있다. 따라서 일정 사용기간이 경과하면 이에 대한 검수가 반드시 필요하다.

분해 및 부품 교체	시험 검사 및 측정
• 부품 취거 • 배유 및 분해 • 각 부품 정비 • 검사 • 부품 조립	• 절연저항 시험 • 논리회로 분석기 • 고저온 시험기 • 열화상 카메라 • 제동거리 측정기

※ 고저온 시험기와 열화상 카메라는 온도를 사용하는 기기임

▶ 절차

구분	내용
1단계	기능 및 상태 확인
2단계	정비개소 유지보수 시행 및 보고
3단계	기능시험 및 출장검사
4단계	본선 시운전
5단계	보완사항 점검 조치
6단계	최종 확인 및 결제
7단계	운용 소속 인계

▶ 최근 유지보수 시스템

• RAMS 기술을 활용한 RAM 기반 철도차량 유지보수 모니터링 시스템을 활용한다.

• 디지털 트윈 기술을 활용해 철도차량 운행상태를 수집하여 3차원 디지털 정보로 시각화한다.

• 데이터에 기반한 사전 혹은 실시간 유지보수가 가능하다.

▶ 중정비 정기 점검 기준

운행 연차	정기 점검 산정 방식
5년 초과	(열차 등급별 정기 점검 산정 횟수)×5
3년 이상 5년 이하	(열차 등급별 정기 점검 산정 횟수)×3
3년 미만	(열차 등급별 정기 점검 산정 횟수)×2

※ 열차 등급별 정기 점검 산정 횟수 : A등급의 경우 1회/년, B등급의 경우 2회/년, C등급의 경우 3회/년

05 **다음 중 Y직원이 자료를 이해한 내용으로 적절하지 않은 것은?**

① 중정비 중인 열차는 운행할 수 없다.
② 온도와 관련된 기기를 사용하여 시험 검사 및 측정을 실시한다.
③ 중정비 절차는 총 7단계로, 기능시험 및 출장검사는 3단계이다.
④ 중정비는 철도차량 전체의 주요 시스템과 부품을 점검하는 작업이다.
⑤ 철도차량 운행상태를 3차원 디지털 정보로 시각화하는 기술은 RAMS 기술이다.

| 문제해결능력

06 **C등급의 열차가 4년째 운행 중일 때, 다음 중 해당 열차가 1년 동안 받아야 할 정기 점검 산정 횟수로 옳은 것은?**

① 1회
② 3회
③ 5회
④ 9회
⑤ 12회

01 다음 글에서 알 수 있는 내용으로 적절하지 않은 것은?

> 인공 지능이 일자리에 미칠 영향에 대한 논의는 2013년 영국 옥스퍼드 대학의 경제학자 프레이 교수와 인공 지능 전문가 오스본 교수의 연구 이후 본격화되었다. 이들의 연구는 데이비드 오토 등이 선구적으로 연구한 정형화·비정형화 업무의 분석들을 이용하되, 여기에서 한걸음 더 나아갔다. 인공 지능의 발전으로 대부분의 비정형화된 업무도 컴퓨터로 대체될 수 있다고 본 것이 핵심적인 관점의 변화이다. 이들은 10 ~ 20년 후에도 인공 지능이 대체하기 힘든 업무를 '창의적 지능', '사회적 지능', '감지 및 조작' 등 3가지 병목 업무로 국한하고, 이를 미국 직업 정보시스템에서 조사하는 9개 직능 변수를 이용해 정량화했다. 직업별로 3가지 병목 업무의 비율에 따라 인공 지능에 의한 대체 정도가 달라진다고 본 것이다. 프레이와 오스본의 분석에 따르면, 미국 일자리의 47%가 향후 10 ~ 20년 후에 인공 지능에 의해 자동화될 가능성이 높은 고위험군으로 나타났다.
>
> 프레이와 오스본의 연구는 전 세계 연구자들 사이에서 반론과 재반론을 불러일으키며 논쟁의 중심에 섰다. OECD는 인공 지능이 직업 자체를 대체하기보다는 직업을 구성하는 과업의 일부를 대체할 것이라며, 프레이와 오스본의 연구가 자동화 위험을 과대 추정하고 있다고 비판했다. OECD의 분석에 따르면, 미국의 경우 9%의 일자리만이 고위험군에 해당한다. 데이비드 오토는 각 직업에 포함된 개별적인 직업을 기술적으로 분리하여 자동화할 수 있더라도 대면 서비스를 더 선호하는 소비자로 인해 완전히 자동화되는 일자리 수는 제한적일 것이라고 주장했다.
>
> 컨설팅 회사 PwC는 OECD의 방법론이 오히려 자동화 위험을 과소평가하고 있다고 주장하고, OECD의 연구 방법을 수정하여 다시 분석하였다. 그 결과 미국의 고위험 일자리 비율이 OECD에서 분석한 9% 수준에서 38%로 다시 높아졌다. 같은 방법으로 영국, 독일, 일본의 고위험군 비율을 계산한 결과도 OECD의 연구에 비해서 최소 14%p 이상 높은 것으로 나타났다.
>
> 매킨지는 직업별로 필요한 업무 활동에 투입되는 시간을 기준으로 자동화 위험을 분석하였다. 그 결과 모든 업무 활동이 완전히 자동화될 수 있는 일자리의 비율은 미국의 경우 5% 이하에 불과하지만, 근로자들이 업무에 쓰는 시간의 평균 46%가 자동화될 가능성이 있는 것으로 나타났다. 우리나라의 경우 52%의 업무 활동 시간이 자동화 위험에 노출될 것으로 나타났는데, 이는 독일(59%)과 일본(56%)보다는 낮고, 미국(46%)과 영국(43%)보다는 높은 수준이다.

① 인공 지능이 일자리에 미칠 영향에 대한 논의가 본격화된 것은 2010년대에 들어와서였다.

② 프레이와 오스본의 연구가 선구적인 연구와 다른 점은 인공 지능의 발전으로 정형화된 업무뿐만 아니라 비정형화된 업무도 모두 컴퓨터로 대체될 수 있다고 본 것이다.

③ OECD에서는 인공 지능이 직업 자체보다는 직업을 구성하는 과업의 일부를 대체할 것이라고 하며, 미국의 경우 10% 미만의 일자리가 고위험군에 속한다고 주장하였다.

④ PwC가 OECD의 주장을 반박하며 연구 방법을 수정하여 재분석한 결과, 미국의 고위험 일자리 비율은 OECD의 결과보다 4배 이상 높았고 다른 나라도 최소 14%p 이상 높게 나타났다.

⑤ 매킨지는 접근 방법을 달리하여 자동화에 의해 직업별로 필요한 업무 활동에 투입되는 시간이 어떻게 달라지는지 분석하였고, 그 결과 분석 대상인 국가들의 업무 활동 시간이 약 40 ~ 60% 정도 자동화 위험에 노출될 것으로 나타났다.

02 **다음 글의 문맥상 빈칸에 들어갈 단어로 가장 적절한 것은?**

> 서울은 물길이 많은 도시이다. 도심 한가운데 청계천이 흐른다. 도성의 북쪽 백악산, 인왕산과 남쪽 목멱산에서 흘러내린 냇물이 청계천과 합류한다. 냇물은 자연스럽게 동네와 동네의 경계를 이뤘다. 물길을 따라 만들어진 길은 도시와 어울리며 서울의 옛길이 됐다. 서울의 옛길은 20세기 초반까지 ________됐다. 하지만 일제강점기를 거치며 큰 변화가 일어났다. 일제가 도심 내 냇물 복개를 진행하면서 옛길도 사라졌다. 최근 100년 동안의 산업화와 도시화로 서울은 많은 변화를 겪었다.

① 유래(由來)
② 전파(傳播)
③ 유지(維持)
④ 전래(傳來)
⑤ 답지(遝至)

03 **K씨는 주기적으로 그림의 종류와 위치를 바꾸고, 유리창의 커튼을 바꿔 응접실 인테리어를 교체하고 있다. 응접실의 구조와 현재 보유한 그림과 커튼의 수가 다음 〈조건〉과 같을 때, 가능한 인테리어는 모두 몇 가지인가?**

조건

- 보유하고 있는 커튼은 총 3종, 그림은 총 7종이다.
- 응접실 네 면 중 한 면은 전체가 유리창으로 되어 있고 커튼만 달 수 있으며, 나머지 세 면은 콘크리트 벽으로 되어 있고 그림을 1개만 걸 수 있다.
- 콘크리트 벽 세 면에는 서로 다른 그림을 걸어야 한다.
- 같은 그림이라도 그림을 거는 콘크리트 면이 바뀌면 인테리어가 교체된 것으로 간주한다.

① 10가지
② 36가지
③ 105가지
④ 210가지
⑤ 630가지

04 다음은 주요 대도시의 환경소음도를 나타낸 자료이다. 이에 대한 설명으로 옳지 않은 것은?

〈주요 대도시 주거지역(도로) 소음도〉

(단위 : dB)

구분	2017년		2018년		2019년		2020년		2021년	
	낮	밤	낮	밤	낮	밤	낮	밤	낮	밤
서울	68	65	68	66	69	66	68	66	68	66
부산	67	62	67	62	67	62	67	62	68	62
대구	68	63	67	63	67	62	65	61	67	61
인천	66	62	66	62	66	62	66	62	66	61
광주	64	59	63	58	63	57	63	57	62	57
대전	60	54	60	55	60	56	60	54	61	55

※ 소음환경기준 : 사람의 건강을 보호하고 쾌적한 환경을 조성하기 위한 환경정책의 목표치로, 생활소음 줄이기 종합대책을 수립 및 추진하는 데 활용하고 있으며, 소음도가 낮을수록 쾌적한 환경임을 의미함

※ 주거지역(도로) 소음환경기준 : 낮(06:00 ~ 22:00) 65dB 이하, 밤(22:00 ~ 06:00) 55dB 이하

① 광주와 대전만이 조사기간 중 매해 낮 시간대 소음환경기준을 만족했다.

② 2020년도에 밤 시간대 소음도가 소음환경기준을 만족한 도시는 대전뿐이다.

③ 2019 ~ 2021년 동안 모든 주요 대도시의 낮 시간대 소음도의 증감 폭은 1dB 이하이다.

④ 조사기간 중 밤 시간대 평균 소음도가 가장 높았던 해는 2018년이며, 이때 소음환경기준보다 6dB 더 높았다.

⑤ 조사기간 중 낮 시간대 주거지역 소음의 평균이 가장 높은 대도시는 서울이며, 밤에도 낮 시간대 소음환경기준 이상의 소음이 발생했다.

05 **K씨는 병원 진료를 위해 메디컬빌딩을 찾았다. 다음 〈조건〉을 토대로 바르게 추론한 것은?**

조건

- 메디컬빌딩은 5층 건물이고, 1층에는 약국과 편의점만 있다.
- K씨는 이비인후과와 치과를 가야 한다.
- 메디컬빌딩에는 내과, 산부인과, 소아과, 안과, 이비인후과, 정형외과, 치과, 피부과가 있다.
- 소아과와 피부과 바로 위층에는 정형외과가 있다.
- 이비인후과가 있는 층에는 진료 과가 2개 더 있다.
- 산부인과는 약국 바로 위층에 있으며, 내과 바로 아래층에 있다.
- 산부인과와 정형외과는 각각 1개 층을 모두 사용하고 있다.
- 안과와 치과는 같은 층에 있으며, 피부과보다 높은 층에 있다.

① 산부인과는 3층에 있다.
② 안과와 이비인후과는 같은 층에 있다.
③ 피부과가 있는 층은 진료 과가 2개이다.
④ 이비인후과는 산부인과 바로 위층에 있다.
⑤ K씨가 진료를 위해 찾아야 하는 곳은 4층이다.

06 **A ~ D 4명은 동일 제품을 수리받기 위해 같은 날 수리전문점 3곳을 방문했다. 4명의 사례가 〈조건〉과 같을 때, 다음 중 반드시 참인 것은?**

조건

ㄱ. A는 신도림점을 방문하였으며 수리를 받지 못했다.
ㄴ. B는 세 지점을 모두 방문하였으며 수리를 받았다.
ㄷ. C는 영등포점과 여의도점을 방문하였으며 수리를 받지 못했다.
ㄹ. D는 신도림점과 여의도점을 방문하였으며 수리를 받았다.

① ㄱ, ㄴ의 경우만 고려한다면, 이날 수리할 수 있었던 지점은 여의도점뿐이다.
② ㄱ, ㄹ의 경우만 고려한다면, 이날 영등포점과 여의도점은 해당 제품을 수리할 수 있었다.
③ ㄴ, ㄷ의 경우만 고려한다면, 이날 수리할 수 있었던 지점은 신도림점뿐이다.
④ ㄴ, ㄹ의 경우만 고려한다면, 이날 세 지점 모두 수리가 가능한 지점이었다.
⑤ ㄷ, ㄹ의 경우만 고려한다면, 이날 신도림점의 수리 가능 여부는 알 수 없다.

01 다음 글에서 궁극적으로 전달하고자 하는 바로 가장 적절한 것은?

> 과학이 무신론이고 윤리와는 거리가 멀다는 견해는 스페인의 철학자 오르테가 이 가세트가 말하는 '문화인'들 사이에서 과학에 대한 반감을 더욱 부채질하곤 했다. 사실 과학자도 신의 존재를 믿을 수 있고, 더 나아가 신의 존재에 대한 과학적 증거를 찾으려 할 수도 있다. 무신론자들에게는 이것이 지루한 과학과 극단적 기독교의 만남 정도로 보일지도 모른다. 그러나 어느 누구도 제임스 클러스 멕스웰 같이 저명한 과학자가 분자 구조를 이용해서 신의 존재를 증명하려 했던 것을 비웃을 수는 없다.
>
> 물론 과학자들 중에는 무신론자도 많이 있다. 동물학자인 리처드 도킨스는 모든 종교가 무한히 복제되는 정신적 바이러스일지도 모른다는 의심을 품고 있었다. 그러나 확고한 유신론자들의 관점에서는 이 모든 과학적 발견 역시 신에 의해 계획된 것을 발견한 것이므로 종교적 지식이라고 할 수도 있다. 따라서 과학의 본질을 무조건 비종교적이라고 간주할 수는 없을 것이다.
>
> 오히려 과학자나 종교학자가 모두 진리를 찾으려고 한다는 점에서 과학과 신학은 동일한 목적을 추구한다고도 할 수 있다. 과학이 물리적 우주에 대한 진리를 찾는 것이라면, 신학은 신에 대한 진리를 찾는 것이다. 그러나 신학자들이나 어느 정도 신학적인 관점을 가진 사람들은 신이 우주를 창조했다고 믿고 우주를 통해 신과 만날 수 있다고 믿기 때문에 신과 우주가 근본적으로는 뚜렷이 구분되는 대상이 절대 아니라고 생각한다.
>
> 사실 많은 과학자들이 과학과 종교는 서로 대립하는 개념이라고 주장하기도 한다. 신경 심리학자인 리처드 그레고리는 '과학이 전통적인 믿음을 받아들이기보다는 모든 것에 질문을 던지기 때문에 과학과 종교는 근본적으로 다른 반대의 자세를 가지고 있다.'고 주장한 바가 있다. 그러나 이것은 종교가 가지고 있는 변화의 능력을 과소평가한 것이다. 유럽에서 일어난 모든 종교 개혁 운동은 전통적 믿음을 받아들이지 않으려는 시도였다.
>
> 과학은 증거에 의존하는 반면, 종교는 계시된 사실에 의존한다는 점에서 이들 간 극복할 수 없는 차이점이 존재한다는 반론을 제기할 수도 있다. 그러나 종교인들에게는 계시된 사실이 바로 증거이다. 지속적으로 신에 대한 증거들에 대해 회의하고 재해석하려고 한다는 점에서 신학을 과학이라고 간주하더라도 결코 모순은 아니다. 사실 그것을 신학이라고 부르기 때문에 신의 존재를 전제하는 것처럼 보인다. 그러나 우리가 본 바와 같이 과학적 연구가 몇몇 과학자를 신에게 인도했던 것처럼, 신학 연구가 그 신학자를 무신론자로 만들지 않을 이유는 없다.

① 과학이 종교와 양립할 수 없다는 의견은 타당하지 않다.
② 과학자와 종교학자는 진리 탐구라는 공통 목적을 추구한다.
③ 과학은 존재하는 모든 것에 대해 회의적 질문을 던지는 학문이다.
④ 신학은 신에 대한 증거들을 의심하고 재해석하고자 하는 학문이다.
⑤ 신학은 신의 존재를 입증하기 위해 과학과는 다른 방법론을 적용한다.

02 **다음 밑줄 친 ㉠~㉤ 중 맥락상 쓰임이 적절하지 않은 것은?**

> 코레일은 위치정보 기반 IT 기술을 활용해 부정 승차의 ㉠ 소지를 없애고 승차권 반환 위약금을 줄여 고객의 이익을 보호할 수 있는 '열차 출발 후 코레일톡 승차권 직접 변환' 서비스를 시범 ㉡ 운영한다. 그동안 코레일은 열차 안에서 승무원의 검표를 받고 나서 승차권을 반환하는 얌체족들의 부정 승차를 막기 위해 열차가 출발하고 나면 역 창구에서만 반환 접수를 하였다. 그러나 반환 기간이 경과함에 따라 고객의 위약금이 늘어나 ㉢ 부수적인 피해가 발생하기도 했다. 이를 개선하기 위해 코레일은 열차에 설치된 내비게이션의 실시간 위치정보와 이용자의 스마트폰 GPS 정보를 비교하는 기술을 ㉣ 개발했다. 이용자의 위치가 열차 안이 아닐 경우에만 '출발 후 반환' 서비스를 제공하는 방법으로 문제를 해결한 것이다. 열차 출발 후 '코레일톡'으로 승차권을 반환하려면 먼저 스마트폰의 GPS 기능을 켜고 코레일톡 앱의 위치정보 접근을 ㉤ 준용해야 한다.

① ㉠
② ㉡
③ ㉢
④ ㉣
⑤ ㉤

03 **A씨는 집에서 회사로 가던 도중 중요한 서류를 두고 온 것을 깨닫고 집으로 돌아가게 되었다. 다음 〈조건〉에 따라 A씨가 회사에 제시간에 도착하려면 승용차를 최소 몇 km/h로 운전해야 하는가? (단, 모든 운송수단은 각각 일정한 속도로 이동하고, 동일한 경로로 이동한다)**

> **조건**
> - 집에서 버스를 타고 60km/h의 속도로 15분 동안 이동하였다. 버스를 타고 이동한 거리는 집에서 회사까지 거리의 절반이었다.
> - 버스에서 내리자마자 서류를 가져오기 위해 집에 택시를 타고 75km/h의 속도로 이동하였다. 택시를 탔을 때의 시각은 8시 20분이었다.
> - 집에서 서류를 챙겨서 자신의 승용차를 타기까지 3분의 시간이 걸렸다. 승용차를 타자마자 회사를 향해 운전하였으며, 회사에 도착해야 하는 시각은 9시이다.

① 68km/h
② 69km/h
③ 70km/h
④ 71km/h
⑤ 72km/h

04 K기업에 새로 채용된 직원 9명은 각각 기획조정부, 홍보부, 인사부로 발령받는다. 이들은 자신이 발령받고 싶은 부서를 1지망, 2지망, 3지망으로 지원해야 한다. 각 부서에 대한 직원 9명의 지원 현황이 다음 〈조건〉과 같을 때, 적절하지 않은 것은?

조건

- 인사부를 3지망으로 지원한 직원은 없다.
- 인사부보다 홍보부로 발령받고 싶어하는 직원은 2명이다.
- 2지망으로 기획조정부를 지원한 직원이 2지망으로 홍보부를 지원한 직원보다 2명 더 많다.
- 인사부보다 기획조정부로 발령받고 싶어하는 직원은 3명이다.

① 인사부를 1지망으로 지원한 직원은 4명이다.
② 홍보부를 1지망으로 지원한 직원이 가장 적다.
③ 홍보부를 3지망으로 지원한 직원이 가장 많다.
④ 기획조정부를 3지망으로 지원한 직원은 6명이다.
⑤ 홍보부를 2지망으로 지원한 직원과 3지망으로 지원한 직원의 수는 다르다.

정답 및 해설 p.012

| 의사소통능력

01 다음 글과 가장 관련 있는 한자성어는?

> 1929년 10월 미국의 과도한 주식 투자로 경제가 과열되면서 주가가 폭락하는 월스트리트 대폭락이 발생하였다. 이 사건으로 수많은 은행이 폐업하였고 신용 시스템 붕괴를 일으켜 소비 및 투자가 급감하면서 세계 무역도 크게 휘청거렸다. 그 여파로 세계 대공황이 시작되었다. 1930년대 중반까지 경제 침체가 이어지며 전 세계의 실업률은 역사상 최고치에 달했고, 수백만 명이 집을 잃고 거리로 내쫓겼다.
> 이는 그 당시 세계 각 나라가 한 번도 경험해 보지 못한 위기로, 많은 나라들이 다시 경제 위기가 닥쳤을 때, 보다 신속하게 대처할 수 있도록 여러 경제 시스템을 세우는 계기가 되었다.

① 각주구검(刻舟求劍)
② 반면교사(反面教師)
③ 부화뇌동(附和雷同)
④ 수주대토(守株待兎)
⑤ 자중지란(自中之亂)

| 의사소통능력

02 다음 중 밑줄 친 단어가 한글맞춤법상 옳은 것은?

① 그가 약속을 어긴 이유를 듣자 <u>어의가 없었다</u>.
② 행사가 끝난 자리에는 쓰레기가 <u>널부러져</u> 있었다.
③ 자기 전에 야식을 먹으면 다음날 아침에는 <u>더부룩하다</u>.
④ 처음 하는 여행이라 마음속에 <u>설레임</u>이 가득했다.
⑤ 사람들이 많은 장소를 <u>꺼려하는</u> 이유는 여러 가지이다.

03 **다음 중 한글 표준발음법에 따라 표기상으로 사이시옷이 없더라도 합성어의 뒤 단어가 된소리로 발음되는 경우가 아닌 것은?**

① 강가
② 창살
③ 솜이불
④ 물동이
⑤ 그믐달

04 **다음 중 우리나라의 언어적 관습에 대한 설명으로 가장 적절한 것은?**

> 우리나라의 언어는 단순히 말을 전달하는 데 그치는 것이 아니라, 사회적 관계와 문화적 가치를 담고 있다.
> 먼저, 우리나라는 말하는 대상에 따라 존댓말과 반말을 구분하여 사용한다. 대개 상대방이 나이가 많거나 혹은 사회적 지위가 높을 때는 존댓말을, 그 반대로 나이나 지위가 비슷하거나 적거나 낮은 사람에게는 반말을 쓴다. 하지만 처음 만난 사람에게는 나이나 지위에 관계없이 존댓말을 사용하여 예의를 차리고, 반대로 친분이 두터우면 나이 혹은 지위가 많거나 높아도 반말을 사용해 친밀감을 드러내기도 한다. 이처럼 존댓말과 반말은 상대방과의 사회적 거리, 친밀도, 예의를 모두 담고 있다.
> 또한, 우리나라는 상대방의 입장을 고려하고 다툼을 피하기 위해 직접적으로 말하기 보다는 돌려 말하는 문화가 자리 잡고 있다. 예를 들어 거절이나 부정을 할 때에는 '못해요.' 또는 '안 해요.'가 아닌 '어려울 것 같아요.'라고 표현한다. 이는 우리나라의 언어적 관습이 말의 전달보다 상대방을 배려하는 데 초점을 맞추고 있기 때문이다.

① 완곡하게 표현하는 것이 내용 전달에 유리하다.
② 상대방과의 관계와 감정을 고려하는 것이 중요하다.
③ 친밀하지 않은 사이에서는 반드시 존댓말을 사용한다.
④ 직접적으로 말하는 것은 상대방과의 다툼을 발생시킨다.
⑤ 우리나라 언어는 말의 의미를 정확하게 전달하는 것이 가장 중요하다.

05 **다음 글과 어울리지 않는 속담은?**

> 말은 단순한 의사소통의 한 방식이 아니라, 사람과의 관계, 신뢰성, 자신의 사회적 이미지를 모두 담고 있는 강력한 도구이다. 특히 우리나라의 언어적 관습상 말을 하는 태도는 그 사람 자체를 결정한다고 해도 과언이 아닐 것이다.
> 또한 한번 내뱉은 말은 주워 담을 수 없어, 원하지 않아도 널리 퍼져 돌이킬 수 없는 결과를 가져오기도 한다. 따라서 말을 내뱉기 전에는 상대방과의 상황을 고려하여 한 번 더 생각하는 습관이 중요하다.

① 낫 놓고 기역자도 모른다.
② 발 없는 말이 천 리 간다.
③ 말 한마디에 천 냥 빚도 갚는다.
④ 가는 말이 고와야 오는 말이 곱다.
⑤ 낮말은 새가 듣고 밤말은 쥐가 듣는다.

06 **다음 중 밑줄 친 단어에 해당하는 한자로 옳지 않은 것은?**

① 그는 뛰어난 실력으로 세계적인 <u>명성(明星)</u>을 쌓았다.
② 오랜 시간 꾸준히 운동을 해 온 그의 <u>육체(肉體)</u>는 탄탄했다.
③ 힘든 시기에 서로를 도운 사람들은 서로에게 <u>영웅(英雄)</u>이다.
④ 물질적인 <u>소유(所有)</u>보다 내적 만족이 행복에 더 큰 영향을 준다.
⑤ 그는 뛰어난 외국어 구사 <u>능력(能力)</u> 덕분에 의사소통이 원활했다.

07 다음 중 시에 대한 해석으로 가장 적절한 것은?

이제 어디를 가나 아리바바의 참깨
주문 없이도 저절로 열리는
자동문 세상이다.
언제나 문 앞에 서기만 하면
어디선가 전자 감응 장치의 음흉한 혀끝이
날름날름 우리의 몸을 핥는다 순간
스르르 문이 열리고 스르르 우리들은 들어간다.
스르르 열리고 스르르 들어가고
스르르 열리고 스르르 나오고
그때마다 우리의 손은 조금씩 퇴화하여 간다.
하늘을 멀뚱멀뚱 쳐다만 봐야 하는
날개 없는 키위새
머지않아 우리들은 두 손을 잃고 말 것이다.
정작, 두 손으로 힘겹게 열어야 하는
그,
어떤, 문 앞에서는
키위키위 울고만 있을 것이다.

– 유하, 「자동문 앞에서」

① 자동문의 편리함에 대해 이야기하고 있다.
② 자동문은 현대 문명의 긍정적 속성을 의미하는 상징어이다.
③ '날개 없는 키위새'는 스스로의 힘으로는 아무것도 할 수 없는 존재를 뜻한다.
④ '날름날름 우리의 몸을 핥는다.'는 의인법적 표현을 통해 기계화된 현대 문명을 생동감 있게 묘사한 것이다.
⑤ '우리의 손은 조금씩 퇴화하여 간다.'는 현대 문명의 발전으로 인간의 노동 없이도 편리하게 생활할 수 있음을 말한다.

08 다음 수의 대소를 비교한 내용으로 옳은 것은?

$A=2^{48}$, $B=3^{30}$, $C=17^{12}$

① $A<B<C$
② $A<C<B$
③ $B<A<C$
④ $B<C<A$
⑤ $C<A<B$

| 수리능력

09 A와 B는 다음 〈조건〉에 따라 400m의 원형 운동장을 달렸다. 이때 A와 B가 두 번째로 마주친 곳은 출발 지점에서 시계방향 기준으로 몇 m인가?

조건

- A는 시계방향으로 달리며 4m/s의 속력으로 200m를 뛰고, 이후 2m/s의 속력으로 200m를 뛰는 것을 반복한다.
- B는 시계반대방향으로 달리며 3m/s의 속력으로 200m를 뛰고, 이후 1.5m/s의 속력으로 200m를 뛰는 것을 반복한다.

① $30\frac{6}{11}$m
② $50\frac{6}{11}$m
③ $54\frac{6}{11}$m
④ $60\frac{6}{11}$m
⑤ $62\frac{6}{11}$m

| 수리능력

10 가로 108m, 세로 84m의 직사각형 운동장의 둘레에 동일 간격으로 최소한의 깃발을 세우려고 한다. 운동장의 꼭짓점에 깃발이 1개씩 이미 꽂혀 있다면, 운동장의 둘레에는 몇 개의 깃발을 세울 수 있는가?

① 24개
② 28개
③ 32개
④ 36개
⑤ 40개

| 수리능력

11 다음은 모두 같은 규칙을 가진 도형이다. 네 번째 삼각형의 ?에 들어갈 수로 옳은 것은?

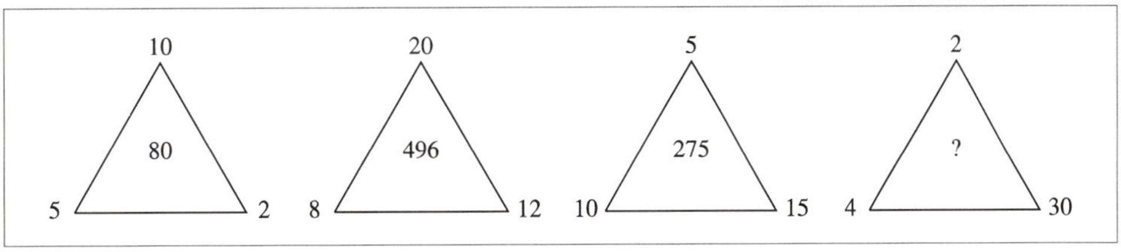

① 84
② 97
③ 112
④ 188
⑤ 192

12 다음은 2019년부터 2024년까지 K국에서 발생한 지진에 대한 정보이다. 이를 바탕으로 6년간 진도 3.0 이상 지진 발생 횟수를 파악하기 위한 그래프로 가장 적합한 것은?(단, 그래프 단위는 모두 '회'이다)

〈K국에서 발생한 지진 횟수〉

(단위 : 회)

구분	3.0 미만	3.0 이상 5.0 미만	5.0 이상 7.0 미만	7.0 이상	전체
2019년	73	32	13	5	123
2020년	65	27	18	4	114
2021년	61	30	15	6	112
2022년	69	33	20	5	127
2023년	59	19	19	4	101
2024년	72	25	18	3	118

①
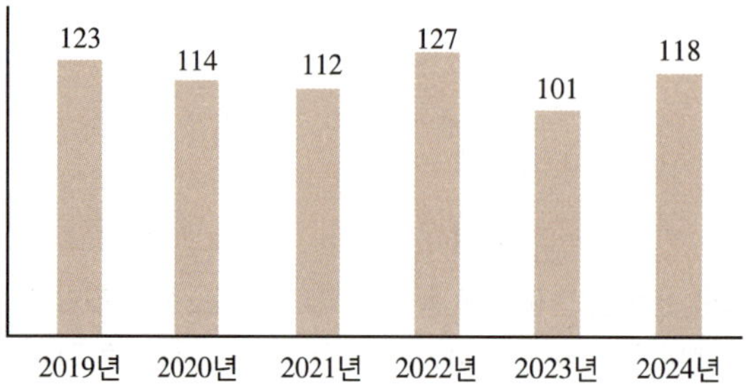

②
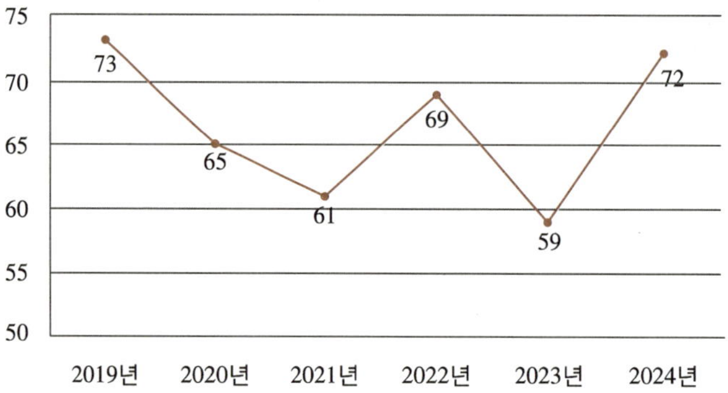

③
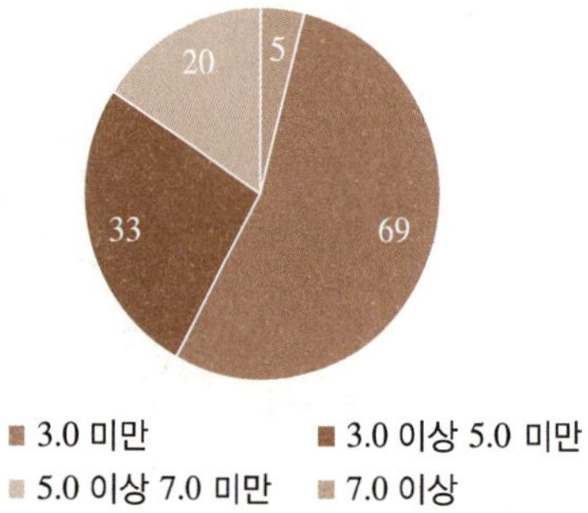

④

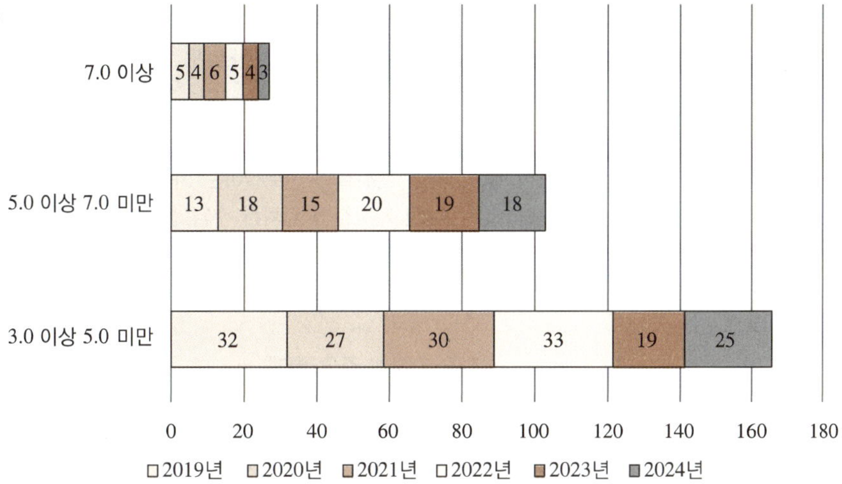
7.0 이상
5 4 6 5 4 3
5.0 이상 7.0 미만
13 18 15 20 19 18
3.0 이상 5.0 미만
32 27 30 33 19 25
0 20 40 60 80 100 120 140 160 180
2019년 2020년 2021년 2022년 2023년 2024년

⑤

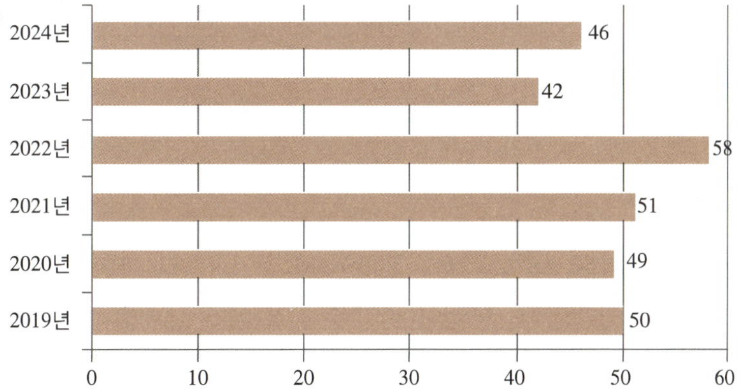
2024년 46
2023년 42
2022년 58
2021년 51
2020년 49
2019년 50
0 10 20 30 40 50 60

13 다음 정보를 바탕으로 할 때, 빈칸 ㉠~㉤에 들어갈 값이 바르게 연결된 것은?

〈전국 지하철 정보〉

- 서울 지하철의 선로길이는 가장 길고, 광주 지하철의 선로길이는 가장 짧다.
- 광주 지하철의 열차칸 수당 승객 수는 대전 지하철의 열차칸 수당 승객 수 보다 많다.
- 선로길이 대비 운행 거리가 가장 긴 지역은 부산이다.
- 대전, 광주, 대구 지하철 승객 수의 합은 서울 지하철 승객 수보다 많다.

〈전국 지하철 주요 통계〉

(단위 : km, 명, 량)

구분	선로길이	승객 수	열차칸 수	운행 거리
서울	300	100,000	10	㉤
부산	200	㉡	8	640,000
대전	㉠	32,000	4	44,000
광주	30	34,000	㉣	36,000
대구	50	㉢	5	46,000

	㉠	㉡	㉢	㉣	㉤
①	66	92,000	50,000	5	600,000
②	66	80,000	50,000	5	750,000
③	44	84,000	45,000	3	840,000
④	44	60,000	30,000	3	900,000
⑤	22	64,000	38,000	3	990,000

14 다음은 20대와 30대 여성의 흡연율, 음주율, 고위험음주율에 대한 그래프이다. 이에 대한 설명으로 옳지 않은 것은?

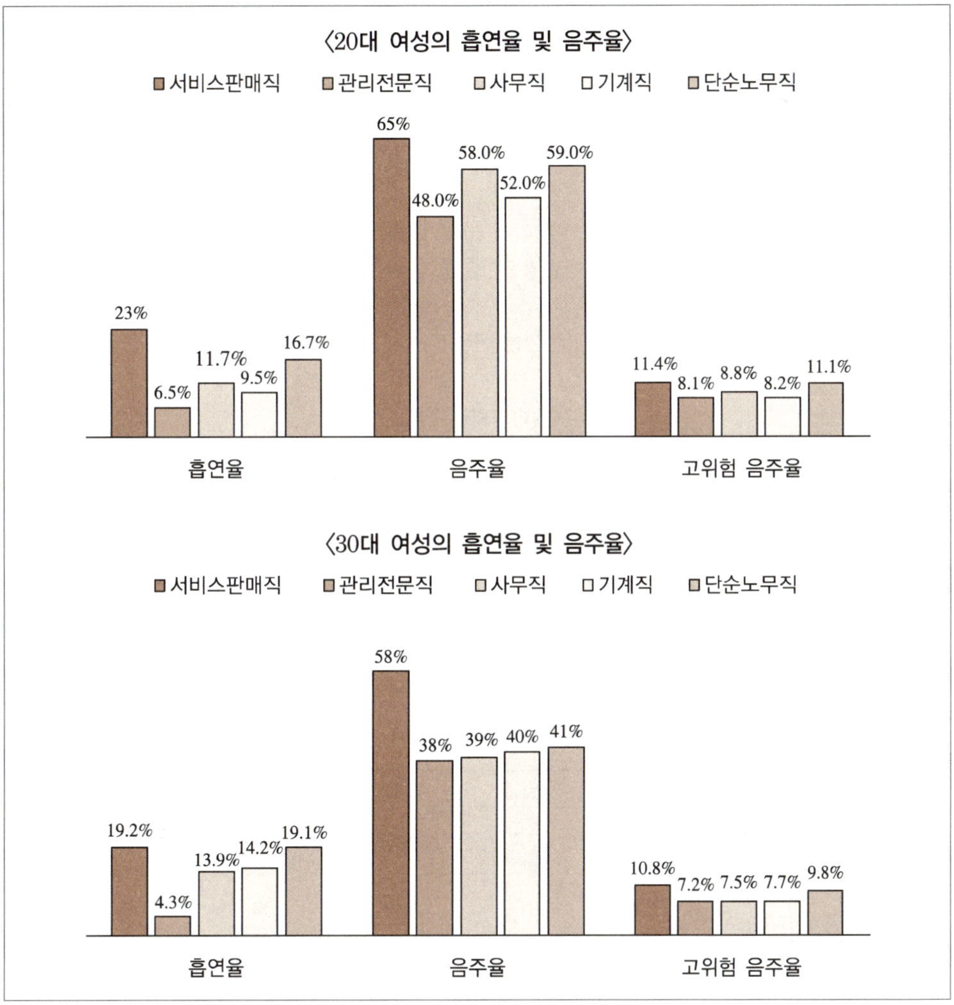

① 20대 여성의 경우 흡연율이 높은 직군일수록 음주율도 높다.

② 30대 여성의 경우 음주율이 높은 직군일수록 흡연율도 높다.

③ 20대 여성의 경우 음주율이 높은 직군일수록 고위험음주율도 높다.

④ 30대 여성의 경우 흡연율이 높은 직군일수록 고위험음주율도 높다.

⑤ 20대 여성의 고위험음주율이 높은 직군의 순서와 30대 여성의 흡연율이 높은 직군의 순서는 동일하다.

※ 다음은 코레일 승차권 환불에 대한 안내사항이다. 이어지는 질문에 답하시오. **[15~16]**

〈코레일 승차권 환불 안내사항〉

- 승차권은 출발 1개월 전 7시부터 출발 20분 전까지(코레일톡은 열차출발 전까지) 구매할 수 있습니다.
- 승차권에 표기된 출발시각 이전까지 홈페이지(홈티켓), 코레일톡(모바일티켓), 역의 창구에서 승차권을 환불(취소·반환) 신청 할 수 있습니다.
- 출발시각 이후에는 역의 창구에서 환불 신청해야 합니다.
- 승차권에 표기된 도착역 도착시각 이후에는 환불 신청할 수 없습니다.
- 최저위약금은 400원입니다.
- 태풍, 홍수 등 천재지변으로 열차에 승차하지 못한 경우 승차일로부터 1년 이내에, 승차권과 승차할 수 없었던 사유를 확인할 수 있는 증명서(선박결항증명서, 항공권 등)를 역에 제출하면 운임·요금의 50%에 해당하는 금액을 환불하여 드립니다.
- 구입한 승차권을 환불하고자 하는 경우 환불 신청 시점에 따라 다음의 위약금이 발생합니다(운임 기준).

〈일반승차권 환불 위약금〉

구분(출발일)	출발 전				출발 후		
	1개월~출발 2일 전	출발 1일 전	출발 당일~출발 3시간 전	출발 3시간 전~출발 전	출발 후 20분까지	출발 후 20~60분까지	출발 후 60분~도착까지
월~목	무료			5%	15%	40%	70%
금~일, 설, 추석	최저위약금	5%	10%	20%	30%		

〈단체승차권 환불 위약금〉

구분	출발 전					출발 후	
	출발 11일 전까지	10일 전~6일 전	5일 전~2일 전	1일 전	출발 당일~출발시각 전	60분까지	60분 경과 후~도착까지
단체 승차권	400원×(인원수)	5%	10%	20%	30%	40%	70%

※ 단체승차권은 11명 이상의 단체가 동일 구간을 여행할 경우 적용

15 **다음 중 자료에 대한 설명으로 옳은 것은?**

① 단체승차권의 최소 환불액은 4,000원이다.
② 목요일에 출발하는 기차의 모든 승차권은 한 달 전에 무료로 환불이 가능하다.
③ 토요일에 출발하는 기차의 일반승차권을 40일 전에 환불 신청했다면 최저위약금 400원이 부과된다.
④ 수요일 오후 12시에 출발하는 기차의 일반승차권을 당일 오전 8시에 환불 신청했다면 위약금이 부과되지 않는다.
⑤ 금요일 오전 9시에 출발하는 기차의 일반승차권을 당일 오전 9시 5분에 환불 신청한 경우 15%의 위약금이 부과된다.

16 **다음은 서울역에서 특정 시간에 출발하는 KTX 열차 정보이다. 이를 바탕으로 할 때 승차권 환불을 받지 못하는 사람은?(단, A ~ E 모두 열차의 일반승차권을 구매하였다)**

〈9월 13일 서울역 출발 KTX 열차 정보〉

구분	출발일	출발시각	도착시각
서울역 → 부산역	9월 13일(토요일)	09:05	11:37
서울역 → 대전역	9월 13일(토요일)	09:20	10:24
서울역 → 평택역	9월 13일(토요일)	09:26	10:21
서울역 → 대구역	9월 13일(토요일)	09:42	13:02
서울역 → 전주역	9월 13일(토요일)	09:57	11:48

① 대구로 가는 A는 당일 오전 9시 정각에 서울역 창구에서 환불을 신청하였다.
② 대전으로 가는 B는 당일 오전 9시 30분에 서울역 창구에서 환불을 신청하였다.
③ 부산으로 가는 C는 당일 오전 11시 정각에 서울역 창구에서 환불을 신청하였다.
④ 평택으로 가는 D는 당일 오전 9시 30분에 코레일톡을 이용하여 환불을 신청하였다.
⑤ 전주로 가는 E는 당해 9월 20일에 승차권과 태풍으로 인한 항공기 결항증명서를 역에 제출하여 환불을 신청하였다.

17 **다음 중 브레인스토밍에 대한 설명으로 옳지 않은 것은?**

① 진행할 주제를 명확하게 정한다.
② 상대방의 의견을 비판하지 않는다.
③ 원활히 진행할 수 있도록 리더를 선출한다.
④ 발언은 누구나 자유롭게 하고 기록하지 않는다.
⑤ 참가자가 얼굴을 마주볼 수 있게 좌석을 배치한다.

18 **대학생 A～E 5명은 다음 〈조건〉의 순서에 따라 과제를 시작하였다. 〈조건〉이 모두 참일 때, 절대 세 번째로 시작할 수 없는 사람은?(단, 과제를 동시에 시작한 사람은 없다)**

조건

- A는 E보다 먼저 시작했다.
- B와 D 사이에 시작한 사람은 없다.
- C는 A보다 먼저 시작했다.

① A
② B
③ C
④ D
⑤ E

| 문제해결능력

19 **다음 사례에서 나타나는 논리적 오류로 가장 적절한 것은?**

그 공연은 지난 세 달 동안 항상 매진이었으니, 다음 주말의 공연도 반드시 매진될 거야.

① 무지의 오류
② 애매성의 오류
③ 연역법의 오류
④ 과대 해석의 오류
⑤ 성급한 일반화의 오류

| 문제해결능력

20 **다음 사례와 같은 논리적 오류를 보이는 것은?**

신고를 확인하지 않은 건 실수야? 아니면 고의야?

① 당신은 음주운전을 한 것이 나쁘다고 생각하지 않나요?
② 이 문제에 대한 비판은 근거가 없으니 아예 들을 가치가 없겠지?
③ 이 건물에 사용된 벽돌 하나는 가벼우니까 건물 전체도 가볍겠지?
④ 교통사고를 줄이자는 말은 옳지만, 자동차는 현대인의 필수품이잖아?
⑤ 우주에서 사람은 먼지에 불과하다니, 우리가 먼지로 이루어졌다고 하는 건가?

| 경영학

21 **다음 중 5 Forces 모델에서 기업 간 경쟁을 높이는 요소가 아닌 것은?**

① 대체재가 많은 경우
② 진입장벽이 낮은 경우
③ 퇴출장벽이 높은 경우
④ 구매자가 많은 경우
⑤ 공급자가 적은 경우

| 경영학

22 다음 이론을 주장한 경제학자로 옳은 것은?

> • 작업 과정을 과학적으로 분석하고 표준화하여 생산성을 극대화하는 것을 목표로 한다.
> • 능률, 분업, 합리화를 강조하여 인간은 경제적 동기에 의해 움직인다고 본다.
> • 조직관리의 합리화와 객관화를 추구할 수 있는 반면, 인간 소외 현상을 초래한 측면이 있다.

① 애덤 스미스
② 테일러
③ 페이욜
④ 베버
⑤ 맥그리거

| 경영학

23 다음 중 〈보기〉에서 설명하는 내용이 바르게 연결된 것은?

> 보기
> ㄱ. 특정 직무를 수행하기 위해 필요한 지식, 기술, 학력 등 인적요건을 정리한 것이다.
> ㄴ. 특정 직무에 대한 목적, 내용, 자격요건 등을 정리한 것이다.
> ㄷ. 조직 내에서 각 직무의 상대적인 가치를 평가하는 것이다.
> ㄹ. 특정 직무가 수행하는 업무내용, 필요지식 등 직무와 관련된 정보를 분석하는 것이다.

	ㄱ	ㄴ	ㄷ	ㄹ
①	직무명세서	직무기술서	직무평가	직무분석
②	직무명세서	직무평가	직무기술서	직무분석
③	직무명세서	직무분석	직무평가	직무기술서
④	직무기술서	직무명세서	직무평가	직무분석
⑤	직무기술서	직무평가	직무명세서	직무분석

| 경영학

24 다음 중 유통 커버리지 전략에 해당하는 것끼리 바르게 짝지어진 것은?

① 집약적 유통, 전속적 유통, 적극적 유통
② 집약적 유통, 선택적 유통, 효율적 유통
③ 집약적 유통, 전속적 유통, 선택적 유통
④ 전속적 유통, 선택적 유통, 통제적 유통
⑤ 전속적 유통, 통제적 유통, 대중적 유통

25 다음 설명에 해당하는 업무 훈련법으로 옳은 것은?

- 다양한 형태의 업무서류, 메모, 이메일, 보고서 등을 정해진 시간 내에 처리하도록 하는 훈련이다.
- 참가자는 주어진 상황을 분석하고, 메모를 작성하거나 다른 사람에게 위임하는 등 실제 업무와 유사한 방식으로 업무를 처리한다.
- 참가자의 의사결정 능력, 문제해결능력, 우선순위 설정 능력, 위임 및 조직화 능력 등을 종합적으로 평가한다.

① 구조적 피드백
② 직무순환
③ OJT
④ 인바스켓 기법
⑤ 시뮬레이션

| 경영학

26 다음 설명에 해당하는 가격전략으로 옳은 것은?

- 제품이나 서비스의 가격을 소비자가 인지하는 경제적 가치와 일치시킨다.
- 가격 이외의 제품 품질, 브랜드 이미지, 유통 채널 등 다른 마케팅 요소들에 주력한다.
- 가격에 대한 소비자의 심리적 저항을 최소화한다.

① 탄력가격제
② 중립가격
③ 침투가격
④ 종속가격
⑤ 유인가격

| 경영학

27 다음 중 앤소프의 다각화 전략에 대한 설명으로 옳지 않은 것은?

① 기존의 사업 영역이나 제품을 벗어나 새로운 시장에 새로운 제품으로 진출하는 것이다.
② 성공 시 높은 수익을 기대할 수 있지만 실패 시 위험도 크다.
③ 기존 시장이나 사업에 대한 의존도를 낮추고 다양한 사업 포트폴리오를 구축할 수 있다.
④ 동심형 다각화 전략은 기존 제품과 다른 제품을 기존 고객에게 판매하는 전략이다.
⑤ 비관련 다각화 전략은 기존 사업과 직접적인 연관이 없는 완전히 새로운 사업 분야에 진출하는 전략이다.

| 경영학

28 다음 SWOT 분석에 대한 설명으로 옳지 않은 것은?

① 기업이나 개인의 강점, 약점, 기회, 위협을 분석하여 효과적인 전략을 수립하는 기법이다.
② 내부환경 분석은 경쟁사보다 우월한 점 또는 개선이 필요한 점을 다양한 측면에서 분석한다.
③ SO전략은 내부강점을 활용해 외부기회를 포착하는 전략이다.
④ WT전략은 외부기회를 활용하기 위해 내부약점을 보완하는 전략이다.
⑤ 기업의 내부와 외부환경을 한 번에 파악하여 종합적으로 분석할 수 있다.

| 경영학

29 다음 〈보기〉에서 포디즘에 대한 설명으로 옳은 것은 모두 몇 개인가?

보기

㉠ 표준화된 대량생산을 통해 제품 생산속도와 효율성을 높인다.
㉡ 노동자들에게 높은 임금을 지급하여 구매력을 높인다.
㉢ 생산제품을 대량으로 소비하도록 유도한다.
㉣ 생산과정의 각 단계를 단순화하여 분업화한다.
㉤ 고객의 다양한 기호변화에 적응하기 유용하다.

① 1개
② 2개
③ 3개
④ 4개
⑤ 5개

| 경영학

30 다음 설명에 해당하는 인사평가 오류로 옳은 것은?

• 시간적으로 가까운 사건 또는 성과에 과도하게 영향을 받는 오류이다.
• 평소 피평가자의 행위 또는 성과를 기록해 두면 오류해결에 도움이 될 수 있다.

① 후광효과
② 스테레오타이핑
③ 중심화경향
④ 투사오류
⑤ 최근오류

| 경영학

31 다음 중 경영참가제도에 해당하지 않는 것은?

① 조합원상조제도
② 종업원지주제도
③ 노사협의제
④ 성과배분제도
⑤ 이익분배제도

| 경영학

32 다음 중 인적자원관리의 주요 요소에 해당하지 않는 것은?

① 노사관계 관리
② 인적자원 유지
③ 인적자원 개발
④ 평가관리
⑤ 보상관리

| 경영학

33 다음 중 제품의 성능은 동일하나 색상, 디자인만 다르게 하는 마케팅 전략은?

① 리브랜딩
② 제품다양화
③ 제품변형
④ 상품개발
⑤ 가격결정

| 경영학

34 다음 중 팝업스토어는 어느 마케팅 기법에 해당하는가?

① 판매촉진
② 홍보
③ 광고
④ 직접마케팅
⑤ 인적판매

| 경영학

35 다음 중 마케팅 전략의 핵심요소인 4P에서 Place에 해당하는 것은??

① 디자인
② 브랜드
③ 할인
④ 유통채널
⑤ 광고

| 철도법령

36 다음 중 철도산업발전기본법의 목적에 해당하지 않는 것은?

① 철도산업의 효율성 향상
② 철도산업의 전문성 향상
③ 철도산업의 경쟁력 향상
④ 철도산업의 공익성 향상
⑤ 국민경제 발전에 이바지

| 철도법령

37 다음 중 철도사업법령에서 정하는 철도관계법령이 아닌 것은?

① 도시철도법
② 철도안전법
③ 국가철도공단법
④ 철도산업발전기본법
⑤ 철도의 건설 및 철도시설 유지관리에 관한 법률

| 철도법령

38 다음 중 열차를 이용하는 여객이 정당한 운임·요금을 지급하지 아니하고 열차를 이용한 경우에 부가되는 최대 부가 운임은 승차 구간에 해당하는 운임의 몇 배인가?

① 10배
② 20배
③ 30배
④ 40배
⑤ 50배

| 철도법령

39 다음 중 철도산업발전기본법령에 따라 철도산업정보의 수집·분석·보급 및 홍보와 철도산업의 국제동향 파악 및 국제협력사업의 지원 업무를 수행하는 곳은?

① 철도산업정보센터
② 철도산업관제센터
③ 철도산업데이터센터
④ 철도정보화관리센터
⑤ 철도데이터관제센터

| 철도법령

40 다음 중 철도사업법에 따라 전용철도운영자가 그 운영의 전부 또는 일부를 휴업 또는 폐업한 경우 국토교통부장관에게 신고하는 기한으로 옳은 것은?

① 7일
② 15일
③ 1개월
④ 2개월
⑤ 3개월

| 철도법령

41 다음 중 국토교통부장관이 공공복리의 증진과 철도서비스 이용자의 권익보호를 위하여 철도사업자가 제공하는 철도서비스의 품질을 평가하여 공표할 때, 포함하여야 하는 사항이 아닌 것은?

① 평가지표별 평가결과
② 수지전망에 관한 서류
③ 철도사업자별 평가순위
④ 철도서비스의 품질 향상도
⑤ 국토교통부장관이 공표가 필요하다고 인정하는 사항

| 철도법령

42 **다음 중 철도산업발전기본법령에 따라 수립된 철도산업위원회의 심의·조정사항과 위원회에서 위임한 사항의 실무적인 검토를 담당하는 실무위원회의 정원은 최대 몇 명인가?**

① 10명
② 15명
③ 20명
④ 25명
⑤ 30명

| 철도법령

43 **다음 중 철도산업발전기본법령에 따른 철도시설이 아닌 것은?**

① 철도의 신호 및 열차제어 설비
② 철도운영을 위한 건축물·건축설비
③ 철도차량 내부의 안전을 위한 설비
④ 철도전문인력의 교육훈련을 위한 시설
⑤ 철도기술의 개발·시험·연구를 위한 시설

| 철도법령

44 **다음은 한국철도공사법에 따른 공사의 사채 발행에 대한 설명이다. 빈칸에 들어갈 내용으로 옳은 것은?**

> 공사는 이사회의 의결을 거쳐 사채를 발행할 수 있으며, 사채의 발행액은 공사의 자본금과 적립금을 합한 금액의 ______를 초과하지 못한다.

① 2배
② 3배
③ 4배
④ 5배
⑤ 10배

03 2025년 상반기 기출복원문제

정답 및 해설 p.021

| 의사소통능력

01 다음 제시된 표현법에 대한 사례로 가장 적절한 것은?

> 관용의 격률이란 자신의 이익은 최소화하고 부담은 최대화하여 말하는 표현법이다. 관용의 격률에 따르면 자신의 부담이 커질수록 상대에게는 예의 있는 표현으로 여겨지기 때문에 어떠한 문제를 자신의 탓으로 돌려 말하는 것이라고도 해석된다.

① 민재 : 조은씨는 좋겠네요. 아들이 훤칠한데 공부까지 잘해서요.
② 지우 : 설명이 너무 어려워서 이해가 되지 않아요. 더 쉽게 설명해 주시겠어요?
③ 다예 : 제가 다음 주에 발표가 있으니, 이번 주까지 자료 정리해서 보내줄 수 있나요?
④ 동현 : 짐을 옮겨야 되는데 너무 무거워서, 미안한데 잠깐 도와 줄 수 있을까요?
⑤ 선주 : 제가 시력이 안 좋아서 잘 보이지가 않네요. 조금 더 크게 보여주실 수 있나요?

※ 다음 글의 내용으로 적절하지 않은 것을 고르시오. [2~3]

| 의사소통능력

02

요즘은 콘텐츠 이용 편의를 위해 오디오북을 제공하는 책들을 종종 접할 수 있다. 하지만 모든 책들이 오디오북화되고 있는 것은 아닌데, 이는 제작 환경에서 발생하는 막대한 비용 때문이다.
10시간짜리 오디오북을 만들기 위해서는 그 이상의 실제 녹음 시간이 필요하다. 또한 편집 과정에 들어가는 시간과 비용, 전문 성우에게 지급하는 비용까지 고려하면 결국 제작비용의 한계에 부딪히게 된다.
이러한 현실에서 고안된 방법이 AI 음성 합성 기술이다. 이 기술을 통해 오디오북 제작비용과 시간은 줄이고, 오디오북 제작률은 높여 이용자의 편의를 높일 수 있게 된 것이다.
하지만 이 기술에도 한계는 존재하는데, 이는 현재 AI 음성 합성 기술이 사람의 감정까지 담아 표현할 수 없다는 것이다. 이에 따라 현재는 전문 성우가 반드시 필요하지는 않은 경제, 과학 등과 관련된 비문학 도서들은 AI 음성 합성 기술로 제작하고, 소설, 동화 등 문학 도서들은 전문 성우들이 낭독하는 방식으로 제작하고 있다.

① AI 음성 합성 기술이 전문 성우의 녹음보다 더 효율적이다.
② AI 음성 합성 기술이 오디오북 제작에서 전문 성우의 역할을 대체할 수 있다.
③ 문학보다는 비문학이 AI 음성 합성 기술을 통한 오디오북화에 더 유리하다.
④ 전문 성우들의 오디오북 녹음에는 많은 시간이 소요되어 제작에 어려움을 겪고 있다.
⑤ 전문 성우들의 오디오북 녹음에는 막대한 비용이 소요되어 현실적으로 제작이 어렵다.

03

> 민족의 대명절인 설날과 추석은 가족과 친지를 만나기 위해 전국 각지로 이동하는 사람들이 급증하는 시기다. 이때 코레일의 기차 이용률은 평소보다 훨씬 높아진다. 예매가 시작되면 몇 분 만에 전 노선의 승차권이 매진되고, 예매 경쟁률이 수십 배에 달하는 경우도 흔하다. 그만큼 명절 기간 기차는 국민들의 중요한 이동 수단으로 자리 잡았지만, 최근에는 '노쇼' 문제로 인해 심각한 어려움을 겪고 있다. 이 문제는 명절 기간에 더욱 두드러지며, 해마다 노쇼 비율이 증가하는 추세이다.
> 2024년 설 연휴 기간 코레일이 판매한 승차권은 약 408만 매에 이른다. 추석 연휴 역시 약 120만 매가 판매되어 명절에 기차 이용 수요가 얼마나 폭발적인지 알 수 있다. 하지만 이 중 상당수가 실제 탑승하지 않아 공석으로 남는 일이 반복되고 있다. 2024년 설날 노쇼 비율은 무려 46%에 달했으며, 이 중 약 19만 매 이상의 좌석이 재판매되지 못해 빈 좌석으로 운행되었다. 추석 연휴에도 비슷한 수준의 노쇼와 공석 운행 문제가 발생했다. 이는 단순히 좌석이 비어 있는 것 이상의 심각한 문제를 야기한다.
> 공석 운행은 여러 측면에서 부정적인 영향을 끼친다. 우선, 실제로 기차를 타고자 하는 실수요자들이 좌석을 구하지 못하는 상황이 발생한다. 예매 경쟁이 매우 치열한 명절 기간에 노쇼로 인해 좌석이 비어 있음에도 불구하고, 다른 승객들이 그 좌석을 이용하지 못하는 것은 매우 불합리하다. 결국 노쇼는 국민들의 이동권을 제한하는 결과를 낳는다. 두 번째로, 공석 운행은 철도 운영의 효율성을 떨어뜨린다. 빈 좌석을 채우지 못한 채 열차를 운행하는 것은 불필요한 에너지와 인력, 비용 낭비로 이어진다. 이는 코레일뿐 아니라 국가적으로도 큰 손실이다. 세 번째로, 노쇼 문제는 사회적 비용 증가로 연결된다. 노쇼를 줄이기 위한 정책 마련과 시스템 개선에 투입되는 비용, 그리고 이에 따른 환불 정책 변경 등은 모두 국민의 부담으로 돌아올 수밖에 없다.
> 이러한 문제를 해결하기 위해 코레일은 다양한 대책을 시행하고 있다. 2025년부터 명절 특별수송기간에 출발 후 20분까지의 위약금을 기존 15%에서 30%로 상향 조정하는 등 노쇼 억제에 나서고 있으며, 취소·반환 기준 시점을 앞당겨 승객들이 불필요한 예약을 조기에 취소할 수 있도록 유도하고 있다. 이와 함께 좌석 재판매율을 높이기 위한 시스템 개선 작업도 진행 중이다.
> 하지만 노쇼 문제는 단순히 코레일의 노력만으로 해결되기 어렵다. 근본적인 제도 개선과 국민 인식 변화가 함께 이루어져야 한다. 예매 시스템의 투명성 강화, 노쇼에 대한 법적 제재 강화, 그리고 국민들의 책임감 있는 예약 문화 정착이 필요하다. 또한, 실수요자 중심의 예약 정책과 더불어, 노쇼 발생 시 불이익을 명확히 하는 제도적 장치도 마련되어야 한다. 이러한 종합적인 접근이 이루어질 때 비로소 명절 노쇼 문제를 효과적으로 줄이고, 국민 모두가 편리하고 공정하게 기차를 이용할 수 있을 것이다.

① 명절에는 승차권 예매 경쟁이 평소보다 수십 배에 달한다.
② 노쇼로 인해 발생하는 비용은 결국 국민의 부담으로 돌아온다.
③ 2024년 설날에 판매된 승차권 중 46%는 노쇼로 인해 공석으로 운행되었다.
④ 2025년부터 명절 특별수송기간에는 승차권 취소 위약금이 평소보다 높아진다.
⑤ 노쇼 문제를 해결하기 위해서는 코레일의 노력뿐만 아니라 국민의식 변화와 정부의 제도 개선이 필요하다.

04 다음 수식을 계산한 결과는 $\frac{q}{p}$의 기약분수 형태로 나타낼 수 있으며, p와 q는 서로소이다. 이때, $q+p$의 값을 구하면?

$$\frac{18\times(15^2+12+3)}{90^2-2\times45\times4}+1$$

① 90 ② 100
③ 110 ④ 120
⑤ 130

05 K시의 전철 요금은 1회 탑승 시 1,500원이며, 오전 6시 30분 이전에 탑승할 경우 20%의 할인이 적용된다. K시에 사는 A씨는 전철을 이용하여 한 달간 총 22일의 출근과 퇴근을 할 예정이다. 한 달 전철 요금을 62,000원 이하로 유지하려면 A씨가 할인을 받아야 하는 날은 최소 며칠이어야 하는가?(단, A씨는 오후 6시에 회사에서 퇴근한다)

① 12일 ② 13일
③ 14일 ④ 15일
⑤ 16일

06 K공사의 사내 보안시스템은 숫자 1부터 6까지를 사용해 4자리 비밀번호를 설정할 수 있다. 이때, 다음 〈조건〉을 만족하는 4자리 비밀번호는 모두 몇 가지인가?

> **조건**
> - 각 자릿수에는 1부터 6까지의 숫자 중 하나가 들어간다.
> - 같은 숫자는 최대 2번까지만 사용할 수 있다.
>
> 예 1123, 2331, 4455 가능 / 1112, 2122, 4444 불가능

① 1,170가지 ② 1,196가지
③ 1,236가지 ④ 1,241가지
⑤ 1,296가지

07 셔틀버스 A ~ C는 K역에서 출발하여 같은 노선을 운행한 뒤 K역으로 돌아온다. 셔틀버스 A ~ C의 운행시간이 각각 12분, 16분, 30분이고, 오전 10시에 동시에 출발하였다면, 모든 셔틀버스가 동시에 K역에 도착하는 시간은?(단, 정차 및 교통상황 등 운행시간 외에 다른 요소는 고려하지 않고, K역에 돌아온 셔틀버스는 즉시 기존 노선으로 다시 출발한다)

① 오전 11시
② 오후 12시
③ 오후 2시
④ 오후 3시
⑤ 오후 4시

| 수리능력

08 K역에서 일정 시간 동안 조사한 결과, 조사시간 내 전체 코레일 이용객 수는 60명이었다. 이 중 KTX 이용객이 36명, SRT 이용객이 42명이었고, 이용객 중 일부는 두 열차를 모두 이용하였다. 이때, SRT만 이용한 고객은 몇 명인가?

① 18명
② 20명
③ 24명
④ 30명
⑤ 36명

| 수리능력

09 다음은 K쇼핑몰에서 판매된 상품에 대한 월별 리뷰 수와 반품 및 환불율을 조사한 자료이다. 상품을 구매한 사람이 모두 1건씩 리뷰를 작성하였다고 가정할 때, 조사기간 동안 발생한 반품 건수와 환불 건수를 모두 합하면?

〈K쇼핑몰 월별 리뷰 수 및 반품·환불 비율〉

(단위 : 건, %)

구분	리뷰 수	반품율	환불율
1월	1,000	3	2
2월	1,200	2	3
3월	1,500	4	1
4월	1,300	3	2

① 240건
② 246건
③ 248건
④ 250건
⑤ 252건

10 **다음은 서울시 전철 3개 주요 역사에서 시간대별 탑승 및 하차 인원수를 정리한 자료이다. 이에 대한 설명으로 옳은 것은?**

〈서울시 전철 3개 주요 역사 시간대별 탑승 및 하차 인원수〉

(단위 : 명)

구분	역삼역		시청역		구로디지털단지역	
	탑승	하차	탑승	하차	탑승	하차
07:00 ~ 09:00 (출근시간)	1,150	350	620	870	2,300	400
12:00 ~ 14:00 (점심시간)	480	520	530	500	900	950
17:00 ~ 19:00 (퇴근시간)	390	1,250	420	1,480	280	2,150

① 역삼역은 모든 시간대에서 탑승 인원이 하차 인원보다 많다.
② 시청역은 점심시간대보다 퇴근시간대에 탑승 인원이 더 많다.
③ 역삼역은 전 시간대를 통틀어 탑승 인원보다 하차 인원이 많은 유일한 역이다.
④ 시청역은 출근시간대 대비 퇴근시간대 하차 인원의 증가 폭이 역삼역보다 크다.
⑤ 구로디지털단지역은 퇴근시간대 하차 인원이 출근시간대 하차 인원의 5배 이상이다.

11 **K공사 직원 A ~ G 7명이 100m 달리기로 체력 테스트를 진행하였다. 직원들의 달리기 기록이 〈조건〉과 같을 때, 가장 빠른 직원과 가장 느린 직원의 속력 차이의 절댓값은?(단, 속력은 소수점 둘째 자리까지 계산하고, 속력 단위는 m/s로 한다)**

조건

- A는 100m를 13초에 완주했다.
- B는 A보다 0.5초 빠르다.
- C는 B보다 0.4초 느리다.
- D는 C보다 0.2초 빠르다.
- E는 D보다 0.3초 느리다.
- F는 E보다 0.1초 빠르다.
- G는 A보다 1.0초 느리다.

① 0.74m/s
② 0.77m/s
③ 0.80m/s
④ 0.83m/s
⑤ 0.86m/s

12 25g의 소금이 들어 있는 80g의 소금물이 있다. 여기에 물 xg을 넣고 잘 섞은 뒤, 40g을 버렸다. 이후 농도 37.5%의 소금물 40g을 추가로 넣었더니, 최종 농도는 정확히 30%가 되었다. 이때, 처음에 넣은 물의 양은 몇 g인가?

① 15g ② 20g
③ 25g ④ 30g
⑤ 35g

13 다음은 2019년부터 2024년까지의 노인 취업자 수 추이를 나타낸 그래프이다. 이에 대한 설명으로 옳은 것은?

〈노인 취업자 수 추이〉

(단위 : 만 명)

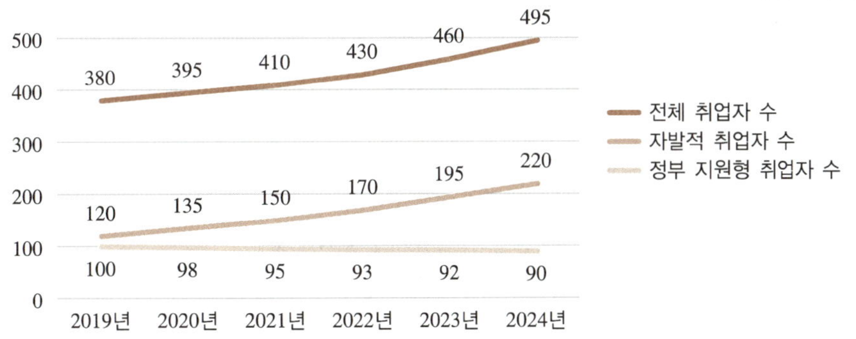

① 정부 지원형 취업자 수는 꾸준히 증가하고 있다.
② 노인 취업자의 증가는 전적으로 정부 일자리 확대에 의한 것이다.
③ 전체 노인 취업자 수는 감소하고 있지만 자발적 취업자는 증가하고 있다.
④ 자발적으로 취업하는 노인의 수는 정부 지원 취업자 수에 비해 점점 줄고 있다.
⑤ 자발적 취업자 수는 매년 증가하고 있으며, 이는 정부 지원 일자리 증가와는 별개의 흐름이다.

14 다음은 최근 5년간 산사태로 인한 피해면적과 해당 연도의 복구비용을 나타낸 그래프이다. 이에 대한 설명으로 옳은 것은?

〈연도별 산사태 피해면적〉

(단위 : ha)

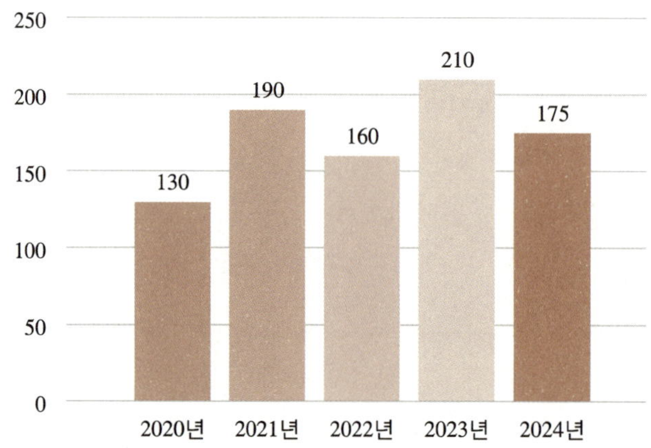

〈연도별 산사태 복구비용〉

(단위 : 억 원)

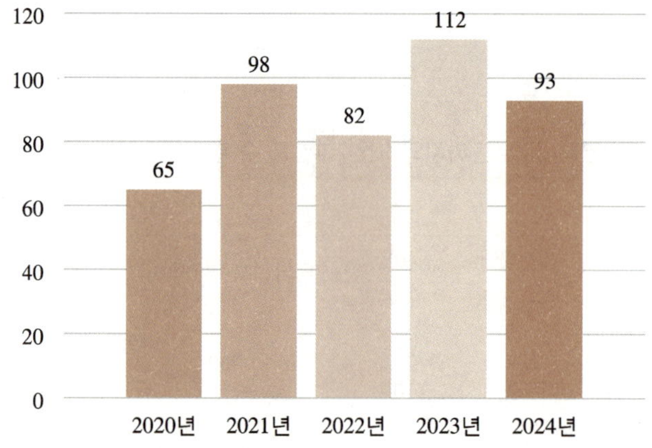

① 2022년은 피해면적 대비 복구비용이 가장 높았다.

② 복구비용은 2020년부터 매년 증가하였다.

③ 매년 피해면적 1ha당 복구비용은 일정하게 유지되었다.

④ 피해면적과 복구비용이 모두 가장 높았던 해는 2023년이다.

⑤ 2024년에는 피해면적이 줄었으나, 복구비용은 전년보다 늘었다.

15 **다음 사례에서 A직원이 실시한 문제해결 절차의 단계는?**

> K역에서 근무하는 A직원은 최근 직장 내의 호흡기 질환에 걸린 직원이 증가했음을 파악하였다. 업무에 지장이 있을 정도로 병가를 낸 직원이 많아지자, A직원은 이를 해결하기 위하여 복귀한 직원들을 대상으로 질의응답을 실시하였다. 최종적으로 역사 내 공기질 저하가 직원들의 건강을 해쳤음을 파악하고, 역사 내 공기질 저하 문제를 해결하기로 하였다.

① 문제 인식
② 문제 도출
③ 원인 분석
④ 해결안 개발
⑤ 실행 및 평가

| 문제해결능력

16 **다음 사례에서 나타나는 창의적 사고 개발방법으로 가장 적절한 것은?**

> 3개의 노선이 교차하는 환승역인 K역은 복잡한 역사 구조로 인해 승객들이 길을 헤매는 문제가 있다. A주임은 이러한 문제를 창의적으로 해결하기 위해 지하철역과 비슷하게 사람이 많고 구조가 복잡한 쇼핑센터의 사례를 탐색하였다. 탐색 결과 쇼핑센터에서 입점 가게 위치를 스마트폰 증강현실 지도로 보여주는 기술이 있음을 확인하고, 이를 바탕으로 K역에 적용하여 QR코드를 찍고, 환승구역이나 나가는 곳을 입력하면, 그 위치를 스마트폰 증강현실을 통해 안내하는 서비스를 기획하였다.

① NM법
② Synectics
③ 체크리스트
④ SCAMPER
⑤ 브레인스토밍

17 **다음 사례에서 나타나는 A씨의 논리적 오류로 가장 적절한 것은?**

> 매일 지하철을 이용하여 출퇴근하는 A씨는 혼잡해진 지하철 상황에 불만을 가지고 있다. 어느 날 혼잡한 출근 시간에 지하철이 흔들려 어떤 학생이 A씨와 부딪히게 되었다. 부딪힌 학생은 즉시 A씨에게 사과하였지만, A씨는 화를 내며 요즘 젊은이들은 전부 조심성도 없고 남을 배려하지도 않는다고 학생을 비난하였다.

① 무지의 오류
② 결합의 오류
③ 애매성의 오류
④ 과대 해석의 오류
⑤ 성급한 일반화의 오류

18 **다음은 철도사업을 수행하는 K공사에 대한 SWOT 분석 결과이다. 기회(Opportunity)요인에 해당하는 사례를 〈보기〉에서 모두 고르면?**

> 보기
> ㄱ. 신재생 관련 법안 개정으로 인한 철도 이용객 수 증가
> ㄴ. 높은 국내 철도망 운영 노하우
> ㄷ. 도시철도에 대한 민간투자의 확대
> ㄹ. 정부의 교통요금 동결 정책 지속
> ㅁ. 직원 수 부족으로 인해 저조한 고객 만족도
> ㅂ. 글로벌 공동 철도 프로젝트 참여

① ㄱ, ㄴ, ㅁ
② ㄱ, ㄷ, ㅂ
③ ㄴ, ㄷ, ㄹ
④ ㄴ, ㅁ, ㅂ
⑤ ㄷ, ㅁ, ㅂ

19 다음은 K철도공사의 문제해결 사례이다. 〈보기〉의 사례와 문제해결 방법을 바르게 연결한 것은?

> **보기**
>
> ㄱ. K철도공사는 65세 이상의 노인을 위한 복지 정책으로 노인 무임승차제도를 실시하고 있다. 그러나 K철도공사의 재정문제와 더불어 이용자 세대별 형평성 문제로 인해 무임승차혜택에 대해 이용자들의 갈등이 첨예해졌다. 이 문제를 해결하기 위해 A차장은 노인 이용자 대표를 K철도공사에 초청하여 노인 무임승차제도 혜택 축소를 목적으로 합의점을 찾기 위한 토론회를 개최하였다.
>
> ㄴ. 최근 K철도공사의 고객센터에는 노인들이 매표 키오스크를 사용하기 불편하다는 불만이 자주 들어오고 있다. A센터장은 직원들에게 이 사실을 알리고, 노인 이용자가 편하게 키오스크를 사용할 수 있는 방법을 모색하기 위해 노인 역할극 및 브레인스토밍을 통해 아이디어를 모으도록 유도하였다. 그 결과 직원들의 아이디어를 결합하여 키오스크를 조작하는 동안 잠시 기대어 앉을 수 있는 간이 의자와 주요 기능을 크게 강조하는 방안이 채택되어 노인 이용자들이 편하게 이용할 수 있게 되었다.
>
> ㄷ. 신입사원 B는 철도회사 업무에 익숙하지 않아 발생하는 실수로 팀 내부에서 갈등을 일으키고 있다. 이를 해결하기 위해 A팀장은 B사원에게 철도업무에서 실수가 있을 때, 어떤 상황이 일어날 수 있는지 넌지시 이야기하며 헷갈리는 일이 있을 때는 팀원들의 도움을 받는 것이 좋다고 조언하였고, 다른 팀원들에게는 신입사원 시절에는 모두가 실수가 많았다며 B사원이 업무에 빨리 적응할 수 있도록 도와달라고 격려하였다. 이후 B사원과 다른 팀원들의 노력으로 B사원은 빠르게 업무에 적응하게 되었다.

	ㄱ	ㄴ	ㄷ
①	소프트 어프로치	하드 어프로치	퍼실리테이션
②	소프트 어프로치	퍼실리테이션	하드 어프로치
③	하드 어프로치	소프트 어프로치	퍼실리테이션
④	하드 어프로치	퍼실리테이션	소프트 어프로치
⑤	퍼실리테이션	소프트 어프로치	하드 어프로치

20 다음 중 주식회사에 대한 설명으로 옳은 것을 〈보기〉에서 모두 고르면?

> **보기**
>
> ㄱ. 주식회사의 최고 의사결정기구는 이사회가 담당한다.
> ㄴ. 주식회사를 설립할 때 정관 작성은 발기인이 한다.
> ㄷ. 주식회사의 채무가 과다할 경우 주주가 회사의 채권자에게 변제할 의무가 발생한다.
> ㄹ. 우리나라에서 주식회사에 대한 사무업무는 금융감독원과 한국예탁결제원에서 맡고 있다.

① ㄱ, ㄴ
② ㄱ, ㄷ
③ ㄱ, ㄹ
④ ㄴ, ㄷ
⑤ ㄴ, ㄹ

21 **다음 경영관리 순환과정에 대한 설명으로 옳지 않은 것은?**

① 계획 : 미래에 기업에 발생할 문제를 사전에 예측하여 해결방안을 결정하는 과정이다.
② 조직 : 수립된 계획을 실천하는 데 필요한 자원들을 필요에 맞게 배분하는 과정이다.
③ 지휘 : 구체적인 업무수행을 위해 지시하는 과정이다.
④ 조정 : 지휘가 잘 이뤄질 수 있도록 업무, 조직 등을 수정하는 과정이다.
⑤ 통제 : 계획과 결과를 비교하여 발생한 차이를 수정하고 다음 계획에 반영하는 과정이다.

22 **다음 중 고객 페르소나에 대한 설명으로 옳지 않은 것은?**

① 기업의 제품 또는 서비스를 구매할 가능성이 높은 고객을 가상의 인물로 설정한다.
② 유사한 특징을 가진 고객을 그룹으로 분류한다.
③ 인구통계, 행동패턴, 라이프스타일 등 다양한 데이터로 전략을 수립한다.
④ 설문조사, 인터뷰 등을 통해 고객 정보를 파악한다.
⑤ 설정된 고객 페르소나와 실제 고객이 얼마나 일치하는지 검증이 필요하다.

23 **다음 중 매슬로의 욕구 단계 중 관계 욕구 이하에 해당하는 것은?**

① 자아실현 욕구, 존경 욕구
② 자아실현 욕구, 안전 욕구
③ 자아실현 욕구, 생리적 욕구
④ 생리적 욕구, 존경 욕구
⑤ 생리적 욕구, 안전 욕구

| 경영학

24 다음 중 제품 수명주기에서 매출이 점점 하락하고 판매량이 빠르게 감소하는 시기는?

① 개발기
② 도입기
③ 성장기
④ 성숙기
⑤ 쇠퇴기

| 경영학

25 다음 중 문자 등 짧은 메시지를 고객에게 지속적으로 보내는 마케팅 방법은?

① 드립 마케팅
② 뉴로 마케팅
③ 애드네트워크
④ SMS 마케팅
⑤ PPL 마케팅

| 경영학

26 다음 중 명목집단법에 대한 설명으로 옳지 않은 것은?

① 참여자들이 서로 문제나 이슈 등을 분석하고 순위를 정하는 가중서열화 방법이다.
② 참여자 간 대화를 통한 의사소통을 금지하고 서면으로 아이디어를 작성한다.
③ 참여자의 다양한 생각을 제약조건 없이 짧은 시간에 이끌어 낼 수 있다.
④ 최종 아이디어 선정은 투표를 통하여 결정한다.
⑤ 자유분방하게 다양한 아이디어를 비판 없이 제시하는 자유연상법이다.

| 경영학

27 다음 중 고객이 먼저 관심을 가지고 오도록 끌어당기는 것을 의미하는 마케팅 개념은?

① 인바운드 마케팅
② 아웃바운드 마케팅
③ 프로모션 마케팅
④ 소셜미디어 마케팅
⑤ 콘텐츠 마케팅

28 **다음 중 호손실험에 대한 설명으로 옳지 않은 것은?**

① 총 4단계로 실험을 나누어 진행하였다.
② 테일러의 과학적 관리론을 근거로 하여 실험이 진행되었다.
③ 비공식 집단의 중요성이 대두된 계기를 마련했다.
④ 노동자들이 해당 실험 사실을 알게 됨에 따라 발생한 심리학 효과를 호손효과라 한다.
⑤ 좋은 근무조건 등의 물질적 요인이 노동자의 생산성 증대에 가장 큰 영향을 미친다는 것을 규명하였다.

29 **다음 중 빈칸에 들어갈 단어로 옳은 것은?**

마이클 포터는 ________ 모형을 통해 기업의 경쟁전략을 가장 잘 적용할 수 있고, 정보시스템이 가장 효과적으로 운영될 수 있는 특정 활동을 찾아낼 수 있다고 제시하였다.

① 생산관리
② 조직관리
③ 가치전략
④ 가치사슬
⑤ 벤치마킹

30 **다음 중 트러스트에 대한 설명으로 옳은 것은?**

① 동종 상품을 생산하는 기업이 시장통제를 위해 가격, 생산량 등을 담합하여 이익을 확보한다.
② 각 기업 간 합의된 생산량과 가격을 정확히 지켜야 효과가 크다.
③ 동일시장 내 여러 기업이 출자하여 공동판매회사를 설립하고 판매채널을 일원화한다.
④ 강력한 동종 산업 기업집중 형태로, 시장 독점을 위하여 각 기업이 독립성을 상실하고 합동한다.
⑤ 법률적으로 독립되어 있는 몇 개의 기업이 출자 등을 통해 지배, 종속 관계를 형성한다.

31 **다음 중 블레이크 & 머튼의 관리격자모형에 대한 설명으로 옳지 않은 것은?**

① 리더의 유형을 5가지(인기형, 이상형, 관리형, 무관심형, 과업형)로 분류하였다.
② 인기형 리더는 직원들의 사기 및 조직목표를 이상적으로 조합하여 성과를 추구하는 리더이다.
③ 생산 중심적 리더는 공식적인 권한에 의존하여 생산 및 절차 등에 관심을 갖는다.
④ 인간 중심적 리더는 팀워크와 직원 만족도 등에 관심을 갖는다.
⑤ 팀워크를 중시하는 경영방식에 적합한 모형으로 활용할 수 있다.

| 경영학

32 **다음 중 변혁적 리더십의 특징으로 옳지 않은 것은?**

① 리더는 구성원들에게 명확한 비전을 제시하여 존경과 신뢰를 형성한다.
② 각 구성원의 개인적인 성장을 도와 긍정적인 관계를 형성한다.
③ 리더로서 각 구성원의 의사결정에 적극 참여하여 신속한 결정을 이끌어 낸다.
④ 구성원의 변화를 끊임없이 지원하여 새로운 도전을 제공한다.
⑤ 구성원이 창의성을 발휘하여 새로운 아이디어를 적극적으로 받아들이도록 장려한다.

| 경영학

33 **다음 중 최고경영자, 중간경영자, 일선관리자에 대한 설명으로 옳지 않은 것은?**

① 최고경영자는 기업의 비전과 전략을 설정하고, 조직의 전체적인 방향을 제시한다.
② 대표이사, 사장, 부사장 등이 최고경영자에 해당한다.
③ 중간경영자는 현장에서 직접 업무를 감독 및 조정하고, 생산성을 높이는 역할을 한다.
④ 본부장, 팀장, 부서장 등이 중간경영자에 해당한다.
⑤ 일선관리자는 직원들과 직접 소통을 통해 업무를 지시하고, 피드백을 통해 업무를 돕는다.

34 **다음 중 B2C에 대한 설명으로 옳지 않은 것은?**

① 폭넓은 개인 소비자들을 대상으로 하는 비즈니스 모델이다.
② 기업이 다른 기업에게 제품이나 서비스를 판매하는 개념을 포함한다.
③ 기업과 최종소비자 간 직접적인 거래가 이루어진다.
④ 사용자의 편의성 제고를 위해 고객 데이터를 활용한 사용자 경험을 개선하는 것이 중요하다.
⑤ 고객에 대한 감정적인 호소와 브랜드 인지도 제고에 초점을 맞춰 마케팅을 진행한다.

| 철도법령

35 **다음 중 철도사업법상 부가 운임에 대한 설명으로 옳지 않은 것은?**

① 철도사업법은 부가 운임의 징수 대상자가 부가 운임을 성실하게 납부하도록 하는 의무 조항이 있다.
② 화물 발송인이 운송장에 적은 운임이 정당한 사유 없이 정상 운임보다 적다면 부족 운임의 5배의 범위에서 부가 운임을 징수 할 수 있다.
③ 일반 승객이 정당한 요금을 지급하지 않고 열차를 이용하면 승차 구간에 해당하는 운임 외에 33배의 범위에서 부가 운임이 징수될 수 있다.
④ 철도사업자가 부가 운임을 징수하려면 사전에 부가 운임 산정기준을 정하고, 철도사업약관에 이를 포함하여 국토교통부장관에게 신고해야 한다.
⑤ 철도사업자가 부가 운임 산정기준을 변경하여 국토교통부장관에게 개정된 철도사업약관을 신고한 경우 3일 이내에 신고수리 여부를 신고자에게 통지해야 한다.

| 철도법령

36 **다음 중 한국철도공사법에서 정하는 설립등기에 필요한 사항이 아닌 것은?**

① 명칭
② 자본금
③ 주된 사무소의 소재지
④ 임원의 주소
⑤ 공익 서비스 비용 서류

37 **다음 중 빈칸에 들어갈 용어로 옳은 것은?**

________란 한국철도공사법에 따라 설립된 한국철도공사 및 제5조에 따라 철도사업 면허를 받은 자를 말한다.

① 철도사업자
② 철도운영관리자
③ 철도면허소지자
④ 전용철도운영자
⑤ 철도운수종사자

38 **다음 중 전용철도 등록사항의 경미한 변경에 해당하지 않는 것은?**

① 운행시간을 연장 또는 단축한 경우
② 배차간격 또는 운행횟수를 단축 또는 연장한 경우
③ 6월의 범위 안에서 전용철도 건설기간을 조정한 경우
④ 10분의 1의 범위 안에서 철도차량 대수를 변경한 경우
⑤ 주사무소・철도차량기지와 같은 운송관련 부대시설을 변경한 경우

39 **다음 중 철도운영자가 국가부담비용의 지급을 신청할 때, 국가부담비용지급신청서에 첨부할 서류가 아닌 것은?**

① 원가계산서
② 현금흐름표
③ 당해 연도의 예상수입・지출명세서
④ 국가부담비용지급신청액 및 산정내역서
⑤ 최근 2년간 지급받은 국가부담비용내역서

40 다음 중 한국철도공사법에서 규정한 사채의 발행에 대한 설명으로 옳은 것은?

① 공사는 철도심의위원회의 의결을 거쳐 사채를 발행할 수 있다.
② 국가는 공사가 발행하는 사채의 원리금 상환을 보증할 수 없다.
③ 사채의 소멸시효는 원금은 5년, 이자는 3년이 지나면 완성한다.
④ 사채의 발행액은 공사의 자본금과 적립금을 합한 금액의 3배를 초과하지 못한다.
⑤ 공사가 사채발행 운용계획을 변경하려면 이사회의 의결을 거쳐 국토교통부장관의 승인을 받아야 한다.

| 철도법령

41 다음 중 철도산업위원회의 구성에 대한 설명으로 옳은 것은?

① 위원의 임기는 3년이며, 연임할 수 있다.
② 철도산업위원회의 위원장은 국토교통부차관이 담당한다.
③ 철도산업위원회의 인원은 위원장을 포함하여 최대 20인까지 가능하다.
④ 교육부차관, 고용노동부차관, 해양수산부차관은 철도산업위원회의 위원이 될 수 있다.
⑤ 국가철도공단의 이사장은 위원이 될 수 있지만, 한국철도공사의 사장은 위원이 될 수 없다.

| 철도법령

42 다음 중 한국철도공사법상 국유재산의 전대(轉貸)에 대한 설명으로 옳은 것은?

① 공사로부터 전대 받은 국유재산은 다른 사람에게 대부할 수 있다.
② 한국철도공사가 국유재산을 전대하려면 미리 국토교통부장관의 승인을 받아야 한다.
③ 공사로부터 전대 받은 국유재산에는 어떠한 경우에도 영구시설물의 축조가 금지되어 있다.
④ 공사는 국가로부터 대부받은 국유재산은 전대할 수 없고, 사용·수익을 허가받은 국유재산은 전대할 수 있다.
⑤ 한국철도공사가 전대한 국유재산을 변경하는 경우에는 별도의 승인 절차 없이 변동 사항을 국토교통부에 신고하면 된다.

43 **다음 중 철도사업법상 사업용철도노선을 운행속도에 따라 분류한 것을 〈보기〉에서 모두 고르면?**

보기

ㄱ. 간선철도노선
ㄴ. 고속철도노선
ㄷ. 준고속철도노선
ㄹ. 지선철도노선
ㅁ. 일반철도노선

① ㄱ, ㄷ, ㅁ
② ㄱ, ㄹ, ㅁ
③ ㄴ, ㄷ, ㄹ
④ ㄴ, ㄷ, ㅁ
⑤ ㄷ, ㄹ, ㅁ

| 철도법령

44 **다음은 한국철도공사법상 손익금의 처리에 대한 조항이다. 빈칸에 들어갈 값으로 옳은 것은?**

공사는 매 사업연도 결산 결과 이익금이 생기면 다음 각 호의 순서로 처리하여야 한다.
1. 이월결손금의 보전(補塡)
2. 자본금의 ________이/가 될 때까지 이익금의 10분의 2 이상을 이익준비금으로 적립
3. 자본금과 같은 액수가 될 때까지 이익금의 10분의 2 이상을 사업확장적립금으로 적립
4. 국고에 납입

① 2분의 1
② 3분의 1
③ 3분의 2
④ 10분의 1
⑤ 10분의 2

| 철도법령

45 **다음 중 한국철도공사법상 자본금 및 출자에 대한 설명으로 옳지 않은 것은?**

① 공사의 자본금은 22조 원으로 한다.
② 공사의 모든 자본금은 정부가 출자한다.
③ 철도자산 중 운영자산은 국가가 공사에 현물 출자할 수 없다.
④ 공사 자본금의 납입 시기와 방법은 재정경제부장관이 정하는 바에 따른다.
⑤ 국가가 공사에 출자를 할 때에는 국유재산의 현물출자에 관한 법률을 따른다.

CHAPTER

04 2024년 하반기 기출복원문제

정답 및 해설 p.029

| 의사소통능력

01 다음 중 비언어적 요소인 쉼을 사용하는 경우로 적절하지 않은 것은?

① 양해나 동조를 구할 경우
② 상대방에게 반문을 할 경우
③ 이야기의 흐름을 바꿀 경우
④ 연단공포증을 극복하려는 경우
⑤ 이야기를 생략하거나 암시할 경우

| 의사소통능력

02 다음 밑줄 친 부분에 해당하는 키슬러의 대인관계 의사소통 유형은?

> 의사소통 시 <u>이 유형</u>의 사람은 따뜻하고 인정이 많고 자기희생적이나 타인의 요구를 거절하지 못하므로 타인과의 정서적인 거리를 유지하는 노력이 필요하다.

① 지배형
② 사교형
③ 친화형
④ 고립형
⑤ 순박형

03 다음 글을 통해 알 수 있는 철도사고 발생 시 행동요령으로 적절하지 않은 것은?

> 철도사고는 지하철, 고속철도 등 철도에서 발생하는 사고를 뜻한다. 많은 사람이 한꺼번에 이용하며 무거운 전동차가 고속으로 움직이는 특성상 철도사고가 발생할 경우 인명과 재산에 큰 피해가 발생한다.
> 철도사고는 다양한 원인에 의해 발생하며 사고 유형 또한 다양하게 나타나는데, 대표적으로는 충돌사고, 탈선사고, 열차화재사고가 있다. 이 사고들은 철도안전법에서 철도교통사고로 규정되어 있으며, 많은 인명피해를 야기하므로 철도사업자는 반드시 이를 예방하기 위한 조치를 취해야 한다. 또한 승객들은 위험으로부터 빠르게 벗어나기 위해 사고 시 대피요령을 파악하고 있어야 한다.
> 국토교통부는 철도사고 발생 시 인명과 재산을 보호하기 위한 국민행동요령을 제시하고 있다. 이 행동요령에 따르면 지하철에서 사고가 발생할 경우 가장 먼저 객실 양 끝에 있는 인터폰으로 승무원에게 사고를 알려야 한다. 만약 화재가 발생했다면 곧바로 119에 신고하고, 여유가 있다면 객실 양 끝에 비치된 소화기로 불을 꺼야 한다. 반면 화재의 진화가 어려울 경우 입과 코를 젖은 천으로 막고 화재가 발생하지 않은 다른 객실로 이동해야 한다. 전동차에서 대피할 때는 안내방송과 승무원의 안내에 따라 질서 있게 대피해야 하며 이때 부상자, 노약자, 임산부가 먼저 대피할 수 있도록 배려하고 도와주어야 한다. 만약 전동차의 문이 열리지 않으면 반드시 열차가 멈춘 후에 안내방송에 따라 비상핸들이나 비상콕크를 돌려 문을 열고 탈출해야 한다. 전동차가 플랫폼에 멈췄을 경우 스크린도어를 열고 탈출해야 하는데, 손잡이를 양쪽으로 밀거나 빨간색 비상바를 밀고 탈출해야 한다. 반대로 역이 아닌 곳에서 멈췄을 경우 감전의 위험이 있으므로 반드시 승무원의 안내에 따라 반대편 선로의 열차 진입에 유의하며 대피 유도등을 따라 침착하게 비상구로 대피해야 한다.
> 이와 같이 승객들은 철도사고 발생 시 신고, 질서 유지, 빠른 대피를 중점적으로 유념하여 행동해야 한다. 철도사고는 사고 자체가 일어나지 않도록 철저한 안전관리와 예방이 필요하지만, 다양한 원인으로 예상치 못하게 발생한다. 따라서 철도교통을 이용하는 승객 또한 평소에 안전 수칙을 준수하고 비상 상황에서 침착하게 대처하는 훈련이 필요하다.

① 침착함을 잃지 않고 승무원의 안내에 따라 대피해야 한다.
② 화재사고 발생 시 규모가 크지 않다면 빠르게 진화 작업을 해야 한다.
③ 선로에서 대피할 경우 승무원의 안내와 대피 유도등을 따라 대피해야 한다.
④ 열차에서 대피할 때는 탈출이 어려운 사람부터 대피할 수 있도록 도와야 한다.
⑤ 열차사고 발생 시 탈출을 위해 우선 비상핸들을 돌려 열차의 문을 개방해야 한다.

PART 1

04 다음 글을 읽고 알 수 있는 하향식 읽기 모형의 사례로 적절하지 않은 것은?

> 글을 읽는 것은 단순히 책에 쓰인 문자를 해독하는 것이 아니라 그 안에 담긴 의미를 파악하는 과정이다. 그렇다면 사람들은 어떤 방식으로 글의 의미를 파악할까? 세상의 모든 어휘를 알고 있는 사람은 없을 것이다. 그러나 대부분의 사람들, 특히 고등교육을 받은 성인들은 자신이 잘 모르는 어휘가 있더라도 글의 전체적인 맥락과 의미를 파악할 수 있다. 이를 설명해 주는 것이 바로 하향식 읽기 모형이다.
>
> 하향식 읽기 모형은 독자가 이미 알고 있는 배경지식과 경험을 바탕으로 글의 전체적인 맥락을 먼저 파악하는 방식이다. 하향식 읽기 모형은 독자의 능동적인 참여를 활용하는 읽기로, 여기서 독자는 단순히 글을 받아들이는 수동적인 존재가 아니라 자신의 지식과 경험을 활용하여 글의 의미를 구성해 나가는 주체적인 역할을 한다. 이때 독자는 글의 내용을 예측하고 추론하며, 심지어 자신의 생각을 더하여 글에 대한 이해를 넓혀갈 수 있다.
>
> 하향식 읽기 모형의 장점은 빠르고 효율적인 독서가 가능하다는 것이다. 글의 전체적인 맥락을 먼저 파악하기 때문에 글의 핵심 내용을 빠르게 파악할 수 있고, 배경지식을 활용하여 더 깊이 있는 이해를 얻을 수 있다. 또한 예측과 추론을 통한 능동적인 독서는 독서에 대한 흥미를 높여 주는 효과도 있다.
>
> 그러나 하향식 읽기 모형은 독자의 배경지식에 의존하여 읽는 방법이므로 배경지식이 부족한 경우 글의 의미를 정확하게 파악하기 어려울 수 있으며, 배경지식에 의존하여 오해를 할 가능성도 크다. 또한 글의 내용이 복잡하다면 많은 배경지식을 가지고 있더라도 글의 맥락을 적극적으로 가정하거나 추측하기 어려운 것 또한 하향식 읽기 모형의 단점이 된다.
>
> 하향식 읽기 모형은 글의 내용을 빠르게 이해하고 독자 스스로 내면화할 수 있으므로 독서 능력 향상에 유용한 방법이다. 그러나 모든 글에 동일하게 적용할 수 있는 읽기 모형은 아니므로 글의 종류와 독자의 배경지식에 따라 적절한 읽기 전략을 사용해야 한다. 따라서 하향식 읽기 모형과 함께 상향식 읽기(문자의 정확한 해독), 주석 달기, 소리 내어 읽기 등 다양한 읽기 전략을 활용하여야 한다.

① 기사의 헤드라인을 먼저 읽어 기사의 내용을 유추한 뒤 상세 내용을 읽었다.
② 회의 자료를 읽기 전 회의 주제를 먼저 파악하여 회의 안건을 예상하였다.
③ 제품 설명서를 읽어 제품의 기능과 각 버튼의 용도를 파악하고 기계를 작동시켰다.
④ 요리법의 전체적인 조리 과정을 파악하고 단계별로 필요한 재료와 순서를 확인하였다.
⑤ 서문이나 목차를 통해 책의 전체적인 흐름을 파악하고 관심 있는 부분을 집중적으로 읽었다.

| 수리능력

05 농도가 15%인 소금물 200g과 농도가 20%인 소금물 300g을 섞었을 때, 섞인 소금물의 농도는?

① 17%
② 17.5%
③ 18%
④ 18.5%
⑤ 19%

| 수리능력

06 남직원 A～C, 여직원 D～F 6명이 일렬로 앉고자 한다. 동성끼리 인접하지 않고, 여직원 D와 남직원 B가 서로 인접하여 앉는 경우의 수는?

① 12가지
② 20가지
③ 40가지
④ 60가지
⑤ 120가지

| 수리능력

07 다음과 같이 일정한 규칙으로 수를 나열할 때 빈칸에 들어갈 수로 옳은 것은?

−23	−15	−11	5	13	25	( )	45	157	65

① 49
② 53
③ 57
④ 61
⑤ 65

08 다음은 K시의 유치원, 초 · 중 · 고등학교, 고등교육기관의 취학률 및 초 · 중 · 고등학교의 상급학교 진학률에 대한 자료이다. 이에 대한 설명으로 옳지 않은 것은?

〈유치원, 초 · 중 · 고등학교, 고등교육기관 취학률〉

(단위 : %)

구분	2014년	2015년	2016년	2017년	2018년	2019년	2020년	2021년	2022년	2023년
유치원	45.8	45.2	48.3	50.6	51.6	48.1	44.3	45.8	49.7	52.8
초등학교	98.7	99	98.6	98.9	99.3	99.6	98.1	98.1	99.5	99.9
중학교	98.5	98.6	98.1	98	98.9	98.5	97.1	97.6	97.5	98.2
고등학교	95.3	96.9	96.2	95.4	96.2	94.7	92.1	93.7	95.2	95.6
고등교육기관	65.6	68.9	64.9	66.2	67.5	69.2	70.8	71.7	74.3	73.5

〈초 · 중 · 고등학교 상급학교 진학률〉

(단위 : %)

구분	2014년	2015년	2016년	2017년	2018년	2019년	2020년	2021년	2022년	2023년
초등학교	100	100	100	100	100	100	100	100	100	100
중학교	99.7	99.7	99.7	99.7	99.7	99.7	99.7	99.7	99.7	99.6
고등학교	93.5	91.8	90.2	93.2	91.7	90.5	91.4	92.6	93.9	92.8

① 중학교의 취학률은 매년 97% 이상이다.

② 매년 취학률이 가장 높은 기관은 초등학교이다.

③ 고등교육기관의 취학률이 70%를 넘긴 해는 2020년부터이다.

④ 2023년에 중학교에서 고등학교로 진학하지 않은 학생의 비율은 전년 대비 감소하였다.

⑤ 고등교육기관의 취학률이 가장 낮은 해와 고등학교의 상급학교 진학률이 가장 낮은 해는 같다.

09 다음은 A기업과 B기업의 2024년 1 ~ 6월 매출액에 대한 자료이다. 이를 그래프로 옮겼을 때의 개형으로 옳은 것은?

〈2024년 1 ~ 6월 A, B기업 매출액〉

(단위 : 억 원)

구분	2024년 1월	2024년 2월	2024년 3월	2024년 4월	2024년 5월	2024년 6월
A기업	307.06	316.38	315.97	294.75	317.25	329.15
B기업	256.72	300.56	335.73	313.71	296.49	309.85

①
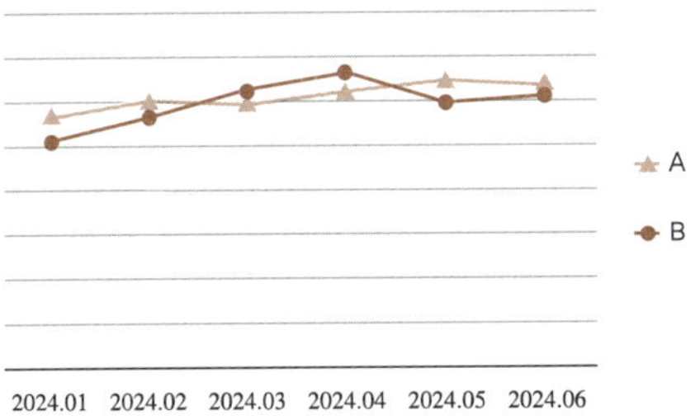

②
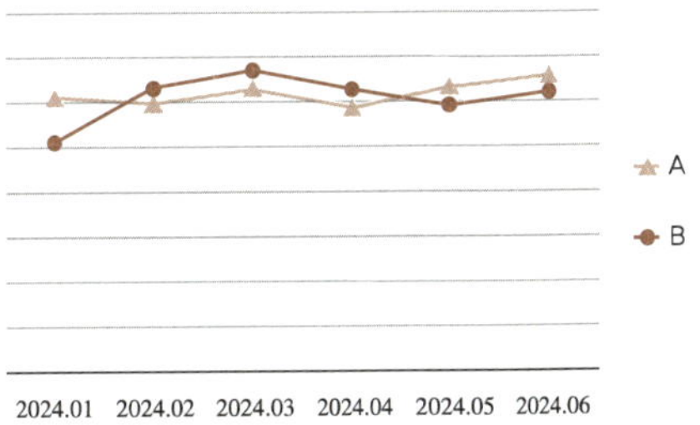

③
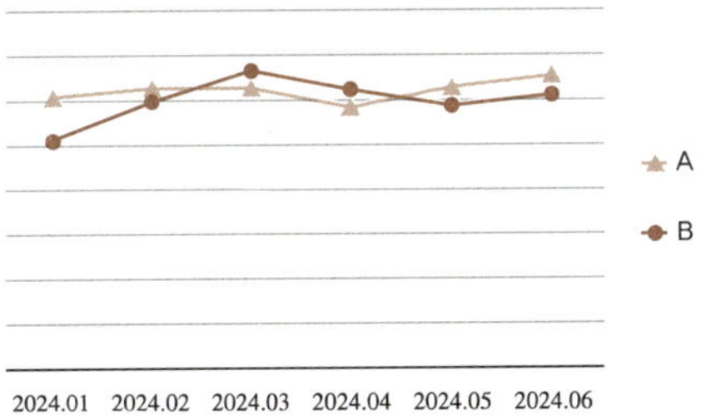

④
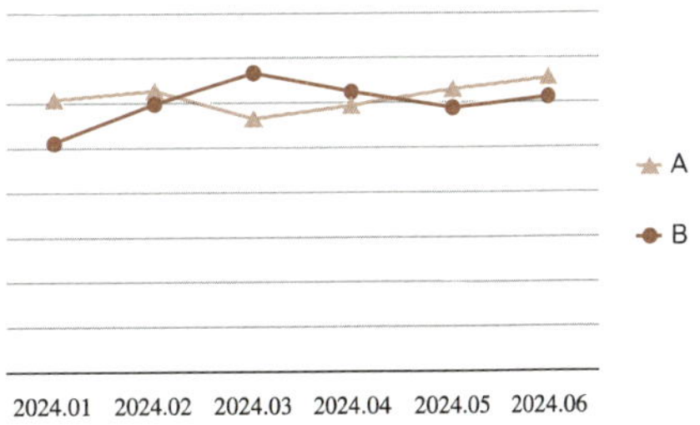

⑤
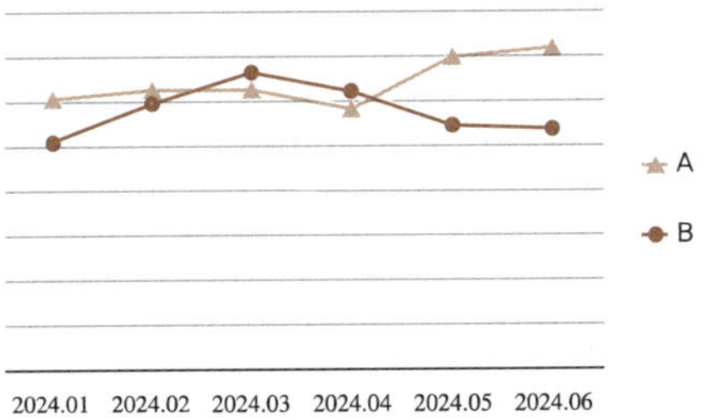

10 **다음 대화에서 공통적으로 나타나는 논리적 오류로 가장 적절한 것은?**

A : 반려견 출입 금지라고 쓰여 있는 카페에 갔는데 거절당했어. 반려견 출입 금지면 고양이는 괜찮은 거 아니야?
B : 어제 직장동료가 "조심히 들어가세요."라고 했는데 집에 들어갈 때만 조심하라는 건가?
C : 친구가 비가 와서 우울하다고 했는데, 비가 안 오면 행복해지겠지?
D : 이웃을 사랑하라는 선생님의 가르침을 실천하기 위해 사기를 저지른 이웃을 숨겨 주었어.
E : 의사가 건강을 위해 채소를 많이 먹으라고 하던데 앞으로는 채소만 먹으면 되겠어.
F : 긍정적인 생각을 하면 좋은 일이 생기니까 아무리 나쁜 일이 있어도 긍정적으로만 생각하면 될 거야.

① 무지의 오류
② 연역법의 오류
③ 과대 해석의 오류
④ 허수아비 공격의 오류
⑤ 권위나 인신공격에 의존한 논증

11 **A ~ E열차를 운행거리가 가장 긴 순서대로 나열하려고 한다. 운행시간 및 평균 속력이 다음과 같을 때, C열차는 몇 번째로 운행거리가 긴 열차인가?(단, 열차 대기시간은 고려하지 않는다)**

〈A ~ E열차 운행시간 및 평균 속력〉

구분	운행시간	평균 속력
A열차	900분	50m/s
B열차	10시간 30분	150km/h
C열차	8시간	55m/s
D열차	720분	2.5km/min
E열차	10시간	2.7km/min

① 첫 번째
② 두 번째
③ 세 번째
④ 네 번째
⑤ 다섯 번째

12 다음은 스마트팜을 운영하는 K사에 대한 SWOT 분석 결과이다. 이에 따른 전략이 나머지와 다른 것은?

〈K사 스마트팜 SWOT 분석 결과〉

구분		분석 결과
내부환경요인	강점(Strength)	• 차별화된 기술력 : 기존 스마트팜 솔루션과 차별화된 센서 기술, AI 기반 데이터 분석 기술 보유 • 젊고 유연한 조직 : 빠른 의사결정과 시장 변화에 대한 적응력 • 정부 사업 참여 경험 : 스마트팜 관련 정부 사업 참여 가능성
	약점(Weakness)	• 자금 부족 : 연구개발, 마케팅 등에 필요한 자금 확보 어려움 • 인력 부족 : 다양한 분야의 전문 인력 확보 필요 • 개발력 부족 : 신규 기술 개발 속도 느림
외부환경요인	기회(Opportunity)	• 스마트팜 시장 성장 : 스마트팜에 대한 관심 증가와 이에 따른 정부의 적극적인 지원 • 해외 시장 진출 가능성 : 글로벌 스마트팜 시장 진출 기회 확대 • 활발한 관련 연구 : 스마트팜 관련 공동연구 및 포럼, 설명회 등 정보 교류가 활발하게 논의
	위협(Threat)	• 경쟁 심화 : 후발 주자의 등장과 기존 대기업의 시장 장악 가능성 • 기술 변화 : 빠르게 변화하는 기술 트렌드에 대한 대응 어려움 • 자연재해 : 기후 변화 등 예측 불가능한 자연재해로 인한 피해 가능성

① 정부 지원을 바탕으로 연구개발에 필요한 자금을 확보한다.

② 스마트팜 관련 공동연구에 참가하여 빠르게 신규 기술을 확보한다.

③ 스마트팜에 대한 높은 관심을 바탕으로 온라인 펀딩을 통해 자금을 확보한다.

④ 포럼 등 설명회에 적극적으로 참가하여 전문 인력 확충을 위한 인맥을 확보한다.

⑤ 스마트팜 관련 정부 사업 참여 경험을 바탕으로 정부의 적극적인 지원을 확보한다.

| 문제해결능력

13 다음 글에서 나타난 문제해결 절차의 단계로 가장 적절한 것은?

> K대학교 기숙사는 최근 학생들의 불만이 끊이지 않고 있다. 특히, 식사의 질이 낮고, 시설이 노후화되었으며, 인터넷 연결 상태가 불안정하다는 의견이 많았다. 이에 K대학교 기숙사 운영위원회는 문제해결을 위해 긴급회의를 소집했다.
> 회의에서 학생 대표들은 식단의 다양성 부족, 식재료의 신선도 문제, 식당 내 위생 상태 불량 등을 지적했다. 또한, 시설 관리 담당자는 건물 외벽의 균열, 낡은 가구, 잦은 누수 현상 등 시설 노후화 문제를 강조했다. IT 담당자는 기숙사 내 와이파이 연결 불안정, 인터넷 속도 저하 등 통신환경 문제를 제기했다.
> 운영위원회는 이러한 다양한 의견을 종합하여 문제를 더욱 구체적으로 분석하기로 결정했다. 먼저, 식사 문제의 경우 학생들의 식습관 변화에 따른 메뉴 구성의 문제점, 식자재 조달 과정의 비효율성, 조리 시설의 부족 등의 문제점을 파악했다. 시설 문제는 건물의 노후화로 인한 안전 문제, 에너지 효율 저하, 학생들의 편의성 저하 등으로 세분화했다. 마지막으로, 통신환경 문제는 기존 네트워크 장비의 노후화, 학생 수 증가에 따른 네트워크 부하 증가 등의 문제점이 제시되었다.

① 문제 인식
② 문제 도출
③ 원인 분석
④ 해결안 개발
⑤ 실행 및 평가

| 철도법령

14 다음은 철도산업발전기본법상 철도산업발전기본계획의 수립 등에 대한 설명이다. 밑줄 친 경미한 변경에 해당하는 기간은 철도시설투자사업 기간의 몇 년 이내인가?

> **철도산업발전기본계획의 수립 등(철도산업발전기본법 제5조 제4항)**
> 국토교통부장관은 기본계획을 수립하고자 하는 때에는 미리 기본계획과 관련이 있는 행정기관의 장과 협의한 후 제6조에 따른 철도산업위원회의 심의를 거쳐야 한다. 수립된 기본계획을 변경(대통령령으로 정하는 <u>경미한 변경</u>은 제외한다)하고자 하는 때에도 또한 같다.

① 1년
② 2년
③ 3년
④ 4년
⑤ 5년

| 철도법령

15 철도산업발전기본법에서 정의하는 철도차량 중 특수차에 해당하지 않는 것은?

① 동력차
② 굴삭차
③ 가선차
④ 궤도검측차
⑤ 선로점검차

16 **한국철도공사법상 사채의 발행액은 공사의 자본금과 적립금을 합한 금액의 최대 몇 배까지 가능한가?**

① 3배
② 4배
③ 5배
④ 7배
⑤ 10배

| 철도법령

17 **다음 중 〈보기〉의 철도자산을 운영자산과 시설자산으로 바르게 구분한 것은?**

보기

ㄱ. 선로
ㄴ. 역사
ㄷ. 철도차량
ㄹ. 터널
ㅁ. 차량기지

	운영자산	시설자산
①	ㄱ, ㄴ, ㄷ	ㄹ, ㅁ
②	ㄱ, ㄴ, ㅁ	ㄷ, ㄹ
③	ㄴ, ㄷ, ㄹ	ㄱ, ㅁ
④	ㄴ, ㄷ, ㅁ	ㄱ, ㄹ
⑤	ㄷ, ㄹ, ㅁ	ㄱ, ㄴ

| 철도법령

18 **다음 중 한국철도공사법상 옳지 않은 것은?**

① 공사의 자본금은 22조 원이며, 전부 정부가 출자한다.
② 공사의 주된 사무소의 소재지는 정관에 따라 정한다.
③ 공사는 주된 사무소의 소재지에서 설립등기를 함으로써 성립한다.
④ 국가가 공사에 출자를 할 때에는 국유재산의 현물출자에 관한 법률에 따른다.
⑤ 한국철도공사법의 목적은 철도시설의 건설 및 관리와 사업을 효율적으로 시행하는 것이다.

| 철도법령

19 **다음은 철도사업법상 국토교통부장관이 사업계획의 변경을 제한할 수 있는 경우에 대한 설명이다. 빈칸에 들어갈 기간으로 옳은 것은?**

> 국토교통부장관은 철도사업자가 노선 운행중지, 운행제한, 감차 등을 수반하는 사업계획 변경명령을 받은 후 ______이 지나지 아니한 경우 사업계획의 변경을 제한할 수 있다.

① 1개월
② 6개월
③ 1년
④ 1년 6개월
⑤ 2년

| 철도법령

20 **다음 중 철도사업법상 철도사업을 목적으로 설치하거나 운영하는 철도는?**

① 전용철도
② 운영용철도
③ 기관용철도
④ 사업용철도
⑤ 설치용철도

| 철도법령

21 **다음 중 철도사업법상 K사에 부과되는 벌금의 최대 액수는?**

> K사는 국토교통부장관의 면허를 받아 철도사업을 경영하고 있다. 오랜 시간이 지나고 국토교통부장관은 K사에 원활한 철도운송, 서비스의 개선 및 운송의 안전과 공공복리의 증진을 위하여 철도차량 및 운송 관련 장비·시설의 개선을 명하였다. 그러나 K사는 자금난을 이유로 개선명령을 무시하였고, 이에 국토교통부장관은 K사에 6개월 동안 사업의 전부 정지를 명하였지만, K사는 불복하여 계속 철도사업을 경영하였다.

① 1천만 원
② 1천 5백만 원
③ 2천만 원
④ 2천 5백만 원
⑤ 3천만 원

CHAPTER

05 2024년 상반기 기출복원문제

정답 및 해설 p.034

| 의사소통능력

01 다음 글에서 화자의 태도로 가장 적절한 것은?

> 거친 밭 언덕 쓸쓸한 곳에
> 탐스러운 꽃송이 가지 눌렀네.
> 매화비 그쳐 향기 날리고
> 보리 바람에 그림자 흔들리네.
> 수레와 말 탄 사람 그 누가 보아 주리
> 벌 나비만 부질없이 엿보네.
> 천한 땅에 태어난 것 스스로 부끄러워
> 사람들에게 버림받아도 참고 견디네.
>
> – 최치원, 「촉규화」

① 임금에 대한 자신의 충성을 드러내고 있다.
② 사랑하는 사람에 대한 그리움을 나타내고 있다.
③ 현실에 가로막힌 자신의 처지를 한탄하고 있다.
④ 사람들과의 단절로 인한 외로움을 표현하고 있다.
⑤ 역경을 이겨내기 위한 자신의 노력을 피력하고 있다.

02 다음 글에 대한 설명으로 적절하지 않은 것은?

> 중국 연경(燕京)의 아홉 개 성문 안팎으로 뻗은 수십 리 거리에는 관청과 아주 작은 골목을 제외하고는 대체로 길 양옆으로 모두 상점이 늘어서 휘황찬란하게 빛난다.
> 우리나라 사람들은 중국 시장의 번성한 모습을 처음 보고서는 "오로지 말단의 이익만을 숭상하고 있군."이라고 말하였다. 이것은 하나만 알고 둘은 모르는 소리이다. 대저 상인은 사농공상(士農工商) 사민(四民)의 하나에 속하지만, 이 하나가 나머지 세 부류의 백성을 소통시키기 때문에 열에 셋의 비중을 차지하지 않으면 안 된다.
> 사람들은 쌀밥을 먹고 비단옷을 입고 있으면 그 나머지 물건은 모두 쓸모없는 줄 안다. 그러나 무용지물을 사용하여 유용한 물건을 유통하고 거래하지 않는다면, 이른바 유용하다는 물건은 거의 대부분이 한 곳에 묶여서 유통되지 않거나 그것만이 홀로 돌아다니다 쉽게 고갈될 것이다. 따라서 옛날의 성인과 제왕께서는 이를 위하여 주옥(珠玉)과 화폐 등의 물건을 조성하여 가벼운 물건으로 무거운 물건을 교환할 수 있도록 하셨고, 무용한 물건으로 유용한 물건을 살 수 있도록 하셨다.
> 지금 우리나라는 지방이 수천 리이므로 백성들이 적지 않고, 토산품이 구비되어 있다. 그럼에도 산이나 물에서 생산되는 이로운 물건이 전부 세상에 나오지 않고, 경제를 윤택하게 하는 방법도 잘 모르며, 날마다 쓰는 것을 팽개친 채 그것에 대해 연구하지 않고 있다. 그러면서 중국의 거마, 주택, 단청, 비단이 화려한 것을 보고서는 대뜸 "사치가 너무 심하다."라고 말해 버린다.
> 그렇지만 중국이 사치로 망한다고 할 것 같으면, 우리나라는 반드시 검소함으로 인해 쇠퇴할 것이다. 왜 그러한가? 검소함이란 물건이 있음에도 불구하고 쓰지 않는 것이지, 자기에게 없는 물건을 스스로 끊어 버리는 것을 일컫지는 않는다. 현재 우리나라에는 진주를 캐는 집이 없고 시장에는 산호 같은 물건의 값이 정해져 있지 않다. 금이나 은을 가지고 점포에 들어가서는 떡과 엿을 사 먹을 수가 없다. 이런 현실이 정말 우리의 검소한 풍속 때문이겠는가? 이것은 그 재물을 사용할 줄 모르기 때문이다. 재물을 사용할 방법을 알지 못하므로 재물을 만들어 낼 방법을 알지 못하고, 재물을 만들어 낼 방법을 알지 못하므로 백성들의 생활은 날이 갈수록 궁핍해진다.
> 재물이란 우물에 비유할 수가 있다. 물을 퍼내면 우물에는 늘 물이 가득하지만, 물을 길어내지 않으면 우물은 말라 버린다. 이와 같은 이치로 화려한 비단옷을 입지 않으므로 나라에는 비단을 짜는 사람이 없고, 그로 인해 여인이 베를 짜는 모습을 볼 수 없게 되었다. 그릇이 찌그러져도 이를 개의치 않으며, 기교를 부려 물건을 만들려고 하지도 않아 나라에는 공장(工匠)과 목축과 도공이 없어져 기술이 전해지지 않는다. 더 나아가 농업도 황폐해져 농사짓는 방법이 형편없고, 상업을 박대하므로 상업 자체가 실종되었다. 사농공상 네 부류의 백성이 누구나 할 것 없이 다 가난하게 살기 때문에 서로를 구제할 길이 없다.
> 지금 종각이 있는 종로 네거리에는 시장 점포가 연이어 있다고 하지만 그것은 1리도 채 안 된다. 중국에서 내가 지나갔던 시골 마을은 거의 몇 리에 걸쳐 점포로 뒤덮여 있었다. 그곳으로 운반되는 물건의 양이 우리나라 곳곳에서 유통되는 것보다 많았는데, 이는 그곳 가게가 우리나라보다 더 부유해서 그러한 것이 아니고 재물이 유통되느냐 유통되지 못하느냐에 따른 결과인 것이다.
>
> – 박제가, 『시장과 우물』

① 재물이 적절하게 유통되지 않는 현실을 비판하고 있다.
② 재물을 유통하기 위한 성현들의 노력을 근거로 제시하고 있다.
③ 경제의 규모를 늘리기 위한 소비의 중요성을 강조하고 있다.
④ 조선의 경제가 윤택하지 못한 이유를 생산량의 부족으로 보고 있다.
⑤ 산업의 발전을 위해 적당한 사치가 있어야 함을 제시하고 있다.

03 **다음 중 한자성어의 뜻이 바르게 연결되지 않은 것은?**

① 水魚之交 : 아주 친밀하여 떨어질 수 없는 사이
② 結草報恩 : 죽은 뒤에라도 은혜를 잊지 않고 갚음
③ 靑出於藍 : 제자나 후배가 스승이나 선배보다 나음
④ 指鹿爲馬 : 윗사람을 농락하여 권세를 마음대로 함
⑤ 刻舟求劍 : 말로는 친한 듯 하나 속으로는 해칠 생각이 있음

04 **다음 중 밑줄 친 부분의 띄어쓰기가 옳지 않은 것은?**

① 운전을 어떻게 해야 하는지 알려 주었다.
② 오랫동안 애쓴 만큼 좋은 결과가 나왔다.
③ 모두가 떠나가고 남은 사람은 고작 셋 뿐이다.
④ 참가한 사람들은 누구의 키가 큰지 작은지 비교해 보았다.
⑤ 민족의 큰 명절에는 온 나라 방방곡곡에서 씨름판이 열렸다.

05 **다음 중 밑줄 친 부분의 표기가 옳지 않은 것은?**

① 늦게 온다던 친구가 금세 도착했다.
② 변명할 틈도 없이 그에게 일방적으로 채였다.
③ 못 본 사이에 그의 얼굴은 핼쑥하게 변했다.
④ 빠르게 변해버린 고향이 낯설게 느껴졌다.
⑤ 문제의 정답을 찾기 위해 곰곰이 생각해 보았다.

| 의사소통능력

06 다음 중 단어와 그 발음법이 바르게 연결되지 않은 것은?

① 결단력 – [결딴녁]
② 옷맵시 – [온맵씨]
③ 몰상식 – [몰상씩]
④ 물난리 – [물랄리]
⑤ 땀받이 – [땀바지]

| 수리능력

07 다음 식을 계산하여 나온 수의 백의 자리, 십의 자리, 일의 자리를 순서대로 바르게 나열한 것은?

$$865\times865+865\times270+135\times138-405$$

① 0, 0, 0
② 0, 2, 0
③ 2, 5, 0
④ 5, 5, 0
⑤ 8, 8, 0

| 수리능력

08 길이가 200m인 A열차가 어떤 터널을 60km/h의 속력으로 통과하였다. 잠시 후 길이가 300m인 B열차가 같은 터널을 90km/h의 속력으로 통과하였다. A열차와 B열차가 이 터널을 완전히 통과할 때 걸린 시간의 비가 10 : 7일 때, 이 터널의 길이는?

① 1,200m
② 1,500m
③ 1,800m
④ 2,100m
⑤ 2,400m

※ 다음과 같이 일정한 규칙으로 수를 나열할 때, 빈칸에 들어갈 수를 고르시오. [9~10]

| 수리능력

09

• 7	13	4	63
• 9	16	9	( )

① 45
② 51
③ 57
④ 63
⑤ 69

| 수리능력

10

−2	1	6	13	22	33	46	61	78	97	( )

① 102
② 106
③ 110
④ 114
⑤ 118

| 수리능력

11 K중학교 2학년 A ~ F 6개의 학급이 체육대회에서 줄다리기 경기를 다음과 같은 토너먼트로 진행하려고 한다. 이때, A반과 B반이 모두 2번의 경기를 거쳐 결승에서 만나게 되는 경우의 수는?

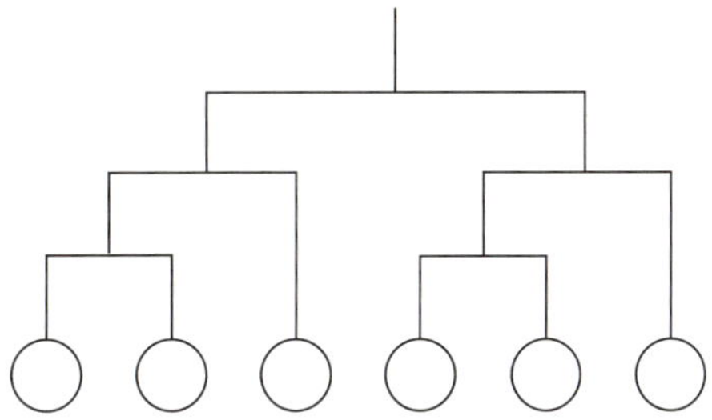

① 6가지
② 24가지
③ 120가지
④ 180가지
⑤ 720가지

PART 1

12 다음은 전자제품 판매업체 3사를 다섯 가지 항목으로 나누어 평가한 자료이다. 이를 토대로 3사의 항목별 비교 및 균형을 쉽게 파악할 수 있도록 나타낸 그래프로 옳은 것은?

〈전자제품 판매업체 3사 평가표〉

(단위 : 점)

구분	디자인	가격	광고 노출도	브랜드 선호도	성능
A사	4.1	4.0	2.5	2.1	4.6
B사	4.5	1.5	4.9	4.0	2.0
C사	2.5	4.5	0.6	1.5	4.0

①
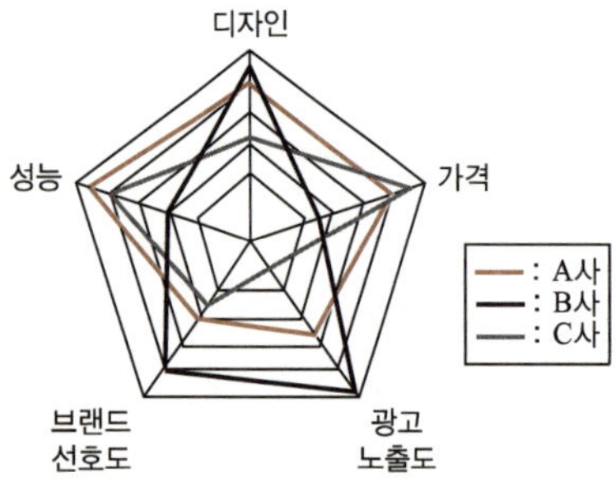

②
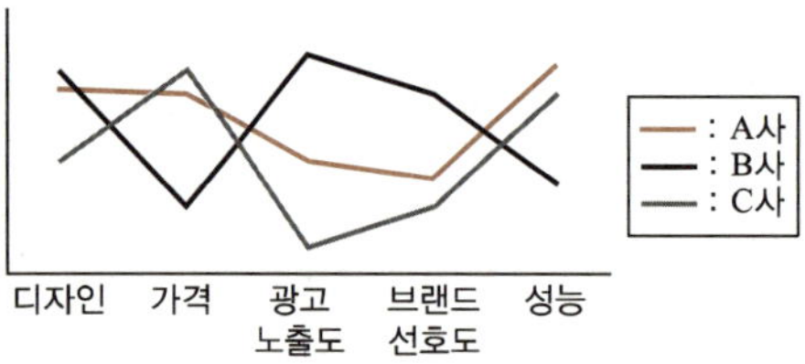

③
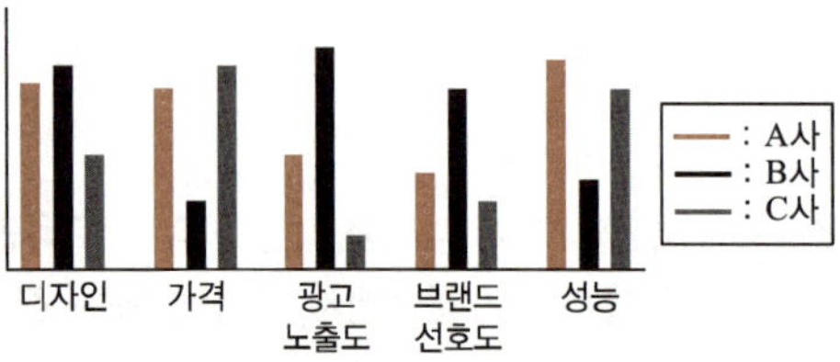

④
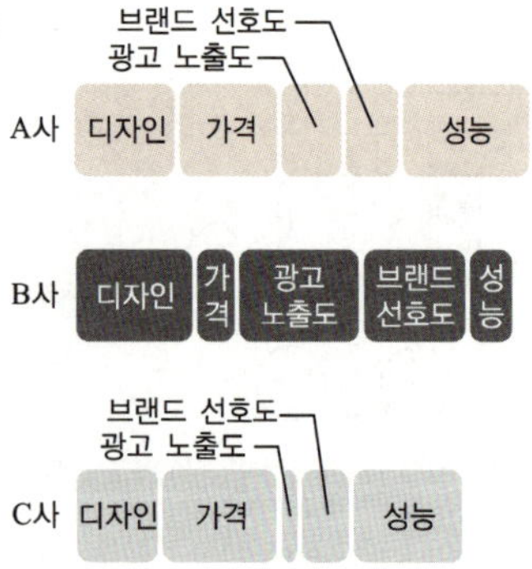

⑤

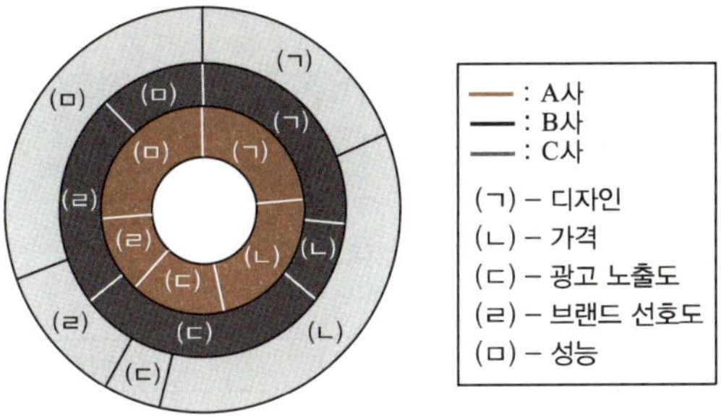

| 수리능력

13 다음은 2023년 K톨게이트를 통과한 차량에 대한 자료이다. 이에 대한 설명으로 옳지 않은 것은?

〈2023년 K톨게이트 통과 차량〉

(단위 : 천 대)

구분	승용차			승합차			대형차		
	영업용	비영업용	합계	영업용	비영업용	합계	영업용	비영업용	합계
1월	152	3,655	3,807	244	2,881	3,125	95	574	669
2월	174	3,381	3,555	222	2,486	2,708	101	657	758
3월	154	3,909	4,063	229	2,744	2,973	139	837	976
4월	165	3,852	4,017	265	3,043	3,308	113	705	818
5월	135	4,093	4,228	211	2,459	2,670	113	709	822
6월	142	3,911	4,053	231	2,662	2,893	107	731	838
7월	164	3,744	3,908	237	2,721	2,958	117	745	862
8월	218	3,975	4,193	256	2,867	3,123	115	741	856
9월	140	4,105	4,245	257	2,913	3,170	106	703	809
10월	135	3,842	3,977	261	2,812	3,073	107	695	802
11월	170	3,783	3,953	227	2,766	2,993	117	761	878
12월	147	3,730	3,877	243	2,797	3,040	114	697	811

① 전체 승용차 수와 전체 승합차 수의 합이 가장 많은 달은 9월이고, 가장 적은 달은 2월이다.

② 4월을 제외하고 K톨게이트를 통과한 비영업용 승합차 수는 월별 300만 대 미만이었다.

③ 전체 대형차 수 중 영업용 대형차 수의 비율은 모든 달에서 10% 이상이다.

④ 영업용 승합차 수는 모든 달에서 영업용 대형차 수의 2배 이상이다.

⑤ 승용차가 가장 많이 통과한 달의 전체 승용차 수에 대한 영업용 승용차 수의 비율은 3% 이상이다.

14 다음은 연령대별로 도시와 농촌에서의 여가생활 만족도 평가 점수를 조사한 자료이다. 〈조건〉에 따라 빈칸 ㄱ～ㄹ에 들어갈 수를 순서대로 바르게 나열한 것은?

〈연령대별 도시·농촌 여가생활 만족도 평가〉

(단위 : 점)

구분	10대 미만	10대	20대	30대	40대	50대	60대	70대 이상
도시	1.6	ㄱ	3.5	ㄴ	3.9	3.8	3.3	1.7
농촌	1.3	1.8	2.2	2.1	2.1	ㄷ	2.1	ㄹ

※ 매우 만족 : 5점, 만족 : 4점, 보통 : 3점, 불만 : 2점, 매우 불만 : 1점

조건

- 도시에서 여가생활 만족도는 모든 연령대에서 같은 연령대의 농촌보다 높았다.
- 도시에서 10대의 여가생활 만족도는 농촌에서 10대의 2배보다 높았다.
- 도시에서 여가생활 만족도가 가장 높은 연령대는 40대였다.
- 농촌에서 여가생활 만족도가 가장 높은 연령대는 50대지만, 3점을 넘기지 못했다.

	ㄱ	ㄴ	ㄷ	ㄹ
①	3.8	3.3	2.8	3.5
②	3.5	3.3	3.2	3.5
③	3.8	3.3	2.8	1.5
④	3.5	4.0	3.2	1.5
⑤	3.8	4.0	2.8	1.5

15 가격이 500,000원일 때 10,000개가 판매되는 K제품이 있다. 이 제품의 가격을 10,000원 인상할 때마다 판매량은 160개 감소하고, 10,000원 인하할 때마다 판매량은 160개 증가한다. 이때, 총 판매금액이 최대가 되는 제품의 가격은?(단, 가격은 10,000원 단위로만 인상 또는 인하할 수 있다)

① 520,000원
② 540,000원
③ 560,000원
④ 580,000원
⑤ 600,000원

16 **면접 참가자 A～E 5명은 〈조건〉과 같이 면접장에 도착했다. 동시에 도착한 사람은 없다고 할 때, 다음 중 항상 참인 것은?**

조건

- B는 A 바로 다음에 도착했다.
- D는 E보다 늦게 도착했다.
- C보다 먼저 도착한 사람이 1명 있다.

① E는 가장 먼저 도착했다.
② B는 가장 늦게 도착했다.
③ A는 네 번째로 도착했다.
④ D는 가장 먼저 도착했다.
⑤ D는 A보다 먼저 도착했다.

17 **다음 논리에서 나타난 형식적 오류로 옳은 것은?**

- 전제 1 : TV를 오래 보면 눈이 나빠진다.
- 전제 2 : 철수는 TV를 오래 보지 않는다.
- 결론 : 그러므로 철수는 눈이 나빠지지 않는다.

① 사개명사의 오류
② 전건 부정의 오류
③ 후건 긍정의 오류
④ 선언지 긍정의 오류
⑤ 매개념 부주연의 오류

※ 서울역 근처 K공사에 근무하는 A과장은 팀원 4명과 함께 열차를 타고 부산으로 출장을 가려고 한다. 다음 자료를 보고 이어지는 질문에 답하시오. [18~19]

〈서울역 → 부산역 열차 시간표〉

구분	출발시각	정차역	다음 정차역까지 소요시간	총주행시간	성인 1인당 요금
KTX	8:00	–	–	2시간 30분	59,800원
ITX-청춘	7:20	대전	40분	3시간 30분	48,800원
ITX-마음	6:40	대전, 울산	40분	3시간 50분	42,600원
새마을호	6:30	대전, 울산, 동대구	60분	4시간 30분	40,600원
무궁화호	5:30	대전, 울산, 동대구	80분	5시간 40분	28,600원

※ 위의 열차 시간표는 1월 10일 운행하는 열차 종류별 승차권 구입이 가능한 가장 빠른 시간표임
※ 총주행시간은 정차・대기시간을 제외한 열차가 실제로 달리는 시간임

〈운행 조건〉

- 정차역에 도착할 때마다 대기시간 15분을 소요한다.
- 정차역에 먼저 도착한 열차가 출발하기 전까지 뒤에 도착한 열차는 정차역에 들어오지 않고 대기한다.
- 정차역에 먼저 도착한 열차가 정차역을 출발한 후, 5분 뒤에 대기 중인 열차가 정차역에 들어온다.
- 정차역에 2종류 이상의 열차가 동시에 도착하였다면, ITX-청춘 → ITX-마음 → 새마을호 → 무궁화호 순으로 정차역에 들어온다.
- 목적지인 부산역은 먼저 도착한 열차로 인한 대기 없이 바로 역에 들어온다.

| 문제해결능력

18 다음 중 자료에 대한 설명으로 옳지 않은 것은?

① ITX-청춘보다 ITX-마음이 목적지에 더 빨리 도착한다.
② 부산역에 가장 늦게 도착하는 열차는 12시에 도착한다.
③ ITX-마음은 먼저 도착한 열차로 인한 대기시간이 없다.
④ 부산역에 가장 빨리 도착하는 열차는 10시 30분에 도착한다.
⑤ 무궁화호는 울산역, 동대구역에서 다른 열차로 인해 대기한다.

19 **다음 〈조건〉에 따라 승차권을 구입할 때, A과장과 팀원 4명의 총요금은?**

> **조건**
> - A과장과 팀원 1명은 7시 30분까지 K공사에서 사전 회의를 가진 후 출발하며, 출장 인원이 모두 같이 이동할 필요는 없다.
> - 목적지인 부산역에는 11시 30분까지 도착해야 한다.
> - 열차 요금은 가능한 한 저렴하게 한다.

① 247,400원
② 281,800원
③ 312,800원
④ 326,400원
⑤ 347,200원

20 **다음 글에 나타난 논리적 사고의 구성요소로 가장 적절한 것은?**

> A는 동업자 B와 함께 신규 사업을 시작하기 위해 기획안을 작성하여 논의하였다. 그러나 B는 신규 기획안을 읽고 시기나 적절성에 대해 부정적인 입장을 보였다. A가 B를 설득하기 위해 B의 의견을 정리하여 생각해 보니 B는 신규 사업을 시작하는 데 있어 다른 경쟁사보다 늦게 출발하여 경쟁력이 부족하다는 점 때문에 신규 사업에 부정적이라는 것을 알게 되었다. 이에 A는 경쟁력을 높이기 위한 다양한 아이디어를 추가로 제시하여 B를 다시 설득하였다.

① 설득
② 구체적인 생각
③ 생각하는 습관
④ 타인에 대한 이해
⑤ 상대 논리의 구조화

| 경영학

21 다음 중 공정성 이론에서 절차적 공정성에 해당하지 않는 것은?

① 접근성
② 반응속도
③ 형평성
④ 유연성
⑤ 적정성

| 경영학

22 다음 중 e-비즈니스 기업의 장점으로 옳지 않은 것은?

① 빠른 의사결정을 진행할 수 있다.
② 양질의 고객서비스를 제공할 수 있다.
③ 배송, 물류비 등 각종 비용을 절감할 수 있다.
④ 기업이 더 높은 가격으로 제품을 판매할 수 있다.
⑤ 소비자에게 더 많은 선택권을 부여할 수 있다.

| 경영학

23 다음 중 조직시민행동에 대한 설명으로 옳지 않은 것은?

① 조직 구성원이 수행하는 행동에 대해 의무나 보상이 존재하지 않는다.
② 조직 구성원의 자발적인 참여가 바탕이 되며, 대부분 강제적이지 않다.
③ 조직 구성원의 처우가 좋지 않을수록 조직시민행동은 자발적으로 일어난다.
④ 조직 내 바람직한 행동을 유도하고, 구성원의 조직 참여도를 제고한다.
⑤ 조직의 리더가 구성원으로부터 신뢰를 받을 때 구성원의 조직시민행동이 크게 증가한다.

| 경영학

24 다음 동기부여이론 중 과정이론에 해당하는 것은?

① ERG이론
② XY이론
③ 성취동기이론
④ 욕구이론
⑤ 공정성 이론

| 경영학

25 다음 중 분배적 협상의 특징으로 옳지 않은 것은?

① 상호 목표 배치 시 자기의 입장을 명확히 주장한다.
② 협상을 통해 공동의 이익을 확대(Win – Win)한다.
③ 정보를 숨겨 필요한 정보만 선택적으로 활용한다.
④ 협상에 따른 이익을 정해진 비율로 분배한다.
⑤ 간부회의, 밀실회의 등을 통한 의사결정을 주로 진행한다.

| 경영학

26 다음 글에서 설명하는 직무분석방법은?

- 여러 직무활동을 동시에 기록할 수 있다.
- 직무활동 전체의 모습을 파악할 수 있다.
- 직무성과가 외형적일 때 적용이 가능하다.

① 관찰법
② 면접법
③ 워크샘플링법
④ 질문지법
⑤ 연구법

| 경영학

27 다음 중 전문품에 대한 설명으로 옳지 않은 것은?

① 가구, 가전제품 등이 해당된다.
② 제품의 가격이 상대적으로 비싼 편이다.
③ 특정 브랜드에 대한 충성심이 높게 나타난다.
④ 충분한 정보 제공 및 차별화가 중요한 요소로 작용한다.
⑤ 소비자가 해당 브랜드에 대한 충분한 지식이 있는 경우가 많다.

| 경영학

28 **다음 중 연속생산에 대한 설명으로 옳은 것은?**

① 단위당 생산원가가 낮다.
② 운반비용이 많이 소요된다.
③ 제품의 수명이 짧은 경우 적합한 방식이다.
④ 제품의 수요가 다양한 경우 적합한 방식이다.
⑤ 작업자의 숙련도가 떨어질 경우 작업에 참여시키지 않는다.

| 경영학

29 **다음 중 테일러의 과학적 관리법과 관련이 없는 것은?**

① 시간연구
② 동작연구
③ 동등성과급제
④ 과업관리
⑤ 표준 작업조건

| 경영학

30 **다음 중 근로자가 직무능력 평가를 위해 개인능력평가표를 활용하는 제도는?**

① 자기신고제도
② 직능자격제도
③ 평가센터제도
④ 직무순환제도
⑤ 기능목록제도

| 경영학

31 **다음 중 데이터베이스 마케팅에 대한 설명으로 옳지 않은 것은?**

① 기업 규모와 관계없이 모든 기업에서 활용이 가능하다.
② 기존 고객의 재구매를 유도하며, 장기적인 마케팅 전략 수립이 가능하다.
③ 인구통계, 심리적 특성, 지리적 특성 등을 파악하여 고객별 맞춤 서비스가 가능하다.
④ 고객자료를 바탕으로 고객 및 매출 증대에 대한 마케팅 전략을 실행하는 데 목적이 있다.
⑤ 단방향 의사소통으로 고객과 1 : 1 관계를 구축하여 즉각적으로 반응을 확인할 수 있다.

| 경영학

32 다음 중 공정성 이론에 따른 불공정의 해결방법으로 옳지 않은 것은?

① 비교대상의 변화
② 투입의 변화
③ 사례의 변화
④ 산출의 변화
⑤ 태도의 변화

| 경영학

33 다음 중 조직시민행동 중 예의성에 대한 설명으로 옳은 것은?

① 직무수행과 관련하여 갈등이 발생할 수 있는 가능성을 미리 막으려고 노력하는 행동이다.
② 도움이 필요한 구성원을 아무런 대가 없이 자발적으로 도와주는 행동이다.
③ 조직 구성원이 양심에 따라 조직의 규칙 등을 성실히 지키는 행동이다.
④ 조직 또는 구성원에 대해 불만이 있더라도 긍정적으로 이해하고자 노력하는 행동이다.
⑤ 조직의 공식적 또는 비공식적 행사에 적극적으로 참여하고자 하는 행동이다.

| 경영학

34 다음 중 직무평가에 있어서 책임성과 관련이 없는 것은?

① 직무개선
② 관리감독
③ 기계설비
④ 도전성
⑤ 원재료책임

| 경영학

35 다음 중 분배적 협상 진행 시 고려해야 하는 사항으로 옳지 않은 것은?

① 상대방의 이해관계나 제약사항 등에 대한 사전조사가 필요하다.
② 상대방에 대한 최초 제안목표는 높게 설정하는 것이 유리하다.
③ 풍부한 자원을 대상으로 창의적인 가치창출 전략을 제시한다.
④ 상대방이 주어진 조건에서 크게 벗어나지 않는 결정을 하도록 유도한다.
⑤ 협상이 실패했을 때를 대비하여 최선의 대안을 확보한다.

| 경영학

36 다음 중 집단의 응집성이 증가되는 요소로 옳은 것은?

① 많은 구성원의 수
② 쉬운 가입 난이도
③ 집단 간 많은 경쟁
④ 집단 내 실패 경험
⑤ 구성원 간 적은 교류

| 경영학

37 다음 임금 분배방식 중 위원회가 있고, 판매가치를 기준으로 성과급을 분배하는 방식은?

① 임프로쉐어 플랜
② 러커 플랜
③ 스캔런 플랜
④ 링컨 플랜
⑤ 카이저 플랜

| 경영학

38 다음 중 추상적인 편익을 소구하는 포지셔닝 전략은?

① 경쟁자 포지셔닝
② 이미지 포지셔닝
③ 제품속성 포지셔닝
④ 사용자 기반 포지셔닝
⑤ 니치시장 소구 포지셔닝

| 경영학

39 다음 중 구매 행동과 관련하여 소비자의 심리적 요인이 아닌 것은?

① 직업
② 동기
③ 지각
④ 학습
⑤ 신념

| 경영학

40 다음 중 수요가 줄어든 상태에서 그 수요를 재현하는 마케팅 전략은?

① 전환마케팅
② 자극마케팅
③ 재마케팅
④ 개발마케팅
⑤ 에이지마케팅

| 경영학

41 다음 중 유기적 조직에 대한 설명으로 옳지 않은 것은?

① 상사와 부하 간의 활발한 의사소통을 통한 분권화가 이루어진다.
② 규칙이나 절차 등에 대해 융통성을 발휘할 수 있다.
③ 부서 간의 업무가 상호 의존적이라 할 수 있다.
④ 구성원 관리의 폭이 좁아 적극적인 관리가 가능하다.
⑤ 의사결정과정을 간소화하여 조직의 효율성을 높일 수 있다.

| 경영학

42 다음 중 예상되는 수요가 있을 때 비축하는 재고는?

① 안전재고
② 예비재고
③ 주기재고
④ 운송 중 재고
⑤ 이동재고

| 경영학

43 다음 중 지각 정보처리 모형의 조직화 형태로 옳지 않은 것은?

① 폐쇄성
② 단순성
③ 근접성
④ 유사성
⑤ 개별성

44 **다음 중 인바운드 마케팅에서 Pull 전략으로 옳지 않은 것은?**

① 고객의 니즈와 선호도를 충족시키는 제품 및 서비스를 개발하는 데 초점을 맞춘다.
② 기업 및 제품을 소개하는 매력적인 콘텐츠를 제작하여 브랜드 인지도를 높인다.
③ 주로 디지털 마케팅 채널을 활용하여 마케팅을 진행한다.
④ 직접적이고 적극적이며, 대개 1 : 1 형태로 진행한다.
⑤ 고객과의 장기적인 관계를 구축하고 유지하고자 한다.

| 경영학

45 **다음 글에서 설명하는 인력공급 예측기법은?**

- 시간의 흐름에 따라 직원의 직무이동확률을 파악하는 방법이다.
- 장기적인 인력공급의 미래예측에 용이하다.
- 조직 및 경영환경이 매우 안정적일 때 측정이 가능하다.

① 자격요건 분석
② 기능목록 분석
③ 마르코프 체인
④ 대체도
⑤ 외부공급 예측

06 2023년 상반기 기출복원문제

정답 및 해설 p.041

| 의사소통능력

01 다음 글을 읽고 보인 반응으로 적절하지 않은 것은?

> 열차 내에서의 범죄가 급격하게 증가함에 따라 한국철도공사는 열차 내에서의 범죄 예방과 안전 확보를 위해 2023년까지 현재 운행하고 있는 열차의 모든 객실에 CCTV를 설치하고, 모든 열차 승무원에게 바디 캠을 지급하겠다고 밝혔다.
> CCTV는 열차 종류에 따라 운전실에서 비상시 실시간으로 상황을 파악할 수 있는 '네트워크 방식'과 각 객실에서의 영상을 저장하는 '개별 독립 방식'이라는 2가지 방식으로 사용 및 설치가 진행될 예정이며, 객실에는 사각지대를 없애기 위해 4대가량의 CCTV가 설치된다. 이 중 2대는 휴대 물품 도난 방지 등을 위해 휴대 물품 보관대 주변에 위치하게 된다.
> 이에 따라 한국철도공사는 CCTV 제품 품평회를 가져 제품의 형태와 색상, 재질 등에 대한 의견을 나누고 각 제품이 실제로 열차 운행 시 진동과 충격 등에 적합한지 시험을 거친 후 도입할 예정이다.

① 현재는 모든 열차에 CCTV가 설치되어 있진 않을 것이다.
② 과거에 비해 승무원에 대한 승객의 범죄행위 증거 취득이 유리해질 것이다.
③ CCTV의 설치를 통해 인적 피해와 물적 피해 모두 예방할 수 있을 것이다.
④ CCTV의 설치를 통해 실시간으로 모든 객실을 모니터링할 수 있을 것이다.
⑤ CCTV의 내구성뿐만 아니라 외적인 디자인도 제품 선택에 영향을 줄 수 있을 것이다.

02 다음 중 빈칸 (가) ~ (다)에 들어갈 접속어를 순서대로 바르게 나열한 것은?

무더운 여름 기차나 지하철을 타면 "실내가 춥다는 민원이 있어 냉방을 줄인다."라는 안내방송을 손쉽게 들을 수 있을 정도로 우리는 쾌적한 기차와 지하철을 이용할 수 있는 시대에 살고 있다. ___(가)___ 이러한 쾌적한 환경을 누리기 시작하게 된 것은 그리 오래되지 않은 일이다. 1825년 세계 최초로 영국의 증기기관차가 시속 16km로 첫 주행을 시작하였고, 이 당시까지만 해도 열차 내의 유일한 냉방 수단은 창문뿐이었다. 열차에 에어컨이 설치되기 시작된 것은 100년이 더 지난 1930년대 초반 미국에서였고, 우리나라는 이보다 훨씬 후인 1969년에 지금의 새마을호라 불리는 '관광호'에서였다. 이는 국내에 최초로 철도가 개통된 1899년 이후 70년 만으로, '관광호' 이후 국내에 도입된 특급열차들은 대부분 전기 냉난방시설을 갖추게 되었다.

___(나)___ 지하철의 에어컨 도입은 열차보다 훨씬 늦었는데, 이는 우리나라뿐만 아니라 해외도 마찬가지였으며, 실제로 영국의 경우 아직도 지하철에 에어컨이 없다.

우리나라는 1974년 서울 지하철이 개통되었는데, 이 당시 객실에는 천장의 달린 선풍기가 전부였기 때문에 한여름에는 땀 냄새가 가득한 찜통 지하철이 되었다. ___(다)___ 1983년이 되어서야 에어컨이 설치된 지하철이 등장하기 시작하였고, 기존에 에어컨이 설치되지 않았던 지하철들은 1989년이 되어서야 선풍기를 떼어 내고 에어컨으로 교체하기 시작하였다.

	(가)	(나)	(다)
①	따라서	그래서	마침내
②	하지만	반면	마침내
③	하지만	왜냐하면	그래서
④	왜냐하면	반면	마침내
⑤	반면	왜냐하면	그래서

03 다음 글의 내용으로 가장 적절한 것은?

한국철도공사는 철도시설물 점검 자동화에 '스마트글라스'를 활용하겠다고 밝혔다. 스마트글라스란 안경처럼 착용하는 스마트 기기로, 검사와 판독, 데이터 송수신과 보고서 작성까지 모든 동작이 음성인식을 바탕으로 작동한다. 이를 활용하여 작업자는 스마트글라스 액정에 표시된 내용에 따라 철도시설물을 점검하고, 음성 명령을 통해 시설물의 사진을 촬영한 후 해당 정보와 검사 결과를 전송해 보고서로 작성한다.

작업자들은 스마트글라스의 사용으로 직접 자료를 조사하고 측정한 내용을 바탕으로 시스템 속에서 여러 단계에 거쳐 수기 입력하던 기존 방식으로부터 벗어날 수 있게 되었고, 이 일련의 과정들을 중앙 서버를 통해 한 번에 처리할 수 있게 되었다.

이와 같이 스마트 기기의 도입은 중앙 서버의 효율적 종합 관리를 가능하게 할 뿐만 아니라 작업자의 안전도 향상에도 크게 기여하였다. 이는 작업자들이 음성인식이 가능한 스마트글라스를 사용함으로써 두 손이 자유로워져 추락 사고를 방지할 수 있게 되었기 때문이며, 또 스마트글라스 내부 센서가 충격과 기울기를 감지할 수 있어 작업자에게 위험한 상황이 발생하면 지정된 컴퓨터로 바로 통보되는 시스템을 갖추었기 때문이다.

한국철도공사는 주요 거점 현장을 시작으로 스마트글라스를 보급하여 성과 분석을 거치고 내년부터는 보급 현장을 확대하겠다고 밝혔으며, 국내 철도 환경에 맞춰 스마트글라스 시스템을 개선하기 위해 현장 검증을 진행하고 스마트글라스를 통해 측정된 데이터를 총괄 제어할 수 있도록 안전점검 플랫폼 망도 마련할 예정이다.

더불어 스마트글라스를 통해 기존의 인력 중심 시설 점검을 간소화시켜 효율성과 안전성을 향상시키고 나아가 철도에 맞춤형 스마트 기술을 도입시켜 시설물 점검뿐만 아니라 유지보수 작업도 가능하도록 철도기술 고도화에 힘쓰겠다고 전했다.

① 작업자의 음성인식을 통해 철도시설물의 점검 및 보수 작업이 가능해졌다.
② 스마트글라스의 도입으로 철도시설물 점검의 무인작업이 가능해졌다.
③ 스마트글라스의 도입으로 철도시설물 점검 작업 안전사고 발생 횟수가 감소하였다.
④ 스마트글라스의 도입으로 철도시설물 작업 시간 및 인력이 감소하고 있다.
⑤ 스마트글라스의 도입으로 작업자의 안전사고 발생을 바로 파악할 수 있게 되었다.

04 다음 글에 대한 설명으로 적절하지 않은 것은?

> 2016년 4월 27일 오전 7시 20분경 임실역에서 익산으로 향하던 열차가 전기 공급 중단으로 멈추는 사고가 발생해 약 50여 분간 열차 운행이 중단되었다. 원인은 바로 전차선에 지은 까치집 때문이었는데, 까치가 집을 지을 때 사용하는 젖은 나뭇가지나 철사 등이 전선과 닿거나 차로에 떨어져 합선과 단전을 일으키게 된 것이다.
> 비록 이번 사고는 단전에서 끝났지만, 고압 전류가 흐르는 전차선인 만큼 철사와 젖은 나뭇가지만으로도 자칫하면 폭발사고로 이어질 우려가 있다. 지난 5년간 까치집으로 인한 단전사고는 한 해 평균 3～4건이 발생하고 있으며, 한국철도공사는 사고 방지를 위해 까치집 방지 설비를 설치하고 설비가 없는 구간은 작업자가 육안으로 까치집 생성 여부를 확인해 제거하고 있는데, 이렇게 제거해 온 까치집 수가 연평균 8,000개에 달하고 있다. 하지만 까치집은 빠르면 불과 4시간 만에 완성되어 작업자들에게 큰 곤욕을 주고 있다.
> 이에 한국철도공사는 전차선로 주변 까치집 제거의 효율성과 신속성을 높이기 위해 인공지능(AI)과 사물인터넷(IoT) 등 첨단 기술을 활용하기에 이르렀다. 열차 운전실에 영상 장비를 설치해 달리는 열차에서 전차선을 촬영한 화상 정보를 인공지능으로 분석해 까치집 등의 위험 요인을 찾아 해당 위치와 현장 이미지를 작업자에게 실시간으로 전송하는 '실시간 까치집 자동 검출 시스템'을 개발한 것이다. 하지만 시속 150km로 빠르게 달리는 열차에서 까치집 등의 위험 요인을 실시간으로 판단해 전송하는 것이다 보니 그 정확도는 65%에 불과했다.
> 이에 한국철도공사는 전차선과 까치집을 정확하게 식별하기 위해 인공지능이 스스로 학습하는 '딥러닝' 방식을 도입했고, 전차선을 구성하는 복잡한 구조 및 까치집과 유사한 형태를 빅데이터로 분석해 이미지를 구분하는 학습을 실시한 결과 까치집 검출 정확도는 95%까지 상승했다. 또한 해당 이미지를 실시간 문자메시지로 작업자에게 전송해 위험 요소와 위치를 인지시켜 현장에 적용할 수 있다는 사실도 확인했다. 현재는 이와 더불어 정기열차가 운행하지 않거나 작업자가 접근하기 쉽지 않은 차량 정비 시설 등에 드론을 띄워 전차선의 까치집을 발견 및 제거하는 기술도 시범 운영하고 있다.

① 인공지능도 학습을 통해 그 정확도를 향상시킬 수 있다.
② 빠른 속도에서 인공지능의 사물 식별 정확도는 낮아진다.
③ 사람의 접근이 불가능한 곳에 위치한 까치집의 제거도 가능해졌다.
④ 까치집 자동 검출 시스템을 통해 실시간으로 까치집 제거가 가능해졌다.
⑤ 인공지능 등의 스마트 기술 도입으로 까치집 생성의 감소를 기대할 수 있다.

05 작년 K대학교에 재학 중인 학생 수는 6,800명이었고 남학생과 여학생의 비는 8 : 9이었다. 올해 남학생 수와 여학생 수의 비가 12 : 13만큼 줄어들어 7 : 8이 되었다고 할 때, 올해 K대학교의 전체 재학생 수는?

① 4,440명
② 4,560명
③ 4,680명
④ 4,800명
⑤ 4,920명

| 수리능력

06 다음은 철도운임의 공공할인 제도에 대한 내용이다. 장애의 정도가 심하지 않은 A씨가 보호자 1명과 함께 열차를 이용하여 주말여행을 다녀왔다. 두 사람은 왕복 운임의 몇 %를 할인받았는가?(단, 열차의 종류와 노선 길이가 동일한 경우 요일에 따른 요금 차이는 없다고 가정한다)

- A씨와 보호자의 여행 일정
  - 2023년 3월 11일(토) 서울 → 부산 : KTX
  - 2023년 3월 13일(월) 부산 → 서울 : KTX
- 장애인 공공할인 제도(장애의 정도가 심한 장애인은 보호자 포함)

구분	KTX	새마을호	무궁화호 이하
장애의 정도가 심한 장애인	50%	50%	50%
장애의 정도가 심하지 않은 장애인	30% (토·일·공휴일 제외)	30% (토·일·공휴일 제외)	

① 7.5%
② 12.5%
③ 15%
④ 25%
⑤ 30%

※ 다음 자료를 보고 이어지는 질문에 답하시오. **[7~9]**

〈2023년 한국의 국립공원 기념주화 예약 접수〉

- 우리나라 자연환경의 아름다움과 생태 보전의 중요성을 널리 알리기 위해 K공사는 한국의 국립공원 기념주화 3종(설악산, 치악산, 월출산)을 발행할 예정임
- 예약 접수일 : 3월 2일(목) ~ 3월 17일(금)
- 배부 시기 : 2023년 4월 28일(금)부터 예약자가 신청한 방법으로 배부
- 기념주화 상세

화종	앞면	뒷면
은화Ⅰ – 설악산		
은화Ⅱ – 치악산		
은화Ⅲ – 월출산		

- 발행량 : 화종별 10,000장씩 총 30,000장
- 신청 수량 : 단품 및 3종 세트로 구분되며 단품과 세트에 중복 신청 가능
  - 단품 : 1인당 화종별 최대 3장
  - 3종 세트 : 1인당 최대 3세트
- 판매 가격 : 액면금액에 판매 부대비용(케이스, 포장비, 위탁판매수수료 등)을 부가한 가격
  - 단품 : 각 63,000원(액면가 50,000원+케이스 등 부대비용 13,000원)
  - 3종 세트 : 186,000원(액면가 150,000원+케이스 등 부대비용 36,000원)
- 접수 기관 : 우리은행, 농협은행, K공사
- 예약 방법 : 창구 및 인터넷 접수
  - 창구 접수
    신분증[주민등록증, 운전면허증, 여권(내국인), 외국인등록증(외국인)]을 지참하고 우리·농협은행 영업점을 방문하여 신청
  - 인터넷 접수
    ① 우리·농협은행의 계좌를 보유한 고객은 개시일 9시부터 마감일 23시까지 홈페이지에서 신청
    ② K공사 온라인 쇼핑몰에서는 가상계좌 방식으로 개시일 9시부터 마감일 23시까지 신청
- 구입 시 유의사항
  - 수령자 및 수령지 등 접수 정보가 중복될 경우 단품별 10장, 3종 세트 10세트만 추첨 명단에 등록
  - 비정상적인 경로나 방법으로 접수할 경우 당첨을 취소하거나 배송을 제한

07 다음 중 한국의 국립공원 기념주화 발행 사업의 내용으로 옳은 것은?

① 국민들을 대상으로 예약 판매를 실시하며, 외국인에게는 판매하지 않는다.
② 1인당 구매 가능한 최대 주화 수는 10장이다.
③ 기념주화를 구입하기 위해서는 우리 · 농협은행 계좌를 사전에 개설해 두어야 한다.
④ 사전예약을 받은 뒤, 예약 주문량에 맞추어 제한된 수량만 생산한다.
⑤ K공사를 통한 예약 접수는 온라인에서만 가능하다.

| 문제해결능력

08 외국인 A씨는 이번에 발행되는 기념주화를 예약 주문하려고 한다. 다음 상황을 참고하여 A씨가 기념주화 구매 예약을 할 수 있는 방법으로 옳은 것은?

〈외국인 A씨의 상황〉

- A씨는 국내 거주 외국인으로 등록된 사람이다.
- A씨의 명의로 국내은행에 개설된 계좌는 총 2개로, 신한은행과 한국씨티은행에 1개씩이다.
- A씨는 우리은행이나 농협은행과는 거래이력이 없다.

① 여권을 지참하고 우리은행이나 농협은행 지점을 방문한다.
② K공사 온라인 쇼핑몰에서 신용카드를 사용한다.
③ 계좌를 보유한 신한은행이나 한국씨티은행의 홈페이지를 통해 신청한다.
④ 외국인등록증을 지참하고 우리은행이나 농협은행 지점을 방문한다.
⑤ 우리은행이나 농협은행의 홈페이지에서 신청한다.

| 문제해결능력

09 다음은 기념주화를 예약한 5명의 신청내역이다. 이 중 가장 많은 금액을 지불한 사람의 구매 금액은?

(단위 : 세트, 장)

구매자	3종 세트	단품		
		은화Ⅰ – 설악산	은화Ⅱ – 치악산	은화Ⅲ – 월출산
A	2	1	–	–
B	–	2	3	3
C	2	1	1	–
D	3	–	–	–
E	1	–	2	2

① 558,000원
② 561,000원
③ 563,000원
④ 564,000원
⑤ 567,000원

10 다음 자료에 대한 설명으로 가장 적절한 것은?

• KTX 마일리지 적립
- KTX 이용 시 결제금액의 5%가 기본 마일리지로 적립됩니다.
- 더블적립(×2) 열차로 지정한 열차는 추가로 5%가 적립(결제금액의 총 10%)됩니다.
  ※ 더블적립 열차는 홈페이지 및 코레일톡 애플리케이션에서만 승차권 구매 가능
- 선불형 교통카드 Rail+(레일플러스)로 승차권을 결제하는 경우 1% 보너스 적립도 제공되어 최대 11% 적립이 가능합니다.
- 마일리지를 적립받고자 하는 회원은 승차권을 발급받기 전에 코레일 멤버십 카드 제시 또는 회원번호 및 비밀번호 등을 입력해야 합니다.
- 해당열차 출발 후에는 마일리지를 적립받을 수 없습니다.

• 회원 등급 구분

구분	등급 조건	제공 혜택
VVIP	• 반기별 승차권 구입 시 적립하는 마일리지가 8만 점 이상 고객 또는 기준일부터 1년간 16만 점 이상 고객 중 매년 반기 익월 선정	• 비즈니스 회원 혜택 기본 제공 • KTX 특실 무료 업그레이드 쿠폰 6매 제공 • 승차권 나중에 결제하기 서비스 (열차 출발 3시간 전까지)
VIP	• 반기별 승차권 구입 시 적립하는 마일리지가 4만 점 이상 고객 또는 기준일부터 1년간 8만 점 이상 고객 중 매년 반기 익월 선정	• 비즈니스 회원 혜택 기본 제공 • KTX 특실 무료 업그레이드 쿠폰 2매 제공
비즈니스	• 철도 회원으로 가입한 고객 중 최근 1년간 온라인에서 로그인한 기록이 있거나, 회원으로 구매실적이 있는 고객	• 마일리지 적립 및 사용 가능 • 회원 전용 프로모션 참가 가능 • 열차 할인상품 이용 등 기본서비스와 멤버십 제휴서비스 등 부가서비스 이용
패밀리	• 철도 회원으로 가입한 고객 중 최근 1년간 온라인에서 로그인한 기록이 없거나, 회원으로 구매실적이 없는 고객	• 멤버십 제휴서비스 및 코레일 멤버십 라운지 이용 등의 부가서비스 이용 제한 • 휴면 회원으로 분류 시 별도 관리하며, 본인 인증 절차로 비즈니스 회원으로 전환 가능

- 마일리지는 열차 승차 다음 날 적립되며, 지연료를 마일리지로 적립하신 실적은 등급 산정에 포함되지 않습니다.
- KTX 특실 무료 업그레이드 쿠폰 유효기간은 6개월이며, 반기별 익월 10일 이내에 지급됩니다.
- 실적의 연간 적립 기준일은 7월 지급의 경우 전년도 7월 1일부터 당해 연도 6월 30일까지 실적이며, 1월 지급은 전년도 1월 1일부터 전년도 12월 31일까지의 실적입니다.
- 코레일에서 지정한 추석 및 설 명절 특별수송 기간의 승차권은 실적 적립 대상에서 제외됩니다.
- 회원 등급 조건 및 제공 혜택은 사전 공지 없이 변경될 수 있습니다.
- 승차권 나중에 결제하기 서비스는 총 편도 2건 이내에서 제공되며, 3회 자동 취소 발생(열차 출발 전 3시간 내 미결제) 시 서비스가 중지됩니다. 리무진+승차권 결합 발권은 2건으로 간주되며, 정기권, 특가상품 등은 나중에 결제하기 서비스 대상에서 제외됩니다.

① 코레일에서 운행하는 모든 열차는 이용할 때마다 결제금액의 최소 5%가 KTX 마일리지로 적립된다.
② 회원 등급이 높아져도 열차 탑승 시 적립되는 마일리지는 동일하다.
③ 비즈니스 등급은 기업회원을 구분하는 명칭이다.
④ 6개월간 마일리지 4만 점을 적립하더라도 VIP 등급을 부여받지 못할 수 있다.
⑤ 회원 등급이 높아도 승차권을 정가보다 저렴하게 구매할 수 있는 방법은 없다.

11 **다음 중 EOQ의 가정에 대한 설명으로 옳은 것을 〈보기〉에서 모두 고르면?**

보기
㉠ 해당 품목에 대한 단위 기간 중 수요는 정확하게 예측할 수 있다.
㉡ 주문량은 주문 순서대로 입고된다.
㉢ 재고 부족 현상이 발생하지 않는다.
㉣ 대량구매 시 일정 부분 할인을 적용한다.

① ㉠, ㉡
② ㉠, ㉢
③ ㉡, ㉢
④ ㉡, ㉣
⑤ ㉢, ㉣

12 **다음 중 광고와 PR의 차이점을 비교한 내용으로 옳지 않은 것은?**

	구분	광고	PR
①	기능적 측면	마케팅	경영
②	커뮤니케이션	단방향	양방향
③	전달 목적	이익 창출	이해 창출
④	주요 수단	TV, 라디오, 잡지 등	이벤트, 뉴스 간담회 등
⑤	목표 기간	장기적	단기적

13 **다음 중 고전적 경영이론에 대한 설명으로 옳지 않은 것은?**

① 고전적 경영이론은 인간의 행동이 합리적이고 경제적인 동기에 의해 이루어진다고 가정한다.
② 차별성과급제, 기능식 직장제도는 테일러의 과학적 관리법을 기본이론으로 한다.
③ 포드의 컨베이어 벨트 시스템은 표준화를 통한 대량생산방식을 설명한다.
④ 베버는 조직을 합리적이고 법적인 권한으로 운영하는 관료제 조직이 가장 합리적이라고 주장한다.
⑤ 페이욜은 기업활동을 기술활동, 영업활동, 재무활동, 회계활동 4가지 분야로 구분하였다.

| 경영학

14 다음 중 JIT시스템의 장점으로 옳지 않은 것을 〈보기〉에서 모두 고르면?

> **보기**
> ㉠ 현장 낭비 제거를 통한 생산성 향상
> ㉡ 다기능공 활용을 통한 작업자 노동부담 경감
> ㉢ 소 LOT 생산을 통한 재고율 감소
> ㉣ 단일 생산을 통한 설비 이용률 향상

① ㉠, ㉡
② ㉠, ㉢
③ ㉡, ㉢
④ ㉡, ㉣
⑤ ㉢, ㉣

| 경영학

15 다음 중 광고의 소구 방법에 대한 설명으로 옳지 않은 것은?

① 감성적 소구는 브랜드에 대한 긍정적 느낌 등 이미지 향상을 목표로 하는 방법이다.
② 감성적 소구는 논리적인 자료 제시를 통해 높은 제품 이해도를 이끌어 낼 수 있다.
③ 유머소구, 공포소구 등이 감성적 소구 방법에 해당한다.
④ 이성적 소구는 정보제공형 광고에 사용하는 방법이다.
⑤ 이성적 소구는 구매 시 위험이 따르는 내구재나 신제품 등에 많이 활용된다.

| 경영학

16 다음 중 마이클 포터의 가치사슬에 대한 설명으로 옳지 않은 것은?

① 가치사슬은 거시경제학을 기반으로 하는 분석 도구이다.
② 기업의 수행활동을 제품설계, 생산, 마케팅, 유통 등 개별적 활동으로 나눈다.
③ 구매, 제조, 물류, 판매 등을 기업의 본원적 활동으로 정의한다.
④ 기술개발, 조달활동 등을 기업의 지원적 활동으로 정의한다.
⑤ 가치사슬에서 말하는 이윤은 수입에서 가치창출을 위해 발생한 모든 비용을 제외한 값이다.

17 **다음 중 주식회사의 특징으로 옳지 않은 것은?**

① 구성원인 주주와 별개의 법인격이 부여된다.
② 주주는 회사에 대한 주식의 인수가액을 한도로 출자의무를 부담한다.
③ 주주는 자신이 보유한 지분을 자유롭게 양도할 수 있다.
④ 설립 시 발기인은 최소 2인 이상을 필요로 한다.
⑤ 소유와 경영을 분리하여 이사회로 경영권을 위임한다.

| 경영학

18 **다음 중 직무급에 대한 설명으로 옳지 않은 것은?**

① 직무에 따라 급여율을 결정하는 임금제도로, 동일노동에 대한 동일임금의 관점을 가진다.
② 직무내용이 정형화되어 직무수행에 유연성이 떨어질 수 있다.
③ 임금수준의 설정에 주관적인 의사가 개입될 수 있다.
④ 인력의 적정배치 등이 어려워 노조의 반발에 직면할 수 있다.
⑤ 학별, 성별, 근속연수, 연령에 따라 대우를 해주는 연공서열제와 반대되는 개념이다.

| 경영학

19 **다음 중 기능식 조직과 사업부 조직을 비교한 내용으로 옳지 않은 것은?**

① 기능식 조직은 공통기능을 중심으로 기능별로 부서화된 조직을 말하며, 사업부 조직은 산출물을 기준으로 부서화된 조직을 말한다.
② 기능식 조직은 규모의 경제 효과를 얻을 수 있으나, 사업부 조직은 규모의 경제 효과를 상실할 수 있다.
③ 기능식 조직은 기능별 기술개발을 통한 전문화가 유리하나, 사업부 조직은 기능이 분산되어 전문화가 어렵다.
④ 기능식 조직은 환경변화에 신속하게 적응할 수 있으나, 사업부 조직은 환경변화에 신속하게 적응하기 어렵다.
⑤ 기능식 조직은 최고경영자 양성에 불리하나, 사업부 조직은 최고경영자 양성에 유리하다.

20 **다음 중 정가가 10,000원인 제품을 9,900원으로 판매하는 가격전략은?**

① 명성가격 ② 준거가격
③ 단수가격 ④ 관습가격
⑤ 유인가격

21 **다음 중 식스 시그마(6 – Sigma)에 대한 설명으로 옳지 않은 것은?**

① 프로세스에서 불량과 변동성을 최소화하면서 기업의 성과를 최대화하려는 종합적이고 유연한 시스템이다.
② 프로그램의 최고 단계 훈련을 마치고, 프로젝트 팀 지도를 전담하는 직원은 마스터 블랙벨트이다.
③ 통계적 프로세스 관리에 크게 의존하며, '정의 – 측정 – 분석 – 개선 – 통제(DMAIC)'의 단계를 걸쳐 추진된다.
④ 제조 프로세스에서 기원하여 판매, 인적자원, 고객서비스, 재무서비스 부문까지 확대되고 있다.
⑤ 사무 부분을 포함한 모든 프로세스의 질을 높이고 업무 비용을 획기적으로 절감하여 경쟁력을 향상시키는 것을 목표로 한다.

22 **다음 중 소비자가 제품의 구매를 결정할 때, 과거의 경험이나 정보를 통해 기준을 잡는 것은?**

① 단수가격 ② 준거가격
③ 명성가격 ④ 관습가격
⑤ 기점가격

| 경영학

23 **다음 중 마케팅에 대한 설명으로 옳지 않은 것은?**

① 마케팅이란 소비자의 필요와 욕구를 충족시키기 위해 시장에서 교환이 일어날 수 있도록 계획하고 실행하는 과정이다.
② 미시적 마케팅이란 개별 기업이 기업의 목표를 달성하기 위한 수단으로 수행하는 마케팅 활동을 의미한다.
③ 선행적 마케팅이란 생산이 이루어지기 이전의 마케팅 활동을 의미하는 것으로, 대표적인 활동으로는 경로, 가격, 판촉 등이 해당한다.
④ 거시적 마케팅이란 사회적 입장에서 유통기구와 기능을 분석하는 마케팅 활동을 의미한다.
⑤ 고압적 마케팅이란 소비자의 욕구에 관계없이 기업의 입장에서 생산 가능한 제품을 강압적으로 판매하는 형태를 의미한다.

| 경영학

24 **다음 수요예측기법 중 성격이 다른 것은?**

① 델파이 기법
② 역사적 유추법
③ 시계열 분석법
④ 시장조사법
⑤ 라이프 사이클 유추법

| 경영학

25 **다음 중 경제적 주문량(EOQ) 모형이 성립하기 위한 가정으로 옳지 않은 것은?**

① 구입단가는 주문량과 관계없이 일정하다.
② 주문량은 한 번에 모두 도착한다.
③ 연간 재고 수요량을 정확히 파악하고 있다.
④ 단위당 재고유지비용과 1회당 재고주문비용은 주문량과 관계없이 일정하다.
⑤ 재고 부족현상이 발생할 수 있으며, 주문 시 정확한 리드타임이 적용된다.

| 경영학

26 다음 중 JIT(Just In Time)시스템의 특징으로 옳지 않은 것은?

① 푸시(Push) 방식이다.
② 필요한 만큼의 자재만을 생산한다.
③ 공급자와 긴밀한 관계를 유지한다.
④ 가능한 소량 로트(Lot) 크기를 사용하여 재고를 관리한다.
⑤ 생산지시와 자재이동을 가시적으로 통제하기 위한 방법으로 칸반(Kanban)을 사용한다.

| 경영학

27 다음 글에서 설명하는 지각 오류는 무엇인가?

> 사람들은 자신의 성공에 대해서는 자신의 능력 때문이라고 생각하는 반면에, 실패에 대해서는 상황이나 운 때문이라고 생각한다.

① 자존적 편견
② 후광효과
③ 투사
④ 통제의 환상
⑤ 대비효과

| 경영학

28 다음 중 비슷한 성향을 지닌 소비자들과 다른 성향을 가진 소비자들을 분리해 하나의 그룹으로 묶는 과정은?

① 프로모션
② 타깃팅
③ 포지셔닝
④ 시장세분화
⑤ 이벤트

| 경영학

29 다음 중 전문경영자와 소유경영자의 장점에 대한 설명으로 옳지 않은 것은?

① 전문경영자는 다양한 의견을 수렴하여 유연한 의사결정을 할 수 있다.
② 전문경영자는 주주 중시 및 기업 투명성 강화 정책을 추진하는 데 유리하다.
③ 전문경영자는 주인의식을 통한 리더십을 발휘하여 기업을 이끌어 갈 수 있다.
④ 소유경영자는 장기적인 관점에서 사업을 추진하는 데 유리하다.
⑤ 소유경영자는 신속하고 빠른 의사결정이 가능하다.

30 다음 글에서 설명하는 공식적 의사소통 유형은?

> • 구성원들 사이에 중심인물이 존재한다.
> • 주로 중심인물 또는 리더에게 정보를 전달한다.
> • 중심인물 또는 리더는 정보를 취합하여 구성원들에게 다시 전달한다.

① 사슬형
② 수레바퀴형
③ Y형
④ 원형
⑤ 완전연결형

31 다음 중 저압적 마케팅에 대한 설명으로 옳은 것은?

① 판촉활동을 통한 제품판매 전략을 추진한다.
② 기업 내부관점에서 생산 가능한 제품을 선정하여 대량생산한다.
③ 선행적 마케팅을 통해 생산 전 마케팅 조사 및 계획 활동을 추진한다.
④ 생산 이후 가격, 유통경로, 판매촉진 마케팅에 주력한다.
⑤ 고객의 피드백을 고려하지 않는 선형 마케팅으로 볼 수 있다.

32 다음 중 ㉠~㉢에 해당하는 M&A 방어 전략을 순서대로 바르게 나열한 것은?

> ㉠ 주식의 매입기간, 가격, 수량 등을 정하여 불특정다수를 대상으로 주식을 장외매수하는 전략이다.
> ㉡ 피인수기업의 이사가 임기 전 물러나게 될 경우 거액의 퇴직금, 스톡옵션 등을 주도록 하여 인수 비용을 높이는 전략이다.
> ㉢ 주주의 동의 없이 기업을 인수하려 할 경우 기존 주주에게 시가보다 싼 가격에 지분을 매입할 수 있도록 권리를 부여하는 전략이다.

	㉠	㉡	㉢
①	주식공개매수	황금낙하산	독소조항
②	주식공개매수	불가침협정	황금낙하산
③	주식공개매수	독소조항	불가침협정
④	황금낙하산	주식공개매수	복수의결권
⑤	황금낙하산	독소조항	복수의결권

33 다음 중 ㉠~㉢에 해당하는 노동조합 숍(Shop) 제도를 순서대로 바르게 나열한 것은?

> ㉠ 근로자를 고용할 때 근로자가 노동조합의 조합원인 경우에만 채용이 가능한 제도이다.
> ㉡ 노동조합의 조합원 여부와 관계없이 근로자를 고용하는 것이 가능한 제도이다.
> ㉢ 고용된 근로자의 경우 일정 기간 내에 노동조합의 조합원이 되어야 하는 제도이다.

	㉠	㉡	㉢
①	오픈 숍	클로즈드 숍	프리퍼런셜 숍
②	오픈 숍	에이전시 숍	클로즈드 숍
③	오픈 숍	유니온 숍	메인테넌스 숍
④	클로즈드 숍	에이전시 숍	메인테넌스 숍
⑤	클로즈드 숍	오픈 숍	유니온 숍

34 다음 중 주경로 분석에 대한 설명으로 옳지 않은 것은?

① 프로젝트 완성을 위해 필요한 최소시간을 결정하는 데 사용하는 네트워크 분석 기법이다.
② 주경로는 하나가 아닌 여러 개가 될 수도 있다.
③ 주공정은 플롯이 0인 작업을 연결한 경로를 의미한다.
④ ES는 활동을 가장 빨리 시작할 수 있는 날, EF는 활동이 가장 빨리 끝날 수 있는 날을 말한다.
⑤ 주경로는 모든 경로 중 소요시간이 가장 짧은 경로를 의미한다.

35 다음 글에서 설명하는 용어는 무엇인가?

> • 제품 영업부터 정비까지 전 부문 협업 및 설비 관리 등을 통해 제품 품질을 확보하는 것이다.
> • 제품 생산, 설비 관리 등의 조건을 특성화하여 안정적인 품질확보 체계를 수립하는 것이다.
> • 품질지표, 핵심공정지표, 설비관리인자 등을 통해 품질 개선 방법을 찾는다.

① DBMS ② SCM
③ EQM ④ VCS
⑤ QMS

CHAPTER

07 2022년 하반기 기출복원문제

정답 및 해설 p.047

| 의사소통능력

01 다음 글의 주제로 가장 적절한 것은?

> 이제 2023년 6월부터 민법과 행정 분야에서 나이를 따질 때 기존 계산하는 방식에 따라 1～2살까지 차이가 났던 우리나라 특유의 나이 계산법이 국제적으로 통용되는 '만 나이'로 일원화된다. 이는 태어난 해를 0살로 보고 정확하게 1년이 지날 때마다 한 살씩 더하는 방식을 말한다.
> 이에 대해 여론은 대체적으로 긍정적이나, 일각에서는 모두에게 익숙한 관습을 벗어나 새로운 방식에 적응해야 한다는 점을 우려하고 있다. 특히 지금 받고 있는 행정서비스에 급격한 변화가 일어나 혹시라도 손해를 보거나 미리 따져 봐야 할 부분이 있는 건 아닌지, 또 다른 혼선이 야기되는 건 아닌지 하는 것들이 이에 해당한다.
> 한국의 나이 기준은 우리가 관습적으로 쓰는 '세는 나이'와 민법 등에서 법적으로 규정한 '만 나이', 일부 법령이 적용하고 있는 '연 나이' 등 세 가지로 되어 있다. 이처럼 국회가 법적 나이 규정을 만 나이로 정비한 이유는 한 사람의 나이가 계산 방식에 따라 최대 2살이 달라져 '나이 불일치'로 인한 각종 행정서비스 이용과 계약체결 과정에서 혼선과 법적 다툼이 발생했기 때문이다.
> 더군다나 법적 나이를 규정한 민법에서조차 표현상으로 만 나이와 일반 나이가 혼재되어 있어 문구를 통일해야 한다는 지적이 나왔다. 표현상 '만 ○○세'로 돼 있지 않아도 기본적으로 만 나이로 보는 게 관례이지만, 법적 분쟁 발생 시 이는 해석의 여지를 줄 수 있기 때문이다. 다른 법에서 특별히 나이의 기준을 따로 두지 않았다면 민법의 나이 규정을 따르도록 되어 있는데, 실상은 민법도 명확하지 않았던 것이다.
> 정부는 내년부터 개정된 법이 시행되면 우선 그동안 문제로 지적됐던 법적・사회적 분쟁이 크게 줄어들 것으로 기대하고 있지만, 국민 전체가 일상적으로 체감하는 변화는 크지 않을 것으로 보고 있다. 이번 법 개정의 취지 자체가 나이 계산법 혼용에 따른 분쟁을 해소하는 데 맞춰져 있고, 오랜 세월 확립된 나이에 대한 사회적 인식이 법 개정으로 단번에 바뀔 수 있는 건 아니기 때문이다.
> 또한 여야와 정부는 연 나이를 채택해 또래 집단과 동일한 기준을 적용하는 것이 오히려 혼선을 막을 수 있고 법 집행의 효율성이 담보된다고 합의한 병역법, 청소년보호법, 민방위기본법 등 52개 법령에 대해서는 연 나이 규정의 필요성이 크다면 굳이 만 나이 적용을 하지 않겠다고 밝혔다.

① 연 나이 계산법 유지의 필요성
② 우리나라 나이 계산법의 문제점
③ 기존 나이 계산법 개정의 필요성
④ 나이 계산법 혼용에 따른 분쟁 해소 방안
⑤ 나이 계산법의 변화로 달라지는 행정서비스

02 다음 글의 내용으로 가장 적절한 것은?

> 미디어 플랫폼의 다변화로 콘텐츠 이용에 대한 선택권이 다양해졌지만, 장애인은 OTT로 콘텐츠 하나 보기가 어려운 현실이다.
> 지난 장애인 미디어 접근 콘퍼런스에서 한국시각장애인연합회 정책팀장은 "올해 한 기사를 보니 한 시각장애인 분이 OTT는 넷플릭스나 유튜브로 보고 있다고 되어 있었는데, 두 가지가 다 외국 플랫폼이었다는 것이 마음이 아팠다. 외국과 우리나라에서 장애인을 바라보는 시각의 차이가 바로 이런 것이구나 생각했다."라며 "장애인을 소비자로 보느냐 시혜대상으로 보느냐, 사업자가 어떤 생각을 갖고 있느냐에 따라 콘텐츠를 어떻게 제작할 것인가의 차이가 있다고 본다."라고 말했다.
> 실제 시각장애인은 OTT의 기본 기능도 이용하기 어렵다. 국내 OTT에서는 동영상 재생 버튼을 설명하는 대체 텍스트(문구)가 제공되지 않아 시각장애인들이 재생 버튼을 선택할 수 없었으며, 동영상 시청 중에는 일시 정지할 수 있는 버튼, 음량 조정 버튼, 설정 버튼 등이 화면에서 사라졌다. 재생 버튼에 대한 설명이 제공되는 넷플릭스도 영상 재생 시점을 10초 앞으로 또는 뒤로 이동하는 버튼은 이용하기 어렵다.
> 이에 국내 OTT 업계의 경우 장애인 이용을 위한 기술을 개발 및 확대한다는 계획을 밝히며 정부 지원이 필요하다고 덧붙였다. 정부도 규제와 의무보다는 사업자의 자율적인 부분을 인정해 주고 사업자 노력을 드라이브 걸 수 있는 지원책을 마련하여야 한다. 이는 OTT 시장이 철저한 자본에 의한 경쟁시장이며, 자본이 있는 만큼 서비스가 고도화되고 그 고도화를 통해 이용자 편의성을 높일 수 있기 때문이다.

① 외국 OTT 플랫폼은 장애인을 위한 서비스를 활발히 제공하고 있다.
② 국내 OTT 플랫폼은 장애인을 위한 서비스를 제공하고 있지 않다.
③ 외국 OTT 플랫폼은 국내 플랫폼보다 장애인을 시혜대상으로 바라보고 있다.
④ 우리나라 장애인의 경우 외국 장애인보다 상대적으로 OTT 플랫폼의 이용이 어렵다.
⑤ 정부는 OTT 플랫폼에 장애인 편의 기능을 마련할 것을 촉구했지만 지원책은 미비했다.

03 다음 글의 빈칸 ㉠～㉤에 들어갈 내용으로 가장 적절한 것은?

> 추석 연휴 첫날이던 지난 9일은 장기 기증의 날이었다. 한 명의 장기 기증으로 9명의 생명을 살릴 수 있다는 의미로, 사랑의장기기증운동본부가 매년 9월 9일을 기념하고 있다. 하지만 장기 기증의 필요성에 비해 제도적 지원은 여전히 미흡한 실정이다. 특히 국내 장기 기증의 상당수를 차지하는 ___㉠___ 공여자에 대한 지원이 절실하다는 지적이 나온다.
>
> 2020년 질병관리청이 공개한 연구 결과에 따르면 신장이나 간을 기증한 공여자에게서 만성 신·간 부전의 위험이 확인됐다. 그러나 관련 지원은 여전히 부족한 실정이다. 기증 후 1년간 정기 검진 진료비를 지원하는 제도가 있긴 하지만, ___㉡___이/가 있는데다 가족 등에 의한 기증은 여기에서도 제외된다. 아무 조건 없이 ___㉢___에게 기증하는 '순수 기증'만 해당되는데, 정작 국내 순수 기증은 2019년 1건을 마지막으로 맥이 끊긴 상태이다.
>
> 장기를 이식받은 환자와 공여자를 아우르는 통합적 정신건강 관리가 필요하다는 목소리도 꾸준히 나온다. 기증 전 단계의 고민은 물론이고 막상 기증한 뒤에 ___㉣___와/과 관계가 소원해지거나 우울감에 빠질 수 있기 때문이다.
>
> 공여자들은 해마다 늘어가는 장기 이식 대기 문제를 해결하기 위해서는 제도적 개선이 필요하다고 입을 모은다. 뇌사·사후 기증만으로는 당장 ___㉤___을/를 감당할 수 없다는 것이다. 한국장기조직기증원이 뇌사 기증을 전담 관리하듯 생체 공여도 별도 기관을 통해 심도 있게 관리 및 지원해야 한다는 목소리도 나온다.

① ㉠ : 사체
② ㉡ : 하한액
③ ㉢ : 특정인
④ ㉣ : 수혜자
⑤ ㉤ : 공급

04 다음 글을 읽고 밑줄 친 부분에 해당하는 내용으로 적절하지 않은 것은?

> 우리나라가 양성평등의 사회로 접어든 후 과거에 비해 여성의 지위가 많이 향상되고 여성이 경제활동에 참여하는 비율은 꾸준히 높아졌지만, 여전히 노동 현장에서 여성은 사회적으로 불평등의 대상이 되고 있다.
> 여성 노동자가 노동 시장에서 남성에 비해 차별받는 원인은 갈등론적 측면에서 볼 때, 남성 노동자들이 자신이 누리고 있던 자원의 독점과 기득권을 빼앗기지 않기 위해 여성에게 경제적 자원을 나누어 주지 않으려는 기존 기득권층의 횡포에 의한 것이라고 할 수 있다.
> 또한 여성 노동자에 대한 편견으로 인해서도 차별의 원인이 나타난다. 여성 노동자가 제대로 일하지 못한다거나 결혼과 출산, 임신을 한 여성 노동자는 조직 전체에 부정적인 영향을 준다고 인식하는 경향이 강한데, 이러한 편견들이 여성 노동자에 대한 차별로 이어지게 된 것이다.
> 여성 노동자를 차별한 결과 여성들은 남성 노동자들보다 저임금을 받아야 하고 비교적 질이 좋지 않은 일자리에서 일해야 하며 고위직으로 올라가는 것 역시 힘들고 임금 차별이 나타나게 된다. 여성 노동자가 많이 근무하는 서비스업 등의 직업군의 경우 임금 자체가 상당히 낮게 책정되어 있어 남성에 비하여 많은 임금을 받지 못하는 구조로 되어 있는 것이다.
> 또한 여성 노동자들을 노동자 그 자체로 보기보다는 여성으로 바라보는 남성들의 잘못된 시선으로 인해 여성 노동자는 신성한 노동의 현장에서 성희롱을 당하고 있으며, 취업과 승진 등 모든 인적자원관리 측면에서 불이익을 경험하는 경우가 많다. 특히 여성들이 임신과 출산을 경험하는 경우 같은 직장의 노동자들에게 따가운 시선을 받는 것을 감수해야 한다.
> 이와 같은 여성 노동자가 경험하는 차별 문제를 해결하기 위해서는 여성 노동자 역시 남성 노동자와 마찬가지의 권리를 가지고 있다는 점을 사회 전반에 인식할 수 있도록 해야 하고, 여성이라는 이유만으로 취업과 승진 등에 불이익을 받지 않도록 <u>인식과 정책을 개선</u>해야 한다.

① 결혼과 출산, 임신과 같은 가족 계획을 지지하는 환경을 만들어야 한다.
② 여성 노동자가 주로 종사하는 직종의 임금체계를 합리적으로 변화시켜야 한다.
③ 여성들이 종사하는 다양한 직업군에서 양질의 정규직 일자리를 만들어야 한다.
④ 임신으로 인한 공백 문제 등이 발생하지 않도록 공백 기간에 대한 법을 개정 및 규제하여야 한다.
⑤ 여성 노동자들을 여성이 아닌 정당하게 노동력을 제공하고 그에 맞는 임금을 받을 권리를 가진 노동자로 바라보아야 한다.

05 다음 문단을 논리적 순서대로 바르게 나열한 것은?

(가) 물론 이전과 달리 노동 시장에서 여성이라서 채용하지 않는 식의 직접적 차별은 많이 감소했지만, 실질적으로 고학력 여성들이 면접 과정에서 많이 탈락하거나 회사에 들어간 후에도 승진을 잘 하지 못하고 있다. 이는 여성이 육아 휴직 등을 사용하는 경우가 많아 회사가 여성을 육아와 가사를 신경 써야 하는 존재로 간주해 여성의 생산성을 낮다고 판단하고 있기 때문이다.

(나) 한국은 직종(Occupation), 직무(Job)와 사업장(Establishment)이 같은 남녀 사이의 임금 격차 또한 다른 국가들에 비해 큰 것으로 나타났는데, 영국의 한 보고서의 따르면 한국은 조사국 14개국 중 직종, 직무, 사업장별 남녀 임금 격차에서 상위권에 속했다. 즉, 한국의 경우 같은 직종에 종사하며 같은 직장에 다니면서 같은 업무를 수행하더라도 성별에 따른 임금 격차가 다른 국가들에 비해 상대적으로 높다는 이야기다.

(다) OECD가 공개한 '성별 간 임금 격차(Gender Wage Gap)'에 따르면 지난해 기준 OECD 38개 회원국들의 평균 성별 임금 격차는 12%였다. 이 중 한국의 성별 임금 격차는 31.1%로 조사국들 중 가장 컸으며, 이는 남녀 근로자를 각각 연봉 순으로 줄 세울 때 정중앙인 중위 임금을 받는 남성이 여성보다 31.1%를 더 받았다는 뜻에 해당한다. 한국은 1996년 OECD 가입 이래 26년 동안 줄곧 회원국들 중 성별 임금 격차 1위를 차지해 왔다.

(라) 이처럼 한국의 남녀 간 성별 임금 격차가 크게 유지되는 이유로 노동계와 여성계는 연공서열제와 여성 경력 단절을 꼽고 있다. 이에 대해 A교수는 노동 시장 문화에는 여성 경력 단절이 일어나도록 하는 여성 차별이 있어 여성이 중간에 떨어져 나가거나 승진을 못하는 것이 너무나 자연스러운 일처럼 보인다고 말했다.

이에 정부는 여성 차별적 노동 문화의 체질을 바꾸기 위해서는 정책적으로 여성에게만 혜택을 더 주는 것으로 보이는 시혜적 정책은 지양하되, 여성 정책이 여성한테 무언가를 해 주기보다는 남녀 간 평등을 촉진하는 방향으로 나아갈 수 있도록 해야 할 것이다.

① (나) – (가) – (다) – (라)
② (나) – (다) – (가) – (라)
③ (나) – (다) – (라) – (가)
④ (다) – (나) – (가) – (라)
⑤ (다) – (나) – (라) – (가)

06 다음 글의 빈칸에 들어갈 내용으로 가장 적절한 것은?

> 제주 한라산 천연보호구역에 있는 한 조립식 건물에서 불이 나 3명의 사상자가 발생했다. 이 건물은 무속 신을 모시는 신당으로, 수십 년 동안 운영된 곳이었으나 실상은 허가 없이 지은 불법 건축물에 해당되었다. 특히 해당 건물은 조립식 샌드위치 패널로 지어져 있어 이번 화재는 자칫 대형 산불로 이어져 한라산까지 타버릴 아찔한 사고였으나 행정당국은 불이 난 뒤에야 이 건축물의 존재를 파악했다. 해당 건물에서의 화재는 30여 분 만에 빠르게 진화되었지만, 건물 안에 있던 40대 남성이 숨지고, 60대 여성 2명이 화상을 입어 병원으로 이송되었다. 이는 해당 건물이 ______________________________ 불이 삽시간에 번져 나갔기 때문이었다.
> 행정당국은 서귀포시는 산림이 울창하고 인적이 드문 곳이어서 관련 신고가 접수되지 않는 등 단속에 한계가 있다고 밝히며 행정의 손이 미치지 않는 취약한 지역, 산지나 으슥한 지역은 관련 부서와 협의를 거쳐 점검할 필요가 있다고 말했다.

① 화재에 취약한 구조로 지어져 있어
② 산지에 위치해 기후가 건조했기 때문에
③ 안정성을 검증받지 못한 가건물에 해당되어
④ 소방시설과 거리가 있는 곳에 위치하고 있어
⑤ 인적이 드문 지역에 위치하여 발견이 쉽지 않아

07 세현이의 몸무게는 체지방량과 근육량을 합하여 65kg이었다. 세현이는 운동을 하여 체지방량을 20% 줄이고, 근육량은 25% 늘려서 전체적으로 몸무게를 4kg 줄였다. 운동을 한 후 세현이의 체지방량과 근육량을 각각 구하면?

① 36kg, 25kg
② 34kg, 25kg
③ 36kg, 23kg
④ 32kg, 23kg
⑤ 36kg, 22kg

08 가로의 길이가 140m, 세로의 길이가 100m인 직사각형 모양의 공터 둘레에 일정한 간격으로 꽃을 심기로 했다. 네 모퉁이에 반드시 꽃을 심고 심는 꽃의 수를 최소로 하고자 할 때, 꽃은 몇 송이를 심어야 하는가?

① 21송이
② 22송이
③ 23송이
④ 24송이
⑤ 25송이

09 K공장에서 생산되는 제품은 50개 중 1개의 불량품이 발생한다고 한다. 이 공장에서 생산되는 제품 중 2개를 고른다고 할 때, 2개 모두 불량품일 확률은?

① $\frac{1}{25}$
② $\frac{1}{50}$
③ $\frac{1}{250}$
④ $\frac{1}{1,250}$
⑤ $\frac{1}{2,500}$

| 수리능력

10 두 비커 A, B에는 각각 농도가 6%, 8%인 소금물 300g씩 들어 있다. A비커에서 소금물 100g을 퍼서 B비커에 옮겨 담고, 다시 B비커에서 소금물 80g을 퍼서 A비커에 옮겨 담았다. 이때, A비커에 들어 있는 소금물의 농도는?(단, 소수점 둘째 자리에서 반올림한다)

① 5.2%
② 5.6%
③ 6.1%
④ 6.4%
⑤ 7.2%

| 수리능력

11 1 ~ 5의 숫자가 각각 적힌 5장의 카드에서 3장을 뽑아 세 자리 정수를 만들 때, 216보다 큰 정수는 모두 몇 가지인가?

① 41가지
② 42가지
③ 43가지
④ 44가지
⑤ 45가지

| 수리능력

12 손난로 생산 공장에서 생산한 20개의 제품 중 2개의 제품이 불량품이라고 한다. 20개의 제품 중 3개를 꺼낼 때, 적어도 1개가 불량품일 확률은?

① $\frac{24}{95}$
② $\frac{27}{95}$
③ $\frac{11}{111}$
④ $\frac{113}{121}$
⑤ $\frac{49}{141}$

CHAPTER

08 2022년 상반기 기출복원문제

정답 및 해설 p.050

| 의사소통능력

01 다음 글을 참고할 때, 문법적 형태소가 가장 많이 포함된 문장은?

> 문법형태소(文法形態素)는 문법적 의미가 있는 형태소로, 어휘형태소와 함께 쓰여 그들 사이의 관계를 나타내는 기능을 하는 형태소를 말한다. 한국어에서는 조사와 어미가 이에 해당한다. 의미가 없고 문장의 형식 구성을 보조한다는 의미에서 형식형태소(形式形態素)라고도 한다.

① 동생이 나 몰래 사탕을 먹었다.
② 우리 오빠는 키가 작았다.
③ 봄이 오니 산과 들에 꽃이 피었다.
④ 나는 가게에서 김밥과 돼지고기를 샀다.
⑤ 지천에 감자꽃이 가득 피었다.

| 의사소통능력

02 다음 중 밑줄 친 단어가 문맥상 적절하지 않은 것은?

① 효율적인 회사 운영을 위해 회의를 정례화(定例化)해야 한다는 주장이 나왔다.
② 그 계획은 아무래도 중장기적(中長期的)으로 봐야 할 필요가 있다.
③ 그 문제를 해결하기 위해서는 표면적이 아닌 피상적(皮相的)인 이해가 필요하다.
④ 환경을 고려한 신제품을 출시하는 기업들의 친환경(親環境) 마케팅이 유행이다.
⑤ 인생의 중대사를 정할 때는 충분한 숙려(熟慮)가 필요하다.

| 의사소통능력

03 다음 문장 중 어법상 옳은 것은?

① 오늘은 날씨가 추우니 옷의 지퍼를 잘 잠거라.
② 우리 집은 매년 김치를 직접 담궈 먹는다.
③ 그는 다른 사람의 만류에도 서슴지 않고 악행을 저질렀다.
④ 염치 불구하고 이렇게 부탁드리겠습니다.
⑤ 우리집 뒷뜰에 개나리가 예쁘게 피었다.

04 다음 문단을 논리적 순서대로 바르게 나열한 것은?

(가) 천일염 안전성 증대 방안 5가지가 '2022 K–농산어촌 한마당'에서 소개됐다. 첫째, 함수(농축한 바닷물)의 청결도를 높이기 위해 필터링(여과)을 철저히 하고, 둘째, 천일염전에 생긴 이끼 제거를 위해 염전의 증발지를 목제 도구로 완전히 뒤집는 것이다. 그리고 셋째, 염전의 밀대 · 운반 도구 등을 식품 용기에 사용할 수 있는 소재로 만들고, 넷째, 염전 수로 재료로 녹 방지 기능이 있는 천연 목재를 사용하는 것이다. 마지막으로 다섯째, 염전 결정지의 바닥재로 장판 대신 타일(타일염)이나 친환경 바닥재를 쓰는 것이다.

(나) 한편, 천일염과 찰떡궁합인 김치도 주목을 받았다. 김치를 담글 때 천일염을 사용하면 김치의 싱싱한 맛이 오래 가고 식감이 아삭아삭해지는 등 음식궁합이 좋다. 세계김치연구소는 '발효과학의 중심, 김치'를 주제로 관람객을 맞았다. 세계김치연구소 박사는 "김치는 중국 · 일본 등 다른 나라의 채소 절임 식품과 채소를 절이는 단계 외엔 유사성이 전혀 없는 매우 독특한 식품이자 음식 문화"라고 설명했다.

(다) K–농산어촌 한마당은 헬스경향 · K농수산식품유통공사에서 공동 주최한 박람회이다. 해양수산부 소속 국립수산물품질관리원은 천일염 부스를 운영했다. 대회장을 맡은 국회 농림축산식품해양수산위원회 소속 의원은 "갯벌 명품 천일염 생산지인 전남 신안을 비롯해 우리나라의 천일염 경쟁력은 세계 최고 수준"이라며 "이번 한마당을 통해 국산 천일염의 우수성이 더 많이 알려지기를 기대한다."라고 말했다.

① (가) – (나) – (다)
② (가) – (다) – (나)
③ (나) – (다) – (가)
④ (다) – (가) – (나)
⑤ (다) – (나) – (가)

05 K교수는 실험 수업을 진행하기 위해 화학과 학생들을 실험실에 배정하려고 한다. 실험실 한 곳에 20명씩 입실시키면 30명이 들어가지 못하고, 25명씩 입실시키면 실험실 2개가 남는다. 이를 만족하기 위한 최소한의 실험실은 몇 개인가?(단, 실험실의 개수는 홀수이다)

① 11개
② 13개
③ 15개
④ 17개
⑤ 19개

06 2022년 새해를 맞아 K공사에서는 직사각형의 사원증을 새롭게 제작하려고 한다. 기존의 사원증은 개당 제작비가 2,800원이고 가로와 세로의 비율이 1 : 2이다. 기존의 디자인에서 크기를 변경할 경우, 가로의 길이가 0.1cm 증감할 때마다 제작비용은 12원이 증감하고, 세로의 길이가 0.1cm 증감할 때마다 제작비용은 22원이 증감한다. 새로운 사원증의 길이가 가로 6cm, 세로 9cm이고, 제작비용은 2,420원일 때, 디자인을 변경하기 전인 기존 사원증의 둘레는 얼마인가?

① 30cm
② 31cm
③ 32cm
④ 33cm
⑤ 34cm

| 수리능력

07 K사는 동일한 제품을 A공장과 B공장에서 생산한다. A공장에서는 시간당 1,000개의 제품을 생산하고, B공장에서는 시간당 1,500개의 제품을 생산하며, 이 중 불량품은 A공장과 B공장에서 매시간 45개씩 발생한다. 지난 한 주간 A공장에서는 45시간, B공장에서는 20시간 동안 이 제품을 생산하였을 때, 생산된 제품 중 불량품의 비율은 얼마인가?

① 3.7%
② 3.8%
③ 3.9%
④ 4.0%
⑤ 4.1%

| 수리능력

08 K강사는 월요일부터 금요일까지 매일 4시간 동안 수업을 진행한다. 다음 〈조건〉에 따라 주간 NCS 강의 시간표를 짤 때, 가능한 경우의 수는 모두 몇 가지인가?(단, 4교시 수업과 다음날 1교시 수업은 연속된 수업으로 보지 않는다)

조건

- 문제해결능력 수업은 4시간 연속교육으로 진행해야 하며, 주간 총 교육시간은 4시간이다.
- 수리능력 수업은 3시간 연속교육으로 진행해야 하며, 주간 총 교육시간은 9시간이다.
- 자원관리능력 수업은 2시간 연속교육으로 진행해야 하며, 주간 총 교육시간은 4시간이다.
- 의사소통능력 수업은 1시간 교육으로 진행해야 하며, 주간 총 교육시간은 3시간이다.

① 40가지
② 80가지
③ 120가지
④ 160가지
⑤ 200가지

수리능력

09 어느 공연장은 1층 200석, 2층 100석으로 이루어져 있으며, 이 공연장의 주말 매표 가격은 평일 매표 가격의 1.5배로 판매되고 있다. 지난 일주일간 진행된 공연에서 1층 주말 매표 가격은 6만 원으로 책정되었으며, 모든 좌석이 매진되어 총 매표 수익만 8,800만 원에 달하였다고 할 때, 지난 주 2층 평일 매표 가격은 얼마인가?

① 2만 원
② 3만 원
③ 4만 원
④ 5만 원
⑤ 6만 원

PART 1

수리능력

10 K사는 본사 A팀의 직원 9명 중 동일한 성별의 2명을 뽑아 지사로 출장을 보내기로 하였다. A팀의 남자 직원이 여자 직원의 두 배라고 할 때, 가능한 경우의 수는 모두 몇 가지인가?

① 18가지
② 36가지
③ 45가지
④ 72가지
⑤ 180가지

수리능력

11 다음 〈조건〉에 따를 때, K사 채용공고 지원자 120명 중 회계부서 지원자는 몇 명인가?

> **조건**
> - K사는 기획, 영업, 회계부서에서 채용모집을 공고하였으며, 전체 지원자 중 신입직은 경력직의 2배였다.
> - 신입직 중 기획부서에 지원한 사람은 30%이다.
> - 신입직 중 영업부서와 회계부서에 지원한 사람의 비율은 3 : 1이다.
> - 기획부서에 지원한 경력직은 전체의 5%이다.
> - 전체 지원자 중 50%는 영업부서에 지원하였다.

① 14명
② 16명
③ 28명
④ 30명
⑤ 34명

수리능력

12 강원도에서 시작된 장마전선이 시속 32km의 속도로 304km 떨어진 인천을 향해 이동하고 있다. 이때, 인천에 장마전선이 도달한 시각이 오후 9시 5분이라면 강원도에서 장마전선이 시작된 시각은 언제인가?(단, 장마전선은 강원도에서 발생과 동시에 이동하였다)

① 오전 10시 35분
② 오전 11시
③ 오전 11시 35분
④ 오후 12시
⑤ 오후 12시 35분

| 수리능력

13 어느 물놀이 용품 제조공장에서 기계 A와 기계 B를 가동하여 튜브를 생산하고 있는데, 기계 A는 하루 최대 200개를 생산할 수 있고 불량률은 3%이며, 기계 B는 하루 최대 300개를 생산할 수 있고 불량률은 x%이다. 기계 A와 B를 동시에 가동하여 총 1,000개의 튜브를 만들었을 때 발생한 불량품이 39개라면, 기계 B의 불량률은 얼마인가?(단, 기계 A와 기계 B는 계속하여 가동하였다)

① 0.9%
② 4.5%
③ 4.8%
④ 5.25%
⑤ 11%

| 수리능력

14 어느 강의실에 벤치형 의자를 배치하려고 하는데, 7인용 의자를 배치할 경우 4명이 착석하지 못하고, 10인용 의자를 배치할 경우 의자 2개가 남는다. 이때, 가능한 최대 인원과 최소 인원의 차이는 얼마인가?(단, 7인용 의자에는 각 의자 모두 7인이 앉아있으며, 10인용 의자 중 한 개의 의자에는 10인 미만의 인원이 앉아있고, 2개의 의자는 비어있다)

① 7명
② 14명
③ 21명
④ 28명
⑤ 70명

| 수리능력

15 갑은 월요일부터 목요일 동안 1시부터 6시까지 학생들의 과외를 다음 〈조건〉에 따라 진행하려고 한다. 이때, 가능한 경우의 수는 모두 몇 가지인가?

조건

- 매 수업은 정각에 시작하며, 첫 수업은 1시에 시작하고, 모든 수업은 6시 이전에 종료한다.
- 모든 학생은 주 1회 수업을 한다.
- 초등학생은 1시간, 중학생은 2시간, 고등학생은 3시간을 연속하여 수업을 진행한다.
- 갑이 담당하는 학생은 초등학생 3명, 중학생 3명, 고등학생 2명이다.
- 각 학년의 수업과 수업 사이에는 1시간의 휴게시간을 가지며, 휴게시간은 연속하여 가질 수 없다.

① 48가지
② 864가지
③ 1,728가지
④ 3,456가지
⑤ 10,368가지

16 **다음 기사의 내용으로 미루어 볼 때, 청년 고용시장에 대한 〈보기〉의 정부 관계자들의 태도로 가장 적절한 것은?**

> 정부가 향후 3 ~ 4년을 청년실업 위기로 판단한 것은 에코세대(1991 ~ 1996년생 · 베이비부머의 자녀세대)의 노동시장 진입 때문이었다. 에코세대가 본격적으로 취업전선에 뛰어들면서 일시적으로 청년실업 상황이 더 악화될 것이라고 생각했다.
> 2021년을 기점으로 청년인구가 감소하기 시작하면 청년실업 문제가 일부 해소될 것이라는 정부의 전망도 이런 맥락에서 나왔다. 고용노동부 고용정책실장은 "2021년 이후 인구문제와 맞물리면 청년 고용시장 여건은 좀 더 나아질 것이라 생각한다."라고 말했다.
> 그러나 청년인구 감소가 청년실업 문제 완화로 이어질 것이란 생각은 지나치게 낙관적이라는 지적도 나오고 있다. 한국노동연구원 부연구위원은 "지금의 대기업과 중소기업, 정규직과 비정규직 간 일자리 질의 격차를 해소하지 않는 한 청년실업 문제는 더 심각해질 수 있다."라고 우려했다. 일자리 격차가 메워지지 않는 한 질 좋은 직장을 구하기 위해 자발적 실업상황조차 감내하는 현 청년들의 상황이 개선되지 않을 것이기 때문이다.
> 한국보다 먼저 청년실업 사태를 경험한 일본을 비교 대상으로 거론하는 것도 적절하지 않다는 지적이 나온다. 일본의 경우 청년인구가 줄면서 청년실업 문제는 상당 부분 해결됐다. 하지만 이는 '단카이 세대(1947 ~ 1949년에 태어난 일본의 베이비부머)'가 노동시장에서 빠져나오는 시점과 맞물렸기 때문에 가능했다. 베이비부머가 1 ~ 2차에 걸쳐 넓게 포진된 한국과는 상황이 다르다는 것이다. 한국노동연구원 부연구위원은 "일본에서도 (일자리) 질적 문제는 나타나고 있다."라며 "일자리 격차가 큰 한국에선 문제가 더 심각하게 나타날 수 있어 중장기적 대책이 필요하다."라고 말했다.

보기

- 기재부 1차관 : '구구팔팔(국내 사업체 중 중소기업 숫자가 99%, 중기 종사자가 88%란 뜻)'이란 말이 있다. 중소기업을 새로운 성장 동력으로 만들어야 한다. 취업에서 중소기업 선호도는 높지 않다. 여러 가지 이유 중 임금 격차도 있다. 청년에게 중소기업에 취업하고자 하는 유인을 줄 수 있는 수단이 없다. 그 격차를 메워 의사 결정의 패턴을 바꾸자는 것이다. 앞으로 에코세대가 노동시장에 진입하는 4년 정도가 중요한 시기이다.
- 고용노동부 고용정책실장 : 올해부터 3 ~ 4년은 인구 문제가 크고, 그로 인한 수요 · 공급 문제가 있다. 개선되는 방향으로 가더라도 '에코세대' 대응까지 맞추기 쉽지 않다. 때문에 집중투자를 해야 한다. 3 ~ 4년 후에는 격차를 줄여가기 위한 대책도 병행하겠다. 이후부터는 청년의 공급이 줄어들기 때문에 인구 측면에서 노동시장에 유리한 조건이 된다.

① 올해를 가장 좋지 않은 시기로 평가하고 있다.
② 현재 회복국면에 있다고 판단하고 있다.
③ 실제 전망은 어둡지만, 밝은 면을 강조하여 말하고 있다.
④ 에코세대의 노동시장 진입을 통해 청년실업 위기가 해소될 것으로 기대하고 있다.
⑤ 한국의 상황이 일본보다 낫다고 평가하고 있다.

17 다음 중 보도자료의 내용으로 가장 적절한 것은?

이용자도 보행자도 안전하게, 전동킥보드 관련 규정 강화

개인형 이동장치 관련 **강화된 도로교통법 시행**

무면허 운전 10만 원, **안전모 미착용** 2만 원, **2인 이상 탑승** 4만 원 **범칙금 부과**

안전한 이용 문화 정착 위해 캠페인·교육 등 집중홍보 및 단속 실시

국무조정실, 국토부, 행안부, 교육부, 경찰청은 전동킥보드 등 개인형 이동장치 운전자의 안전을 강화한 도로교통법개정안이 시행됨에 따라, 개인형 이동장치의 안전한 이용문화 정착을 위해 범정부적으로 안전단속 및 홍보활동 등을 강화해 나간다고 밝혔습니다.

정부는 개인형 이동장치(PM; Personal Mobility)가 최근 새로운 교통수단으로 이용자가 증가함에 따라 안전한 운행을 유도하기 위해 지난해부터 안전기준을 충족한 개인형 이동장치에 한해 자전거도로통행을 허용했고, 그에 맞춰 자전거와 동일한 통행방법과 운전자 주의의무 등을 적용해 왔습니다. 다만, 청소년들의 개인형 이동장치 이용 증가에 대한 우려와 운전자 주의의무 위반에 대한 제재가 없어 실효성이 없다는 문제 제기가 있었고, 지난해 강화된 도로교통법이 국회를 통과하였습니다. 이번에 시행되는 개인형 이동장치와 관련된 법률의 세부 내용은 다음과 같습니다.

- (운전 자격 강화) 원동기 면허 이상 소지한 운전자에 대해서만 개인형 이동장치를 운전할 수 있도록 하고, 무면허 운전 시 10만 원의 범칙금을 부과합니다.
- (처벌 규정 신설) 인명 보호 장구 미착용(범칙금 2만 원), 승차정원 초과 탑승(범칙금 4만 원) 및 어린이(13세 미만) 운전 시 보호자(과태료 10만 원)에게 범칙금·과태료를 부과함으로써 개인형 이동장치 운전자 주의의무에 대한 이행력을 강화하였습니다.

정부는 강화된 법률의 시행을 계기로 안전한 개인형 이동장치 이용문화가 정착될 수 있도록 단속 및 캠페인 등 대국민 홍보를 강화해 나갈 계획입니다. 관계부처 – 지자체 – 유관기관 등과 함께 개인형 이동장치 이용이 많은 지하철역 주변, 대학교, 공원 등을 중심으로 안전 캠페인을 실시하고, 경찰청을 중심으로 보도 통행 금지, 인명 보호 장구 미착용, 승차정원 초과 등 주요 법규 위반 행위에 대해 단속과 계도를 병행함과 동시에 홍보 활동을 진행할 예정입니다. 그리고 초·중·고 학생을 대상으로 '찾아가는 맞춤형 교육'을 실시하고, 학부모 대상 안내문을 발송하는 등 학생들이 강화된 도로교통법을 준수할 수 있도록 학교·가정에서 교육을 강화해 나갈 계획입니다. 또한, 공유 개인형 이동장치 어플 내에 안전수칙 팝업 공지, 주·정차 안내 등 개인형 이동장치 민·관 협의체와의 협력을 강화해 나갈 예정입니다. 아울러, 개인형 이동장치 안전 공익광고 영상을 TV·라디오 등에 송출하고, 카드뉴스·웹툰 등 온라인 홍보물을 제작하여 유튜브·SNS 등을 통해 확산해 나가는 한편, KTX·SRT역, 전광판, 아파트 승강기 모니터 등 국민 생활 접점 매체를 활용한 홍보도 추진해 나갈 예정입니다.

정부 관계자는 새로운 교통수단으로 개인형 이동장치의 이용객이 증가함에 따라 관련 사고*도 지속적으로 증가하는 만큼 반드시 안전수칙을 준수할 것을 당부하였습니다. 특히, 개인형 이동장치는 친환경적이고 편리한 교통수단으로, 앞으로도 지속해서 이용자가 증가할 것으로 전망되는 만큼 개인형 이동장치의 안전한 이용문화 확립이 무엇보다 중요하며, 올바른 문화가 정착할 수 있도록 국민들의 많은 관심과 참여를 강조하였습니다.

*최근 3년 PM 관련 사고(사망) 건수 : 2018년 – 225건(4명) → 2019년 – 447건(8명) → 2020년 – 897건(10명)

① 산업부는 지난해부터 안전기준을 충족한 개인형 이동장치의 자전거도로 주행을 허용하였다.
② 개인형 이동장치 중 전동킥보드는 제약 없이 자전거도로를 자유롭게 이용할 수 있다.
③ 개인형 이동장치로 인한 사망사고는 점차 감소하고 있다.
④ 13세 이상인 사람은 모두 개인형 이동장치를 운전할 수 있다.
⑤ 일반인을 대상으로 한 전동킥보드 운행 규정 관련 홍보를 진행할 예정이다.

PART 1

M E M O

PART 2

직업기초능력평가

CHAPTER 01 의사소통능력

CHAPTER 02 수리능력

CHAPTER 03 문제해결능력

CHAPTER 01

의사소통능력

합격 Cheat Key

의사소통능력은 평가하지 않는 공사·공단이 없을 만큼 필기시험에서 중요도가 높은 영역으로, 세부 유형은 문서 이해, 문서 작성, 의사 표현, 경청, 기초 외국어로 나눌 수 있다. 문서 이해·문서 작성과 같은 지문에 대한 주제 찾기, 내용 일치 문제의 출제 비중이 높으며, 문서의 특성을 파악하는 문제도 출제되고 있다.

1 문제에서 요구하는 바를 먼저 파악하라!

의사소통능력에서 가장 중요한 것은 제한된 시간 안에 빠르고 정확하게 답을 찾아내는 것이다. 의사소통능력에서는 지문이 아니라 문제가 주인공이므로 지문을 보기 전에 문제를 먼저 파악해야 하며, 문제에 따라 전략적으로 빠르게 풀어내는 연습을 해야 한다.

2 잠재되어 있는 언어 능력을 발휘하라!

세상에 글은 많고 우리가 학습할 수 있는 시간은 한정적이다. 이를 극복할 수 있는 방법은 다양한 글을 접하는 것이다. 실제 시험장에서 어떤 내용의 지문이 나올지 아무도 예측할 수 없으므로 평소에 신문, 소설, 보고서 등 여러 글을 접하는 것이 필요하다.

3 상황을 가정하라!

업무 수행에 있어 상황에 따른 언어 표현은 중요하다. 같은 말이라도 상황에 따라 다르게 해석될 수 있기 때문이다. 그런 의미에서 자신의 의견을 효과적으로 전달할 수 있는 능력을 평가하는 것이다. 업무를 수행하면서 발생할 수 있는 여러 상황을 가정하고 그에 따른 올바른 언어표현을 정리하는 것이 필요하다.

4 말하는 이의 입장에서 생각하라!

잘 듣는 것 또한 하나의 능력이다. 상대방의 이야기에 귀 기울이고 공감하는 태도는 업무를 수행하는 관계 속에서 필요한 요소이다. 그런 의미에서 다양한 상황에서의 듣는 능력을 평가하는 것이다. 말하는 이가 요구하는 듣는 이의 태도를 파악하고, 이에 따른 판단을 할 수 있도록 언제나 말하는 사람의 입장이 되는 연습이 필요하다.

01 문서 내용 이해

| 유형분석 |

- 주어진 지문을 읽고 선택지를 고르는 전형적인 독해 문제이다.
- 지문은 주로 신문기사(보도자료 등)나 업무 보고서, 시사 등이 제시된다.
- 공사공단에 따라 자사와 관련된 내용의 기사나 법조문, 보고서 등이 출제되기도 한다.

G씨는 성장기인 아들의 수면습관을 바로 잡기 위해 수면습관에 관련된 글을 찾아보았다. 다음 글을 읽고 이해한 내용으로 적절하지 않은 것은?

수면은 비렘(non-REM)수면과 렘수면으로 이뤄진 사이클이 반복되면서 이뤄지는 복잡한 신경계의 상호작용이며, 좋은 수면이란 이 사이클이 끊어지지 않고 충분한 시간 동안 유지되도록 하는 것이다. 수면 패턴은 일정한 것이 좋으며, 깨는 시간을 지키는 것이 중요하다. 그리고 수면 패턴은 휴일과 평일 모두 일정하게 지키는 것이 성장하는 아이들의 수면 리듬을 유지하는 데 좋다. 수면 상태에서 깨어날 때 영향을 주는 자극들은 '빛, 식사 시간, 운동, 사회 활동' 등이 있으며, 이 중 가장 강한 자극은 '빛'이다. 침실을 밝게 하는 것은 적절한 수면 자극을 방해하는 것이다. 반대로 깨어날 때 강한 빛 자극을 주면 수면 상태에서 빠르게 벗어날 수 있다. 이는 뇌의 신경 전달 물질인 멜라토닌의 농도와 연관되어 나타나는 현상이다. 수면 중 최대치로 올라간 멜라토닌은 시신경이 강한 빛에 노출되면 빠르게 줄어들게 되는데, 이때 수면 상태에서 벗어나게 된다. 아침 일찍 일어나 커튼을 젖히고 밝은 빛이 침실 안으로 들어오게 하는 것은 매우 효과적인 각성 방법인 것이다.

① 잠에서 깨는 데 가장 강력한 자극을 주는 것은 빛이었구나.
② 멜라토닌의 농도에 따라 수면과 각성이 영향을 받는군.
③ 평일에 잠이 모자란 우리 아들은 잠을 보충해 줘야 하니까 휴일에 늦게까지 자도록 둬야겠다.
④ 좋은 수면은 비렘수면과 렘수면의 사이클이 충분한 시간 동안 유지되도록 하는 것이구나.
⑤ 우리 아들 침실이 좀 밝은 편이니 충분한 수면을 위해 암막커튼을 달아줘야겠어.

정답 ③

수면 패턴은 휴일과 평일 모두 일정하게 지키는 것이 성장하는 아이들의 수면 리듬을 유지하는 데 좋다. 따라서 휴일에 늦잠을 자는 것은 적절하지 않다.

풀이 전략!

지문을 읽기 전에 문제와 선택지를 먼저 읽는 습관을 들여야 한다. 이를 통해 지문 속에서 알아내야 할 정보가 무엇인지를 먼저 인지한 후 지문을 읽어야 문제 푸는 시간을 단축할 수 있다. 대부분의 공사공단 필기시험은 짧은 시간 내에 많은 문제를 풀어야 하므로, 한 지문을 두세 번 읽으면 그만큼 다른 문제의 풀이 시간에 손해가 생긴다.

대표기출유형 01 기출응용문제

01 다음 글의 내용으로 적절하지 않은 것은?

> 일반적으로 문화는 '생활양식' 또는 '인류의 진화로 이룩된 모든 것'이라는 포괄적인 개념을 갖고 있다. 이렇게 본다면 언어는 문화의 하위 개념에 속하는 것이다. 그러나 언어는 문화의 하위 개념에 속하면서도 문화 자체를 표현하여 그것을 전파전승하는 기능도 한다. 이로 보아 언어에는 그것을 사용하는 민족의 문화와 세계 인식이 녹아있다고 할 수 있다. 가령 '사촌'이라고 할 때, 영어에서는 'Cousin'으로 이를 통칭(通稱)하는 것을 우리말에서는 친・외, 고종・이종 등으로 구분하고 있다. 친족 관계에 대한 표현에서 우리말이 영어보다 좀 더 섬세하게 되어 있는 것이다. 이것은 친족 관계를 좀 더 자세히 표현하여 차별 내지 분별하려 한 우리 문화와 그것을 필요로 하지 않는 영어권 문화의 차이에서 기인한 것이다.
> 문화에 따른 이러한 언어의 차이는 낱말에서만이 아니라 어순(語順)에서도 나타난다. 우리말은 영어와 주술 구조가 다르다. 우리는 주어 다음에 목적어, 그 뒤에 서술어가 온다. 이에 비해 영어에서는 주어 다음에 서술어, 그 뒤에 목적어가 온다. 우리말의 경우 '나는 너를 사랑한다.'라고 할 때, '나'와 '너'를 먼저 밝히고, 그 다음에 '나의 생각'을 밝히는 것에 비하여, 영어에서는 '나'가 나오고, 그 다음에 '나의 생각'이 나온 뒤에 목적어인 '너'가 나온다. 이러한 어순의 차이는 결국 나의 의사보다 상대방에 대한 관심을 먼저 보이는 우리의 문화와 나의 의사를 밝히는 것이 먼저인 영어를 사용하는 사람들의 문화 차이에서 기인한 것이다. 대화를 할 때 다른 사람을 대우하는 것에서도 이런 점을 발견할 수 있다.
> 손자가 할아버지에게 무엇을 부탁하는 경우를 생각해 보자. 이 경우 영어에서는 'You do it, please.'라고 하고, 우리말에서는 '할아버지께서 해주세요.'라고 한다. 영어에서는 상대방이 누구냐에 관계없이 상대방을 가리킬 때 'You'라는 지칭어를 사용하고, 서술어로는 'do'를 사용한다. 그런데 우리말에서는 상대방을 가리킬 때, 무조건 영어의 'You'에 대응하는 '당신(너)'이라는 말만을 쓰는 것이 아니고 상대에 따라 지칭어를 달리 사용한다. 뿐만 아니라, 영어의 'do'에 대응하는 서술어도 상대에 따라 '해 주어라, 해 주게, 해 주오, 해 주십시오, 해 줘, 해 줘요'로 높임의 표현을 달리한다. 이는 우리말이 서열을 중시하는 전통적인 유교 문화를 반영하고 있기 때문이다. 언어는 단순한 음성기호 이상의 의미를 지니고 있다. 앞의 예에서 알 수 있듯이 언어에는 그 언어를 사용하는 민족의 문화가 용해되어 있다. 따라서 우리 민족이 한국어라는 구체적인 언어를 사용한다는 것은 단순히 지구상에 있는 여러 언어 가운데 개별 언어 한 가지를 쓴다는 사실만을 의미하지는 않는다. 한국어에는 우리 민족의 문화와 세계 인식이 녹아있기 때문이다. 따라서 우리말에 대한 애정은 우리 문화에 대한 사랑이요, 우리의 정체성을 살릴 수 있는 길일 것이다.

① 언어는 문화를 표현하고 전파전승하는 기능을 한다.
② 문화의 하위 개념인 언어는 문화와 밀접한 관련이 있다.
③ 영어에 비해 우리말은 친족 관계를 나타내는 표현이 다양하다.
④ 우리말에서 높임 표현이 발달한 것은 서열을 중시하는 문화가 반영된 것이다.
⑤ 우리말의 문장 표현에서는 상대방에 대한 관심보다는 나의 생각을 우선시한다.

※ 다음 글의 내용으로 가장 적절한 것을 고르시오. **[2~3]**

02

'청렴(淸廉)'은 현대 사회에서 좁게는 반부패와 동의어로 사용되며, 넓게는 투명성과 책임성 등을 포괄하는 통합적 개념으로 사용되고 있다. 유학자들은 청렴을 효제와 같은 인륜의 덕목보다는 하위에 두었지만 군자라면 마땅히 지켜야 할 일상의 덕목으로 중시하였다. 조선의 대표적 유학자였던 이황과 이이는 청렴을 사회 규율이자 개인 처세의 지침으로 강조하였다. 특히 공적 업무에 종사하는 사람이라면 사회 규율로서의 청렴이 개인의 처세와 직결된다는 점에 유념해야 한다고 보았다.
청렴에 대한 논의는 정약용의 『목민심서』에서 본격적으로 나타난다. 정약용은 청렴이야말로 목민관이 지켜야 할 근본적인 덕목이며, 목민관의 직무는 청렴이 없이는 불가능하다고 강조하였다. 정약용은 청렴을 당위의 차원에서 주장하는 기존의 학자들과 달리 행위자 자신에게 실질적 이익이 된다는 점을 들어 설득하고자 한다. 그는 청렴은 큰 이득이 남는 장사라고 말하면서, 지혜롭고 욕심이 큰 사람은 청렴을 택하지만 지혜가 짧고 욕심이 작은 사람은 탐욕을 택한다고 설명한다. 정약용은 "지자(知者)는 인(仁)을 이롭게 여긴다."라는 공자의 말을 빌려 "지혜로운 자는 청렴함을 이롭게 여긴다."라고 하였다. 비록 재물을 얻는 데 뜻이 있더라도 청렴함을 택하는 것이 결과적으로는 지혜로운 선택이라고 정약용은 말한다. 목민관의 작은 탐욕은 단기적으로 보면 눈 앞의 재물을 취하여 이익을 얻을 수 있겠지만 궁극에는 개인의 몰락과 가문의 불명예를 가져올 수 있기 때문이다.
정약용은 청렴을 지키는 것은 두 가지 효과가 있다고 보았다. 첫째, 청렴은 다른 사람에게 긍정적 효과를 미친다. 목민관이 청렴할 경우 백성을 비롯한 공동체 구성원에게 좋은 혜택이 돌아갈 것이다. 둘째, 청렴한 행위를 하는 것은 목민관 자신에게도 좋은 결과를 가져다준다. 청렴은 그 자신의 덕을 높이는 것일 뿐 아니라 자신의 가문에 빛나는 명성과 영광을 가져다줄 것이다.

① 정약용은 청렴이 목민관이 반드시 지켜야 할 덕목임을 당위론 차원에서 정당화하였다.
② 정약용은 탐욕을 택하는 것보다 청렴을 택하는 것이 이롭다는 공자의 뜻을 계승하였다.
③ 정약용은 청렴한 사람은 욕심이 작기 때문에 재물에 대한 탐욕에 빠지지 않는다고 보았다.
④ 정약용은 청렴이 백성에게 이로움을 줄 뿐 아니라 목민관 자신에게도 이로운 행위라고 보았다.
⑤ 이황과 이이는 청렴을 개인의 처세에 있어 주요 지침으로 여겼으나 사회 규율로는 보지 않았다.

03

논리는 증명하지 않고도 참이라고 인정하는 명제, 즉 공리를 내세우면서 출발한다. 따라서 모든 공리는 그로부터 파생되는 수많은 논리체계의 기초를 이루고, 이들로부터 이끌어 낸 정리는 논리체계의 상부구조를 이룬다. 이때, 각각의 공리들은 서로 모순이 없어야만 존재할 수 있다.

공리라는 개념은 고대 그리스의 수학자 유클리드로부터 출발한다. 유클리드는 그의 저서 『원론』에서 다음과 같은 5개의 공리를 세웠다. 첫째, 동일한 것의 같은 것은 서로 같다(A=B, B=C이면 A=C). 둘째, 서로 같은 것에 같은 것을 각각 더하면 그 결과는 같다(A=B이면 A+C=B+C). 셋째, 서로 같은 것에서 같은 것을 각각 빼면 그 결과는 같다(A=B이면 A−C=B−C). 넷째, 서로 일치하는 것은 서로 같다. 다섯째, 전체는 부분보다 더 크다. 수학이란 진실만을 다루는 가장 논리적인 학문이라고 생각했던 유클리드는 공리를 기반으로 명제들이 왜 성립될 수 있는가를 증명하였다.

공리를 정하고 이로부터 이끌어 낸 명제가 참이라는 믿음은 이후로도 2천 년이 넘게 이어졌다. 19세기 말 수학자 힐베르트는 유클리드의 이론을 보완하여 기하학의 5개 공리를 재구성하고 현대 유클리드 기하학의 체계를 완성하였다. 나아가 힐베르트는 모든 수학적 명제는 모순이 없고 독립적인 공리 위에 세워진 논리체계 안에 있으며, 이러한 공리의 무모순성과 독립성을 실제로 증명할 수 있다고 예상했다. 직관을 버리고 오로지 연역 논리에 의한 체계의 완성을 추구했던 것이다.

그러나 그로부터 30여 년 후, 괴델은 '수학은 자신의 무모순성을 스스로 증명할 수 없다.'라는 사실을 수학적으로 증명하기에 이르렀다. 그는 '참이지만 증명할 수 없는 명제가 존재한다.'와 '주어진 공리와 규칙만으로 일관성과 무모순성을 증명할 수 없다.'라는 형식체계를 명시하였다. 괴델의 이러한 주장은 힐베르트의 무모순성과 완전성의 공리주의를 부정하는 것이었기에 수학계를 발칵 뒤집어 놓았다. 기계적인 방식으로는 수학의 모든 사실을 만들어 낼 수 없다는 괴델의 불완전성의 정리는 가장 객관적인 학문으로 인식되어왔던 수학의 체면을 구기는 오점처럼 보이기도 한다. 그러나 한편으로 수학의 응용이 가능해지면서 다른 학문과의 융합이 이루어졌고 이후 물리학, 논리학을 포함한 각계의 수많은 학자들에게 영감을 주었다.

① 공리의 증명 가능성을 인정하였다는 점에서 유클리드와 힐베르트는 공통점이 있다.
② 힐베르트는 유클리드와 달리 공리 체계의 불완전성을 인정하였다.
③ 유클리드가 정리한 명제들은 괴델에 의해 참이 아닌 것으로 판명되었다.
④ 괴델 이후로 증명할 수 없는 수학적 공리는 참이 아닌 것으로 간주되었다.
⑤ 괴델은 공리의 존재를 인정했지만, 자체 체계만으로는 무모순성을 증명할 수 없다고 주장하였다.

PART 2

02 글의 주제 · 제목

| 유형분석 |

- 주어진 지문을 파악하여 전달하고자 하는 핵심 주제를 고르는 문제이다.
- 정보를 종합하고 중요한 내용을 구별하는 능력이 필요하다.
- 설명문부터 주장, 반박문까지 다양한 성격의 지문이 제시되므로 글의 성격별 특징을 알아두는 것이 좋다.

다음 글의 주제로 가장 적절한 것은?

멸균이란 곰팡이, 세균, 박테리아, 바이러스 등 모든 미생물을 사멸시켜 무균 상태로 만드는 것을 의미한다. 멸균 방법에는 물리적, 화학적 방법이 있으며, 멸균 대상의 특성에 따라 적절한 멸균 방법을 선택하여 실시할 수 있다. 먼저 물리적 멸균법에는 열이나 화학약품을 사용하지 않고 여과기를 이용하여 세균을 제거하는 여과법, 병원체를 불에 태워 없애는 소각법, 100℃에서 10 ~ 20분간 물품을 끓이는 자비소독법, 미생물을 자외선에 직접 노출시키는 자외선 소독법, 160 ~ 170℃의 열에서 1 ~ 2시간 동안 건열 멸균기를 사용하는 건열법, 포화된 고압증기 형태의 습열로 미생물을 파괴시키는 고압증기 멸균법 등이 있다. 다음으로 화학적 멸균법은 화학약품이나 가스를 사용하여 미생물을 파괴하거나 성장을 억제하는 방법으로, E.O 가스, 알코올, 염소 등 여러 가지 화학약품이 사용된다.

① 멸균의 중요성
② 뛰어난 멸균 효과
③ 다양한 멸균 방법
④ 멸균 시 발생할 수 있는 부작용
⑤ 멸균 시 사용하는 약품의 종류

정답 ③

제시문에서는 멸균에 대해 언급하며, 멸균 방법을 물리적 · 화학적으로 구분하여 다양한 멸균 방법에 대해 설명하고 있다. 따라서 글의 주제로는 ③이 가장 적절하다.

풀이 전략!

- 선택지 중 세부적인 내용을 다루고 있는 것은 정답에서 제외시킨다.
- 주제가 되는 글 또는 문단의 앞과 뒤에 핵심어가 오는 경우가 있으므로 먼저 글을 읽어 핵심어를 잡아낸 뒤 중심 내용을 파악할 수 있도록 한다.
- 글의 전체적인 진행 중에 반전이 되는 내용이나 '그런데', '그러나' 등의 접속어가 나온다면 그 다음 내용이 중심 내용인 경우가 많다. 따라서 글의 분위기가 반전되는 경우 이에 집중하여 독해한다.

대표기출유형 02 기출응용문제

01 **다음 글의 제목으로 가장 적절한 것은?**

> 사회보장제도는 사회구성원에게 생활의 위험이 발생했을 때 사회적으로 보호하는 대응체계를 가리키는 포괄적 용어로, 크게 사회보험, 공공부조, 사회서비스가 있다. 예를 들면 실직자들이 구직활동을 포기하고 다시 노숙자가 되지 않도록 지원하는 것 등이 있다.
> 사회보험은 보험의 기전을 이용하여 일반주민들을 질병, 상해, 폐질, 실업, 분만 등으로 인한 생활의 위협으로부터 보호하기 위하여 국가가 법에 의하여 보험가입을 의무화하는 제도로, 개인적 필요에 따라 가입하는 민간보험과 차이가 있다.
> 공공부조는 극빈자, 불구자, 실업자 또는 저소득계층과 같이 스스로 생계를 영위할 수 없는 계층의 생활을 그들이 자립할 수 있을 때까지 국가가 재정기금으로 보호하여 주는 일종의 구빈제도이다.
> 사회서비스는 복지사회를 건설할 목적으로 법률이 정하는 바에 의하여 특정인에게 사회보장 급여를 국가 재정 부담으로 시행하는 제도로, 군경, 전상자, 배우자 사후, 고아, 지적 장애아 등과 같은 특별한 사유가 있는 자나 노령자 등이 해당된다.

① 사회보장제도의 의의
② 사회보장제도의 대상자
③ 우리나라의 사회보장제도
④ 사회보장제도와 소득보장의 차이점
⑤ 사회보험제도와 민간보험제도의 차이

02 다음 글의 주제로 가장 적절한 것은?

> 최근에 사이버공동체를 중심으로 한 시민의 자발적 정치 참여 현상이 많은 관심을 끌고 있다. 이러한 현상과 관련하여 A의 연구가 새삼 주목 받고 있다. A의 연구에 따르면 공동체의 구성원이 됨으로써 얻게 되는 '사회적 자본'이 시민사회의 성숙과 민주주의 발전을 가져오는 원동력이다. A의 이론에서는 공동체에 대한 자발적 참여를 통해 사회 구성원 간의 상호 의무감과 신뢰, 구성원들이 공유하는 규칙과 관행, 사회적 유대 관계와 같은 사회적 자본이 늘어나면 사회 구성원 간의 협조적인 행위가 가능하게 된다고 보았다. 더 나아가 A는 자원봉사자와 같이 공동체 참여도가 높은 사람이 투표할 가능성이 높고 정부 정책에 대한 의견 개진도 활발해지는 등 정치 참여도가 높아진다고 주장하였다.
>
> 몇몇 학자들은 A의 이론을 적용하여 면대면 접촉에 따른 인간관계의 산물인 사회적 자본이 사이버공동체에서도 충분히 형성될 수 있다고 보았다. 그리고 사이버공동체에서 사회적 자본의 증가가 정치 참여도 활성화시킬 것으로 기대했다. 하지만 이러한 기대와는 달리 정치 참여는 활성화되지 않았다. 요즘 젊은이들을 보면 각종 사이버공동체에 자발적으로 참여하는 수준은 높지만 투표나 다른 정치 활동에는 무관심하거나 심지어 정치를 혐오하기도 한다. 이런 측면에서 A의 주장은 사이버공동체가 활성화된 오늘날에는 잘 맞지 않는다.
>
> 이러한 이유 때문에 오늘날 사이버공동체를 중심으로 한 정치 참여를 더 잘 이해하기 위해서 '정치적 자본' 개념의 도입이 필요하다. 정치적 자본은 사회적 자본의 구성 요소와는 달리 정치 정보의 습득과 이용, 정치적 토론과 대화, 정치적 효능감 등으로 구성된다. 정치적 자본은 사회적 자본과 마찬가지로 공동체 참여를 통해서 획득되지만, 정치 과정에의 관여를 촉진한다는 점에서 사회적 자본과는 구분될 필요가 있다. 사회적 자본만으로는 정치 참여를 기대하기 어렵고, 사회적 자본과 정치 참여 사이를 정치적 자본이 매개할 때 비로소 정치 참여가 활성화된다.

① 사이버공동체를 통해 축적된 사회적 자본에 정치적 자본이 더해질 때 정치 참여가 활성화된다.
② 사회적 자본은 정치적 자본을 포함하기 때문에 그 자체로 정치 참여의 활성화를 가져온다.
③ 사회적 자본이 많은 사회는 정치 참여가 활발하기 때문에 민주주의가 실현된다.
④ 사이버공동체의 특수성으로 인해 시민들의 정치 참여가 어렵게 되었다.
⑤ 사이버공동체에의 자발적 참여 증가는 정치 참여를 활성화시킨다.

03 다음 기사의 제목으로 가장 적절한 것은?

> 정부는 '미세먼지 저감 및 관리에 관한 특별법(이하 미세먼지 특별법)' 제정 · 공포안이 의결돼 내년 2월부터 시행된다고 밝혔다. 미세먼지 특별법은 그동안 수도권 공공 · 행정기관을 대상으로 시범 · 시행한 '고농도 미세먼지 비상저감조치'의 법적 근거를 마련했다. 이로 인해 미세먼지 관련 정보와 통계의 신뢰도를 높이기 위해 국가미세먼지 정보센터를 설치하게 되고, 이에 따라 시 · 도지사는 미세먼지 농도가 비상저감조치 요건에 해당하면 자동차 운행을 제한하거나 대기오염물질 배출시설의 가동시간을 변경할 수 있다. 또한 비상저감조치를 시행할 때 관련 기관이나 사업자에 휴업, 탄력적 근무제도 등을 권고할 수 있게 되었다. 이와 함께 환경부 장관은 관계 중앙행정기관이나 지방자치단체의 장, 시설운영자에게 대기오염물질 배출시설의 가동률 조정을 요청할 수도 있다.
> 또한, 미세먼지 특별법으로 시 · 도지사, 시장, 군수, 구청장은 어린이나 노인 등이 이용하는 시설이 많은 지역을 '미세먼지 집중관리구역'으로 지정해 미세먼지 저감사업을 확대할 수 있게 되었다. 그리고 집중관리구역 내에서는 대기오염 상시측정망 설치, 어린이 통학차량의 친환경차 전환, 학교 공기정화시설 설치, 수목 식재, 공원 조성 등을 위한 지원이 우선적으로 이뤄지게 된다.
> 국무총리 소속의 '미세먼지 특별대책위원회'와 이를 지원하기 위한 '미세먼지 개선기획단'도 설치된다. 국무총리와 대통령이 지명한 민간위원장은 위원회의 공동위원장을 맡는다. 위원회와 기획단의 존속 기간은 5년으로 설정했으며, 연장하려면 만료되기 1년 전에 그 실적을 평가해 국회에 보고해야 한다.
> 아울러 정부는 5년마다 미세먼지 저감 및 관리를 위한 종합계획을 수립하고 시 · 도지사는 이에 따른 시행계획을 수립하고 추진실적을 매년 보고하도록 했다. 또한 미세먼지 특별법에서는 입자의 지름이 $10\mu m$ 이하인 먼지는 '미세먼지', $2.5\mu m$ 이하인 먼지는 '초미세먼지'로 구분하기로 확정했다.

① 미세먼지와 초미세먼지 구분 방법
② 미세먼지 특별대책위원회의 역할
③ 미세먼지 집중관리구역 지정 방안
④ 미세먼지 저감을 위한 대기오염 상시측정망의 효과
⑤ 미세먼지 특별법의 제정과 시행

03 내용 추론

| 유형분석 |

- 주어진 지문을 바탕으로 도출할 수 있는 내용을 찾는 문제이다.
- 선택지의 내용을 정확하게 확인하고 지문의 정보와 비교하여 추론하는 능력이 필요하다.

다음 글을 읽고 추론한 내용으로 적절하지 않은 것은?

1977년 개관한 퐁피두 센터의 정식명칭은 국립 조르주 퐁피두 예술문화 센터로, 공공정보기관(BPI), 공업창작센터(CCI), 음악·음향의 탐구와 조정연구소(IRCAM), 파리 국립 근현대 미술관(MNAM) 등이 있는 종합문화예술 공간이다. 퐁피두라는 이름은 이 센터의 창설에 힘을 기울인 조르주 퐁피두 대통령의 이름을 딴 것이다.

1969년 당시 대통령이었던 퐁피두는 파리의 중심지에 미술관이면서 동시에 조형예술과 음악, 영화, 서적 그리고 모든 창조적 활동의 중심이 될 수 있는 문화 복합센터를 지어 프랑스 미술을 더욱 발전시키고자 했다. 요즘 미술관들은 미술관의 이러한 복합적인 기능과 역할을 인식하고 변화를 시도하는 곳이 많다. 미술관은 더 이상 전시만 보는 곳이 아니라 식사도 하고 영화도 보고 강연도 들을 수 있는 곳으로, 대중과의 거리 좁히기를 시도하고 있는 것도 그리 특별한 일은 아니다. 그러나 이미 40년 전에 21세기 미술관의 기능과 역할을 미리 내다볼 줄 아는 혜안을 가지고 설립된 퐁피두 미술관은 프랑스가 왜 문화강국이라 불리는지를 알 수 있게 해준다.

① 퐁피두 미술관의 모습은 기존 미술관의 모습과 다를 것이다.
② 퐁피두 미술관을 찾는 사람들의 목적은 다양할 것이다.
③ 퐁피두 미술관은 전통적인 예술작품들을 선호할 것이다.
④ 퐁피두 미술관은 파격적인 예술작품들을 배척하지 않을 것이다.
⑤ 퐁피두 미술관은 현대 미술관의 선구자라는 자긍심을 가지고 있을 것이다.

정답 ③

제시문에 따르면 퐁피두 미술관은 모든 창조적 활동을 위한 공간이므로, 퐁피두가 전통적인 예술작품을 선호할 것이라는 내용은 추론할 수 없다.

풀이 전략!

주어진 지문이 어떠한 내용을 다루고 있는지 파악한 후 선택지의 키워드를 확실하게 체크하고, 지문의 정보에서 도출할 수 있는 내용을 찾는다.

01 다음 글에 나타난 견해와 가장 유사한 견해는?

> 아침에는 부석거리며 일어나서 흙삼태기를 메고 동네에 들어가서 뒷간을 쳐 나르고, 6월이 되어 비·서리가 내리고, 10월이 되어 엷은 얼음이 얼면 뒷간의 남은 찌꺼기와 말똥·쇠똥 또는 횃대 밑의 닭·개·거위 따위의 똥이나 또는 입회령·좌반룡·완월사·백정향 따위를 취하기를 마치 주옥(珠玉)처럼 소중히 여겼으나 이는 그 사람의 청렴한 인격에는 아무런 손상을 가져오지 않았을 뿐더러, 혼자 그 이익을 차지하였으나 아무런 정의(情義)에도 해로울 것이 없으며, 아무리 탐하여 많이 얻기 힘쓴다 하더라도 남들은 그에게 '사양할 줄 모른다.'고 책하지 않는다.
>
> – 박지원, 「예덕 선생전」

① 마치 오케스트라가 교향곡을 연주하듯 사회를 구성하는 구성원은 각자의 맡은 곳에서 그 역할을 다해야 하며, 이를 통해 인간 사회는 발전한다.

② 인간에게는 평등을 지향하는 심성이 있기 마련이며, 이는 결과적으로 성취동기를 고취함으로써 개인의 도약은 물론 사회의 발전을 견인하게 된다.

③ 노동의 가치는 신성한 것이며, 고단한 매일의 노동 속에서 느끼는 현세의 고달픔을 극복하고 절제와 청렴을 실천하는 삶이야말로 내세의 복락을 가능케 할 것이다.

④ 사람을 평가하고 판단함에 있어 그 사람이 하는 일을 준거로 삼는 것은 옳지 못하며, 그의 언행과 성품, 태도를 먼저 고려해야 한다.

⑤ 사회의 가장 어둡고 비루한 곳에는 등불과도 같은 사람들이 있기 마련이며, 이들이야말로 사회의 부조리를 타파하는 동력이라 할 수 있다.

02 다음 글을 토대로 〈보기〉를 해석한 내용으로 가장 적절한 것은?

> 뇌가 받아들인 기억 정보는 그 유형에 따라 각각 다른 장소에 저장된다. 우리가 기억하는 것들은 크게 서술 정보와 비서술 정보로 나뉜다. 서술 정보란 학교 공부, 영화의 줄거리, 장소나 위치, 사람의 얼굴처럼 말로 표현할 수 있는 정보이다. 서술 정보를 처리하는 중요한 기능을 담당하는 것은 뇌의 내측두엽에 있는 해마로 알려져 있다. 교통사고를 당해 해마 부위가 손상된 이후 서술 기억 능력이 손상된 사람의 예가 그 사실을 뒷받침한다. 그렇지만 그는 교통사고 이전의 오래된 기억을 모두 회상해 냈다. 해마는 장기 기억을 저장하는 장소가 아닌 것이다.
>
> 많은 학자들은 서술 정보가 오랫동안 저장되는 곳으로 대뇌피질을 들고 있다. 내측두엽으로 들어온 서술 정보는 해마와 그 주변 조직들에서 일시적으로 머무는 동안 쪼개져 신경정보 신호로 바뀌고 어떻게 나뉘어 저장될 것인지가 결정된다. 내측두엽은 대뇌피질의 광범위한 영역과 신경망을 통해 연결되어 이런 기억 정보를 대뇌피질의 여러 부위로 전달한다. 다음 단계에서는 기억과 관련된 유전자가 발현되어 단백질이 만들어지면서 기억 내용이 공고해져 오랫동안 저장된 상태를 유지한다.
>
> 그렇다면 비서술 정보는 어디에 저장될까? 운동 기술은 대뇌의 선조체나 소뇌에 저장되며, 계속적인 자극에 둔감해지는 '습관화'나 한 번 자극을 받은 뒤 그와 비슷한 자극에 계속 반응하는 '민감화' 기억은 감각이나 운동 체계를 관장하는 신경망에 저장된다고 알려져 있다. 또한 감정이나 공포와 관련된 기억은 편도체에 저장된다.

> **보기**
>
> 얼마 전 교통사고로 뇌가 손상된 김씨는 뇌의 내측두엽 절제 수술을 받았다. 수술을 받고 난 뒤 김씨는 새로 바뀐 휴대폰 번호를 기억하지 못하고 수술 전의 기존 휴대폰 번호만을 기억하는 등 금방 확인한 내용은 몇 분 동안 밖에 기억하지 못했다. 그러나 수술 후 배운 김씨의 탁구 실력은 제법 괜찮았다. 비록 언제 어떻게 누가 가르쳐 주었는지 전혀 기억하지는 못했지만….

① 김씨는 어릴 적 놀이기구를 타면서 느꼈던 공포감이나 감정 등을 기억하지 못할 것이다.
② 김씨가 수술 후에도 기억하는 수술 전의 기존 휴대폰 번호는 서술 정보에 해당하지 않을 것이다.
③ 김씨는 교통사고로 내측두엽의 해마와 함께 대뇌의 선조체가 모두 손상되었을 것이다.
④ 탁구 기술은 비서술 정보이므로 김씨의 대뇌피질에 저장되었을 것이다.
⑤ 김씨에게 탁구를 가르쳐 준 사람에 대한 정보는 서술 정보이므로 내측두엽의 해마에 저장될 것이다.

03 다음 글을 읽고 추론할 수 없는 것은?

언뜻 보아서는 살쾡이와 고양이를 구별하기 힘들다. 살쾡이가 고양잇과의 포유동물이어서 고양이와 흡사하기 때문이다. 그래서인지 '살쾡이'란 단어는 '고양이'와 연관이 있다. '살쾡이'의 '쾡이'가 '괭이'와 연관이 있는데, '괭이'는 '고양이'의 준말이기 때문이다.
'살쾡이'는 원래 '삵'에 '괭이'가 붙어서 만들어진 단어이다. '삵'은 그 자체로 살쾡이를 뜻하는 단어였다. 살쾡이의 모습이 고양이와 비슷해도 단어 '삵'은 '고양이'와는 아무런 연관이 없다. 그런데도 '삵'에 고양이를 뜻하는 '괭이'가 덧붙게 되었다. 그렇다고 '살쾡이'가 '삵과 고양이', 즉 '살쾡이와 고양이'란 의미를 가지는 것은 아니다. 단지 '삵'에 비해 '살쾡이'가 후대에 생겨난 단어일 뿐이다. '호랑이'란 단어도 이런 식으로 생겨났다. '호랑이'는 '호(虎, 범)'와 '랑(狼, 이리)'으로 구성되어 있으면서도 '호랑이와 이리'란 뜻을 가진 것이 아니라 그 뜻은 역시 '범'인 것이다.
'살쾡이'는 '삵'과 '괭이'가 합쳐져 만들어진 단어이기 때문에 '삵괭이' 또는 '삭괭이'로도 말하는 지역이 있으며, '삵'의 'ㄱ' 때문에 뒤의 '괭이'가 된소리인 '꽹이'가 되어 '삭꽹이' 또는 '살꽹이'로 말하는 지역도 있다. 그리고 '삵'에 거센소리가 발생하여 '살쾡이'로 발음하는 지역도 있다. 주로 서울 지역에서 '살쾡이'로 발음하기 때문에 '살쾡이'를 표준어로 삼았다. 반면에 북한의 사전에서는 '살쾡이'를 찾을 수 없고 '살괭이'만 찾을 수 있다. 남한에서 '살괭이'를 '살쾡이'의 방언으로 처리한 것과는 다르다.

① '호랑이'는 '호(虎, 범)'보다 나중에 형성되었다.
② 두 단어가 합쳐져 하나의 대상을 지시할 수 있다.
③ '살쾡이'가 남・북한 사전 모두에 실려 있는 것은 아니다.
④ '살쾡이'는 가장 광범위하게 사용되기 때문에 표준어로 정해졌다.
⑤ '살쾡이'의 방언이 다양하게 나타나는 것은 지역의 발음 차이 때문이다.

04 문단 나열

| 유형분석 |

- 각 문단의 내용을 파악하고 논리적 순서에 맞게 나열하는 복합적인 문제이다.
- 전체적인 글의 흐름을 이해하는 것이 중요하며, 각 문장의 지시어나 접속어에 주의한다.

다음 문단을 논리적 순서대로 바르게 나열한 것은?

(가) 오류가 발견된 교과서들은 편향적 내용을 검증 없이 인용하거나 부실한 통계를 일반화하는 등의 문제점을 보였다. 대표적으로 교과서 대부분이 대도시의 온도 상승 평균값만을 보고 한반도의 기온 상승이 세계 평균보다 2배 높다고 과장한 것으로 나타났다.

(나) 환경 관련 교과서 대부분이 표면적으로 드러나는 사실을 검증하지 않고 그대로 싣는 문제점을 보였다. 고등학생들이 보는 교과서인 만큼 객관적 사실에 기반을 둬 균형 있는 내용을 실어야 한다.

(다) 고등학교 환경 관련 교과서 대부분이 특정 주장을 검증 없이 게재하는 등 많은 오류가 존재한다는 보수 환경·시민단체의 지적이 제기됐다. 환경정보평가원이 고등학교 환경 관련 교과서 23종을 분석한 결과 총 1,175개의 오류가 발견됐다.

(라) 또한 우리나라 전력 생산의 상당 부분을 차지하는 원자력 발전의 경우 단점만을 자세히 기술하고 경제성과 효율성이 낮은 신재생 에너지는 장점만 언급한 교과서도 있었다.

① (가) – (라) – (나) – (다)
② (나) – (가) – (라) – (다)
③ (나) – (다) – (가) – (라)
④ (다) – (가) – (라) – (나)
⑤ (다) – (라) – (나) – (가)

정답 ④

제시문은 교과서에서 많은 오류가 발견된 사실을 제시하고 오류의 유형과 예시를 차례로 언급하며 문제 해결에 대한 요구를 제시하고 있는 글이다. 따라서 (다) 교과서에서 많은 오류가 발견됨 – (가) 교과서에서 나타나는 오류의 유형과 예시 – (라) 편향된 내용을 담은 교과서의 또 다른 예시 – (나) 교과서의 문제 지적과 해결 촉구의 순서로 나열해야 한다.

풀이 전략!

- 각 문단에 위치한 지시어와 접속어를 살펴본다. 문두에 접속어가 오거나 문장 중간에 지시어가 나오는 경우 글의 첫 번째 문단이 될 수 없다.
- 각 문단의 첫 문장과 마지막 문장에 집중하면서 글의 순서를 하나씩 맞춰 나간다.
- 선택지를 참고하여 문단의 순서를 생각해 보는 것도 시간을 단축하는 좋은 방법이 될 수 있다.

대표기출유형 04 기출응용문제

※ 다음 문단을 논리적 순서대로 바르게 나열한 것을 고르시오. [1~2]

01

(가) 상품 생산자, 즉 판매자는 화폐를 얻기 위해 자신의 상품을 시장에 내놓는다. 하지만 생산자가 만들어 낸 상품이 시장에 들어서서 다른 상품이나 화폐와 관계를 맺게 되면, 이제 그 상품은 주인에게 복종하기를 멈추고 자립적인 삶을 살아가게 된다.

(나) 이처럼 상품이나 시장 법칙은 인간에 의해 산출된 것이지만, 이제 거꾸로 상품이나 시장 법칙이 인간을 지배하게 된다. 이때 인간 및 인간들 간의 관계가 소외되는 현상이 나타난다.

(다) 상품은 그것을 만들어 낸 생산자의 분신이지만, 시장 안에서는 상품이 곧 독자적인 인격체가 된다. 즉, 사람이 주체가 아니라 상품이 주체가 된다.

(라) 또한 사람들이 상품들을 생산하여 교환하는 과정에서 시장의 경제 법칙을 만들어 냈지만, 이제 거꾸로 상품들은 인간의 손을 떠나 시장 법칙에 따라 교환된다. 이런 시장 법칙의 지배 아래에서는 사람과 사람 간의 관계가 상품과 상품, 상품과 화폐 등 사물과 사물 간의 관계에 가려 보이지 않게 된다.

① (가) – (다) – (나) – (라)
② (가) – (다) – (라) – (나)
③ (다) – (가) – (라) – (나)
④ (다) – (라) – (가) – (나)
⑤ (다) – (라) – (나) – (가)

02

(가) 정해진 극본대로 연기를 하는 연극의 서사는 논리적이고 합리적이다. 그러나 연극 밖의 현실은 비합리적이고, 그 비합리성을 개인의 합리에 맞게 해석한다. 연극 밖에서도 각자의 합리성에 맞춰 연극을 하고 있는 것이다.

(나) 사전적 의미로 불합리한 것, 이치에 맞지 않는 것을 의미하는 '부조리'는 실존주의 철학에서는 현실에서 전혀 삶의 의미를 발견할 가능성이 없는 절망적인 한계상황을 나타내는 용어이다.

(다) 이것이 비합리적인 세계에 대한 자신의 합목적적인 희망이라는 사실을 깨달았을 때, 삶은 허망해지고 인간은 부조리를 느끼게 된다.

(라) 부조리라는 개념을 처음 도입한 대표적인 철학자인 알베르 카뮈는 연극에 비유하여 부조리에 대해 설명한다.

① (가) – (다) – (나) – (라)
② (가) – (라) – (나) – (다)
③ (나) – (가) – (다) – (라)
④ (나) – (다) – (가) – (라)
⑤ (나) – (라) – (가) – (다)

05 맞춤법 · 어휘

| 유형분석 |

- 맞춤법에 맞는 단어를 찾거나 주어진 지문의 내용에 어울리는 단어를 찾는 문제가 주로 출제된다.
- 단어 사이의 관계에 대한 문제가 출제되므로 뜻이 비슷하거나 반대되는 단어를 함께 학습하는 것이 좋다.
- 자주 출제되는 단어나 헷갈리는 단어에 대한 학습을 꾸준히 하는 것이 좋다.

다음 중 밑줄 친 부분의 맞춤법이 옳지 않은 것은?

① 쉬이 넘어갈 문제가 아니다.

② 가정을 소홀히 해서는 안 된다.

③ 소파에 깊숙이 기대어 앉았다.

④ 헛기침이 간간히 섞여 나왔다.

⑤ 일을 하는 틈틈이 공부를 했다.

정답 ④

'시간적인 사이를 두고서 가끔씩'이라는 의미의 부사는 '간간이'이다.

- 간간히[1] : 간질간질하고 재미있는 마음으로
- 간간히[2] : 입맛 당기게 약간 짠 듯이
- 간간히[3] : 꼿꼿하고 굳센 성품으로
- 간간히[4] : 기쁘고 즐거운 마음으로
- 간간히[5] : 매우 간절하게

오답분석

① 쉬이 : 어렵거나 힘들지 아니하게

② 소홀히 : 대수롭지 아니하고 예사롭게 또는 탐탁하지 아니하고 데면데면하게

③ 깊숙이 : 위에서 밑바닥까지 또는 겉에서 속까지의 거리가 멀고 으슥하게

⑤ 틈틈이 : 겨를이 있을 때마다

풀이 전략!

문제에서 물어보는 단어를 정확히 확인해야 하고, 문제에서 다루고 있는 단어의 앞뒤 내용을 읽고 글의 전체적 흐름을 생각하며 문제에 접근해야 한다. 또한, 자주 틀리는 맞춤법을 정리하는 습관을 들이면 문제 풀이 시간을 줄이는 데 효과적이다.

01 다음 중 밑줄 친 부분의 맞춤법이 옳지 않은 것은?

① 감염병의 발생률을 낮추기 위해 노력해야 한다.
② 상금을 두고 세기의 대결이 펼쳐졌다.
③ 퇴사를 앞두고 책상을 깨끗이 치웠다.
④ 새로운 시대에 걸맞는 인재를 양성해야 한다.
⑤ 그녀의 손에 편지를 쥐여 주었다.

02 다음 중 빈칸에 들어갈 수 있는 단어로 적절하지 않은 것은?

> 원상복구는 도배, 장판 등 임대주택 전용 부분에 기본적으로 제공된 시설물을 퇴거 시 입주 당시의 상태로 유지하는 것과 별도설치 품목 및 해당 품목 설치를 위한 천공, 변형 등 부수행위에 대해 입주 당시 상태로 복원하는 것을 말한다. 따라서 임차인은 ______된 부분에 대한 원상복구의 의무를 지닌다.

① 오손(汚損)
② 박리(剝離)
③ 망실(亡失)
④ 고의(故意)
⑤ 손모(損耗)

03 다음 중 밑줄 친 부분의 띄어쓰기가 옳지 않은 것은?

① 아는 만큼 보인다.
② 먹을 만큼만 담으시오.
③ 네 생각 만큼 어렵지 않을 거야.
④ 나만큼 빨리 뛸 수 있는 사람은 없어.
⑤ 그 핸드폰은 비싼 만큼 오래 쓸 수 있을 거야.

06 한자성어 · 속담

| 유형분석 |

- 실생활에서 활용되는 한자성어 또는 속담을 이해할 수 있는지 평가한다.
- 제시된 상황과 일치하는 한자성어 또는 속담을 고르거나 한자의 훈음·독음을 맞히는 등 다양한 유형이 출제된다.

다음 상황과 가장 관련 있는 한자성어는?

> 대규모 댐 건설 사업 공모에 K건설회사가 참여하였다. 해당 사업은 막대한 자금과 고도의 건설 기술이 필요했기에 K건설회사가 감당하기 어려운 것이었다. 많은 사람들은 무리하게 공모에 참여한 K건설회사에 대해 무모하다고 여겼다.

① 각골난망(刻骨難忘)
② 난공불락(難攻不落)
③ 빈천지교(貧賤之交)
④ 당랑거철(螳螂拒轍)
⑤ 파죽지세(破竹之勢)

정답 ④

'당랑거철(螳螂拒轍)'은 '제 역량을 생각하지 않고 강한 상대나 되지 않을 일에 덤벼드는 무모한 행동거지'를 비유하는 말로, 댐 건설 사업 공모에 무리하게 참여한 K건설회사의 상황에 가장 적절한 한자성어이다.

오답분석

① 각골난망(刻骨難忘) : '은혜를 입은 고마움이 뼈에 깊이 새겨져 잊히지 않음'을 뜻한다.
② 난공불락(難攻不落) : '공격하기에 어려울 뿐 아니라 결코 함락되지 않음'을 뜻한다.
③ 빈천지교(貧賤之交) : '가난하고 어려울 때 사귄 사이 또는 벗'을 일컫는 말이다.
⑤ 파죽지세(破竹之勢) : '대나무를 쪼개는 기세라는 뜻'으로, 곧 세력이 강대하여 대적을 거침없이 물리치고 쳐들어가는 기세를 뜻한다.

풀이 전략!

- 한자성어 또는 속담 관련 문제의 경우 일정 수준 이상의 사전지식을 요구하므로, 지원하고자 하는 기업 관련 기사 및 이슈를 틈틈이 찾아보며 한자성어 또는 속담에 대입하는 연습을 하면 효과적으로 대처할 수 있다.
- 문제에 제시된 한자성어의 의미를 파악하기 어렵다면, 먼저 알고 있는 한자가 있는지 확인한 후 글의 문맥과 상황에 대입하며 선택지를 하나씩 소거해 나가는 것이 효율적이다.

대표기출유형 06 기출응용문제

01 다음 상황과 가장 관련 있는 한자성어는?

> 경기가 호황일 때는 직원들의 희생을 강요하던 회사가 경제가 어려워지자 직원들의 임금부터 조정하려고 한다.

① 감언이설(甘言利說)
② 당랑거철(螳螂拒轍)
③ 무소불위(無所不爲)
④ 감탄고토(甘呑苦吐)
⑤ 속수무책(束手無策)

02 다음 글과 가장 관련 있는 속담은?

> 말을 마치지 못하여서 구름이 걷히니 호승이 간 곳이 없고, 좌우를 돌아보니 팔 낭자가 또한 간 곳이 없는지라 정히 경황(驚惶)하여 하더니, 그런 높은 대와 많은 집이 일시에 없어지고 제 몸이 한 작은 암자 중의 한 포단 위에 앉았으되, 향로(香爐)에 불이 이미 사라지고, 지는 달이 창에 이미 비치었더라.

① 공든 탑이 무너지랴.
② 산 까마귀 염불한다.
③ 열흘 붉은 꽃이 없다.
④ 고양이가 쥐 생각해 준다.
⑤ 소 잃고 외양간 고친다.

PART 2

CHAPTER 02

수리능력

합격 Cheat Key

수리능력은 사칙 연산·통계·확률의 의미를 정확하게 이해하고 이를 업무에 적용하는 능력으로, 기초 연산과 기초 통계, 도표 분석 및 작성의 문제 유형으로 출제된다. 수리능력 역시 채택하지 않는 공사·공단이 거의 없을 만큼 필기시험에서 중요도가 높은 영역이다.

특히, 난이도가 높은 공사·공단의 시험에서는 도표 분석, 즉 자료 해석 유형의 문제가 많이 출제되고 있고, 응용 수리 역시 꾸준히 출제하는 공사·공단이 많기 때문에 기초 연산과 기초 통계에 대한 공식의 암기와 자료 해석 능력을 기를 수 있는 꾸준한 연습이 필요하다.

1 응용 수리의 공식은 반드시 암기하라!

응용 수리는 공사·공단마다 출제되는 문제는 다르지만, 사용되는 공식은 비슷한 경우가 많으므로 자주 출제되는 공식을 반드시 암기하여야 한다. 문제에서 묻는 것을 정확하게 파악하여 그에 맞는 공식을 적절하게 적용하는 꾸준한 노력과 공식을 암기하는 연습이 필요하다.

2 자료의 해석은 자료에서 즉시 확인할 수 있는 지문부터 확인하라!

수리능력 중 도표 분석, 즉 자료 해석 능력은 많은 시간을 필요로 하는 문제가 출제되므로, 증가 · 감소 추이와 같이 눈으로 확인이 가능한 지문을 먼저 확인한 후 복잡한 계산이 필요한 지문을 확인하는 방법으로 문제를 풀이한다면 시간을 조금이라도 아낄 수 있다. 또한, 여러 가지 보기가 주어진 문제 역시 지문을 잘 확인하고 문제를 풀이한다면 불필요한 계산을 생략할 수 있으므로 항상 지문부터 확인하는 습관을 들여야 한다.

3 도표 작성에서는 지문에 작성된 도표의 제목을 반드시 확인하라!

도표 작성은 하나의 자료 혹은 보고서와 같은 수치가 표현된 자료를 도표로 작성하는 형식으로 출제되는데, 대체로 표보다는 그래프를 작성하는 형태로 많이 출제된다. 지문을 살펴보면 각 지문에서 주어진 도표에도 소제목이 있는 경우가 대부분이다. 이때, 자료의 수치와 도표의 제목이 일치하지 않는 경우 함정이 존재하는 문제일 가능성이 높으므로 도표의 제목을 반드시 확인하는 것이 중요하다.

01 응용 수리

| 유형분석 |

- 문제에서 제공하는 정보를 파악한 뒤, 사칙연산을 활용하여 계산하는 전형적인 수리문제이다.
- 문제를 풀기 위한 정보가 산재되어 있는 경우가 많으므로 주어진 조건 등을 꼼꼼히 확인해야 한다.

미주는 백화점에 가기 위해 8km/h의 속력으로 집에서 출발했다. 미주가 집에서 출발한 지 12분 후에 지갑을 두고 간 것을 발견한 동생이 20km/h의 속력으로 미주를 만나기 위해 출발했다. 미주와 동생은 몇 분 후에 만나게 되는가?(단, 미주와 동생은 쉬지 않고 일정한 속력으로 움직인다)

① 11분　　② 14분
③ 17분　　④ 20분
⑤ 23분

정답 ④

미주가 집에서 출발해서 동생을 만나기 전까지 이동한 시간을 x시간이라고 하면, 미주가 이동한 거리는 $8x$km이고, 동생은 미주가 출발한 후 12분 뒤에 지갑을 들고 이동했으므로 동생이 이동한 거리는 $20\left(x-\frac{1}{5}\right)$km이다.

$8x=20\left(x-\frac{1}{5}\right)$

$\rightarrow 12x=4$

$\therefore x=\frac{1}{3}$

따라서 미주와 동생은 $\frac{1}{3}$시간 즉, 20분 후에 만나게 된다.

풀이 전략!

문제에서 묻는 바를 정확하게 확인한 후, 필요한 조건 또는 정보를 구분하여 신속하게 풀어 나간다. 단, 계산에 착오가 생기지 않도록 유의한다.

대표기출유형 01 기출응용문제

01 남학생 4명과 여학생 3명이 원형 모양의 탁자에 앉을 때, 여학생 3명이 이웃해서 앉을 확률은?

① $\frac{1}{5}$
② $\frac{1}{7}$
③ $\frac{1}{12}$
④ $\frac{1}{15}$
⑤ $\frac{1}{21}$

02 가로, 세로의 길이가 각각 432m, 720m인 직사각형 모양의 공원에 나무를 심으려고 한다. 공원의 꼭짓점에는 반드시 나무를 심고 서로 간격이 일정하도록 심으려고 할 때, 최소한 몇 그루를 심을 수 있는가?

① 16그루
② 24그루
③ 36그루
④ 48그루
⑤ 60그루

03 환경 미화 봉사활동을 간 유진이와 상민이가 계곡에 있는 쓰레기를 모두 줍고자 한다. 유진이가 혼자 쓰레기를 주울 때는 80분이 걸리고, 같은 양을 상민이가 혼자 주울 때는 120분이 걸린다면 같은 양의 쓰레기를 두 사람이 함께 주울 때 걸리는 시간은?

① 45분
② 48분
③ 50분
④ 52분
⑤ 55분

04 300km/h의 속력으로 달리는 KTX 열차가 있다. 목적지까지 400km이며, 정차해야 하는 역이 7곳 있다. 정차역에서 10분간 대기 후 출발한다고 했을 때, 목적지까지 가는 데 걸린 시간은 총 얼마인가?(단, 일정한 속도로 달리는 것으로 가정한다)

① 1시간 10분
② 1시간 20분
③ 2시간 20분
④ 2시간 30분
⑤ 3시간

02 | 수열 규칙

| 유형분석 |

- 나열된 수의 규칙을 찾아 해결하는 문제이다.
- 등차・등비수열 등 다양한 수열 규칙에 대한 사전 학습이 요구된다.

다음과 같이 일정한 규칙으로 수를 나열할 때, 빈칸에 들어갈 수는 무엇인가?

24 60 120 ( ) 336 504 720

① 190 ② 210
③ 240 ④ 260
⑤ 280

정답 ②

제시된 수열은 n을 자연수라고 할 때, n항의 값이 $(n+1)\times(n+2)\times(n+3)$인 수열이다.
따라서 ( )$=(4+1)\times(4+2)\times(4+3)=5\times6\times7=210$이다.

풀이 전략!

- 수열을 풀이할 때는 다음과 같은 규칙이 적용되는지를 순차적으로 판단한다.
  1) 각 항에 일정한 수를 사칙연산(+, −, ×, ÷)하는 규칙
  2) 홀수 항, 짝수 항 규칙
  3) 피보나치 수열과 같은 계차를 이용한 규칙
  4) 군수열을 활용한 규칙
  5) 항끼리 사칙연산을 하는 규칙

주요 수열 규칙

구분	내용
등차수열	앞의 항에 일정한 수를 더해 이루어지는 수열
등비수열	앞의 항에 일정한 수를 곱해 이루어지는 수열
피보나치 수열	앞의 두 항의 합이 그 다음 항의 수가 되는 수열
건너뛰기 수열	두 개 이상의 수열 또는 규칙이 일정한 간격을 두고 번갈아가며 적용되는 수열
계차수열	앞의 항과 차가 일정하게 증가하는 수열
군수열	일정한 규칙성으로 몇 항씩 묶어 나눈 수열

※ 다음과 같이 일정한 규칙으로 수를 나열할 때, 빈칸에 들어갈 수를 고르시오. [1~2]

01

$\frac{36}{2}$ $\frac{37}{4}$ $\frac{38}{8}$ $\frac{39}{16}$ ( )

① $\frac{40}{32}$
② $\frac{40}{36}$
③ $\frac{40}{48}$
④ $\frac{42}{52}$
⑤ $\frac{42}{56}$

02

132 156 182 210 240 ( ) 306 342

① 270
② 272
③ 285
④ 288
⑤ 293

03 다음 숫자들의 배열규칙에 따라 빈칸에 들어갈 수로 옳은 것은?

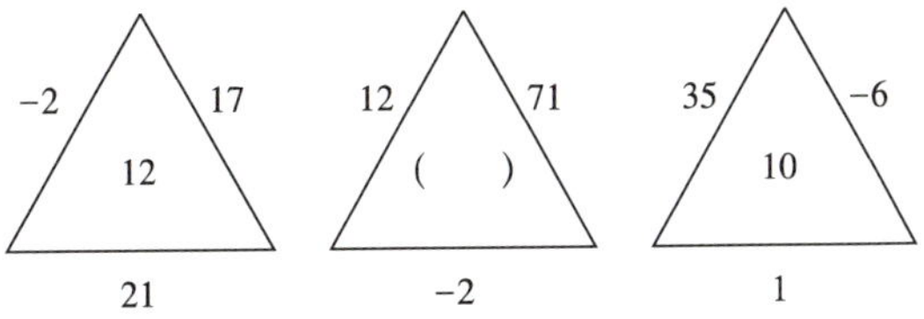

① 20
② 24
③ 27
④ 30
⑤ 33

03 | 자료 계산

| 유형분석 |

- 제시된 자료를 통해 문제에서 주어진 특정한 값을 계산하거나 자료의 변동량을 구할 수 있는지 평가하는 유형이다.
- 자료상에 주어진 공식을 활용하는 계산문제와 증감률, 비율, 합, 차 등을 활용한 문제가 출제된다.
- 출제 비중은 낮지만, 숫자가 큰 경우가 많으므로 제시된 수치와 조건을 꼼꼼히 확인하여 정확하게 계산하는 것이 중요하다.

다음은 2019년부터 2024년까지 K동의 자원봉사 참여 현황에 대한 자료이다. 6년 동안 참여율이 4번째로 높은 해의 전년 대비 참여율의 증가율을 구하면?(단, 증가율은 소수점 첫째 자리에서 반올림한다)

〈자원봉사 참여 현황〉

(단위 : 명, %)

구분	2019년	2020년	2021년	2022년	2023년	2024년
총 성인 인구수	35,744	36,786	37,188	37,618	38,038	38,931
자원봉사 참여 성인 인구수	1,621	2,103	2,548	3,294	3,879	4,634
참여율	4.5	5.7	6.9	8.8	10.2	11.9

① 약 17%
② 약 19%
③ 약 21%
④ 약 23%
⑤ 약 25%

정답 ③

참여율이 4번째로 높은 해는 2021년이다.

(참여율의 증가율)$=\frac{(\text{해당연도 참여율})-(\text{전년도 참여율})}{(\text{전년도 참여율})}\times 100$이므로 $\frac{6.9-5.7}{5.7}\times 100 \fallingdotseq 21\%$이다.

풀이 전략!

자료 계산 유형의 경우 일반적으로 표에 숫자 값을 제시하고, 주어진 값을 바탕으로 계산을 하는 문제가 출제된다. 그러므로 문제가 요구하는 것이 무엇인지 정확히 파악하고 관련 값을 표에서 찾아 표시한 다음, 표시한 값을 바탕으로 사칙연산을 정확하고 빠르게 수행해야 한다. 증가율, 감소율 등 비율 계산을 요구하는 경우가 많으므로 관련 공식을 필수로 암기해두자.

- (백분율)$=\frac{(\text{비교하는 양})}{(\text{기준량})}\times 100$
- (증감률)$=\frac{(\text{비교대상의 값})-(\text{기준값})}{(\text{기준값})}\times 100$
- (증감량)=(비교대상 값 A)−(또 다른 비교대상의 값 B)

01 서울에 위치한 A회사는 거래처인 B, C회사에 소포를 보냈다. 서울에 위치한 B회사에는 800g의 소포를, 인천에 위치한 C회사에는 2.4kg의 소포를 보냈다. 두 회사로 보낸 소포의 총중량은 16kg 이하이고, 택배요금의 합계는 6만 원이다. K택배회사의 요금표가 다음과 같을 때, A회사는 800g 소포와 2.4kg 소포를 각각 몇 개씩 보냈는가?(단, 소포는 각 회사로 1개 이상 보낸다)

〈K택배회사 요금표〉

구분	~ 2kg	~ 4kg	~ 6kg	~ 8kg	~ 10kg
동일지역	4,000원	5,000원	6,500원	8,000원	9,500원
타지역	5,000원	6,000원	7,500원	9,000원	10,500원

	800g	2.4kg
①	12개	2개
②	12개	4개
③	9개	2개
④	9개	4개
⑤	6개	6개

02 다음은 소매 업태별 판매액을 나타낸 자료이다. 2022년 대비 2024년 두 번째로 높은 비율로 증가한 업태의 2022년 대비 2024년 판매액의 증가율은?(단, 소수점 첫째 자리에서 반올림한다)

〈소매 업태별 판매액〉

(단위 : 십억 원)

구분	2022년	2023년	2024년
백화점	29,028	29,911	29,324
대형마트	32,777	33,234	33,798
면세점	9,198	12,275	14,465
슈퍼마켓 및 잡화점	43,481	44,361	45,415
편의점	16,455	19,481	22,237
승용차 및 연료 소매점	91,303	90,137	94,508
전문 소매점	139,282	140,897	139,120
무점포 소매점	46,788	54,046	61,240
합계	408,312	424,342	440,107

① 31%
② 35%
③ 42%
④ 55%
⑤ 57%

04 | 자료 이해

| 유형분석 |

- 제시된 자료를 분석하여 선택지의 정답 유무를 판단하는 문제이다.
- 자료의 수치 등을 통해 변화량이나 증감률, 비중 등을 비교하여 판단하는 문제가 자주 출제된다.
- 지원하고자 하는 기업이나 산업과 관련된 자료 등이 문제의 자료로 많이 다뤄진다.

다음은 K공장에서 근무하는 근로자들의 임금 수준 분포를 나타낸 자료이다. 근로자 전체에게 지급된 월 급여의 총액이 2억 원일 때, 〈보기〉 중 옳은 것을 모두 고르면?

〈K공장 근로자의 임금 수준 분포〉

임금 수준(만 원)	근로자 수(명)
월 300 이상	4
월 270 이상 300 미만	8
월 240 이상 270 미만	12
월 210 이상 240 미만	26
월 180 이상 210 미만	30
월 150 이상 180 미만	6
월 150 미만	4
합계	90

보기

㉠ 근로자당 월평균 급여액은 230만 원 이하이다.
㉡ 절반 이상의 근로자들이 월 210만 원 이상의 급여를 받고 있다.
㉢ 월 180만 원 미만의 급여를 받는 근로자의 비율은 약 14%이다.
㉣ 적어도 15명 이상의 근로자가 월 250만 원 이상의 급여를 받고 있다.

① ㉠
② ㉠, ㉡
③ ㉠, ㉢
④ ㉡, ㉣
⑤ ㉡, ㉢, ㉣

정답 ②

㉠ 근로자가 총 90명이고 전체에게 지급된 임금의 총액이 2억 원이므로 근로자당 평균 월 급여액은 $\frac{2억\ 원}{90명}$ ≒ 222만 원이다. 따라서 월평균 급여액은 230만 원 이하이다.

㉡ 월 210만 원 이상 급여를 받는 근로자 수는 26+12+8+4=50명이다. 따라서 총 90명의 절반인 45명보다 많으므로 옳은 설명이다.

오답분석

㉢ 월 180만 원 미만의 급여를 받는 근로자 수는 6+4=10명이다. 따라서 전체에서 $\frac{10}{90}$ ≒ 11%의 비율을 차지하고 있으므로 옳지 않은 설명이다.

㉣ '월 240만 원 이상 월 270만 원 미만'의 구간에서 월 250만 원 이상 받는 근로자의 수는 제시된 자료만으로는 확인할 수 없다.

풀이 전략!

간단한 선택지부터 해결하기

계산이 필요 없거나 자료를 눈으로만 봐도 해결 가능한 선택지를 먼저 해결한다.

예 ㉡은 비교적 간단한 계산만으로도 해결이 가능하므로 우선적으로 풀이한다.

옳은 것 / 옳지 않은 것 헷갈리지 않게 표시하기

자료 이해 유형에서는 옳은 것 또는 옳지 않은 것을 찾는 문제가 출제된다. 문제마다 매번 바뀌므로 이를 확인하는 것은 매우 중요하다. 따라서 선택지에 표시할 때에도 선택지가 옳지 않은 내용이라서 '×' 표시를 했는지, 옳은 내용이지만 문제가 옳지 않은 것을 찾는 문제라 '×' 표시를 했는지 헷갈리지 않도록 표시 방법을 정해야 한다.

제시된 자료를 통해 계산할 수 있는 값인지 확인하기

제시된 자료만으로 계산할 수 없는 값을 묻는 선택지인지 먼저 판단해야 한다. 문제를 읽고 바로 계산부터 하면 함정에 빠지기 쉽다.

예 ㉣은 제시된 자료를 통해 확인할 수 없는 선택지이므로 가장 먼저 제외한다.

PART 2

대표기출유형 04 기출응용문제

01 다음은 갑국의 총인구수와 인구성장률 추이를 나타낸 자료이다. 이에 대한 설명으로 옳은 것은?

〈총인구수 및 인구성장률 추이〉

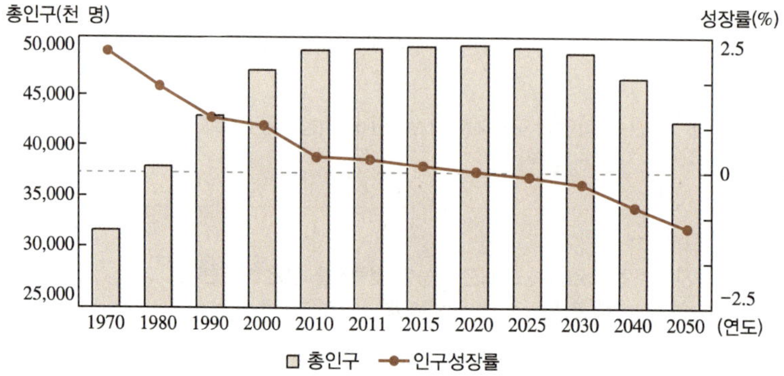

※ 2025년 수치부터는 예상치임

① 인구성장률은 2025년에 잠시 증가하다가 다시 감소할 것이다.
② 2011년부터 총인구는 감소할 것이다.
③ 2000 ~ 2010년의 기간보다 2025 ~ 2030년의 기간의 인구증가가 덜할 것이다.
④ 2040년의 총인구는 1990년의 총인구보다 적을 것이다.
⑤ 총인구수는 2000년부터 감소세를 보이고 있다.

02 다음은 K공항의 에너지 소비량 및 온실가스 배출량을 나타낸 자료이다. 이에 대한 설명으로 옳은 것을 〈보기〉에서 모두 고르면?

〈K공항 에너지 소비량〉

(단위 : TOE)

구분	에너지 소비량									
	합계	건설 부문				이동 부문				
		소계	경유	도시가스	수전전력	소계	휘발유	경유	도시가스	천연가스
2023년	11,658	11,234	17	1,808	9,409	424	25	196	13	190
2024년	17,298	16,885	58	2,796	14,031	413	28	179	15	191

〈K공항 온실가스 배출량〉

(단위 : 톤CO_2eq)

구분	온실가스 배출량				
	합계	고정 연소	이동 연소	공정 배출	간접 배출
2023년	30,823	4,052	897	122	25,752
2024년	35,638	6,121	965	109	28,443

보기

ㄱ. 에너지 소비량 중 이동 부문에서 경유가 차지하는 비중은 2024년에 전년 대비 10%p 이상 감소하였다.

ㄴ. 건설 부문의 도시가스 소비량은 2024년에 전년 대비 30% 이상 증가하였다.

ㄷ. 2024년 온실가스 배출량 중 간접 배출이 차지하는 비중은 2023년 온실가스 배출량 중 고정 연소가 차지하는 비중의 5배 이상이다.

① ㄱ
② ㄴ
③ ㄱ, ㄴ
④ ㄴ, ㄷ
⑤ ㄱ, ㄴ, ㄷ

03 다음은 지역별 연평균 문화예술 및 스포츠 관람횟수에 대한 자료이다. 이에 대한 설명으로 옳지 않은 것은?

〈지역별 연평균 문화예술 및 스포츠 관람횟수〉

(단위 : 회)

구분	음악 · 연주회	연극 · 마당극 · 뮤지컬	무용	영화	박물관	미술관	스포츠
전국	2.5	2.4	2.7	6.6	2.6	2.5	3.5
서울특별시	2.9	2.5	2.7	7.2	2.8	2.9	3.9
부산광역시	2.0	2.0	2.0	6.6	2.7	2.0	3.2
대구광역시	2.7	2.2	3.4	6.3	2.5	1.9	2.9
인천광역시	2.2	2.4	2.8	6.3	2.5	2.5	3.6
광주광역시	2.4	2.1	2.7	6.8	2.6	2.3	3.5
대전광역시	2.9	2.1	3.2	6.9	3.1	2.2	3.1
울산광역시	2.2	2.0	2.3	6.2	2.4	2.3	2.9
세종특별자치시	2.7	2.2	3.0	6.8	2.9	2.4	3.2
경기도	2.3	2.5	2.4	6.6	2.4	2.5	3.5
강원도	2.7	2.0	4.9	6.9	2.7	2.5	3.5
충청북도	2.3	2.2	2.3	6.5	2.4	1.9	2.8
충청남도	2.1	2.3	2.2	6.1	2.7	2.0	2.8
전라북도	2.1	2.6	2.6	6.2	2.5	2.1	2.9
전라남도	2.2	2.0	3.5	5.7	2.5	2.5	3.2
경상북도	2.4	2.1	2.9	6.1	2.7	2.1	2.9
경상남도	2.3	2.1	3.4	6.9	2.6	2.4	3.8
제주특별자치도	2.5	2.0	2.1	6.2	2.9	2.7	3.2

① 모든 지역에서 연평균 무용 관람횟수보다 연평균 영화 관람횟수가 더 많다.

② 경상남도에서 영화 다음으로 연평균 관람횟수가 많은 항목은 스포츠이다.

③ 연평균 무용 관람횟수가 가장 많은 지역은 연평균 스포츠 관람횟수도 가장 많다.

④ 대구광역시의 연평균 박물관 관람횟수는 제주특별자치도의 연평균 박물관 관람횟수의 80% 이상이다.

⑤ 대전광역시는 연극 · 마당극 · 뮤지컬을 제외한 모든 항목에서 충청북도보다 연평균 관람횟수가 많다.

※ 다음은 K국의 교통사고 사상자 2,500명에 대해 조사한 자료이다. 이어지는 질문에 답하시오. [4~5]

〈교통사고 현황〉

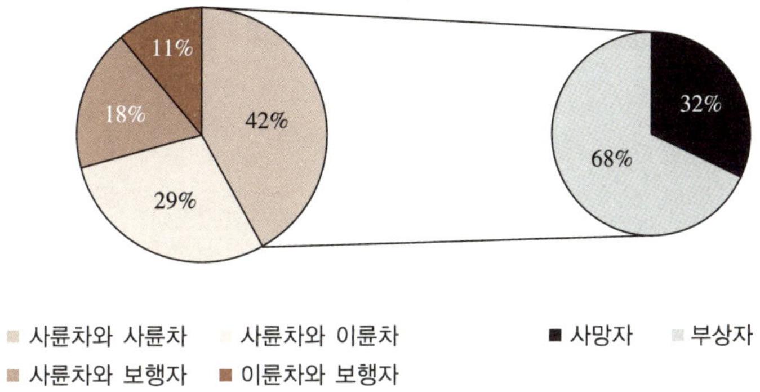

※ 사상자 수와 가해자 수는 같음

〈교통사고 가해자 연령〉

구분	20대	30대	40대	50대	60대 이상
비율	38%	21%	11%	8%	( )

※ 교통사고 가해자 연령 비율의 합은 100%임

04 다음 중 자료에 대한 설명으로 옳지 않은 것은?

① 교통사고 가해자 연령에서 60대 이상의 비율은 30대보다 높다.

② 사륜차와 사륜차 교통사고 사망사건의 가해자가 모두 20대라고 할 때, 20대 가해건수의 35% 이상을 차지한다.

③ 이륜차와 관련된 교통사고의 가해자 연령대가 모두 30대 이하라고 할 때, 30대 이하 가해건수의 70% 이상을 차지한다.

④ 보행자와 관련된 교통사고의 40%는 사망사건이라고 할 때, 보행자 관련 사망건수는 사륜차와 사륜차의 교통사고 건수보다 적다.

⑤ 사륜차와 이륜차 교통사고 사망자와 부상자의 비율이 사륜차와 사륜차 교통사고 사망자와 부상자 비율의 반대라고 할 때, 사륜차와 이륜차 교통사고 사망자 수가 사륜차와 사륜차 교통사고 사망자 수보다 많다.

05 이륜차 또는 보행자와 관련된 교통사고 중 가해자의 20%가 20대라고 할 때, 이 인원이 20대 가해자에서 차지하는 비율은 얼마인가?(단, 비율은 소수점 첫째 자리에서 버림한다)

① 10%
② 15%
③ 20%
④ 25%
⑤ 30%

05 자료 변환

| 유형분석 |

- 문제에 주어진 자료를 도표로 변환하는 문제이다.
- 주로 자료에 있는 수치와 그래프 또는 표에 있는 수치가 서로 일치하는지의 여부를 판단한다.

갑～무 5명의 직원을 대상으로 신년회를 위한 A～E장소에 대한 만족도 조사를 하였다. 5점 만점을 기준으로 장소별 직원들의 점수를 바르게 시각화한 것은?

〈장소별 만족도〉

(단위 : 점)

구분	갑	을	병	정	무	평균
A	2.5	5.0	4.5	2.5	3.5	3.6
B	3.0	4.0	5.0	3.5	4.0	3.9
C	4.0	4.0	3.5	3.0	5.0	3.9
D	3.5	3.5	3.5	4.0	3.0	3.5
E	5.0	3.0	1.0	1.5	4.5	3.0

①

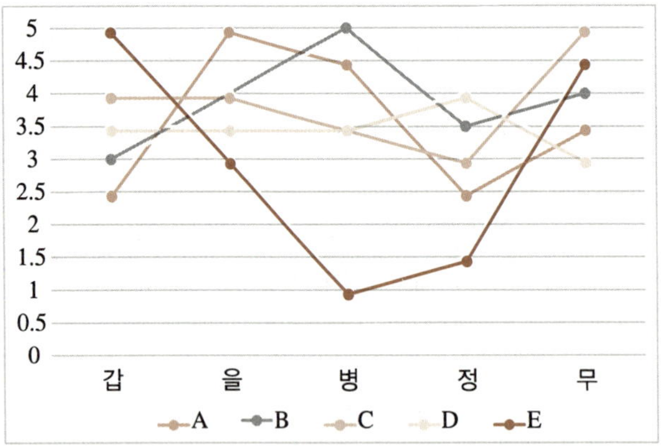

②

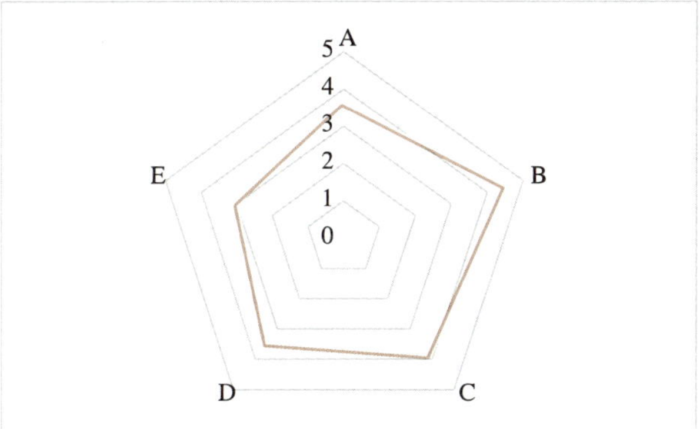

③

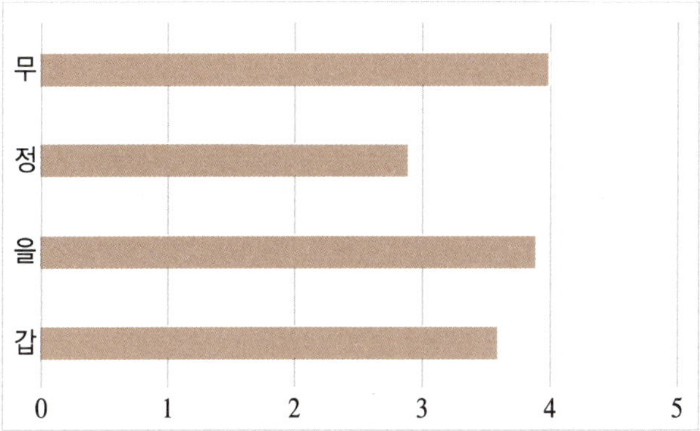

④

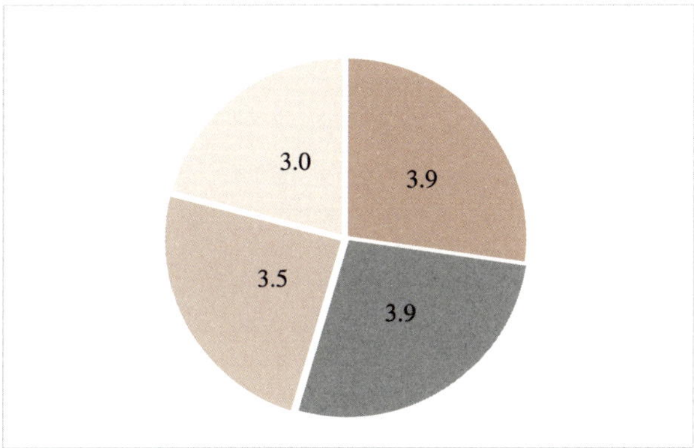

정답 ①

갑, 을, 병, 정, 무 5명의 직원들의 A～E장소에 대한 만족도 점수가 그래프에 바르게 나타나 있다.

오답분석

② B장소의 평균 만족도가 3.9점이지만 4.0점 이상으로 나타나 있다.
③ 병의 만족도에 대한 내용이 없고, 직원별 평균 만족도는 자료의 목적과는 거리가 멀다.
④ A～E장소에 대한 평균 만족도에서 표와의 수치를 비교해 보면 3.6점인 A장소가 없고, 수치가 각각 어느 장소의 평균 만족도를 나타내는지 알 수 없다.

풀이 전략!

먼저 주어진 자료의 내용이 그래프에 빠짐없이 포함되어 있는지를 확인하여 누락된 내용이 있는 선택지를 제외하고 나머지 선택지 중 그래프의 수치가 일치하는지를 판단한다. 또한, 자료에 적합한 그래프를 찾는 문제가 출제되기도 하므로 그래프별 특징을 알아두는 것이 좋다.

대표기출유형 05 기출응용문제

01 다음은 서울, 수원, 강릉의 연도별 적설량에 대한 표이다. 이를 나타낸 그래프로 옳은 것은?

〈서울, 수원, 강릉의 연도별 적설량〉

(단위 : cm)

구분	2021년	2022년	2023년	2024년
서울	25.3	12.9	10.3	28.6
수원	12.2	21.4	12.5	26.8
강릉	280.2	25.9	94.7	55.3

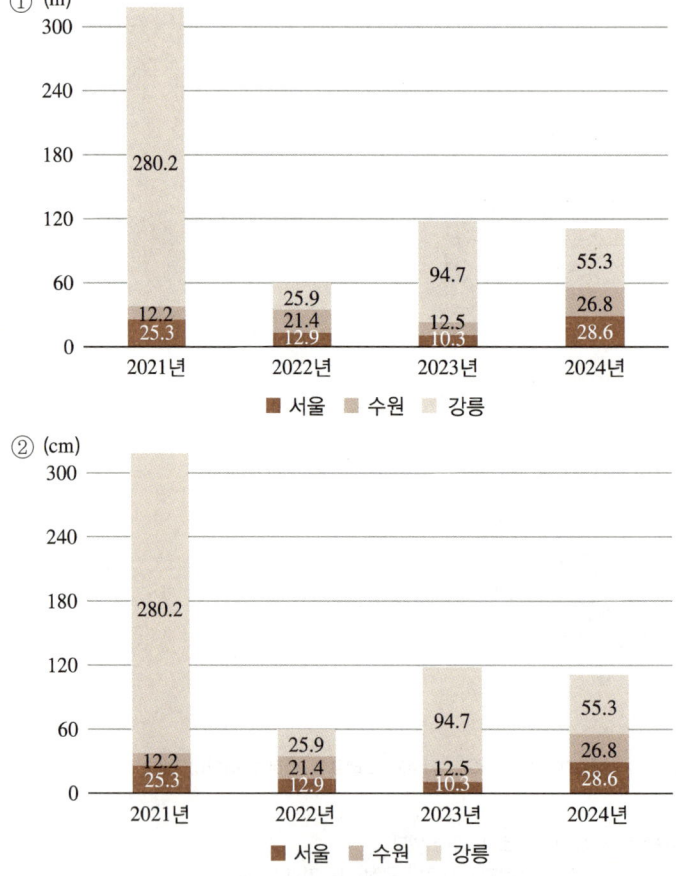

①

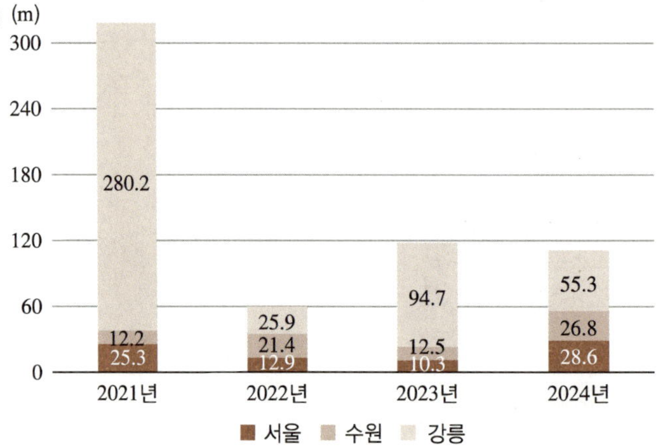

②

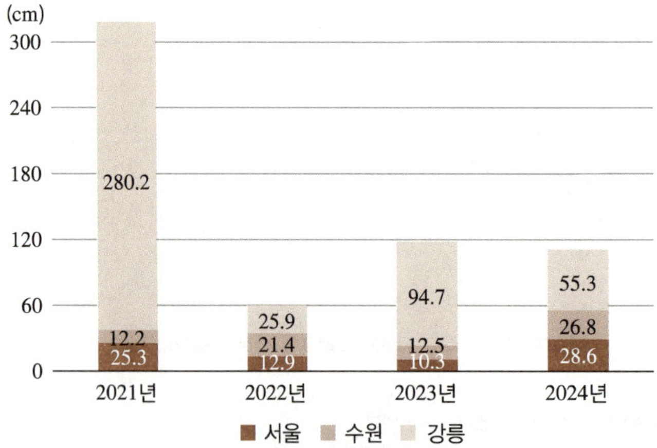

③

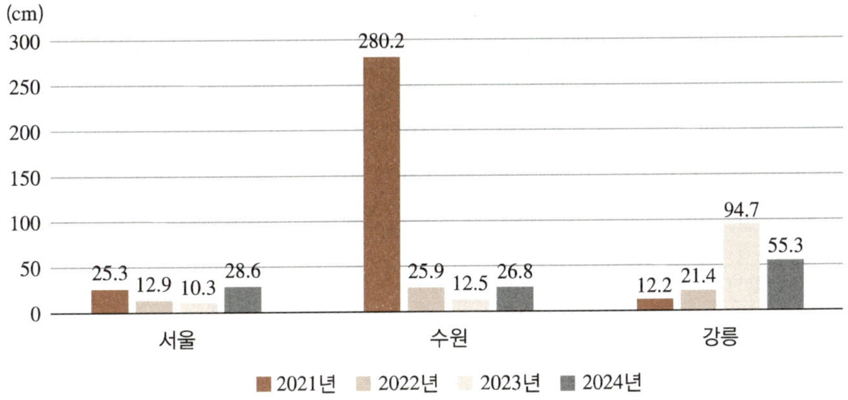
(cm)
300
250
200
150
100
50
0
280.2
94.7
55.3
25.3
12.9
10.3
28.6
25.9
12.5
26.8
12.2
21.4
서울
수원
강릉
2021년
2022년
2023년
2024년

④

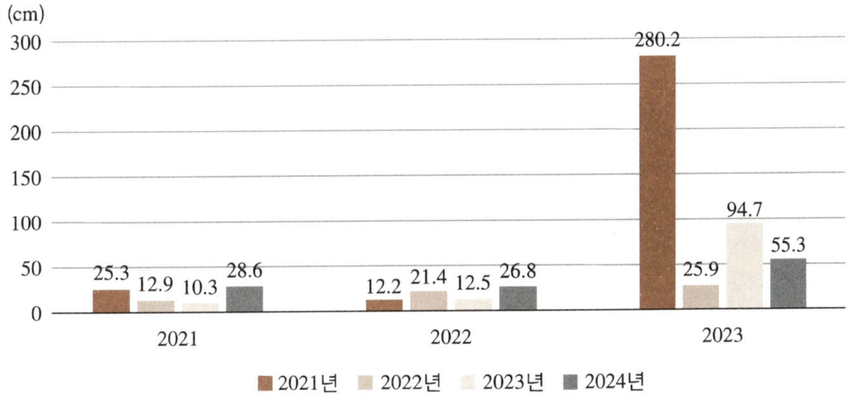
(cm)
300
250
200
150
100
50
0
280.2
94.7
55.3
25.3
12.9
10.3
28.6
12.2
21.4
12.5
26.8
25.9
2021
2022
2023
2021년
2022년
2023년
2024년

⑤

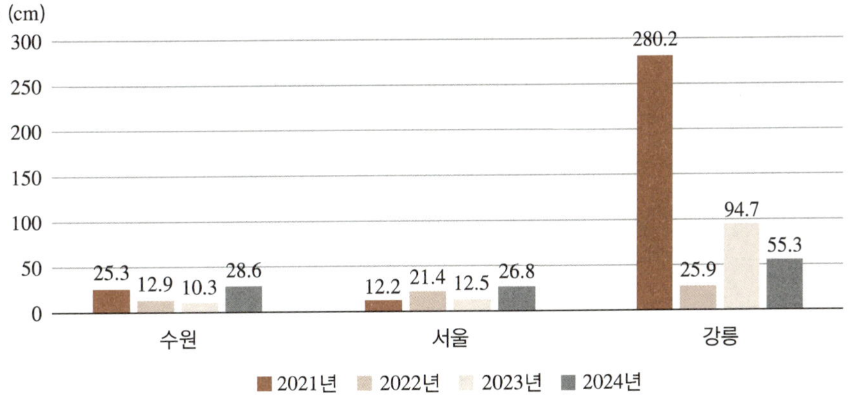
(cm)
300
250
200
150
100
50
0
280.2
94.7
55.3
25.3
12.9
10.3
28.6
12.2
21.4
12.5
26.8
25.9
수원
서울
강릉
2021년
2022년
2023년
2024년

PART 2

02 다음은 2020년부터 2024년까지 K기업의 매출액과 원가 및 판관비에 대한 자료이다. 이를 나타낸 그래프로 옳은 것은?(단, 영업이익률은 소수점 둘째 자리에서 반올림한다)

〈K기업 매출액과 원가 · 판관비〉

(단위 : 억 원)

구분	2020년	2021년	2022년	2023년	2024년
매출액	1,485	1,630	1,410	1,860	2,055
매출원가	1,360	1,515	1,280	1,675	1,810
판관비	30	34	41	62	38

※ (영업이익)=(매출액)−[(매출원가)+(판관비)]

※ (영업이익률)=(영업이익)÷(매출액)×100

① 2020 ~ 2024년 영업이익

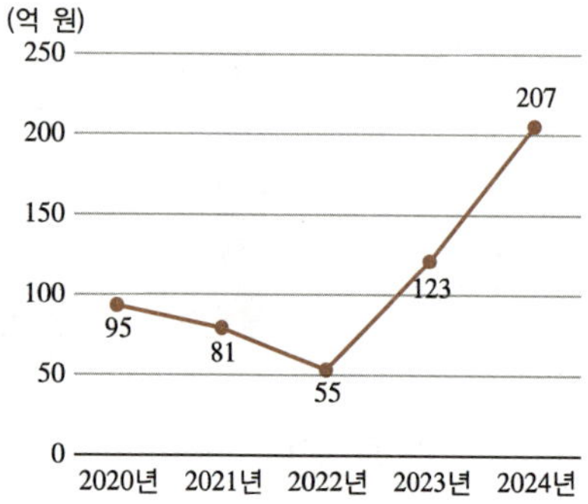

② 2020 ~ 2024년 영업이익

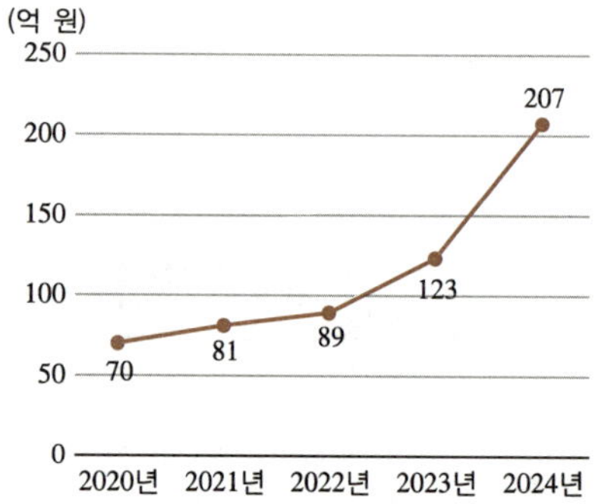

③ 2020 ~ 2024년 영업이익률

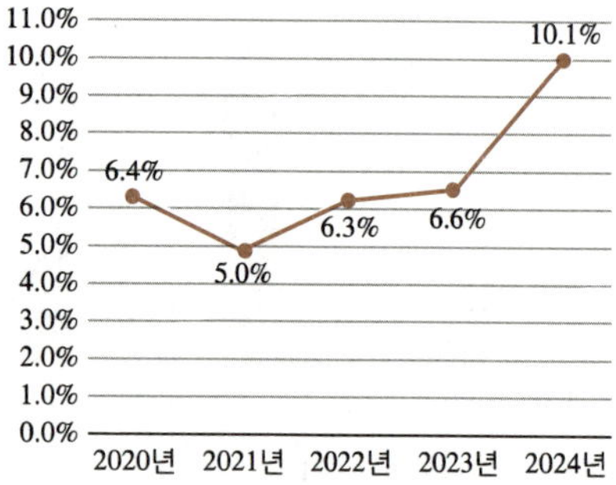

④ 2020 ~ 2024년 영업이익률

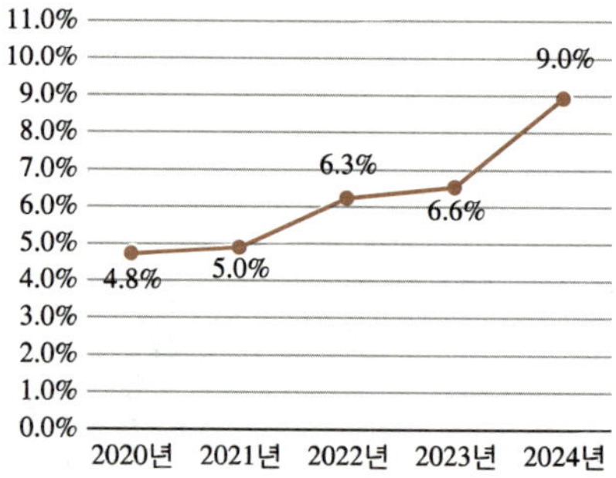

⑤ 2020 ~ 2024년 영업이익률

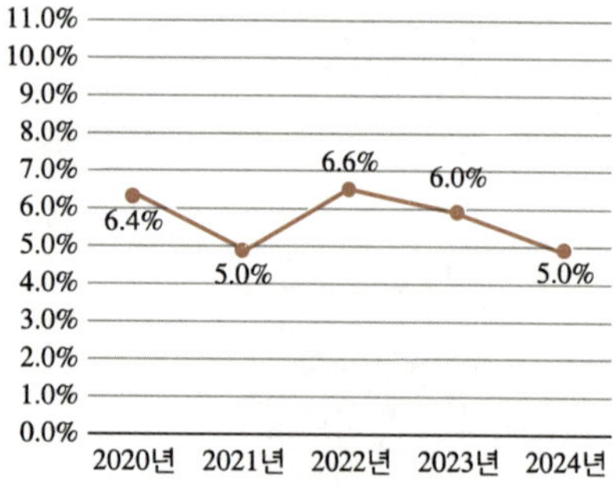

03 다음은 2014년부터 2024년까지 자동차 등록 추이에 대한 자료이다. 이를 나타낸 그래프로 옳지 않은 것은?

〈자동차 등록 추이〉

(단위 : 만 대)

연도	2014년	2015년	2016년	2017년	2018년	2019년	2020년	2021년	2022년	2023년	2024년
대수	1,794	1,844	1,887	1,940	2,012	2,099	2,180	2,253	2,320	2,368	2,437

※ (당해 증가율)=[(당해 연도 수)−(전년도 수)]÷(전년도 수)×100

① 2015 ~ 2019년 증가대수

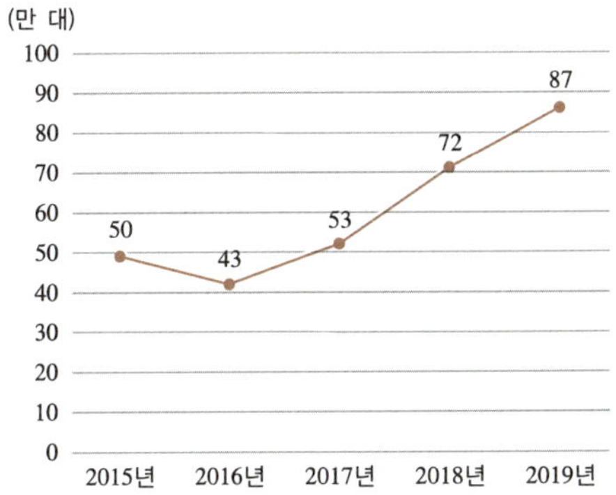

② 2020 ~ 2024년 증가대수

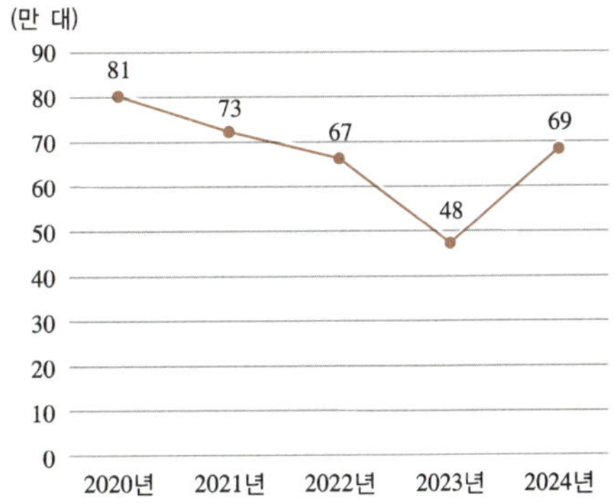

③ 2015 ~ 2019년 증가율

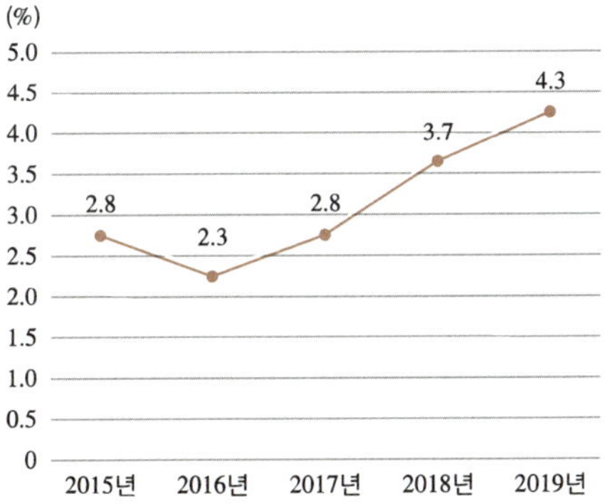

④ 2020 ~ 2024년 증가율

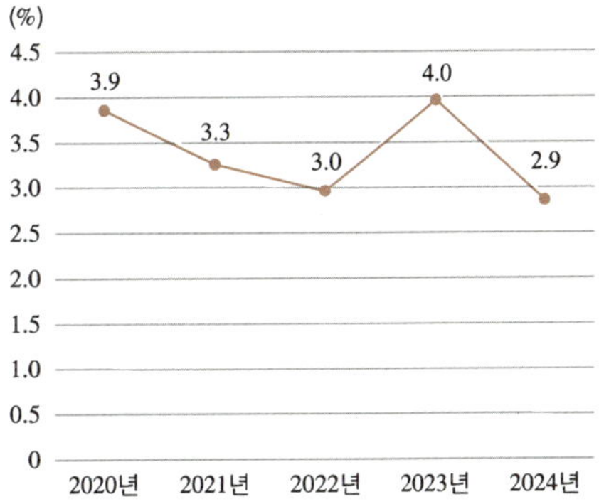

⑤ 2014 ~ 2022년 누적 등록 대수

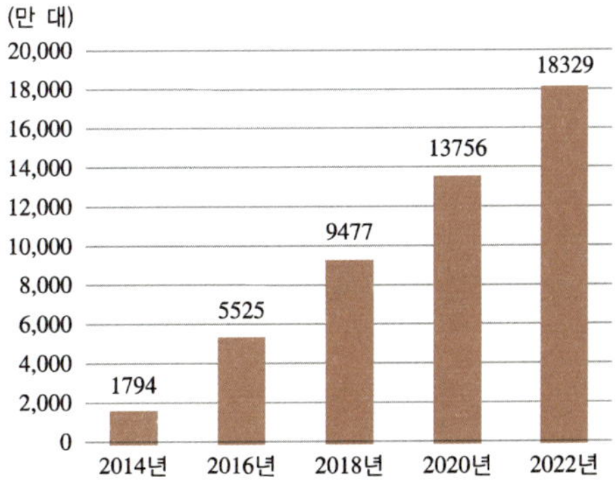

CHAPTER 03

문제해결능력

합격 Cheat Key

문제해결능력은 업무를 수행하면서 여러 가지 문제 상황이 발생하였을 때, 창의적이고 논리적인 사고를 통하여 이를 올바르게 인식하고 적절히 해결하는 능력으로, 하위 능력에는 사고력과 문제처리능력이 있다.

문제해결능력은 NCS 기반 채용을 진행하는 대다수의 공사·공단에서 채택하고 있으며, 다양한 자료와 함께 출제되는 경우가 많아 어렵게 느껴질 수 있다. 특히, 난이도가 높은 문제로 자주 출제되기 때문에 다른 영역보다 더 많은 노력이 필요할 수는 있지만 그렇기에 차별화를 할 수 있는 득점 영역이므로 포기하지 말고 꾸준하게 노력해야 한다.

1 질문의 의도를 정확하게 파악하라!

문제해결능력은 문제에서 무엇을 묻고 있는지 정확하게 파악하여 먼저 풀이 방향을 설정하는 것이 가장 중요하다. 특히, 조건이 주어지고 답을 찾는 창의적·분석적인 문제가 주로 출제되고 있기 때문에 처음에 정확한 풀이 방향이 설정되지 않는다면 문제를 제대로 풀지 못하게 되므로 첫 번째로 출제 의도 파악에 집중해야 한다.

2 중요한 정보는 반드시 표시하라!

출제 의도를 정확히 파악하기 위해서는 문제의 중요한 정보를 반드시 표시하거나 메모하여 하나의 조건, 단서도 잊고 넘어가는 일이 없도록 해야 한다. 실제 시험에서는 시간의 압박과 긴장감으로 정보를 잘못 적용하거나 잊어버리는 실수가 많이 발생하므로 사전에 충분한 연습이 필요하다.

3 반복 풀이를 통해 취약 유형을 파악하라!

문제해결능력은 특히 시간관리가 중요한 영역이다. 따라서 정해진 시간 안에 고득점을 할 수 있는 효율적인 문제 풀이 방법을 찾아야 한다. 이때, 반복적인 문제 풀이를 통해 자신이 취약한 유형을 파악하는 것이 중요하다. 정확하게 풀 수 있는 문제부터 빠르게 풀고 취약한 유형은 나중에 푸는 효율적인 문제 풀이를 통해 최대한 고득점을 맞는 것이 중요하다.

01 명제 추론

| 유형분석 |

- 주어진 문장을 토대로 논리적으로 추론하여 참 또는 거짓을 구분하는 문제이다.
- 대체로 연역추론을 활용한 명제 문제가 출제된다.
- 자료를 제시하고 새로운 결과나 자료에 주어지지 않은 내용을 추론해 가는 형식의 문제가 출제된다.

K공사는 공휴일 세미나 진행을 위해 인근의 가게 A ~ F에서 필요한 물품을 구매하고자 한다. 다음 〈조건〉을 참고할 때, 공휴일에 영업하는 가게의 수는?

조건

- C는 공휴일에 영업하지 않는다.
- B가 공휴일에 영업하지 않으면, C와 E는 공휴일에 영업한다.
- E 또는 F가 영업하지 않는 날이면, D는 영업한다.
- B가 공휴일에 영업하면, A와 E는 공휴일에 영업하지 않는다.
- B와 F 중 한 곳만 공휴일에 영업한다.

① 2곳 ② 3곳
③ 4곳 ④ 5곳
⑤ 6곳

정답 ①

주어진 조건을 순서대로 논리 기호화하면 다음과 같다.

- 첫 번째 조건 : ~C
- 두 번째 조건 : ~B → (C ∧ E)
- 세 번째 조건 : (~E ∨ ~F) → D
- 네 번째 조건 : B → (~A ∧ ~E)

첫 번째 조건이 참이므로 두 번째 조건의 대우[(~C ∨ ~E) → B]에 따라 B는 공휴일에 영업한다. 이때 네 번째 조건에 따라 A와 E는 영업하지 않고, 다섯 번째 조건에 따라 F도 영업하지 않는다. 마지막으로 세 번째 조건에 따라 D는 영업한다. 따라서 공휴일에 영업하는 가게는 B와 D 2곳이다.

풀이 전략!

명제와 관련한 기본적인 논법에 대해서는 미리 학습해 두며, 이를 바탕으로 각 문장에 있는 핵심단어 또는 문구를 기호화하여 정리한 후, 선택지와 비교하여 참 또는 거짓을 판단한다.

대표기출유형 01 기출응용문제

01 A～G 7명은 모두 사원, 주임, 대리, 과장, 차장, 팀장, 부장 중 하나의 직급에 해당하며, 이 중 동일한 직급인 직원은 없다. A～G가 원형 테이블에 〈조건〉과 같이 앉아 있을 때, 다음 중 직급이 사원인 사람과 대리인 사람을 순서대로 바르게 나열한 것은?

조건

- A의 왼쪽에는 부장이, 오른쪽에는 차장이 앉아 있다.
- E는 사원과 이웃하여 앉지 않았다.
- B는 부장과 이웃하여 앉아 있다.
- C의 직급은 차장이다.
- G는 차장과 과장 사이에 앉아 있다.
- D는 A와 이웃하여 앉아 있다.
- 사원은 부장, 대리와 이웃하여 앉아 있다.

	사원	대리
①	A	F
②	B	E
③	B	F
④	D	E
⑤	D	G

02 K공사의 T사원은 a～h의 여덟 가지 교육 과제를 순서대로 수행하려고 한다. 다음 〈조건〉을 참고하여 T사원이 e과제를 네 번째로 수행한다고 할 때, 다섯 번째로 수행할 교육 과제는 무엇인가?

조건

- 8가지 교육 과제 중 a과제와 d과제는 수행하지 않는다.
- b과제를 c과제보다 먼저 수행한다.
- c과제를 f과제보다 먼저 수행한다.
- g과제와 h과제는 b과제보다 나중에 수행한다.
- h과제는 f과제와 g과제보다 나중에 수행한다.
- f과제는 e과제보다 먼저 수행한다.

① b과제
② c과제
③ f과제
④ g과제
⑤ h과제

PART 2

02 SWOT 분석

| 유형분석 |

- 상황에 대한 환경 분석 결과를 통해 주요 과제를 도출하는 문제이다.
- 주로 3C 분석 또는 SWOT 분석을 활용한 문제들이 출제되고 있으므로 해당 분석도구에 대한 사전 학습이 요구된다.

K전자회사의 기획팀에 근무 중인 A사원은 자사에 대한 마케팅 전략 보고서를 작성하려고 한다. SWOT 분석 결과가 다음과 같을 때, 분석 결과에 대응하는 전략과 그 내용이 바르게 연결되지 않은 것은?

〈K전자회사 SWOT 분석 결과〉

강점(Strength)	약점(Weakness)
• 세계 판매량 1위의 높은 시장 점유율 • 제품의 뛰어난 내구성 • 다수의 특허 확보	• 보수적 기업 이미지 • 타사 제품에 비해 높은 가격 • 경쟁업체 제품과의 차별성 약화
기회(Opportunity)	**위협(Threat)**
• 경쟁업체 제품의 결함 발생 • 해외 신규시장의 등장 • 인공지능, 사물인터넷 등 새로운 기술 등장	• 중국 업체의 성장으로 가격 경쟁 심화 • 미·중 무역전쟁 등 시장의 불확실성 증가에 따른 소비 위축

① SO전략 : 뛰어난 내구성을 강조한 마케팅 전략을 수립한다.
② SO전략 : 확보한 특허 기술을 바탕으로 사물인터넷 기반의 신사업을 추진한다.
③ WO전략 : 안정적인 기업 이미지를 활용한 홍보 전략으로 해외 신규시장에 진출한다.
④ ST전략 : 해외 공장 설립으로 원가 절감을 통한 가격 경쟁력을 확보한다.
⑤ WT전략 : 경쟁업체와 차별화된 브랜드 고급화 전략을 수립한다.

정답 ④

원가 절감을 위해 해외에 공장을 설립하여 가격 경쟁력을 확보하는 것은 약점을 보완하여 위협을 회피하는 WT전략이다.

오답분석

①·② SO전략은 강점을 활용하여 외부환경의 기회를 포착하는 전략이므로 적절하다.
③ WO전략은 약점을 보완하여 외부환경의 기회를 포착하는 전략이므로 적절하다.
⑤ WT전략은 약점을 보완하여 외부환경의 위협을 회피하는 전략이므로 적절하다.

풀이 전략!

문제에 제시된 분석도구를 확인한 후, 분석 결과를 종합적으로 판단하여 각 선택지의 전략 과제와 일치 여부를 판단한다.

대표기출유형 02 기출응용문제

01 **다음 SWOT 분석에 대한 설명을 읽고 추론한 내용으로 가장 적절한 것은?**

> SWOT 분석에서 강점은 경쟁기업과 비교하여 소비자로부터 강점으로 인식되는 것이 무엇인지, 약점은 경쟁기업과 비교하여 소비자로부터 약점으로 인식되는 것이 무엇인지, 기회는 외부환경에서 유리한 기회 요인은 무엇인지, 위협은 외부환경에서 불리한 위협 요인은 무엇인지를 찾아내는 것이다. SWOT 분석의 가장 큰 장점은 기업의 내부 및 외부환경의 변화를 동시에 파악할 수 있다는 것이다.

① 제품의 우수한 품질은 SWOT 분석의 기회 요인으로 볼 수 있다.
② 초고령화 사회는 실버산업에 있어 기회 요인으로 볼 수 있다.
③ 기업의 비효율적인 업무 프로세스는 SWOT 분석의 위협 요인으로 볼 수 있다.
④ 살균제 달걀 논란은 빵집에게 있어 약점 요인으로 볼 수 있다.
⑤ 근육운동 열풍은 헬스장에게 있어 강점 요인으로 볼 수 있다.

PART 2

02 **안전본부 사고분석 개선처에 근무하는 B대리는 혁신우수 연구대회에 출전하여 첨단장비를 활용한 차종별 보행자 사고 모형개발 자료를 발표했다. 연구 추진방향을 도출하기 위해 SWOT 분석을 한 결과가 다음과 같을 때, 분석 결과에 대응하는 전략과 그 내용이 잘못 짝지어진 것은?**

〈SWOT 분석 결과〉

강점(Strength)	약점(Weakness)
10년 이상 지속적인 교육과 연구로 신기술 개발을 위한 인프라 구축	보행자 사고 모형개발을 위한 예산 및 실차 실험을 위한 연구소 부재
기회(Opportunity)	**위협(Threat)**
첨단 과학장비(3D스캐너, MADYMO) 도입으로 정밀 시뮬레이션 분석 가능	교통사고에 대한 국민의 관심과 분석수준 향상으로 공사의 사고분석 질적 제고 필요

① WO전략 : 실차 실험 대신 과학장비를 통한 시뮬레이션 연구로 모형개발에 힘쓴다.
② WT전략 : 신기술 개발을 위한 연구대회를 개최해 인프라를 더욱 탄탄히 구축한다.
③ SO전략 : 과학장비를 통한 정밀 시뮬레이션 분석을 토대로 국내 차량의 전면부 형상을 취득하고 보행자 사고를 분석해 신기술 개발에 도움을 준다.
④ ST전략 : 지속적 교육과 연구로 쌓아온 데이터를 바탕으로 사고분석 프로그램 신기술 개발을 통해 사고분석 질적 향상에 기여한다.
⑤ WT전략 : 보행자사고 실험을 위한 연구소를 만들어 사고 분석 데이터를 축적한다.

03 자료 해석

| 유형분석 |

- 주어진 자료를 해석하고 활용하여 풀어가는 문제이다.
- 꼼꼼하고 분석적인 접근이 필요한 다양한 자료들이 출제된다.

다음 중 정수장 수질검사 현황에 대해 바르게 설명한 사람은?

〈정수장 수질검사 현황〉

급수 지역	항목						검사결과	
	일반세균 100 이하 (CFU/mL)	대장균 불검출 (수/100mL)	NH3-N 0.5 이하 (mg/L)	잔류염소 4.0 이하 (mg/L)	구리 1 이하 (mg/L)	망간 0.05 이하 (mg/L)	적합 여부	기준 초과
함평읍	0	불검출	불검출	0.14	0.045	불검출	적합	없음
이삼읍	0	불검출	불검출	0.27	불검출	불검출	적합	없음
학교면	0	불검출	불검출	0.13	0.028	불검출	적합	없음
엄다면	0	불검출	불검출	0.16	0.011	불검출	적합	없음
나산면	0	불검출	불검출	0.12	불검출	불검출	적합	없음

① A사원 : 함평읍의 잔류염소는 가장 낮은 수치를 보였고, 기준치에 적합하네.
② B사원 : 모든 급수지역에서 일반세균이 나오지 않았어.
③ C사원 : 기준치를 초과한 곳은 없었지만 적합하지 않은 지역은 있어.
④ D사원 : 대장균과 구리가 검출되면 부적합 판정을 받는구나.
⑤ E사원 : 구리가 검출되지 않은 지역은 세 곳이야.

정답 ②

오답분석

① 잔류염소에서 가장 낮은 수치를 보인 지역은 나산면(0.12mg/L)이고, 함평읍(0.14mg/L)은 세 번째로 낮다.
③ 기준치를 초과한 곳도 없고, 모두 적합 판정을 받았다.
④ 함평읍과 학교면, 엄다면은 구리가 검출되었지만 적합 판정을 받았다.
⑤ 구리가 검출되지 않은 지역은 이삼읍과 나산면으로 두 곳이다.

풀이 전략!

문제 해결을 위해 필요한 정보가 무엇인지 먼저 파악한 후, 제시된 자료를 분석적으로 읽고 해석한다.

대표기출유형 03 기출응용문제

01 다음은 마우스 부품별 한 개당 가격 및 부품 조립 시 소요시간과 필요개수에 대한 자료이고, 마우스는 A~F부품 중 3가지 부품으로 구성된다. 최대한 비용과 시간을 절약하여 마우스를 완성할 경우 〈조건〉에 부합하는 부품 구성으로 가장 적절한 것은?

〈부품 한 개당 가격 및 시간〉

부품	가격	시간	필요개수	부품	가격	시간	필요개수
A	20원	6분	3개	D	50원	11분 30초	2개
B	35원	7분	5개	E	80원	8분 30초	1개
C	33원	5분 30초	2개	F	90원	10분	2개

※ 시간은 필요개수 모두를 사용한 시간임

조건

- 완제품을 만들 때 부품의 총 가격이 가장 저렴해야 한다.
- 완제품을 만들 때 부품의 총 개수는 상관없다.
- 완제품을 만들 때 총 소요시간이 25분 미만으로 한다.
- 총 가격 차액이 100원 미만일 경우 총 소요시간이 가장 짧은 구성을 택한다.

① A, B, E
② A, C, D
③ B, C, E
④ B, D, F
⑤ D, E, F

PART 2

02 A씨는 녹색성장 추진의 일환으로 자전거 타기가 활성화되면서 자전거의 운동효과에 대해 조사하였다. 다음 〈조건〉을 참고할 때 〈보기〉의 운전자를 운동량이 많은 순서대로 바르게 나열한 것은?

조건

자전거 종류	바퀴 수	보조바퀴 여부
일반 자전거	2개	없음
연습용 자전거	2개	있음
외발 자전거	1개	없음

- 운동량은 자전거 주행 거리에 비례한다.
- 같은 거리를 주행하여도 자전거에 운전자 외에 한 명이 더 타면 운전자의 운동량은 두 배가 된다.
- 보조바퀴가 달린 자전거를 타면 같은 거리를 주행하여도 운동량이 일반 자전거의 80%밖에 되지 않는다.
- 바퀴가 1개인 자전거를 타면 같은 거리를 주행하여도 운동량이 일반 자전거보다 50% 더 많다.
- 이외의 다른 조건은 모두 같다.

보기

- 갑 : 1.4km의 거리를 뒷자리에 한 명을 태우고 일반 자전거로 주행하였다.
- 을 : 1.2km의 거리를 뒷자리에 한 명을 태우고 연습용 자전거로 주행하였다.
- 병 : 2km의 거리를 혼자 외발 자전거로 주행하였다.
- 정 : 2km의 거리를 혼자 연습용 자전거로 주행한 후에 이어서 1km의 거리를 혼자 외발 자전거로 주행하였다.
- 무 : 0.8km의 거리를 뒷자리에 한 명을 태우고 연습용 자전거로 주행한 후에 이어서 1.2km의 거리를 혼자 일반 자전거로 주행하였다.

① 병> 정> 갑> 무> 을

② 병> 정> 갑> 을> 무

③ 정> 병> 무> 갑> 을

④ 정> 갑> 병> 을> 무

⑤ 정> 병> 갑> 무> 을

03 K공사는 직원들의 여가를 위해 상반기 동안 다양한 프로그램을 운영하고자 한다. 다음 수요도 조사 결과와 〈조건〉에 따라 프로그램을 선정할 때, 운영될 프로그램이 바르게 연결된 것은?

〈프로그램 후보별 수요도 조사 결과〉

(단위 : 점)

운영 분야	프로그램명	인기 점수	필요성 점수
운동	강변 자전거 타기	6	5
진로	나만의 책 쓰기	5	7
여가	자수 교실	4	2
운동	필라테스	7	6
교양	독서 토론	6	4
여가	볼링 모임	8	3

※ 수요도 조사에는 전 직원이 참여하였음

조건

- 수요도는 인기 점수와 필요성 점수에 가점을 적용한 후 2 : 1의 가중치에 따라 합산하여 판단한다.
- 각 프로그램의 인기 점수와 필요성 점수는 10점 만점으로 하며 전 직원이 부여한 점수의 평균값이다.
- 운영 분야에 하나의 프로그램만 있는 경우 그 프로그램의 필요성 점수에 2점을 가산한다.
- 운영 분야에 복수의 프로그램이 있는 경우 분야별로 필요성 점수가 가장 낮은 프로그램은 후보에서 탈락한다.
- 수요도 점수가 동점일 경우 인기 점수가 높은 프로그램을 우선시한다.
- 수요도 점수가 가장 높은 2개의 프로그램을 선정한다.

① 강변 자전거 타기, 볼링 모임
② 나만의 책 쓰기, 필라테스
③ 자수 교실, 독서 토론
④ 필라테스, 볼링 모임
⑤ 나만의 책 쓰기, 독서 토론

04 다음은 K교통카드의 환불 방법에 대한 자료이다. 이에 대한 설명으로 옳지 않은 것은?

〈K교통카드 정상카드 잔액 환불 안내〉

<table>
<tr><th colspan="2">환불처</th><th>환불금액</th><th>환불 방법</th><th>환불 수수료</th><th>비고</th></tr>
<tr><td rowspan="5">편의점</td><td>A편의점</td><td>2만 원 이하</td><td rowspan="5">• 환불처에 방문하여 환불 수수료를 제외한 카드 잔액 전액을 현금으로 환불받음</td><td rowspan="5">500원</td><td rowspan="14">카드값
환불
불가</td></tr>
<tr><td>B편의점</td><td rowspan="4">3만 원 이하</td></tr>
<tr><td>C편의점</td></tr>
<tr><td>D편의점</td></tr>
<tr><td>E편의점</td></tr>
<tr><td>지하철</td><td>역사 내 K교통카드 서비스센터</td><td>5만 원 이하</td><td>• 환불처에 방문하여 환불 수수료를 제외한 카드 잔액 전액 또는 일부 금액을 현금으로 환불받음
※ 한 카드당 한 달에 최대 50만 원까지 환불 가능</td><td>500원
※ 기본운임료 (1,250원) 미만 잔액은 수수료 없음</td></tr>
<tr><td rowspan="6">은행 ATM</td><td>A은행</td><td>20만 원 이하</td><td rowspan="6">• 본인 명의의 해당은행 계좌로 환불 수수료를 제외한 잔액 이체
※ 환불불가 카드 : 모바일 K교통카드, Y사 플러스카드</td><td rowspan="6">500원</td></tr>
<tr><td>B은행</td><td rowspan="5">50만 원 이하</td></tr>
<tr><td>C은행</td></tr>
<tr><td>D은행</td></tr>
<tr><td>E은행</td></tr>
<tr><td>F은행</td></tr>
<tr><td colspan="2">모바일
(P사, Q사, R사)</td><td rowspan="2">50만 원 이하</td><td>• 1인 월 3회, 최대 50만 원까지 환불 가능 : 10만 원 초과 환불은 월 1회, 연 5회 가능
※ App에서 환불신청 가능하며 고객명의 계좌로 환불 수수료를 제외한 금액이 입금</td><td>500원
※ 기본운임료 (1,250원) 미만 잔액은 수수료 없음</td></tr>
<tr><td colspan="2">K교통카드 본사</td><td>• 1인 1일 최대 50만 원까지 환불 가능
• 5만 원 이상 환불 요청 시 신분 확인 (이름, 생년월일, 연락처)
※ 10만 원 이상 고액 환불의 경우 내방 당일 카드 잔액 차감 후 익일 18시 이후 계좌로 입금(주말, 공휴일 제외)
※ 지참서류 : 통장사본, 신분증</td><td>월 누적 50만 원까지 수수료 없음 (50만 원 초과 시 수수료 1%)</td></tr>
</table>

※ 잔액이 5만 원을 초과하는 경우 K교통카드 본사로 내방하거나, K교통카드 잔액 환불 기능이 있는 ATM에서 해당은행 계좌로 환불이 가능함(단, 모바일 K교통카드, Y사 플러스카드는 ATM에서 환불이 불가능)

※ ATM 환불은 주민번호 기준으로 월 50만 원까지 가능하며, 환불금액은 해당은행의 본인명의 계좌로 입금됨

- 환불접수처 : K교통카드 본사, 지하철 역사 내 K교통카드 서비스센터, 은행 ATM, 편의점 등
  단, 부분 환불 서비스는 K교통카드 본사, 지하철 역사 내 K교통카드 서비스센터에서만 가능함
- 부분 환불 금액 제한 : 부분 환불 요청금액 1만 원 이상 5만 원 이하만 가능(이용 건당 수수료는 500원)

① 환불금액이 13만 원일 경우 K교통카드 본사 방문 시 수수료 없이 전액 환불받을 수 있다.

② 모바일에서 환불 시 카드 잔액이 40만 원일 경우 399,500원을 환불받을 수 있다.

③ 카드 잔액 30만 원을 환불할 경우 A은행을 제외한 은행 ATM에서 299,500원 환불받을 수 있다.

④ 카드 잔액이 4만 원이고 환불 요청금액이 2만 원일 경우 지하철 역사 내 K교통카드 서비스센터에서 환불이 가능하다.

⑤ 카드 잔액 17만 원을 K교통카드 본사에 방문해 환불한다면 당일 카드 잔액을 차감하고 즉시 계좌로 이체받을 수 있다.

05 다음은 K손해보험 보험금 청구 절차 안내문이다. 이를 토대로 고객들의 질문에 답변하려고 할 때, 적절하지 않은 것은?

〈보험금 청구 절차 안내문〉

단계	구분	내용
Step 1	사고 접수 및 보험금 청구	피보험자, 가해자, 피해자가 사고발생 통보 및 보험금 청구를 합니다. 접수는 가까운 영업점에 관련 서류를 제출합니다.
Step 2	보상팀 및 보상담당자 지정	보상처리 담당자가 지정되어 고객님께 담당자의 성명, 연락처를 SMS로 전송해 드립니다. 자세한 보상 관련 문의사항은 보상처리 담당자에게 문의하시면 됩니다.
Step 3	손해사정법인 (현장확인자)	보험금 지급여부 결정을 위해 사고현장조사를 합니다. (병원 공인된 손해사정법인에게 조사업무를 위탁할 수 있음)
Step 4	보험금 심사 (심사자)	보험금 지급 여부를 심사합니다.
Step 5	보험금 심사팀	보험금 지급 여부가 결정되면 피보험자 예금통장에 보험금이 입금됩니다.

※ 3만 원 초과 10만 원 이하 소액통원의료비를 청구할 경우 보험금 청구서와 병원영수증, 질병분류기호(질병명)가 기재된 처방전만으로 접수가 가능함

※ 의료기관에서는 환자가 요구할 경우 처방전 발급 시 질병분류기호(질병명)가 기재된 처방전 2부 발급이 가능함

※ 온라인 접수 절차는 K손해보험 홈페이지에서 확인할 수 있음

① Q : 자전거를 타다가 팔을 다쳐서 병원비가 56,000원이 나왔습니다. 보험금을 청구하려고 하는데 제출할 서류는 어떻게 되나요?

A : 고객님의 의료비는 10만 원이 넘지 않는 관계로 보험금 청구서와 병원영수증, 진단서가 필요합니다.

② Q : 사고를 낸 당사자도 보험금을 청구할 수 있나요?

A : 네, 고객님. 사고의 가해자와 피해자 모두 보험금을 청구하실 수 있습니다.

③ Q : 사고 접수는 인터넷으로 가능한가요?

A : 네, 가능합니다. 자세한 접수 절차는 K손해보험 홈페이지에서 확인하실 수 있습니다.

④ Q : 질병분류기호가 기재된 처방전은 어떻게 발급하나요?

A : 처방전 발급 시 해당 의료기관에 질병분류기호를 포함해달라고 요청하시면 됩니다.

⑤ Q : 보험금은 언제쯤 지급받을 수 있을까요?

A : 보험금은 사고가 접수된 후에 사고현장을 조사하여 보험금 지급 여부를 심사한 다음 지급됩니다. 고객님마다 개인차가 있을 수 있으니 보다 정확한 사항은 보상처리 담당자에게 문의바랍니다.

04 창의적 사고

| 유형분석 |

- 창의적 사고에 대한 개념을 묻는 문제가 출제된다.
- 창의적 사고 개발 방법에 대한 암기가 필요한 문제가 출제되기도 한다.

다음 중 창의적 사고의 의미로 옳지 않은 것은?

① 발산적 사고로서 아이디어가 많고 다양한 것이다.

② 기존의 정보는 제외하고 새로운 정보만을 사용한다.

③ 유용하고 적절하며 가치가 있어야 한다.

④ 통상적인 것이 아니라 기발한 것이다.

⑤ 기존의 정보를 특정한 요구조건에 맞거나 유용하도록 새롭게 조합한 것이다.

정답 ②

창의적 사고의 의미

- 발산적(확산적) 사고로서 아이디어가 많고, 다양하고, 독특한 것을 의미한다.
- 새롭고 유용한 아이디어를 생산해 내는 정신적인 과정이다.
- 통상적인 것이 아니라 기발하거나, 신기하며 독창적인 것이다.
- 유용하고 적절하며 가치가 있어야 한다.
- 기존의 정보(지식, 상상, 개념 등)들을 특정한 요구조건에 맞거나 유용하도록 새롭게 조합한 것이다.

풀이 전략!

모듈이론에 대한 전반적인 학습을 미리 해두어야 하며, 이를 주어진 문제에 적용하여 빠르게 풀이한다.

01 다음 중 창의적 사고의 특징으로 옳지 않은 것은?

① 외부 정보끼리의 조합이다.
② 사회가 개인에게 새로운 가치를 창출한다.
③ 창조적인 가능성이다.
④ 사고력, 성격, 태도 등의 전인격적인 가능성을 포함한다.
⑤ 창의력 교육훈련을 통해 개발할 수 있다.

02 다음 중 브레인스토밍의 진행 순서에 대한 설명으로 가장 적절한 것은?

㉠
▼
구성원의 얼굴을 볼 수 있는 좌석 배치와 큰 용지를 준비
▼
㉡
▼
㉢
▼
㉣
▼
㉤

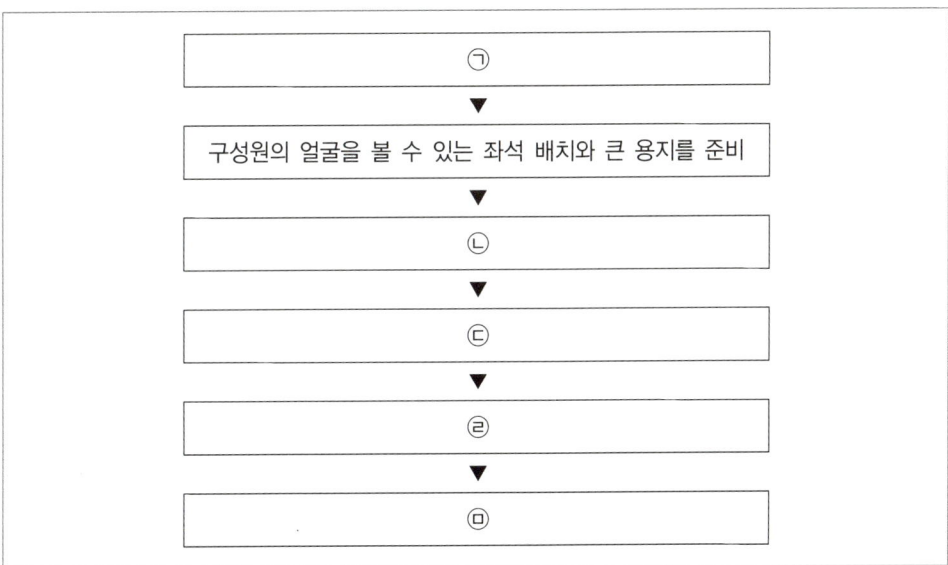

① ㉠ : 구성원들의 다양한 의견을 도출할 수 있는 리더 선출
② ㉡ : 주제를 구체적이고 명확하게 선정
③ ㉢ : 다양한 분야의 5～8명 정도의 사람으로 구성원 구성
④ ㉣ : 제시된 아이디어 비판 및 실현 가능한 아이디어 평가
⑤ ㉤ : 구성원들의 자유로운 발언 및 발언 내용 기록 후 구조화

05 | 논리적 오류

| 유형분석 |

- 논리적 오류에 대한 이론을 바탕으로 하는 문제이다.
- 주로 상황이나 대화를 읽고 나타나는 논리적 오류를 찾는 형식으로 출제된다.

다음 상황에서 나타나는 논리적 오류로 옳은 것은?

한 법정에서 피의자에 대해 담당 검사는 다음과 같이 주장하였다. "피의자는 과거에 사기 전과가 있으나, 반성하는 기미도 없이 문란한 사생활을 지속해 오고 있습니다. 과거에 마약을 복용하기도 하였으며, 술에 취해 폭력을 가한 적도 있습니다. 따라서 죄질이 나쁘므로 살인 혐의로 기소하고, 법적 최고형을 구형하기 바랍니다."

① 애매성의 오류
② 연역법의 오류
③ 인신공격의 오류
④ 대중에 호소하는 오류
⑤ 허수아비 공격의 오류

정답 ⑤

허수아비 공격의 오류는 상대가 의도하지 않은 것을 강조하거나 허점을 비판하여 자신의 주장을 내세울 때 발생하는 오류이다.

오답분석

① 애매성의 오류 : 논증에 사용된 개념이 여러 가지로 해석될 수 있을 때, 상황에 맞지 않는 의미로 해석하는 오류이다.
② 연역법의 오류 : 삼단논법의 대전제 오류 등과 같이 논거와 논증 자체의 오류, 언어상의 오류를 포함한 심리의 오류이다.
③ 인신공격의 오류 : 상대방의 주장이 아닌 상대방의 인격을 공격하는 오류이다.
④ 대중에 호소하는 오류 : 타당한 논거를 제시하지 않고 많은 사람들이 그렇게 생각하거나 행동한다는 것을 논거로 제시하는 오류이다.

풀이 전략!

주어진 상황이나 대화를 꼼꼼하게 읽고 문제에서 묻는 오류가 무엇인지 빠르게 찾아야 한다. 이때 자주 틀리거나 헷갈리는 오류는 따로 정리하여 반드시 암기하도록 하자.

01 다음 사례에서 나타나는 논리적 오류로 가장 적절한 것은?

> A씨는 오랜만에 고향 친구를 만났다. 약속 장소에서 A씨는 고향 친구가 말끔한 정장을 입고 나온 것을 보고, 그가 부자일 확률보다 부자이면서 좋은 차를 끌고 다닐 확률이 높다고 생각하였다.

① 결합의 오류
② 무지의 오류
③ 연역법의 오류
④ 과대 해석의 오류
⑤ 복합 질문의 오류

02 다음 (가) ~ (다)는 일상생활에서 자주 발견되는 논리적 오류에 대한 설명이다. (가) ~ (다)에 해당하는 논리적 오류 유형이 바르게 연결된 것은?

> (가) 상대가 의도하지 않은 것을 강조하거나 허점을 비판하여 자신의 주장을 내세운다. 상대방의 주장과 전혀 상관없는 별개의 논리를 만들어 공격하는 경우도 있다.
> (나) 적절한 증거 없이 몇몇 사례만을 토대로 결론을 내린다. 일부를 조사한 통계 자료나 대표성이 없는 불확실한 자료를 사용하기도 한다.
> (다) 타당한 논거보다는 많은 사람들이 수용한다는 것을 내세워 어떤 주장을 정당화하려 할 때 발생한다.

	(가)	(나)	(다)
①	인신공격의 오류	애매성의 오류	애매성의 오류
②	인신공격의 오류	성급한 일반화의 오류	과대 해석의 오류
③	허수아비 공격의 오류	성급한 일반화의 오류	대중에 호소하는 오류
④	허수아비 공격의 오류	무지의 오류	대중에 호소하는 오류
⑤	애매성의 오류	무지의 오류	허수아비 공격의 오류

03 K공사의 사보에는 최근 업무를 통해 쉽게 발생할 수 있는 논리적 오류를 조심하자는 의미로 아래와 같이 3가지 논리적 오류를 소개하였다. 다음 중 3가지 논리적 오류에 해당하지 않는 것은?

> • 권위에 호소하는 오류
>   – 논지와 직접적인 관련이 없는 권위자의 견해를 신뢰하여 발생하는 오류
> • 인신공격의 오류
>   – 주장이나 반박을 할 때 관련된 내용을 근거로 제시하지 않고, 성격이나 지적 수준, 사상, 인종 등과 같이 주장과 무관한 내용을 근거로 사용할 때 발생하는 오류
> • 대중에 호소하는 오류
>   – 많은 사람들이 생각하거나 선택했다는 이유로 자신의 결론이 옳다고 주장할 때 발생하는 오류

① 우리 회사의 세탁기는 조사 결과, 소비자의 80%가 사용하고 있다는 점에서 성능이 매우 뛰어나다는 것을 알 수 있습니다. 주저하지 마시고 우리 회사 세탁기를 구매해 주시기 바랍니다.

② 인사부 최부장님께 의견을 여쭤보았는데, 우리 다음 도서의 디자인은 A안으로 가는 것이 좋겠어.

③ 최근 일본의 예법을 주제로 한 자료를 보면 알 수 있듯이, 일본인들 대부분은 예의가 바르다고 할 수 있습니다. 따라서 우리 회사의 효도상품을 일본 시장에 진출시킬 필요가 있습니다.

④ S사원이 제시한 기획서 내용은 잘못되었다고 생각해. S사원은 평소에 이해심이 없기로 유명하거든.

⑤ 최근 많은 사람들이 의학용 대마초가 허용되는 것에 찬성하고 있어. 따라서 우리 회사도 대마초와 관련된 의약개발에 투자를 해야 한다고 생각해.

PART 3

직무수행능력평가

CHAPTER 01 경영학

01 경영학 핵심이론

01 테일러 시스템과 포드 시스템의 비교

테일러 시스템	포드 시스템
• 과업관리(시간과 동작연구를 통한) • 차별성과급 도입 : 객관적인 과학적 방법을 사용한 임금률 • 과학적 관리 방법을 도입한 표준화 • 작업의 과학화와 개별생산관리 • 인간노동의 기계화 시대	• 동시관리 : 작업조직의 철저한 합리화에 의해 작업의 동시적 진행을 기계적으로 실현하고 관리를 자동적으로 전개 • 컨베이어 시스템, 대량생산 • 공장 전체로 확대 • 인간에게 기계의 보조역할 요구

02 환경의 2가지 차원(환경의 동태성 및 복잡성의 정도)

- 환경의 동태성 : 안정적 환경 → 관리자가 미래의 사건 예측, 동태적 환경 → 관리자가 과거의 패턴으로부터 예측할 수 있게 된다.
- 복잡성의 정도 : 환경요소들이 단순한가, 그렇지 않은가를 말하는 것으로, 상호작용하는 환경요소의 수와 관련이 있다.
- 환경의 2가지 차원 도식화

구분		환경의 복잡성	
		단순	복잡
환경의 동태성	안정적	(단순)+(안정)=(낮은 불확실성) 예 컨테이너 제조업, 음료병 제조업	(복잡)+(안정)=(다소 낮은 불확실성) 예 대학, 병원
	동태적	(단순)+(동태적)=(다소 높은 불확실성) 예 유행의류 제조업, 장난감 제조업	(복잡)+(동태적)=(높은 불확실성) 예 전자산업, 석유회사

03 의사결정 문제와 의사결정 모형

사이먼은 의사결정 유형을 정형적·비정형적인 것으로 분류하고, 정형적 의사결정은 구조화된 결정 문제, 비정형적 의사결정은 비구조화된 결정 문제라고 하였다.

구분	정형적 의사결정	비정형적 의사결정
문제의 성격	• 보편적, 일상적인 상황	• 특수적, 비일상적인 상황
문제해결 방안의 구체화 방식	• 문제해결안이 조직의 정책 또는 절차 등에 의해 미리 상세하게 명시됨	• 해결안은 문제가 정의된 다음에 창의적으로 결정됨
의사결정의 계층	• 주로 하위층	• 주로 고위층
의사결정의 수준	• 업무적·관리적 의사결정	• 전략적 의사결정
적용조직의 형태	• 시장 및 기술이 안정되고 일상적이며, 구조화된 문제해결이 많은 조직	• 구조화가 되어 있지 않으며, 결정사항이 비일상적이면서 복잡한 조직
전통적 기법	• 업무절차, 관습 등	• 직관, 판단, 경험법칙, 창조성 등
현대적 기법	• EDPS, OR 등	• 휴리스틱 기법

PART 3

04 포드 시스템의 비판

- 동시작업 시스템의 문제 : 한 라인에서 작업이 중지될 경우 전체 라인의 작업이 중지되어 제품생산에 큰 차질을 빚게 한다.
- 인간의 기계적 종속화 : 컨베이어 시스템 등의 생산기계에 이상이 있을 시 생산은 중단되고 사람은 아무런 일도 하지 못하게 된다.
- 노동착취의 원인 제공 : 생산라인에서 사람은 쉬지 못할 뿐만 아니라 떠날 수도 없기 때문에, 이러한 생산과정은 노동의 과부하를 불러일으킬 수 있다.
- 제품의 단순화·표준화는 효율적이지만 다양한 욕구를 충족시키기에는 역부족이다.

05 다각화의 종류

- 수직적 다각화 : 기업이 자신의 분야에 포함된 분야로 사업영역을 확장하는 것이다.
- 수평적 다각화 : 자신의 분야와 동등한 수준의 분야로 다각화하는 것이다.
- 집중적 다각화 : 핵심기술 한 가지에 집중해서 판매하는 것 또는 다른 관점에서 바라보면 경영합리화의 목적, 시장통제의 목적, 금융상 이점 등을 목적으로 상호 간 협정 또는 제휴를 통해 과다경쟁으로 인한 폐해를 없애고 기업조직의 안정 및 시장지배를 목적으로 하는 것이다.
- 복합적 다각화 : 해당 사업이 연계한 동종업종의 것일 수도 있으며, 자신들의 업종과는 전혀 다른 양상의 분야로 확장해서 운영하는 것이다.

06 경쟁전략의 형태

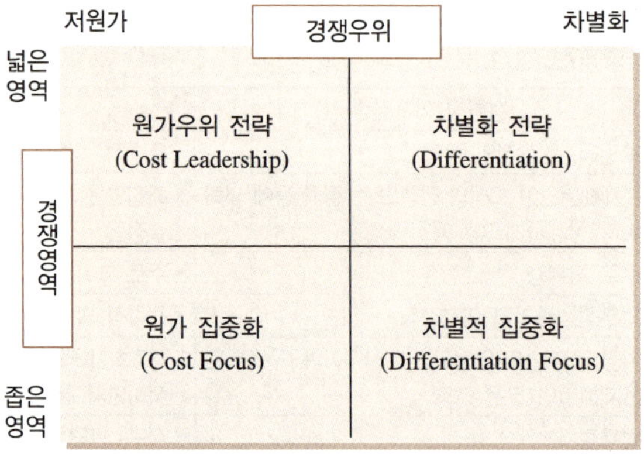

07 기능별 조직과 사업부제 조직의 비교

구분	기능별 조직	사업부제 조직
장점	• 기능별로 최적방법(품질관리, 생산관리, 마케팅 등)의 통일적인 적용 • 전문화에 의한 지식경험의 축적 및 규모의 경제성 • 인원·신제품·신시장의 추가 및 삭감이 신속하고 신축적 • 자원(사람 및 설비)의 공통 이용	• 부문 간 조정이 용이 • 제품별 명확한 업적평가, 자원의 배분 및 통제 용이 • 사업부별 신축성 및 창의성을 확보하면서 집권적인 스태프와 서비스에 의한 규모의 이익 추구 • 사업부장의 총체적 시각에서의 의사결정
단점	• 과도한 권한의 집중 및 의사결정의 지연 • 기능별 시각에 따른 모든 제품 및 서비스 경시 • 다각화 시 제품별 조건 적합적 관리 불가능 • 각 부문의 업적평가 곤란	• 단기적인 성과를 중시 • 스태프, 기타 자원의 중복에 의한 조직슬랙의 증대 • 분권화에 의한 새로운 부문 이기주의의 발생 및 사업부 이익의 부분 극대화 • 전문직 상호 간 커뮤니케이션의 저해

08 직무평가의 방법

비교기준 / 비교대상	직무전반	구체적 직무요소
직무 대 직무	서열법 (Ranking Method)	요소비교법 (Factor Comparison Method)
직무 대 기준	분류법 (Job Classification Method)	점수법 (Point Method)

09 임금관리의 3요소

임금관리 3요소	핵심사항	분류(고려 대상)
임금수준	적정성	생계비 수준, 사회적 임금수준, 동종업계 임금수준 감안
임금체계	공정성	연공급, 직능급, 성과급, 직무급
임금형태	합리성	시간급제, 일급제, 월급제, 연봉제

10 노동조합의 탈퇴 및 가입

- 오픈 숍(Open Shop) : 사용자가 노동조합에 가입한 조합원뿐만 아니라 비조합원도 자유롭게 채용할 수 있도록 하는 제도를 말한다. 종업원의 노동조합에 대한 가입・비가입 등이 채용이나 해고조건에 전혀 영향력을 끼치지 못하는 것이라 할 수 있다. 노동조합에 대한 가입 및 탈퇴에 대한 부분은 종업원들의 각자 자유에 맡기고, 사용자는 비조합원들도 자유롭게 채용할 수 있기 때문에 조합원들의 사용자에 대한 교섭권은 약화된다.
- 클로즈드 숍(Closed Shop) : 기업의 결원에 대한 보충이나 신규채용 등에 있어 사용자가 조합원 중에서 채용을 하지 않으면 안 되는 것을 의미한다. 노동조합의 가입이 채용의 전제조건이 되므로 조합원의 확보 방법으로서는 최상의 강력한 제도라 할 수 있으며, 클로즈드 숍하에서는 노동조합이 노동의 공급 등을 통제할 수 있기 때문에 노동가격(임금)을 상승시킬 수 있다.
- 유니언 숍(Union Shop) : 사용자의 노동자에 대한 채용은 자유롭지만, 일단 채용이 된 후 종업원들은 일정기간이 지난 후에는 반드시 노동조합에 가입해야만 하는 제도이다.

11 JIT(Just In Time)시스템(적시생산시스템)

- 필요한 시기에 필요한 양만큼의 단위를 생산해 내는 것이다.
- 푸시 시스템 : 작업이 생산의 첫 단계에서 방출되고 차례로 재공품을 다음 단계로 밀어내어 최종 단계에서 완성품이 나온다.
- 풀 시스템 : 필요한 시기에 필요한 양만큼 생산해 내는 시스템으로, 수요변동에 의한 영향을 감소시키고 분권화에 의해 작업관리의 수준을 높인다.
- JIT의 효과 : 납기 100% 달성, 고설계 적합성, 생산 리드타임의 단축, 수요변화의 신속한 대응, 낮은 수준의 재고를 통한 작업의 효율성, 작업 공간 사용의 개선, 분권화를 통한 관리의 증대, 재공품 재고변동의 최소화, 각 단계 간 수요변동의 증폭전달 방지, 불량 감소, 유연성 등

12 종합적 품질경영(TQM; Total Quality Management)

경영자의 열의 및 리더십을 기반으로 지속된 교육 및 참여에 의해 능력이 개발된 조직의 구성원들이 합리적이면서 과학적인 관리방식을 활용해서 기업조직 내 절차를 표준화하며, 이를 지속적으로 개선해 나가는 과정에서 종업원의 니즈를 만족시키고 소비자 만족 및 기업조직의 장기적인 성장을 추구하는 관점에서의 경영시스템이다.

13 목표시장 선정 전략

시장 세분화	• 시장 세분화를 위한 세분화 기준변수 파악 • 각 세분시장의 프로파일 개발
표적시장 선정	• 세분시장 매력도 평가를 위한 측정변수 개발 • 표적시장 선정
포지셔닝	• 표적시장별 포지셔닝을 위한 위치 파악 • 표적시장별 마케팅믹스 개발

14 제품믹스 전략

- 제품믹스 : 일반적으로 기업이 다수의 소비자에게 제공하는 모든 형태의 제품 계열과 제품품목을 통합한 것을 말한다.
- 제품계열 : 제품믹스 중에서 물리적·기술적 특징이나 용도가 비슷하거나 동일한 고객집단에 의해 구매되는 제품의 집단이다. 즉, 특성이나 용도가 비슷한 제품들로 이루어진 집단을 말한다.
  - 제품믹스의 폭 : 기업이 가지고 있는 제품계열의 수를 의미
  - 제품믹스의 깊이 : 각 제품계열 안에 있는 품목의 수를 의미
  - 제품믹스의 길이 : 제품믹스 내의 모든 제품품목의 수를 의미

15 푸시전략과 풀전략

푸시(Push)전략	• 제조업자가 소비자를 향해 제품을 밀어낸다는 의미로, 제조업자는 도매상에게, 도매상은 소매상에게, 소매상은 소비자에게 제품을 판매하게 만드는 전략을 말한다. • 소비자들의 브랜드 애호도가 낮고, 브랜드 선택이 점포 안에서 이루어지며, 동시에 충동구매가 잦은 제품의 경우에 적합한 전략이다.
풀(Pull)전략	• 제조업자 쪽으로 당긴다는 의미로, 소비자를 상대로 적극적인 프로모션 활동을 하여 소비자들이 스스로 제품을 찾게 만들고 중간상들은 소비자가 원하기 때문에 제품을 취급할 수밖에 없게 만드는 전략을 말한다. • 광고와 홍보를 주로 사용하며, 소비자들의 브랜드 애호도가 높고, 점포에 오기 전 브랜드 선택에 대해서 관여도가 높은 상품에 적합한 전략이다.

01 경영학 적중예상문제

정답 및 해설 p.070

01 다음 중 편의품에 대한 설명으로 옳지 않은 것은?

① 제품을 구매할 때 시간이나 노력을 많이 들이지 않는 제품으로, 쉽고 편리하게 구입할 수 있다.
② 가격이 비교적 저렴해 빈번히 구매하는 제품이다.
③ 비교적 많은 대체품이 존재한다.
④ 폭 넓은 유통망 체계를 구축하고 있다.
⑤ 소수의 대리점이 넓은 상권을 포괄하여 운영한다.

02 다음 중 BCG 매트릭스에서 최적 현금흐름의 방향으로 옳은 것은?

① 별 → 물음표
② 별 → 현금젖소
③ 현금젖소 → 물음표
④ 개 → 물음표
⑤ 개 → 별

03 다음 중 린 생산방식의 특징이 아닌 것은?

① 작업장 정비
② 품질경영과 실수방지책 구축
③ 푸시 시스템 도입
④ 생산준비시간 단축
⑤ 생산스케줄 평준화와 안정화

04 **다음 중 소비자의 구매의사결정과정을 순서대로 바르게 나열한 것은?**

① 문제인식 → 정보탐색 → 구매 → 대안평가 → 구매 후 행동
② 문제인식 → 정보탐색 → 대안평가 → 구매 → 구매 후 행동
③ 정보탐색 → 문제인식 → 대안평가 → 구매 → 구매 후 행동
④ 정보탐색 → 대안평가 → 구매 → 문제인식 → 구매 후 행동
⑤ 대안평가 → 정보탐색 → 문제인식 → 구매 → 구매 후 행동

05 **다음 중 자재소요계획(MRP)에 대한 설명으로 옳은 것은?**

① MRP는 풀 생산방식(Pull System)에 속하며 시장 수요가 생산을 촉발시키는 시스템이다.
② MRP는 독립수요를 갖는 부품들의 생산수량과 생산시기를 결정하는 방법이다.
③ 자재명세서의 부품별 계획 주문 발주시기를 근거로 MRP를 수립한다.
④ MRP는 필요할 때마다 요청해서 생산하는 방식이다.
⑤ 생산 일정계획의 완제품 생산일정(MPS), 자재명세서(BOM), 재고기록철(IR) 정보를 근거로 MRP를 수립한다.

06 **다음 중 과학적 경영 전략에 대한 설명으로 옳지 않은 것은?**

① 호손 실험은 생산성에 비공식적 조직이 영향을 미친다는 사실을 밝혀낸 연구이다.
② 포드 시스템은 노동자의 이동경로를 최소화하며 물품을 생산하거나 고정된 생산라인에서 노동자가 계속해서 생산하는 방식을 통하여 불필요한 절차와 행동 요소들을 없애 생산성을 향상시켰다.
③ 테일러의 과학적 관리법은 시간연구와 동작연구를 통해 노동자의 심리상태와 보상심리를 적용한 효과적인 과학적 경영 전략을 제시하였다.
④ 목표설정이론은 인간이 합리적으로 행동한다는 기본적인 가정에 기초하여 개인이 의식적으로 얻으려고 설정한 목표가 동기와 행동에 영향을 미친다는 이론이다.
⑤ 직무특성이론은 기술된 핵심 직무 특성이 종업원의 주요 심리 상태에 영향을 미치며, 이것이 다시 종업원의 직무 성과에 영향을 미친다고 주장한다.

07 **다음 특징을 가진 리더십 유형은?**

• 지적자극	• 카리스마
• 장기 비전 제시에 따른 구성원의 태도 변화	• 개별적 배려

① 변혁적 리더십
② 슈퍼 리더십
③ 서번트 리더십
④ 카리스마적 리더십
⑤ 거래적 리더십

08 **다음 중 호손(Hawthorne) 실험의 주요 결론에 대한 설명으로 옳지 않은 것은?**

① 심리적 요인에 의해서 생산성이 좌우될 수 있다.
② 작업자의 생산성은 작업자의 심리적 요인 및 사회적 요인과 관련이 크다.
③ 비공식 집단이 자연적으로 발생하여 공식조직에 영향을 미칠 수 있다.
④ 노동환경과 생산성 사이에 반드시 비례관계가 존재하는 것은 아니다.
⑤ 일반 관리론의 이론을 만드는 데 가장 큰 영향을 미쳤다.

09 **다음 중 진입장벽이 높은 경우에 해당하지 않는 것은?**

① 초기투자가 많이 필요한 경우
② 제품 차별화가 낮은 경우
③ 법적 규제가 있는 경우
④ 기존 경쟁업체가 많은 경우
⑤ 오랜 기간 축적된 생산 경험이나 공정 노하우가 필요한 경우

10 **다음 중 성과급제 종류가 다른 하나는 무엇인가?**

① 복률성과급
② 생산량 비례급
③ 비도우식 할증급
④ 할시식 할증급
⑤ 맨체스터 플랜

11 **다음 중 하이더(Heider)의 균형이론에 대한 설명으로 옳지 않은 것은?**

① 균형 상태란 자신 – 상대방 – 제3자의 세 가지 요소가 내부적으로 일치되어 있는 것처럼 보이는 상태를 말한다.
② 사람들은 균형 상태가 깨어지면 자신의 태도를 바꾸거나 상대방의 태도를 무시하는 등의 태도를 보인다.
③ 심리적 평형에 대한 이론으로, 일반적으로 사람들은 불균형 상태보다는 안정적인 상태를 선호한다고 가정한다.
④ 각 관계의 주어진 값을 곱하여 ＋면 균형 상태, －면 불균형 상태로 본다.
⑤ 세 가지의 요소로만 태도 변화를 설명하기 때문에 지나치게 단순하고, 그 관계의 좋고 싫음의 강도를 고려하지 못한다는 한계를 갖는다.

12 **다음 중 노동조합의 가입방법에 대한 설명으로 옳지 않은 것은?**

① 클로즈드 숍(Closed Shop) 제도는 기업에 속해 있는 근로자 전체가 노동조합에 가입해야 할 의무가 있는 제도이다.
② 클로즈드 숍(Closed Shop) 제도에서는 기업과 노동조합의 단체협약을 통하여 근로자의 채용・해고 등을 노동조합의 통제하에 둔다.
③ 유니언 숍(Union Shop) 제도에서 신규 채용된 근로자는 일정 기간이 지나면 반드시 노동조합에 가입해야 한다.
④ 오픈 숍(Open Shop) 제도에서는 노동조합 가입여부가 고용 또는 해고의 조건이 되지 않는다.
⑤ 에이전시 숍(Agency Shop) 제도에서는 근로자들의 조합가입과 조합비 납부가 강제된다.

13 다음 중 허즈버그(F. Hertzberg)가 제시한 2요인이론(Two－Factor Theory)을 적용하고자 하는 경영자가 종업원들의 동기를 유발시키기 위한 방안으로 옳지 않은 것은?

① 좋은 성과를 낸 종업원을 표창한다.
② 종업원이 하고 있는 업무가 매우 중요함을 강조한다.
③ 좋은 성과를 낸 종업원에게 더 많은 급여를 지급한다.
④ 좋은 성과를 낸 종업원을 승진시킨다.
⑤ 좋은 성과를 낸 종업원에게 자기 계발의 기회를 제공한다.

14 다음 중 직무확대에 대한 설명으로 옳지 않은 것은?

① 한 직무에서 수행되는 과업의 수를 증가시키는 것을 말한다.
② 종업원으로 하여금 중심과업에 다른 관련 직무를 더하여 수행하게 함으로써 개인의 직무를 넓게 확대한다.
③ 기업이 직원들의 능력을 개발하고 여러 가지 업무를 할 수 있도록 하여 인적자원의 운용 효율을 증가시킨다.
④ 근로자가 스스로 직무를 계획하고 실행하여 일의 자부심과 책임감을 가지게끔 한다.
⑤ 다양한 업무를 진행하며 종업원의 능력이 개발되고 종합적인 시각을 가질 수 있다는 장점이 있다.

15 다음 중 소비자에게 제품의 가격이 낮게 책정되었다는 인식을 심어주기 위해 이용하는 가격설정방법은?

① 단수가격(Odd Pricing)
② 준거가격(Reference Pricing)
③ 명성가격(Prestige Pricing)
④ 관습가격(Customary Pricing)
⑤ 기점가격(Basing－Point Pricing)

16 다음 중 기업이 사업 다각화를 추진하는 목적으로 옳지 않은 것은?

① 기업의 지속적인 성장 추구
② 사업위험 분산
③ 유휴자원의 활용
④ 시장지배력 강화
⑤ 기업의 수익성 강화

17 **다음 설명에 해당하는 지각과정의 오류는?**

- 대상을 평가할 때 정보나 항목의 순서에 따라 평가결과가 달라지는 오류이다.
- 어떤 대상에 대해 받은 첫 정보가 대상 평가에 크게 영향을 미치거나, 반대로 가장 늦게 받은 정보가 대상 평가에 크게 영향을 미치는 경우가 해당된다.

① 자성적 예언
② 지각적 방어
③ 순위효과
④ 대비오류
⑤ 후광효과

18 **다음 설명에 해당하는 자산은?**

- 개별적으로 식별하여 별도로 인식할 수 없다.
- 손상징후와 관계없이 매년 손상검사를 실시한다.
- 손상차손환입을 인식할 수 없다.
- 사업결합 시 이전대가가 피취득자 순자산의 공정가치를 초과한 금액이다.

① 특허권
② 회원권
③ 영업권
④ 라이선스
⑤ 가상화폐

19 **다음 중 카르텔(Cartel)에 대한 설명으로 옳은 것은?**

① 인수합병 후 통합하는 기업합병 방법이다.
② 같은 종류의 상품을 생산하는 기업이 서로 협정하여 경쟁을 피한다.
③ 동종 또는 상호관계가 있는 이종 기업이 시장 독점을 목적으로 법률적으로 하나의 기업체가 된다.
④ 동일 시장 내의 여러 기업이 출자하여 공동판매회사를 설립하고 일원적으로 판매하는 조직을 뜻한다.
⑤ 동종 또는 이종의 각 기업이 법률적으로 독립성을 유지하나, 실질적으로는 주식의 소유 또는 금융적 결합에 의하여 수직적으로 결합하는 기업 집단이다.

20 다음 중 목표설정이론 및 목표관리(MBO)에 대한 설명으로 옳지 않은 것은?

① 목표는 구체적이고 도전적으로 설정하는 것이 바람직하다.
② 목표는 지시적 목표, 자기설정 목표, 참여적 목표로 구분된다.
③ 목표를 설정하는 과정에 부하직원이 함께 참여한다.
④ 조직의 목표를 구체적인 부서별 목표로 전환하게 된다.
⑤ 성과는 경영진이 평가하여 부하직원 개개인에게 통보한다.

21 다음 중 MRP 시스템의 특징에 대한 설명으로 옳지 않은 것은?

① 고객에 대한 서비스가 개선된다.
② 설비가동능률이 증진된다.
③ 생산차질, 외주 입고 차질 및 예측과 실제 수요와의 괴리 발생 시에 빈번한 계획 수정이 요구된다.
④ 데이터 산출에 따른 의사결정에 대한 빈도수가 증가하여 수동적인 관리가 가능하다.
⑤ 정확하지 않은 방식으로 산출된 안전 재고를 유지하기보다는 일정 계획을 재수립할 수 있는 신축성이 있기 때문에 재고를 줄일 수 있다.

22 다음 중 네트워크 조직(Network Organization)의 장점으로 옳지 않은 것은?

① 정보 공유의 신속성 및 촉진이 용이하다.
② 광범위한 전략적 제휴로 기술혁신이 가능하다.
③ 개방성 및 유연성이 뛰어나 전략과 상품의 전환이 빠르다.
④ 전문성이 뛰어나 아웃소싱 업체의 전문성 및 핵심역량을 활용하기 용이하다.
⑤ 관리감독자의 수가 줄어들게 되어 관리비용이 절감된다.

23 다음 중 제품 – 시장 매트릭스에서 기존시장에 그대로 머물면서 신제품으로 매출을 늘려 시장점유율을 높여가는 성장전략은?

① 시장침투 전략
② 신제품개발 전략
③ 시장개발 전략
④ 다각화 전략
⑤ 신시장 전략

PART 3

24 **다음 중 시장지향적 마케팅에 대한 설명으로 옳지 않은 것은?**

① 고객지향적 사고의 장점을 포함하면서 그 한계점을 극복하기 위한 포괄적 마케팅이다.
② 기업이 최종고객들과 원활한 교환을 통하여 최상의 가치를 제공하기 위함을 목표로 한다.
③ 기존 사업시장에만 집중하며, 경쟁우위를 점하기 위한 마케팅이다.
④ 다양한 시장 구성요소들이 원만하게 상호작용하여 마케팅 전략을 구축한다.
⑤ 기존 사업시장뿐만 아니라 외부사업시장이나 이익, 기회들을 확인하며, 때에 따라 기존 사업시장을 포기하기도 한다.

25 **다음 사례에서 A팀원의 행동을 설명하는 동기부여이론은?**

A팀원은 작년도 목표 대비 업무실적을 100% 달성하였다. 이에 반해 같은 팀 동료인 B팀원은 동일 목표 대비 업무실적이 10% 부족하였지만, A팀원과 동일한 인센티브를 받았다. 이 사실을 알게 된 A팀원은 팀장에게 추가 인센티브를 요구하였으나 받아들여지지 않자 결국 이직하였다.

① 기대이론
② 공정성 이론
③ 욕구단계이론
④ 목표설정이론
⑤ 인지적평가이론

26 **다음 중 인사평가방법에서 피평가자의 능력, 태도, 작업, 성과 등에 대한 표준행동들을 제시하고 평가자가 해당 서술문을 대조하여 평가하는 방법은?**

① 서열법
② 평정척도법
③ 체크리스트법
④ 중요사건기술법
⑤ 목표관리법

27 **다음 중 원인과 결과를 설명하고 예측하려는 이론을 단순화하여 표현한 연구모형은?**

① 인과모형
② 브레인스토밍법
③ 델파이법
④ 시계열 분석법
⑤ 상관분석법

28 **신제품의 개발 과정은 다음과 같은 단계로 이루어진다. (가) ~ (다)에 들어갈 단계가 바르게 연결된 것은?**

신제품 아이디어 창출	→	아이디어 선별 및 평가	→	(가)	→	(나)	→	(다)	→	상업화

	(가)	(나)	(다)
①	사업타당성 분석	제품 개발	시험마케팅
②	사업타당성 분석	시험마케팅	제품 개발
③	시험마케팅	사업타당성 분석	제품 개발
④	시험마케팅	제품 개발	사업타당성 분석
⑤	제품 개발	사업타당성 분석	시험마케팅

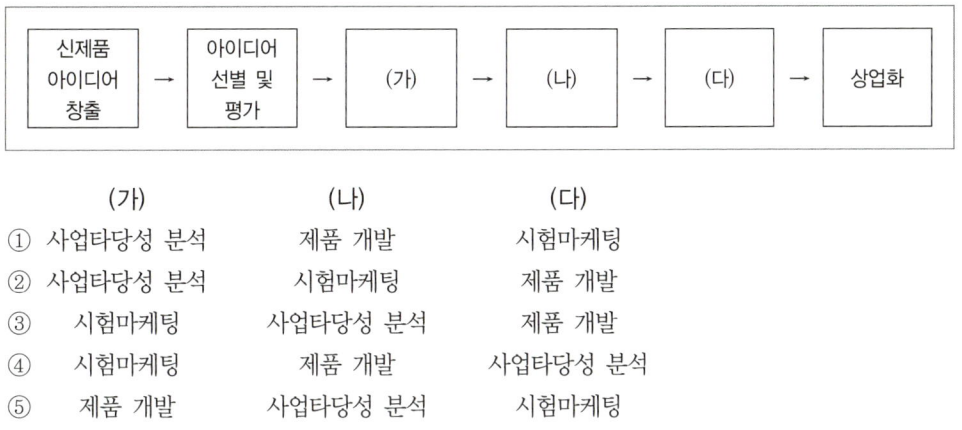

29 **다음 중 사업부제 조직에 대한 설명으로 옳지 않은 것은?**

① 인원・신제품・신시장의 추가 및 삭감이 신속하고 신축적이다.
② 사업부제 조직의 형태로는 제품별 사업부제, 지역별 사업부제, 고객별 사업부제 등이 있다.
③ 사업부는 기능조직과 같은 형태를 취하고 있으며, 회사 내의 회사라고 볼 수 있다.
④ 사업부 간 과당경쟁으로 조직전체의 목표달성 저해를 가져올 수 있다는 단점이 있다.
⑤ 기능조직이 점차 대규모화됨에 따라 제품이나 지역, 고객 등을 대상으로 해서 조직을 분할하고 이를 독립채산제로 운영하는 방법이다.

30 **다음 중 테일러시스템과 포드시스템을 비교한 내용으로 옳지 않은 것은?**

① 테일러시스템은 일급제로, 포드시스템은 성과제로 임금을 지급한다.
② 테일러시스템은 과업 관리를, 포드시스템은 동시 관리를 한다.
③ 테일러시스템은 고임금 저노무비를, 포드시스템은 저가격 고임금을 추구한다.
④ 테일러시스템은 개별생산공장의 생산성을 향상시키고, 포드시스템은 생산의 표준화를 가져왔다.
⑤ 테일러시스템은 관리기술 향상에 조점을 맞추며, 포드시스템은 관리의 합리화에 조점을 맞춘다.

시대에듀

M E M O

PART 4

철도법령

CHAPTER 01 철도산업발전기본법
CHAPTER 02 철도산업발전기본법 시행령
CHAPTER 03 한국철도공사법
CHAPTER 04 한국철도공사법 시행령
CHAPTER 05 철도사업법
CHAPTER 06 철도사업법 시행령
CHAPTER 07 철도법령 적중예상문제

CHAPTER

01 철도산업발전기본법

※ 수록 기준 : 법제처 법률 제21065호(시행 2026.1.2.)

01 총칙

1. 목적 및 정의

(1) 목적(제1조)

철도산업발전기본법은 철도산업의 경쟁력을 높이고 발전기반을 조성함으로써 **철도산업의 효율성 및 공익성의 향상과 국민경제의 발전**에 이바지함을 목적으로 한다.

(2) 적용범위(제2조)

철도산업발전기본법은 다음 각 호의 어느 하나에 해당하는 철도에 대하여 적용한다. 다만, 제2장의 규정은 모든 철도에 대하여 적용한다.

1. 국가 및 한국고속철도건설공단법에 의하여 설립된 **한국고속철도건설공단("고속철도건설공단")**이 소유・건설・운영 또는 **관리**하는 철도
2. 제20조 제3항에 따라 설립되는 **국가철도공단** 및 제21조 제3항에 따라 설립되는 **한국철도공사**가 소유・건설・운영 또는 **관리**하는 철도

(3) 정의(제3조)

철도산업발전기본법에서 사용하는 용어의 정의는 다음 각 호와 같다.

1. **철도** : 여객 또는 화물을 운송하는 데 필요한 **철도시설과 철도차량** 및 이와 관련된 **운영・지원체계가 유기적으로 구성된 운송체계**를 말한다.
2. **철도시설** : 다음 각 목의 어느 하나에 해당하는 시설(부지를 포함한다)을 말한다.
   가. 철도의 선로(선로에 부대되는 시설을 포함한다), 역시설(물류시설・환승시설 및 편의시설 등을 포함한다) 및 철도운영을 위한 건축물・건축설비
   나. 선로 및 철도차량을 보수・정비하기 위한 선로보수기지, 차량정비기지 및 차량유치시설
   다. 철도의 전철전력설비, 정보통신설비, 신호 및 열차제어설비
   라. 철도노선간 또는 다른 교통수단과의 연계운영에 필요한 시설
   마. 철도기술의 개발・시험 및 연구를 위한 시설
   바. 철도경영연수 및 철도전문인력의 교육훈련을 위한 시설
   사. 그 밖에 철도의 건설・유지보수 및 운영을 위한 시설로서 대통령령으로 정하는 시설

3. **철도운영** : 철도와 관련된 다음 각 목의 어느 하나에 해당하는 것을 말한다.
   가. 철도 여객 및 화물 운송
   나. 철도차량의 정비 및 열차의 운행관리
   다. 철도시설·철도차량 및 철도부지 등을 활용한 부대사업개발 및 서비스
4. **철도차량** : 선로를 운행할 목적으로 제작된 동력차·객차·화차 및 특수차를 말한다.
5. **선로** : 철도차량을 운행하기 위한 궤도와 이를 받치는 노반 또는 공작물로 구성된 시설을 말한다.
6. **철도시설의 건설** : 철도시설의 신설과 기존 철도시설의 직선화·전철화·복선화 및 현대화 등 철도시설의 성능 및 기능향상을 위한 철도시설의 개량을 포함한 활동을 말한다.
7. **철도시설의 유지보수** : 기존 철도시설의 현상유지 및 성능향상을 위한 점검·보수·교체·개량 등 일상적인 활동을 말한다.
8. **철도산업** : 철도운송·철도시설·철도차량 관련산업과 철도기술개발관련산업 그 밖에 철도의 개발·이용·관리와 관련된 산업을 말한다.
9. **철도시설관리자** : 철도시설의 건설 및 관리 등에 관한 업무를 수행하는 자로서 다음 각 목의 어느 하나에 해당하는 자를 말한다.
   가. 제19조에 따른 관리청
   나. 제20조 제3항에 따라 설립된 국가철도공단
   다. 제26조 제1항에 따라 철도시설관리권을 설정받은 자
   라. 가목부터 다목까지의 자로부터 철도시설의 관리를 대행·위임 또는 위탁받은 자
10. **철도운영자** : 제21조 제3항에 따라 설립된 한국철도공사 등 철도운영에 관한 업무를 수행하는 자를 말한다.
11. **공익서비스** : 철도운영자가 영리목적의 영업활동과 관계없이 국가 또는 지방자치단체의 정책이나 공공목적 등을 위하여 제공하는 철도서비스를 말한다.

PART 4

02 철도산업 발전기반의 조성

1. 철도산업시책의 수립 및 추진체제

(1) 시책의 기본방향(제4조)

① 국가는 철도산업시책을 수립하여 시행하는 경우 **효율성과 공익적 기능**을 고려하여야 한다.
② 국가는 에너지이용의 효율성, 환경친화성 및 수송효율성이 높은 철도의 역할이 국가의 건전한 발전과 국민의 교통편익 증진을 위하여 필수적인 요소임을 인식하여 **적정한 철도수송분담의 목표**를 설정하여 유지하고 이를 위한 **철도시설을 확보**하는 등 철도산업발전을 위한 여러 시책을 마련하여야 한다.
③ 국가는 철도산업시책과 철도투자·안전 등 관련 시책을 효율적으로 추진하기 위하여 필요한 조직과 인원을 확보하여야 한다.

(2) 철도산업발전기본계획의 수립 등(제5조)

① **국토교통부장관**은 철도산업의 육성과 발전을 촉진하기 위하여 5년 단위로 **철도산업발전기본계획**(“**기본계획**”)을 수립하여 시행하여야 한다.

② **기본계획에 포함되어야 하는 사항**

1. 철도산업 육성시책의 기본방향에 관한 사항
2. 철도산업의 여건 및 동향전망에 관한 사항
3. 철도시설의 투자 · 건설 · 유지보수 및 이를 위한 재원확보에 관한 사항
4. 각종 철도 간의 연계수송 및 사업조정에 관한 사항
5. 철도운영체계의 개선에 관한 사항
6. 철도산업 전문인력의 양성에 관한 사항
7. 철도기술의 개발 및 활용에 관한 사항
8. 그 밖에 철도산업의 육성 및 발전에 관한 사항으로서 대통령령으로 정하는 사항

③ 기본계획은 국가통합교통체계효율화법 제4조에 따른 국가기간교통망계획, 같은 법 제6조에 따른 중기 교통시설투자계획 및 국토교통과학기술 육성법 제4조에 따른 국토교통과학기술 연구개발 종합계획과 조화를 이루도록 하여야 한다.

더 알아보기

국가기간교통망계획의 수립 등(국가통합교통체계효율화법 제4조 제1항)

국토교통부장관은 국가의 균형발전 및 효율적인 교통체계 구축을 위하여 20년 단위로 국가기간교통망에 관한 계획(“국가기간교통망계획”)을 수립하여야 한다. 다만, 국토교통부장관은 5년마다 국가기간교통망계획을 검토하고, 필요한 경우 국가기간교통망계획을 변경하여야 한다.

중기 교통시설투자계획의 수립(국가통합교통체계효율화법 제6조 제1항)

국토교통부장관은 국가기간교통망계획에서 정한 국가기간교통시설 개발사업과 이와 연계되는 지방자치단체 소관 교통시설의 신설 · 확장 또는 정비사업(“지방교통시설 개발사업”) 등을 효과적으로 추진하기 위하여 5년 단위로 중기 교통시설투자계획(“중기투자계획”)을 수립하여야 한다.

종합계획의 수립 · 시행(국토교통과학기술 육성법 제4조 제1항)

국토교통부장관은 국토교통과학기술의 효율적 · 체계적 육성을 위하여 10년 단위의 국토교통과학기술 연구개발 종합계획(“종합계획”)을 5년마다 수립 · 시행하여야 한다.

④ **기본계획의 수립** : 국토교통부장관은 기본계획을 수립하고자 하는 때에는 미리 기본계획과 관련이 있는 행정기관의 장과 협의한 후 제6조에 따른 **철도산업위원회의 심의**를 거쳐야 한다. 수립된 기본계획을 변경(대통령령으로 정하는 경미한 변경은 제외한다)하고자 하는 때에도 또한 같다.

⑤ **공표 방법** : 국토교통부장관은 제4항에 따라 기본계획을 수립 또는 변경한 때에는 이를 **관보에 고시**하여야 한다.

⑥ **시행계획의 제출** : 관계 행정기관의 장은 수립 · 고시된 기본계획에 따라 연도별 시행계획을 수립 · 추진하고, **해당 연도의 계획 및 전년도의 추진실적**을 **국토교통부장관**에게 **제출**하여야 한다.

⑦ 제6항에 따른 연도별 시행계획의 수립 및 시행절차에 관하여 필요한 사항은 **대통령령**으로 정한다.

(3) 철도산업위원회(제6조)

① 철도산업에 관한 기본계획 및 중요정책 등을 심의·조정하기 위하여 **국토교통부**에 **철도산업위원회**("위원회")를 둔다.

② **위원회가 심의·조정하는 사항**

1. 철도산업의 육성·발전에 관한 중요정책 사항
2. 철도산업구조개혁에 관한 중요정책 사항
3. 철도시설의 건설 및 관리 등 철도시설에 관한 중요정책 사항
4. 철도안전과 철도운영에 관한 중요정책 사항
5. 철도시설관리자와 철도운영자 간 상호협력 및 조정에 관한 사항
6. 철도산업발전기본법 또는 다른 법률에서 위원회의 심의를 거치도록 한 사항
7. 그 밖에 철도산업에 관한 중요한 사항으로서 위원장이 회의에 부치는 사항

③ **위원회의 구성** : 위원회는 위원장을 포함한 **25인 이내의 위원**으로 구성한다.

④ **분과위원회** : 위원회에 상정할 안건을 미리 검토하고 위원회가 위임한 안건을 심의하기 위하여 위원회에 **분과위원회**를 둔다.

⑤ 철도산업발전기본법에서 규정한 사항 외에 위원회 및 분과위원회의 구성·기능 및 운영에 관하여 필요한 사항은 **대통령령**으로 정한다.

PART 4

2. 철도산업의 육성

(1) 철도시설 투자의 확대(제7조)

① 국가는 철도시설 투자를 추진하는 경우 **사회적·환경적 편익**을 고려하여야 한다.

② 국가는 각종 국가계획에 **철도시설 투자의 목표치**와 **투자계획**을 반영하여야 하며, 매년 교통시설 투자예산에서 **철도시설 투자예산의 비율이 지속적으로 높아지도록** 노력하여야 한다.

(2) 철도산업의 지원(제8조)

국가 및 지방자치단체는 철도산업의 육성·발전을 촉진하기 위하여 **철도산업에 대한 재정·금융·세제·행정상의 지원**을 할 수 있다.

(3) 철도산업전문인력의 교육·훈련 등(제9조)

① 국토교통부장관은 철도산업에 종사하는 자의 자질향상과 새로운 철도기술 및 그 운영기법의 향상을 위한 교육·훈련방안을 마련하여야 한다.

② 국토교통부장관은 **국토교통부령**으로 정하는 바에 의하여 **철도산업전문연수기관**과 **협약**을 체결하여 철도산업에 종사하는 자의 교육·훈련프로그램에 대한 **행정적·재정적 지원** 등을 할 수 있다.

③ 제2항에 따른 철도산업전문연수기관은 매년 **전문인력수요조사**를 실시하고 그 결과와 전문인력의 수급에 관한 의견을 **국토교통부장관**에게 **제출**할 수 있다.

④ 국토교통부장관은 새로운 철도기술과 운영기법의 향상을 위하여 특히 필요하다고 인정하는 때에는 정부투자기관·정부출연기관 또는 정부가 출자한 회사 등으로 하여금 새로운 철도기술과 운영기법의 연구·개발에 투자하도록 권고할 수 있다.

(4) 철도산업교육과정의 확대 등(제10조)

① 국토교통부장관은 철도산업전문인력의 수급의 변화에 따라 철도산업교육과정의 확대 등 필요한 조치를 관계 중앙행정기관의 장에게 요청할 수 있다.

② 국가는 철도산업종사자의 자격제도를 다양화하고 질적 수준을 유지·발전시키기 위하여 필요한 시책을 수립·시행하여야 한다.

③ 국토교통부장관은 철도산업 전문인력의 원활한 수급 및 철도산업의 발전을 위하여 특성화된 대학 등 교육기관을 운영·지원할 수 있다.

(5) 철도기술의 진흥 등(제11조)

① 국토교통부장관은 철도기술의 진흥 및 육성을 위하여 철도기술전반에 대한 연구 및 개발에 노력하여야 한다.

② 국토교통부장관은 제1항에 따른 연구 및 개발을 촉진하기 위하여 이를 전문으로 연구하는 기관 또는 단체를 지도·육성하여야 한다.

③ 국가는 철도기술의 진흥을 위하여 철도시험·연구개발시설 및 부지 등 **국유재산**을 과학기술분야정부출연연구기관 등의 설립·운영 및 육성에 관한 법률에 의한 **한국철도기술연구원**에 **무상으로 대부·양여**하거나 **사용·수익**하게 할 수 있다.

(6) 철도산업의 정보화 촉진(제12조)

① **철도산업정보화기본계획** : 국토교통부장관은 철도산업에 관한 정보를 효율적으로 처리하고 원활하게 유통하기 위하여 **대통령령**으로 정하는 바에 의하여 **철도산업정보화기본계획을 수립·시행**하여야 한다.

② **철도산업정보센터** : 국토교통부장관은 철도산업에 관한 정보를 효율적으로 수집·관리 및 제공하기 위하여 **대통령령**으로 정하는 바에 의하여 **철도산업정보센터를 설치·운영**하거나 철도산업에 관한 정보를 수집·관리 또는 제공하는 자 등에게 필요한 지원을 할 수 있다.

(7) 국제협력 및 해외진출 촉진(제13조)

① 국토교통부장관은 철도산업에 관한 **국제적 동향을 파악**하고 **국제협력을 촉진**하여야 한다.

② 국가는 철도산업의 국제협력 및 해외시장 진출을 추진하기 위하여 다음 각 호의 사업을 지원할 수 있다.

1. 철도산업과 관련된 기술 및 인력의 국제교류
2. 철도산업의 국제표준화와 국제공동연구개발
3. 그 밖에 국토교통부장관이 철도산업의 국제협력 및 해외시장 진출을 촉진하기 위하여 필요하다고 인정하는 사업

(8) 협회의 설립(제13조의2)

① 철도산업에 관련된 기업, 기관 및 단체와 이에 관한 업무에 종사하는 자는 철도산업의 건전한 발전과 해외진출을 도모하기 위하여 **철도협회("협회")**를 설립할 수 있다.

② 협회는 **법인**으로 한다.

③ 협회는 **국토교통부장관의 인가**를 받아 주된 사무소의 소재지에 **설립등기**를 함으로써 성립한다.

④ **협회의 업무** : 협회는 철도 분야에 관한 다음 각 호의 업무를 한다.

1. 정책 및 기술개발의 지원
2. 정보의 관리 및 공동활용 지원
3. 전문인력의 양성 지원
4. 해외철도 진출을 위한 현지조사 및 지원
5. 조사·연구 및 간행물의 발간
6. 국가 또는 지방자치단체 위탁사업
7. 그 밖에 정관으로 정하는 업무

⑤ 국가, 지방자치단체 및 공공기관의 운영에 관한 법률에 따른 철도 분야 공공기관은 협회에 위탁한 업무의 수행에 **필요한 비용의 전부 또는 일부**를 **예산의 범위에서 지원**할 수 있다.

⑥ 협회의 정관은 **국토교통부장관의 인가**를 받아야 하며, 정관의 기재사항과 협회의 운영 등에 필요한 사항은 **대통령령**으로 정한다.

⑦ 협회에 관하여 철도산업발전기본법에 규정한 것 외에는 **민법 중 사단법인에 관한 규정**을 준용한다.

03 철도안전 및 이용자 보호

1. 철도안전

(1) 철도안전(제14조)

① 국가는 **국민의 생명·신체 및 재산을 보호**하기 위하여 철도안전에 필요한 **법적·제도적 장치**를 마련하고 이에 필요한 재원을 확보하도록 노력하여야 한다.

② 철도시설관리자는 그 시설을 설치 또는 관리할 때에 법령에서 정하는 바에 따라 해당 시설의 **안전한 상태를 유지**하고, 해당 시설과 이를 이용하려는 철도차량 간의 **종합적인 성능 검증** 및 **안전상태 점검** 등 안전확보에 필요한 조치를 하여야 한다.

③ 철도운영자 또는 철도차량 및 장비 등의 제조업자는 법령에서 정하는 바에 따라 철도의 안전한 운행 또는 그 제조하는 철도차량 및 장비 등의 **구조·설비 및 장치의 안전성을 확보**하고 이의 향상을 위하여 노력하여야 한다.

④ 국가는 객관적이고 공정한 철도사고조사를 추진하기 위한 **전담기구**와 **전문인력**을 확보하여야 한다.

2. 이용자 보호

(1) 철도서비스의 품질 개선 등(제15조)

① 철도운영자는 제공하는 철도서비스의 품질을 개선하기 위하여 노력하여야 한다.

② 국토교통부장관은 철도서비스의 품질을 개선하고 이용자의 편익을 높이기 위하여 철도서비스의 **품질을 평가하여 시책에 반영**하여야 한다.

③ 제2항에 따른 철도서비스 품질평가의 절차 및 활용 등에 관하여 필요한 사항은 **국토교통부령**으로 정한다.

(2) 철도이용자의 권익보호 등(제16조)

국가는 철도이용자의 권익보호를 위하여 다음 각 호의 시책을 강구하여야 한다.

1. 철도이용자의 권익보호를 위한 홍보·교육 및 연구
2. 철도이용자의 생명·신체 및 재산상의 위해 방지
3. 철도이용자의 불만 및 피해에 대한 신속·공정한 구제조치
4. 그 밖에 철도이용자 보호와 관련된 사항

04 철도산업구조개혁의 추진

1. 기본시책

(1) 철도산업구조개혁의 기본방향(제17조)

① 국가는 철도산업의 경쟁력을 강화하고 발전기반을 조성하기 위하여 **철도시설 부문과 철도운영 부문을 분리하는 철도산업의 구조개혁**을 추진하여야 한다.

② 국가는 **철도시설 부문과 철도운영 부문 간의 상호 보완적 기능**이 발휘될 수 있도록 **대통령령**으로 정하는 바에 의하여 상호협력체계 구축 등 필요한 조치를 마련하여야 한다.

(2) 철도산업구조개혁기본계획의 수립 등(제18조)

① 국토교통부장관은 철도산업의 구조개혁을 효율적으로 추진하기 위하여 **철도산업구조개혁기본계획**(**"구조개혁계획"**)을 수립하여야 한다.

② **구조개혁계획에 포함되어야 할 사항**

1. 철도산업구조개혁의 목표 및 기본방향에 관한 사항
2. 철도산업구조개혁의 추진방안에 관한 사항
3. 철도의 소유 및 경영구조의 개혁에 관한 사항
4. 철도산업구조개혁에 따른 대내외 여건조성에 관한 사항
5. 철도산업구조개혁에 따른 자산·부채·인력 등에 관한 사항
6. 철도산업구조개혁에 따른 철도관련 기관·단체 등의 정비에 관한 사항
7. 그 밖에 철도산업구조개혁을 위하여 필요한 사항으로서 대통령령으로 정하는 사항

③ **구조개혁계획의 수립** : 국토교통부장관은 구조개혁계획을 수립하고자 하는 때에는 미리 구조개혁계획과 관련이 있는 **행정기관의 장과 협의**한 후 제6조에 따른 **위원회의 심의**를 거쳐야 한다. 수립한 구조개혁계획을 변경(대통령령으로 정하는 경미한 변경은 제외한다)하고자 하는 경우에도 또한 같다.

④ **공표 방법** : 국토교통부장관은 제3항에 따라 구조개혁계획을 수립 또는 변경한 때에는 이를 **관보에 고시**하여야 한다.

⑤ **시행계획의 제출** : 관계 행정기관의 장은 수립·고시된 구조개혁계획에 따라 **연도별 시행계획을 수립·추진**하고, **해당 연도의 계획 및 전년도의 추진실적을 국토교통부장관에게 제출**하여야 한다.

⑥ 제5항에 따른 연도별 시행계획의 수립 및 시행 등에 관하여 필요한 사항은 **대통령령**으로 정한다.

(3) 관리청(제19조)

① 철도의 관리청은 국토교통부장관으로 한다.

② 관리업무의 대행 : 국토교통부장관은 철도산업발전기본법과 그 밖의 철도에 관한 법률에 규정된 철도시설의 건설 및 관리 등에 관한 그의 업무의 일부를 대통령령으로 정하는 바에 의하여 제20조 제3항에 따라 설립되는 국가철도공단으로 하여금 대행하게 할 수 있다. 이 경우 대행하는 업무의 범위·권한의 내용 등에 관하여 필요한 사항은 대통령령으로 정한다.

③ 제20조 제3항에 따라 설립되는 국가철도공단은 제2항에 따라 국토교통부장관의 업무를 대행하는 경우에 그 대행하는 범위 안에서 철도산업발전기본법과 그 밖의 철도에 관한 법률을 적용할 때에는 그 철도의 관리청으로 본다.

(4) 철도시설(제20조)

① 철도시설의 소유 : 철도산업의 구조개혁을 추진하는 경우 철도시설은 국가가 소유하는 것을 원칙으로 한다.

② 철도시설의 수립·시행 : 국토교통부장관은 철도시설에 대한 다음 각 호의 시책을 수립·시행한다.

1. 철도시설에 대한 투자 계획수립 및 재원조달
2. 철도시설의 건설 및 관리
3. 철도시설의 유지보수 및 적정한 상태 유지
4. 철도시설의 안전관리 및 재해대책
5. 그 밖에 다른 교통시설과의 연계성 확보 등 철도시설의 공공성 확보에 필요한 사항

③ 국가철도공단 : 국가는 철도시설 관련 업무를 체계적이고 효율적으로 추진하기 위하여 그 집행조직으로서 철도청 및 고속철도건설공단의 관련 조직을 통·폐합하여 특별법에 의하여 국가철도공단("국가철도공단")을 설립한다.

(5) 철도운영(제21조)

① 철도운영의 영위 : 철도산업의 구조개혁을 추진하는 경우 철도운영 관련 사업은 시장경제원리에 따라 국가 외의 자가 영위하는 것을 원칙으로 한다.

② 철도운영의 수립·시행 : 국토교통부장관은 철도운영에 대한 다음 각 호의 시책을 수립·시행한다.

1. 철도운영 부문의 경쟁력 강화
2. 철도운영서비스의 개선
3. 열차운영의 안전진단 등 예방조치 및 사고조사 등 철도운영의 안전 확보
4. 공정한 경쟁여건의 조성
5. 그 밖에 철도이용자 보호와 열차운행원칙 등 철도운영에 필요한 사항

③ 한국철도공사 : 국가는 철도운영 관련 사업을 효율적으로 경영하기 위하여 철도청 및 고속철도건설공단의 관련 조직을 전환하여 특별법에 의하여 한국철도공사("철도공사")를 설립한다.

2. 자산 · 부채 및 인력의 처리

(1) 철도자산의 구분 등(제22조)

① **철도자산의 구분** : 국토교통부장관은 철도산업의 구조개혁을 추진하는 경우 철도청과 고속철도건설공단의 철도자산을 다음 각 호와 같이 구분하여야 한다.

1. **운영자산** : 철도청과 고속철도건설공단이 철도운영 등을 주된 목적으로 취득하였거나 관련 법령 및 계약 등에 의하여 취득하기로 한 재산 · 시설 및 그에 관한 권리
2. **시설자산** : 철도청과 고속철도건설공단이 철도의 기반이 되는 시설의 건설 및 관리를 주된 목적으로 취득하였거나 관련 법령 및 계약 등에 의하여 취득하기로 한 재산 · 시설 및 그에 관한 권리
3. **기타자산** : 제1호 및 제2호의 철도자산을 제외한 자산

② 국토교통부장관은 제1항에 따라 철도자산을 구분하는 때에는 **재정경제부장관과 미리 협의**하여 그 기준을 정한다.

(2) 철도자산의 처리(제23조)

① **철도자산의 처리계획 수립** : 국토교통부장관은 **대통령령**으로 정하는 바에 의하여 철도산업의 구조개혁을 추진하기 위한 **철도자산의 처리계획("철도자산처리계획")**을 **위원회의 심의**를 거쳐 수립하여야 한다.

② 국가는 국유재산법에도 불구하고 철도자산처리계획에 의하여 철도공사에 운영자산을 **현물출자**한다.

③ 철도공사는 제2항에 따라 현물출자받은 운영자산과 관련된 **권리와 의무를 포괄하여 승계**한다.

④ 국토교통부장관은 철도자산처리계획에 의하여 철도청장으로부터 다음 각 호의 철도자산을 이관받으며, 그 관리업무를 **국가철도공단, 철도공사, 관련 기관 및 단체** 또는 **대통령령으로 정하는 민간법인**에 **위탁**하거나 **그 자산을 사용 · 수익**하게 할 수 있다.

1. 철도청의 시설자산(건설 중인 시설자산은 제외한다)
2. 철도청의 기타자산

⑤ 국가철도공단은 철도자산처리계획에 의하여 다음 각 호의 철도자산과 그에 관한 **권리와 의무를 포괄하여 승계**한다. 이 경우 제1호 및 제2호의 철도자산이 완공된 때에는 국가에 귀속된다.

1. 철도청이 건설 중인 시설자산
2. 고속철도건설공단이 건설 중인 시설자산 및 운영자산
3. 고속철도건설공단의 기타자산

⑥ 철도청장 또는 고속철도건설공단 이사장이 제2항부터 제5항까지의 규정에 의하여 철도자산의 인계 · 이관 등을 하고자 하는 때에는 그에 관한 서류를 작성하여 **국토교통부장관의 승인**을 얻어야 한다.

⑦ 제6항에 따른 철도자산의 인계 · 이관 등의 시기와 해당 철도자산 등의 평가방법 및 평가기준일 등에 관한 사항은 **대통령령**으로 정한다.

(3) 철도부채의 처리(제24조)

① **철도부채의 구분** : 국토교통부장관은 재정경제부장관 및 기획예산처장관과 미리 협의하여 철도청과 고속철도건설공단의 철도부채를 다음 각 호로 구분하여야 한다.

1. **운영부채** : 제22조 제1항 제1호에 따른 운영자산과 직접 관련된 부채
2. **시설부채** : 제22조 제1항 제2호에 따른 시설자산과 직접 관련된 부채

3. 기타부채 : 제1호 및 제2호의 철도부채를 제외한 부채로서 철도사업특별회계가 부담하고 있는 철도부채 중 공공자금관리기금에 대한 부채

② **철도부채의 승계 : 운영부채는 철도공사**가, **시설부채는 국가철도공단**이 각각 포괄하여 승계하고, **기타부채는 일반회계**가 포괄하여 승계한다.

③ 제1항 및 제2항에 따라 철도청장 또는 고속철도건설공단 이사장이 철도부채를 인계하고자 하는 때에는 인계에 관한 서류를 작성하여 **국토교통부장관의 승인**을 얻어야 한다.

④ 제3항에 따라 철도부채를 인계하는 시기와 인계하는 철도부채 등의 평가방법 및 평가기준일 등에 관한 사항은 **대통령령**으로 정한다.

(4) 고용승계 등(제25조)

① 철도공사 및 국가철도공단은 철도청 직원 중 **공무원 신분을 계속 유지하는 자를 제외한 철도청 직원 및 고속철도건설공단 직원의 고용을 포괄하여 승계**한다.

② 국가는 제1항에 따라 철도청 직원 중 철도공사 및 국가철도공단 직원으로 고용이 승계되는 자에 대하여는 근로여건 및 퇴직급여의 불이익이 발생하지 않도록 필요한 조치를 한다.

PART 4

3. 철도시설관리권 등

(1) 철도시설관리권(제26조)

① 국토교통부장관은 철도시설을 관리하고 그 철도시설을 사용하거나 이용하는 자로부터 **사용료를 징수할 수 있는 권리**("철도시설관리권")를 설정할 수 있다.

② 제1항에 따라 철도시설관리권의 설정을 받은 자는 대통령령으로 정하는 바에 따라 **국토교통부장관에게 등록**하여야 한다. 등록한 사항을 변경하고자 하는 때에도 또한 같다.

(2) 철도시설관리권의 성질(제27조)

철도시설관리권은 이를 **물권**으로 보며, 이 법에 특별한 규정이 있는 경우를 제외하고는 **민법 중 부동산에 관한 규정**을 준용한다.

(3) 저당권 설정의 특례(제28조)

저당권이 설정된 철도시설관리권은 그 저당권자의 동의가 없으면 처분할 수 없다.

(4) 권리의 변동(제29조)

① 철도시설관리권 또는 철도시설관리권을 목적으로 하는 저당권의 설정·변경·소멸 및 처분의 제한은 국토교통부에 비치하는 **철도시설관리권등록부에 등록**함으로써 그 **효력이 발생**한다.

② 제1항에 따른 철도시설관리권의 등록에 관하여 필요한 사항은 **대통령령**으로 정한다.

(5) 철도시설 관리대장(제30조)

① 철도시설을 관리하는 자는 그가 관리하는 **철도시설의 관리대장을 작성·비치**하여야 한다.

② 철도시설 관리대장의 작성·비치 및 기재사항 등에 관하여 필요한 사항은 **국토교통부령**으로 정한다.

(6) 철도시설 사용료(제31조)

① 철도시설의 사용 : 철도시설을 사용하고자 하는 자는 대통령령으로 정하는 바에 따라 관리청의 허가를 받거나 철도시설관리자와 시설사용계약을 체결하거나 그 시설사용계약을 체결한 자("시설사용계약자")의 승낙을 얻어 사용할 수 있다.

② 철도시설의 사용료 : 철도시설관리자 또는 시설사용계약자는 제1항에 따라 철도시설을 사용하는 자로부터 사용료를 징수할 수 있다. 다만, 국유재산법 제34조에도 불구하고 지방자치단체가 직접 공용・공공용 또는 비영리 공익사업용으로 철도시설을 사용하고자 하는 경우에는 대통령령으로 정하는 바에 따라 그 사용료의 전부 또는 일부를 면제할 수 있다.

더 알아보기

사용료의 감면(국유재산법 제34조)

① 중앙관서의 장은 다음 각 호의 어느 하나에 해당하면 대통령령으로 정하는 바에 따라 그 사용료를 면제할 수 있다.
1. 행정재산으로 할 목적으로 기부를 받은 재산에 대하여 기부자나 그 상속인, 그 밖의 포괄승계인에게 사용허가하는 경우
1의2. 건물 등을 신축하여 기부채납을 하려는 자가 신축기간에 그 부지를 사용하는 경우
2. 행정재산을 직접 공용・공공용 또는 비영리 공익사업용으로 사용하려는 지방자치단체에 사용허가하는 경우
3. 행정재산을 직접 비영리 공익사업용으로 사용하려는 대통령령으로 정하는 공공단체에 사용허가하는 경우

② 사용허가를 받은 행정재산을 천재지변이나 재난 및 안전관리 기본법 제3조 제1호의 재난으로 사용하지 못하게 되면 그 사용하지 못한 기간에 대한 사용료를 면제할 수 있다.

③ 중앙관서의 장은 행정재산의 형태・규모・내용연수 등을 고려하여 활용성이 낮거나 보수가 필요한 재산 등 대통령령으로 정하는 행정재산을 사용 허가하는 경우에는 대통령령으로 정하는 바에 따라 사용료를 감면할 수 있다.

③ 제2항에 따라 철도시설 사용료를 징수하는 경우 철도의 사회경제적 편익과 다른 교통수단과의 형평성 등이 고려되어야 한다.

④ 철도시설 사용료의 징수기준 및 절차 등에 관하여 필요한 사항은 대통령령으로 정한다.

4. 공익적 기능의 유지

(1) 공익서비스비용의 부담(제32조)

① 철도운영자의 공익서비스 제공으로 발생하는 비용("공익서비스비용")은 대통령령으로 정하는 바에 따라 국가 또는 해당 철도서비스를 직접 요구한 자("원인제공자")가 부담하여야 한다.

② 원인제공자가 부담하는 공익서비스비용의 범위
1. 철도운영자가 다른 법령에 의하거나 국가정책 또는 공공목적을 위하여 철도운임・요금을 감면할 경우 그 감면액
2. 철도운영자가 경영개선을 위한 적절한 조치를 취하였음에도 불구하고 철도이용수요가 적어 수지균형의 확보가 극히 곤란하여 벽지의 노선 또는 역의 철도서비스를 제한 또는 중지하여야 되는 경우로서 공익목적을 위하여 기초적인 철도서비스를 계속함으로써 발생되는 경영손실
3. 철도운영자가 국가의 특수목적사업을 수행함으로써 발생되는 비용

(2) 공익서비스 제공에 따른 보상계약의 체결(제33조)

① 원인제공자는 철도운영자와 공익서비스비용의 보상에 관한 계약("보상계약")을 체결하여야 한다.

② 공익서비스비용의 보상계약에 포함되어야 할 사항

1. 철도운영자가 제공하는 철도서비스의 기준과 내용에 관한 사항
2. 공익서비스 제공과 관련하여 원인제공자가 부담하여야 하는 보상내용 및 보상방법 등에 관한 사항
3. 계약기간 및 계약기간의 수정·갱신과 계약의 해지에 관한 사항
4. 그 밖에 원인제공자와 철도운영자가 필요하다고 합의하는 사항

③ 원인제공자는 철도운영자와 보상계약을 체결하기 전에 계약내용에 관하여 국토교통부장관, 재정경제부장관 및 기획예산처장관과 미리 협의하여야 한다.

④ 산정 및 평가 등의 업무 : 국토교통부장관은 공익서비스비용의 객관성과 공정성을 확보하기 위하여 필요한 때에는 국토교통부령으로 정하는 바에 의하여 전문기관을 지정하여 그 기관으로 하여금 공익서비스비용의 산정 및 평가 등의 업무를 담당하게 할 수 있다.

⑤ 협의 조정 : 보상계약체결에 관하여 원인제공자와 철도운영자의 협의가 성립되지 아니하는 때에는 원인제공자 또는 철도운영자의 신청에 의하여 위원회가 이를 조정할 수 있다.

(3) 특정노선 폐지 등의 승인(제34조)

① 철도시설관리자와 철도운영자("승인신청자")는 다음 각 호의 어느 하나에 해당하는 경우에 국토교통부장관의 승인을 얻어 특정노선 및 역의 폐지와 관련 철도서비스의 제한 또는 중지 등 필요한 조치를 취할 수 있다.

1. 승인신청자가 철도서비스를 제공하고 있는 노선 또는 역에 대하여 철도의 경영개선을 위한 적절한 조치를 취하였음에도 불구하고 수지균형의 확보가 극히 곤란하여 경영상 어려움이 발생한 경우
2. 제33조에 따른 보상계약체결에도 불구하고 공익서비스비용에 대한 적정한 보상이 이루어지지 아니한 경우
3. 원인제공자가 공익서비스비용을 부담하지 아니한 경우
4. 원인제공자가 제33조 제5항에 따른 조정에 따르지 아니한 경우

② 승인신청서의 제출 : 승인신청자는 다음 각 호의 사항이 포함된 승인신청서를 국토교통부장관에게 제출하여야 한다.

1. 폐지하고자 하는 특정노선 및 역 또는 제한·중지하고자 하는 철도서비스의 내용
2. 특정노선 및 역을 계속 운영하거나 철도서비스를 계속 제공하여야 할 경우의 원인제공자의 비용부담 등에 관한 사항
3. 그 밖에 특정노선 및 역의 폐지 또는 철도서비스의 제한·중지 등과 관련된 사항

③ 공표 방법 : 국토교통부장관은 제2항에 따라 승인신청서가 제출된 경우 원인제공자 및 관계 행정기관의 장과 협의한 후 위원회의 심의를 거쳐 승인여부를 결정하고 그 결과를 승인신청자에게 통보하여야 한다. 이 경우 승인하기로 결정된 때에는 그 사실을 관보에 공고하여야 한다.

④ 대체수송수단의 마련 : 국토교통부장관 또는 관계 행정기관의 장은 승인신청자가 제1항에 따라 특정노선 및 역을 폐지하거나 철도서비스의 제한·중지 등의 조치를 취하고자 하는 때에는 대통령령으로 정하는 바에 의하여 대체수송수단의 마련 등 필요한 조치를 하여야 한다.

(4) 승인의 제한 등(제35조)

① 국토교통부장관은 제34조 제1항 각 호의 어느 하나에 해당되는 경우에도 다음 각 호의 어느 하나에 해당하는 경우에는 같은 조 제3항에 따른 승인을 하지 아니할 수 있다.

1. 제34조에 따른 노선 폐지 등의 조치가 공익을 현저하게 저해한다고 인정하는 경우
2. 제34조에 따른 노선 폐지 등의 조치가 대체교통수단 미흡 등으로 교통서비스 제공에 중대한 지장을 초래한다고 인정하는 경우

② 국토교통부장관은 제1항 각 호에 따라 승인을 하지 아니함에 따라 철도운영자인 승인신청자가 경영상 중대한 영업손실을 받은 경우에는 그 **손실을 보상**할 수 있다.

(5) 비상사태 시 처분(제36조)

① 국토교통부장관은 천재・지변・전시・사변, 철도교통의 심각한 장애, 그 밖에 이에 준하는 사태의 발생으로 인하여 **철도서비스에 중대한 차질이 발생**하거나 **발생할 우려가 있다고 인정하는 경우**에는 필요한 범위 안에서 철도시설관리자・철도운영자 또는 철도이용자에게 다음 각 호의 사항에 관한 조정・명령 등의 그 밖의 필요한 조치를 할 수 있다.

1. 지역별・노선별・수송대상별 수송 우선순위 부여 등 수송 통제
2. 철도시설・철도차량 또는 설비의 가동 및 조업
3. 대체수송수단 및 수송로의 확보
4. 임시열차의 편성 및 운행
5. 철도서비스 인력의 투입
6. 철도이용의 제한 또는 금지
7. 그 밖에 철도서비스의 수급안정을 위하여 대통령령으로 정하는 사항

② 국토교통부장관은 제1항에 따른 조치의 시행을 위하여 **관계 행정기관의 장**에게 필요한 **협조를 요청**할 수 있으며, 관계 행정기관의 장은 이에 협조하여야 한다.

③ 국토교통부장관은 제1항에 따른 조치를 한 **사유가 소멸**되었다고 인정하는 때에는 지체 없이 이를 **해제**하여야 한다.

05 보칙

1. 비용부담

(1) 철도건설 등의 비용부담(제37조)

① 비용의 부담 : 철도시설관리자는 지방자치단체·특정한 기관 또는 단체가 철도시설건설사업으로 인하여 현저한 이익을 받는 경우에는 **국토교통부장관의 승인을 얻어 그 이익을 받는 자**("수익자")로 하여금 그 **비용의 일부를 부담**하게 할 수 있다.

② 협의 조정 : 제1항에 따라 수익자가 부담하여야 할 비용은 **철도시설관리자와 수익자가 협의**하여 정한다. 이 경우 협의가 성립되지 아니하는 때에는 철도시설관리자 또는 수익자의 신청에 의하여 **위원회가 이를 조정**할 수 있다.

2. 권한의 위임 및 위탁

(1) 권한의 위임 및 위탁(제38조)

국토교통부장관은 철도산업발전기본법에 따른 권한의 일부를 대통령령으로 정하는 바에 따라 **특별시장·광역시장·도지사·특별자치도지사** 또는 **지방교통관서의 장**에 위임하거나 **관계 행정기관·국가철도공단·철도공사·정부출연연구기관**에게 위탁할 수 있다. 다만, **철도시설유지보수 시행업무**는 **철도공사**에 위탁한다.

3. 청문

(1) 청문(제39조)

국토교통부장관은 제34조에 따른 **특정노선 및 역의 폐지**와 이와 관련된 **철도서비스의 제한 또는 중지**에 대한 승인을 하고자 하는 때에는 **청문을 실시**하여야 한다.

06 벌칙

1. 벌칙

(1) 벌칙(제40조)

① 제34조의 규정을 위반하여 국토교통부장관의 승인을 얻지 아니하고 특정노선 및 역을 폐지하거나 철도서비스를 제한 또는 중지한 자는 **3년 이하의 징역** 또는 **5천만 원 이하의 벌금**에 처한다.

② 다음 각 호의 어느 하나에 해당하는 자는 **2년 이하의 징역** 또는 **3천만 원 이하의 벌금**에 처한다.

1. 거짓이나 그 밖의 부정한 방법으로 제31조 제1항에 따른 허가를 받은 자
2. 제31조 제1항에 따른 허가를 받지 아니하고 철도시설을 사용한 자
3. 제36조 제1항 제1호부터 제5호까지 또는 제7호에 따른 조정·명령 등의 조치를 위반한 자

더 알아보기

철도시설 사용료(철도산업발전기본법 제31조 제1항)
철도시설을 사용하고자 하는 자는 대통령령으로 정하는 바에 따라 관리청의 허가를 받거나 철도시설관리자와 시설사용계약을 체결하거나 그 시설사용계약을 체결한 자("시설사용계약자")의 승낙을 얻어 사용할 수 있다.

비상사태 시 처분(철도산업발전기본법 제36조 제1항)
국토교통부장관은 천재·지변·전시·사변, 철도교통의 심각한 장애, 그 밖에 이에 준하는 사태의 발생으로 인하여 철도서비스에 중대한 차질이 발생하거나 발생할 우려가 있다고 인정하는 경우에는 필요한 범위 안에서 철도시설관리자·철도운영자 또는 철도이용자에게 다음 각 호의 사항에 관한 조정·명령 등의 그 밖의 필요한 조치를 할 수 있다.
1. 지역별·노선별·수송대상별 수송 우선순위 부여 등 수송 통제
2. 철도시설·철도차량 또는 설비의 가동 및 조업
3. 대체수송수단 및 수송로의 확보
4. 임시열차의 편성 및 운행
5. 철도서비스 인력의 투입
6. 철도이용의 제한 또는 금지
7. 그 밖에 철도서비스의 수급안정을 위하여 대통령령으로 정하는 사항

2. 양벌규정 및 과태료

(1) 양벌규정(제41조)

법인의 대표자나 법인 또는 개인의 대리인, 사용인, 그 밖의 종업원이 그 법인 또는 개인의 업무에 관하여 제40조의 위반행위를 하면 그 행위자를 벌하는 외에 그 법인 또는 개인에게도 해당 조문의 벌금형을 과(科)한다. 다만, 법인 또는 개인이 그 위반행위를 방지하기 위하여 해당 업무에 관하여 상당한 주의와 감독을 게을리 하지 아니한 경우에는 그러하지 아니하다.

(2) 과태료(제42조)

① 제36조 제1항 제6호의 규정을 위반한 자에게는 **1천만 원 이하의 과태료**를 부과한다.

더 알아보기

비상사태 시 처분(철도산업발전기본법 제36조 제1항 제6호)
국토교통부장관은 천재·지변·전시·사변, 철도교통의 심각한 장애, 그 밖에 이에 준하는 사태의 발생으로 인하여 철도서비스에 중대한 차질이 발생하거나 발생할 우려가 있다고 인정하는 경우에는 필요한 범위 안에서 철도시설관리자·철도운영자 또는 철도이용자에게 다음 각 호의 사항에 관한 조정·명령 등의 그 밖의 필요한 조치를 할 수 있다.
6. 철도이용의 제한 또는 금지

② 제1항에 따른 과태료는 대통령령으로 정하는 바에 따라 **국토교통부장관**이 부과·징수한다.

CHAPTER

02 철도산업발전기본법 시행령

※ 수록 기준 : 법제처 대통령령 제35811호(시행 2025.10.1.)

1. 목적 및 철도산업발전기본계획

(1) 목적(제1조)

이 영은 철도산업발전기본법에서 위임된 사항과 그 시행에 관하여 필요한 사항을 규정함을 목적으로 한다.

(2) 철도시설(제2조)

철도산업발전기본법("법") 제3조 제2호 사목에서 "대통령령이 정하는 시설"이라 함은 다음 각 호의 시설을 말한다.

1. 철도의 건설 및 유지보수에 필요한 자재를 가공·조립·운반 또는 보관하기 위하여 당해 사업기간 중에 사용되는 시설
2. 철도의 건설 및 유지보수를 위한 공사에 사용되는 진입도로·주차장·야적장·토석채취장 및 사토장과 그 설치 또는 운영에 필요한 시설
3. 철도의 건설 및 유지보수를 위하여 당해 사업기간 중에 사용되는 장비와 그 정비·점검 또는 수리를 위한 시설
4. 그 밖에 철도안전관련시설·안내시설 등 철도의 건설·유지보수 및 운영을 위하여 필요한 시설로서 **국토교통부장관**이 정하는 시설

(3) 철도산업발전기본계획의 내용(제3조)

법 제5조 제2항 제8호에서 "대통령령이 정하는 사항"이라 함은 다음 각 호의 사항을 말한다.

1. 철도수송분담의 목표
2. 철도안전 및 철도서비스에 관한 사항
3. 다른 교통수단과의 연계수송에 관한 사항
4. 철도산업의 국제협력 및 해외시장 진출에 관한 사항
5. 철도산업시책의 추진체계
6. 그 밖에 철도산업의 육성 및 발전에 관한 사항으로서 국토교통부장관이 필요하다고 인정하는 사항

(4) 철도산업발전기본계획의 경미한 변경(제4조)

법 제5조 제4항 후단에서 "대통령령이 정하는 경미한 변경"이라 함은 다음 각 호의 변경을 말한다.

1. 철도시설투자사업 규모의 100분의 1의 범위 안에서의 변경
2. 철도시설투자사업 총투자비용의 100분의 1의 범위 안에서의 변경
3. 철도시설투자사업 기간의 2년의 기간 내에서의 변경

(5) 철도산업발전시행계획의 수립절차 등(제5조)

① 당해 연도의 시행계획 : 관계 행정기관의 장은 법 제5조 제6항의 규정에 의한 당해 연도의 시행계획을 전년도 11월 말까지 국토교통부장관에게 제출하여야 한다.

② 전년도 시행계획 : 관계 행정기관의 장은 전년도 시행계획의 추진실적을 매년 2월 말까지 국토교통부장관에게 제출하여야 한다.

2. 철도산업위원회

(1) 철도산업위원회의 구성(제6조)

① 법 제6조의 규정에 의한 철도산업위원회("위원회")의 위원장은 국토교통부장관이 된다.

② 위원회의 위원 : 위원회의 위원은 다음 각 호의 자가 된다.

1. 기획재정부차관 · 과학기술정보통신부차관 · 교육부차관 · 행정안전부차관 · 산업통상부차관 · 고용노동부차관 · 국토교통부차관 · 해양수산부차관 및 공정거래위원회부위원장
2. 법 제20조 제3항의 규정에 따른 국가철도공단("국가철도공단")의 이사장
3. 법 제21조 제3항의 규정에 의한 한국철도공사("한국철도공사")의 사장
4. 철도산업에 관한 전문성과 경험이 풍부한 자 중에서 위원회의 위원장이 위촉하는 자

③ 위원의 임기 : 제2항 제4호의 규정에 의한 위원의 임기는 2년으로 하되, 연임할 수 있다.

(2) 위원의 해촉(제6조의2)

위원회의 위원장은 제6조 제2항 제4호에 따른 위원이 다음 각 호의 어느 하나에 해당하는 경우에는 해당 위원을 해촉(解囑)할 수 있다.

1. 심신장애로 인하여 직무를 수행할 수 없게 된 경우
2. 직무와 관련된 비위사실이 있는 경우
3. 직무태만, 품위손상이나 그 밖의 사유로 인하여 위원으로 적합하지 아니하다고 인정되는 경우
4. 위원 스스로 직무를 수행하는 것이 곤란하다고 의사를 밝히는 경우

(3) 위원회의 위원장의 직무(제7조)

① 위원장의 직무 : 위원회의 위원장은 위원회를 대표하며, 위원회의 업무를 총괄한다.

② 직무의 대행 : 위원회의 위원장이 부득이한 사유로 직무를 수행할 수 없는 때에는 위원회의 위원장이 미리 지명한 위원이 그 직무를 대행한다.

(4) 회의(제8조)

① 회의 소집 : 위원회의 위원장은 위원회의 회의를 소집하고, 그 의장이 된다.

② 의결 정족수 : 위원회의 회의는 재적위원 과반수의 출석과 출석위원 과반수의 찬성으로 의결한다.

③ 회의록 : 위원회는 회의록을 작성 · 비치하여야 한다.

(5) 간사(제9조)

위원회에 간사 1인을 두되, 간사는 국토교통부장관이 국토교통부 소속 공무원 중에서 지명한다.

(6) 실무위원회의 구성 등(제10조)

① 실무위원회 : 위원회의 심의·조정사항과 위원회에서 위임한 사항의 실무적인 검토를 위하여 위원회에 실무위원회를 둔다.

② 실무위원회의 구성 : 실무위원회는 위원장을 포함한 20인 이내의 위원으로 구성한다.

③ 위원장 : 실무위원회의 위원장은 국토교통부장관이 국토교통부의 3급 공무원 또는 고위공무원단에 속하는 일반직공무원 중에서 지명한다.

④ 실무위원회의 위원 : 실무위원회의 위원은 다음 각 호의 자가 된다.

1. 기획재정부·과학기술정보통신부·교육부·행정안전부·산업통상부·고용노동부·국토교통부·해양수산부 및 공정거래위원회의 3급 공무원, 4급 공무원 또는 고위공무원단에 속하는 일반직공무원 중 그 소속기관의 장이 지명하는 자 각 1인
2. 국가철도공단의 임직원 중 국가철도공단 이사장이 지명하는 자 1인
3. 한국철도공사의 임직원 중 한국철도공사 사장이 지명하는 자 1인
4. 철도산업에 관한 전문성과 경험이 풍부한 자중에서 실무위원회의 위원장이 위촉하는 자

⑤ 임기 : 제4항 제4호의 규정에 의한 위원의 임기는 2년으로 하되, 연임할 수 있다.

⑥ 간사 : 실무위원회에 간사 1인을 두되, 간사는 국토교통부장관이 국토교통부 소속 공무원 중에서 지명한다.

⑦ 제8조의 규정은 실무위원회의 회의에 관하여 이를 준용한다.

(7) 실무위원회 위원의 해촉 등(제10조의2)

① 제10조 제4항 제1호부터 제3호까지의 규정에 따라 위원을 지명한 자는 위원이 다음 각 호의 어느 하나에 해당하는 경우에는 그 지명을 철회할 수 있다.

1. 심신장애로 인하여 직무를 수행할 수 없게 된 경우
2. 직무와 관련된 비위사실이 있는 경우
3. 직무태만, 품위손상이나 그 밖의 사유로 인하여 위원으로 적합하지 아니하다고 인정되는 경우
4. 위원 스스로 직무를 수행하는 것이 곤란하다고 의사를 밝히는 경우

② 실무위원회의 위원장은 제10조 제4항 제4호에 따른 위원이 제1항 각 호의 어느 하나에 해당하는 경우에는 해당 위원을 해촉할 수 있다.

(8) 철도산업구조개혁기획단의 구성 등(제11조)

① 철도산업구조개혁기획단의 업무 : 위원회의 활동을 지원하고 철도산업의 구조개혁 그 밖에 철도정책과 관련되는 다음 각 호의 업무를 지원·수행하기 위하여 국토교통부장관 소속하에 철도산업구조개혁기획단("기획단")을 둔다.

1. 철도산업구조개혁기본계획 및 분야별 세부추진계획의 수립
2. 철도산업구조개혁과 관련된 철도의 건설·운영주체의 정비
3. 철도산업구조개혁과 관련된 인력조정·재원확보대책의 수립
4. 철도산업구조개혁과 관련된 법령의 정비
5. 철도산업구조개혁추진에 따른 철도운임·철도시설 사용료·철도수송시장 등에 관한 철도산업정책의 수립
6. 철도산업구조개혁추진에 따른 공익서비스비용의 보상, 세제·금융지원 등 정부지원정책의 수립

7. 철도산업구조개혁추진에 따른 철도시설건설계획 및 투자재원조달대책의 수립
8. 철도산업구조개혁추진에 따른 전기·신호·차량 등에 관한 철도기술개발정책의 수립
9. 철도산업구조개혁추진에 따른 철도안전기준의 정비 및 안전정책의 수립
10. 철도산업구조개혁추진에 따른 남북철도망 및 국제철도망 구축정책의 수립
11. 철도산업구조개혁에 관한 대외협상 및 홍보
12. 철도산업구조개혁추진에 따른 각종 철도의 연계 및 조정
13. 그 밖에 철도산업구조개혁과 관련된 철도정책 전반에 관하여 필요한 업무

② **구성** : 기획단은 **단장** 1인과 **단원**으로 구성한다.

③ **기획단의 단장** : 기획단의 단장은 **국토교통부장관**이 **국토교통부의 3급 공무원** 또는 **고위공무원단에 속하는 일반직공무원 중에서 임명**한다.

④ **파견** : 국토교통부장관은 기획단의 업무수행을 위하여 필요하다고 인정하는 때에는 관계 행정기관, 한국철도공사 등 관련 공사, 국가철도공단 등 특별법에 의하여 설립된 공단 또는 관련 연구기관에 대하여 소속 공무원·임직원 또는 연구원을 **기획단으로 파견**하여 줄 것을 요청할 수 있다.

⑤ 기획단의 조직 및 운영에 관하여 필요한 세부적인 사항은 **국토교통부장관**이 정한다.

(9) 관계 행정기관 등에의 협조요청 등(제12조)

위원회 및 실무위원회는 그 업무를 수행하기 위하여 필요한 때에는 관계 행정기관 또는 단체 등에 대하여 자료 또는 **의견의 제출 등의 협조를 요청**하거나 **관계 공무원** 또는 **관계 전문가** 등을 **위원회 및 실무위원회에 참석**하게 하여 의견을 들을 수 있다.

(10) 수당 등(제13조)

위원회와 실무위원회의 위원 중 **공무원이 아닌 위원 및 위원회와 실무위원회에 출석하는 관계 전문가**에 대하여는 예산의 범위 안에서 수당·여비 그 밖의 필요한 경비를 지급할 수 있다.

(11) 운영세칙(제14조)

이 영에서 규정한 사항 외에 위원회 및 실무위원회의 운영에 관하여 필요한 사항은 **위원회의 의결**을 거쳐 **위원회의 위원장**이 정한다.

3. 철도산업정보화기본계획

(1) 철도산업정보화기본계획의 내용 등(제15조)

① 법 제12조 제1항의 규정에 의한 철도산업정보화기본계획에는 다음 각 호의 사항이 포함되어야 한다.
1. 철도산업정보화의 여건 및 전망
2. 철도산업정보화의 목표 및 단계별 추진계획
3. 철도산업정보화에 필요한 비용
4. 철도산업정보의 수집 및 조사계획
5. 철도산업정보의 유통 및 이용활성화에 관한 사항
6. 철도산업정보화와 관련된 기술개발의 지원에 관한 사항
7. 그 밖에 국토교통부장관이 필요하다고 인정하는 사항

② 국토교통부장관은 법 제12조 제1항의 규정에 의하여 철도산업정보화기본계획을 수립 또는 변경하고자 하는 때에는 **위원회의 심의**를 거쳐야 한다.

(2) 철도산업정보센터의 업무 등(제16조)

① 법 제12조 제2항의 규정에 의한 철도산업정보센터는 다음 각 호의 업무를 행한다.

1. 철도산업정보의 수집·분석·보급 및 홍보
2. 철도산업의 국제동향 파악 및 국제협력사업의 지원

② 국토교통부장관은 법 제12조 제2항의 규정에 의하여 철도산업에 관한 **정보를 수집·관리** 또는 **제공하는 자**에게 예산의 범위 안에서 운영에 소요되는 **비용을 지원**할 수 있다.

※ 제17 ~ 22조 삭제 〈2008.10.20.〉

4. 철도산업구조개혁

(1) 업무절차서의 교환 등(제23조)

① **업무절차서의 교환** : 철도시설관리자와 철도운영자는 법 제17조 제2항의 규정에 의하여 철도시설관리와 철도운영에 있어 상호협력이 필요한 분야에 대하여 **업무절차서**를 작성하여 정기적으로 이를 교환하고, 이를 변경한 때에는 **즉시 통보**하여야 한다.

② **합동점검** : 철도시설관리자와 철도운영자는 상호협력이 필요한 분야에 대하여 **정기적으로 합동점검**을 하여야 한다.

(2) 선로배분지침의 수립 등(제24조)

① **선로배분지침의 수립** : 국토교통부장관은 법 제17조 제2항의 규정에 의하여 철도시설관리자와 철도운영자가 안전하고 효율적으로 선로를 사용할 수 있도록 하기 위하여 **선로용량의 배분에 관한 지침**(**"선로배분지침"**)을 수립·고시하여야 한다.

② **선로배분지침에 포함되어야 하는 사항**

1. 여객열차와 화물열차에 대한 선로용량의 배분
2. 지역 간 열차와 지역 내 열차에 대한 선로용량의 배분
3. 선로의 유지보수·개량 및 건설을 위한 작업시간
4. 철도차량의 안전운행에 관한 사항
5. 그 밖에 선로의 효율적 활용을 위하여 필요한 사항

③ 철도시설관리자·철도운영자 등 선로를 관리 또는 사용하는 자는 제1항의 규정에 의한 선로배분지침을 준수하여야 한다.

④ **철도교통관제시설** : 국토교통부장관은 철도차량 등의 운행정보의 제공, 철도차량 등에 대한 운행통제, 적법운행 여부에 대한 지도·감독, 사고발생시 사고복구 지시 등 철도교통의 안전과 질서를 유지하기 위하여 필요한 조치를 할 수 있도록 **철도교통관제시설을 설치·운영**하여야 한다.

(3) 철도산업구조개혁기본계획의 내용(제25조)

법 제18조 제2항 제7호에서 "대통령령이 정하는 사항"이라 함은 다음 각 호의 사항을 말한다.

1. 철도서비스 시장의 구조개편에 관한 사항
2. 철도요금·철도시설 사용료 등 가격정책에 관한 사항
3. 철도안전 및 서비스 향상에 관한 사항
4. 철도산업구조개혁의 추진체계 및 관계기관의 협조에 관한 사항
5. 철도산업구조개혁의 중장기 추진방향에 관한 사항
6. 그 밖에 국토교통부장관이 철도산업구조개혁의 추진을 위하여 필요하다고 인정하는 사항

(4) 철도산업구조개혁기본계획의 경미한 변경(제26조)

법 제18조 제3항 후단에서 "대통령령이 정하는 경미한 변경"이라 함은 철도산업구조개혁기본계획 추진기간의 1년의 기간 내에서의 변경을 말한다.

(5) 철도산업구조개혁시행계획의 수립절차 등(제27조)

① **당해 연도의 시행계획** : 관계 행정기관의 장은 법 제18조 제5항의 규정에 의한 **당해 연도의 시행계획을 전년도 11월 말까지 국토교통부장관**에게 제출하여야 한다.

② **전년도 시행계획** : 관계 행정기관의 장은 **전년도 시행계획의 추진실적**을 매년 2월 말까지 **국토교통부장관**에게 제출하여야 한다.

(6) 관리청 업무의 대행범위(제28조)

국토교통부장관이 법 제19조 제2항의 규정에 의하여 국가철도공단으로 하여금 대행하게 하는 경우 그 대행업무는 다음 각 호와 같다.

1. 국가가 추진하는 철도시설 건설사업의 집행
2. 국가 소유의 철도시설에 대한 사용료 징수 등 관리업무의 집행
3. 철도시설의 안전유지, 철도시설과 이를 이용하는 철도차량간의 종합적인 성능검증·안전상태점검 등 철도시설의 안전을 위하여 국토교통부장관이 정하는 업무
4. 그 밖에 국토교통부장관이 철도시설의 효율적인 관리를 위하여 필요하다고 인정한 업무

5. 자산·부채 및 인력의 처리

(1) 철도자산처리계획의 내용(제29조)

법 제23조 제1항의 규정에 의한 철도자산처리계획에는 다음 각 호의 사항이 포함되어야 한다.

1. 철도자산의 개요 및 현황에 관한 사항
2. 철도자산의 처리방향에 관한 사항
3. 철도자산의 구분기준에 관한 사항
4. 철도자산의 인계·이관 및 출자에 관한 사항
5. 철도자산처리의 추진일정에 관한 사항
6. 그 밖에 국토교통부장관이 철도자산의 처리를 위하여 필요하다고 인정하는 사항

(2) 철도자산 관리업무의 민간위탁계획(제30조)

① 민간법인 : 법 제23조 제4항 각 호 외의 부분에서 "대통령령이 정하는 민간법인"이라 함은 민법에 의하여 설립된 비영리법인과 상법에 의하여 설립된 주식회사를 말한다.

② 민간위탁계획의 수립 : 국토교통부장관은 법 제23조 제4항의 규정에 의하여 철도자산의 관리업무를 민간법인에 위탁하고자 하는 때에는 위원회의 심의를 거쳐 민간위탁계획을 수립하여야 한다.

③ 민간위탁계획에 포함되어야 하는 사항

1. 위탁대상 철도자산
2. 위탁의 필요성·범위 및 효과
3. 수탁기관의 선정절차

④ 국토교통부장관이 제2항의 규정에 의하여 민간위탁계획을 수립한 때에는 이를 고시하여야 한다.

(3) 민간위탁계약의 체결(제31조)

① 위탁계약의 체결 : 국토교통부장관은 법 제23조 제4항의 규정에 의하여 철도자산의 관리업무를 위탁하고자 하는 때에는 제30조 제4항의 규정에 의하여 고시된 민간위탁계획에 따라 사업계획을 제출한 자 중에서 당해 철도자산을 관리하기에 적합하다고 인정되는 자를 선정하여 위탁계약을 체결하여야 한다.

② 위탁계약에 포함되어야 하는 사항

1. 위탁대상 철도자산
2. 위탁대상 철도자산의 관리에 관한 사항
3. 위탁계약기간(계약기간의 수정·갱신 및 위탁계약의 해지에 관한 사항을 포함한다)
4. 위탁대가의 지급에 관한 사항
5. 위탁업무에 대한 관리 및 감독에 관한 사항
6. 위탁업무의 재위탁에 관한 사항
7. 그 밖에 국토교통부장관이 필요하다고 인정하는 사항

(4) 철도자산의 인계·이관 등의 절차 및 시기(제32조)

① 서류의 제출 : 철도청장 또는 한국고속철도건설공단 이사장은 법 제23조 제6항의 규정에 의하여 철도자산의 인계·이관 등에 관한 승인을 얻고자 하는 때에는 인계·이관 자산의 범위·목록 및 가액이 기재된 승인신청서에 인계·이관에 필요한 서류를 첨부하여 국토교통부장관에게 제출하여야 한다.

② 철도자산의 인계·이관 시기 : 법 제23조 제7항의 규정에 의한 철도자산의 인계·이관 등의 시기는 다음 각 호와 같다.

1. 한국철도공사가 법 제23조 제2항의 규정에 의한 철도자산을 출자받는 시기 : 한국철도공사의 설립등기일
2. 국토교통부장관이 법 제23조 제4항의 규정에 의한 철도자산을 이관받는 시기 : 2004년 1월 1일
3. 국가철도공단이 법 제23조 제5항의 규정에 의한 철도자산을 인계받는 시기 : 2004년 1월 1일

③ 평가기준일 : 인계·이관 등의 대상이 되는 철도자산의 평가기준일은 제2항의 규정에 의한 인계·이관 등을 받는 날의 전일로 한다. 다만, 법 제23조 제2항의 규정에 의하여 한국철도공사에 출자되는 철도자산의 평가기준일은 국유재산법이 정하는 바에 의한다.

④ **평가가액** : 인계·이관 등의 대상이 되는 철도자산의 평가가액은 제3항의 규정에 의한 **평가기준일의 자산의 장부가액**으로 한다. 다만, 법 제23조 제2항의 규정에 의하여 한국철도공사에 출자되는 철도자산의 평가방법은 국유재산법이 정하는 바에 의한다.

(5) 철도부채의 인계절차 및 시기(제33조)

① **서류의 제출** : 철도청장 또는 한국고속철도건설공단 이사장이 법 제24조 제3항의 규정에 의하여 철도부채의 인계에 관한 승인을 얻고자 하는 때에는 **인계 부채의 범위·목록 및 가액이 기재된 승인신청서**에 **인계에 필요한 서류를 첨부**하여 **국토교통부장관**에게 제출하여야 한다.

② **철도부채의 인계 시기** : 법 제24조 제4항의 규정에 의한 철도부채의 인계 시기는 다음 각 호와 같다.

1. **한국철도공사**가 법 제24조 제2항의 규정에 의하여 **운영부채를 인계받는** 시기 : **한국철도공사의 설립등기일**
2. **국가철도공단**이 법 제24조 제2항의 규정에 의하여 **시설부채를 인계받는** 시기 : 2004년 1월 1일
3. **일반회계**가 법 제24조 제2항의 규정에 의하여 **기타부채를 인계받는** 시기 : 2004년 1월 1일

③ **평가기준일** : 인계하는 철도부채의 평가기준일은 제2항의 규정에 의한 **인계일의 전일**로 한다.

④ **평가가액** : 인계하는 철도부채의 평가가액은 **평가기준일의 부채의 장부가액**으로 한다.

(6) 철도시설의 사용허가(제34조)

법 제31조 제1항에 따른 관리청의 허가 기준·방법·절차·기간 등에 관한 사항은 국유재산법에 따른다.

(7) 사용허가에 따른 철도시설의 사용료 등(제34조의2)

① 철도시설을 사용하려는 자가 법 제31조 제1항에 따라 관리청의 허가를 받아 철도시설을 사용하는 경우 같은 조 제2항 본문에 따라 관리청이 징수할 수 있는 철도시설의 사용료는 국유재산법 제32조에 따른다.

더 알아보기

사용료(국유재산법 제32조)

① 행정재산을 사용허가한 때에는 대통령령으로 정하는 요율(料率)과 산출방법에 따라 매년 사용료를 징수한다. 다만, 연간 사용료가 대통령령으로 정하는 금액 이하인 경우에는 사용허가기간의 사용료를 일시에 통합 징수할 수 있다.

② 제1항의 사용료는 대통령령으로 정하는 바에 따라 나누어 내게 할 수 있다. 이 경우 연간 사용료가 대통령령으로 정하는 금액 이상인 경우에는 사용허가(허가를 갱신하는 경우를 포함한다)할 때에 그 허가를 받는 자에게 대통령령으로 정하는 금액의 범위에서 보증금을 예치하게 하거나 이행보증조치를 하도록 하여야 한다.

③ 중앙관서의 장이 제30조에 따른 사용허가에 관한 업무를 지방자치단체의 장에게 위임한 경우에는 제42조 제6항을 준용한다.

④ 제1항 단서에 따라 사용료를 일시에 통합 징수하는 경우에 사용허가기간 중의 사용료가 증가 또는 감소되더라도 사용료를 추가로 징수하거나 반환하지 아니한다.

② **사용료의 면제** : 관리청은 법 제31조 제2항 단서에 따라 지방자치단체가 직접 공용·공공용 또는 비영리 공익사업용으로 철도시설을 사용하려는 경우에는 다음 각 호의 구분에 따른 기준에 따라 사용료를 면제할 수 있다.

1. 철도시설을 취득하는 조건으로 사용하려는 경우로서 사용허가기간이 1년 이내인 사용허가의 경우 : **사용료의 전부**
2. 제1호에서 정한 사용허가 외의 사용허가의 경우 : 사용료의 100**분**의 60

③ 사용허가에 따른 철도시설 사용료의 징수기준 및 절차 등에 관하여 이 영에서 규정된 것을 제외하고는 국유재산법에 따른다.

(8) 철도시설의 사용계약(제35조)

① 법 제31조 제1항에 따른 철도시설의 사용계약에는 다음 각 호의 사항이 포함되어야 한다.
1. 사용기간 · 대상시설 · 사용조건 및 사용료
2. 대상시설의 제3자에 대한 사용승낙의 범위 · 조건
3. 상호책임 및 계약위반 시 조치사항
4. 분쟁 발생 시 조정절차
5. 비상사태 발생 시 조치
6. 계약의 갱신에 관한 사항
7. 계약내용에 대한 비밀누설금지에 관한 사항

② 법 제3조 제2호 가목부터 라목까지에서 규정한 **철도시설("선로 등")**에 대한 법 제31조 제1항에 따른 **사용계약("선로 등 사용계약")**을 체결하려는 경우에는 다음 각 호의 기준을 모두 충족해야 한다.
1. 해당 선로 등을 여객 또는 화물운송 목적으로 사용하려는 경우일 것
2. 사용기간이 5년을 초과하지 않을 것

③ 선로 등에 대한 제1항 제1호에 따른 사용조건에는 다음 각 호의 사항이 포함되어야 하며, 그 사용조건은 제24조 제1항에 따른 선로배분지침에 위반되는 내용이어서는 안 된다.
1. 투입되는 철도차량의 종류 및 길이
2. 철도차량의 일일운행횟수 · 운행개시시각 · 운행종료시각 및 운행간격
3. 출발역 · 정차역 및 종착역
4. 철도운영의 안전에 관한 사항
5. 철도여객 또는 화물운송서비스의 수준

④ 철도시설관리자는 법 제31조 제1항에 따라 철도시설을 사용하려는 자와 사용계약을 체결하여 철도시설을 사용하게 하려는 경우에는 **미리 그 사실을 공고**해야 한다.

(9) 사용계약에 따른 선로 등의 사용료 등(제36조)

① 철도시설관리자는 제35조 제1항 제1호에 따른 선로 등의 사용료를 정하는 경우에는 다음 각 호의 한도를 초과하지 않는 범위에서 선로 등의 유지보수비용 등 관련 비용을 회수할 수 있도록 해야 한다. 다만, 사회기반시설에 대한 민간투자법 제26조에 따라 사회기반시설관리운영권을 설정받은 철도시설관리자는 같은 법에서 정하는 바에 따라 선로 등의 사용료를 정해야 한다.
1. 국가 또는 지방자치단체가 건설사업비의 전액을 부담한 선로 등 : 해당 선로 등에 대한 **유지보수비용의 총액**
2. 제1호의 선로 등 외의 선로 등 : 해당 선로 등에 대한 **유지보수비용 총액**과 **총건설사업비**(조사비 · 설계비 · 공사비 · 보상비 및 그 밖에 건설에 소요된 비용의 합계액에서 국가 · 지방자치단체 또는 법 제37조 제1항에 따라 수익자가 부담한 비용을 제외한 금액을 말한다)의 **합계액**

더 알아보기

사회기반시설의 관리운영권(사회기반시설에 대한 민간투자법 제26조)

① 주무관청은 제4조 제1호 또는 제2호에 따른 방식으로 사회기반시설사업을 시행한 사업시행자가 제22조에 따라 준공확인을 받은 경우에는 제25조 제1항에 따라 무상으로 사용·수익할 수 있는 기간 동안 해당 시설을 유지·관리하고 시설사용자로부터 사용료를 징수할 수 있는 사회기반시설관리운영권("관리운영권")을 그 사업시행자에게 설정할 수 있다.

② 제1항에 따라 사업시행자가 관리운영권을 설정받았을 때에는 대통령령으로 정하는 바에 따라 주무관청에 등록하여야 한다.

③ 제1항 및 제2항에 따라 관리운영권을 등록한 사업시행자는 해당 시설의 적절한 유지·관리에 관하여 책임을 진다.

④ 제3항에 따른 유지·관리에 필요한 사항은 대통령령으로 정한다.

② 철도시설관리자는 제1항 각 호 외의 부분 본문에 따라 선로 등의 사용료를 정하는 경우에는 다음 각 호의 사항을 고려할 수 있다.

1. 선로등급·선로용량 등 선로 등의 상태
2. 운행하는 철도차량의 종류 및 중량
3. 철도차량의 운행시간대 및 운행횟수
4. 철도사고의 발생빈도 및 정도
5. 철도서비스의 수준
6. 철도관리의 효율성 및 공익성

(10) 선로 등 사용계약 체결의 절차(제37조)

① **서류의 제출** : 제35조 제2항의 규정에 의한 **선로 등 사용계약을 체결하고자 하는 자("사용신청자")**는 선로 등의 사용목적을 기재한 선로 등 사용계약신청서에 다음 각 호의 서류를 첨부하여 철도시설관리자에게 제출하여야 한다.

1. 철도여객 또는 화물운송사업의 자격을 증명할 수 있는 서류
2. 철도여객 또는 화물운송사업계획서
3. 철도차량·운영시설의 규격 및 안전성을 확인할 수 있는 서류

② **협의일정의 통보** : 철도시설관리자는 제1항의 규정에 의하여 **선로 등 사용계약신청서를 제출받은 날부터 1월 이내에** 사용신청자에게 선로 등 사용계약의 체결에 관한 **협의일정을 통보**하여야 한다.

③ **자료의 제공** : 철도시설관리자는 사용신청자가 철도시설에 관한 자료의 제공을 요청하는 경우에는 특별한 이유가 없는 한 이에 응하여야 한다.

④ **승인** : 철도시설관리자는 사용신청자와 선로 등 사용계약을 체결하고자 하는 경우에는 **미리 국토교통부장관의 승인**을 받아야 한다. 선로 등 사용계약의 내용을 변경하는 경우에도 또한 같다.

(11) 선로 등 사용계약의 갱신(제38조)

① **신청 기간** : 선로 등 사용계약을 체결하여 **선로 등을 사용하고 있는 자("선로 등 사용계약자")**는 그 선로 등을 계속하여 사용하고자 하는 경우에는 **사용기간이 만료되기 10월 전**까지 선로 등 사용계약의 갱신을 신청하여야 한다.

② **협의** : 철도시설관리자는 제1항의 규정에 의하여 선로 등 사용계약자가 선로 등 사용계약의 갱신을 신청한 때에는 특별한 사유가 없는 한 그 선로 등의 사용에 관하여 **우선적으로 협의**하여야 한다. 이 경우 제35조 제4항의 규정은 이를 적용하지 아니한다.

③ 제35조 제1항 내지 제3항, 제36조 및 제37조의 규정은 선로 등 사용계약의 갱신에 관하여 이를 준용한다.

(12) 철도시설의 사용승낙(제39조)

① **협의** : 제35조 제1항의 규정에 의한 **철도시설의 사용계약을 체결한 자("시설사용계약자")**는 그 사용계약을 체결한 철도시설의 일부에 대하여 법 제31조 제1항의 규정에 의하여 제3자에게 그 사용을 승낙할 수 있다. 이 경우 **철도시설관리자와 미리 협의**하여야 한다.

② **사용승낙의 통보** : 시설사용계약자는 제1항의 규정에 의하여 제3자에게 **사용승낙**을 한 경우에는 그 내용을 **철도시설관리자에게 통보**하여야 한다.

6. 공익적 기능

(1) 공익서비스비용 보상예산의 확보(제40조)

① **서류의 제출** : 철도운영자는 **매년 3월 말까지** 국가가 법 제32조 제1항의 규정에 의하여 **다음 연도에 부담하여야 하는 공익서비스비용("국가부담비용")**의 추정액, 당해 공익서비스의 내용 그 밖의 필요한 사항을 기재한 **국가부담비용추정서를 국토교통부장관에게 제출**하여야 한다. 이 경우 철도운영자가 국가부담비용의 추정액을 산정함에 있어서는 법 제33조 제1항의 규정에 의한 보상계약 등을 고려하여야 한다.

② 국토교통부장관은 제1항의 규정에 의하여 국가부담비용추정서를 제출받은 때에는 관계 행정기관의 장과 협의하여 다음 연도의 **국토교통부소관 일반회계**에 **국가부담비용을 계상**하여야 한다.

③ 국토교통부장관은 제2항의 규정에 의한 국가부담비용을 정하는 때에는 제1항의 규정에 의한 국가부담비용의 추정액, 전년도에 부담한 국가부담비용, 관련법령의 규정 또는 법 제33조 제1항의 규정에 의한 보상계약 등을 고려하여야 한다.

(2) 국가부담비용의 지급(제41조)

① **서류의 제출** : 철도운영자는 국가부담비용의 지급을 신청하고자 하는 때에는 국토교통부장관이 지정하는 기간 내에 국가부담비용지급신청서에 다음 각 호의 서류를 첨부하여 **국토교통부장관에게 제출**하여야 한다.

1. 국가부담비용지급신청액 및 산정내역서
2. 당해 연도의 예상수입·지출명세서
3. 최근 2년간 지급받은 국가부담비용내역서
4. 원가계산서

② **국가부담비용의 지급** : 국토교통부장관은 제1항의 규정에 의하여 국가부담비용지급신청서를 제출받은 때에는 이를 검토하여 **반기마다 반기 초에 국가부담비용을 지급**하여야 한다.

(3) 국가부담비용의 정산(제42조)

① 서류의 제출 : 제41조 제2항의 규정에 의하여 국가부담비용을 지급받은 철도운영자는 당해 반기가 끝난 후 30일 이내에 국가부담비용정산서에 다음 각 호의 서류를 첨부하여 국토교통부장관에게 제출하여야 한다.

1. 수입 · 지출명세서
2. 수입 · 지출증빙서류
3. 그 밖에 현금흐름표 등 회계관련 서류

② 전문기관의 확인 : 국토교통부장관은 제1항의 규정에 의하여 국가부담비용정산서를 제출받은 때에는 법 제33조 제4항의 규정에 의한 전문기관 등으로 하여금 이를 확인하게 할 수 있다.

(4) 회계의 구분 등(제43조)

① 다른 회계와의 구분 : 국가부담비용을 지급받는 철도운영자는 법 제32조 제2항 제2호의 규정에 의한 노선 및 역에 대한 회계를 다른 회계와 구분하여 경리하여야 한다.

② 회계연도 : 국가부담비용을 지급받는 철도운영자의 회계연도는 정부의 회계연도에 따른다.

(5) 특정노선 폐지 등의 승인신청서의 첨부서류(제44조)

철도시설관리자와 철도운영자가 법 제34조 제2항의 규정에 의하여 국토교통부장관에게 승인신청서를 제출하는 때에는 다음 각 호의 사항을 기재한 서류를 첨부하여야 한다.

1. 승인신청 사유
2. 등급별 · 시간대별 철도차량의 운행빈도, 역수, 종사자수 등 운영현황
3. 과거 6월 이상의 기간 동안의 1일 평균 철도서비스 수요
4. 과거 1년 이상의 기간 동안의 수입 · 비용 및 영업손실액에 관한 회계보고서
5. 향후 5년 동안의 1일 평균 철도서비스 수요에 대한 전망
6. 과거 5년 동안의 공익서비스비용의 전체규모 및 법 제32조 제1항의 규정에 의한 원인제공자가 부담한 공익서비스 비용의 규모
7. 대체수송수단의 이용가능성

(6) 실태조사(제45조)

① 실태조사의 실시 : 국토교통부장관은 법 제34조 제2항의 규정에 의한 승인신청을 받은 때에는 당해 노선 및 역의 운영현황 또는 철도서비스의 제공현황에 관하여 실태조사를 실시하여야 한다.

② 실태조사의 참여 : 국토교통부장관은 필요한 경우에는 관계 지방자치단체 또는 관련 전문기관을 제1항의 규정에 의한 실태조사에 참여시킬 수 있다.

③ 실태조사의 보고 : 국토교통부장관은 제1항의 규정에 의한 실태조사의 결과를 위원회에 보고하여야 한다.

(7) 특정노선 폐지 등의 공고(제46조)

국토교통부장관은 법 제34조 제3항의 규정에 의하여 승인을 한 때에는 그 **승인이 있은 날부터 1월 이내**에 폐지되는 특정노선 및 역 또는 제한·중지되는 철도서비스의 내용과 그 사유를 **국토교통부령**이 정하는 바에 따라 **공고**하여야 한다.

(8) 특정노선 폐지 등에 따른 수송대책의 수립(제47조)

국토교통부장관 또는 관계 행정기관의 장은 특정노선 및 역의 폐지 또는 철도서비스의 제한·중지 등의 조치로 인하여 영향을 받는 지역 중에서 **대체수송수단이 없거나 현저히 부족**하여 **수송서비스에 심각한 지장이 초래되는 지역**에 대하여는 법 제34조 제4항의 규정에 의하여 다음 각 호의 사항이 포함된 수송대책을 수립·시행하여야 한다.

1. 수송여건 분석
2. 대체수송수단의 운행횟수 증대, 노선조정 또는 추가 투입
3. 대체수송에 필요한 재원조달
4. 그 밖에 수송대책의 효율적 시행을 위하여 필요한 사항

(9) 철도서비스의 제한 또는 중지에 따른 신규운영자의 선정(제48조)

① **신규운영자의 선정** : 국토교통부장관은 철도운영자인 **승인신청자("기존운영자")**가 법 제34조 제1항의 규정에 의하여 제한 또는 중지하고자 하는 특정노선 및 역에 관한 철도서비스를 **새로운 철도운영자("신규운영자")**로 하여금 제공하게 하는 것이 타당하다고 인정하는 때에는 법 제34조 제4항의 규정에 의하여 신규운영자를 선정할 수 있다.

② **선정 방법** : 국토교통부장관은 제1항의 규정에 의하여 신규운영자를 선정하고자 하는 때에는 법 제32조 제1항의 규정에 의한 원인제공자와 협의하여 **경쟁에 의한 방법**으로 신규운영자를 선정하여야 한다.

③ **서류의 제공** : 원인제공자는 신규운영자와 법 제33조의 규정에 의한 보상계약을 체결하여야 하며, 기존운영자는 당해 철도서비스 등에 관한 **인수인계서류를 작성**하여 **신규운영자에게 제공**하여야 한다.

④ 제2항 및 제3항의 규정에 의한 신규운영자 선정의 구체적인 방법, 인수인계절차 그 밖의 필요한 사항은 **국토교통부령**으로 정한다.

(10) 비상사태 시 처분(제49조)

법 제36조 제1항 제7호에서 "대통령령이 정하는 사항"이라 함은 다음 각 호의 사항을 말한다.

1. 철도시설의 임시사용
2. 철도시설의 사용제한 및 접근 통제
3. 철도시설의 긴급복구 및 복구지원
4. 철도역 및 철도차량에 대한 수색 등

7. 보칙

(1) 권한의 위탁(제50조)

① 국토교통부장관은 법 제38조 본문의 규정에 의하여 법 제12조 제2항의 규정에 의한 철도산업정보센터의 설치·운영업무를 다음 각 호의 자 중에서 **국토교통부령**이 정하는 자에게 위탁한다.

1. 정부출연연구기관 등의 설립·운영 및 육성에 관한 법률 또는 과학기술분야정부출연연구기관 등의 설립·운영 및 육성에 관한 법률에 의한 정부출연연구기관
2. 국가철도공단

② 국토교통부장관은 법 제38조 본문의 규정에 의하여 **철도시설유지보수 시행업무**를 **철도청장**에게 위탁한다.

③ 국토교통부장관은 법 제38조 본문의 규정에 의하여 제24조 제4항의 규정에 의한 철도교통관제시설의 관리업무 및 철도교통관제업무를 다음 각 호의 자 중에서 **국토교통부령이 정하는 자**에게 위탁한다.

1. 국가철도공단
2. 철도운영자

8. 벌칙

(1) 과태료(제51조)

① **통지 방법** : 국토교통부장관이 법 제42조 제2항의 규정에 의하여 과태료를 부과하는 때에는 당해 위반행위를 조사·확인한 후 위반사실·과태료 금액·이의제기의 방법 및 기간 등을 **서면으로 명시**하여 이를 납부할 것을 과태료처분대상자에게 **통지**하여야 한다.

② **의견진술** : 국토교통부장관은 제1항의 규정에 의하여 과태료를 부과하고자 하는 때에는 **10일 이상의 기간**을 정하여 과태료처분대상자에게 **구술 또는 서면에 의한 의견진술의 기회**를 주어야 한다. 이 경우 지정된 기일까지 의견진술이 없는 때에는 의견이 없는 것으로 본다.

③ **금액 산정** : 국토교통부장관은 과태료의 금액을 정함에 있어서는 당해 위반행위의 **동기·정도·횟수** 등을 참작하여야 한다.

④ **징수절차** : 과태료의 징수절차는 **국토교통부령**으로 정한다.

CHAPTER

03 한국철도공사법

※ 수록 기준 : 법제처 법률 제21065호(시행 2026.1.2.)

1. 목적 및 법인격, 사무소

(1) 목적(제1조)

한국철도공사법은 한국철도공사를 설립하여 철도 운영의 전문성과 효율성을 높임으로써 철도산업과 국민경제의 발전에 이바지함을 목적으로 한다.

(2) 법인격(제2조)

한국철도공사("공사")는 법인으로 한다.

(3) 사무소(제3조)

① 공사의 주된 사무소의 소재지는 **정관**으로 정한다.
② 공사는 업무수행을 위하여 필요하면 **이사회의 의결**을 거쳐 필요한 곳에 **하부조직**을 둘 수 있다.

2. 자본금 및 등기

(1) 자본금 및 출자(제4조)

① 공사의 자본금은 **22조 원**으로 하고, 그 전부를 **정부**가 **출자**한다.
② 제1항에 따른 자본금의 납입 시기와 방법은 **재정경제부장관**이 정하는 바에 따른다.
③ 국가는 국유재산법에도 불구하고 철도산업발전기본법 제22조 제1항 제1호에 따른 운영자산을 공사에 **현물로 출자**한다.
④ 제3항에 따라 국가가 공사에 출자를 할 때에는 국유재산의 현물출자에 관한 법률에 따른다.

(2) 등기(제5조)

① 공사는 주된 **사무소의 소재지**에서 **설립등기**를 함으로써 성립한다.
② 제1항에 따른 공사의 설립등기와 하부조직의 설치·이전 및 변경 등기, 그 밖에 공사의 등기에 필요한 사항은 **대통령령**으로 정한다.
③ 공사는 등기가 필요한 사항에 관하여는 등기하기 전에는 제3자에게 대항하지 못한다.

PART 4

3. 대리 · 대행 및 금지

(1) 대리 · 대행(제7조)

정관으로 정하는 바에 따라 사장이 지정한 공사의 직원은 사장을 대신하여 공사의 업무에 관한 재판상 또는 재판 외의 모든 행위를 할 수 있다.

(2) 비밀 누설 · 도용의 금지(제8조)

공사의 임직원이거나 임직원이었던 사람은 그 직무상 알게 된 비밀을 누설하거나 도용하여서는 아니 된다.

(3) 유사명칭의 사용금지(제8조의2)

한국철도공사법에 따른 공사가 아닌 자는 한국철도공사 또는 이와 유사한 명칭을 사용하지 못한다.

4. 사업 및 자산

(1) 사업(제9조)

① 한국철도공사의 사업 내용

1. 철도여객사업, 화물운송사업, 철도와 다른 교통수단의 연계운송사업
2. 철도 장비와 철도용품의 제작 · 판매 · 정비 및 임대사업
3. 철도차량의 정비 및 임대사업
4. 철도시설의 유지 · 보수 등 국가 · 지방자치단체 또는 공공법인 등으로부터 위탁받은 사업
5. 역세권 및 공사의 자산을 활용한 개발 · 운영 사업으로서 대통령령으로 정하는 사업
6. 철도의 건설 및 철도시설 유지관리에 관한 법률 제2조 제6호 가목의 역시설 개발 및 운영사업으로서 대통령령으로 정하는 사업
7. 물류정책기본법에 따른 물류사업으로서 대통령령으로 정하는 사업
8. 관광진흥법에 따른 관광사업으로서 대통령령으로 정하는 사업
9. 제1호부터 제8호까지의 사업과 관련한 조사 · 연구, 정보화, 기술 개발 및 인력 양성에 관한 사업
10. 제1호부터 제9호까지의 사업에 딸린 사업으로서 대통령령으로 정하는 사업

더 알아보기

철도시설(철도의 건설 및 철도시설 유지관리에 관한 법률 제2조 제6호 가목)
"철도시설"이란 다음 각 목의 어느 하나에 해당하는 시설(부지를 포함한다)을 말한다.
가. 철도의 선로(선로에 딸리는 시설을 포함한다), 역시설(물류시설, 환승 시설 및 역사(驛舍)와 같은 건물에 있는 판매시설 · 업무시설 · 근린생활시설 · 숙박시설 · 문화 및 집회시설 등을 포함한다) 및 철도 운영을 위한 건축물 · 건축설비

② 공사는 **국외**에서 제1항 각 호의 사업을 할 수 있다.

③ 공사는 **이사회의 의결**을 거쳐 예산의 범위에서 공사의 업무와 관련된 사업에 **투자 · 융자 · 보조** 또는 **출연**할 수 있다.

(2) 손익금의 처리(제10조)

① 공사는 매 사업연도 결산 결과 이익금이 생기면 다음 각 호의 순서로 처리하여야 한다.

1. 이월결손금의 보전(補塡)
2. 자본금의 2분의 1이 될 때까지 이익금의 10분의 2 이상을 이익준비금으로 적립
3. 자본금과 같은 액수가 될 때까지 이익금의 10분의 2 이상을 사업확장적립금으로 적립
4. 국고에 납입

② 공사는 매 사업연도 결산 결과 손실금이 생기면 제1항 제3호에 따른 사업확장적립금으로 보전하고 그 적립금으로도 부족하면 같은 항 제2호에 따른 이익준비금으로 보전하되, 보전미달액은 다음 사업연도로 이월(移越)한다.

③ 제1항 제2호 및 제3호에 따른 이익준비금과 사업확장적립금은 대통령령으로 정하는 바에 따라 자본금으로 전입할 수 있다.

(3) 사채의 발행 등(제11조)

① 사채의 발행 : 공사는 이사회의 의결을 거쳐 사채를 발행할 수 있다.

② 발행액의 범위 : 사채의 발행액은 공사의 자본금과 적립금을 합한 금액의 5배를 초과하지 못한다.

③ 보증 : 국가는 공사가 발행하는 사채의 원리금 상환을 보증할 수 있다.

④ 소멸시효 : 사채의 소멸시효는 원금은 5년, 이자는 2년이 지나면 완성한다.

⑤ 승인 : 공사는 공공기관의 운영에 관한 법률 제40조 제3항에 따라 예산이 확정되면 2개월 이내에 해당 연도에 발행할 사채의 목적·규모·용도 등이 포함된 사채발행 운용계획을 수립하여 이사회의 의결을 거쳐 국토교통부장관의 승인을 받아야 한다. 운용계획을 변경하려는 경우에도 또한 같다.

더 알아보기

예산의 편성(공공기관의 운영에 관한 법률 제40조 제3항)

기관장은 신규 투자사업 및 자본출자에 대한 예산을 편성하기 위하여 대통령령으로 정하는 바에 따라 미리 예비타당성조사를 실시하여야 한다. 다만, 다음 각 호의 어느 하나에 해당하는 경우에는 예비타당성조사 대상에서 제외한다.

1. 정부예산이 지원되는 사업 중 국가재정법 제38조에 따라 예비타당성조사를 실시하는 사업
2. 남북교류협력에 관계되거나 국가 간 협약·조약에 따라 추진하는 사업
3. 도로 유지보수, 노후 상수도 개량 등 기존 시설의 효용 증진을 위한 단순개량 및 유지보수 사업
4. 재난 및 안전관리 기본법 제3조 제1호에 따른 재난("재난")복구 지원, 시설 안정성 확보, 보건 식품 안전 문제 등으로 시급한 추진이 필요한 사업
5. 재난예방을 위하여 시급한 추진이 필요한 사업으로서 국회 소관 상임위원회의 동의를 받은 사업
6. 법령에 따라 추진하여야 하는 사업
7. 지역균형발전, 긴급한 경제적·사회적 상황 대응 등을 위하여 국가 정책적으로 추진이 필요한 사업으로서 다음 각 목의 요건을 모두 갖춘 사업. 이 경우, 예비타당성조사 면제 사업의 내역 및 사유를 지체 없이 국회 소관 상임위원회에 보고하여야 한다.
   가. 사업 목적 및 규모, 추진방안 등 구체적인 사업계획이 수립된 사업
   나. 국가 정책적으로 추진이 필요하여 국무회의를 거쳐 확정된 사업

(4) 보조금 등(제12조)

국가는 공사의 경영 안정 및 철도차량·장비의 현대화 등을 위하여 재정 지원이 필요하다고 인정하면 예산의 범위에서 사업에 필요한 비용의 일부를 보조하거나 재정자금의 융자 또는 사채 인수를 할 수 있다.

(5) 역세권 개발사업(제13조)

공사는 철도사업과 관련하여 일반업무시설, 판매시설, 주차장, 여객자동차터미널 및 화물터미널 등 철도 이용자에게 편의를 제공하기 위한 **역세권 개발사업**을 할 수 있고, 정부는 필요한 경우에 **행정적·재정적 지원**을 할 수 있다.

(6) 국유재산의 무상대부 등(제14조)

① **국유재산의 무상대부** : 국가는 다음 각 호의 어느 하나에 해당하는 공사의 사업을 효율적으로 수행하기 위하여 국토교통부장관이 필요하다고 인정하면 국유재산법에도 불구하고 공사에 **국유재산**(물품을 포함한다. 이하 같다)을 **무상으로 대부**(貸付)하거나 **사용·수익**하게 할 수 있다.

1. 제9조 제1항 제1호부터 제4호까지의 규정에 따른 사업
2. 철도산업발전기본법 제3조 제2호 가목의 역시설의 개발 및 운영사업

② 국가는 국유재산법에도 불구하고 제1항에 따라 대부하거나 사용·수익을 허가한 국유재산에 **건물이나 그 밖의 영구시설물**을 **축조**하게 할 수 있다.

③ 제1항에 따른 대부 또는 사용·수익 허가의 조건 및 절차에 관하여 필요한 사항은 **대통령령**으로 정한다.

(7) 국유재산의 전대 등(제15조)

① **국유재산의 전대** : 공사는 제9조에 따른 사업을 효율적으로 수행하기 위하여 필요하면 제14조에 따라 대부받거나 사용·수익을 허가받은 **국유재산을 전대**(轉貸)할 수 있다.

② **승인** : 공사는 제1항에 따른 전대를 하려면 **미리 국토교통부장관의 승인**을 받아야 한다. 이를 변경하려는 경우에도 또한 같다.

③ 제1항에 따라 전대를 받은 자는 재산을 다른 사람에게 대부하거나 사용·수익하게 하지 못한다.

④ 제1항에 따라 전대를 받은 자는 해당 재산에 건물이나 그 밖의 영구시설물을 축조하지 못한다. 다만, 국토교통부장관이 행정 목적 또는 공사의 사업 수행에 필요하다고 인정하는 시설물의 축조는 그러하지 아니하다.

5. 지도·감독 및 자료제공, 등기 촉탁

(1) 지도·감독(제16조)

국토교통부장관은 공사의 업무 중 다음 각 호의 사항과 그와 관련되는 업무에 대하여 지도·감독한다.

1. 연도별 사업계획 및 예산에 관한 사항
2. 철도서비스 품질 개선에 관한 사항
3. 철도사업계획의 이행에 관한 사항
4. 철도시설·철도차량·열차운행 등 철도의 안전을 확보하기 위한 사항
5. 그 밖에 다른 법령에서 정하는 사항

(2) 자료제공의 요청(제17조)

① 자료제공의 요청 : 공사는 업무상 필요하다고 인정하면 관계 행정기관이나 철도사업과 관련되는 기관·단체 등에 자료의 제공을 요청할 수 있다.

② 제1항에 따라 자료의 제공을 요청받은 자는 특별한 사유가 없으면 그 요청에 따라야 한다.

(3) 등기 촉탁의 대위(제18조)

공사가 제9조 제1항 제4호에 따라 국가 또는 지방자치단체로부터 위탁받은 사업과 관련하여 국가 또는 지방자치단체가 취득한 부동산에 관한 권리를 부동산등기법 제98조에 따라 등기하여야 하는 경우 공사는 국가 또는 지방자치단체를 대위(代位)하여 등기를 촉탁할 수 있다.

더 알아보기

관공서의 촉탁에 따른 등기(부동산등기법 제98조)

① 국가 또는 지방자치단체가 등기권리자인 경우에는 국가 또는 지방자치단체는 등기의무자의 승낙을 받아 해당 등기를 지체 없이 등기소에 촉탁하여야 한다.

② 국가 또는 지방자치단체가 등기의무자인 경우에는 국가 또는 지방자치단체는 등기권리자의 청구에 따라 지체 없이 해당 등기를 등기소에 촉탁하여야 한다.

6. 벌칙

(1) 벌칙(제19조)

제8조를 위반한 자는 2년 이하의 징역 또는 2천만 원 이하의 벌금에 처한다.

더 알아보기

비밀 누설 · 도용의 금지(한국철도공사법 제8조)

공사의 임직원이거나 임직원이었던 사람은 그 직무상 알게 된 비밀을 누설하거나 도용하여서는 아니 된다.

(2) 과태료(제20조)

① 제8조의2를 위반한 자에게는 500만 원 이하의 과태료를 부과한다.

더 알아보기

유사명칭의 사용금지(한국철도공사법 제8조의2)

공사가 아닌 자는 한국철도공사 또는 이와 유사한 명칭을 사용하지 못한다.

② 제1항에 따른 과태료는 국토교통부장관이 부과·징수한다.

CHAPTER

04 한국철도공사법 시행령

※ 수록 기준 : 법제처 대통령령 제35228호(시행 2025.1.31.)

1. 목적 및 등기

(1) 목적(제1조)

이 영은 한국철도공사법에서 위임된 사항과 그 시행에 관하여 필요한 사항을 규정함을 목적으로 한다.

(2) 설립등기(제2조)

한국철도공사법("**법**") 제5조 제2항의 규정에 의한 **한국철도공사**("**공사**")의 설립등기사항은 다음 각 호와 같다.

1. 설립목적
2. 명칭
3. 주된 사무소 및 하부조직의 소재지
4. 자본금
5. 임원의 성명 및 주소
6. 공고의 방법

(3) 하부조직의 설치등기(제3조)

공사는 하부조직을 설치한 경우에는 설치 후 2주일 이내에 주된 사무소의 소재지에서 설치된 하부조직의 명칭, 소재지 및 설치 연월일을 등기해야 한다.

(4) 이전등기(제4조)

① 공사는 주된 사무소를 이전한 경우에는 이전 후 2주일 이내에 종전 소재지 또는 새 소재지에서 새 소재지와 이전 연월일을 등기해야 한다.

② 공사는 하부조직을 이전한 경우에는 이전 후 2주일 이내에 주된 사무소의 소재지에서 새 소재지와 이전 연월일을 등기해야 한다.

(5) 변경등기(제5조)

공사는 제2조 각 호 또는 제3조의 등기사항이 변경된 경우(제4조에 따른 이전등기에 해당하는 경우는 제외한다)에는 변경 후 2주일 이내에 주된 사무소의 소재지에서 변경사항을 등기해야 한다.

(6) 대리 · 대행인의 선임등기(제6조)

① 공사는 사장이 법 제7조에 따라 사장을 대신해 공사의 업무에 관한 재판상 또는 재판 외의 행위를 할 수 있는 직원("대리 · 대행인")을 선임한 경우에는 선임 후 2주일 이내에 주된 사무소의 소재지에서 다음 각 호의 사항을 등기해야 한다. 등기한 사항이 변경된 경우에도 또한 같다.

1. 대리 · 대행인의 성명 및 주소
2. 대리 · 대행인을 둔 주된 사무소 또는 하부조직의 명칭 및 소재지
3. 대리 · 대행인의 권한을 제한한 때에는 그 제한의 내용

② 공사는 사장이 법 제7조에 따라 선임한 대리 · 대행인을 해임한 경우에는 해임 후 2주일 이내에 주된 사무소의 소재지에서 그 해임한 뜻을 등기해야 한다.

(7) 등기신청서의 첨부서류(제7조)

제2조 내지 제6조의 규정에 의한 각 등기의 신청서에는 다음 각 호의 구분에 따른 서류를 첨부하여야 한다.

1. 제2조의 규정에 의한 공사의 설립등기의 경우에는 공사의 정관, 자본금의 납입액 및 임원의 자격을 증명하는 서류
2. 제3조의 규정에 의한 하부조직의 설치등기의 경우에는 하부조직의 설치를 증명하는 서류
3. 제4조의 규정에 의한 이전등기의 경우에는 주된 사무소 또는 하부조직의 이전을 증명하는 서류
4. 제5조의 규정에 의한 변경등기의 경우에는 그 변경된 사항을 증명하는 서류
5. 제6조의 규정에 의한 대리 · 대행인의 선임 · 변경 또는 해임의 등기의 경우에는 그 선임 · 변경 또는 해임이 법 제7조의 규정에 의한 것임을 증명하는 서류와 대리 · 대행인이 제6조 제1항 제3호의 규정에 의하여 그 권한이 제한된 때에는 그 제한을 증명하는 서류

PART 4

2. 사업 및 자산

(1) 역세권 개발 · 운영 사업 등(제7조의2)

① 법 제9조 제1항 제5호에서 "대통령령으로 정하는 사업"이란 다음 각 호에 따른 사업을 말한다.

1. 역세권 개발 · 운영 사업 : 역세권의 개발 및 이용에 관한 법률 제2조 제2호에 따른 역세권 개발사업 및 운영 사업
2. 공사의 자산을 활용한 개발 · 운영 사업 : 철도이용객의 편의를 증진하기 위한 시설의 개발 · 운영 사업

더 알아보기

역세권 개발사업(역세권의 개발 및 이용에 관한 법률 제2조 제2호)

"역세권 개발사업"이란 역세권 개발구역에서 철도역 등 철도시설 및 주거 · 교육 · 보건 · 복지 · 관광 · 문화 · 상업 · 체육 등의 기능을 가지는 단지 조성 및 시설 설치를 위하여 시행하는 사업을 말한다.

② 법 제9조 제1항 제6호에서 "대통령령으로 정하는 사업"이란 다음 각 호의 시설을 개발 · 운영하는 사업을 말한다.

1. 물류정책기본법 제2조 제1항 제4호의 물류시설 중 철도운영이나 철도와 다른 교통수단과의 연계운송을 위한 시설
2. 도시교통정비 촉진법 제2조 제3호에 따른 환승시설
3. 역사와 같은 건물 안에 있는 시설로서 건축법 시행령 제3조의5에 따른 건축물 중 제1종 근린생활시설, 제2종 근린생활시설, 문화 및 집회시설, 판매시설, 운수시설, 의료시설, 운동시설, 업무시설, 숙박시설, 창고시설, 자동차관련시설, 관광휴게시설과 그 밖에 철도이용객의 편의를 증진하기 위한 시설

더 알아보기

물류시설(물류정책기본법 제2조 제1항 제4호)

"물류시설"이란 물류에 필요한 다음 각 목의 시설을 말한다.

가. 화물의 운송 · 보관 · 하역을 위한 시설

나. 화물의 운송 · 보관 · 하역 등에 부가되는 가공 · 조립 · 분류 · 수리 · 포장 · 상표부착 · 판매 · 정보통신 등을 위한 시설

다. 물류의 공동화 · 자동화 및 정보화를 위한 시설

라. 가목부터 다목까지의 시설이 모여 있는 물류터미널 및 물류단지

환승시설(도시교통정비 촉진법 제2조 제3호)

"환승시설"이란 교통수단의 이용자가 다른 교통수단을 편리하게 이용할 수 있게 하기 위하여 철도역 · 도시철도역 · 정류소 · 여객자동차터미널 및 화물터미널 등의 기능을 복합적으로 제공하는 시설을 말한다.

③ 법 제9조 제1항 제7호에서 "대통령령으로 정하는 사업"이란 물류정책기본법 제2조 제1항 제2호의 물류사업 중 다음 각 호의 사업을 말한다.

1. 철도운영을 위한 사업
2. 철도와 다른 교통수단과의 연계운송을 위한 사업
3. 다음 각 목의 자산을 이용하는 사업으로서 물류정책기본법 시행령 별표 1의 물류시설운영업 및 물류서비스업

   가. 철도산업발전기본법 제3조 제2호의 **철도시설("철도시설")** 또는 철도부지

   나. 그 밖에 공사가 소유하고 있는 시설, 장비 또는 부지

더 알아보기

물류사업(물류정책기본법 제2조 제1항 제2호)

"물류사업"이란 화주(貨主)의 수요에 따라 유상(有償)으로 물류활동을 영위하는 것을 업(業)으로 하는 것으로 다음 각 목의 사업을 말한다.

가. 자동차・철도차량・선박・항공기 또는 파이프라인 등의 운송수단을 통하여 화물을 운송하는 화물운송업
나. 물류터미널이나 창고 등의 물류시설을 운영하는 물류시설운영업
다. 화물운송의 주선(周旋), 물류장비의 임대, 물류정보의 처리 또는 물류컨설팅 등의 업무를 하는 물류서비스업
라. 가목부터 다목까지의 물류사업을 종합적・복합적으로 영위하는 종합물류서비스업

물류시설운영업 및 물류서비스업(물류정책기본법 시행령 별표 1 일부)

물류시설운영업	창고업 (공동집배송센터운영업 포함)	일반창고업, 냉장 및 냉동 창고업, 농・수산물 창고업, 위험물품보관업, 그 밖의 창고업
	물류터미널운영업	복합물류터미널, 일반물류터미널, 해상터미널, 공항화물터미널, 화물차전용터미널, 컨테이너화물조작장(CFS), 컨테이너장치장(CY), 물류단지, 집배송단지 등 물류시설의 운영업
물류서비스업	화물취급업(하역업 포함)	화물의 하역, 포장, 가공, 조립, 상표부착, 프로그램 설치, 품질검사 등 부가적인 물류업
	화물주선업	국제물류주선업, 화물자동차운송주선사업
	물류장비임대업	운송장비임대업, 산업용 기계・장비 임대업, 운반용기 임대업, 화물자동차임대업, 화물선박임대업, 화물항공기임대업, 운반・적치・하역장비 임대업, 컨테이너・파렛트 등 포장용기 임대업, 선박대여업
	물류정보처리업	물류정보 데이터베이스 구축, 물류지원 소프트웨어 개발・운영, 물류 관련 전자문서 처리업
	물류컨설팅업	물류 관련 업무프로세스 개선 관련 컨설팅, 자동창고, 물류자동화 설비 등 도입 관련 컨설팅, 물류 관련 정보시스템 도입 관련 컨설팅
	해운부대사업	해운대리점업, 해운중개업, 선박관리업
	항만운송관련업	항만용역업, 선용품공급업, 선박연료공급업, 선박수리업, 컨테이너 수리업, 예선업
	항만운송사업	항만하역사업, 검수사업, 감정사업, 검량사업

④ 법 제9조 제1항 제8호에서 "대통령령으로 정하는 사업"이란 관광진흥법 제3조에서 정한 관광사업(카지노업은 제외한다)으로서 철도운영과 관련된 사업을 말한다.

더 알아보기

관광사업의 종류(관광진흥법 제3조)

관광사업의 종류는 다음 각 호와 같다.

1. 여행업 : 여행자 또는 운송시설·숙박시설, 그 밖에 여행에 딸리는 시설의 경영자 등을 위하여 그 시설 이용 알선이나 계약 체결의 대리, 여행에 관한 안내, 그 밖의 여행 편의를 제공하는 업
2. 관광숙박업 : 다음 각 목에서 규정하는 업
   가. 호텔업 : 관광객의 숙박에 적합한 시설을 갖추어 이를 관광객에게 제공하거나 숙박에 딸리는 음식·운동·오락·휴양·공연 또는 연수에 적합한 시설 등을 함께 갖추어 이를 이용하게 하는 업
   나. 휴양 콘도미니엄업 : 관광객의 숙박과 취사에 적합한 시설을 갖추어 이를 그 시설의 회원이나 소유자 등, 그 밖의 관광객에게 제공하거나 숙박에 딸리는 음식·운동·오락·휴양·공연 또는 연수에 적합한 시설 등을 함께 갖추어 이를 이용하게 하는 업
3. 관광객 이용시설업 : 다음 각 목에서 규정하는 업
   가. 관광객을 위하여 음식·운동·오락·휴양·문화·예술 또는 레저 등에 적합한 시설을 갖추어 이를 관광객에게 이용하게 하는 업
   나. 대통령령으로 정하는 2종 이상의 시설과 관광숙박업의 시설("관광숙박시설") 등을 함께 갖추어 이를 회원이나 그 밖의 관광객에게 이용하게 하는 업
   다. 야영장업 : 야영에 적합한 시설 및 설비 등을 갖추고 야영편의를 제공하는 시설(청소년활동 진흥법 제10조 제1호 마목에 따른 청소년야영장은 제외한다)을 관광객에게 이용하게 하는 업
4. 국제회의업 : 대규모 관광 수요를 유발하여 관광산업 진흥에 기여하는 국제회의(세미나·토론회·전시회·기업회의 등을 포함한다. 이하 같다)를 개최할 수 있는 시설을 설치·운영하거나 국제회의의 기획·준비·진행 및 그 밖에 이와 관련된 업무를 위탁받아 대행하는 업
5. 카지노업 : 전문 영업장을 갖추고 주사위·트럼프·슬롯머신 등 특정한 기구 등을 이용하여 우연의 결과에 따라 특정인에게 재산상의 이익을 주고 다른 참가자에게 손실을 주는 행위 등을 하는 업
6. 테마파크업 : 테마파크시설을 갖추어 이를 관광객에게 이용하게 하는 업(다른 영업을 경영하면서 관광객의 유치 또는 광고 등을 목적으로 테마파크시설을 설치하여 이를 이용하게 하는 경우를 포함한다)
7. 관광 편의시설업 : 제1호부터 제6호까지의 규정에 따른 관광사업 외에 관광진흥에 이바지할 수 있다고 인정되는 사업이나 시설 등을 운영하는 업

⑤ 법 제9조 제1항 제10호에서 "대통령령으로 정하는 사업"이란 다음 각 호의 사업을 말한다.

1. 철도시설 또는 철도부지나 같은 조 제4호의 철도차량 등을 이용하는 광고사업
2. 철도시설을 이용한 정보통신 기반시설 구축 및 활용 사업
3. 철도운영과 관련한 엔지니어링 활동
4. 철도운영과 관련한 정기간행물 사업, 정보매체 사업
5. 다른 법령의 규정에 따라 공사가 시행할 수 있는 사업
6. 그 밖에 철도운영의 전문성과 효율성을 높이기 위하여 필요한 사업

(2) 이익준비금 등의 자본금전입(제8조)

① **승인** : 법 제10조 제3항의 규정에 의하여 이익준비금 또는 사업확장적립금을 자본금으로 전입하고자 하는 때에는 **이사회의 의결**을 거쳐 **기획재정부장관의 승인**을 얻어야 한다.

② **보고** : 제1항의 규정에 의하여 이익준비금 또는 사업확장적립금을 자본금에 전입한 때에는 공사는 그 사실을 **국토교통부장관에게 보고**하여야 한다.

(3) 사채의 발행방법(제9조)

공사가 법 제11조 제1항의 규정에 의하여 사채를 발행하고자 하는 때에는 **모집·총액인수** 또는 **매출**의 방법에 의한다.

(4) 사채의 응모 등(제10조)

① **사채청약서의 작성** : 사채의 모집에 응하고자 하는 자는 **사채청약서 2통**에 그 인수하고자 하는 **사채의 수·인수가액**과 **청약자의 주소**를 기재하고 **기명날인**하여야 한다. 다만, **사채의 최저가액을 정하여 발행하는 경우**에는 그 **응모가액**을 기재하여야 한다.

② **사채청약서의 기재사항** : 사채청약서는 **사장이 이를 작성**하고 다음 각 호의 사항을 기재해야 한다.

1. 공사의 명칭
2. 사채의 발행총액
3. 사채의 종류별 액면금액
4. 사채의 이율
5. 사채상환의 방법 및 시기
6. 이자지급의 방법 및 시기
7. 사채의 발행가액 또는 그 최저가액
8. 이미 발행한 사채 중 상환되지 아니한 사채가 있는 때에는 그 총액
9. 사채모집의 위탁을 받은 회사가 있을 때에는 그 상호 및 주소

(5) 사채의 발행총액(제11조)

공사가 법 제11조 제1항의 규정에 의하여 사채를 발행함에 있어서 실제로 응모된 총액이 사채청약서에 기재한 **사채발행총액에 미달하는 때에**도 사채를 발행한다는 뜻을 **사채청약서에 표시**할 수 있다. 이 경우 그 **응모총액**을 **사채의 발행총액**으로 한다.

(6) 총액인수의 방법 등(제12조)

공사가 계약에 의하여 특정인에게 사채의 총액을 인수시키는 경우에는 제10조의 규정을 적용하지 아니한다. 사채모집의 위탁을 받은 회사가 사채의 일부를 인수하는 경우에는 그 인수분에 대하여도 또한 같다.

(7) 매출의 방법(제13조)

공사가 매출의 방법으로 사채를 발행하는 경우에는 매출기간과 제10조 제2항 제1호·제3호 내지 제7호의 사항을 미리 공고하여야 한다.

(8) 사채인수가액의 납입 등(제14조)

① **사채의 납입** : 공사는 사채의 **응모가 완료된** 때에는 **지체 없이** 응모자가 인수한 **사채의 전액**을 납입시켜야 한다.

② 사채모집의 위탁을 받은 회사는 자기명의로 공사를 위하여 제1항 및 제10조 제2항의 규정에 의한 행위를 할 수 있다.

PART 4

(9) 채권의 발행 및 기재사항(제15조)

① 채권의 발행 : 채권은 사채의 인수가액 전액이 납입된 후가 아니면 이를 발행하지 못한다.

② 채권의 기재사항 : 채권에는 다음 각 호의 사항을 기재하고, 사장이 기명날인하여야 한다. 다만, 매출의 방법에 의하여 사채를 발행하는 경우에는 제10조 제2항 제2호의 사항은 이를 기재하지 아니한다.

1. 제10조 제2항 제1호 내지 제6호의 사항
2. 채권번호
3. 채권의 발행연월일

(10) 채권의 형식(제16조)

채권은 무기명식으로 한다. 다만, 응모자 또는 소지인의 청구에 의하여 기명식으로 할 수 있다.

(11) 사채원부(제17조)

① 사채원부의 기재사항 : 공사는 주된 사무소에 사채원부를 비치하고, 다음 각 호의 사항을 기재해야 한다.

1. 채권의 종류별 수와 번호
2. 채권의 발행연월일
3. 제10조 제2항 제2호 내지 제6호 및 제9호의 사항

② 채권이 기명식인 때에는 사채원부에 제1항 각 호의 사항 외에 다음 각 호의 사항을 기재해야 한다.

1. 채권소유자의 성명과 주소
2. 채권의 취득연월일

③ 채권의 소유자 또는 소지인은 공사의 근무시간 중 언제든지 사채원부의 열람을 요구할 수 있다.

(12) 이권흠결의 경우의 공제(제18조)

① 이권(利券)이 있는 무기명식의 사채를 상환하는 경우에 이권이 흠결된 때에는 그 이권에 상당한 금액을 상환액으로부터 공제한다.

② 제1항의 규정에 의한 이권소지인은 그 이권과 상환으로 공제된 금액의 지급을 청구할 수 있다.

(13) 사채권자 등에 대한 통지 등(제19조)

① 사채를 발행하기 전의 그 응모자 또는 사채를 교부받을 권리를 가진 자에 대한 통지 또는 최고는 사채청약서에 기재된 주소로 하여야 한다. 다만, 따로 주소를 공사에 통지한 경우에는 그 주소로 하여야 한다.

② 기명식채권의 소유자에 대한 통지 또는 최고는 사채원부에 기재된 주소로 하여야 한다. 다만, 따로 주소를 공사에 통지한 경우에는 그 주소로 하여야 한다.

③ 무기명식채권의 소지자에 대한 통지 또는 최고는 공고의 방법에 의한다. 다만, 그 소재를 알 수 있는 경우에는 이에 의하지 아니할 수 있다.

(14) 국유재산의 무상대부 등(제20조)

① 법 제14조 제1항의 규정에 의한 국유재산의 무상사용・수익은 당해 국유재산관리청의 허가에 의하며, 무상대부의 조건 및 절차 등에 관하여는 당해 국유재산관리청과 공사 간의 계약에 의한다.

② 국유재산의 무상대부 또는 무상사용・수익에 관하여 법 및 이 영에 규정된 것 외에는 국유재산법의 규정에 의한다.

(15) 국유재산의 전대의 절차 등(제21조)

공사는 법 제14조 제1항의 규정에 의하여 대부받거나 사용・수익의 허가를 받은 국유재산을 법 제15조 제1항의 규정에 의하여 전대(轉貸)하고자 하는 경우에는 다음 각 호의 사항이 기재된 승인신청서를 국토교통부장관에게 제출하여야 한다.

1. 전대재산의 표시(도면을 포함한다)
2. 전대를 받을 자의 전대재산 사용목적
3. 전대기간
4. 사용료 및 그 산출근거
5. 전대를 받을 자의 사업계획서

PART 4

CHAPTER

05 철도사업법

※ 수록 기준 : 법제처 법률 제21065호(시행 2026.1.2.)

01 총칙

1. 목적 및 정의

(1) 목적(제1조)

철도사업법은 **철도사업**에 **관한 질서**를 확립하고 **효율적인 운영 여건**을 조성함으로써 철도사업의 건전한 발전과 철도이용자의 편의를 도모하여 **국민경제의 발전**에 이바지함을 목적으로 한다.

(2) 정의(제2조)

철도사업법에서 사용하는 용어의 뜻은 다음과 같다.

1. **철도** : 철도산업발전기본법 제3조 제1호에 따른 철도를 말한다.
2. **철도시설** : 철도산업발전기본법 제3조 제2호에 따른 철도시설을 말한다.
3. **철도차량** : 철도산업발전기본법 제3조 제4호에 따른 철도차량을 말한다.
4. **사업용철도** : 철도사업을 목적으로 설치하거나 운영하는 철도를 말한다.
5. **전용철도** : 다른 사람의 수요에 따른 영업을 목적으로 하지 아니하고 자신의 수요에 따라 특수 목적을 수행하기 위하여 설치하거나 운영하는 철도를 말한다.
6. **철도사업** : 다른 사람의 수요에 응하여 철도차량을 사용하여 유상(有償)으로 여객이나 화물을 운송하는 사업을 말한다.
7. **철도운수종사자** : 철도운송과 관련하여 승무(乘務, 동력차 운전과 열차 내 승무를 말한다. 이하 같다) 및 역무서비스를 제공하는 직원을 말한다.
8. **철도사업자** : 한국철도공사법에 따라 설립된 **한국철도공사("철도공사")** 및 제5조에 따라 철도사업 면허를 받은 자를 말한다.
9. **전용철도운영자** : 제34조에 따라 전용철도 등록을 한 자를 말한다.

(3) 다른 법률과의 관계(제3조)

철도사업에 관하여 다른 법률에 특별한 규정이 있는 경우를 제외하고는 철도사업법에서 정하는 바에 따른다.

(4) 조약과의 관계(제3조의2)

국제철도(대한민국을 포함한 둘 이상의 국가에 걸쳐 운행되는 철도를 말한다)를 이용한 화물 및 여객 운송에 관하여 대한민국과 **외국 간 체결된 조약**에 철도사업법과 다른 규정이 있는 때에는 그 조약의 규정에 따른다.

02 철도사업의 관리

1. 철도차량의 유형 및 면허

(1) 사업용철도노선의 고시 등(제4조)

① **고시 내용** : 국토교통부장관은 사업용철도노선의 **노선번호, 노선명, 기점(起點), 종점(終點), 중요 경과지**(정차역을 포함한다)와 그 밖에 필요한 사항을 **국토교통부령**으로 정하는 바에 따라 **지정·고시**하여야 한다.

② **분류 방법** : 국토교통부장관은 제1항에 따라 사업용철도노선을 지정·고시하는 경우 사업용철도노선을 다음 각 호의 구분에 따라 분류할 수 있다.

1. 운행지역과 운행거리에 따른 분류
   가. 간선(幹線)철도
   나. 지선(支線)철도
2. 운행속도에 따른 분류
   가. 고속철도노선
   나. 준고속철도노선
   다. 일반철도노선

③ 제2항에 따른 사업용철도노선 분류의 기준이 되는 **운행지역, 운행거리 및 운행속도**는 **국토교통부령**으로 정한다.

(2) 철도차량의 유형 분류(제4조의2)

국토교통부장관은 철도 운임 상한의 산정, 철도차량의 효율적인 관리 등을 위하여 철도차량을 국토교통부령으로 정하는 운행속도에 따라 다음 각 호의 구분에 따른 유형으로 분류할 수 있다.

1. 고속철도차량
2. 준고속철도차량
3. 일반철도차량

(3) 면허 등(제5조)

① **면허** : 철도사업을 경영하려는 자는 제4조 제1항에 따라 지정·고시된 사업용철도노선을 정하여 **국토교통부장관의 면허**를 받아야 한다. 이 경우 국토교통부장관은 철도의 공공성과 안전을 강화하고 이용자 편의를 증진시키기 위하여 **국토교통부령**으로 정하는 바에 따라 필요한 부담을 붙일 수 있다.

② **서류의 제출** : 제1항에 따른 면허를 받으려는 자는 국토교통부령으로 정하는 바에 따라 사업계획서를 첨부한 **면허신청서**를 **국토교통부장관**에게 **제출**하여야 한다.

③ 철도사업의 면허를 받을 수 있는 자는 **법인**으로 한다.

(4) 면허의 기준(제6조)

철도사업의 면허기준은 다음 각 호와 같다.

1. 해당 사업의 시작으로 철도교통의 안전에 지장을 줄 염려가 없을 것
2. 해당 사업의 운행계획이 그 운행 구간의 철도 수송 수요와 수송력 공급 및 이용자의 편의에 적합할 것

3. 신청자가 해당 사업을 수행할 수 있는 재정적 능력이 있을 것
4. 해당 사업에 사용할 철도차량의 대수(臺數), 사용연한 및 규격이 국토교통부령으로 정하는 기준에 맞을 것

(5) 결격사유(제7조)

다음 각 호의 어느 하나에 해당하는 법인은 철도사업의 면허를 받을 수 없다.

1. 법인의 임원 중 다음 각 목의 어느 하나에 해당하는 사람이 있는 법인
   가. 피성년후견인 또는 피한정후견인
   나. 파산선고를 받고 복권되지 아니한 사람
   다. 철도사업법 또는 대통령령으로 정하는 철도 관계 법령을 위반하여 금고 이상의 실형을 선고받고 그 집행이 끝나거나(끝난 것으로 보는 경우를 포함한다) 면제된 날부터 2년이 지나지 아니한 사람
   라. 철도사업법 또는 대통령령으로 정하는 철도 관계 법령을 위반하여 금고 이상의 형의 집행유예를 선고받고 그 유예 기간 중에 있는 사람
2. 제16조 제1항에 따라 철도사업의 면허가 취소된 후 그 **취소일로부터 2년이 지나지 아니한 법인**. 다만, 제1호 가목 또는 나목에 해당하여 철도사업의 면허가 취소된 경우는 제외한다.

2. 운임 · 요금

(1) 운송 시작의 의무(제8조)

철도사업자는 **국토교통부장관이 지정하는 날 또는 기간**에 운송을 시작하여야 한다. 다만, 천재지변이나 그 밖의 불가피한 사유로 철도사업자가 국토교통부장관이 지정하는 날 또는 기간에 운송을 시작할 수 없는 경우에는 **국토교통부장관의 승인을** 받아 **날짜를 연기하거나 기간을 연장**할 수 있다.

(2) 여객 운임 · 요금의 신고 등(제9조)

① **신고** : 철도사업자는 **여객에 대한 운임**(여객운송에 대한 직접적인 대가를 말하며, 여객운송과 관련된 설비 · 용역에 대한 대가는 제외한다. 이하 같다) · **요금**(**"여객 운임 · 요금"**)을 **국토교통부장관에게 신고**하여야 한다. 이를 변경하려는 경우에도 같다.

② **고려 사항** : 철도사업자는 여객 운임 · 요금을 정하거나 변경하는 경우에는 원가(原價)와 버스 등 **다른 교통수단의 여객 운임 · 요금과의 형평성 등을 고려**하여야 한다. 이 경우 여객에 대한 운임은 제4조 제2항에 따른 사업용철도노선의 분류, 제4조의2에 따른 철도차량의 유형 등을 고려하여 **국토교통부장관이 지정 · 고시한 상한을** 초과하여서는 아니 된다.

③ **여객 운임의 상한** : 국토교통부장관은 제2항에 따라 여객 운임의 상한을 지정하려면 미리 **재정경제부장관과 협의**하여야 한다.

④ **통지** : 국토교통부장관은 제1항에 따른 **신고 또는 변경신고를 받은 날부터 3일 이내**에 신고수리 여부를 신고인에게 통지하여야 한다.

⑤ **공표 방법** : 철도사업자는 제1항에 따라 신고 또는 변경신고를 한 여객 운임 · 요금을 **그 시행 1주일 이전에 인터넷 홈페이지, 관계 역 · 영업소 및 사업소 등 일반인이 잘 볼 수 있는 곳에 게시하여야** 한다.

(3) 여객 운임 · 요금의 감면(제9조의2)

① 감면 : 철도사업자는 재해복구를 위한 긴급지원, 여객 유치를 위한 기념행사, 그 밖에 철도사업의 경영상 필요하다고 인정되는 경우에는 일정한 기간과 대상을 정하여 제9조 제1항에 따라 신고한 여객 운임 · 요금을 감면할 수 있다.

② 공표 방법 : 철도사업자는 제1항에 따라 여객 운임 · 요금을 감면하는 경우에는 그 시행 3일 이전에 감면 사항을 인터넷 홈페이지, 관계 역 · 영업소 및 사업소 등 일반인이 잘 볼 수 있는 곳에 게시하여야 한다. 다만, 긴급한 경우에는 미리 게시하지 아니할 수 있다.

(4) 부가 운임의 징수(제10조)

① 열차 이용의 부가 운임 : 철도사업자는 열차를 이용하는 여객이 정당한 운임 · 요금을 지급하지 아니하고 열차를 이용한 경우에는 승차 구간에 해당하는 운임 외에 그의 30배의 범위에서 부가 운임을 징수할 수 있다.

② 화물의 부가 운임 : 철도사업자는 송하인(送荷人)이 운송장에 적은 화물의 품명 · 중량 · 용적 또는 개수에 따라 계산한 운임이 정당한 사유 없이 정상 운임보다 적은 경우에는 송하인에게 그 부족 운임 외에 그 부족 운임의 5배의 범위에서 부가 운임을 징수할 수 있다.

③ 신고 : 철도사업자는 제1항 및 제2항에 따른 부가 운임을 징수하려는 경우에는 사전에 부가 운임의 징수 대상 행위, 열차의 종류 및 운행 구간 등에 따른 부가 운임 산정기준을 정하고 제11조에 따른 철도사업약관에 포함하여 국토교통부장관에게 신고하여야 한다.

④ 통지 : 국토교통부장관은 제3항에 따른 신고를 받은 날부터 3일 이내에 신고수리 여부를 신고인에게 통지하여야 한다.

⑤ 제1항 및 제2항에 따른 부가 운임의 징수 대상자는 이를 성실하게 납부하여야 한다.

(5) 승차권 등 부정판매의 금지(제10조의2)

철도사업자 또는 철도사업자로부터 승차권 판매위탁을 받은 자가 아닌 자는 철도사업자가 발행한 승차권 또는 할인권 · 교환권 등 승차권에 준하는 증서를 상습 또는 영업으로 자신이 구입한 가격을 초과한 금액으로 다른 사람에게 판매하거나 이를 알선하여서는 아니 된다.

3. 철도사업

(1) 철도사업약관(제11조)

① 신고 : 철도사업자는 철도사업약관을 정하여 국토교통부장관에게 신고하여야 한다. 이를 변경하려는 경우에도 같다.

② 제1항에 따른 철도사업약관의 기재 사항 등에 필요한 사항은 국토교통부령으로 정한다.

③ 통지 : 국토교통부장관은 제1항에 따른 신고 또는 변경신고를 받은 날부터 3일 이내에 신고수리 여부를 신고인에게 통지하여야 한다.

PART 4

(2) 사업계획의 변경(제12조)

① 신고 : 철도사업자는 사업계획을 변경하려는 경우에는 국토교통부장관에게 신고하여야 한다. 다만, 대통령령으로 정하는 중요 사항을 변경하려는 경우에는 국토교통부장관의 인가를 받아야 한다.

② 변경의 제한 : 국토교통부장관은 철도사업자가 다음 각 호의 어느 하나에 해당하는 경우에는 제1항에 따른 사업계획의 변경을 제한할 수 있다.

1. 제8조에 따라 국토교통부장관이 지정한 날 또는 기간에 운송을 시작하지 아니한 경우
2. 제16조에 따라 노선 운행중지, 운행제한, 감차(減車) 등을 수반하는 사업계획 변경명령을 받은 후 1년이 지나지 아니한 경우
3. 제21조에 따른 개선명령을 받고 이행하지 아니한 경우
4. 철도사고(철도안전법 제2조 제11호에 따른 철도사고를 말한다. 이하 같다)의 규모 또는 발생 빈도가 대통령령으로 정하는 기준 이상인 경우

더 알아보기

철도사고(철도안전법 제2조 제11호)

"철도사고"란 철도운영 또는 철도시설관리와 관련하여 사람이 죽거나 다치거나 물건이 파손되는 사고로, 국토교통부령으로 정하는 것을 말한다.

③ 제1항과 제2항에 따른 사업계획 변경의 절차·기준과 그 밖에 필요한 사항은 국토교통부령으로 정한다.

④ 통지 : 국토교통부장관은 제1항 본문에 따른 신고를 받은 날부터 3일 이내에 신고수리 여부를 신고인에게 통지하여야 한다.

(3) 공동운수협정(제13조)

① 신고 : 철도사업자는 다른 철도사업자와 공동경영에 관한 계약이나 그 밖의 운수에 관한 협정("공동운수협정")을 체결하거나 변경하려는 경우에는 국토교통부령으로 정하는 바에 따라 국토교통부장관의 인가를 받아야 한다. 다만, 국토교통부령으로 정하는 경미한 사항을 변경하려는 경우에는 국토교통부령으로 정하는 바에 따라 국토교통부장관에게 신고하여야 한다.

② 국토교통부장관은 제1항 본문에 따라 공동운수협정을 인가하려면 미리 공정거래위원회와 협의하여야 한다.

③ 통지 : 국토교통부장관은 제1항 단서에 따른 신고를 받은 날부터 3일 이내에 신고수리 여부를 신고인에게 통지하여야 한다.

(4) 사업의 양도·양수 등(제14조)

① 양도·양수의 인가 : 철도사업자는 그 철도사업을 양도·양수하려는 경우에는 국토교통부장관의 인가를 받아야 한다.

② 합병의 인가 : 철도사업자는 다른 철도사업자 또는 철도사업 외의 사업을 경영하는 자와 합병하려는 경우에는 국토교통부장관의 인가를 받아야 한다.

③ 지위의 승계 : 제1항이나 제2항에 따른 인가를 받은 경우 철도사업을 양수한 자는 철도사업을 양도한 자의 철도사업자로서의 지위를 승계하며, 합병으로 설립되거나 존속하는 법인은 합병으로 소멸되는 법인의 철도사업자로서의 지위를 승계한다.

④ 제1항과 제2항의 인가에 관하여는 제7조를 준용한다.

(5) 사업의 휴업 · 폐업(제15조)

① 신고 : 철도사업자가 그 사업의 전부 또는 일부를 **휴업 또는 폐업**하려는 경우에는 국토교통부령으로 정하는 바에 따라 **국토교통부장관의 허가**를 받아야 한다. 다만, **선로 또는 교량의 파괴, 철도시설의 개량, 그 밖의 정당한 사유**로 휴업하는 경우에는 국토교통부령으로 정하는 바에 따라 **국토교통부장관에게 신고**하여야 한다.

② **휴업기간** : 제1항에 따른 휴업기간은 **6개월**을 넘을 수 없다. 다만, 제1항 단서에 따른 휴업의 경우에는 예외로 한다.

③ **휴업 사유의 소멸** : 제1항에 따라 허가를 받거나 신고한 휴업기간 중이라도 **휴업 사유가 소멸된 경우**에는 **국토교통부장관에게 신고하고 사업을 재개(再開)**할 수 있다.

④ **통지** : 국토교통부장관은 제1항 단서 및 제3항에 따른 **신고를 받은 날부터 60일 이내**에 신고수리 여부를 신고인에게 통지하여야 한다.

⑤ **공표 방법** : 철도사업자는 철도사업의 전부 또는 일부를 휴업 또는 폐업하려는 경우에는 **대통령령**으로 정하는 바에 따라 **휴업 또는 폐업하는 사업의 내용과 그 기간 등을 인터넷 홈페이지, 관계 역·영업소 및 사업소 등 일반인이 잘 볼 수 있는 곳**에 게시하여야 한다.

PART 4

4. 처분 및 책임

(1) 면허취소 등(제16조)

① 국토교통부장관은 철도사업자가 다음 각 호의 어느 하나에 해당하는 경우에는 **면허를 취소**하거나 **6개월 이내**의 기간을 정하여 **사업의 전부 또는 일부의 정지**를 명하거나, 노선 운행중지·운행제한·감차 등을 수반하는 **사업계획의 변경**을 명할 수 있다. 다만, 제4호 및 제7호의 경우에는 면허를 취소하여야 한다.

1. 면허받은 사항을 정당한 사유 없이 시행하지 아니한 경우
2. 사업 경영의 불확실 또는 자산상태의 현저한 불량이나 그 밖의 사유로 사업을 계속하는 것이 적합하지 아니할 경우
3. 고의 또는 중대한 과실에 의한 철도사고로 대통령령으로 정하는 다수의 사상자(死傷者)가 발생한 경우
4. 거짓이나 그 밖의 부정한 방법으로 제5조에 따른 철도사업의 면허를 받은 경우
5. 제5조 제1항 후단에 따라 면허에 붙인 부담을 위반한 경우
6. 제6조에 따른 철도사업의 면허기준에 미달하게 된 경우. 다만, 3개월 이내에 그 기준을 충족시킨 경우에는 예외로 한다.
7. 철도사업자의 임원 중 제7조 제1호 각 목의 어느 하나의 결격사유에 해당하게 된 사람이 있는 경우. 다만, 3개월 이내에 그 임원을 바꾸어 임명한 경우에는 예외로 한다.
8. 제8조를 위반하여 국토교통부장관이 지정한 날 또는 기간에 운송을 시작하지 아니한 경우
9. 제15조에 따른 휴업 또는 폐업의 허가를 받지 아니하거나 신고를 하지 아니하고 영업을 하지 아니한 경우
10. 제20조 제1항에 따른 준수사항을 1년 이내에 3회 이상 위반한 경우
11. 제21조에 따른 개선명령을 위반한 경우
12. 제23조에 따른 명의 대여 금지를 위반한 경우

② 제1항에 따른 처분의 기준 및 절차와 그 밖에 필요한 사항은 **국토교통부령**으로 정한다.
③ 국토교통부장관은 제1항에 따라 철도사업의 **면허를 취소**하려면 **청문**을 하여야 한다.

(2) 과징금 처분(제17조)

① 국토교통부장관은 제16조 제1항에 따라 철도사업자에게 사업정지처분을 하여야 하는 경우로서 그 사업정지처분이 그 철도사업자가 제공하는 철도서비스의 이용자에게 심한 불편을 주거나 그 밖에 공익을 해칠 우려가 있을 때에는 그 사업정지처분을 갈음하여 **1억 원 이하의 과징금**을 부과·징수할 수 있다.
② 제1항에 따라 과징금을 부과하는 위반행위의 종류, 과징금의 부과기준·징수방법 등 필요한 사항은 **대통령령**으로 정한다.
③ 국토교통부장관은 제1항에 따라 과징금 부과처분을 받은 자가 납부기한까지 과징금을 내지 아니하면 **국세 체납처분의 예**에 따라 징수한다.
④ 제1항에 따라 징수한 과징금은 다음 각 호 외의 용도로는 사용할 수 없다.
1. 철도사업 종사자의 양성·교육훈련이나 그 밖의 자질향상을 위한 시설 및 철도사업 종사자에 대한 지도업무의 수행을 위한 시설의 건설·운영
2. 철도사업의 경영개선이나 그 밖에 철도사업의 발전을 위하여 필요한 사업
3. 제1호 및 제2호의 목적을 위한 보조 또는 융자

⑤ 국토교통부장관은 과징금으로 징수한 금액의 **운용계획을 수립**하여 **시행**하여야 한다.
⑥ 제4항과 제5항에 따른 과징금 사용의 절차, 운용계획의 수립·시행에 관한 사항과 그 밖에 필요한 사항은 **국토교통부령**으로 정한다.

(3) 철도차량 표시(제18조)

철도사업자는 철도사업에 사용되는 철도차량에 **철도사업자의 명칭**과 그 밖에 **국토교통부령**으로 정하는 사항을 표시하여야 한다.

(4) 우편물 등의 운송(제19조)

철도사업자는 **여객 또는 화물 운송**에 **부수(附隨)**하여 우편물과 신문 등을 운송할 수 있다.

(5) 철도사업자의 준수사항(제20조)

① 철도사업자는 철도안전법 제21조에 따른 요건을 갖추지 아니한 사람을 운전업무에 종사하게 하여서는 아니 된다.
② 철도사업자는 사업계획을 성실하게 이행하여야 하며, 부당한 운송 조건을 제시하거나 정당한 사유 없이 운송계약의 체결을 거부하는 등 철도운송 질서를 해치는 행위를 하여서는 아니 된다.
③ 철도사업자는 **여객 운임표, 여객 요금표, 감면 사항 및 철도사업약관**을 인터넷 홈페이지에 게시하고 관계 역·영업소 및 사업소 등에 갖추어 두어야 하며, 이용자가 요구하는 경우에는 제시하여야 한다.
④ 제1항부터 제3항까지에 따른 준수사항 외에 운송의 안전과 여객 및 화주(貨主)의 편의를 위하여 철도사업자가 준수하여야 할 사항은 **국토교통부령**으로 정한다.

더 알아보기

운전업무 실무수습(철도안전법 제21조)
철도차량의 운전업무에 종사하려는 사람은 국토교통부령으로 정하는 바에 따라 실무수습을 이수하여야 한다.

(6) 사업의 개선명령(제21조)

국토교통부장관은 원활한 철도운송, 서비스의 개선 및 운송의 안전과 그 밖에 공공복리의 증진을 위하여 필요하다고 인정하는 경우에는 철도사업자에게 다음 각 호의 사항을 명할 수 있다.

1. 사업계획의 변경
2. 철도차량 및 운송관련 장비·시설의 개선
3. 운임·요금 징수 방식의 개선
4. 철도사업약관의 변경
5. 공동운수협정의 체결
6. 철도차량 및 철도사고에 관한 손해배상을 위한 보험에의 가입
7. 안전운송의 확보 및 서비스의 향상을 위하여 필요한 조치
8. 철도운수종사자의 양성 및 자질향상을 위한 교육

PART 4

(7) 철도운수종사자의 준수사항(제22조)

철도사업에 종사하는 철도운수종사자는 다음 각 호의 어느 하나에 해당하는 행위를 하여서는 아니 된다.

1. 정당한 사유 없이 여객 또는 화물의 운송을 거부하거나 여객 또는 화물을 중도에서 내리게 하는 행위
2. 부당한 운임 또는 요금을 요구하거나 받는 행위
3. 그 밖에 안전운행과 여객 및 화주의 편의를 위하여 철도운수종사자가 준수하여야 할 사항으로서 국토교통부령으로 정하는 사항을 위반하는 행위

(8) 명의 대여의 금지(제23조)

철도사업자는 타인에게 자기의 성명 또는 상호를 사용하여 철도사업을 경영하게 하여서는 아니 된다.

(9) 철도화물 운송에 관한 책임(제24조)

① 손해배상책임 : 철도사업자의 화물의 멸실·훼손 또는 인도(引導)의 지연에 대한 손해배상책임에 관하여는 상법 제135조를 준용한다.

② 화물의 멸실 기준 : 제1항을 적용할 때에 화물이 인도 기한을 지난 후 3개월 이내에 인도되지 아니한 경우에는 그 화물은 멸실된 것으로 본다.

더 알아보기

손해배상책임(상법 제135조)
운송인은 자기 또는 운송주선인이나 사용인, 그 밖에 운송을 위하여 사용한 자가 운송물의 수령, 인도, 보관 및 운송에 관하여 주의를 게을리 하지 아니하였음을 증명하지 아니하면 운송물의 멸실, 훼손 또는 연착으로 인한 손해를 배상할 책임이 있다.

03 민자철도 운영의 감독 · 관리 등

1. 민자철도의 운영

(1) 민자철도의 유지 · 관리 및 운영에 관한 기준 등(제25조)

① 기준의 고시 : 국토교통부장관은 철도의 건설 및 철도시설 유지관리에 관한 법률 제2조 제2호부터 제4호까지에 따른 고속철도, 광역철도 및 일반철도로서 사회기반시설에 대한 민간투자법 제2조 제6호에 따른 민간투자사업으로 건설된 철도("민자철도")의 관리운영권을 사회기반시설에 대한 민간투자법 제26조 제1항에 따라 설정받은 자("민자철도사업자")가 해당 민자철도를 안전하고 효율적으로 유지 · 관리할 수 있도록 민자철도의 유지 · 관리 및 운영에 관한 기준을 정하여 고시하여야 한다.

더 알아보기

고속철도 및 광역철도, 일반철도(철도의 건설 및 철도시설 유지관리에 관한 법률 제2조 제2호부터 제4호)

2. "고속철도"란 열차가 주요 구간을 시속 200km 이상으로 주행하는 철도로서 국토교통부장관이 그 노선을 지정 · 고시하는 철도를 말한다.
3. "광역철도"란 대도시권 광역교통관리에 관한 특별법 제2조 제2호 나목에 따른 철도를 말한다.
4. "일반철도"란 고속철도와 도시철도법에 따른 도시철도를 제외한 철도를 말한다.

민간투자사업(사회기반시설에 대한 민간투자법 제2조 제6호)

"민간투자사업"이란 제9조에 따라 민간부문이 제안하는 사업 또는 제10조에 따른 민간투자시설사업기본계획에 따라 제8호에 따른 사업시행자가 시행하는 사회기반시설사업을 말한다. 다만, 국가재정법 제23조에 따른 계속비에 의한 정부발주사업 중 초과시공(국가와 계약상대자가 미리 협의한 한도액 범위에서 해당 연도 사업비를 초과하여 시공하는 것을 말한다. 이하 같다)되는 부분은 민간투자사업으로 본다.

민자철도사업자(사회기반시설에 대한 민간투자법 제26조 제1항)

주무관청은 제4조 제1호 또는 제2호에 따른 방식으로 사회기반시설사업을 시행한 사업시행자가 제22조에 따라 준공확인을 받은 경우에는 제25조 제1항에 따라 무상으로 사용 · 수익할 수 있는 기간 동안 해당 시설을 유지 · 관리하고 시설사용자로부터 사용료를 징수할 수 있는 사회기반시설관리운영권("관리운영권")을 그 사업시행자에게 설정할 수 있다.

② 민자철도사업자는 민자철도의 안전하고 효율적인 유지 · 관리와 이용자 편의를 도모하기 위하여 제1항에 따라 고시된 기준을 준수하여야 한다.

③ 운영평가 : 국토교통부장관은 제1항에 따른 민자철도의 유지 · 관리 및 운영에 관한 기준에 따라 매년 소관 민자철도에 대하여 운영평가를 실시하여야 한다.

④ 국토교통부장관은 제3항에 따른 운영평가 결과에 따라 민자철도에 관한 유지 · 관리 및 체계 개선 등 필요한 조치를 민자철도사업자에게 명할 수 있다.

⑤ 보고 : 민자철도사업자는 제4항에 따른 명령을 이행하고 그 결과를 국토교통부장관에게 보고하여야 한다.

⑥ 제3항에 따른 운영평가의 절차, 방법 및 그 밖에 필요한 사항은 국토교통부령으로 정한다.

(2) 민자철도사업자에 대한 과징금 처분(제25조의2)

① 국토교통부장관은 민자철도사업자가 다음 각 호의 어느 하나에 해당하는 경우에는 **1억 원 이하의 과징금**을 부과・징수할 수 있다.

1. 제25조 제2항을 위반하여 민자철도의 유지・관리 및 운영에 관한 기준을 준수하지 아니한 경우
2. 제25조 제5항을 위반하여 명령을 이행하지 아니하거나 그 결과를 보고하지 아니한 경우

② 제1항에 따라 과징금을 부과하는 위반행위의 종류와 위반 정도 등에 따른 과징금의 금액 및 징수방법 등에 필요한 사항은 **대통령령**으로 정한다.

③ 국토교통부장관은 제1항에 따라 과징금 부과처분을 받은 자가 납부기한까지 과징금을 내지 아니하면 **국세강제징수의 예**에 따라 징수한다.

④ 제1항에 따라 징수한 과징금의 용도 등에 관하여는 제17조 제4항부터 제6항까지를 준용한다.

(3) 사정변경 등에 따른 실시협약의 변경 요구 등(제25조의3)

① **소명 및 해소 대책의 요구** : 국토교통부장관은 중대한 사정변경 또는 민자철도사업자의 위법한 행위 등 다음 각 호의 어느 하나에 해당하는 사유가 발생한 경우 민자철도사업자에게 그 **사유를 소명**하거나 **해소 대책을 수립**할 것을 요구할 수 있다.

1. 민자철도사업자가 사회기반시설에 대한 민간투자법 제2조 제7호에 따른 **실시협약**("**실시협약**")에서 정한 자기자본의 비율을 대통령령으로 정하는 기준 미만으로 변경한 경우. 다만, 같은 조 제5호에 따른 주무관청의 승인을 받아 변경한 경우는 제외한다.
2. 민자철도사업자가 대통령령으로 정하는 기준을 초과한 이자율로 자금을 차입한 경우
3. 교통여건이 현저히 변화되는 등 실시협약의 기초가 되는 사실 또는 상황에 중대한 변경이 생긴 경우로서 대통령령으로 정하는 경우

더 알아보기

> **실시협약(사회기반시설에 대한 민간투자법 제2조 제7호)**
> "실시협약"이란 이 법에 따라 주무관청과 민간투자사업을 시행하려는 자 간에 사업시행의 조건 등에 관하여 체결하는 계약을 말한다.

② **소명 및 해소 대책의 기간** : 제1항에 따른 요구를 받은 민자철도사업자는 국토교통부장관이 요구한 날부터 **30일 이내**에 그 사유를 소명하거나 해소 대책을 수립하여야 한다.

③ **실시협약의 변경** : 국토교통부장관은 다음 각 호의 어느 하나에 해당하는 경우 제25조의5에 따른 **민자철도 관리지원센터의 자문**을 거쳐 **실시협약의 변경** 등을 요구할 수 있다.

1. 민자철도사업자가 제2항에 따른 소명을 하지 아니하거나 그 소명이 충분하지 아니한 경우
2. 민자철도사업자가 제2항에 따른 해소 대책을 수립하지 아니한 경우
3. 제2항에 따른 해소 대책으로는 제1항에 따른 사유를 해소할 수 없거나 해소하기 곤란하다고 판단되는 경우

④ 국토교통부장관은 민자철도사업자가 제3항에 따른 요구에 따르지 아니하는 경우 정부지급금, 실시협약에 따른 보조금 및 재정지원금의 전부 또는 일부를 지급하지 아니할 수 있다.

(4) 민자철도사업자에 대한 지원(제25조의4)

국토교통부장관은 정책의 변경 또는 법령의 개정 등으로 인하여 민자철도사업자가 부담하여야 하는 비용이 추가로 발생하는 경우 그 비용의 전부 또는 일부를 지원할 수 있다.

(5) 민자철도 관리지원센터의 지정 등(제25조의5)

① 민자철도 관리지원센터의 지정 : 국토교통부장관은 민자철도에 대한 감독 업무를 효율적으로 수행하기 위하여 다음 각 호의 어느 하나에 해당하는 기관을 민자철도에 대한 전문성을 고려하여 민자철도 관리지원센터("관리지원센터")로 지정할 수 있다.

1. 정부출연연구기관 등의 설립·운영 및 육성에 관한 법률에 따른 정부출연연구기관
2. 공공기관의 운영에 관한 법률에 따른 공공기관

② 민자지원 관리지원센터의 업무 내용

1. 민자철도의 교통수요 예측, 적정 요금 또는 운임 및 운영비 산출과 관련한 자문 및 지원
2. 제25조 제1항에 따른 민자철도의 유지·관리 및 운영에 관한 기준과 관련한 자문 및 지원
3. 제25조 제3항에 따른 운영평가와 관련한 자문 및 지원
4. 제25조의3 제3항에 따른 실시협약 변경 등의 요구와 관련한 자문 및 지원
5. 제5항에 따라 국토교통부장관이 위탁하는 업무
6. 그 밖에 철도사업법에 따른 민자철도에 관한 감독 지원을 위하여 국토교통부령으로 정하는 업무

③ 업무의 지원 : 국토교통부장관은 관리지원센터가 업무를 수행하는 데에 필요한 비용을 예산의 범위에서 지원할 수 있다.

④ 지정의 취소 : 국토교통부장관은 관리지원센터가 다음 각 호의 어느 하나에 해당하는 경우에는 지정을 취소할 수 있다. 다만, 제1호에 해당하는 경우에는 지정을 취소하여야 한다.

1. 거짓이나 그 밖의 부정한 방법으로 지정을 받은 경우
2. 지정받은 사항을 위반하여 업무를 수행한 경우

⑤ 업무의 위탁 : 국토교통부장관은 민자철도와 관련하여 철도사업법과 사회기반시설에 대한 민간투자법에 따른 업무로서 국토교통부령으로 정하는 업무를 관리지원센터에 위탁할 수 있다.

(6) 국회에 대한 보고 등(제25조의6)

① 보고서의 제출 : 국토교통부장관은 사회기반시설에 대한 민간투자법 제53조에 따라 국가가 재정을 지원한 민자철도의 건설 및 유지·관리 현황에 관한 보고서를 작성하여 매년 5월 31일까지 국회 소관 상임위원회에 제출하여야 한다.

더 알아보기

재정지원(사회기반시설에 대한 민간투자법 제53조)
국가 또는 지방자치단체는 귀속시설사업을 원활하게 시행하기 위하여 필요하면 대통령령으로 정하는 경우에 한정하여 사업시행자에게 보조금을 지급하거나 장기대부를 할 수 있다.

② 자료의 제출 : 국토교통부장관은 제1항에 따른 보고서를 작성하기 위하여 민자철도사업자에게 필요한 자료의 제출을 요구할 수 있다.

04 철도서비스 향상 등

1. 철도서비스의 평가

(1) 철도서비스의 품질평가 등(제26조)

① **품질평가** : 국토교통부장관은 **공공복리의 증진**과 **철도서비스 이용자의 권익보호**를 위하여 철도사업자가 제공하는 철도서비스에 대하여 적정한 **철도서비스 기준**을 정하고, 그에 따라 철도사업자가 제공하는 **철도서비스의 품질을 평가**하여야 한다.

② 제1항에 따른 철도서비스의 기준, 품질평가의 항목·절차 등에 필요한 사항은 **국토교통부령**으로 정한다.

(2) 평가 결과의 공표 및 활용(제27조)

① **공표 방법** : 국토교통부장관은 제26조에 따른 철도서비스의 품질을 평가한 경우에는 그 평가 결과를 **대통령령**으로 정하는 바에 따라 **신문 등 대중매체를 통하여 공표**하여야 한다.

② 국토교통부장관은 철도서비스의 품질평가 결과에 따라 제21조에 따른 사업 개선명령 등 필요한 조치를 할 수 있다.

(3) 우수 철도서비스 인증(제28조)

① **우수 철도서비스 인증** : 국토교통부장관은 공정거래위원회와 협의하여 철도사업자 간 경쟁을 제한하지 아니하는 범위에서 철도서비스의 질적 향상을 촉진하기 위하여 **우수 철도서비스에 대한 인증**을 할 수 있다.

② **인증 사실의 홍보** : 제1항에 따라 인증을 받은 철도사업자는 그 **인증의 내용을 나타내는 표지("우수서비스마크")**를 철도차량, 역시설 또는 철도 용품 등에 붙이거나 **인증 사실을 홍보**할 수 있다.

③ 제1항에 따라 인증을 받은 자가 아니면 우수서비스마크 또는 이와 유사한 표지를 철도차량, 역시설 또는 철도 용품 등에 붙이거나 인증 사실을 홍보하여서는 아니 된다.

④ 우수 철도서비스 인증의 절차, 인증기준, 우수서비스마크, 인증의 사후관리에 관한 사항과 그 밖에 인증에 필요한 사항은 **국토교통부령**으로 정한다.

(4) 평가업무 등의 위탁(제29조)

국토교통부장관은 효율적인 철도 서비스 품질평가 체제를 구축하기 위하여 필요한 경우에는 **관계 전문기관 등에 철도서비스 품질에 대한 조사·평가·연구 등의 업무**와 제28조 제1항에 따른 **우수 철도서비스 인증에 필요한 심사업무를 위탁**할 수 있다.

(5) 자료 등의 요청(제30조)

① **실지조사** : 국토교통부장관이나 제29조에 따라 평가업무 등을 위탁받은 자는 철도서비스의 평가 등을 할 때 철도사업자에게 **관련 자료 또는 의견 제출 등을 요구**하거나 철도서비스에 대한 **실지조사(實地調査)**를 할 수 있다.

② **자료 및 의견의 제출** : 제1항에 따라 자료 또는 의견 제출 등을 요구받은 관련 철도사업자는 특별한 사유가 없으면 이에 따라야 한다.

2. 철도서비스의 운영

(1) 철도시설의 공동 활용(제31조)

공공교통을 목적으로 하는 선로 및 다음 각 호의 공동 사용시설을 관리하는 자는 철도사업자가 그 시설의 공동 활용에 관한 요청을 하는 경우 협정을 체결하여 이용할 수 있게 하여야 한다.

1. 철도역 및 역시설(물류시설, 환승시설 및 편의시설 등을 포함한다)
2. 철도차량의 정비 · 검사 · 점검 · 보관 등 유지관리를 위한 시설
3. 사고의 복구 및 구조 · 피난을 위한 설비
4. 열차의 조성 또는 분리 등을 위한 시설
5. 철도 운영에 필요한 정보통신 설비

(2) 회계의 구분(제32조)

① 철도사업자는 철도사업 외의 사업을 경영하는 경우에는 **철도사업에 관한 회계와 철도사업 외의 사업에 관한 회계를 구분하여 경리**하여야 한다.

② 철도사업자는 철도운영의 효율화와 회계처리의 투명성을 제고하기 위하여 국토교통부령으로 정하는 바에 따라 **철도사업의 종류별 · 노선별로 회계를 구분하여 경리**하여야 한다.

(3) 벌칙 적용 시의 공무원 의제(제33조)

제29조에 따라 위탁받은 업무에 종사하는 관계 전문기관 등의 임원 및 직원은 형법 제129조부터 제132조까지의 규정을 적용할 때에는 공무원으로 본다.

더 알아보기

수뢰, 사전수뢰(형법 제129조)

① 공무원 또는 중재인이 그 직무에 관하여 뇌물을 수수, 요구 또는 약속한 때에는 5년 이하의 징역 또는 10년 이하의 자격정지에 처한다.

② 공무원 또는 중재인이 될 자가 그 담당할 직무에 관하여 청탁을 받고 뇌물을 수수, 요구 또는 약속한 후 공무원 또는 중재인이 된 때에는 3년 이하의 징역 또는 7년 이하의 자격정지에 처한다.

제3자뇌물제공(형법 제130조)

공무원 또는 중재인이 그 직무에 관하여 부정한 청탁을 받고 제3자에게 뇌물을 공여하게 하거나 공여를 요구 또는 약속한 때에는 5년 이하의 징역 또는 10년 이하의 자격정지에 처한다.

수뢰후부정처사, 사후수뢰(형법 제131조)

① 공무원 또는 중재인이 전 2조의 죄를 범하여 부정한 행위를 한 때에는 1년 이상의 유기징역에 처한다.

② 공무원 또는 중재인이 그 직무상 부정한 행위를 한 후 뇌물을 수수, 요구 또는 약속하거나 제3자에게 이를 공여하게 하거나 공여를 요구 또는 약속한 때에도 전항의 형과 같다.

③ 공무원 또는 중재인이었던 자가 그 재직 중에 청탁을 받고 직무상 부정한 행위를 한 후 뇌물을 수수, 요구 또는 약속한 때에는 5년 이하의 징역 또는 10년 이하의 자격정지에 처한다.

④ 전 3항의 경우에는 10년 이하의 자격정지를 병과할 수 있다.

알선수뢰(형법 제132조)

공무원이 그 지위를 이용하여 다른 공무원의 직무에 속한 사항의 알선에 관하여 뇌물을 수수, 요구 또는 약속한 때에는 3년 이하의 징역 또는 7년 이하의 자격정지에 처한다.

05 전용철도

1. 전용철도의 운영

(1) 등록(제34조)

① 전용철도를 운영하려는 자는 국토교통부령으로 정하는 바에 따라 **전용철도의 건설·운전·보안 및 운송에 관한 사항**이 포함된 **운영계획서를 첨부**하여 **국토교통부장관에게 등록**을 하여야 한다. 등록사항을 변경하려는 경우에도 같다. 다만 대통령령으로 정하는 경미한 변경의 경우에는 예외로 한다.

② 전용철도의 등록기준과 등록절차 등에 관하여 필요한 사항은 **국토교통부령**으로 정한다.

③ 국토교통부장관은 제2항에 따른 등록기준을 적용할 때에 **환경오염, 주변 여건 등 지역적 특성을 고려할 필요가 있거나 그 밖에 공익상 필요하다고 인정하는** 경우에는 **등록을 제한**하거나 **부담을 붙일** 수 있다.

(2) 결격사유(제35조)

다음 각 호의 어느 하나에 해당하는 자는 전용철도를 등록할 수 없다. 법인인 경우 그 임원 중에 다음 각 호의 어느 하나에 해당하는 자가 있는 경우에도 같다.

1. 제7조 제1호 각 목의 어느 하나에 해당하는 사람
2. 철도사업법에 따라 전용철도의 등록이 취소된 후 그 취소일로부터 1년이 지나지 아니한 자

(3) 전용철도 운영의 양도·양수 등(제36조)

① **양도·양수의 신고** : 전용철도의 운영을 **양도·양수**하려는 자는 국토교통부령으로 정하는 바에 따라 **국토교통부장관**에게 **신고**하여야 한다.

② **합병의 신고** : 전용철도의 등록을 한 법인이 **합병**하려는 경우에는 국토교통부령으로 정하는 바에 따라 **국토교통부장관**에게 **신고**하여야 한다.

③ **통지** : 국토교통부장관은 제1항 및 제2항에 따른 **신고를 받은 날부터 30일 이내**에 신고수리 여부를 신고인에게 통지하여야 한다.

④ **지위의 승계** : 제1항 또는 제2항에 따른 신고가 수리된 경우 **전용철도의 운영을 양수한 자**는 전용철도의 운영을 양도한 자의 **전용철도운영자로서의 지위를 승계**하며, **합병으로 설립되거나 존속하는 법인**은 **합병으로 소멸되는 법인의 전용철도운영자로서의 지위를 승계**한다.

⑤ 제1항과 제2항의 신고에 관하여는 제35조를 준용한다.

(4) 전용철도 운영의 상속(제37조)

① **운영 상속의 신고** : 전용철도운영자가 사망한 경우 상속인이 그 **전용철도의 운영을 계속하려는** 경우에는 피상속인이 사망한 날부터 **3개월 이내**에 **국토교통부장관에게 신고**하여야 한다.

② **통지** : 국토교통부장관은 제1항에 따른 **신고를 받은 날부터 10일 이내**에 신고수리 여부를 신고인에게 통지하여야 한다.

③ 제1항에 따른 신고가 수리된 경우 **상속인**은 피상속인의 **전용철도운영자로서의 지위를 승계**하며, **피상속인이 사망한 날부터 신고가 수리된 날까지의 기간** 동안은 피상속인의 전용철도 등록은 **상속인의** 등록으로 본다.

④ 제1항의 신고에 관하여는 제35조를 준용한다. 다만, 제35조 각 호의 어느 하나에 해당하는 상속인이 피상속인이 사망한 날부터 3개월 이내에 그 전용철도의 운영을 다른 사람에게 양도한 경우 피상속인의 사망일부터 양도일까지의 기간에 있어서 피상속인의 전용철도 등록은 상속인의 등록으로 본다.

(5) 전용철도 운영의 휴업 · 폐업(제38조)

전용철도운영자가 그 운영의 전부 또는 일부를 휴업 또는 폐업한 경우에는 1개월 이내에 국토교통부장관에게 신고하여야 한다.

(6) 전용철도 운영의 개선명령(제39조)

국토교통부장관은 전용철도 운영의 건전한 발전을 위하여 필요하다고 인정하는 경우에는 전용철도운영자에게 다음 각 호의 사항을 명할 수 있다.

1. 사업장의 이전
2. 시설 또는 운영의 개선

(7) 등록의 취소 · 정지(제40조)

국토교통부장관은 전용철도운영자가 다음 각 호의 어느 하나에 해당하는 경우에는 그 등록을 취소하거나 1년 이내의 기간을 정하여 그 운영의 전부 또는 일부의 정지를 명할 수 있다. 다만, 제1호에 해당하는 경우에는 등록을 취소하여야 한다.

1. 거짓이나 그 밖의 부정한 방법으로 제34조에 따른 등록을 한 경우
2. 제34조 제2항에 따른 등록기준에 미달하거나 같은 조 제3항에 따른 부담을 이행하지 아니한 경우
3. 휴업신고나 폐업신고를 하지 아니하고 3개월 이상 전용철도를 운영하지 아니한 경우

(8) 준용규정(제41조)

전용철도에 관하여는 제16조 제3항과 제23조를 준용한다. 이 경우 "철도사업의 면허"는 "전용철도의 등록"으로, "철도사업자"는 "전용철도운영자"로, "철도사업"은 "전용철도의 운영"으로 본다.

06 국유철도시설의 활용 · 지원 등

1. 점용허가

(1) 점용허가(제42조)

① 점용허가 : 국토교통부장관은 국가가 소유 · 관리하는 철도시설에 건물이나 그 밖의 시설물("시설물")을 설치하려는 자에게 국유재산법 제18조에도 불구하고 대통령령으로 정하는 바에 따라 시설물의 종류 및 기간 등을 정하여 점용허가를 할 수 있다.

더 알아보기

영구시설물의 축조 금지(국유재산법 제18조)

① 국가 외의 자는 국유재산에 건물, 교량 등 구조물과 그 밖의 영구시설물을 축조하지 못한다. 다만, 다음 각 호의 어느 하나에 해당하는 경우에는 그러하지 아니하다.

1. 기부를 조건으로 축조하는 경우
2. 다른 법률에 따라 국가에 소유권이 귀속되는 공공시설을 축조하는 경우

2의2. 제50조 제2항에 따라 매각대금을 나누어 내고 있는 일반재산으로서 대통령령으로 정하는 경우

3. 지방자치단체나 지방공기업법에 따른 지방공기업("지방공기업")이 사회기반시설에 대한 민간투자법 제2조 제1호의 사회기반시설 중 주민생활을 위한 문화시설, 생활체육시설 등 재정경제부령으로 정하는 사회기반시설을 해당 국유재산 소관 중앙관서의 장과 협의를 거쳐 총괄청의 승인을 받아 축조하는 경우
4. 제59조의2에 따라 개발하는 경우
5. 법률 제4347호 지방교육자치에 관한 법률 시행 전에 설립한 초등학교 · 중학교 · 고등학교 및 특수학교에 총괄청 및 관련 중앙관서의 장과 협의를 거쳐 교육부장관의 승인을 받아 학교시설사업 촉진법 제2조 제1호에 따른 학교시설을 증축 또는 개축하는 경우
6. 그 밖에 국유재산의 사용 및 이용에 지장이 없고 국유재산의 활용가치를 높일 수 있는 경우로서 대부계약의 사용목적을 달성하기 위하여 중앙관서의 장 등이 필요하다고 인정하는 경우

② 제1항 단서에 따라 영구시설물의 축조를 허용하는 경우에는 대통령령으로 정하는 기준 및 절차에 따라 그 영구시설물의 철거 등 원상회복에 필요한 비용의 상당액에 대하여 이행을 보증하는 조치를 하게 하여야 한다.

② 점용허가의 기준 : 제1항에 따른 점용허가는 철도사업자와 철도사업자가 출자 · 보조 또는 출연한 사업을 경영하는 자에게만 하며, 시설물의 종류와 경영하려는 사업이 철도사업에 지장을 주지 아니하여야 한다.

(2) 점용허가의 취소(제42조의2)

① 점용허가의 취소 : 국토교통부장관은 제42조 제1항에 따른 점용허가를 받은 자가 다음 각 호의 어느 하나에 해당하면 그 점용허가를 취소할 수 있다.

1. 점용허가 목적과 다른 목적으로 철도시설을 점용한 경우
2. 제42조 제2항을 위반하여 시설물의 종류와 경영하는 사업이 철도사업에 지장을 주게 된 경우
3. 점용허가를 받은 날부터 1년 이내에 해당 점용허가의 목적이 된 공사에 착수하지 아니한 경우. 다만, 정당한 사유가 있는 경우에는 1년의 범위에서 공사의 착수기간을 연장할 수 있다.
4. 제44조에 따른 점용료를 납부하지 아니하는 경우
5. 점용허가를 받은 자가 스스로 점용허가의 취소를 신청하는 경우

② 제1항에 따른 점용허가 취소의 절차 및 방법은 국토교통부령으로 정한다.

(3) 시설물 설치의 대행(제43조)

국토교통부장관은 제42조에 따라 점용허가를 받은 자("점용허가를 받은 자")가 설치하려는 시설물의 전부 또는 일부가 철도시설 관리에 관계되는 경우에는 점용허가를 받은 자의 부담으로 그의 위탁을 받아 시설물을 직접 설치하거나 국가철도공단법에 따라 설립된 국가철도공단으로 하여금 설치하게 할 수 있다.

(4) 점용료(제44조)

① 점용료의 부과 : 국토교통부장관은 대통령령으로 정하는 바에 따라 점용허가를 받은 자에게 점용료를 부과한다.

② 점용료의 감면 : 제1항에도 불구하고 점용허가를 받은 자가 다음 각 호에 해당하는 경우에는 대통령령으로 정하는 바에 따라 점용료를 감면할 수 있다.

1. 국가에 무상으로 양도하거나 제공하기 위한 시설물을 설치하기 위하여 점용허가를 받은 경우
2. 제1호의 시설물을 설치하기 위한 경우로서 공사기간 중에 점용허가를 받거나 임시 시설물을 설치하기 위하여 점용허가를 받은 경우
3. 공공주택 특별법에 따른 공공주택을 건설하기 위하여 점용허가를 받은 경우
4. 재해, 그 밖의 특별한 사정으로 본래의 철도 점용 목적을 달성할 수 없는 경우
5. 국민경제에 중대한 영향을 미치는 공익사업으로서 대통령령으로 정하는 사업을 위하여 점용허가를 받은 경우

③ 점용료 징수 업무의 위탁 : 국토교통부장관이 철도산업발전기본법 제19조 제2항에 따라 철도시설의 건설 및 관리 등에 관한 업무의 일부를 국가철도공단법에 따른 국가철도공단으로 하여금 대행하게 한 경우 제1항에 따른 점용료 징수에 관한 업무를 위탁할 수 있다.

④ 국토교통부장관은 점용허가를 받은 자가 제1항에 따른 점용료를 내지 아니하면 국세 체납처분의 예에 따라 징수한다.

(5) 변상금의 징수(제44조의2)

국토교통부장관은 제42조 제1항에 따른 점용허가를 받지 아니하고 철도시설을 점용한 자에 대하여 제44조 제1항에 따른 점용료의 100분의 120에 해당하는 금액을 변상금으로 징수할 수 있다. 이 경우 변상금의 징수에 관하여는 제44조 제3항을 준용한다.

(6) 권리와 의무의 이전(제45조)

제42조에 따른 점용허가로 인하여 발생한 권리와 의무를 이전하려는 경우에는 대통령령으로 정하는 바에 따라 국토교통부장관의 인가를 받아야 한다.

(7) 원상회복의무(제46조)

① **원상회복의무** : 점용허가를 받은 자는 **점용허가기간이 만료**되거나 제42조의2 제1항에 따라 **점용허가가 취소**된 경우에는 **점용허가된 철도 재산을 원상(原狀)으로 회복**하여야 한다. 다만, 국토교통부장관은 원상으로 회복할 수 없거나 원상회복이 부적당하다고 인정하는 경우에는 원상회복의무를 면제할 수 있다.

② 국토교통부장관은 점용허가를 받은 자가 제1항 본문에 따른 원상회복을 하지 아니하는 경우에는 행정대집행법에 따라 시설물을 철거하거나 그 밖에 필요한 조치를 할 수 있다.

③ 국토교통부장관은 제1항 단서에 따라 **원상회복의무를 면제하는 경우**에는 해당 **철도 재산**에 **설치된 시설물 등의 무상 국가귀속**을 조건으로 할 수 있다.

(8) 국가귀속 시설물의 사용허가기간 등에 관한 특례(제46조의2)

① **사용허가의 기간** : 제46조 제3항에 따라 국가 귀속된 시설물을 국유재산법에 따라 사용허가하려는 경우 그 허가의 기간은 같은 법 제35조에도 불구하고 **10년 이내**로 한다.

② **사용허가의 갱신** : 제1항에 따른 허가기간이 끝난 시설물에 대해서는 10년을 **초과하지 아니하는** 범위에서 1회에 한하여 **종전의 사용허가를 갱신**할 수 있다.

③ 제1항에 따른 사용허가를 받은 자는 국유재산법 제30조 제2항에도 불구하고 그 사용허가의 용도나 목적에 위배되지 않는 범위에서 **국토교통부장관의 승인**을 받아 해당 시설물의 일부를 다른 사람에게 사용·수익하게 할 수 있다.

더 알아보기

사용허가(국유재산법 제30조)

① 중앙관서의 장은 다음 각 호의 범위에서만 행정재산의 사용허가를 할 수 있다.
1. 공용·공공용·기업용 재산 : 그 용도나 목적에 장애가 되지 아니하는 범위
2. 보존용 재산 : 보존목적의 수행에 필요한 범위

② 제1항에 따라 사용허가를 받은 자는 그 재산을 다른 사람에게 사용·수익하게 하여서는 아니 된다. 다만, 다음 각 호의 어느 하나에 해당하는 경우에는 중앙관서의 장의 승인을 받아 다른 사람에게 사용·수익하게 할 수 있다.
1. 기부를 받은 재산에 대하여 사용허가를 받은 자가 그 재산의 기부자이거나 그 상속인, 그 밖의 포괄승계인인 경우
2. 지방자치단체나 지방공기업이 행정재산에 대하여 제18조 제1항 제3호에 따른 사회기반시설로 사용·수익하기 위한 사용허가를 받은 후 이를 지방공기업 등 대통령령으로 정하는 기관으로 하여금 사용·수익하게 하는 경우

③ 중앙관서의 장은 제2항 단서에 따른 사용·수익이 그 용도나 목적에 장애가 되거나 원상회복이 어렵다고 인정되면 승인하여서는 아니 된다.

07 보칙

1. 보고 및 검사

(1) 보고 · 검사 등(제47조)

① 보고 및 서류의 제출 : 국토교통부장관은 필요하다고 인정하면 철도사업자와 전용철도운영자에게 해당 철도사업 또는 전용철도의 운영에 관한 사항이나 철도차량의 소유 또는 사용에 관한 사항에 대하여 보고나 서류 제출을 명할 수 있다.

② 공무원의 검사 : 국토교통부장관은 필요하다고 인정하면 소속 공무원으로 하여금 철도사업자 및 전용철도운영자의 장부, 서류, 시설 또는 그 밖의 물건을 검사하게 할 수 있다.

③ 공무원의 증표 : 제2항에 따라 검사를 하는 공무원은 그 권한을 표시하는 증표를 지니고 이를 관계인에게 보여 주어야 한다.

④ 제3항에 따른 증표에 관하여 필요한 사항은 국토교통부령으로 정한다.

(2) 정보 제공 요청(제47조의2)

① 국토교통부장관은 제10조의2에 따른 승차권 등 부정판매의 금지를 위하여 필요한 경우 관계 중앙행정기관의 장, 지방자치단체의 장, 공공기관의 운영에 관한 법률 제4조에 따른 공공기관의 장, 법인 · 단체의 장, 개인에게 승차권 등 부정판매의 금지 의무를 위반하였거나, 위반하였다고 의심할만한 상당한 이유가 있는 자에 대한 다음 각 호의 정보 제공을 요청할 수 있다.

1. 성명, 주민등록법 제7조의2 제1항에 따른 주민등록번호, 주소 및 전화번호(휴대전화번호를 포함한다) 등 인적사항
2. 승차권 구매이력

② 제1항에 따른 정보 제공 요청을 받은 자는 정당한 사유가 없으면 이에 따라야 한다.

2. 수수료 및 규제의 재검토

(1) 수수료(제48조)

철도사업법에 따른 면허 · 인가를 받으려는 자, 등록 · 신고를 하려는 자, 면허증 · 인가서 · 등록증 · 인증서 또는 허가서의 재발급을 신청하는 자는 국토교통부령으로 정하는 수수료를 내야 한다.

(2) 규제의 재검토(제48조의2)

국토교통부장관은 다음 각 호의 사항에 대하여 2014년 1월 1일을 기준으로 3년마다(매 3년이 되는 해의 기준일과 같은 날 전까지를 말한다) 그 타당성을 검토하여 개선 등의 조치를 하여야 한다.

1. 제9조에 따른 여객 운임 · 요금의 신고 등
2. 제10조 제1항 및 제2항에 따른 부가 운임의 상한
3. 제21조에 따른 사업의 개선명령
4. 제39조에 따른 전용철도 운영의 개선명령

08 벌칙

1. 벌칙

(1) 벌칙(제49조)

① 다음 각 호의 어느 하나에 해당하는 자는 2년 이하의 징역 또는 2천만 원 이하의 벌금에 처한다.

1. 제5조 제1항에 따른 면허를 받지 아니하고 철도사업을 경영한 자
2. 거짓이나 그 밖의 부정한 방법으로 제5조 제1항에 따른 철도사업의 면허를 받은 자

더 알아보기

면허 등(철도사업법 제5조 제1항)

철도사업을 경영하려는 자는 제4조 제1항에 따라 지정·고시된 사업용철도노선을 정하여 국토교통부장관의 면허를 받아야 한다. 이 경우 국토교통부장관은 철도의 공공성과 안전을 강화하고 이용자 편의를 증진시키기 위하여 국토교통부령으로 정하는 바에 따라 필요한 부담을 붙일 수 있다.

3. 제16조 제1항에 따른 사업정지처분기간 중에 철도사업을 경영한 자
4. 제16조 제1항에 따른 사업계획의 변경명령을 위반한 자

더 알아보기

면허취소 등(철도사업법 제16조 제1항)

국토교통부장관은 철도사업자가 다음 각 호의 어느 하나에 해당하는 경우에는 면허를 취소하거나, 6개월 이내의 기간을 정하여 사업의 전부 또는 일부의 정지를 명하거나, 노선 운행중지·운행제한·감차 등을 수반하는 사업계획의 변경을 명할 수 있다. 다만, 제4호 및 제7호의 경우에는 면허를 취소하여야 한다.

1. 면허받은 사항을 정당한 사유 없이 시행하지 아니한 경우
2. 사업 경영의 불확실 또는 자산상태의 현저한 불량이나 그 밖의 사유로 사업을 계속하는 것이 적합하지 아니할 경우
3. 고의 또는 중대한 과실에 의한 철도사고로 대통령령으로 정하는 다수의 사상자(死傷者)가 발생한 경우
4. 거짓이나 그 밖의 부정한 방법으로 제5조에 따른 철도사업의 면허를 받은 경우
5. 제5조 제1항 후단에 따라 면허에 붙인 부담을 위반한 경우
6. 제6조에 따른 철도사업의 면허기준에 미달하게 된 경우. 다만, 3개월 이내에 그 기준을 충족시킨 경우에는 예외로 한다.
7. 철도사업자의 임원 중 제7조 제1호 각 목의 어느 하나의 결격사유에 해당하게 된 사람이 있는 경우. 다만, 3개월 이내에 그 임원을 바꾸어 임명한 경우에는 예외로 한다.
8. 제8조를 위반하여 국토교통부장관이 지정한 날 또는 기간에 운송을 시작하지 아니한 경우
9. 제15조에 따른 휴업 또는 폐업의 허가를 받지 아니하거나 신고를 하지 아니하고 영업을 하지 아니한 경우
10. 제20조 제1항에 따른 준수사항을 1년 이내에 3회 이상 위반한 경우
11. 제21조에 따른 개선명령을 위반한 경우
12. 제23조에 따른 명의 대여 금지를 위반한 경우

PART 4

5. 제23조(제41조에서 준용하는 경우를 포함한다)를 위반하여 타인에게 자기의 성명 또는 상호를 대여하여 철도사업을 경영하게 한 자

더 알아보기

명의 대여의 금지(철도사업법 제23조)
철도사업자는 타인에게 자기의 성명 또는 상호를 사용하여 철도사업을 경영하게 하여서는 아니 된다.

6. 제31조를 위반하여 철도사업자의 공동 활용에 관한 요청을 정당한 사유 없이 거부한 자

더 알아보기

철도시설의 공동 활용(철도사업법 제31조)
공공교통을 목적으로 하는 선로 및 다음 각 호의 공동 사용시설을 관리하는 자는 철도사업자가 그 시설의 공동 활용에 관한 요청을 하는 경우 협정을 체결하여 이용할 수 있게 하여야 한다.
1. 철도역 및 역시설(물류시설, 환승시설 및 편의시설 등을 포함한다)
2. 철도차량의 정비·검사·점검·보관 등 유지관리를 위한 시설
3. 사고의 복구 및 구조·피난을 위한 설비
4. 열차의 조성 또는 분리 등을 위한 시설
5. 철도 운영에 필요한 정보통신 설비

② 다음 각 호의 어느 하나에 해당하는 자는 **1년 이하의 징역** 또는 **1천만 원 이하의 벌금**에 처한다.
1. 제34조 제1항을 위반하여 등록을 하지 아니하고 전용철도를 운영한 자
2. 거짓이나 그 밖의 부정한 방법으로 제34조 제1항에 따른 전용철도의 등록을 한 자

더 알아보기

등록(철도사업법 제34조 제1항)
전용철도를 운영하려는 자는 국토교통부령으로 정하는 바에 따라 전용철도의 건설·운전·보안 및 운송에 관한 사항이 포함된 운영계획서를 첨부하여 국토교통부장관에게 등록을 하여야 한다. 등록사항을 변경하려는 경우에도 같다. 다만 대통령령으로 정하는 경미한 변경의 경우에는 예외로 한다.

③ 다음 각 호의 어느 하나에 해당하는 자는 **1천만 원 이하의 벌금**에 처한다.
1. 제13조를 위반하여 국토교통부장관의 인가를 받지 아니하고 공동운수협정을 체결하거나 변경한 자

더 알아보기

공동운수협정(철도사업법 제13조)
① 철도사업자는 다른 철도사업자와 공동경영에 관한 계약이나 그 밖의 운수에 관한 협정("공동운수협정")을 체결하거나 변경하려는 경우에는 국토교통부령으로 정하는 바에 따라 국토교통부장관의 인가를 받아야 한다. 다만, 국토교통부령으로 정하는 경미한 사항을 변경하려는 경우에는 국토교통부령으로 정하는 바에 따라 국토교통부장관에게 신고하여야 한다.
② 국토교통부장관은 제1항 본문에 따라 공동운수협정을 인가하려면 미리 공정거래위원회와 협의하여야 한다.
③ 국토교통부장관은 제1항 단서에 따른 신고를 받은 날부터 3일 이내에 신고수리 여부를 신고인에게 통지하여야 한다.

2. 삭제
3. 제28조 제3항을 위반하여 우수서비스마크 또는 이와 유사한 표지를 철도차량 등에 붙이거나 인증 사실을 홍보한 자

더 알아보기

우수 철도서비스 인증(철도사업법 제28조 제3항)
철도사업법 제28조 제1항에 따라 인증을 받은 자가 아니면 우수서비스마크 또는 이와 유사한 표지를 철도차량, 역시설 또는 철도 용품 등에 붙이거나 인증 사실을 홍보하여서는 아니 된다.

2. 양벌규정 및 과태료

(1) 양벌규정(제50조)

법인의 대표자나 법인 또는 개인의 대리인, 사용인, 그 밖의 종업원이 그 법인 또는 개인의 업무에 관하여 제49조의 위반행위를 하면 그 행위자를 벌하는 외에 그 법인 또는 개인에게도 해당 조문의 벌금형을 과(科)한다. 다만, 법인 또는 개인이 그 위반행위를 방지하기 위하여 해당 업무에 관하여 상당한 주의와 감독을 게을리 하지 아니한 경우에는 그러하지 아니하다.

PART 4

(2) 과태료(제51조)

① 다음 각 호의 어느 하나에 해당하는 자에게는 **1천만 원 이하의 과태료**를 부과한다.
1. 제9조 제1항에 따른 여객 운임·요금의 신고를 하지 아니한 자

더 알아보기

여객 운임·요금의 신고 등(철도사업법 제9조 제1항)
철도사업자는 여객에 대한 운임(여객운송에 대한 직접적인 대가를 말하며, 여객운송과 관련된 설비·용역에 대한 대가는 제외한다. 이하 같다)·요금("여객 운임·요금")을 국토교통부장관에게 신고하여야 한다. 이를 변경하려는 경우에도 같다.

2. 제11조 제1항에 따른 철도사업약관을 신고하지 아니하거나 신고한 철도사업약관을 이행하지 아니한 자

더 알아보기

철도사업약관(철도사업법 제11조 제1항)
철도사업자는 철도사업약관을 정하여 국토교통부장관에게 신고하여야 한다. 이를 변경하려는 경우에도 같다.

3. 제12조에 따른 인가를 받지 아니하거나 신고를 하지 아니하고 사업계획을 변경한 자

더 알아보기

사업계획의 변경(철도사업법 제12조)

① 철도사업자는 사업계획을 변경하려는 경우에는 국토교통부장관에게 신고하여야 한다. 다만, 대통령령으로 정하는 중요 사항을 변경하려는 경우에는 국토교통부장관의 인가를 받아야 한다.
② 국토교통부장관은 철도사업자가 다음 각 호의 어느 하나에 해당하는 경우에는 제1항에 따른 사업계획의 변경을 제한할 수 있다.
  1. 제8조에 따라 국토교통부장관이 지정한 날 또는 기간에 운송을 시작하지 아니한 경우
  2. 제16조에 따라 노선 운행중지, 운행제한, 감차(減車) 등을 수반하는 사업계획 변경명령을 받은 후 1년이 지나지 아니한 경우
  3. 제21조에 따른 개선명령을 받고 이행하지 아니한 경우
  4. 철도사고(철도안전법 제2조 제11호에 따른 철도사고를 말한다. 이하 같다)의 규모 또는 발생 빈도가 대통령령으로 정하는 기준 이상인 경우
③ 제1항과 제2항에 따른 사업계획 변경의 절차·기준과 그 밖에 필요한 사항은 국토교통부령으로 정한다.
④ 국토교통부장관은 제1항 본문에 따른 신고를 받은 날부터 3일 이내에 신고수리 여부를 신고인에게 통지하여야 한다.

4. 제10조의2를 위반하여 상습 또는 영업으로 승차권 또는 이에 준하는 증서를 자신이 구입한 가격을 초과한 금액으로 다른 사람에게 판매하거나 이를 알선한 자

더 알아보기

승차권 등 부정판매의 금지(철도사업법 제10조의2)

철도사업자 또는 철도사업자로부터 승차권 판매위탁을 받은 자가 아닌 자는 철도사업자가 발행한 승차권 또는 할인권·교환권 등 승차권에 준하는 증서를 상습 또는 영업으로 자신이 구입한 가격을 초과한 금액으로 다른 사람에게 판매하거나 이를 알선하여서는 아니 된다.

② 다음 각 호의 어느 하나에 해당하는 자에게는 500만 원 이하의 과태료를 부과한다.
1. 제18조에 따른 사업용철도차량의 표시를 하지 아니한 철도사업자

더 알아보기

철도차량 표시(철도사업법 제18조)

철도사업자는 철도사업에 사용되는 철도차량에 철도사업자의 명칭과 그 밖에 국토교통부령으로 정하는 사항을 표시하여야 한다.

2. 삭제
3. 제32조 제1항 또는 제2항을 위반하여 회계를 구분하여 경리하지 아니한 자

더 알아보기

회계의 구분(철도사업법 제32조)

① 철도사업자는 철도사업 외의 사업을 경영하는 경우에는 철도사업에 관한 회계와 철도사업 외의 사업에 관한 회계를 구분하여 경리하여야 한다.
② 철도사업자는 철도운영의 효율화와 회계처리의 투명성을 제고하기 위하여 국토교통부령으로 정하는 바에 따라 철도사업의 종류별·노선별로 회계를 구분하여 경리하여야 한다.

4. 정당한 사유 없이 제47조 제1항에 따른 명령을 이행하지 아니하거나 제47조 제2항에 따른 검사를 거부・방해 또는 기피한 자

더 알아보기

보고・검사 등(철도사업법 제47조)

① 국토교통부장관은 필요하다고 인정하면 철도사업자와 전용철도운영자에게 해당 철도사업 또는 전용철도의 운영에 관한 사항이나 철도차량의 소유 또는 사용에 관한 사항에 대하여 보고나 서류 제출을 명할 수 있다.
② 국토교통부장관은 필요하다고 인정하면 소속 공무원으로 하여금 철도사업자 및 전용철도운영자의 장부, 서류, 시설 또는 그 밖의 물건을 검사하게 할 수 있다.
③ 제2항에 따라 검사를 하는 공무원은 그 권한을 표시하는 증표를 지니고 이를 관계인에게 보여 주어야 한다.
④ 제3항에 따른 증표에 관하여 필요한 사항은 국토교통부령으로 정한다.

③ 다음 각 호의 어느 하나에 해당하는 자에게는 **100만 원 이하의 과태료**를 부과한다.
1. 제20조 제2항부터 제4항까지에 따른 준수사항을 위반한 자

더 알아보기

철도사업자의 준수사항(철도사업법 제20조)

① 철도사업자는 철도안전법 제21조에 따른 요건을 갖추지 아니한 사람을 운전업무에 종사하게 하여서는 아니 된다.
② 철도사업자는 사업계획을 성실하게 이행하여야 하며, 부당한 운송 조건을 제시하거나 정당한 사유 없이 운송계약의 체결을 거부하는 등 철도운송 질서를 해치는 행위를 하여서는 아니 된다.
③ 철도사업자는 여객 운임표, 여객 요금표, 감면 사항 및 철도사업약관을 인터넷 홈페이지에 게시하고 관계 역・영업소 및 사업소 등에 갖추어 두어야 하며, 이용자가 요구하는 경우에는 제시하여야 한다.
④ 제1항부터 제3항까지에 따른 준수사항 외에 운송의 안전과 여객 및 화주(貨主)의 편의를 위하여 철도사업자가 준수하여야 할 사항은 국토교통부령으로 정한다.

2. 삭제

④ 제22조를 위반한 철도운수종사자 및 그가 소속된 철도사업자에게는 **50만 원 이하의 과태료**를 부과한다.

더 알아보기

철도운수종사자의 준수사항(철도사업법 제22조)

철도사업에 종사하는 철도운수종사자는 다음 각 호의 어느 하나에 해당하는 행위를 하여서는 아니 된다.
1. 정당한 사유 없이 여객 또는 화물의 운송을 거부하거나 여객 또는 화물을 중도에서 내리게 하는 행위
2. 부당한 운임 또는 요금을 요구하거나 받는 행위
3. 그 밖에 안전운행과 여객 및 화주의 편의를 위하여 철도운수종사자가 준수하여야 할 사항으로서 국토교통부령으로 정하는 사항을 위반하는 행위

⑤ 제1항부터 제4항까지의 규정에 따른 과태료는 **대통령령**으로 정하는 바에 따라 **국토교통부장관**이 부과・징수한다.

CHAPTER

06 철도사업법 시행령

※ 수록 기준 : 법제처 대통령령 제33795호(시행 2024.1.1.)

1. 목적 및 관계 법령

(1) 목적(제1조)

이 영은 철도사업법에서 위임된 사항과 그 시행에 관하여 필요한 사항을 규정함을 목적으로 한다.

(2) 철도 관계 법령(제2조)

철도사업법("법") 제7조 제1호 다목 및 라목에서 "대통령령으로 정하는 철도 관계 법령"이란 각각 다음 각 호의 법령을 말한다.

1. 철도산업발전기본법
2. 철도안전법
3. 도시철도법
4. 국가철도공단법
5. 한국철도공사법

2. 운임 · 요금

(1) 여객 운임 · 요금의 신고(제3조)

① **서류의 제출** : 철도사업자는 법 제9조 제1항에 따라 **여객에 대한 운임 · 요금("여객 운임 · 요금")**의 신고 또는 변경신고를 하려는 경우에는 국토교통부령으로 정하는 **여객 운임 · 요금신고서** 또는 **변경신고서**에 다음 각 호의 서류를 첨부하여 **국토교통부장관에게 제출**하여야 한다.

1. 여객 운임 · 요금표
2. 여객 운임 · 요금 신 · 구대비표 및 변경사유를 기재한 서류(여객 운임 · 요금을 변경하는 경우에 한정한다)

② **협의** : 철도사업자는 사업용철도를 도시철도법에 의한 도시철도운영자가 운영하는 도시철도와 연결하여 운행하려는 때에는 법 제9조 제1항에 따라 여객 운임 · 요금의 신고 또는 변경신고를 하기 전에 여객 운임 · 요금 및 그 변경시기에 관하여 **미리 당해 도시철도운영자와 협의**하여야 한다.

(2) 여객 운임의 상한지정 등(제4조)

① **상한지정기준 및 공표 방법** : 국토교통부장관은 법 제9조 제2항 후단에 따라 **여객에 대한 운임("여객 운임")**의 상한을 지정하는 때에는 **물가상승률, 원가수준, 다른 교통수단과의 형평성**, 법 제4조 제2항에 따른 **사업용철도노선("사업용철도노선")의 분류**와 법 제4조의2에 따른 **철도차량의 유형** 등을 고려하여야 하며, 여객 운임의 상한을 지정한 경우에는 이를 **관보**에 **고시**하여야 한다.

② **의견** : 국토교통부장관은 제1항에 따라 여객 운임의 상한을 지정하기 위하여 철도산업발전기본법 제6조에 따른 **철도산업위원회** 또는 **철도나 교통 관련 전문기관 및 전문가의 의견**을 들을 수 있다.

③ 삭제

④ 삭제

⑤ **서류의 제출** : 국토교통부장관이 여객 운임의 상한을 지정하려는 때에는 철도사업자로 하여금 **원가계산 그 밖에 여객 운임의 산출기초를 기재한 서류**를 제출하게 할 수 있다.

⑥ 국토교통부장관은 사업용철도노선과 도시철도법에 의한 도시철도가 연결되어 운행되는 구간에 대하여 제1항에 따른 여객 운임의 상한을 지정하는 경우에는 도시철도법 제31조 제1항에 따라 **특별시장·광역시장·특별자치시장·도지사** 또는 **특별자치도지사**가 정하는 **도시철도 운임의 범위**와 조화를 이루도록 하여야 한다.

더 알아보기

운임의 신고 등(도시철도법 제31조)

① 도시철도운송사업자는 도시철도의 운임을 정하거나 변경하는 경우에는 원가(原價)와 버스 등 다른 교통수단 운임과의 형평성 등을 고려하여 시·도지사가 정한 범위에서 운임을 정하여 시·도지사에게 신고하여야 하며, 신고를 받은 시·도지사는 그 내용을 검토하여 이 법에 적합하면 신고를 받은 날부터 국토교통부령으로 정하는 기간 이내에 신고를 수리하여야 한다.

② 도시철도운영자는 도시철도의 운임을 정하거나 변경하는 경우 그 사항을 시행 1주일 이전에 예고하는 등 도시철도 이용자에게 불편이 없도록 필요한 조치를 하여야 한다.

3. 철도사업

(1) 사업계획의 중요한 사항의 변경(제5조)

법 제12조 제1항 단서에서 "대통령령으로 정하는 중요 사항을 변경하려는 경우"란 다음 각 호의 어느 하나에 해당하는 경우를 말한다.

1. 철도이용수요가 적어 수지균형의 확보가 극히 곤란한 벽지 노선으로서 철도산업발전기본법 제33조 제1항에 따라 공익서비스비용의 보상에 관한 계약이 체결된 노선의 **철도운송서비스**(철도여객운송서비스 또는 철도화물운송서비스를 말한다)의 **종류를 변경**하거나 **다른 종류의 철도운송서비스를 추가**하는 경우
2. 운행구간의 변경(여객열차의 경우에 한한다)
3. 사업용철도노선별로 여객열차의 **정차역을 신설** 또는 **폐지**하거나 **10분의 2 이상 변경**하는 경우
4. 사업용철도노선별로 **10분의 1 이상의 운행횟수의 변경**(여객열차의 경우에 한한다). 다만, 공휴일·방학기간 등 수송수요와 열차운행계획상의 수송력과 현저한 차이가 있는 경우로서 **3월 이내의 기간** 동안 운행횟수를 변경하는 경우를 제외한다.

(2) 사업계획의 변경을 제한할 수 있는 철도사고의 기준(제6조)

법 제12조 제2항 제4호에서 "대통령령으로 정하는 기준"이란 사업계획의 변경을 신청한 날이 포함된 연도의 직전 연도의 열차운행거리 **100만 km당** 철도사고(철도사업자 또는 그 소속 종사자의 고의 또는 과실에 의한 철도사고를 말한다. 이하 같다)로 인한 사망자 수 또는 철도사고의 발생횟수가 최근(직전연도를 제외한다) 5년간 **평균**보다 **10분의 2 이상 증가**한 경우를 말한다.

(3) 사업의 휴업 · 폐업 내용의 게시(제7조)

철도사업자는 법 제15조 제1항에 따라 철도사업의 휴업 또는 폐업의 허가를 받은 때에는 그 허가를 받은 날부터 7일 이내에 법 제15조 제4항에 따라 다음 각 호의 사항을 철도사업자의 인터넷 홈페이지, 관계 역 · 영업소 및 사업소 등 일반인이 잘 볼 수 있는 곳에 게시하여야 한다. 다만, 법 제15조 제1항 단서에 따라 휴업을 신고하는 경우에는 해당 사유가 발생한 때에 즉시 다음 각 호의 사항을 게시하여야 한다.

1. 휴업 또는 폐업하는 철도사업의 내용 및 그 사유
2. 휴업의 경우 그 기간
3. 대체교통수단 안내
4. 그 밖에 휴업 또는 폐업과 관련하여 철도사업자가 공중에게 알려야 할 필요성이 있다고 인정하는 사항이 있는 경우 그에 관한 사항

4. 면허취소 및 과징금

(1) 면허취소 또는 사업정지 등의 처분대상이 되는 사상자 수(제8조)

법 제16조 제1항 제3호에서 "대통령령으로 정하는 다수의 사상자(死傷者)가 발생한 경우"란 1회 철도사고로 사망자 5명 이상이 발생하게 된 경우를 말한다.

(2) 철도사업자에 대한 과징금의 부과기준(제9조)

법 제17조 제1항에 따라 사업정지처분에 갈음하여 과징금을 부과하는 위반행위의 종류와 정도에 따른 과징금의 금액은 별표 1과 같다.

1. 일반기준
   가. 국토교통부장관은 철도사업자의 사업규모, 사업지역의 특수성, 철도사업자 또는 그 종사자의 과실의 정도와 위반행위의 내용 및 횟수 등을 고려하여 제2호에 따른 과징금 금액의 2분의 1 범위에서 그 금액을 줄이거나 늘릴 수 있다.
   나. 가목에 따라 과징금을 늘리는 경우 과징금 금액의 총액은 법 제17조 제1항에 따른 과징금 금액의 상한을 넘을 수 없다.

2. 개별기준

(단위 : 만 원)

위반행위	근거 법조문	과징금 금액
가. 면허를 받은 사항을 정당한 사유 없이 시행하지 않은 경우	법 제16조 제1항 제1호	300
나. 사업경영의 불확실 또는 자산상태의 현저한 불량이나 그 밖의 사유로 사업을 계속하는 것이 적합하지 않은 경우	법 제16조 제1항 제2호	500
다. 철도사업자 또는 그 소속 종사자의 고의 또는 중대한 과실에 의하여 다음 각 목의 사고가 발생한 경우	법 제16조 제1항 제3호	
1) 1회의 철도사고로 인한 사망자가 40명 이상인 경우		5,000
2) 1회의 철도사고로 인한 사망자가 20명 이상 40명 미만인 경우		2,000
3) 1회의 철도사고로 인한 사망자가 10명 이상 20명 미만인 경우		1,000
4) 1회의 철도사고로 인한 사망자가 5명 이상 10명 미만인 경우		500
라. 법 제5조 제1항 후단에 따라 면허에 붙인 부담을 위반한 경우	법 제16조 제1항 제5호	1,000
마. 법 제6조에 따른 철도사업의 면허기준에 미달하게 된 때부터 3개월이 경과된 후에도 그 기준을 충족시키지 않은 경우	법 제16조 제1항 제6호	1,000
바. 법 제8조를 위반하여 국토교통부장관이 지정한 날 또는 기간에 운송을 시작하지 않은 경우	법 제16조 제1항 제8호	300
사. 법 제15조에 따른 휴업 또는 폐업의 허가를 받지 않거나 신고를 하지 않고 영업을 하지 않은 경우	법 제16조 제1항 제9호	300
아. 법 제20조 제1항에 따른 준수사항을 1년 이내에 3회 이상 위반한 경우	법 제16조 제1항 제10호	500
자. 법 제21조에 따른 개선명령을 위반한 경우	법 제16조 제1항 제11호	300
차. 법 제23조에 따른 명의대여 금지를 위반한 경우	법 제16조 제1항 제12호	300

(3) 과징금의 부과 및 납부(제10조)

① **통지** : 국토교통부장관은 법 제17조 제1항의 규정에 의하여 과징금을 부과하고자 하는 때에는 그 위반행위의 종별과 해당 **과징금의 금액** 등을 명시하여 이를 납부할 것을 **서면으로 통지**하여야 한다.

② **납부기한** : 제1항에 따른 통지를 받은 자는 **20일 이내**에 과징금을 **국토교통부장관이 지정한 수납기관**에 납부해야 한다.

③ **영수증** : 제2항의 규정에 의하여 과징금의 납부를 받은 수납기관은 납부자에게 **영수증**을 **교부**하여야 한다.

④ **과징금 수납의 통보** : 과징금의 수납기관은 제2항의 규정에 의하여 과징금을 수납한 때에는 지체 없이 그 사실을 **국토교통부장관에게 통보**하여야 한다.

PART 4

(4) 민자철도사업자에 대한 과징금의 부과기준(제10조의2)

법 제25조의2 제1항에 따라 과징금을 부과하는 위반행위의 종류와 위반 정도 등에 따른 과징금의 금액 등 부과기준은 별표 1의2와 같다.

1. 일반기준

가. 하나의 행위가 둘 이상의 위반행위에 해당하는 경우에는 그중 무거운 과징금의 부과기준에 따른다.

나. 부과권자는 다음의 어느 하나에 해당하는 경우에는 제2호의 개별기준에 따른 과징금의 2분의 1 범위에서 그 금액을 줄여 부과할 수 있다. 다만, 과징금을 체납하고 있는 위반행위자에 대해서는 그렇지 않다.

1) 위반행위가 사소한 부주의나 오류로 인한 것으로 인정되는 경우

2) 위반행위자가 위반행위를 바로 정정하거나 시정하여 법 위반상태를 해소한 경우

3) 그 밖에 위반행위의 내용·정도, 위반행위 동기와 그 결과 등을 고려하여 과징금 금액을 줄일 필요가 있다고 인정되는 경우

다. 부과권자는 다음의 어느 하나에 해당하는 경우에는 제2호의 개별기준에 따른 과징금의 2분의 1 범위에서 그 금액을 늘려 부과할 수 있다. 다만, 늘려 부과하는 경우에도 법 제25조의2 제1항에 따른 과징금의 상한을 넘을 수 없다.

1) 위반의 내용·정도가 중대하여 이용자 등에게 미치는 피해가 크다고 인정되는 경우

2) 법 위반상태의 기간이 6개월 이상인 경우

3) 그 밖에 위반행위의 정도, 위반행위 동기와 그 결과 등을 고려하여 과징금 금액을 늘릴 필요가 있다고 인정되는 경우

2. 개별기준

(단위 : 만 원)

위반행위	근거 법조문	과징금 금액
가. 법 제25조 제2항을 위반하여 민자철도의 유지·관리 및 운영에 관한 기준을 준수하지 않은 경우	법 제25조의2 제1항 제1호	
1) 철도의 일부 또는 전체의 기능을 상실한 경우		
가) 철도의 일부 또는 전체의 기능을 상실한 기간이 1일 이상 7일 미만인 경우		2,000
나) 철도의 일부 또는 전체의 기능을 상실한 기간이 7일 이상 15일 미만인 경우		4,000
다) 철도의 일부 또는 전체의 기능을 상실한 기간이 15일 이상인 경우		10,000
2) 해당 철도에서 사고가 발생했거나 운행에 위험을 초래하는 결과가 발생한 경우		1,000
나. 법 제25조 제5항을 위반하여 명령을 이행하지 않거나 그 결과를 보고하지 않은 경우	법 제25조의2 제1항 제2호	1,000

(5) 과징금의 부과 및 납부(제10조의3)

법 제25조 제1항에 따른 민자철도사업자("민자철도사업자")에 대한 과징금의 부과 및 납부에 관하여는 제10조를 준용한다. 이 경우 "법 제17조 제1항"은 "법 제25조의2 제1항"으로 본다.

(6) 사정변경 등에 따른 실시협약의 변경 요구 등(제10조의4)

① 법 제25조의3 제1항 제1호 본문에서 "대통령령으로 정하는 기준"이란 사회기반시설에 대한 민간투자법 제7조에 따른 민간투자사업기본계획에 따라 **민자철도사업자가 유지해야 하는 자기자본의 비율**을 말한다.

더 알아보기

민간투자사업기본계획의 수립·공고 등(사회기반시설에 대한 민간투자법 제7조)

① 정부는 국토의 균형개발과 산업의 경쟁력 강화 및 국민생활의 편익 증진을 도모할 수 있도록 사회기반시설에 대한 민간투자사업기본계획을 수립하고, 이를 공고(인터넷에 게재하는 방식에 의하는 경우를 포함한다)하여야 한다. 공고한 사항이 변경된 경우에도 또한 같다.

② 제1항의 민간투자사업기본계획은 사회기반시설과 관련된 중기·장기계획 및 국가투자사업의 우선순위에 부합되도록 하여야 하며, 민간의 창의와 효율이 발휘될 수 있는 여건을 조성하면서 공공성이 유지되도록 노력하여야 한다.

③ 민간투자사업기본계획의 수립·변경 및 확정 절차에 관하여 필요한 사항은 대통령령으로 정한다.

② 법 제25조의3 제1항 제2호에서 "대통령령으로 정하는 기준을 초과한 이자율"이란 다음 각 호의 이자율 중 **가장 낮은 이자율을 초과한 이자율**을 말한다.

1. 대부업 등의 등록 및 금융이용자 보호에 관한 법률 시행령 제5조 제2항에 따른 이자율
2. 이자제한법 제2조 제1항의 최고이자율에 관한 규정에 따른 최고이자율
3. 민자철도사업자가 자금을 차입하는 때의 최고이자율에 관하여 국토교통부장관과 합의가 있는 경우에는 그 이자율

더 알아보기

이자율의 제한(대부업 등의 등록 및 금융이용자 보호에 관한 법률 시행령 제5조 제2항)

법 제8조 제1항에서 "대통령령으로 정하는 율"이란 연 100분의 20을 말한다.

이자의 최고한도(이자제한법 제2조 제1항)

금전대차에 관한 계약상의 최고이자율은 연 25퍼센트를 초과하지 아니하는 범위 안에서 대통령령으로 정한다.

③ 법 제25조의3 제1항 제3호에서 "대통령령으로 정하는 경우"란 사회기반시설에 대한 민간투자법 제2조 제7호에 따른 **실시협약("실시협약")**의 체결 이후 다음 각 호의 경우로 인하여 연간 실제 교통량이 실시협약에서 정한 교통량의 **100분의 30 이상 변경**된 경우를 말한다.

1. 해당 민자철도의 실시협약 체결 당시 예상되지 않았던 다른 철도가 연결되는 경우
2. 해당 민자철도의 운영 여건 변화로 이용자의 안전 및 편의 등 민자철도의 기능에 심각한 지장이 초래된 경우
3. 해당 민자철도가 국가통합교통체계효율화법 시행령 제36조 제1항에 따른 연계교통체계 영향권의 설정 범위에 포함된 경우
4. 관련 법령이 개정되거나 민자철도에 관한 정책이 변경된 경우
5. 그 밖에 제1호부터 제4호까지에 준하는 사유로 교통 여건이 현저히 변화된 경우

더 알아보기

연계교통체계 영향권의 설정 범위(국가통합교통체계효율화법 시행령 제36조 제1항)
법 제40조 제1항에 따른 연계교통체계 영향권의 설정 범위는 다음 각 호와 같다. 다만, 관계 행정기관의 장은 개발사업의 성격 또는 개발사업 시행지역의 여건 등을 고려하여 필요한 경우에는 연계교통체계 영향권을 10km 이내의 범위에서 조정할 수 있다.

1. 항만법 제2조 제1호에 따른 항만 : 같은 법 제2조 제4호에 따른 항만구역으로부터 40km 이내의 권역
2. 공항시설법 제2조 제3호에 따른 공항 : 같은 법 제2조 제4호에 따른 공항구역으로부터 40km 이내의 권역
3. 물류시설의 개발 및 운영에 관한 법률 제2조 제2호에 따른 물류터미널 중 복합물류터미널 : 해당 시설로부터 40km 이내의 권역
4. 물류시설의 개발 및 운영에 관한 법률 제2조 제6호에 따른 물류단지 : 해당 단지로부터 40km 이내의 권역
5. 산업입지 및 개발에 관한 법률 제2조 제8호에 따른 산업단지 : 해당 단지로부터 40km 이내의 권역
6. 제32조 제1항 각 호의 어느 하나에 해당하는 대규모 개발사업 : 해당 사업지로부터 30km 이내의 권역

5. 철도서비스

(1) 평가결과의 공표(제11조)

① **품질평가결과의 공표 내용** : 국토교통부장관이 법 제27조의 규정에 의하여 철도서비스의 품질평가결과를 공표하는 경우에는 다음 각 호의 사항을 포함하여야 한다.

1. 평가지표별 평가결과
2. 철도서비스의 품질 향상도
3. 철도사업자별 평가순위
4. 그 밖에 철도서비스에 대한 품질평가결과 국토교통부장관이 공표가 필요하다고 인정하는 사항

② 국토교통부장관은 철도서비스의 품질평가결과가 우수한 철도사업자 및 그 소속 종사자에게 **예산의 범위** 안에서 **포상 등 지원시책**을 시행할 수 있다.

(2) 전용철도 등록사항의 경미한 변경 등(제12조)

① 법 제34조 제1항 단서에서 "대통령령으로 정하는 경미한 변경의 경우"란 다음 각 호의 어느 하나에 해당하는 경우를 말한다.

1. 운행시간을 연장 또는 단축한 경우
2. 배차간격 또는 운행횟수를 단축 또는 연장한 경우
3. **10분의 1의 범위** 안에서 철도차량 대수를 변경한 경우
4. 주사무소・철도차량기지를 제외한 운송관련 부대시설을 변경한 경우
5. 임원을 변경한 경우(법인에 한한다)
6. **6월의 범위** 안에서 전용철도 건설기간을 조정한 경우

② 전용철도운영자는 법 제38조에 따라 전용철도 운영의 전부 또는 일부를 **휴업 또는 폐업**하는 경우 다음 각 호의 조치를 하여야 한다.

1. 휴업 또는 폐업으로 인하여 철도운행 및 철도운행의 안전에 지장을 초래하지 아니하도록 하는 조치
2. 휴업 또는 폐업으로 인하여 자연재해・환경오염 등이 가중되지 아니하도록 하는 조치

6. 점용허가

(1) 점용허가의 신청 및 점용허가기간(제13조)

① **서류의 제출** : 법 제42조 제1항의 규정에 의하여 국가가 소유·관리하는 철도시설의 점용허가를 받고자 하는 자는 **국토교통부령이 정하는 점용허가신청서**에 다음 각 호의 서류를 첨부하여 **국토교통부장관에게 제출**하여야 한다. 이 경우 국토교통부장관은 전자정부법 제36조 제1항에 따른 행정정보의 공동이용을 통하여 법인 등기사항증명서(법인인 경우로 한정한다)를 확인하여야 한다.

1. 사업개요에 관한 서류
2. 시설물의 건설계획 및 사용계획에 관한 서류
3. 자금조달계획에 관한 서류
4. 수지전망에 관한 서류
5. 법인의 경우 정관
6. 설치하고자 하는 시설물의 설계도서(시방서·위치도·평면도 및 주단면도를 말한다)
7. 그 밖에 참고사항을 기재한 서류

더 알아보기

행정정보의 효율적 관리 및 이용(전자정부법 제36조 제1항)
행정기관 등의 장은 수집·보유하고 있는 행정정보를 필요로 하는 다른 행정기관 등과 공동으로 이용하여야 하며, 다른 행정기관 등으로부터 신뢰할 수 있는 행정정보를 제공받을 수 있는 경우에는 같은 내용의 정보를 따로 수집하여서는 아니 된다.

② **점용허가의 기간** : 국토교통부장관은 법 제42조 제1항의 규정에 의하여 국가가 소유·관리하는 철도시설에 대한 점용허가를 하고자 하는 때에는 다음 각 호의 기간을 초과하여서는 아니 된다. 다만, 건물 그 밖의 시설물을 설치하는 경우 그 공사에 소요되는 기간은 이를 산입하지 아니한다.

1. **철골조·철근콘크리트조·석조 또는 이와 유사한 견고한 건물**의 축조를 목적으로 하는 경우 : **50년**
2. **제1호 외의 건물**의 축조를 목적으로 하는 경우 : **15년**
3. **건물 외의 공작물**의 축조를 목적으로 하는 경우 : **5년**

(2) 점용료(제14조)

① **점용료의 기준** : 법 제44조 제1항의 규정에 의한 점용료는 점용허가를 할 **철도시설의 가액과 점용허가를 받아 행하는 사업의 매출액을 기준**으로 하여 산출하되, 구체적인 점용료 산정기준에 대하여는 **국토교통부장관**이 정한다.

② **가액의 산출 및 적용** : 제1항의 규정에 의한 철도시설의 가액은 국유재산법 시행령 제42조를 준용하여 산출하되, 당해 철도시설의 가액은 산출 후 **3년 이내**에 한하여 적용한다.

③ **점용료의 감면** : 법 제44조 제2항에 따른 점용료의 감면은 다음 각 호의 구분에 따른다.

1. 법 제44조 제2항 제1호 및 제2호에 해당하는 경우 : 전체 시설물 중 **국가에 무상으로 양도하거나 제공하기 위한 시설물의 비율**에 해당하는 점용료를 감면
2. 법 제44조 제2항 제3호에 해당하는 경우 : 해당 철도시설의 부지에 대하여 **국토교통부령**으로 정하는 기준에 따른 점용료를 감면

3. 법 제44조 제2항 제4호에 해당하는 경우 : 다음 각 목의 구분에 따른 점용료를 감면
   가. 점용허가를 받은 시설의 전부를 사용하지 못한 경우 : 해당 기간의 점용료 전액을 감면
   나. 점용허가를 받은 시설의 일부를 사용하지 못한 경우 : 전체 점용허가 면적에서 사용하지 못한 시설의 면적 비율에 따라 해당 기간 동안의 점용료를 감면

④ 납부기한 : 점용료는 매년 1월 말까지 당해 연도 해당분을 선납하여야 한다. 다만, 국토교통부장관은 부득이한 사유로 선납이 곤란하다고 인정하는 경우에는 그 납부기한을 따로 정할 수 있다.

(3) 권리와 의무의 이전(제15조)

① 서류의 제출 : 법 제42조의 규정에 의하여 점용허가를 받은 자가 법 제45조의 규정에 의하여 그 권리와 의무의 이전에 대하여 인가를 받고자 하는 때에는 국토교통부령이 정하는 신청서에 다음 각 호의 서류를 첨부하여 권리와 의무를 이전하고자 하는 날 3월 전까지 국토교통부장관에게 제출하여야 한다.

1. 이전계약서 사본
2. 이전가격의 명세서

② 점용허가기간 : 법 제45조의 규정에 의하여 국토교통부장관의 인가를 받아 철도시설의 점용허가로 인하여 발생한 권리와 의무를 이전한 경우 당해 권리와 의무를 이전받은 자의 점용허가기간은 권리와 의무를 이전한 자가 받은 점용허가기간의 잔여기간으로 한다.

(4) 원상회복의무(제16조)

① 원상회복기간 : 법 제42조 제1항의 규정에 의하여 철도시설의 점용허가를 받은 자는 점용허가기간이 만료되거나 점용을 폐지한 날부터 3월 이내에 점용허가받은 철도시설을 원상으로 회복하여야 한다. 다만, 국토교통부장관은 불가피하다고 인정하는 경우에는 원상회복 기간을 연장할 수 있다.

② 서류의 제출 : 점용허가를 받은 자가 그 점용허가기간의 만료 또는 점용의 폐지에도 불구하고 법 제46조 제1항 단서의 규정에 의하여 당해 철도시설의 전부 또는 일부에 대한 원상회복의무를 면제받고자 하는 경우에는 그 점용허가기간의 만료일 또는 점용폐지일 3월 전까지 그 사유를 기재한 신청서를 국토교통부장관에게 제출하여야 한다.

③ 원상회복 면제의 통보 : 국토교통부장관은 제2항의 규정에 의한 점용허가를 받은 자의 면제신청을 받은 경우 또는 직권으로 철도시설의 일부 또는 전부에 대한 원상회복의무를 면제하고자 하는 경우에는 원상회복의무를 면제하는 부분을 명시하여 점용허가를 받은 자에게 점용허가기간의 만료일 또는 점용 폐지일까지 서면으로 통보하여야 한다.

(5) 민감정보 및 고유식별정보의 처리(제16조의2)

국토교통부장관은 다음 각 호의 사무를 수행하기 위하여 불가피한 경우 개인정보 보호법 시행령 제18조 제2호에 따른 범죄경력자료에 해당하는 정보나 같은 영 제19조 제1호, 제2호 또는 제4호에 따른 주민등록번호, 여권번호 또는 외국인등록번호가 포함된 자료를 처리할 수 있다.

1. 법 제5조에 따른 면허에 관한 사무
2. 법 제14조에 따른 사업의 양도·양수 등에 관한 사무
3. 법 제16조에 따른 면허취소 등에 관한 사무
4. 법 제34조에 따른 전용철도 등록에 관한 사무
5. 법 제36조에 따른 전용철도 운영의 양도·양수 등에 관한 사무

6. 법 제37조에 따른 전용철도 운영의 상속에 관한 사무
7. 법 제40조에 따른 전용철도 등록의 취소에 관한 사무

더 알아보기

민감정보의 범위(개인정보 보호법 시행령 제18조)

법 제23조 제1항 각 호 외의 부분 본문에서 "대통령령으로 정하는 정보"란 다음 각 호의 어느 하나에 해당하는 정보를 말한다. 다만, 공공기관이 법 제18조 제2항 제5호부터 제9호까지의 규정에 따라 다음 각 호의 어느 하나에 해당하는 정보를 처리하는 경우의 해당 정보는 제외한다.

1. 유전자 검사 등의 결과로 얻어진 유전정보
2. 형의 실효 등에 관한 법률 제2조 제5호에 따른 범죄경력자료에 해당하는 정보
3. 개인의 신체적, 생리적, 행동적 특징에 관한 정보로서 특정 개인을 알아볼 목적으로 일정한 기술적 수단을 통해 생성한 정보
4. 인종이나 민족에 관한 정보

고유식별정보의 범위(개인정보 보호법 시행령 제19조)

법 제24조 제1항 각 호 외의 부분에서 "대통령령으로 정하는 정보"란 다음 각 호의 어느 하나에 해당하는 정보를 말한다. 다만, 공공기관이 법 제18조 제2항 제5호부터 제9호까지의 규정에 따라 다음 각 호의 어느 하나에 해당하는 정보를 처리하는 경우의 해당 정보는 제외한다.

1. 주민등록법 제7조의2 제1항에 따른 주민등록번호
2. 여권법 제7조 제1항 제1호에 따른 여권번호
3. 도로교통법 제80조에 따른 운전면허의 면허번호
4. 출입국관리법 제31조 제5항에 따른 외국인등록번호

7. 과태료

(1) 과태료의 부과기준(제17조)

법 제51조 제1항부터 제4항까지의 규정에 따른 과태료의 부과기준은 별표 2와 같다.

1. 일반기준
   가. 국토교통부장관은 다음의 어느 하나에 해당하는 경우에는 제2호의 개별기준에 따른 과태료 금액의 **2분의 1 범위**에서 그 금액을 줄일 수 있다. 다만, 과태료를 체납하고 있는 위반행위자의 경우에는 그렇지 않다.
      1) 위반행위자가 질서위반행위규제법 시행령 제2조의2 제1항 각 호의 어느 하나에 해당하는 경우
      2) 위반행위가 사소한 부주의나 오류 등 과실로 인한 것으로 인정되는 경우
      3) 위반행위자가 법 위반상태를 시정하거나 해소하기 위하여 노력한 사실이 인정되는 경우
      4) 그 밖에 위반행위의 정도, 횟수, 동기와 그 결과 등을 고려하여 과태료의 금액을 줄일 필요가 있다고 인정되는 경우
   나. 국토교통부장관은 다음의 어느 하나에 해당하는 경우에는 제2호의 개별기준에 따른 과태료 금액의 **2분의 1 범위**에서 그 금액을 늘릴 수 있다. 다만, 과태료 금액의 총액은 법 제51조 제1항부터 제4항까지의 규정에 따른 과태료 금액의 상한을 넘을 수 없다.
      1) 위반의 내용・정도가 중대하여 소비자 등에게 미치는 피해가 크다고 인정되는 경우
      2) 법 위반상태의 기간이 **6개월 이상**인 경우
      3) 그 밖에 위반행위의 정도, 위반행위의 동기와 그 결과 등을 고려하여 가중할 필요가 있다고 인정되는 경우

2. 개별기준

(단위 : 만 원)

위반행위	근거 법조문	과징금 금액
가. 법 제9조 제1항에 따른 여객 운임·요금의 신고를 하지 않은 경우	법 제51조 제1항 제1호	500
나. 법 제10조의2를 위반하여 상습 또는 영업으로 승차권 또는 이에 준하는 증서를 자신이 구입한 가격을 초과한 금액으로 다른 사람에게 판매한 경우	법 제51조 제1항 제4호	500
다. 법 제10조의2를 위반하여 상습 또는 영업으로 승차권 또는 이에 준하는 증서를 자신이 구입한 가격을 초과한 금액으로 다른 사람에게 판매하는 행위를 알선한 경우	법 제51조 제1항 제4호	500
라. 법 제11조 제1항에 따른 철도사업약관을 신고하지 않거나 신고한 철도사업약관을 이행하지 않은 경우	법 제51조 제1항 제2호	500
마. 법 제12조에 따른 인가를 받지 않거나 신고를 하지 않고 사업계획을 변경한 경우	법 제51조 제1항 제3호	500
바. 법 제18조에 따른 사업용철도차량의 표시를 하지 않은 경우	법 제51조 제2항 제1호	200
사. 법 제20조 제2항부터 제4항까지의 규정에 따른 철도사업자의 준수사항을 위반한 경우	법 제51조 제3항 제1호	100
아. 법 제22조에 따른 철도운수종사자의 준수사항을 위반한 경우	법 제51조 제4항	50
자. 삭제		
차. 삭제		
카. 법 제32조 제1항 또는 제2항을 위반하여 회계를 구분하여 경리하지 않은 경우	법 제51조 제2항 제3호	200
타. 정당한 사유 없이 법 제47조 제1항에 따른 명령을 이행하지 않거나, 법 제47조 제2항에 따른 검사를 거부·방해 또는 기피한 경우	법 제51조 제2항 제4호	300

더 알아보기

과태료 감경(질서위반행위규제법 시행령 제2조의2 제1항)

행정청은 법 제16조에 따른 사전통지 및 의견 제출 결과 당사자가 다음 각 호의 어느 하나에 해당하는 경우에는 해당 과태료 금액의 100분의 50의 범위에서 과태료를 감경할 수 있다. 다만, 과태료를 체납하고 있는 당사자에 대해서는 그러하지 아니하다.

1. 국민기초생활 보장법 제2조에 따른 수급자
2. 한부모가족 지원법 제5조 및 제5조의2 제2항·제3항에 따른 보호대상자
3. 장애인복지법 제2조에 따른 장애인 중 장애의 정도가 심한 장애인
4. 국가유공자 등 예우 및 지원에 관한 법률 제6조의4에 따른 1급부터 3급까지의 상이등급 판정을 받은 사람
5. 미성년자

CHAPTER

07 철도법령 적중예상문제

정답 및 해설 p.078

01 다음 중 한국철도공사법령상 사채 및 채권에 대한 설명으로 옳지 않은 것은?

① 공사가 사채를 발행하고자 하는 때에는 모집·총액인수 또는 매출의 방법에 의한다.

② 채권은 사채의 인수가액 전액이 납입된 후가 아니면 발행할 수 없다.

③ 채권은 무기명식으로 하나 응모자 또는 소지인의 청구에 의하여 기명식으로 할 수 있다.

④ 공사는 사채의 응모가 완료된 때에는 지체 없이 응모자가 인수한 사채의 전액을 납입시켜야 한다.

⑤ 사채를 발행함에 있어서 실제로 응모된 총액이 사채청약서에 기재한 사채발행총액에 미달하는 때에는 사채를 발행한다는 뜻을 사채청약서에 표시할 수 없다.

02 다음 중 한국철도공사법상 국토교통부장관의 지도·감독 업무로 옳은 것은?

① 철도운영사업에 관한 사항

② 철도사업계획의 이행에 관한 사항

③ 한국철도공사의 자산을 활용한 개발·운영 사업에 관한 사항

④ 철도와 다른 교통수단과의 연계운송을 위한 사업에 관한 사항

⑤ 철도운영과 관련한 정기간행물 사업 및 정보매체 사업에 관한 사항

03 다음 중 빈칸에 들어갈 기간으로 옳은 것은?

철도시설의 점용허가를 받은 자는 점용허가기간이 만료되거나 점용을 폐지한 날부터 ______ 이내에 점용허가받은 철도시설을 원상으로 회복하여야 한다.

① 1월

② 2월

③ 3월

④ 4월

⑤ 5월

04 **다음 중 철도산업발전기본법령상 실무위원회 위원의 지명철회 사유가 아닌 것은?**

① 직무와 관련된 비위사실이 있는 경우
② 파산선고를 받고 복권되지 아니한 경우
③ 심신장애로 인하여 직무를 수행할 수 없게 된 경우
④ 위원 스스로 직무를 수행하는 것이 곤란하다고 의사를 밝히는 경우
⑤ 품위손상의 사유로 인하여 위원으로 적합하지 아니하다고 인정되는 경우

05 **다음 중 철도산업발전기본법령상 철도시설의 사용계약에 포함되어야 하는 사항으로 옳지 않은 것은?**

① 분쟁 발생 시 조정절차
② 계약의 갱신에 관한 사항
③ 상호책임 및 계약위반 시 조치사항
④ 사용기간·대상시설·사용조건 및 사용료
⑤ 대상시설의 계약당사자에 대한 사용승낙의 범위·조건

06 **다음은 한국철도공사법상 보조금에 대한 설명이다. 빈칸에 들어갈 내용으로 옳은 것은?**

> 국가는 한국철도공사의 경영 안정 및 ________ 등을 위하여 재정 지원이 필요하다고 인정하면 예산의 범위에서 사업에 필요한 비용의 일부를 보조하거나 재정자금의 융자 또는 사채 인수를 할 수 있다.

① 철도용품의 제작·판매
② 철도차량·장비의 현대화
③ 철도차량의 정비 및 임대사업
④ 철도와 다른 교통수단의 연계운송사업
⑤ 한국철도공사의 자산을 활용한 개발·운영 사업

07 **다음 중 한국철도공사법상 한국철도공사의 사업에 해당하지 않는 것은?**

① 철도차량의 정비 및 임대사업
② 철도차량 및 장비의 민간 위탁사업
③ 철도 장비와 철도용품의 제작 · 판매 · 정비 및 임대사업
④ 철도여객사업, 화물운송사업, 철도와 다른 교통수단의 연계운송사업
⑤ 철도시설의 유지 · 보수 등 국가 · 지방자치단체 또는 공공법인 등으로부터 위탁받은 사업

PART 4

08 **다음 중 철도산업발전기본법상 철도산업위원회에 대한 설명으로 옳지 않은 것은?**

① 철도산업위원회에서는 철도안전과 철도운영에 관한 중요정책 사항을 심의 · 조정한다.
② 철도산업위원회는 위원장을 제외하고 25인 이내의 위원으로 구성한다.
③ 철도산업위원회의 구성 · 기능 및 운영에 관하여 필요한 사항은 대통령령으로 정한다.
④ 철도산업위원회에서 상정할 안건을 미리 검토하기 위해 철도산업위원회에 분과위원회를 둔다.
⑤ 철도산업에 관한 기본계획 및 중요정책을 심의 · 조정하기 위해 국토교통부에 철도산업위원회를 둔다.

09 **다음 중 철도사업법령상 철도시설의 점용허가를 받고자 할 때 점용허가신청서에 첨부해야 하는 서류가 아닌 것은?**

① 자금조달계획에 관한 서류
② 철도차량의 규격 및 안정성을 확인할 수 있는 서류
③ 시설물의 건설계획 및 사용계획에 관한 서류
④ 수지전망에 관한 서류
⑤ 사업개요에 관한 서류

10 다음은 철도사업법상 운송 시작의 의무에 대한 설명이다. 빈칸 ㉠, ㉡에 들어갈 내용이 바르게 연결된 것은?

> 철도사업자는 ___㉠___이 지정하는 날 또는 기간에 운송을 시작하여야 한다. 다만, 천재지변이나 그 밖의 불가피한 사유로 운송을 시작할 수 없는 경우에는 ___㉡___의 승인을 받아 날짜를 연기하거나 기간을 연장할 수 있다.

	㉠	㉡
①	대통령	대통령
②	대통령	건설교통부장관
③	국토교통부장관	대통령
④	국토교통부장관	국토교통부장관
⑤	건설교통부장관	국토교통부장관

11 다음은 철도산업발전기본법령상 철도산업발전시행계획의 수립절차에 대한 설명이다. 빈칸에 들어갈 기간으로 옳은 것은?

> • 관계 행정기관의 장은 당해 연도의 시행계획을 전년도 11월 말까지 국토교통부장관에게 제출하여야 한다.
> • 관계 행정기관의 장은 전년도 시행계획의 추진실적을 ________까지 국토교통부장관에게 제출하여야 한다.

① 전년도 9월
② 전년도 12월 말
③ 매년 2월 말
④ 매년 6월 말
⑤ 매년 11월 말

12 다음 중 철도사업법상의 법인의 결격사유가 아닌 것은?

① 법인의 임원 중 피성년후견인에 해당하는 사람이 있는 법인
② 법인의 임원 중 파산선고를 받고 복권되지 않은 사람이 있는 법인
③ 법인의 임원 중 철도안전법 위반으로 금고 이상의 실형을 선고받고 그 집행이 끝난 사람이 있는 법인
④ 철도사업의 면허가 취소된 후 그 취소일부터 2년이 지나지 아니한 법인
⑤ 법인의 임원 중 도시철도법 위반으로 금고 이상의 형의 집행유예를 선고받고 그 유예기간 중에 있는 사람이 있는 법인

13 **다음 중 철도산업발전기본법상 철도시설에 대해 국토교통부장관이 시책을 수립·시행해야 하는 사항이 아닌 것은?**

① 철도시설의 건설 및 관리
② 철도시설의 안전관리 및 재해대책
③ 철도시설의 유지보수 및 적정한 상태유지
④ 철도시설의 현대화에 관한 계획
⑤ 철도시설에 대한 투자 계획수립 및 재원조달

14 **다음 중 한국철도공사법의 내용으로 옳은 것은?**

① 국가는 운영자산을 공사에 현금으로 출자한다.
② 공사의 주된 사무소의 소재지는 대통령령으로 정한다.
③ 공사의 자본금 납입시기와 방법은 대통령령으로 정한다.
④ 공사의 자본금은 22조 원으로 하고, 그 전부는 정부가 출자한다.
⑤ 공사는 주된 사무소의 소재지에서 설립신고를 함으로써 성립한다.

PART 4

15 **다음 중 철도산업발전기본법령상 철도산업정보센터의 업무로 옳은 것은?**

① 철도산업정보의 수집·분석·보급 및 홍보
② 철도산업구조개혁추진에 따른 각종 철도의 연계 및 조정
③ 철도산업구조개혁과 관련된 철도의 건설·운영주체의 정비
④ 철도산업구조개혁과 관련된 인력조정·재원확보대책의 수립
⑤ 철도산업구조개혁추진에 따른 철도안전기준의 정비 및 안전정책의 수립

16 **다음 중 한국철도공사법령상 역시설 개발 및 운영 사업이 아닌 것은?**

① 환승시설 개발 사업
② 역세권 개발 사업 및 운영 사업
③ 물류시설 중 철도운영을 위한 시설 개발 사업
④ 역사와 같은 건물 안에 있는 관광휴게시설 운영 사업
⑤ 역사와 같은 건물 안에 있는 제2종 근린생활시설 운영 사업

17 **다음 중 한국철도공사법령상 한국철도공사 사채 모집에 응하고자 하는 자의 필요한 서류 및 기재사항이 아닌 것은?**

① 인수가액
② 사채청약서 2통
③ 청약자의 주소
④ 인수할 사채의 수
⑤ 낙약자의 등본

18 **다음 중 철도사업법상 여객 운임 · 요금의 신고 등에 대한 설명으로 옳지 않은 것은?**

① 여객에 대한 운임에는 여객운송과 관련된 설비 · 용역에 대한 대가가 포함된다.
② 여객 운임 · 요금은 국토교통부장관이 지정 · 고시한 상한을 초과하여서는 아니 된다.
③ 국토교통부장관은 신고받은 날부터 3일 이내에 수리 여부를 신고인에게 통지하여야 한다.
④ 철도사업자는 신고한 여객 운임 · 요금을 그 시행 1주일 이전에 관계 역에 게시하여야 한다.
⑤ 철도사업자는 신고한 여객 운임 · 요금을 일반인이 잘 볼 수 있는 곳에 게시하여야 한다.

19 **다음 중 철도산업구조개혁기본계획에서 대통령령으로 정하는 철도산업구조개혁을 위한 필요사항이 아닌 것은?**

① 철도안전 및 서비스향상에 관한 사항
② 철도서비스 시장의 구조개편에 관한 사항
③ 철도산업구조개혁의 단기 추진방향에 관한 사항
④ 철도요금 · 철도시설사용료 등 가격정책에 관한 사항
⑤ 철도산업구조개혁의 추진체계 및 관계기관의 협조에 관한 사항

20 **다음 중 철도산업발전기본법상 철도자산에 대한 설명으로 옳은 것은?**

① 철도자산 중 기타자산은 운영자산과 시설자산을 포함한 자산이다.
② 국토교통부장관은 철도자산처리계획을 위원회의 심의를 거쳐 수립해야 한다.
③ 국토교통부장관은 현물출자받은 운영자산과 관련된 권리와 의무를 포괄하여 승계한다.
④ 철도청이 건설 중인 시설자산은 철도자산이 완공된 때에 철도시설관리자에게 귀속된다.
⑤ 철도청은 철도자산처리계획에 의하여 한국철도공사에 운영자산을 현물출자한다.

PART 5

최종점검 모의고사

제1회 최종점검 모의고사

제2회 최종점검 모의고사

제1회
최종점검 모의고사

※ 코레일 한국철도공사 최종점검 모의고사는 2025년 하반기 필기후기 및 채용공고를 기준으로 구성한 것으로 실제 시험과 다를 수 있습니다.

■ 취약영역 분석

| 01 | 직업기초능력평가

번호	O/×	영역	번호	O/×	영역	번호	O/×	영역
01		의사소통능력	11		수리능력	21		문제해결능력
02			12			22		
03			13			23		
04			14			24		
05			15			25		
06			16			26		
07			17			27		
08			18			28		
09			19			29		
10			20			30		

| 02 | 직무수행능력평가

번호	31	32	33	34	35	36	37	38	39	40
영역	경영학									

번호	41	42	43	44	45	46	47	48	49	50
영역	경영학									

번호	51	52	53	54	55	56	57	58	59	60
영역	경영학									

| 03 | 철도법령

번호	61	62	63	64	65	66	67	68	69	70
영역	철도법령									

평가문항	70문항	평가시간	70분
시작시간	:	종료시간	:
취약영역			

모바일 OMR

제 1 회 최종점검 모의고사

응시시간 : 70분 문항 수 : 70문항

정답 및 해설 p.084

01 직업기초능력평가

01 다음 글의 주제로 가장 적절한 것은?

> 빅데이터는 스마트 팩토리 등 산업 현장 및 ICT 소프트웨어 설계 등에 주로 활용되어 왔다. 유통이나 물류 업계의 '콘텐츠가 대량으로 이동하는 현장'에서는 데이터가 발생하면, 이를 분석하고 활용하는 쪽으로 주로 사용됐다. 이제는 다양한 영역에서 빅데이터의 적용이 빨라지고 있다.
> 대표적인 사례가 금융권이다. 국내의 은행들은 현재 빅데이터 스타트업 회사를 상대로 대규모 투자에 나서고 있다. 뉴스와 포털 등 현존하는 데이터를 확보하여 금융 키워드 분석에 활용하기 위해서다.
> 의료업계도 마찬가지다. 정부는 바이오헬스 산업의 혁신전략을 통해 연구개발 투자를 2025년까지 4조 원 이상으로 확대하겠다고 밝혔으며, 빅데이터와 인공 지능 등을 연계한 다양한 로드맵을 준비하고 있다. 벌써 의료 현장에 빅데이터 전략을 구사하고 있는 병원도 다수이다.
> 국세청도 빅데이터에 관심이 많다. 빅데이터 플랫폼 인프라 구축을 끝내는 한편, 50명 규모의 빅데이터 센터를 가동하기 시작했다. 조세 행정에서 빅데이터를 통해 탈세를 예방·적발하는 등 다양한 쓰임새를 고민하고 있다.

① 빅데이터의 정의와 장단점
② 빅데이터의 종류
③ 빅데이터의 중요성
④ 빅데이터의 다양한 활용 방안
⑤ 빅데이터의 한계

02 다음 글의 내용으로 적절하지 않은 것은?

> 종종 독버섯이나 복어 등을 먹고 사망했다는 소식을 접한다. 그런데도 우리는 흔히 천연물은 안전하다고 생각한다. 자연에 존재하는 독성분이 천연화합물이라는 점을 쉽게 인지하지 못하는 것이다. 이처럼 외부에 존재하는 물질 외에 우리 몸 안에도 여러 천연화합물이 있는데, 부신에서 생성되는 아드레날린이라는 호르몬이 그 예이다.
>
> 아드레날린은 1895년 폴란드의 시불스키(Napoleon Cybulski)가 처음으로 순수하게 분리했고, 1897년 미국 존스홉킨스대학의 아벨(John Jacob Abel)이 그 화학 조성을 밝혔다.
>
> 처음에는 동물의 부신에서 추출한 아드레날린을 판매하였으나, 1906년 합성 아드레날린이 시판되고부터 현재는 모두 합성 제품이 사용되고 있다.
>
> 우리가 경계하거나 위험한 상황에 부닥치면 가슴이 두근거리면서 심박과 순환하는 혈액의 양이 늘어나게 되는데, 이는 아드레날린 때문이다. 아드레날린은 뇌의 신경 자극을 받은 부신에서 생성되어 혈액으로 들어가 빠르게 수용체를 활성화한다. 이처럼 아드레날린은 위험을 경계하고 그에 대응해야 함을 알리는 호르몬으로 '경계, 탈출의 호르몬'이라고도 불린다. 또한, 아드레날린은 심장마비, 과민성 쇼크, 심한 천식, 알레르기 등에 처방되고 있으며, 안구 수술 전 안압 저하를 위한 안약으로 쓰이는 등 의학에서 널리 쓰이고 있다.
>
> 그러나 아드레날린은 우리 몸에서 생산되는 천연물임에도 독성이 매우 커 LD50(50%가 생존 또는 사망하는 양)이 체중 킬로그램당 4mg이다. 이처럼 아드레날린은 생명을 구하는 약인 동시에 심장이 약한 사람이나 환자에게는 치명적인 독이 된다. 그러므로 천연물은 무독하거나 무해하다는 생각은 버려야 한다.

① 아드레날린은 우리 몸속에 존재한다.
② 우리가 놀랄 때 가슴이 두근거리는 것은 아드레날린 때문이다.
③ 현재는 합성 아드레날린을 사용하고 있다.
④ 천연 아드레날린은 합성 아드레날린과는 다른 물질이다.
⑤ 독버섯 등에 포함된 독성분은 천연화합물이다.

03 다음 글의 빈칸 ㉠, ㉡에 들어갈 접속어를 바르게 연결한 것은?

헌법재판은 사법적으로 이루어질 때 보다 공정하고 독립적으로 이루어질 수 있다. 이는 독립된 재판관에 의한 법해석을 중심으로 판단이 이루어져야 한다는 것을 말한다. 그런데 독립된 헌법재판소를 두더라도 헌법재판관의 구성방법이 문제된다. 헌법 제1조 제2항에 따라 모든 국가권력은 국민에게 귀착되어야 하는 정당성의 사슬로 연결되어 있기에 헌법재판관의 선출은 국민의 직접 위임에 의한 것이 이상적이다. ___㉠___ 현실적으로 국민의 직접선거로 재판관을 선출하는 것은 용이하지 않다. ___㉡___ 대의기관이 관여하여 헌법재판관을 임명함으로써 최소한의 민주적 정당성을 갖추어야 할 것이다. 그러므로 헌법재판관들이 선출되지 않은 소수 혹은 국민에 대하여 책임지지 않는 소수라는 이유만으로 민주적 정당성이 없다고 하는 것은 헌법재판관 선출에 의회와 대통령이 관여한다는 점에서 무리한 비판이라고 볼 수 있다.

	㉠	㉡
①	그리고	그러나
②	그러므로	그러나
③	그러므로	따라서
④	그러나	따라서
⑤	그러나	그리고

04 다음 글과 가장 관련 있는 한자성어는?

설 연휴마다 기차표를 예매하기 위해 아침 일찍 서울역에 갔던 아버지는 집에서도 인터넷을 통해 표를 예매할 수 있다는 아들의 말을 듣고 깜짝 놀랐다.

① 건목수생(乾木水生)
② 견강부회(牽强附會)
③ 격세지감(隔世之感)
④ 독불장군(獨不將軍)
⑤ 수구초심(首丘初心)

05 다음 글의 제목으로 가장 적절한 것은?

> 보건복지부에 따르면 등록 장애인만 250만 명이 넘는다. 여기에 비등록 장애인까지 포함시킨다면 실제 장애인 수는 400만 명에 다다를 것으로 예상된다.
> 특히 이들 가정은 경제적·사회적 어려움에 봉착해 있을 뿐만 아니라 많은 장애인 자녀들이 부모의 돌봄 없이는 일상생활 유지가 어려운 상황인데, 특히 법적인 부분에서 훨씬 더 문제가 된다. 부모 사망 이후 장애인 자녀가 상속인으로서 제대로 된 권리를 행사하기 어려울 뿐만 아니라, 본인도 모르게 유산 상속 포기 절차가 진행되는 경우가 이에 해당한다.
> 따라서 장애인 자녀의 부모들은 상속과정에서 자녀들이 부딪힐 수 있는 문제들에 대해 더 꼼꼼하게 대비해야 할 필요성이 있으며, 이에 해당하는 내용을 크게 두 가지로 살펴볼 수 있다. 자녀의 생활 안정 및 유지를 위한 '장애인 신탁'과 상속 시의 세금 혜택인 '장애인 보험금 비과세'가 그것이다.
> 먼저 장애인 신탁은 직계존비속이나 일정 범위 내 친족으로부터 재산을 증여받은 장애인이 증여세 신고기한 이내에 신탁회사에 증여받은 재산을 신탁하고, 그 신탁의 이익 전부에 대해 장애인이 수익자가 되면 재산가액 5억 원까지 증여세를 면제해 주는 제도로, 이를 통해 장애인은 생계유지와 안정적인 자산 이전을 받을 수 있다.
> 다음으로 수익자가 장애인 자녀인 보험에 가입한 경우 보험금의 4,000만 원까지는 상속세 및 증여세법에 의해 과세하지 않는다. 이때, 후견인 등이 보험금을 가로챌 수 있는 여지를 차단하기 위해 중도 해지가 불가능하고 평생 동안 매월 연금으로 수령할 수 있는 종신형 연금보험을 선택하는 것이 장애인 자녀의 생활 안정에 유리하다.

① 부모 사망 시 장애인 자녀의 유산 상속 과정
② 부모 사망 시 장애인 자녀가 받을 수 있는 혜택
③ 부모 사망 시 장애인 자녀가 직면하는 사회적 문제
④ 부모 사망 시 장애인 자녀의 보험 및 증여세 혜택
⑤ 부모 사망 시 장애인 자녀의 생활 안정 및 세금 혜택

06 **다음 글을 읽고 시력 저하 예방 사업과 그 핵심 내용이 바르게 연결되지 않은 것은?**

> 예전에 비해 안경이나 콘택트렌즈 등 일상생활을 영위하기 위해 시력 보조 도구를 사용해야 하는 사람들이 증가하고 있는 추세이다. 이는 모니터나 서류 같은 시각 자료들을 오랫동안 보아야 하는 현대인들의 생활 패턴과도 관계가 있다고 할 수 있다. 근시와 난시 같은 시력 저하의 문제도 심각하지만, 그와 별개로 안압 증가 등의 이유로 시력에 영구적인 손상을 입어 시각 장애 판정을 받거나 사고로 실명이 될 수도 있다. 옛말에 몸이 천 냥이라면 눈이 구백 냥이라는 말이 있듯이 시력은 우리 생활에서 중요한 부분을 차지하기 때문에 문제가 생겼을 때, 일상생활조차 힘들어질 수 있다. 그래서 한국실명예방재단에서는 다양한 이유로 생길 수 있는 시력 저하에 대해서 예방할 수 있는 여러 사업을 시행하고 있다.
>
> 먼저 '눈 건강 교육' 사업을 시행하고 있다. 눈 건강 교육 사업이란 흔히 노안이라고 하는 노인 저시력 현상 원인에 대한 교육과 전문가들의 상담을 제공함으로써, 노인 집단에서 저시력 위험군을 선별하여 미리 적절한 치료를 받을 수 있도록 하고 개안 수술, 재활 기구 및 재활 훈련을 지원하는 사업이다. 노인분들을 대상으로 하는 사업이기 때문에 어르신들의 영구적인 시각 장애나 실명 등을 예방할 수 있고, 특히 의료 서비스에서 소외되어 있는 취약 계층의 어르신들께 큰 도움이 될 수 있다. 또한, 비슷한 맥락에서 취약 계층의 눈 건강 보호를 위하여 '안과 취약지역 눈 검진' 사업 또한 시행하고 있다. 안과 관련 진료를 받기 힘든 의료 사각지대에 있는 취약계층에 해당하는 어르신과 어린이, 외국인 근로자를 대상으로 안과의사 등 전문 인력을 포함한 이동검진팀이 지역을 순회하면서 무료 안과검진을 실시하고 있다. 눈 관련 질병은 조기에 발견하여 치료를 받으면 치료의 효과가 극대화될 수 있기 때문에 정기적인 안과검진이 더욱 중요하다. 이에 따라 정기적인 검진을 받기 힘든 분들을 위하여 이동검진을 통한 조기발견과 적기 치료를 추구하고 있다. 재단은 전국 시·군·구 보건소로부터 검진신청을 받아 안과의사를 포함한 이동 안과 검진팀이 의료장비와 안약, 돋보기를 준비하고, 치료 및 상담과 수술이 필요한 저소득층에게는 지역 안과와 연계하여 수술비를 지원하고 있다. 안과 취약지역 눈 검진 일정은 매년 초 지역 시·군·구보건소에서 재단에 신청하여 일정을 편성하고 있으며, 개별 신청은 받지 않는다.

① 눈 건강 교육 : 저시력 문제에 취약한 노인층을 사업의 대상으로 한다.
② 눈 건강 교육 : 사업을 통해 개안 수술과 재활 훈련을 지원받을 수 있다.
③ 안과 취약지역 눈 검진 : 취약 계층 안구 질환의 조기발견과 적기 치료가 사업의 목표이다.
④ 안과 취약지역 눈 검진 : 수술이 필요한 경우 서울에 위치한 재단 연계 병원에서 수술받게 된다.
⑤ 안과 취약지역 눈 검진 : 보건소를 통하지 않고 개인이 직접 신청할 수는 없다.

07 다음 문단을 논리적 순서대로 바르게 나열한 것은?

(가) 나무를 가꾸기 위해서는 처음부터 여러 가지를 고려해 보아야 한다. 심을 나무의 생육조건, 나무의 형태, 성목이 되었을 때의 크기, 꽃과 단풍의 색, 식재지역의 기후와 토양 등을 종합적으로 생각하고 심어야 한다. 나무의 생육조건은 저마다 다르기 때문에 지역의 환경조건에 적합한 나무를 선별하여 환경에 적응하도록 해야 한다. 동백나무와 석류, 홍가시나무는 남부지방에 키우기 적합한 나무로 알려져 있지만 지구온난화로 남부수종의 생육한계선이 많이 북상하여 중부지방에서도 재배가 가능한 나무도 있다. 부산의 도로 중앙분리대에서 보았던 잎의 붉은 홍가시나무는 여주의 시골집 마당 양지바른 곳에서 3년째 잘 적응하고 있다.

(나) 더불어 나무의 특성을 외면하고 주관적인 해석에 따라 심었다가는 훗날 낭패를 보기 쉽다. 물을 좋아하는 수국 곁에 물을 싫어하는 소나무를 심었다면 둘 중 하나는 살기 어려운 환경이 조성된다. 나무를 심고 가꾸기 위해서는 전체적인 밑그림을 그려보고 생태적 특징을 살펴본 후에 심는 것이 바람직하다.

(다) 나무들이 밀집해 있으면 나무들끼리의 경쟁은 물론 바람길과 햇빛의 방해로 성장은 고사하고 병충해에 시달리기 쉽다. 또한 나무들은 성장속도가 다르기 때문에 항상 다 자란 나무의 모습을 상상하며 나무들 사이의 공간 확보를 염두에 두어야 한다. 그러나 묘목을 심고 보니 듬성듬성한 공간을 메꾸기 위하여 자꾸 나무를 심게 되는 실수가 종종 일어나고는 한다.

(라) 식재계획의 시작은 장기적인 안목으로 적재적소의 원칙을 염두에 두고 나무를 선정해야 한다. 식물은 햇빛, 물, 바람의 조화를 이루면 잘 산다고 하지 않는가. 그래서 나무의 특성 중에서 햇볕을 좋아하는지 그늘을 좋아하는지, 물을 좋아하는지 여부를 살펴보는 것이 중요하다. 어린 묘목을 심을 경우 실수하는 것은 나무가 자랐을 때의 생육공간을 생각하지 않고 촘촘하게 심는 것이다.

① (가) – (다) – (라) – (나)
② (가) – (라) – (다) – (나)
③ (다) – (나) – (가) – (라)
④ (다) – (나) – (라) – (가)
⑤ (라) – (나) – (다) – (가)

08 다음 중 복수 표준어인 것은?

① 마추다 – 맞추다
② 천둥 – 우뢰
③ 옥수수 – 강냉이
④ 좀체 – 좀체로
⑤ 매만지다 – 우미다

09 **다음 중 밑줄 친 부분의 띄어쓰기가 옳지 않은 것은?**

① 이번 일은 법대로 해결하자.

② 지난번 약속대로 돈을 돌려줬으면 좋겠어.

③ 그 일은 이미 지나간 대로 그냥 잊어버리자.

④ 네가 아는 대로 전부 말해줘.

⑤ 어제 약속한대로 오늘 함께 운동하자.

10 **다음 대화의 답변에 대한 반박으로 적절한 것을 〈보기〉에서 모두 고르면?**

Q : 신이 어떤 행위를 하라고 명령했기 때문에 그 행위가 착한 것인가, 아니면 오히려 그런 행위가 착한 행위이기 때문에 신이 그 행위를 하라고 명령한 것인가?

A : 여러 경전에서 신은 우리에게 정직할 것을 명령한다. 우리가 정직해야 하는 이유는 단지 신이 정직하라고 명령했기 때문이다. 따라서 한 행위가 착한 행위가 되기 위해서는 신이 그 행위를 하라고 명령해야 한다. 다시 말해 만약 신이 어떤 행위를 하라고 명령하지 않는다면, 그 행위는 착한 것이 아니다.

보기

ㄱ. 만약 신이 우리에게 정직하라고 명령하지 않았다면, 정직한 것은 착한 행위도 못된 행위도 아니다. 정직함을 착한 행위로 만드는 것은 바로 신의 명령이다.

ㄴ. 만약 신이 이산화탄소 배출량을 줄이기 위해 재생에너지를 쓰라고 명령하지 않았다면 그 행위는 행해지기 어렵다. 하지만 신이 그렇게 명령한 적이 없더라도 그 행위는 착한 행위이다.

ㄷ. 장기 기증은 착한 행위이다. 하지만 신이 장기 기증을 하라고 명령했다는 그 어떤 증거나 문서도 존재하지 않으며, 신이 그것을 명령했다고 주장하는 사람도 없다.

ㄹ. 어떤 사람은 원수를 죽이는 것이 신의 명령이라고 말하고, 다른 사람은 원수를 죽이는 것이 신의 명령이 아니라고 말한다. 사람들이 신의 명령이라고 말한다고 해서 그것이 정말로 신의 명령인 것은 아니다.

① ㄷ

② ㄹ

③ ㄴ, ㄷ

④ ㄱ, ㄴ, ㄹ

⑤ ㄱ, ㄴ, ㄷ, ㄹ

11 석훈이와 소영이는 운동장에 있는 달리기 트랙의 같은 지점에서 출발해 반대방향으로 달리기 시작했다. 석훈이는 평균 6m/s의 속력으로, 소영이는 평균 4m/s의 속력으로 달렸는데 출발할 때를 제외하고 두 번째 만날 때까지 걸린 시간이 1분 15초일 때, 달리기 트랙의 길이는 얼마인가?

① 315m
② 335m
③ 355m
④ 375m
⑤ 395m

12 새로운 원유의 정제비율을 조사하기 위해 상압증류탑을 축소한 Pilot Plant에 새로운 원유를 투입해 사전분석실험을 시행했다. 실험 결과가 다음과 같을 때, 아스팔트는 최초 투입한 원유의 양 대비 몇 % 생산되는가?

〈사전분석실험 결과〉

생산제품	생산량
LPG	투입한 원유량의 5%
휘발유	LPG를 생산하고 남은 원유량의 20%
등유	휘발유를 생산하고 남은 원유량의 50%
경유	등유를 생산하고 남은 원유량의 10%
아스팔트	경유를 생산하고 남은 원유량의 4%

① 1.168%
② 1.368%
③ 1.568%
④ 1.768%
⑤ 1.968%

13 녹차를 좋아하는 K씨는 농도가 40% 이상인 녹차를 만들어 마시고자 한다. 뜨거운 물 120g에 녹차가루 30g을 넣었는데 원하는 농도가 안 나와 녹차가루를 더 넣고자 한다. 이때, 더 넣어야 하는 녹차가루의 양은 최소 몇 g인가?

① 20g
② 30g
③ 40g
④ 50g
⑤ 60g

14 다음은 마트 및 편의점의 봉투 사용률에 대한 자료이다. 이에 대한 설명으로 옳은 것을 〈보기〉에서 모두 고르면?

〈마트 및 편의점 봉투 사용률〉

구분	대형마트 (2,000명 대상)	중형마트 (800명 대상)	개인마트 (300명 대상)	편의점 (200명 대상)
비닐봉투	7%	18%	21%	78%
종량제봉투	28%	37%	43%	13%
종이봉투	5%	2%	1%	0%
에코백	16%	7%	6%	0%
개인 장바구니	44%	36%	29%	9%

※ 마트별 전체 조사자 수는 상이함

보기

ㄱ. 대형마트의 종이봉투 사용자 수는 중형마트의 종이봉투 사용자 수의 6배 이상이다.
ㄴ. 대형마트의 종량제봉투 사용자 수는 전체 종량제봉투 사용자 수의 절반 이하이다.
ㄷ. 비닐봉투 사용률이 가장 높은 곳과 비닐봉투 사용자 수가 가장 많은 곳은 동일하다.
ㄹ. 편의점을 제외한 마트의 규모가 커질수록 개인 장바구니의 사용률은 증가한다.

① ㄱ, ㄹ
② ㄱ, ㄴ, ㄷ
③ ㄱ, ㄷ, ㄹ
④ ㄴ, ㄷ, ㄹ
⑤ ㄱ, ㄴ, ㄷ, ㄹ

15 다음과 같은 일정한 규칙으로 수를 나열할 때 빈칸에 들어갈 수로 옳은 것은?

$$\frac{3}{17} \quad \frac{9}{21} \quad \frac{27}{29} \quad \frac{81}{41} \quad \frac{243}{57} \quad (\quad)$$

① $\frac{727}{79}$
② $\frac{729}{77}$
③ $\frac{741}{77}$
④ $\frac{741}{78}$
⑤ $\frac{762}{77}$

16 다음은 라임사태 판매현황에 대한 자료이다. 이를 나타낸 판매사별 판매액 그래프로 옳은 것은? (단, 모든 그래프의 단위는 '억 원'이다)

2019년 논란이 된 라임사태 관련 라임자산운용 상품은 총 4조 3천억 원 규모가 판매되었다고 알려졌다. 해당 상품 판매사 20여 곳 중 판매 비중이 큰 순서대로 판매사 4곳을 나열하면 D사, W사, S사, K사 순으로, 이 중 상위 3개사의 판매액 합계는 전체의 40%를 차지하는 것으로 나타났다. 더구나 최근 판매사 평가에서 해당 3개사의 펀드 판매실태가 불량한 것으로 알려져 각별한 주의가 필요할 것으로 판단된다.

①
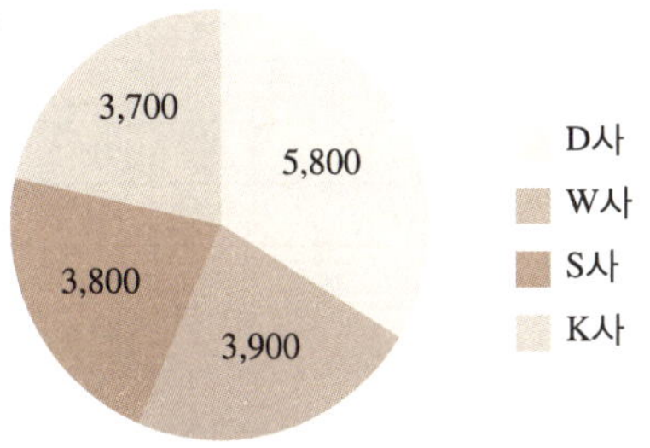

②
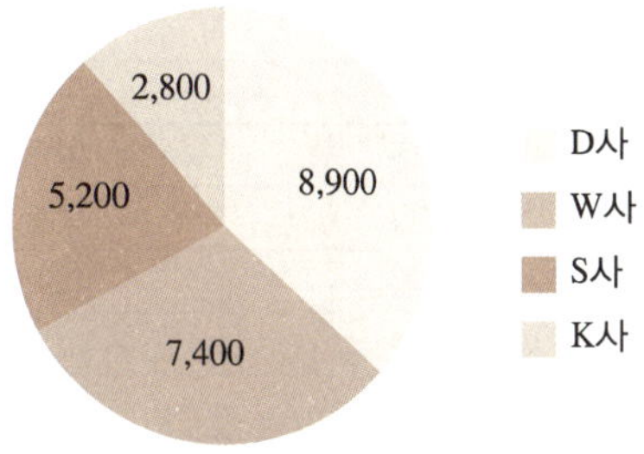

③
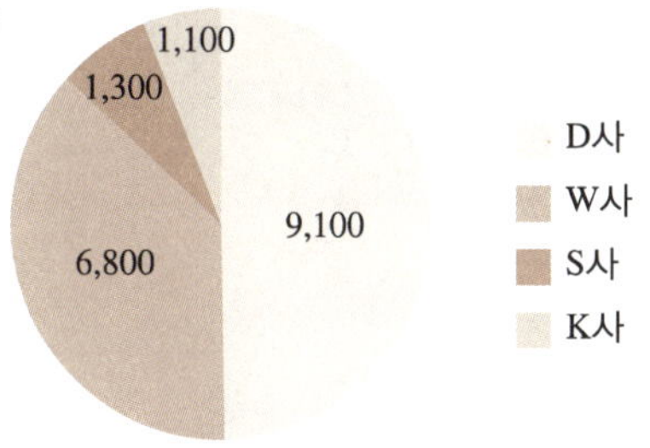

④
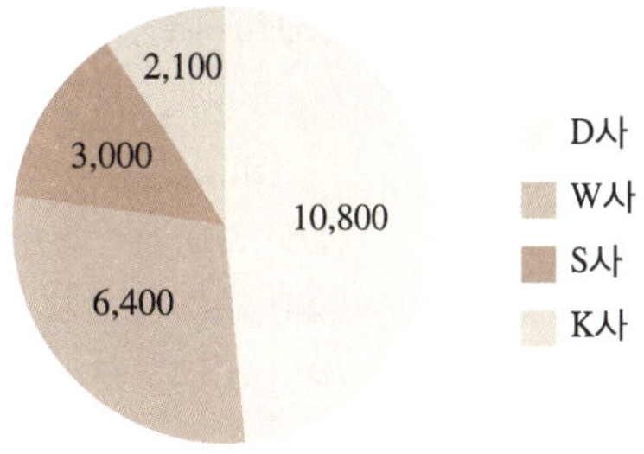

⑤
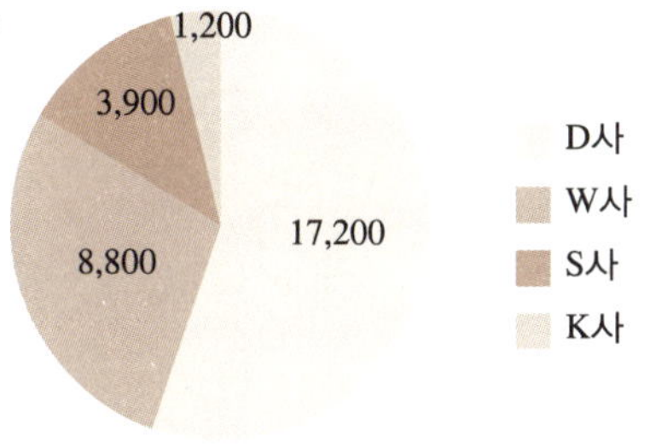

PART 5

17 다음은 공항철도를 이용한 월별 여객 수송실적이다. 빈칸 (A) ~ (C)에 들어갈 수가 바르게 연결된 것은?

〈월별 공항철도 이용 여객 현황〉

(단위 : 명)

구분	수송인원	승차인원	유입인원
1월	287,923	117,532	170,391
2월	299,876	(A)	179,743
3월	285,200	131,250	153,950
4월	272,345	152,370	119,975
5월	(B)	188,524	75,796
6월	268,785	203,557	65,228
7월	334,168	234,617	99,551
8월	326,394	215,890	110,504
9월	332,329	216,866	115,463
10월	312,208	224,644	(C)

※ 유입인원은 환승한 인원임

※ (승차인원)=(수송인원)−(유입인원)

	(A)	(B)	(C)
①	120,133	264,320	87,564
②	120,133	251,310	97,633
③	122,211	251,310	97,633
④	122,211	264,320	97,633
⑤	131,127	253,229	87,564

18 다음은 전산장비(A ~ F) 연간유지비와 전산장비 가격 대비 연간유지비 비율을 나타낸 자료이다. 이에 대한 설명으로 옳은 것은?

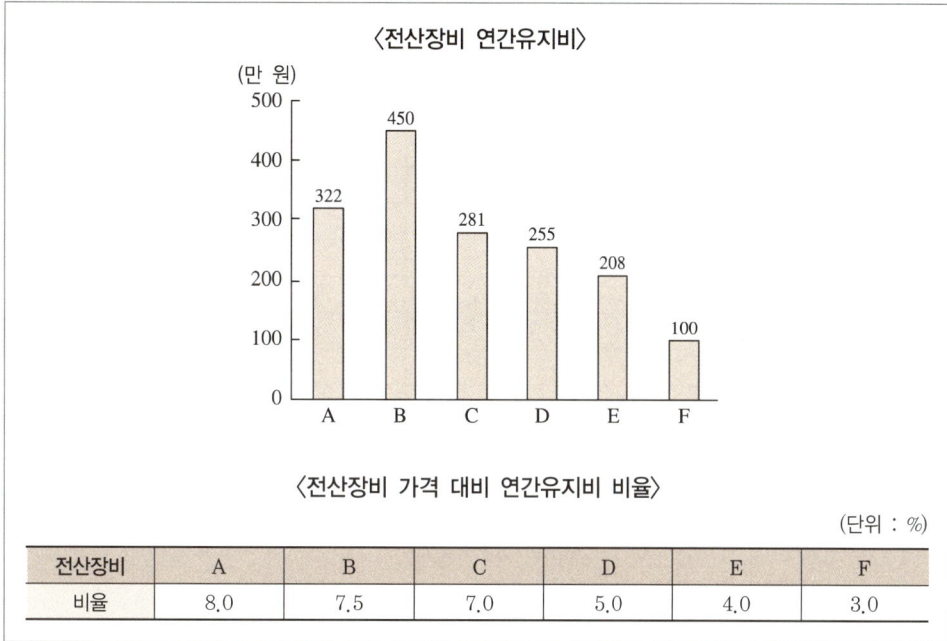

〈전산장비 연간유지비〉

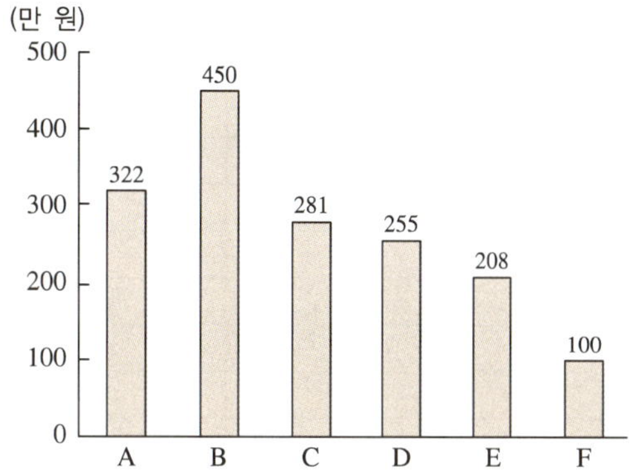

〈전산장비 가격 대비 연간유지비 비율〉

(단위 : %)

전산장비	A	B	C	D	E	F
비율	8.0	7.5	7.0	5.0	4.0	3.0

① B의 연간유지비가 D의 연간유지비의 2배 이상이다.

② 가격이 가장 높은 전산장비는 A이다.

③ 가격이 가장 낮은 전산장비는 F이다.

④ C의 전산장비 가격은 E의 가격보다 높다.

⑤ A를 제외한 전산장비는 가격이 높을수록 연간유지비도 더 높다.

PART 5

19 다음은 AIIB(Asian Infrastructure Investment Bank)의 지분율 상위 10개 회원국의 지분율과 투표권 비율에 대한 자료이다. 이에 대한 〈보기〉의 설명 중 옳은 것을 모두 고르면?

〈지분율 상위 10개 회원국의 지분율과 투표권 비율〉

(단위 : %)

회원국	지역	지분율	투표권 비율
중국	A	30.34	26.06
인도	A	8.52	7.51
러시아	B	6.66	5.93
독일	B	4.57	4.15
한국	A	3.81	3.50
호주	A	3.76	3.46
프랑스	B	3.44	3.19
인도네시아	A	3.42	3.17
브라질	B	3.24	3.02
영국	B	3.11	2.91

※ $(\text{회원국의 지분율})=\frac{(\text{해당 회원국이 AIIB에 출자한 자본금})}{(\text{AIIB의 자본금 총액})}\times 100$

※ 지분율이 높을수록 투표권 비율이 높아짐

보기

㉠ 지분율 상위 4개 회원국의 투표권 비율을 합하면 40% 이상이다.

㉡ 중국을 제외한 지분율 상위 9개 회원국 중 지분율과 투표권 비율의 차이가 가장 큰 회원국은 인도이다.

㉢ 지분율 상위 10개 회원국 중에서 A지역 회원국의 지분율 합은 B지역 회원국의 지분율 합의 3배 이상이다.

㉣ AIIB의 자본금 총액이 2,000억 달러라면 독일과 프랑스가 AIIB에 출자한 자본금의 합은 160억 달러 이상이다.

① ㉠, ㉡
② ㉡, ㉢
③ ㉢, ㉣
④ ㉠, ㉡, ㉣
⑤ ㉠, ㉢, ㉣

20 10명으로 구성된 팀이 2대의 차에 나눠 타고 야유회를 가려고 한다. 차량은 각각 5인승과 7인승이 있고, 운전을 할 수 있는 사람은 2명이다. 10명의 팀원이 차에 나눠 타는 경우의 수는 총 몇 가지인가?(단, 차량 내 좌석은 구분하지 않는다)

① 77가지
② 96가지
③ 128가지
④ 154가지
⑤ 308가지

21 다음 문장에서 범하고 있는 논리적 오류로 옳은 것은?

공부를 잘 하는 사람은 무엇이든 잘할 것이다.

① 근접효과
② 초두효과
③ 최신효과
④ 후광효과
⑤ 현저성 효과

PART 5

22 남학생 A ~ D와 여학생 W ~ Z 8명이 있다. 어떤 시험을 본 뒤 득점을 살펴보았더니 남녀 모두 1명씩 짝을 이루어 동점을 받았다. 다음 <조건>을 참고할 때 옳은 것은?

조건

- 여학생 X는 남학생 B 또는 C와 동점이다.
- 여학생 Y는 남학생 A 또는 B와 동점이다.
- 여학생 Z는 남학생 A 또는 C와 동점이다.
- 남학생 B는 여학생 W 또는 Y와 동점이다.

① 여학생 W는 남학생 C와 동점이다.
② 여학생 X는 남학생 B와 동점이다.
③ 여학생 Z와 남학생 C는 동점이다.
④ 여학생 Y는 남학생 A와 동점이다.
⑤ 남학생 D와 여학생 W는 동점이다.

※ 다음 4월 달력을 참고하여 이어지는 질문에 답하시오. **[23~24]**

〈4월 달력〉

월요일	화요일	수요일	목요일	금요일	토요일	일요일
		1	2	3	4	5
6	7	8	9	10	11	12
13	14	15 선거일	16	17	18	19
20	21	22	23	24	25	26
27	28	29	30			

23 K회사가 〈조건〉에 따라 4월 내로 가능한 빠르게 신입사원 채용시험을 진행한다고 할 때, 다음 중 채용시험일이 바르게 연결된 것은?

조건

- 최근 발생한 전염병으로 인해 K회사는 4월 10일까지 휴무하기로 결정하였으나, 직원 중 한 명이 확진자로 판정받아 기존 휴무 기간에서 일주일 더 연장하기로 결정하였다.
- K회사의 신입사원 채용시험은 필기시험과 면접시험으로 이루어지며, 각각 하루씩 소요된다. 필기시험 후 2일 동안 필기시험 결과를 바탕으로 면접시험 진행자를 선별하고, 필기시험일로부터 3일이 되는 날 면접시험 해당자에게 면접대상자임을 고지한 후 고지한 날로부터 2일이 되는 날 면접시험을 진행한다(단, 필기시험과 면접시험의 시험일이 월요일, 토요일, 일요일 및 법정공휴일인 경우 그 다음날로 한다).

	필기시험	면접시험
①	21일	28일
②	21일	29일
③	22일	28일
④	22일	29일
⑤	28일	29일

24 **K회사는 채용시험에 최종 합격한 신입사원을 〈조건〉에 따라 각 부서에 배치하려 한다. 다음 중 신입사원이 소속 부서로 출근하는 날은 언제인가?(단, 면접시험일은 23번 문제를 통해 결정된 날짜이며, 토·일요일에는 회사 근무를 하지 않는다)**

조건

- 면접시험일 이틀 뒤에 최종 합격자를 발표한다.
- 최종 합격자는 합격자 발표일 그다음 주 월요일에 첫 출근을 한다.
- 최종 합격자는 첫 출근일을 포함하여 2주간 신입사원 교육을 받는다.
- 신입사원 교육이 끝난 뒤 이틀 동안의 회의를 통해 신입사원의 배치를 결정한다.
- 부서 배치가 결정되면 신입사원은 그다음 주 월요일부터 소속 부서로 출근한다.

① 5월 4일 ② 5월 11일
③ 5월 18일 ④ 5월 20일
⑤ 5월 25일

PART 5

25 **다음 중 브레인스토밍의 진행 방법으로 적절하지 않은 것은?**

① 주제를 구체적이고 명확하게 정한다.
② 실현 가능성이 없는 아이디어는 단호하게 비판한다.
③ 되도록 다양한 분야의 사람들을 구성원으로 참석시킨다.
④ 리더는 누구나 자유롭게 발언할 수 있도록 구성원을 격려한다.
⑤ 리더는 직급과 관계없이 자유로운 분위기를 조성할 수 있는 사람으로 선출한다.

26 **다음 사례에 나타난 홍보팀 팀장의 상황은 문제해결 절차의 어느 단계에 해당하는가?**

K회사는 이번에 새로 출시한 제품의 판매량이 생각보다 저조하여 그 원인에 대해 조사하였고, 그 결과 신제품 홍보 방안이 미흡하다고 판단하였다. 효과적인 홍보 방안을 마련하기 위해 홍보팀에서는 회의를 진행하였고, 팀원들은 다양한 홍보 방안을 제시하였다. 홍보팀 팀장은 중요도와 실현 가능성 등을 고려하여 팀원들의 다양한 의견 중 최종 홍보 방안을 결정하고자 한다.

① 문제 인식 ② 문제 도출
③ 원인 분석 ④ 해결안 개발
⑤ 실행 및 평가

27 K공사에 근무하는 B사원은 국내 원자력 산업에 대한 SWOT 분석 결과 자료를 바탕으로 SWOT 분석에 의한 경영전략을 〈보기〉와 같이 분석하였다. 다음 〈보기〉 중 SWOT 분석에 의한 경영전략으로 적절하지 않은 것을 모두 고르면?

〈국내 원자력 산업에 대한 SWOT 분석 결과〉

구분	분석 결과
강점(Strength)	• 우수한 원전 운영 기술력 • 축적된 풍부한 수주 실적
약점(Weakness)	• 낮은 원전해체 기술 수준 • 안전에 대한 우려
기회(Opportunity)	• 해외 원전수출 시장의 지속적 확대 • 폭염으로 인한 원전 효율성 및 필요성 부각
위협(Threat)	• 현 정부의 강한 탈원전 정책 기조

〈SWOT 분석에 의한 경영전략〉

- SO전략 : 강점을 살려 기회를 포착하는 전략
- ST전략 : 강점을 살려 위협을 회피하는 전략
- WO전략 : 약점을 보완하여 기회를 포착하는 전략
- WT전략 : 약점을 보완하여 위협을 회피하는 전략

보기

㉠ 뛰어난 원전 기술력을 바탕으로 동유럽 원전수출 시장에서 우위를 점하는 것은 SO전략으로 적절하다.
㉡ 안전성을 제고하여 원전 운영 기술력을 향상시키는 것은 WO전략으로 적절하다.
㉢ 우수한 기술력과 수주 실적을 바탕으로 국내 원전 사업을 확장하는 것은 ST전략으로 적절하다.
㉣ 안전에 대한 우려가 있는 만큼, 안전점검을 강화하고 정부의 탈원전 정책 기조에 협조하는 것은 WT전략으로 적절하다.

① ㉠, ㉡
② ㉠, ㉢
③ ㉡, ㉢
④ ㉡, ㉣
⑤ ㉢, ㉣

28 **다음은 각 층에 1인 1실의 방이 4개씩 있는 3층 호텔의 배치도이다. 이 호텔에는 A～I 9명이 투숙해 있다. 〈조건〉을 참고할 때, 항상 참인 것은?**

좌	301호	302호	303호	304호	우
	201호	202호	203호	204호	
	101호	102호	103호	104호	

조건

- 각 층에는 3명씩 투숙해 있다.
- A의 바로 위의 방에는 C가 투숙해 있으며, A의 바로 오른쪽 방에는 아무도 투숙해 있지 않다.
- B의 바로 위의 방에는 아무도 투숙해 있지 않다.
- C의 바로 왼쪽에 있는 방에는 아무도 투숙해 있지 않으며, C는 D와 같은 층의 바로 옆에 인접해 있다.
- D는 E의 바로 아랫방에 투숙해 있다.
- E, F, G는 같은 층에 투숙해 있다.
- G의 옆방에는 아무도 투숙해 있지 않다.
- I는 H보다 위층에 투숙해 있다.

① B는 101호에 투숙해 있다.
② D는 204호에 투숙해 있다.
③ F는 304호에 투숙해 있다.
④ G는 301호에 투숙해 있다.
⑤ A, C, F는 같은 열에 투숙해 있다.

PART 5

29 K증권의 투자정보팀에서는 문제기업을 미리 알아볼 수 있는 이상 징후로 다음과 같은 다섯 개의 조건을 바탕으로 투자 여부를 판단하며, 투자 여부 판단 대상기업은 A～E이다. 〈조건〉을 참고할 때, 투자 부적격 기업은?

〈투자 여부 판단 조건〉

㉮ 기업문화의 종교화
㉯ 정책에 대한 지나친 의존
㉰ 인수 합병 의존도의 증가
㉱ 견제 기능의 부재
㉲ CEO의 법정 출입

이 5개의 징후는 다음과 같은 관계가 성립한다.

〈이상 징후별 인과 및 상관관계〉

i) '기업문화의 종교화'(㉮)와 '인수 합병 의존도의 증가'(㉰)는 동시에 나타난다.
ii) '견제 기능의 부재'(㉱)가 나타나면 '정책에 대한 지나친 의존'(㉯)이 나타난다.
iii) 'CEO의 법정 출입'(㉲)이 나타나면 '정책에 대한 지나친 의존'(㉯)과 '인수 합병의존도의 증가'(㉰)가 나타난다.

투자정보팀은 ㉮～㉲ 중 4개 이상의 이상 징후가 발견될 경우 투자를 하지 않기로 한다.

조건

- ㉮는 A, B, C기업에서만 나타났다.
- ㉯는 D기업에서 나타났고, C와 E기업에서는 나타나지 않았다.
- ㉱는 B기업에서 나타났고, A기업에서는 나타나지 않았다.
- ㉲는 A기업에서 나타나지 않았다.
- 각각의 이상 징후 ㉮～㉲ 중 모든 기업에서 동시에 나타나는 이상 징후는 없었다.

① A
② B
③ B, C
④ D, E
⑤ C, D, E

30 K공사는 현재 신입사원을 모집하고 있으며, 지원자격은 다음과 같다. 〈보기〉의 지원자 중 K공사 지원자격에 부합하는 사람은 모두 몇 명인가?

〈K공사 대졸공채 신입사원 지원자격〉

- 4년제 정규대학 모집대상 전공 중 학사학위 이상 소지한 자(졸업예정자 지원 불가)
- TOEIC 750점 이상인 자(국내 응시 시험에 한함)
- 병역필 또는 면제자로, 학업성적이 우수하고 해외여행에 결격사유가 없는 자

※ 공인회계사, 외국어 능통자, 통계 전문가, 전공 관련 자격 보유자 및 장교 출신 지원자 우대

모집분야		대상 전공
일반직	일반관리	• 상경, 법정 계열 • 통계 / 수학, 산업공학, 신문방송, 식품공학(식품 관련 학과) • 중국어, 러시아어, 영어, 일어, 불어, 독어, 서반아어, 포르투갈어, 아랍어
	운항관리	• 항공교통, 천문기상 등 기상 관련 학과 – 운항관리사, 항공교통관제사 등 관련 자격증 소지자 우대
전산직		• 컴퓨터공학, 전산학 등 IT 관련 학과
시설직		• 전기부문 : 전기공학 등 관련 전공 – 전기기사, 전기공사기사, 소방설비기사(전기) 관련 자격증 소지자 우대 • 기계부문 : 기계학과, 건축설비학과 등 관련 전공 – 소방설비기사(기계), 전산응용기계제도기사, 건축설비기사, 공조냉동기사, 건설기계기사, 일반기계기사 등 관련 자격증 소지자 우대 • 건축부문 : 건축공학 관련 전공(현장 경력자 우대)

보기

지원자	지원분야	학력	전공	병역사항	TOEIC 점수	참고사항
A	전산직	대졸	컴퓨터공학	병역필	820점	• 중국어, 일본어 능통자이다. • 일본에서 본 TOEIC 점수를 제출하였다.
B	시설직 (건축부문)	대졸	식품공학	면제	930점	• 건축현장 경력이 있다. • 전기기사 자격증을 소지하고 있다.
C	일반직 (운항관리)	대재	항공교통학	병역필	810점	• 전기공사기사 자격증을 소지하고 있다. • 학업 성적이 우수하다.
D	시설직 (기계부문)	대졸	기계공학	병역필	745점	• 건축설비기사 자격증을 소지하고 있다. • 장교 출신 지원자이다.
E	일반직 (일반관리)	대졸	신문방송학	미필	830점	• 소방설비기사 자격증을 소지하고 있다. • 포르투갈어 능통자이다.

① 1명
② 2명
③ 3명
④ 4명
⑤ 없음

31 다음 중 OJT(On the Job Training)에 해당하는 것은?

① 세미나
② 사례연구
③ 도제식 훈련
④ 시뮬레이션
⑤ 역할연기법

32 다음 중 제약회사 등에서 많이 사용하는 상표전략으로 각 제품마다 다른 상표를 적용하는 전략은?

① 개별상표
② 가족상표
③ 상표확장
④ 복수상표
⑤ 사적상표

33 다음 중 직무분석에 대한 설명으로 옳은 것은?

① 연공급 제도를 실시하기 위해서는 직무분석이 선행되어야 한다.
② 직무기술서와 직무명세서는 직무분석의 2차적 결과물이다.
③ 직무기술서는 특정 직무의 수행을 위해 갖추어야 할 직무담당자의 자격요건을 정리한 문서이다.
④ 직무명세서는 직무분석의 결과로 얻어진 직무정보를 정리한 문서이다.
⑤ 직무명세서에는 직무의 명칭, 책임과 권한, 요구되는 육체적 능력 등 인적요건이 기술되어 있다.

34 **다음 설명에 해당하는 용어는 무엇인가?**

이 전략의 대표적인 예로는 전기, 전화, 수도 등의 공공요금 및 택시요금, 놀이공원 등이 있다.

① 2부제 가격 전략
② 부산품 전략
③ 묶음가격
④ 가격계열화
⑤ 심리적가격

35 **다음 중 다각화 전략의 장점으로 옳지 않은 것은?**

① 새로운 성장동력을 찾아 기업 자체의 성장성을 잃지 않을 수 있다.
② 개별 사업부문들의 경기순환에 의한 리스크를 줄일 수 있다.
③ 범위의 경제성 또는 시너지 효과는 실질적으로 기업의 이익을 증대시킬 수 있다.
④ 글로벌경쟁이 심화될수록 경쟁력이 높아질 수 있다.
⑤ 복합기업들이 여러 시장에 참여하고 있기 때문에 어떤 한 사업분야에서 가격경쟁이 치열하다면, 다른 사업분야에서 나오는 수익으로 가격경쟁을 가져갈 수 있다.

PART 5

36 **다음 중 동시공학(Concurrent Engineering)에 대한 설명으로 옳지 않은 것은?**

① 제품의 설계, 기술, 생산, 마케팅, 서비스 등의 전 과정을 거쳐, 서로 다른 부서로부터 다기능팀(Multi – Functional Team)을 구성한다.
② 전반적인 제품개발과정을 단축시킨다.
③ 제품개발공정뿐만 아니라 기업의 경영관리 활동을 개선하는 접근 방법으로도 이용되어 경영프로세스혁신과 경영혁신을 도모한다.
④ 모든 프로세스를 동시에 진행하여 기간을 단축시키는 방법으로, 비용절감을 꾀할 수 있으나 품질 개선은 어렵다는 단점이 있다.
⑤ 팀 – 관리 기법, 정보 시스템, 통합 데이터베이스 환경, 제품 또는 서비스의 정보 교환을 위한 표준으로 구성된다.

37 **다음 중 ISO에서 제정한 환경경영시스템에 대한 국제표준규격은?**

① ISO 5000
② ISO 9000
③ ISO 14000
④ ISO 18000
⑤ ISO 20000

38 **다음 중 비용에 대한 설명으로 옳지 않은 것은?**

① 품질비용은 100% 완전하지 못한 제품 생산으로 인한 비용이다.
② 평가비용은 검사, 측정, 시험 등에 대한 비용이다.
③ 통제비용은 생산흐름으로부터 불량을 제거하기 위한 활동에 대한 비용이다.
④ 실패비용은 완성된 제품의 품질이 일정한 수준에 미달함으로써 발생하는 비용이다.
⑤ 외부실패비용은 폐기, 재작업, 등급저하에 대한 비용이다.

39 **다음 중 자금, 인력, 시설 등 모든 제조자원을 통합하여 계획 및 통제하는 관리시스템은?**

① MRP
② MRP Ⅱ
③ JIT
④ FMS
⑤ BPR

40 **다음 중 리더의 구성원 교환이론(LMX; Leader Member Exchange Theory)에 대한 설명으로 옳지 않은 것은?**

① 구성원들의 업무와 관련된 태도나 행동들은 리더가 그들을 다루는 방식에 달려있다.
② 리더가 여러 구성원들을 동일하게 다루지 않는다고 주장한다.
③ LMX 이론의 목표는 구성원, 팀, 조직에 리더십이 끼치는 영향을 설명하는 것이다.
④ 조직의 모든 구성원들은 동일한 차원으로 리더십에 반응한다.
⑤ 리더는 팀의 구성원들과 강한 신뢰감, 감정, 존중이 전제된 관계를 형성한다.

41 다음 중 집약적 유통채널에 대한 설명으로 옳은 것은?

① 특정 지역에서 단일의 유통업자와 거래한다.
② 주로 과자나 저가 소비재 등 소비자들이 구매의 편의성을 중시하는 품목에서 채택한다.
③ 고도의 상품지식을 필요로 하는 전문 품목에서 채택한다.
④ 제조업자의 통제력이 매우 높다.
⑤ 유통 비용이 비교적 저렴하다.

42 다음 중 신제품을 출시할 때 고가로 책정한 후 대체품이 출시되기 전 가격을 내려 소비층을 확대하는 전략은?

① 침투가격전략
② 적응가격전략
③ 시가전략
④ 스키밍 가격전략
⑤ 명성가격전략

PART 5

43 다음 중 기업과 조직들이 중앙집중적 권한 없이 거의 즉시 네트워크에서 거래를 생성하고 확인할 수 있는 분산 데이터베이스 기술은?

① 빅데이터(Big Data)
② 클라우드 컴퓨팅(Cloud Computing)
③ 블록체인(Blockchain)
④ 핀테크(Fintech)
⑤ 사물인터넷(Internet of Things)

44 다음 중 STP 전략의 시장세분화 단계에서 실시하는 내용으로 옳은 것은?

① 포지셔닝 맵을 작성한다.
② 자사와 경쟁사 간 경쟁적 위치를 조정한다.
③ 세분시장에 맞는 포지셔닝을 개발한다.
④ 시장의 매력도를 평가한다.
⑤ 시장 조사 및 분석을 통해 시장 프로필을 작성한다.

45 **다음 중 직무분석 시 보완적으로 사용하는 분석법에 해당하는 것을 〈보기〉에서 모두 고르면?**

> **보기**
>
> ㉠ 면접법　　　　㉡ 중요사건법
>
> ㉢ 워크샘플링법　　㉣ 설문지법
>
> ㉤ 관찰법

① ㉠, ㉡　　② ㉠, ㉤

③ ㉡, ㉢　　④ ㉢, ㉣

⑤ ㉣, ㉤

46 **다음 중 제품의 마케팅 조사에 있어서 신뢰성에 대한 설명으로 옳지 않은 것은?**

① 마케팅 조사의 신뢰도를 측정하는 방법으로 크론바흐 알파계수를 이용하기도 한다.

② 신뢰도를 측정하는 방법으로는 재검사법, 동형 검사법이 있다.

③ 내적 일관성법은 가능한 모든 반분 신뢰도의 평균값으로 신뢰성을 추정하는 방법이다.

④ 신뢰성이란 동일한 조건에서 동일한 대상에게 동일한 개념에 대하여 반복 측정하였을 때 같은 값을 나타내는 정도를 의미한다.

⑤ 체계적 오차는 측정 도구와 관계없이 측정상황에 따라 발생하는 오차이며, 체계적 오차가 적은 것은 신뢰성이 높다고 볼 수 있다.

47 **다음 중 전사적 품질경영(TQM)에 대한 설명으로 옳지 않은 것은?**

① TQM의 궁극적인 목표는 고객 만족도 향상이다.

② TQM은 프로세스의 지속적 개선을 강조한다.

③ TQM은 전문화가 높은 개인 단위의 과업을 위주로 진행된다.

④ TQM에는 기업의 모든 구성원들이 참여한다.

⑤ TQM은 생산의 결과뿐 아니라 과정 자체를 중요시한다.

48 **다음 중 인사고과에 대한 설명으로 옳지 않은 것은?**

① 인사고과란 종업원의 능력과 업적을 평가하여 그가 보유하고 있는 현재적 및 잠재적 유용성을 조직적으로 파악하는 방법이다.
② 인사고과의 수용성은 종업원이 인사고과 결과가 정당하다고 느끼는 정도이다.
③ 인사고과의 타당성은 고과내용이 고과목적을 얼마나 잘 반영하고 있느냐에 관한 것이다.
④ 대비오류(Contrast Error)는 피고과자의 능력을 실제보다 높게 평가하는 경향을 말한다.
⑤ 후광효과(Halo Effect)는 피고과자의 어느 한 면을 기준으로 다른 것까지 함께 평가하는 경향을 말한다.

49 **다음 중 데이터웨어하우스에 대한 설명으로 옳지 않은 것은?**

① 데이터는 의사결정 주제 영역별로 분류되어 저장된다.
② 대용량 데이터에 숨겨져 있는 데이터 간 관계와 패턴을 탐색하고 모형화한다.
③ 데이터는 통일된 형식으로 변환 및 저장된다.
④ 데이터는 읽기 전용으로 보관되며, 더 이상 갱신되지 않는다.
⑤ 데이터는 시간정보와 함께 저장된다.

50 **다음 중 인간관계론에 대한 설명으로 옳지 않은 것은?**

① 1930년대 대공황 이후 과학적 관리론의 한계로부터 발전된 이론이다.
② 행정조직이나 민간조직을 단순 기계적 구조로만 보고 시스템 개선을 통한 능률을 추구하였다.
③ 메이요(Mayo) 등 하버드 대학의 경영학 교수들이 진행한 호손 실험에 의해 본격적으로 이론적 틀이 마련되었다.
④ 인간을 기계적으로만 취급하는 것이 아니라 구성원들의 사회적・심리적 욕구와 조직 내 비공식집단 등을 중시한다.
⑤ 조직 구성원의 생산성은 감정, 기분과 같은 사회・심리적 요인에 의해서도 크게 영향을 받는다고 본다.

51 **인사평가제도는 평가목적을 어디에 두느냐에 따라 상대평가와 절대평가로 구분된다. 다음 중 상대평가에 해당하는 기법은?**

① 평정척도법
② 체크리스트법
③ 중요사건기술법
④ 연공형 승진제도
⑤ 강제할당법

52 **다음 중 생산합리화의 3S로 옳은 것은?**

① 표준화(Standardization) – 단순화(Simplification) – 전문화(Specialization)
② 규격화(Specification) – 세분화(Segmentation) – 전문화(Specialization)
③ 단순화(Simplification) – 규격화(Specification) – 세분화(Segmentation)
④ 세분화(Segmentation) – 표준화(Standardization) – 단순화(Simplification)
⑤ 규격화(Specification) – 전문화(Specialization) – 표준화(Standardization)

53 **다음 사례에 해당하는 리더십 이론은?**

> 서비스 마스터는 세계 최대 청소업체로, 이 기업의 윌리엄 폴라드 전 회장이 1999년 부사장으로 부임하면서 처음으로 한 일은 고객사인 한 병원의 계단과 화장실의 변기를 부하직원과 함께 청소하라는 임무를 수행한 것이다. 폴라드는 직원들과 같이 청소하는 과정을 통해 직원들이 서비스 일을 하면서 겪게 되는 어려움을 몸소 체험하고 고객을 섬기는 일이 어떠한 것인지 분명히 알게 되었다.

① 변혁적 리더십
② 거래적 리더십
③ 서번트 리더십
④ 셀프 리더십
⑤ 감성 리더십

54 **다음 중 인터넷 비즈니스에서 성공한 기업들이 20%의 히트상품보다 80%의 틈새상품을 통해 더 많은 매출을 창출하는 현상은?**

① 파레토(Pareto) 법칙
② 폭소노미(Folksonomy)
③ 네트워크 효과(Network Effect)
④ 롱테일(Long Tail)
⑤ 확장성(Scalability)

55 **다음 중 제조업자가 중간상들로 하여금 제품을 최종사용자에게 전달, 촉진 및 판매하도록 권유하기 위해 자사의 판매원을 이용하는 유통경로전략은?**

① 풀전략
② 푸시전략
③ 전속적 경로전략
④ 선택적 경로전략
⑤ 개방적 유통전략

PART 5

56 **다음 중 제품과 서비스 설계에 대한 설명으로 옳지 않은 것은?**

① 강건설계(Robust Design)는 제품이 작동환경의 영향을 덜 받고 기능하도록 하는 방법이다.
② 모듈화설계(Modular Design)는 구성품의 다양성을 높여 완제품의 다양성을 낮추는 방법이다.
③ 가치분석 / 가치공학(Value Analysis / Value Engineering)은 제품의 가치를 증대시키기 위한 체계적 방법이다.
④ 품질기능전개(Quality Function Deployment)는 고객의 요구사항을 설계특성으로 변환하는 방법이다.
⑤ 동시공학(Concurrent Engineering)은 제품 및 서비스 개발과 관련된 다양한 부서원들이 공동참여하는 방식이다.

57 **다음 중 마이클 포터(M. Porter)의 경쟁전략 유형에 해당하는 것은?**

① 차별화(Differentiation) 전략
② 블루오션(Blue Ocean) 전략
③ 방어자(Defender) 전략
④ 반응자(Reactor) 전략
⑤ 분석자(Analyzer) 전략

58 **다음 중 슈퍼 리더십(Super Leadership)에 대한 설명으로 옳지 않은 것은?**

① 슈퍼 리더는 구성원 개인의 능력을 중시하며, 인재를 영입하고 육성하는 조직문화를 만든다.
② 부하에게 지적자극을 일으키고, 카리스마를 통한 비전을 제시한다.
③ 자기 밑에 뛰어난 인재가 없다고 말하는 리더는 무능하다고 보며, 성공적인 리더가 되기 위해서는 평범한 사람을 인재로 키울 수 있는 능력이 있어야 한다고 생각한다.
④ 부하로 하여금 자발적으로 리더십을 발휘할 수 있도록 부하의 능력을 개발하고 이를 발휘할 수 있는 여건을 조성한다.
⑤ 진정한 리더십은 구성원의 자각에서 비롯되기 때문에 구성원의 잠재력을 발현할 수 있게 하는 것이 리더의 역할이라고 생각한다.

59 **다음 설명에 해당하는 내부인력공급 예측방법은?**

인적자원의 필요에 대비하여 기업의 인적자원의 이용가능성을 평가하기 위해 만들어진 종업원의 기본적인 정보를 입력한 데이터베이스이다.

① 기능목록
② 대체도
③ 마르코프 체인
④ 추세분석
⑤ 광고모집

60 **다음 중 마이클 포터(Michael E. Porter)가 제시한 가치사슬분석에서 본원적 활동에 속하지 않는 것은?**

① 구매물류활동
② 생산활동
③ 마케팅과 판매활동
④ R&D기술개발활동
⑤ 서비스활동

61 다음 중 한국철도공사법령상 이익준비금 또는 사업확장적립금을 자본금에 전입한 때 한국철도공사가 보고해야 하는 대상은?

① 대통령
② 국토교통부장관
③ 기획재정부장관
④ 국가철도공단
⑤ 한국고속철도건설공단

62 다음 중 철도사업법령상 철도사업자가 철도사업의 휴업을 신고하는 경우의 게시 사항이 아닌 것은?

① 휴업 기간
② 대체교통수단 안내
③ 휴업하는 철도사업의 사유
④ 운송책임 및 배상에 관한 사항
⑤ 휴업하는 철도사업의 내용

63 다음 중 철도산업발전기본법상 철도청과 고속철도건설공단이 철도운영 등을 주된 목적으로 취득한 철도자산은?

① 시설자산
② 운영자산
③ 위탁자산
④ 예비자산
⑤ 기타자산

64 다음 중 한국철도공사가 철도이용자 편의를 제공하기 위한 역세권 개발 사업이 아닌 것은?

① 주차장
② 판매시설
③ 주거편의시설
④ 일반업무시설
⑤ 여객자동차터미널

65 다음 중 철도사업법상 철도사업자의 준수사항이 아닌 것은?

① 철도사업약관 등을 인터넷 홈페이지에 게시해야 한다.
② 철도운송 질서를 해치는 행위를 하여서는 아니 된다.
③ 부당한 운임을 요구하거나 받는 행위를 하여서는 아니 된다.
④ 여객 운임표를 관계 역·영업소 및 사업소 등에 갖추어 두어야 한다.
⑤ 운전업무 실무수습을 갖추지 아니한 사람을 운전업무에 종사하게 하여서는 아니 된다.

66 다음 중 철도사업법령상 철도사업자가 고의 또는 중대한 과실로 1회의 철도사고로 인해 사망자가 10명 이상 20명 미만 발생한 경우의 과징금 금액은?

① 500만 원
② 1,000만 원
③ 2,000만 원
④ 3,000만 원
⑤ 5,000만 원

67 다음 중 철도산업발전기본법상 철도시설을 사용하는 자로부터 사용료를 징수할 수 없는 자는?

① 철도청장
② 국가철도공단
③ 시설사용계약자
④ 국토교통부장관
⑤ 철도시설관리권을 설정받은 자

68 다음 중 한국철도공사법령상 한국철도공사의 채권 기재사항에 들어가야 하는 내용이 아닌 것은?

① 채권번호
② 공사의 명칭
③ 사채의 발행총액
④ 채권의 발행연월일
⑤ 이자지급 방법 및 시기의 사항

69 다음 중 철도산업발전기본법령상 비상사태 시 철도서비스의 수급안정을 위해 대통령령으로 정하는 사항이 아닌 것은?

① 철도시설의 긴급복구
② 철도시설의 사용제한
③ 철도시설의 임시사용
④ 철도차량에 대한 수색
⑤ 철도역 수리에 필요한 재원조달

70 다음 중 한국철도공사법령상 국유재산 전대 시의 승인신청서 기재내용으로 옳지 않은 것은?

① 전대기간
② 사용료 및 그 산출근거
③ 전대재산의 표시(도면은 제외함)
④ 전대를 받을 자의 사업계획서
⑤ 전대를 받을 자의 전대재산 사용목적

제2회
최종점검 모의고사

※ 코레일 한국철도공사 최종점검 모의고사는 2025년 하반기 필기후기 및 채용공고를 기준으로 구성한 것으로 실제 시험과 다를 수 있습니다.

■ 취약영역 분석

| 01 | 직업기초능력평가

번호	O/×	영역	번호	O/×	영역	번호	O/×	영역
01		의사소통능력	11		수리능력	21		문제해결능력
02			12			22		
03			13			23		
04			14			24		
05			15			25		
06			16			26		
07			17			27		
08			18			28		
09			19			29		
10			20			30		

| 02 | 직무수행능력평가

번호	31	32	33	34	35	36	37	38	39	40
영역	경영학									

번호	41	42	43	44	45	46	47	48	49	50
영역	경영학									

번호	51	52	53	54	55	56	57	58	59	60
영역	경영학									

| 03 | 철도법령

번호	61	62	63	64	65	66	67	68	69	70
영역	철도법령									

평가문항	70문항	평가시간	70분
시작시간	:	종료시간	:
취약영역			

제 2 회 최종점검 모의고사

응시시간 : 70분 문항 수 : 70문항

정답 및 해설 p.099

01 직업기초능력평가

01 다음 글의 글쓴이가 〈보기〉의 글쓴이에게 해 줄 수 있는 말로 가장 적절한 것은?

> 행랑채가 퇴락하여 지탱할 수 없게끔 된 것이 세 칸이었다. …(중략)… 그중의 두 칸은 앞서 장마에 비가 샌 지 오래되었으나, 나는 그것을 알면서도 이럴까 저럴까 망설이다가 손을 대지 못했던 것이고, 나머지 한 칸은 비를 한 번 맞고 샜던 것이라 서둘러 기와를 갈았던 것이다. 이번에 수리하려고 본즉 비가 샌 지 오래된 것은 그 서까래, 추녀, 기둥, 들보가 모두 썩어서 못 쓰게 되었던 까닭으로 수리비가 엄청나게 들었고, 한 번밖에 비를 맞지 않았던 한 칸의 재목들은 완전하여 다 쓸 수 있었던 까닭으로 그 비용이 많지 않았다.
> 나는 이에 느낀 것이 있었다. 사람의 몸에 있어서도 마찬가지라는 사실을. 잘못을 알고서도 바로 고치지 않으면 곧 그 자신이 나쁘게 되는 것이 마치 나무가 썩어서 못쓰게 되는 것과 같으며, 잘못을 알고 고치기를 꺼리지 않으면 해(害)를 받지 않고 다시 착한 사람이 될 수 있으니, 저 집의 재목처럼 말끔하게 다시 쓸 수 있는 것이다. 뿐만 아니라 나라의 정치도 이와 같다. 백성을 좀먹는 무리들을 내버려 두었다가는 백성들이 도탄에 빠지고 나라가 위태롭게 된다. 그런 연후에 급히 바로잡으려 하면 이미 썩어버린 재목처럼 때는 늦은 것이다. 어찌 삼가지 않겠는가.
>
> – 이규보, 「이옥설(理屋說)」

> **보기**
>
> 임금은 하늘의 뜻을 받드는 존재다. 그가 정치를 잘 펴서 백성들을 평안하게 하는 것은 하늘의 뜻을 바르게 펴는 증거요, 임금이 정치를 바르게 하지 않는 것 역시 하늘의 뜻이다. 하늘의 뜻은 쉽게 판단할 수는 없기 때문이다. 임금이 백성들을 괴롭게 하더라도 그것에 대한 평가는 그가 죽은 뒤에 할 일이다.

① 태평천하(太平天下)인 상황에서도 한가롭게 하늘의 뜻을 생각할 겁니까?
② 가렴주구(苛斂誅求)의 결과 나라가 무너지고 나면 그때는 어떻게 할 겁니까?
③ 과유불급(過猶不及)이라고 하지 않습니까? 무엇이든 적당히 해야 좋은 법입니다.
④ 대기만성(大器晩成)이라고 했습니다. 결과는 나중에 확인하는 것이 바람직합니다.
⑤ 성현은 근묵자흑(近墨者黑)이라고 하여, 악한 일은 가까이 하지 않아야 한다고 했습니다.

02 다음 글의 내용으로 가장 적절한 것은?

우리는 '재활용'이라고 하면 생활 속에서 자주 접하는 종이, 플라스틱, 유리 등을 다시 활용하는 것만을 생각한다. 하지만 에너지도 재활용이 가능하다고 한다.
에너지는 우리가 인지하지 못하는 일상생활 속 움직임을 통해 매 순간 만들어지고 사라진다. 문제는 이렇게 생산되고 사라지는 에너지의 양이 적지 않다는 것이다. 이처럼 버려지는 에너지를 수집해 우리가 사용할 수 있도록 하는 기술이 '에너지 하베스팅'이다.
에너지 하베스팅은 열, 빛, 운동, 바람, 진동, 전자기 등 주변에서 버려지는 에너지를 모아 전기를 얻는 기술을 의미한다. 이처럼 우리 주위 자연에 존재하는 청정에너지를 반영구적으로 사용하기 때문에 공급의 안정성, 보안성 및 지속 가능성이 높고, 이산화탄소를 배출하는 화석연료를 사용하지 않기 때문에 환경공해를 줄일 수 있어 친환경 에너지 활용 기술로도 각광받고 있다.
에너지원의 종류가 많은 만큼 에너지 하베스팅의 유형도 매우 다양하다. 체온, 정전기 등 신체의 움직임을 이용하는 신체 에너지 하베스팅, 태양광을 이용하는 광 에너지 하베스팅, 진동이나 압력을 가해 이용하는 진동 에너지 하베스팅, 산업 현장에서 발생하는 수많은 폐열을 이용하는 열 에너지 하베스팅, 방송전파나 휴대전화 전파 등의 전자파 에너지를 이용하는 전자파 에너지 하베스팅 등이 폭넓게 개발되고 있다.
영국의 어느 에너지기업은 사람의 운동 에너지를 전기 에너지로 바꾸는 기술을 개발했다. 사람이 많이 다니는 인도 위에 버튼식 패드를 설치하여 사람이 밟을 때마다 전기가 생산되도록 하는 것이다. 이 장치는 2012년 런던올림픽에서 테스트를 한 이후 현재 영국의 12개 학교 및 미국 뉴욕의 일부 학교에서 설치하여 활용 중이다.
이처럼 전 세계적으로 화석 연료에서 신재생 에너지로 전환하려는 노력이 계속되고 있는 만큼 에너지 전환 기술인 에너지 하베스팅에 대한 관심은 계속될 것이며, 다양한 분야에 적용될 것으로 예상되고 있다.

① 재활용은 유체물만 가능하다.
② 에너지 하베스팅은 버려진 에너지를 또 다른 에너지로 만드는 것이다.
③ 에너지 하베스팅을 통해 열, 빛, 전기 등 여러 에너지를 얻을 수 있다.
④ 태양광과 폐열은 같은 에너지원에 속한다.
⑤ 사람의 운동 에너지를 전기 에너지로 바꾸는 기술은 사람의 체온을 이용한 신체 에너지 하베스팅 기술이다.

PART 5

03 **C사원은 사보 담당자인 G주임에게 다음 달에 기고할 사설 원고를 전달하였고, G주임은 문단마다 소제목을 붙였으면 좋겠다는 의견을 보냈다. 다음 중 C사원이 G주임의 의견을 반영하여 소제목을 붙였을 때, 적절하지 않은 것은?**

(가) 떨어질 줄 모르는 음주율은 정신건강 지표와도 연결된다. 아무래도 생활에서 스트레스를 많이 느끼는 사람들이 음주를 통해 긴장을 풀고자 하는 욕구가 많기 때문이다. 특히 퇴근 후 혼자 한적하고 조용한 술집을 찾아 맥주 1 ~ 2캔을 즐기는 혼술 문화는 젊은 연령층에서 급속히 퍼지고 있는 트렌드이기도 하다. 이렇게 혼술 문화가 대중적으로 널리 퍼지게 된 원인은 1인 가구의 증가와 사회적 관계망이 헐거워진 데 있다는 것이 지배적인 분석이다.

(나) 혼술은 간단하게 한잔하며 긴장을 푸는 데 더없이 좋은 효과를 주기도 하지만 그 이면에는 '음주 습관의 생활화'라는 문제도 있다. 혼술이 습관화되면 알코올중독으로 병원 신세를 질 가능성이 9배 늘어난다는 최근 연구결과도 있다. 실제로 가톨릭대 알코올 의존치료센터에 따르면 5년 동안 알코올 의존 상담환자 중 응답자 75.4%가 평소 혼술을 즐겼다고 답했다.

(다) 보건복지부와 국립암센터에서는 국민 암 예방 수칙의 하나인 '술은 하루 2잔 이내로 마시기' 수칙을 '하루 한두 잔의 소량 음주도 피하기'로 개정했다. 뉴질랜드 오타고대 연구진의 최신 연구에 따르면 술이 7종 암과 직접적 관련이 있는 것으로 밝혀졌고, 이러한 영향력은 적당한 음주에도 예외가 아닌 것으로 나타났다. 연구를 이끈 제니 코너 박사는 "음주 습관은 소량이나 적당량을 섭취했을 때도 몸에 상당한 부담으로 작용한다."라고 밝혔다.

(라) 흡연과 함께 하는 음주는 1군 발암요인이기도 하다. 몸속에서 알코올과 니코틴 등의 독성물질이 만나면 더 큰 부작용과 합병증을 일으키기 때문이다. 일본 도쿄대 나카무라 유스케 교수는 '체질과 생활습관에 따른 식도암 발병률'이라는 논문에서 하루에 캔 맥주 1개 이상을 마시고 흡연을 같이할 경우 유해물질이 인체에서 상승작용을 한다는 것을 밝혀냈다. 또한 술, 담배를 함께 하는 사람의 식도암 발병 위험이 다른 사람들에 비해 190배나 높은 것으로 나타났다. 우리나라는 세계적으로도 식도암 발병률이 높은 나라이기도 하다. 이것이 우리가 음주습관 형성에 특히 주의를 기울여야 하는 이유이다.

① (가) : 1인 가구, 혼술 문화의 유행
② (나) : 혼술습관, 알코올중독으로 발전할 수 있어
③ (다) : 가벼운 음주, 대사 촉진에 도움이 돼
④ (라) : 흡연과 음주를 동시에 즐기면 식도암 위험률 190배
⑤ (라) : 하루 한두 잔 가벼운 음주와 흡연, 암 위험에서 벗어나지 못해

04 다음 문단을 논리적 순서대로 바르게 나열한 것은?

(가) '인력이 필요해서 노동력을 불렀더니 사람이 왔더라.'라는 말이 있다. 인간을 경제적 요소로만 단순하게 생각했으나, 이에 따른 인권문제, 복지문제, 내국인과 이민자와의 갈등 등이 수반된다는 말이다. 프랑스처럼 우선 급하다고 이민자를 선별하지 않고 받으면 인종 갈등과 이민자의 빈곤화 등 많은 사회비용이 발생한다.

(나) 이제 다문화정책의 패러다임을 전환해야 한다. 한국에 들어온 다문화가족을 적극적으로 지원해야 한다. 다문화 가족과 더불어 살면서 다양성과 개방성을 바탕으로 상생의 발전을 도모해야 한다. 그리고 결혼이민자만 다문화가족으로 볼 것이 아니라 외국인 근로자와 유학생, 북한이탈주민까지 큰 틀에서 함께 보는 것도 필요하다.

(다) 다문화정책의 핵심은 두 가지이다. 첫째, 새로운 사회에 적응하려는 의지가 강해서 언어 배우기, 일자리, 문화 이해에 매우 적극적인 태도를 지닌 좋은 인력을 선별해서 입국하도록 하는 것이다. 둘째, 이민자가 새로운 사회에 잘 정착할 수 있도록 사회통합에 주력해야 하는 것이다. 해외 인구 유입 초기부터 사회 비용을 절약할 수 있는 사람들을 들어오게 하는 것이 중요하기 때문이다.

(라) 또한, 이미 들어온 이민자에게는 적극적인 지원을 해야 한다. 언어와 문화, 환경이 모두 낯선 이민자에게는 이민 초기에 세심한 배려가 필요하다. 특히 중요한 것은 다문화 가족이 그들이 가지고 있는 강점을 활용하여 취약 계층이 아닌 주류층으로 설 수 있도록 지원해야 한다. 뿐만 아니라 이민자에 대한 지원 시기를 놓치거나 차별과 편견으로 내국인에게 증오감을 갖게 해서는 안 된다.

① (가) – (다) – (라) – (나)
② (다) – (가) – (라) – (나)
③ (다) – (나) – (라) – (가)
④ (다) – (라) – (나) – (가)
⑤ (라) – (다) – (나) – (가)

05 다음 글을 근거로 판단할 때, 〈보기〉에서 적절한 것을 모두 고르면?

태어난 아기에게 처음 입히는 옷을 배냇저고리라고 하는데, 보드라운 신생아의 목에 거친 깃이 닿지 않도록 깃 없이 만들어 '무령의(無領衣)'라고도 하였다. 보통 저고리를 여미는 고름 대신 무명실 끈을 길게 달아 장수를 기원했는데, 이는 남아, 여아 모두 공통적이었다. 특히 남자아기의 배냇저고리는 재수가 좋다고 하여 시험이나 송사를 치르는 사람이 부적같이 몸에 지니는 풍습이 있었다.
아기가 태어난 지 약 20일이 지나면 배냇저고리를 벗기고 돌띠저고리를 입혔다. 돌띠저고리에는 돌띠라는 긴 고름이 달려있는데, 길이가 길어 한 바퀴 돌려 맬 수 있을 정도이다. 이런 돌띠저고리에는 긴 고름처럼 장수하기를 바라는 의미가 담겨 있다.
백일에는 아기에게 백줄을 누빈 저고리를 입히기도 하였는데, 이는 장수하기를 바라는 의미를 담고 있다. 그리고 첫 생일인 돌에 남자아기에게는 색동저고리를 입히고 복건(幅巾)이나 호건(虎巾)을 씌우며, 여자아기에게는 색동저고리를 입히고 굴레를 씌웠다.

보기

ㄱ. 배냇저고리는 아기가 태어난 후 약 3주간 입히는 옷이다.
ㄴ. 시험을 잘 보기 위해 여자아기의 배냇저고리를 몸에 지니는 풍습이 있었다.
ㄷ. 돌띠저고리와 백줄을 누빈 저고리에 담긴 의미는 동일하다.
ㄹ. 남자아기뿐만 아니라 여자아기에게도 첫 생일에는 색동저고리를 입혔다.

① ㄴ
② ㄱ, ㄴ
③ ㄱ, ㄷ
④ ㄱ, ㄹ
⑤ ㄱ, ㄷ, ㄹ

06 다음 〈보기〉에서 밑줄 친 단어의 표기가 옳지 않은 것을 모두 고르면?

보기

㉠ 일이 하도 많아 밤샘 작업이 예삿일로 되어 버렸다.
㉡ 아이는 등굣길에 문구점에 잠깐 들른다.
㉢ 반지하 전셋방에서 살림을 시작한 지 10년 만에 집을 장만하였다.
㉣ 조갯살로 국물을 내어 칼국수를 끓이면 시원한 맛이 일품이다.
㉤ 우리는 저녁을 어디서 먹을까 망설이다가 만장일치로 피잣집에 갔다.

① ㉠, ㉡
② ㉠, ㉢
③ ㉡, ㉣
④ ㉢, ㉤
⑤ ㉣, ㉤

07 다음 글의 빈칸 ㉠, ㉡에 들어갈 접속어를 바르게 연결한 것은?

1682년, 영국의 엘리아스 애쉬몰(Elias Ashmole)이 자신의 수집품을 대학에 기증하면서 '박물관(Museum)'이라는 용어가 처음 등장하였고, 이후 유럽과 미국에서 박물관은 서로 다른 양상으로 발전하였다. 유럽의 경우 주로 개인이 소장품을 국가에 기증하면 국가는 이를 바탕으로 박물관을 설립하였다. 즉, 국가의 지원과 통제하에 박물관이 설립된 것이다. ___㉠___ 미국의 경우 민간 차원에서 일반 대중에게 봉사한다는 취지로 미술품 애호가들이나 개인 법인에 의해 박물관이 설립되었다. 19세기 이전 대부분의 박물관은 종합 박물관의 성격을 띠었으나, 19세기 이후 과학의 진보와 함께 수집품이 증가하고, 이들의 분류·정리가 이루어지면서 전문 박물관이 설립되기 시작했다. 한편, 신흥 도시는 번영의 힘을 과시하기 위해 장식과 기교가 많고 화려한 박물관을 설립하기도 하였다. 1851년 런던의 대박람회와 1876년 미국 독립 100주년 기념 대박람회는 박물관 사업을 촉진하는 계기가 되었다. 그 결과 뉴욕의 자연사박물관, 메트로폴리탄 박물관, 보스턴미술관 등이 설립되었다. 이 시기의 박물관은 시민의 교육기관이라는 위상을 갖추기 시작했다. 박물관이 학생 교육, 대중의 지식 개발 등 교육에 기여하는 바가 크다는 사실을 인식한 것이다. ___㉡___ 자연과학의 발달과 생물학·인류학·고고학 등의 연구가 활발해지면서 전문 박물관도 급진적으로 증가하게 되었다. 1930 ~ 1940년대 미국에서는 막대한 재력을 가진 개인이 본격적인 후원의 주체가 되는 양상이 나타났다. 재력가들이 미술품 수집에 관심을 보이면서 박물관에 대한 지원이 기업 이윤의 사회 환원이라는 명목으로 이루어졌다. 미국은 미술품을 구입하는 개인이나 법인에게 세제상의 혜택을 주어 간접적인 미술의 발전을 도모하였고, 이로 인해 1945년 이후 많은 박물관이 형성되었다. 1876년 약 200여 개였던 미국의 박물관 수는 1940년에는 2,500개, 1965년에는 5,000여 개에 달하였으며, 1974년에는 약 7,000여 개로 집계되었다.

	㉠	㉡
①	그러므로	그러나
②	그러므로	또한
③	반면	또한
④	반면	따라서
⑤	반면	그러나

08 다음 글의 밑줄 친 부분과 관련 있는 속담으로 적절하지 않은 것은?

아이를 낳으면 엄마는 정신이 없어지고 지적 능력이 감퇴한다는 것이 일반 상식이었다. 그러나 이것에 반기를 드는 실험 결과가 발표되었다.

최근 보스턴 글로브지에 보도된 바에 의하면 킹슬리 박사팀은 몇 개의 실험을 통하여 흥미로운 결과를 발표하였다. 그들의 실험에 따르면 엄마 쥐는 처녀 쥐보다 후각능력과 시각능력이 급증하고 먹잇감을 처녀 쥐보다 3배나 빨리 찾았다. 엄마 쥐가 되면 엄마의 두뇌는 에스트로겐, 코티졸 등에 의해 마치 목욕을 한 것처럼 된다. 그런데 주목할 것은 엄마 쥐 혼자 내적으로 두뇌의 변화가 오는 것이 아니라 새끼와 상호작용하는 것이 두뇌 변화에 큰 영향을 준다는 것이다. 새끼를 젖먹이고 다루는 과정에서 감각적 민감화와 긍정적 변화가 일어나고 인지적 능력이 향상된다.

그러면 인간에게서는 어떨까? 대개 엄마가 되면 너무 힘들고 일에 부대껴서 결국은 지적 능력도 떨어진다고 생각한다. 그러나 이런 현상은 상당 부분 사회공동체적 자기암시로부터 온 것이라고 봐야 한다. 오하이오 신경심리학자 줄리에 수어는 임신한 여성들을 두 집단으로 나누어 A집단에게는 "임신이 기억과 과제 수행에 어떤 영향을 주는가를 알아보기 위해서 검사를 한다."라고 하고, B집단에게는 설명 없이 그 과제를 주었다. 그 결과 A집단의 여성들이 B집단보다 과제 수행점수가 현저히 낮았다. <u>A집단은 임신하면 머리가 나빠진다는 부정적인 고정관념의 영향을 받은 것이다</u>.

연구 결과들에 의하면 엄마가 된다는 것은 감각·인지 능력 및 용감성 등을 높여준다. 지금껏 연구는 주로 쥐를 중심으로 이루어졌지만, 인간에게도 같은 원리가 적용될 가능성은 크다.

① 암탉이 울면 집안이 망한다.
② 여자 팔자는 뒤웅박 팔자다.
③ 미꾸라지 한 마리가 온 물을 흐린다.
④ 여자는 제 고을 장날을 몰라야 팔자가 좋다.
⑤ 어머니가 반중매쟁이가 되어야 딸을 살린다.

09 다음 ㉠~㉤ 중 단어의 쓰임이 적절하지 않은 것은?

서울시는 '공동주택 공동체 활성화 공모 사업' 5년 차를 맞아 아파트 단지의 ㉠ 자생력(自生力)을 강화하도록 지원 내용을 변경할 예정이다. 기존에는 사업비 자부담률이 지원 연차와 관계없이 일괄적으로 적용되었지만, 앞으로는 연차에 따라 ㉡ 차등(次等) 적용된다. 한편, 서울시는 한 해 동안의 공동체 활성화 사업의 성과와 우수사례를 소개하고 공유하는 '공동주택 공동체 활성화 사업 우수사례발표회'를 개최하고 있다. 지난해 개최된 발표회에서는 심사를 거쳐 ㉢ 엄선(嚴選)된 우수단지의 사례를 발표한 바 있다. 올해도 이웃 간 소통과 교류를 통해 아파트 공동체를 회복하고 각종 생활 불편들을 자발적으로 해결해나가는 방안을 ㉣ 도출(導出)하여 '살기 좋은 아파트 만들기 문화'를 확산해 나갈 예정이다. 서울시 관계자는 "공동주택이라는 주거 공동체가 공동체 활성화 사업을 통해 ㉤ 지속적(持續的)으로 교류하고 소통할 수 있도록 적극적으로 지원해 나가겠다."라고 말했다.

① ㉠
② ㉡
③ ㉢
④ ㉣
⑤ ㉤

PART 5

10 다음 글의 내용으로 적절하지 않은 것은?

현재 전해지는 조선시대의 목가구는 대부분 조선 후기의 것들로 단단한 소나무, 느티나무, 은행나무 등의 곧은결을 기둥이나 쇠목으로 이용하고, 오동나무, 느티나무, 먹감나무 등의 늘결을 판재로 사용하여 자연스런 나뭇결의 재질을 살렸다. 또한 대나무 혹은 엇갈리거나 소용돌이 무늬를 이룬 뿌리 부근의 목재 등을 활용하여 자연스러운 장식이 되도록 하였다.

조선시대의 목가구는 대부분 한옥의 온돌에서 사용되었기에 온도와 습도 변화에 따른 변형을 최대한 방지할 수 있는 방법이 필요하였다. 그래서 단단하고 가느다란 기둥재로 면을 나누고, 기둥재에 홈을 파서 판재를 끼워 넣는 특수한 짜임과 이음의 방법을 사용하였으며, 꼭 필요한 부위에만 접착제와 대나무 못을 사용하여 목재가 수축·팽창하더라도 뒤틀림과 휘어짐이 최소화될 수 있도록 하였다. 조선시대 목가구의 대표적 특징으로 언급되는 '간결한 선'과 '명확한 면 분할'은 이러한 짜임과 이음의 방법에 기초한 것이다. 짜임과 이음은 조선시대 목가구 제작에 필수적인 방법으로, 겉으로 드러나는 아름다움은 물론 보이지 않는 내부의 구조까지 고려한 격조 높은 기법이었다.

한편 물건을 편리하게 사용할 수 있게 해 주며, 목재의 결합부위나 모서리에 힘을 보강하는 금속 장석은 장식의 역할도 했지만 기능상 반드시 필요하거나 나무의 질감을 강조하려는 의도에서 사용되어 조선 시대 목가구의 절제되고 간결한 특징을 잘 살리고 있다.

① 조선시대 목가구는 온도와 습도 변화에 따른 변형을 방지할 방법이 필요했다.
② 금속 장석은 장식의 역할도 했지만, 기능상 필요에 의해서도 사용되었다.
③ 나무의 곧은결을 기둥이나 쇠목으로 이용하고, 늘결을 판재로 사용하였다.
④ 접착제와 대나무 못을 사용하면 목재의 수축과 팽창이 발생하지 않게 된다.
⑤ 목재의 결합부위나 모서리에 힘을 보강하기 위해 금속 장석을 사용하였다.

11 다음과 같이 일정한 규칙으로 수를 나열할 때 빈칸에 들어갈 수로 옳은 것은?

1　2　8　(　)　148　765　4,626

① 12
② 24
③ 27
④ 33
⑤ 36

12 다음은 신재생에너지 산업에 대한 자료이다. 이에 대한 설명으로 옳은 것은?

〈신재생에너지원별 산업 현황〉

구분	기업체 수 (개)	고용인원 (명)	매출액 (억 원)	내수 (억 원)	수출액 (억 원)	해외공장 매출 (억 원)	투자액 (억 원)
태양광	127	8,698	75,637	22,975	33,892	18,770	5,324
태양열	21	228	290	290	0	0	1
풍력	37	2,369	14,571	5,123	5,639	3,809	583
연료전지	15	802	2,837	2,143	693	0	47
지열	26	541	1,430	1,430	0	0	251
수열	3	47	29	29	0	0	0
수력	4	83	129	116	13	0	0
바이오	128	1,511	12,390	11,884	506	0	221
폐기물	132	1,899	5,763	5,763	0	0	1,539
합계	493	16,178	113,076	49,753	40,743	22,579	7,966

① 태양광에너지 분야의 기업체 수가 가장 많다.
② 태양광에너지 분야에 고용된 인원은 전체 고용인원의 절반 이상을 차지한다.
③ 전체 매출액 중 풍력에너지 분야의 매출액이 차지하는 비율은 15% 이상이다.
④ 바이오에너지 분야의 수출액은 전체 수출액의 1% 미만이다.
⑤ 전체 매출액 대비 전체 투자액의 비율은 7.5% 이상이다.

13 다음은 2024년 K시 5개 구 주민의 돼지고기 소비량에 대한 자료이다. 〈조건〉을 토대로 변동계수가 세 번째로 큰 구를 구하면?

〈5개 구 주민의 돼지고기 소비량 통계〉

(단위 : kg)

구분	평균(1인당 소비량)	표준편차
A구	(　　)	5
B구	(　　)	4
C구	30	6
D구	12	4
E구	(　　)	8

※ $(\text{변동계수}) = \frac{(\text{표준편차})}{(\text{평균})} \times 100$

조건

- A구의 1인당 소비량과 B구의 1인당 소비량을 합하면 C구의 1인당 소비량과 같다.
- A구의 1인당 소비량과 D구의 1인당 소비량을 합하면 E구 1인당 소비량의 2배와 같다.
- E구의 1인당 소비량은 B구의 1인당 소비량보다 6kg 더 많다.

① A구　② B구　③ C구　④ D구　⑤ E구

PART 5

14 다음은 K국가의 2024년 월별 반도체 수출 동향을 나타낸 표이다. 이를 나타낸 그래프로 옳지 않은 것은?(단, 그래프 단위는 모두 '백만 달러'이다)

〈2024년 월별 반도체 수출액 동향〉

(단위 : 백만 달러)

기간	수출액	기간	수출액
1월	9,681	7월	10,383
2월	9,004	8월	11,513
3월	10,804	9월	12,427
4월	9,779	10월	11,582
5월	10,841	11월	10,684
6월	11,157	12월	8,858

① 2024년 월별 반도체 수출액

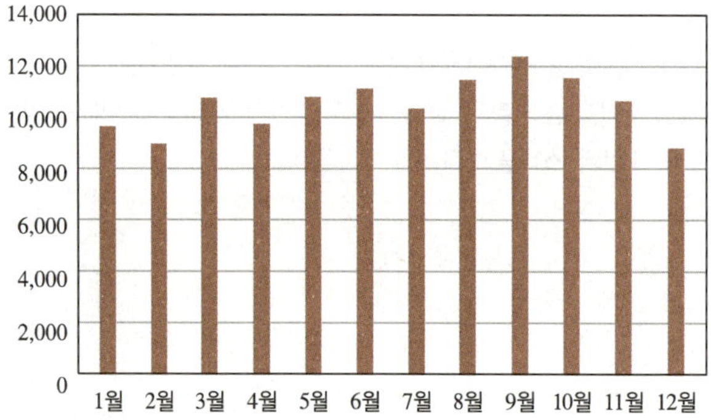

② 2024년 월별 반도체 수출액

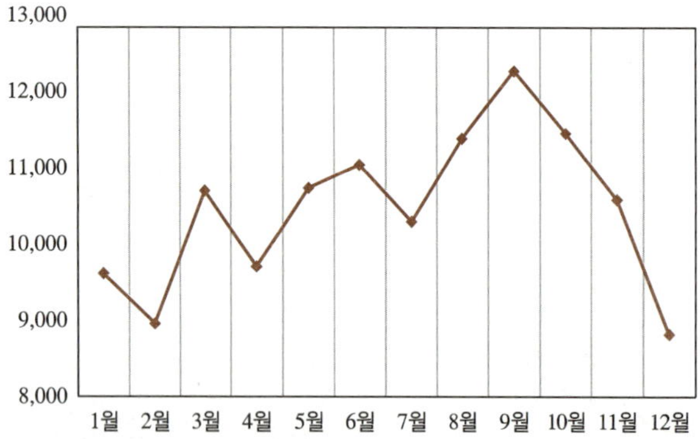

③ 2024년 월별 반도체 수출액

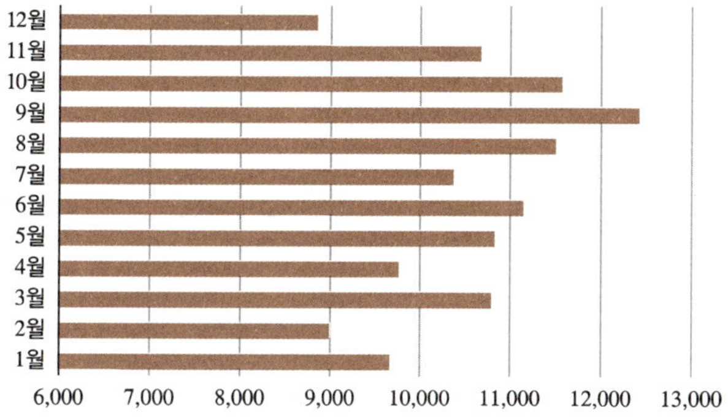

④ 2～12월 전월 대비 반도체 수출 증감액

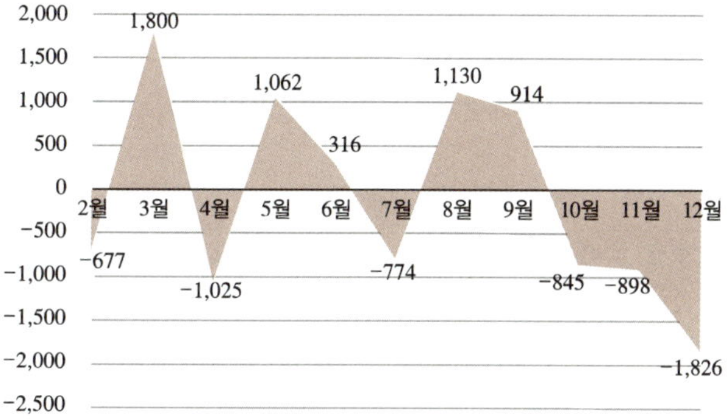

⑤ 2～12월 전월 대비 반도체 수출 증감액

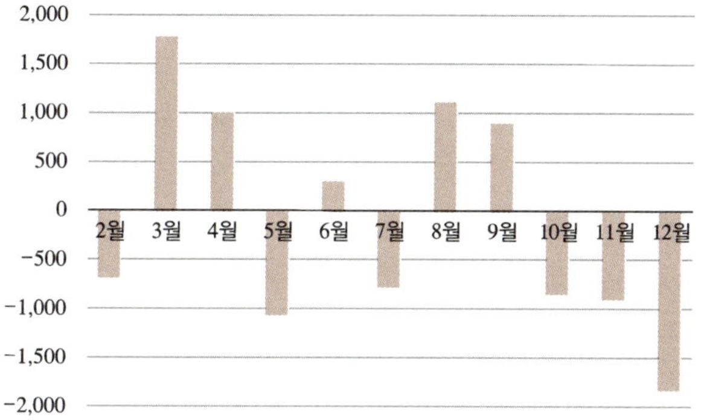

15 다음은 2024년 국가기록원의 '비공개기록물 공개 재분류 사업' 결과 및 현황이다. 이에 대한 설명으로 옳지 않은 것은?

〈비공개기록물 공개 재분류 사업 결과〉

(단위 : 건)

구분	합계	재분류 결과			
		공개			비공개
		소계	전부공개	부분공개	
합계	2,702,653	1,298,570	169,646	1,128,924	1,404,083
30년 경과 비공개기록물	1,199,421	1,079,690	33,012	1,046,678	119,731
30년 미경과 비공개기록물	1,503,232	218,880	136,634	82,246	1,284,352

〈30년 경과 비공개기록물 중 비공개로 재분류된 기록물의 비공개 사유별 현황〉

(단위 : 건)

합계	비공개 사유						
	법령상 비밀	국방 등 국익침해	국민의 생명 등 공익침해	재판 관련 정보	공정한 업무수행 지장	개인 사생활 침해	특정인의 이익침해
119,731	619	313	54,329	18,091	24	46,298	57

① 2024년 '비공개기록물 공개 재분류 사업' 대상 전체 기록물 중 절반 이상이 다시 비공개로 재분류되었다.

② 30년 경과 비공개기록물 중 전부공개로 재분류된 기록물 건수가 30년 경과 비공개기록물 중 '개인 사생활 침해' 사유에 해당하여 비공개로 재분류된 기록물 건수보다 적다.

③ 30년 경과 비공개기록물 중 공개로 재분류된 기록물의 비율이 30년 미경과 비공개기록물 중 비공개로 재분류된 기록물의 비율보다 낮다.

④ 재분류 건수가 많은 분류부터 순서대로 나열하면 30년 경과 비공개기록물은 부분공개, 비공개, 전부공개 순서이고, 30년 미경과 비공개기록물은 비공개, 전부공개, 부분공개 순서이다.

⑤ 30년 경과 비공개기록물 중 '국민의 생명 등 공익침해'와 '개인 사생활 침해' 사유에 해당하여 비공개로 재분류된 기록물 건수의 합은 2024년 '비공개기록물 공개 재분류 사업' 대상 전체 기록물의 5% 이하이다.

16 다음 숫자들의 배열규칙에 따라 빈칸에 들어갈 수로 옳은 것은?

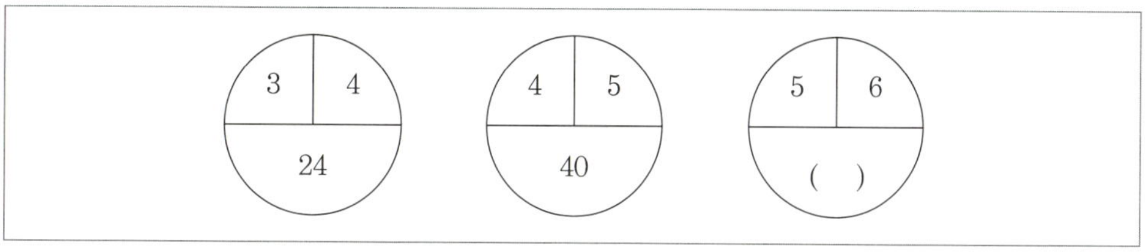

① 30
② 55
③ 60
④ 90
⑤ 98

17 K부서에는 부장 1명, 과장 1명, 대리 2명, 사원 2명 총 6명이 근무하고 있다. 새로운 프로젝트를 진행하기 위해 K부서를 2개의 팀으로 나누려고 한다. 팀을 나눈 후 팀의 인원수는 서로 같으며, 부장과 과장이 같은 팀이 될 확률은 30%이다. 대리 2명의 성별이 서로 다를 때, 부장과 남자 대리가 같은 팀이 될 확률은?

① 41%
② 41.5%
③ 42%
④ 42.5%
⑤ 43%

18 길이가 258m인 터널을 완전히 통과하는 데 18초가 걸리는 A열차가 있다. A열차가 길이가 144m인 터널을 완전히 통과하는 데 걸리는 시간이 16초인 B열차와 서로 마주보는 방향으로 달려서 완전히 지나가는 데 걸린 시간이 9초였다. B열차의 길이가 80m일 때, A열차의 길이는?

① 320m
② 330m
③ 340m
④ 350m
⑤ 360m

19 K씨는 4m 간격으로 256m인 도로를 따라 나무를 심었다. 하지만 나무가 너무 빽빽하게 보여 간격을 6m로 늘려 다시 옮겨 심고, 남는 나무는 따로 보관하기로 하였다. 첫 시작점에 있는 나무는 그대로 두고 나머지 나무를 옮겨 심는다고 할 때, 최소 몇 그루를 옮겨 심어야 하는가?

① 20그루
② 21그루
③ 22그루
④ 23그루
⑤ 24그루

20 다음은 우리나라 일부 품목의 소비자 물가지수에 대한 그래프이다. 이에 대한 설명으로 옳지 않은 것은?

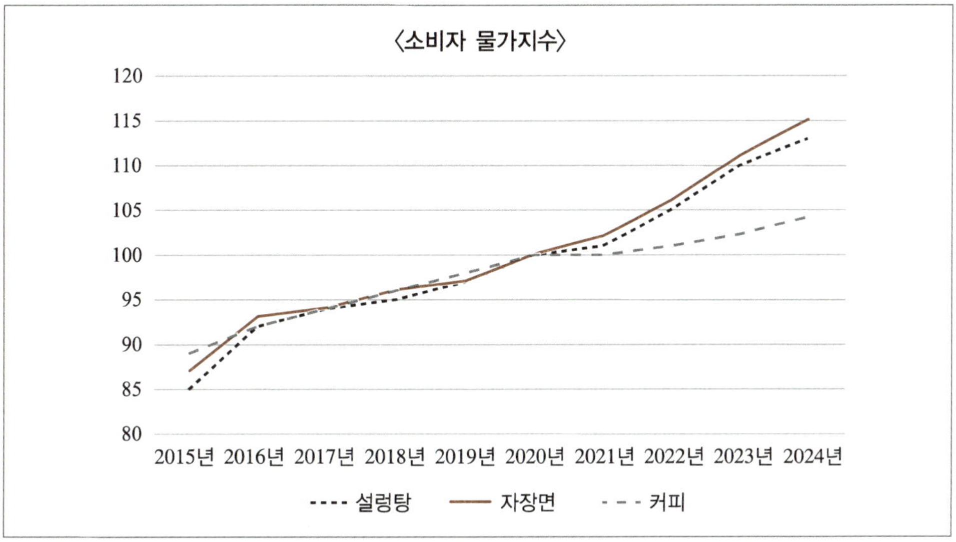

① 모든 품목의 소비자 물가지수는 2020년 물가를 100으로 하여 등락률을 산정했다.
② 2024년을 기준으로 짜장면은 2020년 대비 물가지수가 가장 많이 오른 음식이다.
③ 설렁탕은 2015년부터 2020년까지 물가지수가 가장 많이 오른 음식이다.
④ 2024년에 가장 비싼 품목은 짜장면이다.
⑤ 2020년 대비 2024년에는 '짜장면, 설렁탕, 커피' 순으로 가격이 올랐다.

PART 5

21 갑～병 3명의 사람이 다트게임을 하고 있다. 다트 과녁은 색깔에 따라 점수를 부여한다. 다음 〈조건〉에 따라 나올 수 있는 게임 결과의 경우의 수는?

〈다트 과녁 점수〉

(단위 : 점)

구분	빨강	노랑	파랑	검정
점수	10	8	5	0

조건

- 모든 다트는 네 가지 색깔 중 한 가지를 맞힌다.
- 각자 다트를 5번씩 던진다.
- 을은 40점 이상을 획득하여 가장 높은 점수를 얻었다.
- 병의 점수는 5점 이상 10점 이하이고, 갑의 점수는 36점이다.
- 검정을 제외한 똑같은 색깔은 3번 이상 맞힌 적이 없다.

① 9가지
② 8가지
③ 7가지
④ 6가지
⑤ 5가지

22 다음 글에서 나타나는 논리적 오류로 옳은 것은?

머리카락이 1개 빠진다고 대머리가 아니다. 또한 10개가 빠진다고 대머리가 아니다. 마찬가지로 100개 빠진다고 대머리가 아니다. 따라서 머리카락이 1만 개 빠진다고 해서 대머리가 아니다.

① 분할의 오류
② 결합의 오류
③ 우연의 오류
④ 허수아비의 오류
⑤ 원천 봉쇄의 오류

23 **다음은 수제 초콜릿에 대한 분석 기사이다. 〈보기〉를 참고하여 SWOT 분석에 의한 마케팅 전략을 진행하고자 할 때, 적절하지 않은 것은?**

> 오늘날 식품 시장을 보면 원산지와 성분이 의심스러운 제품들로 넘쳐 납니다. 이로 인해 소비자들은 고급스럽고 안전한 먹거리를 찾고 있습니다. 우리의 수제 초콜릿은 이러한 요구를 완벽하게 충족시켜주고 있습니다. 풍부한 맛, 고급 포장, 모양, 건강상의 혜택, 강력한 스토리텔링 모두 높은 품질을 원하는 소비자들의 요구를 충족시키는 것입니다. 사실 수제 초콜릿을 만드는 데는 비용이 많이 듭니다. 각종 장비 및 유지 보수에서부터 값비싼 포장과 유통 업체의 높은 수익을 보장해 주다 보면 초콜릿을 생산하는 업체에게 남는 이익은 많지 않습니다. 또한 수제 초콜릿의 존재 자체를 많은 사람들이 알지 못하는 상황입니다. 하지만 보다 좋은 식품에 대한 인기가 높아짐에 따라 더 많은 업체들이 수제 초콜릿을 취급하기를 원하고 있습니다. 따라서 수제 초콜릿은 일반 초콜릿보다 더 높은 가격으로 판매될 수 있을 것입니다. 현재 초콜릿을 대량으로 생산하는 대형 기업들은 자신들의 일반 초콜릿과 수제 초콜릿의 차이를 줄이는 데 최선을 다하고 있습니다. 그리고 직접 맛을 보기 전에는 일반 초콜릿과 수제 초콜릿의 차이를 알 수 없기 때문에 소비자들은 굳이 초콜릿에 더 많은 돈을 지불해야 하는 이유를 알지 못할 수 있습니다. 따라서 수제 초콜릿의 효과적인 마케팅 전략이 필요한 시점입니다.

보기

- SO전략(강점 – 기회전략) : 강점을 살려 기회를 포착한다.
- ST전략(강점 – 위협전략) : 강점을 살려 위협을 회피한다.
- WO전략(약점 – 기회전략) : 약점을 보완하여 기회를 포착한다.
- WT전략(약점 – 위협전략) : 약점을 보완하여 위협을 회피한다.

① 수제 초콜릿의 스토리텔링을 포장에 명시한다면 소비자들이 믿고 구매할 수 있을 거야.

② 수제 초콜릿을 고급 포장하여 수제 초콜릿의 스토리텔링을 더 살려보는 것은 어떨까?

③ 수제 초콜릿의 값비싸고 과장된 포장을 바꾸고, 그 비용으로 안전하고 맛있는 수제 초콜릿을 홍보하면 어떨까?

④ 수제 초콜릿의 마케팅을 강화하는 방법으로 수제 초콜릿의 차이를 알려 대기업과의 경쟁에서 이겨야겠어.

⑤ 전문가의 의견을 통해 수제 초콜릿의 풍부한 맛을 알리는 동시에 일반 초콜릿과 맛의 차이도 알려야겠어.

24 **다음은 창의적 사고에 대한 설명이다. 빈칸에 들어갈 말로 적절하지 않은 것은?**

> 창의적 사고란 당면한 문제를 해결하기 위해 이미 알고 있는 경험지식을 해체하여 새로운 아이디어를 다시 도출하는 것을 말한다. 즉, 창의적 사고는 개인이 가지고 있는 경험과 지식을 통해 새로운 가치 있는 아이디어로 다시 결합함으로써 참신한 아이디어를 산출하는 힘을 의미하며, ______이라는 특징을 지닌다.

① 발산적
② 독창성
③ 가치 지향성
④ 다양성
⑤ 통상적

25 **다음은 미성년자(만 19세 미만)의 전자금융서비스 신규·변경·해지 신청에 필요한 서류와 관련된 자료이다. 이를 이해한 내용으로 옳은 것은?**

구분	미성년자 본인 신청 (만 14세 이상)	법정대리인 신청 (만 14세 미만은 필수)
신청서류	• 미성년자 실명확인증표 • 법정대리인(부모) 각각의 동의서 • 법정대리인 각각의 인감증명서 • 미성년자의 가족관계증명서 • 출금계좌통장, 통장인감(서명)	• 미성년자의 기본증명서 • 법정대리인(부모) 각각의 동의서 • 내방 법정대리인 실명확인증표 • 미내방 법정대리인 인감증명서 • 미성년자의 가족관계증명서 • 출금계좌통장, 통장인감
	※ 유의사항 ① 미성년자 실명확인증표 : 학생증(성명·주민등록번호·사진 포함), 청소년증, 주민등록증, 여권 등(단, 학생증에 주민등록번호가 포함되지 않은 경우 미성년자의 기본증명서 추가 필요) ② 전자금융서비스 이용신청을 위한 법정대리인 동의서는 법정대리인 미방문 시 인감 날인(단, 한부모가정인 경우 친권자 동의서 필요 – 친권자 확인 서류 : 미성년자의 기본증명서) ③ 법정대리인이 자녀와 함께 방문한 경우 법정대리인의 실명확인증표로 인감증명서 대체 가능 ※ 법정대리인 동의서 양식은 '홈페이지 → 고객센터 → 약관·설명서·서식 → 서식자료' 중 '전자금융게시' 내용 참고	

① 만 13세인 A가 전자금융서비스를 해지하려면 반드시 법정대리인이 신청해야 한다.
② 법정대리인이 자녀와 함께 방문하여 신청할 경우, 반드시 인감증명서가 필요하다.
③ 법정대리인 동의서 양식은 지점 방문 시 각 창구에 갖춰져 있다.
④ 법정대리인 신청 시 동의서는 부모 중 한 명만 있으면 된다.
⑤ 올해로 만 18세인 B가 전자금융서비스를 변경하려면 신청서류로 이름과 사진이 들어있는 학생증과 법정대리인 동의서가 필요하다.

26 A씨와 B씨는 카셰어링 업체인 K카를 이용하여 각각 일정을 소화하였다. K카의 이용요금표와 일정이 다음과 같을 때, A씨와 B씨가 지불해야 하는 요금이 바르게 연결된 것은?

〈K카 이용요금표〉

구분	기준요금(10분)	누진 할인요금				주행요금
		대여요금(주중)		대여요금(주말)		
		1시간	1일	1시간	1일	
모닝	880원	3,540원	35,420원	4,920원	49,240원	160원/km
레이		3,900원	39,020원	5,100원	50,970원	170원/km
아반떼	1,310원	5,520원	55,150원	6,660원	65,950원	
K3						

※ 주중 / 주말 기준
  - 주중 : 일요일 20:00 ~ 금요일 12:00
  - 주말 : 금요일 12:00 ~ 일요일 20:00(공휴일 및 당사 지정 성수기 포함)

※ 최소 예약은 30분이며 10분 단위로 연장할 수 있음(1시간 이하는 10분 단위로 환산하여 과금)

※ 예약시간이 4시간을 초과하는 경우에는 누진 할인요금이 적용됨(24시간 한도)

※ 연장요금은 기준요금으로 부과함

※ 이용시간 미연장에 따른 반납지연 패널티 요금은 초과한 시간에 대한 기준요금의 2배가 됨

〈일정〉

- A씨
  - 차종 : 아반떼
  - 예약시간 : 3시간(토요일, 11:00 ~ 14:00)
  - 주행거리 : 92km
  - A씨는 저번 주 토요일, 친구 결혼식에 참석하기 위해 인천에 다녀왔다. 인천으로 가는 길은 순탄하였으나 돌아오는 길에는 고속도로에서 큰 사고가 있었던 모양인지 예상했던 시간보다 1시간 30분이 더 걸렸다. A씨는 이용시간을 연장해야 한다는 사실을 몰라 하지 못했다.
- B씨
  - 차종 : 레이
  - 예약시간 : 목요일, 금요일 00:00 ~ 08:00
  - 주행거리 : 243km
  - B씨는 납품지연에 따른 상황을 파악하기 위해 강원도 원주에 있는 거래처에 들러 이틀에 걸쳐 일을 마무리한 후 예정된 일정에 맞추어 다시 서울로 돌아왔다.

	A씨	B씨
①	61,920원	120,140원
②	62,800원	122,570원
③	62,800원	130,070원
④	63,750원	130,070원
⑤	63,750원	130,200원

※ 수원에 사는 H대리는 가족들과 가평으로 여행을 가기로 하였다. 다음은 가평을 가기 위한 대중교통 수단별 운행요금 및 소요시간과 자가용 이용 시 현황에 대한 자료이다. 이어지는 질문에 답하시오. **[27~29]**

〈대중교통수단별 운행요금 및 소요시간〉

구분	운행요금			소요시간		
	수원역 ~ 서울역	서울역 ~ 청량리역	청량리역 ~ 가평역	수원역 ~ 서울역	서울역 ~ 청량리역	청량리역 ~ 가평역
기차	2,700원	-	4,800원	32분	-	38분
버스	2,500원	1,200원	3,000원	1시간 16분	40분	2시간 44분
지하철	1,850원	1,250원	2,150원	1시간 03분	18분	1시간 17분

※ 운행요금은 어른 편도 요금임

〈자가용 이용 시 현황〉

구분	통행료	소요시간	거리
A길	4,500원	1시간 49분	98.28km
B길	4,400원	1시간 50분	97.08km
C길	6,600원	1시간 49분	102.35km

※ 거리에 따른 주유비는 124원/km임

조건

- H대리 가족은 어른 2명, 아이 2명이다.
- 아이 2명은 각각 만 12세, 만 4세이다.
- 어린이 기차 요금(만 13세 미만)은 어른 요금의 50%이고, 만 4세 미만은 무료이다.
- 어린이 버스 요금(만 13세 미만)은 어른 요금의 20%이고, 만 5세 미만은 무료이다.
- 어린이 지하철 요금(만 13세 미만)은 어른 요금의 40%이고, 만 6세 미만은 무료이다.

27 **수원역에서 가평역까지 소요시간에 상관없이 기차를 반드시 한 번만 이용한다고 할 때, 최소비용으로 가는 방법과 그 비용은 얼마인가?(단, 대중교통만 이용한다)**

교통수단	비용
① 지하철 → 지하철 → 기차	15,750원
② 버스 → 지하철 → 기차	15,800원
③ 지하철 → 버스 → 기차	15,850원
④ 기차 → 버스 → 지하철	15,900원
⑤ 기차 → 지하철 → 지하철	16,260원

28 H대리는 수원역에서 가평역까지 기차를 반드시 한 번만 이용하기로 결정했다. 가평역까지 총 소요시간이 2시간 ~ 2시간 20분일 때, 최소비용으로 가는 방법은?(단, 환승시간은 무시하고, 대중교통만 이용한다)

① 지하철 → 지하철 → 기차
② 버스 → 지하철 → 기차
③ 지하철 → 버스 → 기차
④ 기차 → 버스 → 지하철
⑤ 기차 → 지하철 → 지하철

29 H대리는 가족과 상의 후 자가용으로 편하게 가평까지 가기로 하였다. 가는 길이 A ~ C 세 가지가 있을 때, 최대비용과 최소비용의 차이는 얼마인가?(단, 비용은 통행료와 총 주유비의 합이며, 일의 자리에서 반올림한다)

① 2,750원
② 2,800원
③ 2,850원
④ 2,900원
⑤ 2,950원

PART 5

30 K기업은 인사팀, 영업팀, 홍보팀, 기획팀, 개발팀, 디자인팀의 신입사원 20명을 대상으로 보고서 작성 교육과 사내 예절 교육을 실시하였다. 다음 〈조건〉을 참고할 때, 교육에 참석한 홍보팀 신입사원은 모두 몇 명인가?

조건

- 보고서 작성 교육에 참석한 신입사원의 수는 총 14명이다.
- 영업팀 신입사원은 중요한 팀 회의로 인해 모든 교육에 참석하지 못했다.
- 인사팀 신입사원은 사내 예절 교육에만 참석하였다.
- 디자인팀 신입사원의 인원수는 인사팀 신입사원의 2배로, 모든 교육에 참석하였다.
- 최다 인원 참석팀은 개발팀이고, 인사팀과 홍보팀의 사내 예절 교육 참석인원 합과 동일하다.
- 기획팀 신입사원의 수와 인사팀 신입사원의 수는 같다.
- 사내 예절 교육에 참석한 팀은 총 5팀으로, 16명이 참석했다.

① 1명
② 2명
③ 3명
④ 4명
⑤ 5명

31 **다음 중 인적자원관리(HRM)에 대한 설명으로 옳지 않은 것은?**

① 조직의 목표를 이루기 위해 필요한 인적 자본을 확보·개발·활용하는 활동을 계획하고 관리하는 일련의 과정이다.
② 인적자원의 교육, 훈련, 육성, 역량개발, 경력관리 및 개발 등을 관리한다.
③ 조직에 필요한 인력자원을 동원하고 관리함으로써 행정의 효율을 제고하려는 관리전략을 의미한다.
④ 유능한 인재의 확보와 관리는 개인의 사기앙양과 능력발전은 물론, 행정의 생산성에도 결정적인 요소이다.
⑤ 인력을 단순한 통제의 대상으로 보지 않고 조직목표 달성의 핵심적인 자산, 즉 인적자원으로 인식하며 인적자원의 관리를 조직의 전략적관리와 연계시킬 것을 강조한다.

32 **다음 중 앤소프의 의사결정에 대한 설명으로 옳지 않은 것은?**

① 앤소프의 의사결정은 전략적, 운영적, 관리적 의사결정으로 분류된다.
② 단계별 접근법을 따라 체계적으로 분석 가능하다.
③ 단계별로 피드백이 이루어진다.
④ 분석 결과에 따라 초기 기업 목적, 시작 단계에서의 평가수정이 불가능하다.
⑤ 단계별 의사결정과정은 기업의 위상과 목표 간의 차이를 줄이는 과정이다.

33 **다음 〈보기〉 중 피들러(Fiedler)의 리더십 상황이론에 대한 설명으로 옳지 않은 것을 모두 고르면?**

보기
㉠ 과업지향적 리더십과 관계지향적 리더십을 모두 갖춘 리더가 가장 높은 성과를 달성한다. ㉡ 리더의 특성을 LPC 설문에 의해 측정하였다. ㉢ 상황변수로서 리더 – 구성원 관계, 과업구조, 부하의 성숙도를 고려하였다. ㉣ 리더가 처한 상황이 호의적인 경우에는 관계지향적 리더십이 적합하다. ㉤ 리더가 처한 상황이 비호의적인 경우에는 과업지향적 리더십이 적합하다.

① ㉠, ㉢
② ㉠, ㉣
③ ㉡, ㉣
④ ㉠, ㉢, ㉣
⑤ ㉢, ㉣, ㉤

34 다음 SWOT 분석을 통해 파악한 요인 중 관점이 다른 하나는?

① 시장에서의 기술 우위
② 기업상표의 명성 증가
③ 해외시장의 성장
④ 기업이 보유한 자원 증가
⑤ 고품질 제품 보유

35 다음 중 기업성과를 높이기 위해 정보통신기술을 적극적으로 활용하여 업무과정을 근본적으로 재설계하는 경영기법은?

① 동시공학
② 비즈니스 리엔지니어링
③ 조직 리스트럭처링
④ 다운사이징
⑤ 벤치마킹

36 다음 설명에 해당하는 소비재는 무엇인가?

> • 특정 브랜드에 대한 고객 충성도가 높다.
> • 제품마다 고유한 특성을 지니고 있다.
> • 브랜드마다 차이가 크다.
> • 구매 시 많은 시간과 노력을 필요로 한다.

① 편의품
② 선매품
③ 전문품
④ 자본재
⑤ 원자재

37 맥그리거(D. McGregor)의 X－Y이론은 인간에 대한 기본 가정에 따라 동기부여방식이 달라진다는 것이다. 다음 중 Y이론에 해당하는 가정 또는 동기부여방식이 아닌 것은?

① 문제해결을 위한 창조적 능력 보유
② 직무수행에 대한 분명한 지시
③ 조직목표 달성을 위한 자기 통제
④ 성취감과 자아실현 추구
⑤ 노동에 대한 자연스러운 수용

38 **다음 중 신제품 가격결정방법에서 초기고가전략(Skimming Pricing)을 채택하기 어려운 경우는?**

① 수요의 가격탄력성이 높은 경우
② 생산 및 마케팅 비용이 높은 경우
③ 경쟁자의 시장진입이 어려운 경우
④ 제품의 혁신성이 큰 경우
⑤ 독보적인 기술이 있는 경우

39 **다음 중 최종품목 또는 완제품의 주생산일정계획(Master Production Schedule)을 기반으로 제품 생산에 필요한 각종 원자재, 부품, 중간조립품의 주문량과 주문시기를 결정하는 재고관리방법은?**

① 자재소요계획(MRP)
② 적시생산시스템(JIT)
③ 린(Lean) 생산
④ 공급사슬관리(SCM)
⑤ 칸반(Kanban) 시스템

40 **다음 중 촉진믹스(Promotion Mix) 활동에 해당하지 않는 것은?**

① 옥외광고
② 방문판매
③ 홍보
④ 가격할인
⑤ 개방적 유통

41 **다음 중 경영이론에 대한 설명으로 옳지 않은 것은?**

① 페이욜(H. Fayol)은 경영의 본질적 기능으로 기술적 기능, 영업적 기능, 재무적 기능, 보전적 기능, 회계적 기능, 관리적 기능의 6가지를 제시하였다.
② 바너드(C. Barnard)는 조직 의사결정이 제약된 합리성에 기초하게 된다고 주장하였다.
③ 상황이론은 여러 가지 환경변화에 효율적으로 대응하기 위하여 조직이 어떠한 특성을 갖추어야 하는지를 규명하고자 하는 이론이다.
④ 시스템 이론 관점에서 경영의 투입 요소에는 노동, 자본, 전략, 정보 등이 있으며, 산출 요소에는 제품과 서비스 등이 있다.
⑤ 허즈버그(F. Herzberg)의 2요인이론은 동기요인과 위생요인을 가지고 있으며, 이들은 각각 인간 행동에 다른 영향을 미친다고 하는 이론이다.

42 **다음 중 마이클 포터(Michael E. Porter)의 가치사슬 모형(Value Chain Model)에 대한 설명으로 옳지 않은 것은?**

① 기업이 가치를 창출하는 활동을 본원적 활동과 지원 활동으로 구분하였다.
② 물류 투입 및 산출 활동은 본원적 활동에 해당한다.
③ 마케팅 활동은 지원 활동에 해당한다.
④ 기술 개발은 지원 활동에 해당한다.
⑤ 지원 활동에 해당하는 활동도 기업의 핵심 역량이 될 수 있다.

43 **다음 설명에 해당하는 이론은 무엇인가?**

- 매슬로의 욕구단계설이 직면한 문제점들을 극복하고자 실증적인 연구에 기반하여 제시한 수정이론이다.
- 앨더퍼가 제시하였으며 인간의 욕구를 생존욕구, 대인관계욕구, 성장욕구로 구분한다.

① 호감득실이론
② 사회교환이론
③ ERG 이론
④ 기대 – 불일치이론
⑤ 인지불협화이론

44 **다음 중 성과급제에 대한 설명으로 옳은 것은?**

① 노동자의 지급요청에 따라 합의하여 결정한 임금제도이다.
② 노동자가 실시한 작업량에 따라 지급하는 임금제도이다.
③ 업무의 성격에 따라 지급하는 임금제도이다.
④ 노동조합에서 결정한 임금제도이다.
⑤ 관리자의 권한에 의해 결정한 임금제도이다.

45 **다음 중 숍 제도에서 기업에 대한 노동조합의 통제력이 강한 순서대로 바르게 나열한 것은?**

① 오픈 숍 – 클로즈드 숍 – 유니언 숍
② 클로즈드 숍 – 오픈 숍 – 유니언 숍
③ 유니언 숍 – 오픈 숍 – 클로즈드 숍
④ 클로즈드 숍 – 유니언 숍 – 오픈 숍
⑤ 유니언 숍 – 클로즈드 숍 – 오픈 숍

46 다음 글에서 설명하는 마케팅 기법으로 옳은 것은?

> 교묘히 규제를 피해가는 마케팅 기법이다. 보통 행사중계방송의 텔레비전 광고를 구입하거나 공식 스폰서인 것처럼 속이기 위해 개별 선수나 팀의 스폰서가 되는 방법을 사용한다. 규정상 올림픽 마크나 올림픽 단어, 국가대표선수단 등과 같은 용어는 IOC(International Olympic Committee : 국제올림픽위원회)나 KOC(Korea Olympic Committee : 대한올림픽위원회) 등과 공식 후원계약을 맺은 업체들만 사용할 수 있다.

① 니치 마케팅
② 앰부시 마케팅
③ 버즈 마케팅
④ 플래그십 마케팅
⑤ 바이럴 마케팅

47 다음 〈보기〉에서 JIT시스템의 주요 요소를 모두 고르면?

> **보기**
> ㉠ 부품의 표준화
> ㉡ 저품질
> ㉢ 가동준비 시간의 감소
> ㉣ 소규모 로트 사이즈
> ㉤ 사후관리

① ㉠, ㉡, ㉣
② ㉠, ㉢, ㉣
③ ㉡, ㉢, ㉣
④ ㉡, ㉣, ㉤
⑤ ㉢, ㉣, ㉤

48 다음 중 마케팅 전략 수립 단계를 순서대로 바르게 나열한 것은?

① 시장세분화 → 표적시장 선정 → 포지셔닝
② 표적시장 선정 → 포지셔닝 → 시장세분화
③ 포지셔닝 → 시장세분화 → 표적시장 선정
④ 시장세분화 → 포지셔닝 → 표적시장 선정
⑤ 표적시장 선정 → 시장세분화 → 포지셔닝

49 다음은 유통경로의 설계전략에 대한 설명이다. 빈칸 ㉠ ~ ㉢에 들어갈 말을 바르게 연결한 것은?

• ___㉠___ 유통은 가능한 많은 중간상들에게 자사의 제품을 취급하도록 하는 것으로, 과자, 저가 소비재 등과 같이 소비자들이 구매의 편의성을 중시하는 품목에서 채택하는 방식이다.
• ___㉡___ 유통은 제품의 이미지를 유지하고 중간상들의 협조를 얻기 위해 일정 지역 내에서의 독점 판매권을 중간상에게 부여하는 방식이다.
• ___㉢___ 유통은 앞의 두 유통의 중간 형태로, 지역별로 복수의 중간상에게 자사의 제품을 취급할 수 있도록 하는 방식이다.

	㉠	㉡	㉢
①	전속적	집약적	선택적
②	집약적	전속적	선택적
③	선택적	집약적	전속적
④	전속적	선택적	집약적
⑤	집약적	선택적	전속적

PART 5

50 다음 글에서 설명하는 가격정책은 무엇인가?

유표품(Branded Goods)의 제조업자가 도매상 및 소매상과의 계약에 의하여 자제품의 도소매 가격을 사전에 설정해 놓고 이 가격으로 자사제품을 판매하는 전략으로, 유표품이 도·소매상의 손실유인상품(Loss Leader)으로 이용되는 것을 방지하여 가격안정과 명성유지를 도모하고자 하는 정책이다.

① 상대적 저가격전략
② 상대적 고가격전략
③ 상층흡수가격정책
④ 재판매가격 유지정책
⑤ 침투가격정책

51 다음 중 기업에서 수행하는 PR(Public Relations)에 해당하는 것을 〈보기〉에서 모두 고르면?

보기
ㄱ. 제품홍보
ㄴ. 로비활동
ㄷ. 교차촉진
ㄹ. 언론관계

① ㄱ, ㄴ
② ㄱ, ㄷ
③ ㄴ, ㄷ
④ ㄱ, ㄴ, ㄹ
⑤ ㄴ, ㄷ, ㄹ

52 다음 인사평가의 오류 중 피평가자들이 속한 집단의 한 가지 범주에 따라 판단할 때 나타날 수 있는 오류로, 그들이 속한 집단의 특성에 근거하여 사람을 판단하는 경향을 뜻하는 용어는?

① 현혹효과(Halo Effect)
② 상동적 태도(Stereotyping)
③ 관대화 경향(Leniency Errors)
④ 중심화 경향(Central Tendency Errors)
⑤ 논리적 오류(Logical Errors)

53 다음 중 단위당 소요되는 표준작업시간과 실제작업시간을 비교하여 절약된 작업시간에 대한 생산성 이득을 노사가 각각 50 : 50의 비율로 배분하는 임금제도는?

① 임프로쉐어 플랜
② 스캔런 플랜
③ 러커 플랜
④ 메리크식 복률성과급
⑤ 테일러식 차별성과급

54 다음 중 다른 기업에게 수수료를 받는 대신 자사의 기술이나 상품 사양을 제공하고 그 결과로 생산과 판매를 허용하는 것은?

① 아웃소싱(Outsourcing)
② 합작투자(Joint Venture)
③ 라이선싱(Licensing)
④ 턴키프로젝트(Turn－key Project)
⑤ 그린필드투자(Green Field Investment)

55 다음 중 연구에 대한 구체적인 목적을 공식화하여 조사를 수행하기 위한 순서와 책임을 구체화시키는 마케팅 조사의 과정은?

① 조사문제의 제기
② 마케팅 조사의 설계
③ 자료의 수집과 분석
④ 보고서 작성
⑤ 조사목적의 결정

56 다음 중 경영관리 과정을 순서대로 바르게 나열한 것은?

① 조직화 → 지휘 → 통제 → 계획수립
② 지휘 → 통제 → 계획수립 → 조직화
③ 계획수립 → 조직화 → 지휘 → 통제
④ 계획수립 → 통제 → 조직화 → 지휘
⑤ 통제 → 조직화 → 지휘 → 계획수립

57 다음 글에서 설명하는 시장세분화의 요건은 무엇인가?

> 장애인들은 버튼조작만으로 운전할 수 있는 승용차를 원하고 있지만, 그러한 시장의 규모가 경제성을 보증하지 못한다면 세분시장의 가치가 적은 것이다.

① 측정가능성
② 유지가능성
③ 접근가능성
④ 실행가능성
⑤ 기대가능성

58 다음 기사에 제시된 기업이 사용하는 전략으로 옳은 것은?

> 라면산업은 신제품을 꾸준히 출시하고 있다. 이는 소비자의 눈길을 잡기 위해서, 그리고 정통 라면에 대적할 만한 새로운 제품을 만들어 내기 위해서이다. 각 라면브랜드에서는 까르보불닭, 양념치킨라면, 미역국라면 등 소비자의 호기심을 불러일으킬 수 있는 이색 라면을 지속적으로 출시하고 있다. 당연 성공했다고 말할 수 있는 제품은 가장 많은 소비자의 마음을 사로잡은 불닭시리즈이다. 이는 다른 라면과 차별화하여, 볶음면 그리고 극강의 매운맛으로 매운맛을 좋아하는 마니아 층을 타깃으로 잡은 것이다. 그 후로도 기존의 불닭 소스(컨셉)를 기준으로 까르보, 짜장, 핵불닭 등을 지속적으로 신제품으로 출시하고 있으며, 유튜브 채널 '영국남자'를 통해 전 세계적으로 불닭볶음면의 존재를 알리게 되어 중국, 태국 등으로 해외수출에 박차를 가하고 있다고 한다.

① 대의명분 마케팅(Cause Related Marketing)
② 카테고리 확장(Category Extension)
③ 구전 마케팅(Word of Mouth Marketing)
④ 귀족 마케팅(Noblesse Marketing)
⑤ 라인 확장(Line Extension)

59 **다음 사례에서 리더가 보인 권력의 종류는?**

평소 자신의 팀원들과 돈독한 친분을 유지하며 팀원들로부터 충성심과 존경을 한몸에 받는 A팀장이 얼마 전 진행하던 프로젝트의 최종 마무리 작업을 앞두고 뜻밖의 사고를 당해 병원에 입원하게 되었다. 해당 프로젝트의 마무리가 시급한 시점에 다급히 자신의 팀원들에게 업무를 인계하게 되었고, 팀원들은 모두가 한마음 한뜻이 되어 늦은 시간까지 자발적으로 근무하여 무사히 프로젝트를 마무리할 수 있었다.

① 합법적 권력
② 보상적 권력
③ 강압적 권력
④ 전문적 권력
⑤ 준거적 권력

60 **다음 중 학자별 경영이론의 내용이 바르게 연결되지 않은 것은?**

① 테일러(Taylor) : 차별적 성과급제
② 메이요(Mayo) : 비공식 조직의 중시
③ 페이욜(Fayol) : 권한과 책임의 원칙
④ 포드(Ford) : 고임금 고가격의 원칙
⑤ 베버(Weber) : 규칙과 절차의 중시

61 **다음은 철도자산의 인계·이관 등의 절차 및 시기에 대한 설명이다. 빈칸 ㉠~㉤에 들어갈 내용으로 옳지 않은 것은?**

> ① ___㉠___ 또는 한국고속철도건설공단 이사장은 법 제23조 제6항의 규정에 의하여 철도자산의 인계·이관 등에 관한 승인을 얻고자 하는 때에는 인계·이관 자산의 범위·목록 및 가액이 기재된 승인신청서에 인계·이관에 필요한 서류를 첨부하여 ___㉡___에게 제출하여야 한다.
> ② 법 제23조 제7항의 규정에 의한 철도자산의 인계·이관 등의 시기는 다음 각 호와 같다.
> 1. 한국철도공사가 법 제23조 제2항의 규정에 의한 철도자산을 출자받는 시기 : ___㉢___
> 2. 국토교통부장관이 법 제23조 제4항의 규정에 의한 철도자산을 이관받는 시기 : ___㉣___
> 3. 국가철도공단이 법 제23조 제5항의 규정에 의한 철도자산을 인계받는 시기 : ___㉤___

① ㉠ : 철도청장
② ㉡ : 국토교통부장관
③ ㉢ : 한국철도공사의 설립등기일
④ ㉣ : 2004년 12월 31일
⑤ ㉤ : 2004년 1월 1일

62 **다음은 한국철도공사법상 손익금의 처리에 대한 설명이다. 빈칸에 공통으로 들어갈 내용은?**

> 한국철도공사는 매 사업연도 결산 결과 이익금이 생기면 다음 각 호의 순서로 처리하여야 한다.
> 1. 이월결손금의 보전(補塡)
> 2. 자본금의 2분의 1이 될 때까지 이익금의 ______ 이상을 이익준비금으로 적립
> 3. 자본금과 같은 액수가 될 때까지 이익금의 ______ 이상을 사업확장적립금으로 적립
> 4. 국고에 납입

① 10분의 2
② 10분의 3
③ 10분의 4
④ 20분의 5
⑤ 20분의 7

63 **다음은 철도사업법상 부가 운임의 징수에 대한 설명이다. 빈칸에 들어갈 내용을 순서대로 나열한 것은?**

> • 철도사업자는 열차를 이용하는 여객이 정당한 운임 · 요금을 지급하지 아니하고 열차를 이용한 경우에는 승차 구간에 해당하는 운임 외에 그의 ______의 범위에서 부가 운임을 징수할 수 있다.
> • 철도사업자로부터 부가 운임 징수 산정기준과 철도사업약관을 신고받은 국토교통부장관은 신고를 받은 날부터 ______ 이내에 신고 수리 여부를 신고인에게 통지하여야 한다.

① 10배, 3일
② 20배, 3일
③ 30배, 3일
④ 40배, 5일
⑤ 50배, 5일

64 **다음 중 한국철도공사법령상 등기신청서의 첨부서류가 아닌 것은?**

① 공사의 설립등기의 경우에는 공사의 정관을 증명하는 서류
② 하부조직의 설치등기의 경우에는 하부조직의 설치를 증명하는 서류
③ 이전등기의 경우에는 주된 사무소 또는 하부조직의 이전을 증명하는 서류
④ 공사의 설립등기의 경우에는 공사의 자본금 납입액 및 임원자격을 증명하는 서류
⑤ 대리 · 대행인이 권한이 제한된 때에는 그 선임 · 변경 또는 해임이 대리 · 대행의 규정에 의한 것임을 증명하는 서류

65 **다음 중 철도사업법상 점용허가를 받지 않고 철도시설을 점용한 자에 대한 변상금액은?**

① 점용료의 100분의 10
② 점용료의 100분의 50
③ 점용료의 100분의 100
④ 점용료의 100분의 110
⑤ 점용료의 100분의 120

66 **다음 중 철도산업발전기본법령상 실무위원회에 대한 설명으로 옳지 않은 것은?**

① 위원장을 포함한 20인 이내의 위원으로 구성한다.
② 실무위원회의 간사는 국토교통부장관이 국토교통부 소속 공무원 중에서 지명한다.
③ 국가철도공단의 임직원 중 국가철도공단 이사장이 지명하는 사람은 위원이 될 수 있다.
④ 철도산업위원회에서 위임한 사항의 실무적인 검토를 위하여 위원회에 실무위원회를 둔다.
⑤ 한국철도공사의 임직원 중 한국철도공사 사장이 지명한 위원의 임기는 2년으로 하되, 연임할 수 있다.

67 **다음 중 한국철도공사법령상 대리 · 대행인의 선임등기 사항이 아닌 것은?**

① 대리 · 대행인의 성명
② 대리 · 대행인의 주소
③ 대리 · 대행인을 둔 주된 사무소
④ 대리 · 대행인의 주민등록번호
⑤ 대리 · 대행인의 권한 제한 내용

PART 5

68 **다음 중 철도사업법령상 전용철도 등록사항의 경미한 변경사유가 아닌 것은?**

① 임원을 변경한 경우(법인에 한함)
② 운행시간을 연장 또는 단축한 경우
③ 운행횟수를 단축 또는 연장한 경우
④ 10분의 1의 범위 안에서 철도차량 대수를 변경한 경우
⑤ 1년의 범위 안에서 전용철도 건설기간을 조정한 경우

69 **다음은 철도산업발전기본법의 목적이다. 빈칸에 들어갈 내용으로 옳은 것은?**

> 철도산업발전기본법은 철도산업의 경쟁력을 높이고 발전기반을 조성함으로써 철도산업의 ______의 향상과 국민경제의 발전에 이바지함을 목적으로 한다.

① 효과성 및 공정성
② 효율성 및 공익성
③ 효율성 및 편익성
④ 신속성 및 공익성
⑤ 편리성 및 신속성

70 **다음 중 철도사업법령상 사업계획의 중요한 사항의 변경에 해당하지 않는 경우는?**

① 여객열차의 운행구간 변경
② 여객열차의 경우에 사업용철도 노선별로 10분의 1 이상의 운행횟수의 변경
③ 사업용철도 노선별로 여객열차의 정차역을 신설 또는 폐지하거나 10분의 2 이상 변경하는 경우
④ 공휴일·방학기간 등 수송수요와 열차운행계획상의 수송력과 현저한 차이가 있는 경우로서 3월 이내의 기간 동안 운행횟수를 변경하는 경우
⑤ 철도이용수요가 적어 수지균형의 확보가 극히 곤란한 벽지 노선으로서 공익서비스비용의 보상에 관한 계약이 체결된 노선의 철도여객운송서비스의 종류를 변경하거나 다른 종류의 철도운송서비스를 추가하는 경우

PART 6

채용가이드

CHAPTER 01 블라인드 채용 소개
CHAPTER 02 서류전형 가이드
CHAPTER 03 인성검사 소개 및 모의테스트
CHAPTER 04 면접전형 가이드
CHAPTER 05 코레일 한국철도공사 면접 기출질문

CHAPTER

01 블라인드 채용 소개

1. 블라인드 채용이란?

채용 과정에서 편견이 개입되어 불합리한 차별을 야기할 수 있는 출신지, 가족관계, 학력, 외모 등의 편견 요인은 제외하고, 직무능력만을 평가하여 인재를 채용하는 방식입니다.

2. 블라인드 채용의 필요성

- 채용의 공정성에 대한 사회적 요구
  - 누구에게나 직무능력만으로 경쟁할 수 있는 균등한 고용기회를 제공해야 하나, 아직도 채용의 공정성에 대한 불신이 존재
  - 채용상 차별금지에 대한 법적 요건이 권고적 성격에서 처벌을 동반한 의무적 성격으로 강화되는 추세
  - 시민의식과 지원자의 권리의식 성숙으로 차별에 대한 법적 대응 가능성 증가
- 우수인재 채용을 통한 기업의 경쟁력 강화 필요
  - 직무능력과 무관한 학벌, 외모 위주의 선발로 우수인재 선발기회 상실 및 기업경쟁력 약화
  - 채용 과정에서 차별 없이 직무능력중심으로 선발한 우수인재 확보 필요
- 공정한 채용을 통한 사회적 비용 감소 필요
  - 편견에 의한 차별적 채용은 우수인재 선발을 저해하고 외모·학벌 지상주의 등의 심화로 불필요한 사회적 비용 증가
  - 채용에서의 공정성을 높여 사회의 신뢰수준 제고

3. 블라인드 채용의 특징

편견요인을 요구하지 않는 대신 직무능력을 평가합니다.

블라인드 채용 = 편견유발 요인제외 + 직무능력 중심평가

※ 직무능력중심 채용이란?
기업의 역량기반 채용, NCS기반 능력중심 채용과 같이 직무수행에 필요한 능력과 역량을 평가하여 선발하는 채용방식을 통칭합니다.

4. 블라인드 채용의 평가요소

직무수행에 필요한 지식, 기술, 태도 등을 과학적인 선발기법을 통해 평가합니다.

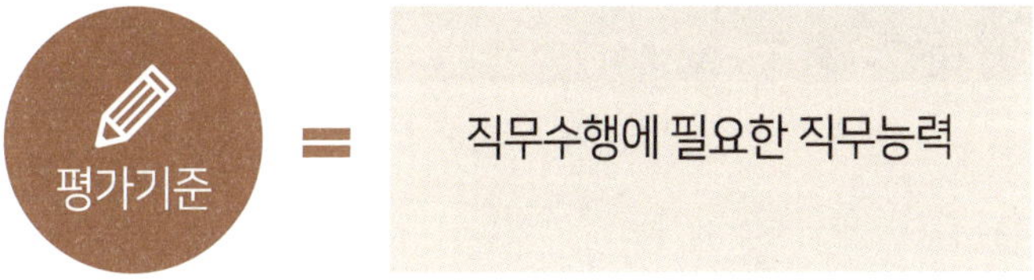

※ 과학적 선발기법이란?
직무분석을 통해 도출된 평가요소를 서류, 필기, 면접 등을 통해 체계적으로 평가하는 방법으로 입사지원서, 자기소개서, 직무수행능력평가, 구조화 면접 등이 해당됩니다.

5. 블라인드 채용 주요 도입 내용

- 입사지원서에 인적사항 요구 금지
  - 인적사항에는 출신지역, 가족관계, 결혼여부, 재산, 취미 및 특기, 종교, 생년월일(연령), 성별, 신장 및 체중, 사진, 전공, 학교명, 학점, 외국어 점수, 추천인 등이 해당
  - 채용 직무를 수행하는 데 있어 반드시 필요하다고 인정될 경우는 제외
    예 특수경비직 채용 시 : 시력, 건강한 신체 요구
    연구직 채용 시 : 논문, 학위 요구 등
- 블라인드 면접 실시
  - 면접관에게 응시자의 출신지역, 가족관계, 학교명 등 인적사항 정보 제공 금지
  - 면접관은 응시자의 인적사항에 대한 질문 금지

6. 블라인드 채용 도입의 효과성

- 구성원의 다양성과 창의성이 높아져 기업 경쟁력 강화
  - 편견을 없애고 직무능력 중심으로 선발하므로 다양한 직원 구성 가능
  - 다양한 생각과 의견을 통하여 기업의 창의성이 높아져 기업경쟁력 강화
- 직무에 적합한 인재선발을 통한 이직률 감소 및 만족도 제고
  - 사전에 지원자들에게 구체적이고 상세한 직무요건을 제시함으로써 허수 지원이 낮아지고, 직무에 적합한 지원자 모집 가능
  - 직무에 적합한 인재가 선발되어 직무이해도가 높아져 업무효율 증대 및 만족도 제고
- 채용의 공정성과 기업이미지 제고
  - 블라인드 채용은 사회적 편견을 줄인 선발 방법으로 기업에 대한 사회적 인식 제고
  - 채용과정에서 불합리한 차별을 받지 않고 실력에 의해 공정하게 평가를 받을 것이라는 믿음을 제공하고, 지원자들은 평등한 기회와 공정한 선발과정 경험

CHAPTER

02 서류전형 가이드

01 채용공고문

1. 채용공고문의 변화

기존 채용공고문	변화된 채용공고문
• 취업준비생에게 불충분하고 불친절한 측면 존재 • 모집분야에 대한 명확한 직무관련 정보 및 평가기준 부재 • 해당분야에 지원하기 위한 취업준비생의 무분별한 스펙 쌓기 현상 발생	• NCS 직무분석에 기반한 채용공고를 토대로 채용전형 진행 • 지원자가 입사 후 수행하게 될 업무에 대한 자세한 정보 공지 • 직무수행내용, 직무수행 시 필요한 능력, 관련된 자격, 직업기초능력 제시 • 지원자가 해당 직무에 필요한 스펙만을 준비할 수 있도록 안내
• 모집부문 및 응시자격 • 지원서 접수 • 전형절차 • 채용조건 및 처우 • 기타사항	• 채용절차 • 채용유형별 선발분야 및 예정인원 • 전형방법 • 선발분야별 직무기술서 • 우대사항

2. 지원 유의사항 및 지원요건 확인

채용 직무에 따른 세부사항을 공고문에 명시하여 지원자에게 적격한 지원 기회를 부여함과 동시에 채용과정에서의 공정성과 신뢰성을 확보합니다.

구성	내용	확인사항
모집분야 및 규모	고용형태(인턴 계약직 등), 모집분야, 인원, 근무지역 등	채용직무가 여러 개일 경우 본인이 해당되는 직무의 채용규모 확인
응시자격	기본 자격사항, 지원조건	지원을 위한 최소자격요건을 확인하여 불필요한 지원을 예방
우대조건	법정 · 특별 · 자격증 가점	본인의 가점 여부를 검토하여 가점 획득을 위한 사항을 사실대로 기재
근무조건 및 보수	고용형태 및 고용기간, 보수, 근무지	본인이 생각하는 기대수준에 부합하는지 확인하여 불필요한 지원을 예방
시험방법	서류 · 필기 · 면접전형 등의 활용방안	전형방법 및 세부 평가기법 등을 확인하여 지원전략 준비
전형일정	접수기간, 각 전형 단계별 심사 및 합격자 발표일 등	본인의 지원 스케줄을 검토하여 차질이 없도록 준비
제출서류	입사지원서(경력 · 경험기술서 등), 각종 증명서 및 자격증 사본 등	지원요건 부합 여부 및 자격 증빙서류 사전에 준비
유의사항	임용취소 등의 규정	임용취소 관련 법적 또는 기관 내부 규정을 검토하여 해당여부 확인

02 직무기술서

직무기술서란 직무수행의 내용과 필요한 능력, 관련 자격, 직업기초능력 등을 상세히 기재한 것으로 입사 후 수행하게 될 업무에 대한 정보가 수록되어 있는 자료입니다.

1. 채용분야

설명

NCS 직무분류 체계에 따라 직무에 대한 「대분류 – 중분류 – 소분류 – 세분류」 체계를 확인할 수 있습니다. 채용 직무에 대한 모든 직무기술서를 첨부하게 되며 실제 수행 업무를 기준으로 세부적인 분류정보를 제공합니다.

채용분야	분류체계			
사무행정	대분류	중분류	소분류	세분류
분류코드	02. 경영·회계·사무	03. 재무·회계	01. 재무	01. 예산
				02. 자금
			02. 회계	01. 회계감사
				02. 세무

2. 능력단위

설명

직무분류 체계의 세분류 하위능력단위 중 실질적으로 수행할 업무의 능력만 구체적으로 파악할 수 있습니다.

능력단위	(예산)	03. 연간종합예산수립 05. 확정예산 운영	04. 추정재무제표 작성 06. 예산실적 관리
	(자금)	04. 자금운용	
	(회계감사)	02. 자금관리 05. 회계정보시스템 운용 07. 회계감사	04. 결산관리 06. 재무분석
	(세무)	02. 결산관리 07. 법인세 신고	05. 부가가치세 신고

3. 직무수행내용

설명

세분류 영역의 기본정의를 통해 직무수행내용을 확인할 수 있습니다. 입사 후 수행할 직무내용을 구체적으로 확인할 수 있으며, 이를 통해 입사서류 작성부터 면접까지 직무에 대한 명확한 이해를 바탕으로 자신의 희망직무인지 아닌지, 해당 직무가 자신이 알고 있던 직무가 맞는지 확인할 수 있습니다.

직무수행내용	(예산) 일정기간 예상되는 수익과 비용을 편성, 집행하며 통제하는 일
	(자금) 자금의 계획 수립, 조달, 운용을 하고 발생 가능한 위험 관리 및 성과평가
	(회계감사) 기업 및 조직 내·외부에 있는 의사결정자들이 효율적인 의사결정을 할 수 있도록 유용한 정보를 제공, 제공된 회계정보의 적정성을 파악하는 일
	(세무) 세무는 기업의 활동을 위하여 주어진 세법범위 내에서 조세부담을 최소화시키는 조세전략을 포함하고 정확한 과세소득과 과세표준 및 세액을 산출하여 과세당국에 신고·납부하는 일

4. 직무기술서 예시

태도	(예산) 정확성, 분석적 태도, 논리적 태도, 타 부서와의 협조적 태도, 설득력
	(자금) 분석적 사고력
	(회계 감사) 합리적 태도, 전략적 사고, 정확성, 적극적 협업 태도, 법률준수 태도, 분석적 태도, 신속성, 책임감, 정확한 판단력
	(세무) 규정 준수 의지, 수리적 정확성, 주의 깊은 태도
우대 자격증	공인회계사, 세무사, 컴퓨터활용능력, 변호사, 워드프로세서, 전산회계운용사, 사회조사분석사, 재경관리사, 회계관리 등
직업기초능력	의사소통능력, 문제해결능력, 자원관리능력, 대인관계능력, 정보능력, 조직이해능력

5. 직무기술서 내용별 확인사항

항목	확인사항
모집부문	해당 채용에서 선발하는 부문(분야)명 확인 예 사무행정, 전산, 전기
분류체계	지원하려는 분야의 세부직무군 확인
주요기능 및 역할	지원하려는 기업의 전사적인 기능과 역할, 산업군 확인
능력단위	지원분야의 직무수행에 관련되는 세부업무사항 확인
직무수행내용	지원분야의 직무군에 대한 상세사항 확인
전형방법	지원하려는 기업의 신입사원 선발전형 절차 확인
일반요건	교육사항을 제외한 지원 요건 확인(자격요건, 특수한 경우 연령)
교육요건	교육사항에 대한 지원요건 확인(대졸 / 초대졸 / 고졸 / 전공 요건)
필요지식	지원분야의 업무수행을 위해 요구되는 지식 관련 세부항목 확인
필요기술	지원분야의 업무수행을 위해 요구되는 기술 관련 세부항목 확인
직무수행태도	지원분야의 업무수행을 위해 요구되는 태도 관련 세부항목 확인
직업기초능력	지원분야 또는 지원기업의 조직원으로서 근무하기 위해 필요한 일반적인 능력사항 확인

03 입사지원서

1. 입사지원서의 변화

기존지원서		능력중심 채용 입사지원서	
직무와 관련 없는 학점, 개인신상, 어학점수, 자격, 수상경력 등을 나열하도록 구성	VS	해당 직무수행에 꼭 필요한 정보들을 제시할 수 있도록 구성	
직무기술서	➡	**인적사항**	성명, 연락처, 지원분야 등 작성 (평가 미반영)
직무수행내용		**교육사항**	직무지식과 관련된 학교교육 및 직업교육 작성
요구지식 / 기술		**자격사항**	직무관련 국가공인 또는 민간자격 작성
관련 자격증 사전직무경험		**경력 및 경험사항**	조직에 소속되어 일정한 임금을 받거나(경력) 임금 없이(경험) 직무와 관련된 활동 내용 작성

2. 교육사항

- 지원분야 직무와 관련된 학교 교육이나 직업교육 혹은 기타교육 등 직무에 대한 지원자의 학습 여부를 평가하기 위한 항목입니다.
- 지원하고자 하는 직무의 학교 전공교육 이외에 직업교육, 기타교육 등을 기입할 수 있기 때문에 전공 제한 없이 직업교육과 기타교육을 이수하여 지원이 가능하도록 기회를 제공합니다.
  (기타교육 : 학교 이외의 기관에서 개인이 이수한 교육과정 중 지원직무와 관련이 있다고 생각되는 교육내용)

구분	교육과정(과목)명	교육내용	과업(능력단위)

3. 자격사항

- 채용공고 및 직무기술서에 제시되어 있는 자격 현황을 토대로 지원자가 해당 직무를 수행하는 데 필요한 능력을 가지고 있는지를 평가하기 위한 항목입니다.
- 채용공고 및 직무기술서에 기재된 직무관련 필수 또는 우대자격 항목을 확인하여 본인이 보유하고 있는 자격사항을 기재합니다.

자격유형	자격증명	발급기관	취득일자	자격증번호

4. 경력 및 경험사항

- 직무와 관련된 경력이나 경험 여부를 표현하도록 하여 직무와 관련한 능력을 갖추었는지를 평가하기 위한 항목입니다.
- 해당 기업에서 직무를 수행함에 있어 필요한 사항만을 기록하게 되어 있기 때문에 직무와 무관한 스펙을 갖추지 않아도 됩니다.
- 경력 : 금전적 보수를 받고 일정기간 동안 일했던 경우
- 경험 : 금전적 보수를 받지 않고 수행한 활동

※ 기업에 따라 경력 / 경험 관련 증빙자료 요구 가능

구분	조직명	직위 / 역할	활동기간(년 / 월)	주요과업 / 활동내용

Tip

입사지원서 작성 방법

○ 경력 및 경험사항 작성

- 직무기술서에 제시된 지식, 기술, 태도와 지원자의 교육사항, 경력(경험)사항, 자격사항과 연계하여 개인의 직무역량에 대해 스스로 판단 가능

○ 인적사항 최소화

- 개인의 인적사항, 학교명, 가족관계 등을 노출하지 않도록 유의

부적절한 입사지원서 작성 사례

- 학교 이메일을 기입하여 학교명 노출
- 거주지 주소에 학교 기숙사 주소를 기입하여 학교명 노출
- 자기소개서에 부모님이 재직 중인 기업명, 직위, 직업을 기입하여 가족관계 노출
- 자기소개서에 석·박사 과정에 대한 이야기를 언급하여 학력 노출
- 동아리 활동에 대한 내용을 학교명과 더불어 언급하여 학교명 노출

04 자기소개서

1. 자기소개서의 변화

- 기존의 자기소개서는 지원자의 일대기나 관심 분야, 성격의 장·단점 등 개괄적인 사항을 묻는 질문으로 구성되어 지원자가 자신의 직무능력을 제대로 표출하지 못합니다.
- 능력중심 채용의 자기소개서는 직무기술서에 제시된 직업기초능력(또는 직무수행능력)에 대한 지원자의 과거 경험을 기술하게 함으로써 평가 타당도의 확보가 가능합니다.

1. 우리 회사와 해당 지원 직무분야에 지원한 동기에 대해 기술해 주세요.
2. 자신이 경험한 다양한 사회활동에 대해 기술해 주세요.
3. 지원 직무에 대한 전문성을 키우기 위해 받은 교육과 경험 및 경력사항에 대해 기술해 주세요.
4. 인사업무 또는 팀 과제 수행 중 발생한 갈등을 원만하게 해결해 본 경험이 있습니까? 당시 상황에 대한 설명과 갈등의 대상이 되었던 상대방을 설득한 과정 및 방법을 기술해 주세요.
5. 과거에 있었던 일 중 가장 어려웠었던(힘들었었던) 상황을 고르고, 어떤 방법으로 그 상황을 해결했는지를 기술해 주세요.

PART 6

Tip

자기소개서 작성 방법

① 자기소개서 문항이 묻고 있는 평가 역량 추측하기

예시

- 팀 활동을 하면서 갈등 상황 시 상대방의 니즈나 의도를 명확히 파악하고 해결하여 목표 달성에 기여했던 경험에 대해서 작성해 주시기 바랍니다.
- 다른 사람이 생각해내지 못했던 문제점을 찾고 이를 해결한 경험에 대해 작성해 주시기 바랍니다.

② 해당 역량을 보여줄 수 있는 소재 찾기(시간×역량 매트릭스)

예시

시간

평가역량

	2022년	2023년	2024년	2025년
도전정신	*대학 발표수업*	*대학 발표수업*	~~*다이어트(헬스)*~~	
대인관계	*대학 발표수업*	*대학 발표수업*		*경영 동아리*
의사소통	*편의점 아르바이트*	~~*군대 작업*~~	*봉사 동아리*	
직무역량			*경영 동아리*	*Book Study*
…				

③ 자기소개서 작성 Skill 익히기

- 두괄식으로 작성하기
- 구체적 사례를 사용하기
- '나'를 중심으로 작성하기
- 직무역량 강조하기
- 경험 사례의 차별성 강조하기

CHAPTER

03 인성검사 소개 및 모의테스트

01 인성검사 유형

인성검사는 지원자의 성격특성을 객관적으로 파악하고 그것이 각 기업에서 필요로 하는 인재상과 가치에 부합하는가를 평가하기 위한 검사입니다. 인성검사는 KPDI(한국인재개발진흥원), K-SAD(한국사회적성개발원), KIRBS(한국행동과학연구소), SHR(에스에이치알) 등의 전문기관을 통해 각 기업의 특성에 맞는 검사를 선택하여 실시합니다. 대표적인 인성검사의 유형에는 크게 다음과 같은 세 가지가 있으며, 채용 대행업체에 따라 달라집니다.

1. KPDI 검사

조직적응성과 직무적합성을 알아보기 위한 검사로 인성검사, 인성역량검사, 인적성검사, 직종별 인적성검사 등의 다양한 검사 도구를 구현합니다. KPDI는 성격을 파악하고 정신건강 상태 등을 측정하고, 직무검사는 해당 직무를 수행하기 위해 기본적으로 갖추어야 할 인지적 능력을 측정합니다. 역량검사는 특정 직무 역할을 효과적으로 수행하는 데 직접적으로 관련 있는 개인의 행동, 지식, 스킬, 가치관 등을 측정합니다.

2. KAD(Korea Aptitude Development) 검사

K-SAD(한국사회적성개발원)에서 실시하는 적성검사 프로그램입니다. 개인의 성향, 지적 능력, 기호, 관심, 흥미도를 종합적으로 분석하여 적성에 맞는 업무가 무엇인가 파악하고, 직무수행에 있어서 요구되는 기초능력과 실무능력을 분석합니다.

3. SHR 직무적성검사

직무수행에 필요한 종합적인 사고 능력을 다양한 적성검사(Paper and Pencil Test)로 평가합니다. SHR의 모든 직무능력검사는 표준화 검사입니다. 표준화 검사는 표본집단의 점수를 기초로 규준이 만들어진 검사이므로 개인의 점수를 규준에 맞추어 해석・비교하는 것이 가능합니다. S(Standardized Tests), H(Hundreds of Version), R(Reliable Norm Data)을 특징으로 하며, 직군・직급별 특성과 선발 수준에 맞추어 검사를 적용할 수 있습니다.

02 인성검사와 면접

인성검사는 특히 면접질문과 관련성이 높습니다. 면접관은 지원자의 인성검사 결과를 토대로 질문을 하기 때문입니다. 일관적이고 이상적인 답변을 하는 것이 가장 좋지만, 실제 시험은 매우 복잡하여 전문가라 해도 일정 성격을 유지하면서 답변을 하는 것이 힘듭니다. 또한, 인성검사에는 라이 스케일(Lie Scale) 설문이 전체 설문 속에 교묘하게 섞여 들어가 있으므로 겉치레적인 답을 하게 되면 회답태도의 허위성이 그대로 드러나게 됩니다. 예를 들어 '거짓말을 한 적이 한 번도 없다.'에 '예'로 답하고, '때로는 거짓말을 하기도 한다.'에 '예'라고 답하여 라이 스케일의 득점이 올라가게 되면 모든 회답의 신빙성이 사라지고 '자신을 돋보이게 하려는 사람'이라는 평가를 받을 수 있으므로 주의해야 합니다. 따라서 모의테스트를 통해 인성검사의 유형과 실제 시험 시 어떻게 문제를 풀어야 하는지 연습해 보고 체크한 부분 중 자신의 단점과 연결되는 부분은 면접에서 질문이 들어왔을 때 어떻게 대처해야 하는지 생각해 보는 것이 좋습니다.

03 유의사항

1. 기업의 인재상을 파악하라!

인성검사를 통해 개인의 성격 특성을 파악하고 그것이 기업의 인재상과 가치에 부합하는지를 평가하는 시험이기 때문에 해당 기업의 인재상을 먼저 파악하고 시험에 임하는 것이 좋습니다. 모의테스트에서 인재상에 맞는 가상의 인물을 설정하고 문제에 답해 보는 것도 많은 도움이 됩니다.

2. 일관성 있는 대답을 하라!

짧은 시간 안에 다양한 질문에 답을 해야 하는데, 그 안에는 중복되는 질문이 여러 번 나옵니다. 이때 앞서 자신이 체크했던 대답을 잘 기억해뒀다가 일관성 있는 답을 하는 것이 중요합니다.

3. 모든 문항에 대답하라!

많은 문제를 짧은 시간 안에 풀려다 보니 다 못 푸는 경우도 종종 생깁니다. 하지만 대답을 누락하거나 끝까지 다 못했을 경우 좋지 않은 결과를 가져올 수도 있으니 최대한 주어진 시간 안에 모든 문항에 답할 수 있도록 해야 합니다.

04 KPDI 모의테스트

※ 모의테스트는 질문 및 답변 유형 연습을 위한 것으로 실제 시험과 다를 수 있습니다.
※ 인성검사는 정답이 따로 없는 유형의 검사이므로 결과지를 제공하지 않습니다.

번호	내용	예	아니요
001	나는 솔직한 편이다.	☐	☐
002	나는 리드하는 것을 좋아한다.	☐	☐
003	법을 어겨서 말썽이 된 적이 한 번도 없다.	☐	☐
004	거짓말을 한 번도 한 적이 없다.	☐	☐
005	나는 눈치가 빠르다.	☐	☐
006	나는 일을 주도하기보다는 뒤에서 지원하는 것을 선호한다.	☐	☐
007	앞일은 알 수 없기 때문에 계획은 필요하지 않다.	☐	☐
008	거짓말도 때로는 방편이라고 생각한다.	☐	☐
009	사람이 많은 술자리를 좋아한다.	☐	☐
010	걱정이 지나치게 많다.	☐	☐
011	일을 시작하기 전 재고하는 경향이 있다.	☐	☐
012	불의를 참지 못한다.	☐	☐
013	처음 만나는 사람과도 이야기를 잘 한다.	☐	☐
014	때로는 변화가 두렵다.	☐	☐
015	나는 모든 사람에게 친절하다.	☐	☐
016	힘든 일이 있을 때 술은 위로가 되지 않는다.	☐	☐
017	결정을 빨리 내리지 못해 손해를 본 경험이 있다.	☐	☐
018	기회를 잡을 준비가 되어 있다.	☐	☐
019	때로는 내가 정말 쓸모없는 사람이라고 느낀다.	☐	☐
020	누군가 나를 챙겨주는 것이 좋다.	☐	☐
021	자주 가슴이 답답하다.	☐	☐
022	나는 내가 자랑스럽다.	☐	☐
023	경험이 중요하다고 생각한다.	☐	☐
024	전자기기를 분해하고 다시 조립하는 것을 좋아한다.	☐	☐

025	감시받고 있다는 느낌이 든다.	☐	☐
026	난처한 상황에 놓이면 그 순간을 피하고 싶다.	☐	☐
027	세상엔 믿을 사람이 없다.	☐	☐
028	잘못을 빨리 인정하는 편이다.	☐	☐
029	지도를 보고 길을 잘 찾아간다.	☐	☐
030	귓속말을 하는 사람을 보면 날 비난하고 있는 것 같다.	☐	☐
031	막무가내라는 말을 들을 때가 있다.	☐	☐
032	장래의 일을 생각하면 불안하다.	☐	☐
033	결과보다 과정이 중요하다고 생각한다.	☐	☐
034	운동은 그다지 할 필요가 없다고 생각한다.	☐	☐
035	새로운 일을 시작할 때 좀처럼 한 발을 떼지 못한다.	☐	☐
036	기분 상하는 일이 있더라도 참는 편이다.	☐	☐
037	업무능력은 성과로 평가받아야 한다고 생각한다.	☐	☐
038	머리가 맑지 못하고 무거운 느낌이 든다.	☐	☐
039	가끔 이상한 소리가 들린다.	☐	☐
040	타인이 내게 자주 고민상담을 하는 편이다.	☐	☐

05 면접 주요사항

※ 모의테스트는 질문 및 답변 유형 연습을 위한 것으로 실제 시험과 다를 수 있습니다.
※ 인성검사는 정답이 따로 없는 유형의 검사이므로 결과지를 제공하지 않습니다.

※ 이 성격검사의 각 문항에는 서로 다른 행동을 나타내는 네 개의 문장이 제시되어 있습니다. 이 문장들을 비교하여, 자신의 평소 행동과 가장 가까운 문장을 'ㄱ' 열에 표기하고, 가장 먼 문장을 'ㅁ' 열에 표기하십시오.

01 나는 ______________________

		ㄱ	ㅁ
A.	실용적인 해결책을 찾는다.	☐	☐
B.	다른 사람을 돕는 것을 좋아한다.	☐	☐
C.	세부 사항을 잘 챙긴다.	☐	☐
D.	상대의 주장에서 허점을 잘 찾는다.	☐	☐

02 나는 ______________________

		ㄱ	ㅁ
A.	매사에 적극적으로 임한다.	☐	☐
B.	즉흥적인 편이다.	☐	☐
C.	관찰력이 있다.	☐	☐
D.	임기응변에 강하다.	☐	☐

03 나는 ______________________

		ㄱ	ㅁ
A.	무서운 영화를 잘 본다.	☐	☐
B.	조용한 곳이 좋다.	☐	☐
C.	가끔 울고 싶다.	☐	☐
D.	집중력이 좋다.	☐	☐

04 나는 ______________________

		ㄱ	ㅁ
A.	기계를 조립하는 것을 좋아한다.	☐	☐
B.	집단에서 리드하는 역할을 맡는다.	☐	☐
C.	호기심이 많다.	☐	☐
D.	음악을 듣는 것을 좋아한다.	☐	☐

05 나는 ____________________

		ㄱ	ㅁ
A.	타인을 늘 배려한다.	☐	☐
B.	감수성이 예민하다.	☐	☐
C.	즐겨하는 운동이 있다.	☐	☐
D.	일을 시작하기 전에 계획을 세운다.	☐	☐

06 나는 ____________________

		ㄱ	ㅁ
A.	타인에게 설명하는 것을 좋아한다.	☐	☐
B.	여행을 좋아한다.	☐	☐
C.	정적인 것이 좋다.	☐	☐
D.	남을 돕는 것에 보람을 느낀다.	☐	☐

07 나는 ____________________

		ㄱ	ㅁ
A.	기계를 능숙하게 다룬다.	☐	☐
B.	밤에 잠이 잘 오지 않는다.	☐	☐
C.	한 번 간 길을 잘 기억한다.	☐	☐
D.	불의를 보면 참을 수 없다.	☐	☐

08 나는 ____________________

		ㄱ	ㅁ
A.	종일 말을 하지 않을 때가 있다.	☐	☐
B.	사람이 많은 곳을 좋아한다.	☐	☐
C.	술을 좋아한다.	☐	☐
D.	휴양지에서 편하게 쉬고 싶다.	☐	☐

09 나는 ____________________

		ㄱ	ㅁ
A.	뉴스보다는 드라마를 좋아한다.	☐	☐
B.	길을 잘 찾는다.	☐	☐
C.	주말엔 집에서 쉬는 것이 좋다.	☐	☐
D.	아침에 일어나는 것이 힘들다.	☐	☐

10 나는 ____________________

		ㄱ	ㅁ
A.	이성적이다.	☐	☐
B.	할 일을 종종 미룬다.	☐	☐
C.	어른을 대하는 게 힘들다.	☐	☐
D.	불을 보면 매혹을 느낀다.	☐	☐

11 나는 ____________________

		ㄱ	ㅁ
A.	상상력이 풍부하다.	☐	☐
B.	예의 바르다는 소리를 자주 듣는다.	☐	☐
C.	사람들 앞에 서면 긴장한다.	☐	☐
D.	친구를 자주 만난다.	☐	☐

12 나는 ____________________

		ㄱ	ㅁ
A.	나만의 스트레스 해소 방법이 있다.	☐	☐
B.	친구가 많다.	☐	☐
C.	책을 자주 읽는다.	☐	☐
D.	활동적이다.	☐	☐

CHAPTER

04 면접전형 가이드

01 면접유형 파악

1. 면접전형의 변화

기존 면접전형에서는 일상적이고 단편적인 대화나 지원자의 첫인상 및 면접관의 주관적인 판단 등에 의해서 입사 결정 여부를 판단하는 경우가 많았습니다. 이러한 면접전형은 면접 내용의 일관성이 결여되거나 직무 관련 타당성이 부족하였고, 면접에 대한 신뢰도에 영향을 주었습니다.

기존 면접(전통적 면접)		능력중심 채용 면접(구조화 면접)
• 일상적이고 단편적인 대화 • 인상, 외모 등 외부 요소의 영향 • 주관적인 판단에 의존한 총점 부여 ⇩ • 면접 내용의 일관성 결여 • 직무관련 타당성 부족 • 주관적인 채점으로 신뢰도 저하	VS	• 일관성 – 직무관련 역량에 초점을 둔 구체적 질문 목록 – 지원자별 동일 질문 적용 • 구조화 – 면접 진행 및 평가 절차를 일정한 체계에 의해 구성 • 표준화 – 평가 타당도 제고를 위한 평가 Matrix 구성 – 척도에 따라 항목별 채점, 개인 간 비교 • 신뢰성 – 면접진행 매뉴얼에 따라 면접위원 교육 및 실습

2. 능력중심 채용의 면접 유형

① 경험 면접
- 목적 : 선발하고자 하는 직무 능력이 필요한 과거 경험을 질문합니다.
- 평가요소 : 직업기초능력과 인성 및 태도적 요소를 평가합니다.

② 상황 면접
- 목적 : 특정 상황을 제시하고 지원자의 행동을 관찰함으로써 실제 상황의 행동을 예상합니다.
- 평가요소 : 직업기초능력과 인성 및 태도적 요소를 평가합니다.

③ 발표 면접
- 목적 : 특정 주제와 관련된 지원자의 발표와 질의응답을 통해 지원자 역량을 평가합니다.
- 평가요소 : 직무수행능력과 인지적 역량(문제해결능력)을 평가합니다.

④ 토론 면접
- 목적 : 토의과제에 대한 의견수렴 과정에서 지원자의 역량과 상호작용능력을 평가합니다.
- 평가요소 : 직무수행능력과 팀워크를 평가합니다.

02 면접유형별 준비 방법

1. 경험 면접

① 경험 면접의 특징

- 주로 직업기초능력에 관련된 지원자의 과거 경험을 심층 질문하여 검증하는 면접입니다.
- 직무능력과 관련된 과거 경험을 평가하기 위해 심층 질문을 하며, 이 질문은 지원자의 답변에 대하여 '꼬리에 꼬리를 무는 형식'으로 진행됩니다.

> • 능력요소, 정의, 심사 기준
>   - 평가하고자 하는 능력요소, 정의, 심사기준을 확인하여 면접위원이 해당 능력요소 관련 질문을 제시합니다.
>
> • Opening Question
>   - 능력요소에 관련된 과거 경험을 유도하기 위한 시작 질문을 합니다.
>
> • Follow-up Question
>   - 지원자의 경험 수준을 구체적으로 검증하기 위한 질문입니다.
>   - 경험 수준 검증을 위한 상황(Situation), 임무(Task), 역할 및 노력(Action), 결과(Result) 등으로 질문을 구분합니다.

경험 면접의 형태

② 경험 면접의 구조

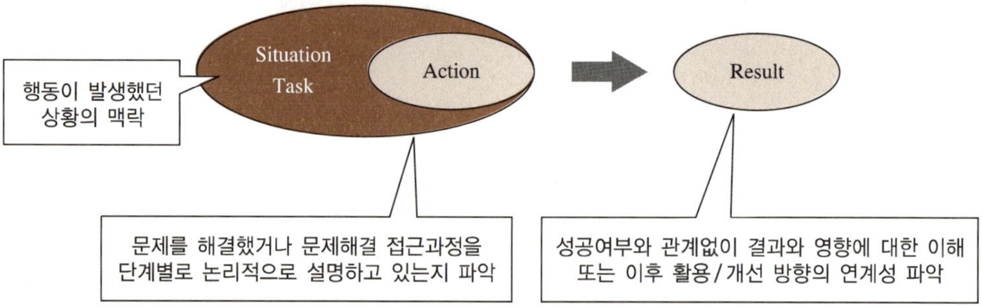

S(Situation)	귀하가 처해 있던 상황에 대해 말해 보시오.
T(Task)	귀하가 수행한 과제 / 과업은 무엇인가?
A(Action)	어떻게 행동(대응)했는가?
R(Result)	그 행동의 결과는 어땠는가?

(　　　　　)에 관한 과거 경험에 대하여 말해 보시오.

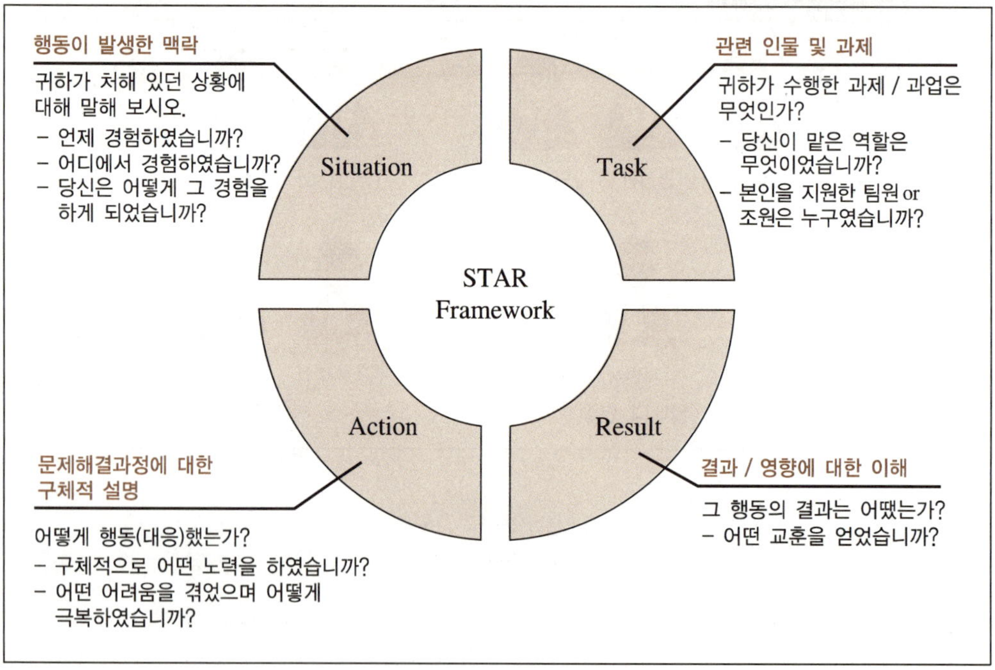

③ 경험 면접 질문 예시(직업윤리)

시작 질문	
1	남들이 신경 쓰지 않는 부분까지 고려하여 절차대로 업무(연구)를 수행하여 성과를 낸 경험을 구체적으로 말해 보시오.
2	조직의 원칙과 절차를 철저히 준수하며 업무(연구)를 수행한 것 중 성과를 향상시킨 경험에 대해 구체적으로 말해 보시오.
3	세부적인 절차와 규칙에 주의를 기울여 실수 없이 업무(연구)를 마무리한 경험을 구체적으로 말해 보시오.
4	조직의 규칙이나 원칙을 고려하여 성실하게 일했던 경험을 구체적으로 말해 보시오.
5	타인의 실수를 바로잡고 원칙과 절차대로 수행하여 성공적으로 업무를 마무리하였던 경험에 대해 말해 보시오.

후속 질문		
상황 (Situation)	상황	구체적으로 언제, 어디에서 경험한 일인가?
		어떤 상황이었는가?
	조직	어떤 조직에 속해 있었는가?
		그 조직의 특성은 무엇이었는가?
		몇 명으로 구성된 조직이었는가?
	기간	해당 조직에서 얼마나 일했는가?
		해당 업무는 몇 개월 동안 지속되었는가?
	조직규칙	조직의 원칙이나 규칙은 무엇이었는가?
임무 (Task)	과제	과제의 목표는 무엇이었는가?
		과제에 적용되는 조직의 원칙은 무엇이었는가?
		그 규칙을 지켜야 하는 이유는 무엇이었는가?
	역할	당신이 조직에서 맡은 역할은 무엇이었는가?
		과제에서 맡은 역할은 무엇이었는가?
	문제의식	규칙을 지키지 않을 경우 생기는 문제점 / 불편함은 무엇인가?
		해당 규칙이 왜 중요하다고 생각하였는가?
역할 및 노력 (Action)	행동	업무 과정의 어떤 장면에서 규칙을 철저히 준수하였는가?
		어떻게 규정을 적용시켜 업무를 수행하였는가?
		규정은 준수하는 데 어려움은 없었는가?
	노력	그 규칙을 지키기 위해 스스로 어떤 노력을 기울였는가?
		본인의 생각이나 태도에 어떤 변화가 있었는가?
		다른 사람들은 어떤 노력을 기울였는가?
	동료관계	동료들은 규칙을 철저히 준수하고 있었는가?
		팀원들은 해당 규칙에 대해 어떻게 반응하였는가?
		규칙에 대한 태도를 개선하기 위해 어떤 노력을 하였는가?
		팀원들의 태도는 당신에게 어떤 자극을 주었는가?
	업무추진	주어진 업무를 추진하는 데 규칙이 방해되진 않았는가?
		업무수행 과정에서 규정을 어떻게 적용하였는가?
		업무 시 규정을 준수해야 한다고 생각한 이유는 무엇인가?

결과 (Result)	평가	규칙을 어느 정도나 준수하였는가?
		그렇게 준수할 수 있었던 이유는 무엇이었는가?
		업무의 성과는 어느 정도였는가?
		성과에 만족하였는가?
		비슷한 상황이 온다면 어떻게 할 것인가?
	피드백	주변 사람들로부터 어떤 평가를 받았는가?
		그러한 평가에 만족하는가?
		다른 사람에게 본인의 행동이 영향을 주었다고 생각하는가?
	교훈	업무수행 과정에서 중요한 점은 무엇이라고 생각하는가?
		이 경험을 통해 느낀 바는 무엇인가?

2. 상황 면접

① 상황 면접의 특징

직무 관련 상황을 가정하여 제시하고 이에 대한 대응능력을 직무관련성 측면에서 평가하는 면접입니다.

- 상황 면접 과제의 구성은 크게 2가지로 구분
  - 상황 제시(Description) / 문제 제시(Question or Problem)
- 현장의 실제 업무 상황을 반영하여 과제를 제시하므로 직무분석이나 직무전문가 워크숍 등을 거쳐 현장성을 높임
- 문제는 상황에 대한 기본적인 이해능력(이론적 지식)과 함께 실질적 대응이나 변수 고려능력(실천적 능력) 등을 고르게 질문해야 함

상황 면접의 형태

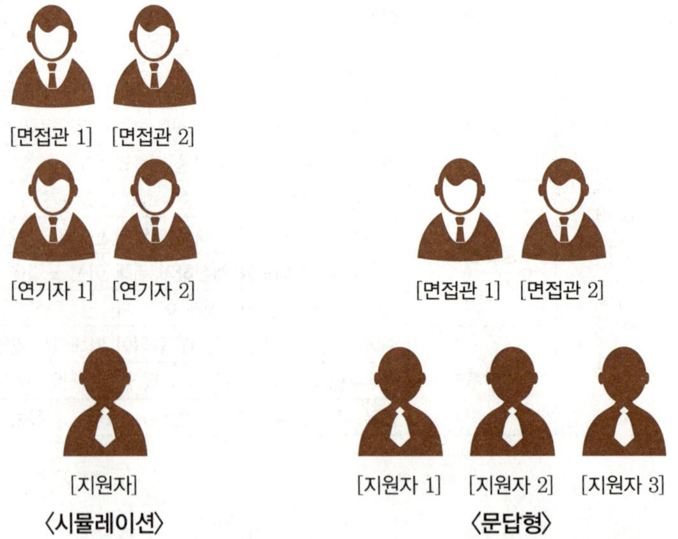

② 상황 면접 예시

상황 제시	인천공항 여객터미널 내에는 다양한 용도의 시설(사무실, 통신실, 식당, 전산실, 창고 면세점 등)이 설치되어 있습니다.	실제 업무 상황에 기반함
	금년에 소방배관의 누수가 잦아 메인 배관을 교체하는 공사를 추진하고 있으며, 당신은 이번 공사의 담당자입니다.	배경 정보
	주간에는 공항 운영이 이루어져 주로 야간에만 배관 교체 공사를 수행하던 중, 시공하는 기능공의 실수로 배관 연결 부위를 잘못 건드려 고압배관의 소화수가 누출되는 사고가 발생하였으며, 이로 인해 인근 시설물에 누수에 의한 피해가 발생하였습니다.	구체적인 문제 상황
문제 제시	일반적인 소방배관의 배관연결(이음)방식과 배관의 이탈(누수)이 발생하는 원인에 대해 설명해 보시오.	문제 상황 해결을 위한 기본 지식 문항
	담당자로서 본 사고를 현장에서 긴급히 처리하는 프로세스를 제시하고, 보수완료 후 사후적 조치가 필요한 부분 및 재발방지 방안에 대해 설명해 보시오.	문제 상황 해결을 위한 추가 대응 문항

3. 발표 면접

① 발표 면접의 특징

- 직무관련 주제에 대한 지원자의 생각을 정리하여 의견을 제시하고, 발표 및 질의응답을 통해 지원자의 직무능력을 평가하는 면접입니다.
- 발표 주제는 직무와 관련된 자료로 제공되며, 일정 시간 후 지원자가 보유한 지식 및 방안에 대한 발표 및 후속 질문을 통해 직무적합성을 평가합니다.

> • 주요 평가요소
> – 설득적 말하기 / 발표능력 / 문제해결능력 / 직무관련 전문성
> • 이미 언론을 통해 공론화된 시사 이슈보다는 해당 직무분야에 관련된 주제가 발표면접의 과제로 선정되는 경우가 최근 들어 늘어나고 있음
> • 짧은 시간 동안 주어진 과제를 빠른 속도로 분석하여 발표문을 작성하고 제한된 시간 안에 면접관에게 효과적인 발표를 진행하는 것이 핵심

발표 면접의 형태

〈개별 과제 발표〉 〈팀 과제 발표〉

※ 면접관에게 시각적 효과를 사용하여 메시지를 전달하는 쌍방향 커뮤니케이션 방식
※ 심층면접을 보완하기 위한 방안으로 최근 많은 기업에서 적극 도입하는 추세

PART 6

② 발표 면접 예시

1. 지시문

당신은 현재 A사에서 직원들의 성과평가를 담당하고 있는 팀원이다. 인사팀은 지난주부터 사내 조직문화관련 인터뷰를 하던 도중 성과평가제도에 관련된 개선 니즈가 제일 많다는 것을 알게 되었다. 이에 팀장님은 인터뷰 결과를 종합하려 성과평가제도 개선 아이디어를 A4용지에 정리하여 신속 보고할 것을 지시하셨다. 당신에게 남은 시간은 1시간이다. 자료를 준비하는 대로 당신은 팀원들이 모인 회의실에서 5분 간 발표할 것이며, 이후 질의응답을 진행할 것이다.

2. 배경자료

〈성과평가제도 개선에 대한 인터뷰〉

최근 A사는 회사 사세의 급성장으로 인해 작년보다 매출이 두 배 성장하였고, 직원 수 또한 두 배로 증가하였다. 회사의 성장은 임금, 복지에 대한 상승 등 긍정적인 영향을 주었으나 업무의 불균형 및 성과보상의 불평등 문제가 발생하였다. 또한 수시로 입사하는 신입직원과 경력직원, 퇴사하는 직원들까지 인원들의 잦은 변동으로 인해 평가해야 할 대상이 변경되어 현재의 성과평가제도로는 공정한 평가가 어려운 상황이다.

[생산부서 김상호]
우리 팀은 지난 1년 동안 생산량이 급증했기 때문에 수십 명의 신규인력이 급하게 채용되었습니다. 이 때문에 저희 팀장님은 신규 입사자들의 이름조차 기억 못할 때가 많이 있습니다. 성과평가를 제대로 하고 있는지 의문이 듭니다.

[마케팅부서 김흥민]
개인의 성과평가의 취지는 충분히 이해합니다. 그러나 현재 평가는 실적기반이나 정성적인 평가가 많이 포함되어 있어 객관성과 공정성에는 의문이 드는 것이 사실입니다. 이러한 상황에서 평가제도를 재수립하지 않고, 인센티브에 계속 반영한다면, 평가제도에 대한 반감이 커질 것이 분명합니다.

[교육부서 홍경민]
현재 교육부서는 인사팀과 밀접하게 일하고 있습니다. 그럼에도 인사팀에서 실시하는 성과평가제도에 대한 이해가 부족한 것 같습니다.

[기획부서 김경호 차장]
저는 저의 평가자 중 하나가 연구부서의 팀장님인데, 일 년에 몇 번 같이 일하지 않는데 어떻게 저를 평가할 수 있을까요? 특히 연구팀은 저희가 예산을 배정하는데, 저에게는 좋지만….

4. 토론 면접

① 토론 면접의 특징

• 다수의 지원자가 조를 편성해 과제에 대한 토론(토의)을 통해 결론을 도출해가는 면접입니다.
• 의사소통능력, 팀워크, 종합인성 등의 평가에 용이합니다.

• 주요 평가요소
  - 설득적 말하기, 경청능력, 팀워크, 종합인성
• 의견 대립이 명확한 주제 또는 채용분야의 직무 관련 주요 현안을 주제로 과제 구성
• 제한된 시간 내 토론을 진행해야 하므로 적극적으로 자신 있게 토론에 임하고 본인의 의견을 개진할 수 있어야 함

토론 면접의 형태

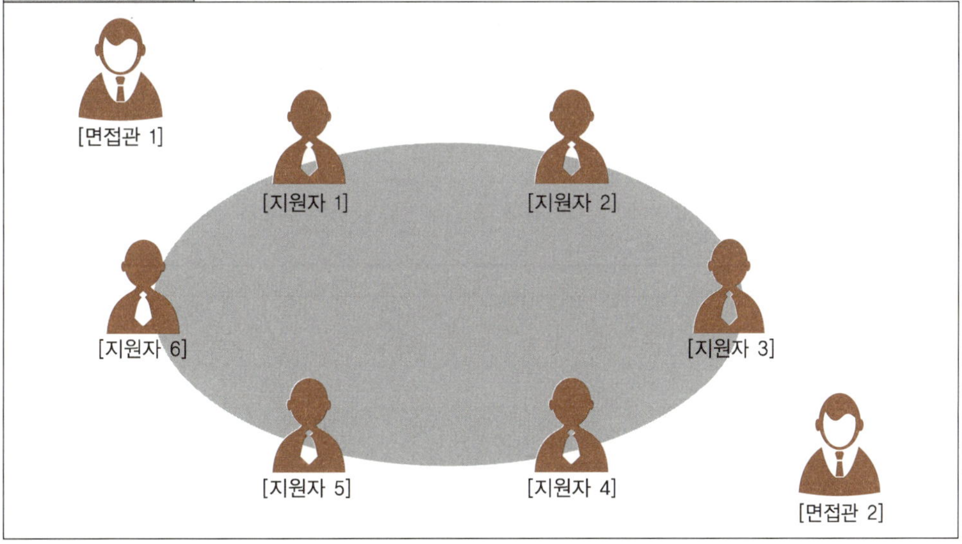

PART 6

② 토론 면접 예시

고객 불만 고충처리

1. 들어가며

최근 우리 상품에 대한 고객 불만의 증가로 고객고충처리 TF가 만들어졌고 당신은 여기에 지원해 배치받았다. 당신의 업무는 불만을 가진 고객을 만나서 애로사항을 듣고 처리해 주는 일이다. 주된 업무로는 고객의 니즈를 파악해 방향성을 제시해 주고 그 해결책을 마련하는 일이다. 하지만 경우에 따라서 고객의 주관적인 의견으로 인해 제대로 된 방향으로 의사결정을 하지 못할 때가 있다. 이럴 경우 설득이나 논쟁을 해서라도 의견을 관철시키는 것이 좋을지 아니면 고객의 의견대로 진행하는 것이 좋을지 결정해야 할 때가 있다. 만약 당신이라면 이러한 상황에서 어떤 결정을 내릴 것인지 여부를 자유롭게 토론해 보시오.

2. 1분 자유 발언 시 준비사항

- 당신은 의견을 자유롭게 개진할 수 있으며 이에 따른 불이익은 없습니다.
- 토론의 방향성을 이해하고, 내용의 장점과 단점이 무엇인지 문제를 명확히 말해야 합니다.
- 합리적인 근거에 기초하여 개선방안을 명확히 제시해야 합니다.
- 제시한 방안을 실행 시 예상되는 긍정적·부정적 영향요인도 동시에 고려할 필요가 있습니다.

3. 토론 시 유의사항

- 토론 주제문과 제공해드린 메모지, 볼펜만 가지고 토론장에 입장할 수 있습니다.
- 사회자의 지정 또는 발표자가 손을 들어 발언권을 획득할 수 있으며, 사회자의 통제에 따릅니다.
- 토론회가 시작되면, 팀의 의견과 논거를 정리하여 1분간의 자유발언을 할 수 있습니다. 순서는 사회자가 지정합니다. 이후에는 자유롭게 상대방에게 질문하거나 답변을 하실 수 있습니다.
- 핸드폰, 서적 등 외부 매체는 사용하실 수 없습니다.
- 논제에 벗어나는 발언이나 지나치게 공격적인 발언을 할 경우, 위에서 제시한 유의사항을 지키지 않을 경우 불이익을 받을 수 있습니다.

03 면접 Role Play

1. 면접 Role Play 편성

- 교육생끼리 조를 편성하여 면접관과 지원자 역할을 교대로 진행합니다.
- 지원자 입장과 면접관 입장을 모두 경험해 보면서 면접에 대한 적응력을 높일 수 있습니다.

경험면접

STEP 1.
지원자 그룹 경험기술서 작성(30분)

STEP 2.
경험기반 인터뷰 실시(1인당 15분)

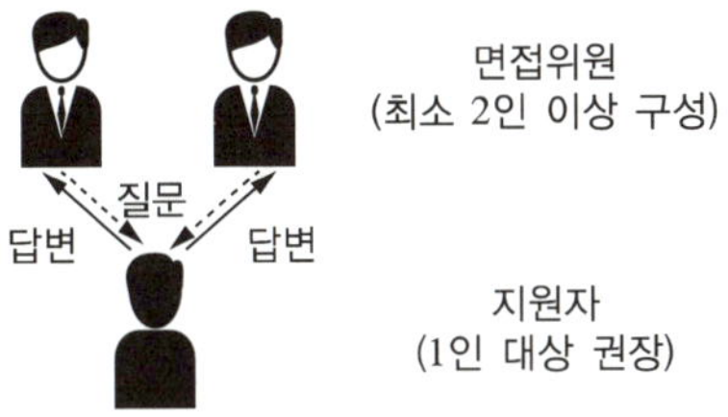

STEP 3.
피드백 진행(1인당 5분)

발표면접

STEP 1.
지원자 그룹 발표 내용 작성(30분)

STEP 2.
발표 5분+추가질의 5분(1인당 10분)

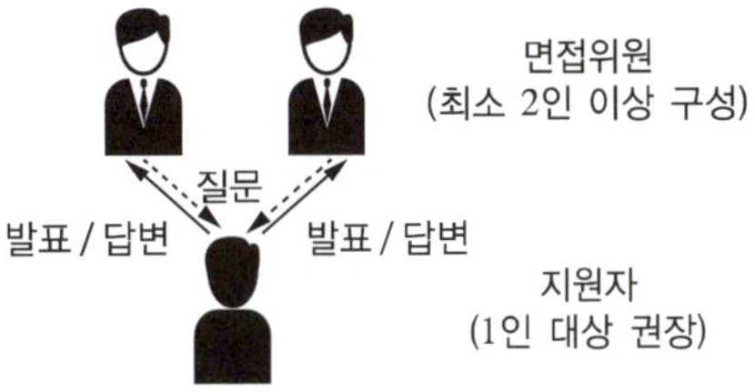

STEP 3.
피드백 진행(1인당 5분)

Tip

면접 준비하기

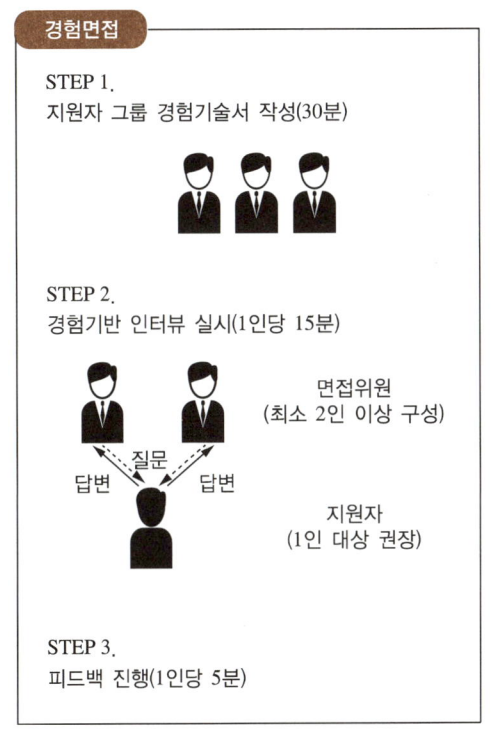

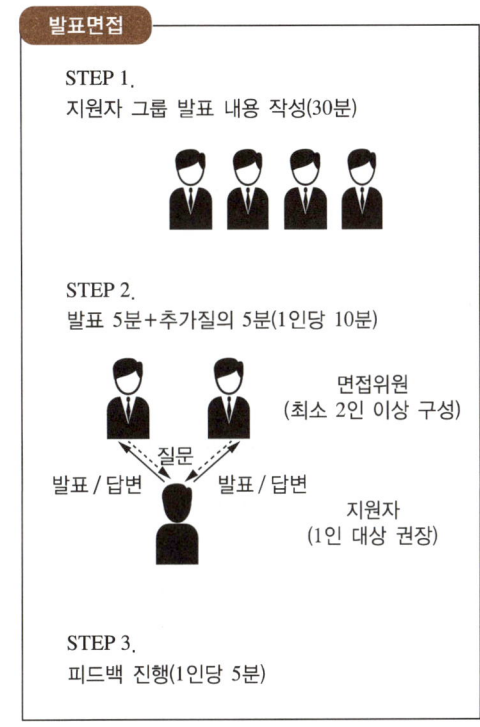

1. 면접 유형 확인 필수
   - 기업마다 면접 유형이 상이하기 때문에 해당 기업의 면접 유형을 확인하는 것이 좋음
   - 일반적으로 실무진 면접, 임원면접 2차례에 거쳐 면접을 실시하는 기업이 많고 실무진 면접과 임원 면접에서 평가 요소가 다르기 때문에 유형에 맞는 준비방법이 필요
2. 후속 질문에 대한 사전 점검
   - 블라인드 채용 면접에서는 주요 질문과 함께 후속 질문을 통해 지원자의 직무능력을 판단
     → STAR 기법을 통한 후속 질문에 미리 대비하는 것이 필요

CHAPTER

05 코레일 한국철도공사 면접 기출질문

코레일 한국철도공사의 면접시험은 필기시험 합격자를 대상으로 인성검사를 포함하여 진행된다. 면접시험은 NCS 기반의 직무경험 및 상황면접 등을 종합적으로 평가한다. 인성검사는 인성, 성격적 특성에 대한 검사로, 적부 판정의 방식으로 진행된다.

01 코레일 기출질문 예시답안

대표질문 ❶

노조에 대한 본인의 의견을 말해 보시오.

예시답안 노조와 기업은 악어와 악어새처럼 서로 공생하는 관계라고 생각합니다. 노조는 근로자의 입장을 대변하고 더 나은 근로환경을 제공하게 해 주는 역할을 합니다. 하지만 무리한 요구로 기업의 생산성과 효율성을 저하시킨다면 그 필요성에 대해 다시 한 번 재고해 볼 필요가 있습니다. 각자의 순기능을 잘 이행해 준다면 서로를 보완해 주는 역할을 잘 해낼 것입니다.

✔ **전문가 조언**

노조에 대한 질문은 코레일 면접에서 자주 나오는 유형입니다. 평소 코레일과 노조의 관계 흐름을 파악하고 노조의 장 · 단점을 잘 정리해 두어야 합니다. 면접관이 어느 입장에 서 있는지 파악하기 어려우므로 한쪽 입장에 치우치는 극단적인 의견 피력은 삼가야 합니다.

대표질문 ❷

회사에서 필요한 직무능력이 부족하다면 이를 어떻게 채워 나갈 것인가?

예시답안 개인시간을 이용해 직무능력을 채워 나가도록 하겠습니다. 매일 업무일지를 쓰며 부족한 부분을 파악한 후 업무 외 개인시간을 활용해 직무능력을 쌓도록 하겠습니다.

✔ **전문가 조언**

구체적인 상황을 제시한 게 아니라 포괄적인 직무능력에 대해 묻는 것이므로 공통적인 대답을 해야 합니다. 먼저 자신의 부족한 점을 파악한 후 업무 외 시간을 활용해 그 능력을 키우겠다고 대답해야 합니다. 또한, 주변 선배들에게 조언을 구하고 그 방향을 설정하겠다고 대답해야 합니다.

대표질문 ❸

업무 배치 시 원하지 않는 지역으로 배정받게 된다면 어떻게 하겠는가?

예시답안 다른 곳에 배정받게 되더라도 그 지역 사업 본부의 특색을 알 수 있는 좋은 기회라고 생각하고 가도록 하겠습니다.

✔ 전문가 조언

코레일에는 다양한 지역 본부가 있습니다. 각 본부에 대한 특징을 파악하고 다른 지역에 배정이 될 경우 그 경험이 본인의 성장에 어떤 도움이 될 것인지 언급해 주면 좋을 것입니다. 그 성장으로 코레일에 어떻게 기여할 수 있는지 마지막에 한 문장으로 정리해서 말한다면 금상첨화!

대표질문 ❹

코레일을 홍보해 보시오.

예시답안 사람 · 세상 · 미래를 잇는 대한민국 철도, '내일로, 미래로 대한민국 철도'. 앞으로 계속 기차를 이용할 젊은 친구들을 공략할 슬로건을 생각해 보았습니다. 가장 대중적으로 잘 알려진 내일로를 슬로건에 넣어 젊은 층에게 친근함으로 다가설 수 있을 것이라고 생각합니다.

✔ 전문가 조언

코레일의 현재 미션을 숙지하고 자신이 생각하는 코레일의 슬로건을 만들어 놓습니다. 이를 토대로 홍보방법을 생각해 볼 수 있고, 기존에 이뤄지고 있는 매체 홍보방법에서 보완점을 제안하거나 새로운 매체를 활용하는 대답도 신선한 아이디어로 느껴질 수 있습니다.

대표질문 ❺

개인역량이 중요한가, 팀워크가 중요한가?

예시답안 팀워크가 중요하다고 생각합니다. 한 개인이 모든 면에서 완벽할 수는 없다고 생각합니다. 각자가 강점 · 약점을 가지고 있으므로 여러 사람이 모였을 때 서로의 부족한 점을 보완해 주며 시너지 효과를 낼 수 있을 것입니다. 한 사람이 뛰어난 것보다 여러 사람이 함께 머리를 맞댔을 때 나오는 협동력이 업무의 효율성을 높일 수 있다고 생각합니다.

✔ 전문가 조언

회사라는 조직은 한 사람의 힘으로 돌아갈 수 없는 곳입니다. 그러므로 기업 인사 담당자는 이 질문을 통해 얼마나 조직에 잘 융화될 수 있는지 판단할 것입니다. 논리정연하게 개인역량에 대한 질문의 답을 정리해 놓는다면 어느 방향으로 대답해도 무방합니다.

02 코레일 기출질문

1. 2025년 기출질문

[경험면접]
- 조직과 개인 중 어떤 것이 먼저라고 생각하는지 설명해 보시오.
- 본인의 경험과 가치관을 연관 지어 이야기해 보시오.
- 조직생활에서의 갈등 경험에 대해 말해 보시오.
- 일을 할 때 본인만의 우선순위가 있다면 말해 보시오.
- 체계적인 계획을 통해 일을 성공적으로 마무리한 경험이 있는가?
- 특정 설비에 어떤 장비가 사용되는지 설명해 보시오.
- 가장 존경하는 인물은 누구인지 말해 보시오.
- 원칙과 고객만족 중 어느 것이 더 중요한지 말해 보시오.
- 기차가 고장 나는 이유가 무엇이라고 생각하는지 말해 보시오.
- 새로운 조직에 적응하기 위해 노력했던 경험이 있다면 말해 보시오.

[직무상황면접]
- 실제 역무원이 되었다고 가정하고 안내방송을 해 보시오.
- 기관사로 근무하던 중 졸아서 신호기가 황색일 때 비상제동을 했고, 전동차는 이미 적색 신호를 현시하고 있는 신호기를 넘어섰다. 사업소로 복귀한 후 기관사로서 어떻게 행동할 것인지 말해 보시오.

2. 2024년 기출질문

[경험면접]
- 이미 완수된 작업을 창의적으로 개선한 경험이 있다면 말해 보시오.
- 작업을 창의적으로 개선했을 때 주변인의 반응에 대해 말해 보시오.
- 타인과 협업했던 경험에 대해 말해 보시오.
- 다른 사람과의 갈등을 해결한 경험이 있다면 말해 보시오.

[직무상황면접]
- 동료가 일하기 싫다며 일을 제대로 하지 않을 경우 어떻게 대처할 것인지 말해 보시오.
- 노력한 프로젝트의 결과가 안 좋을 경우 어떻게 해결할 것인지 말해 보시오.

3. 2023년 기출질문

[경험면접]
- 추가로 어필하고 싶은 본인의 역량에 대해 말해 보시오.
- 자기개발을 어떻게 하는지 말해 보시오.
- 인생을 살면서 실패해 본 경험이 있다면 말해 보시오.

- 팀워크를 발휘한 경험이 있다면 본인의 역할과 성과에 대해 말해 보시오.
- 본인의 장점과 단점은 무엇인지 말해 보시오.
- 본인의 장단점을 업무와 연관지어 말해 보시오.
- 성공이나 실패의 경험으로 얻은 교훈이 있다면 이를 직무에 어떻게 적용할 것인지 말해 보시오.
- 본인이 중요하게 생각하는 가치관에 대해 말해 보시오.
- 공공기관의 직원으로서 중요시해야 하는 덕목이나 역량에 대해 말해 보시오.
- 인간관계에서 스트레스를 받은 경험이 있다면 말해 보시오.
- 코레일의 직무를 수행하기 위해 특별히 더 노력한 부분이 있다면 말해 보시오.
- 주변 사람이 부적절한 일을 했을 때 어떻게 해결했는지 말해 보시오.

[직무상황면접]
- 상사와 가치관이 대립한다면 어떻게 해결할 것인지 말해 보시오.
- 상사가 불법적인 일을 시킨다면 어떻게 행동할 것인지 말해 보시오.

4. 2022년 기출질문

[경험면접]
- 조직에 잘 융화되었던 경험이 있다면 말해 보시오.
- 상사와 잘 맞지 않았던 경험이 있다면 말해 보시오.
- 무언가에 열정을 갖고 도전한 경험이 있다면 말해 보시오.
- 동료와의 갈등을 해결한 경험이 있다면 말해 보시오.
- 원칙을 지켰던 경험이 있다면 말해 보시오.
- UPS와 같은 장치 내 반도체소자가 파괴되었다. 그 원인을 설명해 보시오.
- 전계와 자계의 차이점을 아는 대로 설명해 보시오.
- 페란티 현상이 무엇인지 아는 대로 설명해 보시오.
- 누군가와 협력해서 일해 본 경험이 있다면 말해 보시오.
- 본인만의 장점이 무엇인지 말해 보시오.
- 원칙을 지켜 목표를 달성한 경험이 있다면 말해 보시오.
- 직무를 수행하는 데 가장 중요한 것이 무엇이라고 생각하는지 말해 보시오.
- 낯선 환경에서 본인만의 대처법을 말해 보시오.
- 코레일에 입사하기 위해 준비한 것을 말해 보시오.
- 이미 형성된 조직에 나중에 합류하여 적응한 경험이 있다면 말해 보시오.
- 자기계발을 통해 얻은 성과가 무엇인지 말해 보시오.
- 물류 활성화 방안에 대한 본인의 생각을 말해 보시오.
- 규칙이나 원칙을 지키지 않은 경험이 있다면 말해 보시오.
- 평소 여가 시간에는 어떤 활동을 하는지 말해 보시오.
- 코레일에서 가장 중요하다고 생각하는 것이 무엇인지 말해 보시오.
- 의사소통에서 가장 중요하다고 생각하는 것이 무엇인지 말해 보시오.
- 까다로운 고객을 응대했던 경험이 있다면 말해 보시오.

[직무상황면접]
- 상사가 지적환인 환호응답을 하지 않을 경우 어떻게 할 것인지 말해 보시오.
- 현장 근무를 하면서 안전에 유의하는 본인의 근무 방식과 상사가 지시하는 근무 방식이 다를 경우 어떻게 할 것인지 말해 보시오.

5. 2021년 기출질문

[경험면접]
- 소통을 통해 문제를 해결한 경험이 있다면 말해 보시오.
- 공공기관에서 가장 중요하다고 생각하는 윤리가 무엇인지 말해 보시오.
- IoT가 무엇인지 아는 대로 설명해 보시오.
- 코딩이 무엇인지 아는 대로 설명해 보시오.

[직무상황면접]
- 상사가 부당한 지시를 할 경우 어떻게 대처할 것인지 말해 보시오.
- 원하지 않는 업무를 맡게 될 경우 어떻게 할 것인지 말해 보시오.
- 상사가 다른 상사가 아닌 본인에게 일을 줄 경우 어떻게 대처할 것인지 말해 보시오.
- 동료가 업무 시 부당한 방법을 사용할 경우 어떻게 할 것인지 말해 보시오.

6. 2020년 기출질문

[경험면접]
- 코레일에 대해 아는 대로 설명해 보시오.
- 최근 관심 있게 본 사회 이슈를 말해 보시오.
- 철도 부품 장비에 대해 아는 대로 설명해 보시오.
- 철도 정비 경험이 있다면 말해 보시오.
- 창의성을 발휘해 본 경험이 있다면 말해 보시오.
- 본인의 안전 의식에 대해 말해 보시오.
- 본인의 단점은 무엇이라고 생각하며, 이를 해결하기 위해 어떠한 노력을 했는지 말해 보시오.
- 남들이 꺼려하는 일을 해 본 경험이 있다면 말해 보시오.

[직무상황면접]
- 직장생활을 하다 보면 세대 차이가 발생하게 된다. 이 경우 어떻게 극복할 것인지 말해 보시오.
- 업무를 진행하면서 타 회사와 거래를 하게 되었는데, 거래하러 온 사람이 지인이었다면 어떻게 할 것인지 말해 보시오.

7. 과년도 기출질문

[경험면접]

- 1분 동안 자신을 소개해 보시오.
- 코레일에 지원하게 된 동기를 말해 보시오.
- 교대근무에 대해서 어떻게 생각하는지 말해 보시오.
- 직접 나서서 팀을 이끌기 위해 노력한 경험이 있다면 말해 보시오.
- 코레일의 문제점 및 개선방안에 대해 말해 보시오.
- 인간관계에 있어서 무엇을 중요하게 생각하는지 말해 보시오.
- 살면서 끈기를 가지고 무엇을 했던 경험이 있다면 말해 보시오.
- 살면서 가장 후회되는 일은 무엇인지 말해 보시오.
- 본인의 장점을 말해 보시오.
- 주변의 어려운 상황의 친구를 미리 파악해 도와준 경험이 있다면 말해 보시오.
- 취업을 준비하면서 힘들 때마다 스스로 노력한 부분을 말해 보시오.
- 규율을 지켰던 경험이 있다면 말해 보시오.
- 같이 지내기 가장 힘든 사람은 어떤 사람인지 말해 보시오.
- 정보를 수집할 때 어떤 방법으로 수집하는지 말해 보시오.
- 협동한 경험이 있다면 말해 보시오.
- 가장 자부심을 가지고 했던 일은 무엇인지 말해 보시오.
- 본인만의 스트레스 해소법은 무엇인지 말해 보시오.
- 진입장벽이 높았던 집단이나 단체에 들어가 본 경험이 있다면 말해 보시오.
- 좋아하는 운동이 무엇인지 말해 보시오.
- 가치관이 다른 사람과 일해 본 경험이 있다면 말해 보시오.
- 본인이 취득한 자격증을 어디에 활용할 수 있을지 말해 보시오.
- 프로젝트를 하면서 문제를 해결했던 경험이 있다면 말해 보시오.
- 잘 모르는 사람과 단기간으로 일할 때 어떻게 성과를 이뤄낼 것인지 말해 보시오.
- 성과는 없지만 일을 잘 마무리한 경험이 있다면 말해 보시오.
- 코레일에 입사하여 본인이 기여할 수 있는 것에는 무엇이 있을지 말해 보시오.
- 최근에 좌절한 경험이 있다면 말해 보시오.
- 팀 과제나 프로젝트를 하면서 어려움이 있었던 경험이 있다면 말해 보시오.
- 학창시절 어떤 프로젝트를 수행했는지 말해 보시오.
- 본인의 직무 경험이 무엇이며, 그 경험이 가지는 강점에 대해 말해 보시오.
- 공모전에 참가한 경험이 있다면 말해 보시오.
- 코레일 사이트 중 예매와 관련 있는 사이트는 무엇인가?
- 본인 전공과 철도와의 연관성에 대해 말해 보시오.
- 나이 차이가 나는 상사와의 근무환경에 대해 어떻게 생각하는지 말해 보시오.
- 변압기가 무엇인지 아는 대로 설명해 보시오.
- 전동기 제동방법에 대해 아는 대로 설명해 보시오.
- 가치관이 다른 사람과의 대화를 해 본 경험이 있다면 말해 보시오.
- 철도 민영화에 대한 본인의 생각을 말해 보시오.
- 보안사고 발생 시 대처법에 대해 말해 보시오.
- 살면서 가장 기뻤던 일과 슬펐던 일에 대해 말해 보시오.

- 아르바이트나 동아리를 해 본 경험과 그 경험을 통해 팀워크를 증가시키기 위해 했던 노력을 말해 보시오.
- 최근 코레일에 대해 접한 뉴스를 말해 보시오.
- 카페열차의 이용 활성화 방안에 대해 말해 보시오.
- 명절에 갑자기 취소하는 표에 대한 손해액 대책 마련 방안을 말해 보시오.

[직무상황면접]

- 입사한다면 상사의 지시에 따를 것인지 본인의 방법대로 진행할 것인지 말해 보시오.
- 의견을 고집하는 사람이 조직 내에 있으면 어떻게 할 것인지 말해 보시오.
- 신입직원으로서 업무가 익숙하지 않은데 위험한 상황에 처한다면 어떻게 해결할 것인지 말해 보시오.
- 차량을 정비할 때 동료들끼리 혼선되지 않고 일하려면 어떻게 할 것인지 말해 보시오.
- 민원이 들어오거나 차량안전에 문제가 있을 시 어떻게 할 것인지 말해 보시오.
- 공익요원이 자꾸 스마트폰을 한다. 지나가는 고객이 조언을 해도 무시하는 상황이라면 어떻게 해결할 것인지 말해 보시오.
- 교육사항과 현장의 작업방식 간 차이가 발생했을 경우 어떻게 대처할 것인지 말해 보시오.
- 코레일 환경상 하청 없이 전기직 직원이 직접 유지보수를 해야 하는 상황에서 많은 사고가 발생한다. 사고를 줄일 수 있는 획기적인 방법을 말해 보시오.
- 무임승차를 한 고객을 발견했을 경우 어떻게 대응할 것인지 말해 보시오.

M E M O

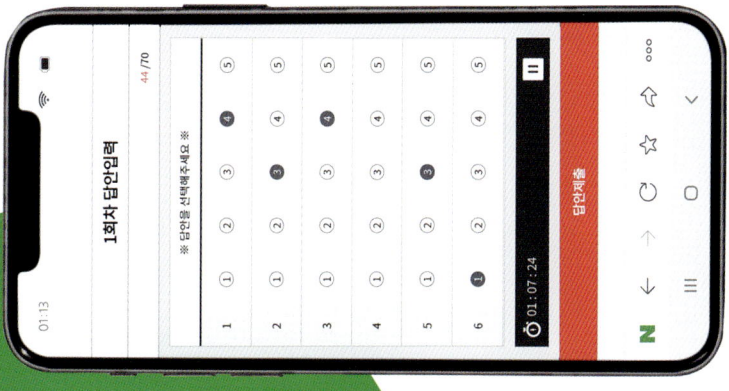

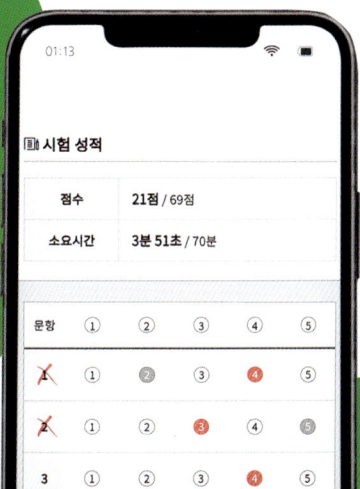

2026
전면개정판

코레일 한국철도공사

사무직

통합기본서

편저 | SDC(Sidae Data Center)

정답 및 해설

기출복원문제부터
대표기출유형 및
모의고사까지

한 권으로
마무리!

SDC
SDC는 시대에듀 데이터 센터의 약자로
약 30만 개의 NCS · 적성 문제 데이터를
바탕으로 최신 출제경향을 반영하여
문제를 출제합니다.

시대에듀

PART 1

코레일 4개년 기출복원문제

CHAPTER 01 2025 ~ 2022년 코레일 샘플문제
CHAPTER 02 2025년 하반기 기출복원문제
CHAPTER 03 2025년 상반기 기출복원문제
CHAPTER 04 2024년 하반기 기출복원문제
CHAPTER 05 2024년 상반기 기출복원문제
CHAPTER 06 2023년 상반기 기출복원문제
CHAPTER 07 2022년 하반기 기출복원문제
CHAPTER 08 2022년 상반기 기출복원문제

CHAPTER

01 2025 ~ 2022년 코레일 샘플문제

01 2025년 하반기

01	02	03	04	05	06				
⑤	④	④	①	③	⑤				

01

정답 ⑤

제시문에 따르면 남한과 북한의 어휘 차이가 나타나는 이유 중 하나로 북한의 인위적인 언어 정책을 들 수 있다. 북한은 한자말 정리 사업, 한자 사용 폐지 사업, 어휘 정화 사업, 어휘 정리 사업 등을 추진하였으며, 특히 어휘 정화 사업은 일제 강점기의 사상 잔재를 청산하기 위함이었다. 그러나 북한의 어휘 정리 사업을 포함한 인위적인 언어 정책으로 인해 남북의 어휘 이질화가 심화되었다고 하였으므로 남북한 순화 정책을 통해 어휘 정리 사업을 추진했다는 내용은 적절하지 않다.

오답분석

① 첫 번째 문단에 따르면 남한과 북한의 선수들이 사용하는 경기 용어가 달라 단일팀 내 의사소통에 어려움이 있었음을 알 수 있다.
② 두 번째 문단에 따르면 남한은 서울 지역을 기준으로 규범어를 설정한 반면, 북한은 평양 지역을 기준으로 규범어를 설정하였다.
③ 세 번째 문단에 따르면 남한에서는 정책적으로 어휘 변화를 시도한 적이 없는 반면, 북한은 인위적인 언어 정책을 강력하게 추진하였다.
④ 네 번째 문단에 따르면 분단 이후 남한과 북한에서는 각각의 사회상을 반영하는 새로운 낱말이 생겨났고, 이로 인해 어휘에 차이가 발생하였다.

02

정답 ④

주어진 표현은 여러 단어가 고정적으로 결합하여 특정한 의미로 사용되는 관용 표현에 해당한다. 관용 표현의 경우 관습적으로 고정된 전체의 의미로 사용되며, 단어가 모여 완결된 의미 구조를 형성하는 것은 아니다.

오답분석

①·② 관형 표현은 비유적으로 사용되는 경우가 많으며, 이에 따라 일반적인 표현보다 표현이 강조되어 나타난다.
③·⑤ 관형 표현은 하나의 낱말처럼 사용되므로 관용어 중간에 다른 문장 성분을 추가하거나 고정된 표현을 마음대로 바꿀 수 없다.

03

정답 ④

전체 인원을 100명으로 가정하면 지하철을 이용하는 직원은 65명이다. 이때 지하철을 이용하는 직원 65명 중 남자 직원은 30명이므로 이를 정리하면 다음과 같다.

$$\frac{30}{65}=\frac{6}{13}$$

따라서 구하고자 하는 확률은 $\frac{6}{13}$이다.

04

정답 ①

연앙인구는 특정 연도의 중간 시점에 해당하는 인구로, 2022년과 2023년의 연앙인구를 비교하여 인구의 감소 여부를 파악할 수 있다. 이때 연앙인구는 다음과 같이 구한다.

$$(\text{연앙인구})=\frac{(\text{총 혼인건수})}{(\text{조혼인율})}\times 1{,}000$$

이를 토대로 2022년과 2023년의 연앙인구를 구하면 다음과 같다.

- 2022년 : $\frac{191.7}{3.7}\times 1{,}000 ≒ 51{,}810$천 명
- 2023년 : $\frac{196.2}{3.8}\times 1{,}000 ≒ 51{,}631$천 명

따라서 2022년과 비교하여 2023년에는 인구가 감소했음을 알 수 있다.

오답분석

②·③·④ 주어진 자료는 총 혼인건수와 조혼인율에 대한 자료이므로 출생아 수나 주거 관련 정책, 혼인 희망 시기 등에 대한 내용은 확인할 수 없다.
⑤ 총 혼인건수와 조혼인율 그래프가 비슷한 증감 추이를 보이고 있으며, 조혼인율은 총 혼인건수와 연앙인구를 통해 계산할 수 있으므로 상관관계가 있음을 추론할 수 있다.

05

정답 ③

먼저 주어진 그림에서 찾을 수 있는 가장 작은 크기의 삼각형은 9개의 작은 정사각형에서 가운데 정사각형을 4개로 나눈 삼각형이다. 두 번째로 작은 삼각형은 작은 정사각형을 반으로 나눈 삼각형이다. 그다음 세 번째로 작은 크기의 삼각형은 작은 정사각형 1개와 두 번째로 작은 삼각형 2개로 이루어진 삼각형이다. 따라서 이와 같은 크기를 가진 삼각형은 총 6개이다.

06

정답 ⑤

주어진 조건을 기호로 정리하면 다음과 같다.

- 첫 번째 조건 : A>B, C
- 두 번째 조건 : D>C>E 또는 E>C>D
- 네 번째 조건 : B>E 또는 E>B

이때 네 번째 조건에 따라 서로 이웃하여 연속으로 도착하는 B와 E의 순서를 알 수 있어야 전체 순위를 파악할 수 있다. 이에 따라 먼저 B나 E와 관련된 정보를 다루는 선택지인 ②, ⑤를 대입하여 확인해 보는 것이 좋다.

우선 E가 D보다 먼저 도착한다는 조건이 성립할 경우 첫 번째와 두 번째 조건에 따라 A>E>C>D가 성립하지만, B의 순위에 따라 A>B>E>C>D와 A>E>B>C>D가 모두 가능하므로 전체 순위를 파악할 수 없다. 그러므로 ②는 적절하지 않다.

반면, B가 5등이라는 조건이 성립할 경우 네 번째 조건에 따라 E>B이고, A>D>C>E>B가 전체 순위임을 알 수 있다. 따라서 전체 순위를 파악하기 위해 추가할 조건문으로 가장 적절한 것은 ⑤이다.

02 2025년 상반기

01	02	03	04	05	06				
①	④	②	③	④	②				

01

정답 ①

- (가) : ㄷ에서 먼저 질문의 취지를 존중하고, 본론의 논점과 연결 지어 자연스럽게 답변한다고 하였으므로 (가)와 관련된 대처 방안은 ㄷ이다.
- (나) : ㄱ에서 상대방의 입장을 부분적으로 인정하면서도 발표자의 관점에서 강조하고자 하는 내용을 제시하여 유연하게 대처한다고 하였으므로 (나)와 관련된 대처 방안은 ㄱ이다.
- (다) : ㄴ에서 미처 준비하지 못하거나 부족한 부분을 인정하고 청중에게 협력을 구한다고 하였으므로 (다)와 관련된 대처 방안은 ㄴ이다.
- (라) : ㄹ에서 상대방의 의견을 존중하며 공손한 태도로 상황을 마무리 짓는다고 하였으므로 (라)와 관련된 대처 방안은 ㄹ이다.

02

정답 ④

단어의 첫머리가 아닌 경우 두음법칙이 적용되지 않으므로 남자와 여자를 아울러 이르는 말은 '남녀'로 표기해야 한다.

오답분석

① '넘어'는 동사 '넘다'에서 파생되어 행동을 표현할 때 사용되고, '너머'는 높이나 경계로 가로막은 사물의 저쪽을 가리키는 말로, 공간을 표현할 때 사용된다. 따라서 산의 저쪽 즉, 반대로 넘어갔다는 의미로 사용되었으므로 '산 너머로 넘어갔다.'로 수정해야 한다.

② 단어의 첫머리가 아닌 경우 두음법칙이 적용되지 않으므로 '경로당'으로 수정해야 한다.

③ 받침이 있는 말 다음에서는 '률', '렬'로 표기하고, ㄴ받침이나 모음 뒤에서는 '율', '열'로 표기한다. 따라서 '출석률'로 수정해야 한다.

⑤ '움직이지 않거나 아무 말 없이'를 나타내는 단어는 '가만히'이다.

03

정답 ②

연평균 증가율을 구하기 위해서는 연평균 성장률(CAGR; Compound Annual Growth Rate)를 구해야 하며, 이에 대한 공식은 다음과 같다.

$$CAGR=\left[\frac{(최종값)}{(초기값)}\right]^{\frac{1}{n}}-1\ (n=기간)$$

비교하는 기간이 모두 같으므로 2020년 대비 2023년 경기당 평균관중이 감소한 농구를 제외하고, 종목별 $\frac{(최종값)}{(초기값)}$의 크기를 구하면 다음과 같다.

- 야구 : $\frac{11,408}{579}≒19.7$
- 축구 : $\frac{6,475}{382}≒17$
- 배구 : $\frac{2,127}{2,047}≒1.04$

따라서 2020년부터 2023년까지 경기당 평균관중의 연평균 증가율이 가장 큰 종목은 야구이다.

오답분석

① 종목별 2020년 관중 수는 경기 수와 경기당 평균관중을 곱하여 구할 수 있다. 2020년 종목별 관중 수를 구하면 다음과 같다.
   - 야구 : 733×579=424,407명
   - 축구 : 299×382=114,218명
   - 농구(남) : 213×3,021=643,473명
   - 농구(여) : 82×1,081=88,642명
   - 배구 : 192×2,047=393,024명

   따라서 2020년에 가장 적은 관중 수를 기록한 스포츠 종목은 농구(여)이므로 옳지 않다.

③·⑤ 주어진 자료만으로는 알 수 없는 내용이다.

④ 2019년보다 2023년에 경기당 평균관중 수가 증가한 스포츠 종목은 야구, 축구 2개이다.

04

정답 ③

주어진 사칙 연산을 한 번씩만 사용하여 식의 최댓값과 최솟값을 구하기 위해서는 최댓값의 경우 최대한 큰 수를 곱셈에 활용해야 하며, 음수를 양수로 바꿔야 한다. 반면 최솟값의 경우 음수를 크게 만들어야 한다. 이에 따라 최댓값 M과 최솟값 m을 구하면 각각 다음과 같다.

- 최댓값 M : $2÷3+8×4-(-3)=35+\frac{2}{3}$
- 최솟값 m : $2÷3-8×4+(-3)=\left(-35+\frac{2}{3}\right)$

따라서 $M-m$은 $35+\frac{2}{3}-\left(-35+\frac{2}{3}\right)=70$이다.

05

정답 ④

유지보수 비용 대비 이용객 수를 토대로 노선 유형별 비용 효율성을 구하면 다음과 같다.

- KTX 고속철도 : 50,000÷300≒166.67
- 광역 철도 : 120,000÷200=600
- 일반 열차 : 30,000÷150=200
- 관광 열차 : 5,000÷120≒41.67
- 특수 열차 : 25,000÷180≒138.89

따라서 비용 효율성이 가장 낮은 노선은 관광 열차이다.

06

정답 ②

고객 증가는 KTX 고속철도의 수익성이 감소하는 이유로 적절하지 않으며, 유지보수 비용 증가와 인건비 상승의 결과로도 적절하지 않다. 따라서 고객 증가는 빈칸 ②에 들어갈 내용으로 적절하지 않음을 알 수 있다.

오답분석

① 승객 수 감소나 경쟁 교통수단의 증가로 인해 매출이 감소할 수 있으며, 이에 따라 KTX 고속철도의 수익성도 감소할 수 있다.

③ 티켓 가격의 할인 증가로 인해 매출이 감소할 수 있다.

④ 빈칸 ②의 원인으로 유지보수 비용 증가, 인건비 상승 등 비용이 증가하는 내용이 제시되고 있으므로 연료비 및 운영비 증가도 같은 항목에 들어감을 추론할 수 있다.

⑤ 고객 만족도의 하락으로 인해 승객 수가 감소할 수 있다.

03 2024년 하반기

01	02	03	04	05	06				
②	②	③	④	③	⑤				

01

정답 ②

제시문은 면접에서 발생할 수 있는 여러 상황과 이를 대처하는 방법에 대해 소개하는 글이다. 먼저, (가) 문단에서 면접에서 발생할 수 있는 상황은 무엇이 있으며, 어떻게 대처해야 하는지 의문을 제시하고 있으므로 처음에 와야 한다. 이어서 (가) 문단에서 제시한 의문과 관련하여 면접에서 발생할 수 있는 상황에 대해 (나), (다), (라) 문단을 통해 세 가지 상황과 대처 방법을 소개하고 있다. 또한 (마) 문단에서 글의 내용을 정리하고 있으므로 제시문의 전개 방식으로 가장 적절한 것은 ②이다.

02

정답 ②

기획서는 기획한 하나의 프로젝트를 문서 형태로 만들어 상대방을 설득하는 문서이다. 따라서 프로젝트의 기획 의도, 개요, 일시, 추진 일정, 소요 비용 등의 내용을 담고 있으며, 설득력을 갖춰야 하므로 소통능력, 추진력, 업무성과 등의 능력을 한눈에 파악할 수 있도록 구성해야 한다.

03

정답 ③

주어진 A ~ C물건의 무게에 대한 정보를 식으로 정리하면 다음과 같다.

5B+C=10A … ㉠

3A+3C=7B … ㉡

㉠을 정리하면

C=10A−5B … ㉠'

㉠'과 ㉡을 연립하면 다음과 같다.

3A+3(10A−5B)=7B

→ 3A+30A−15B=7B

→ 33A=22B

∴ 3A=2B

이때 A물건 15개와 같은 무게를 가지는 경우를 찾아야 하므로 정리한 식에 5를 곱하여 구한다.

따라서 15A=10B이므로 A물건 15개와 무게가 같은 것은 B물건 10개이다.

04

정답 ④

안전 자산이란 금융 위험이 없는 무위험 자산을 말하며, 대표적으로 채무불이행의 위험이 없는 자산인 예금·적금·저축성 보험 등이 이에 해당한다. 주어진 자료에 따르면 예금·적금·저축성 보험의 경우 60세 이상의 연령대에서 21.3%로 두 번째로 높은 선호를 보이고 있으므로 옳지 않은 설명이다.

오답분석

① 전국의 노후 준비 방법을 비교하면 국민연금은 52.5%로 가장 많이 사용하는 방법이다.

② 부동산 운용의 경우 19 ~ 29세가 1.3%, 30 ~ 39세가 2.2%, 40 ~ 49세가 4.1%, 50 ~ 59세가 4.2%, 60세 이상이 12.2%로 연령대가 높을수록 비중이 높다.

③ 예금·적금·저축성 보험의 경우 남성이 16.2%, 여성이 22.8%로 여성의 선호도가 더 높다.

⑤ 연령대별 노후를 준비하고 있는 비율을 살펴보면 60세 이상이 51.6%로 가장 낮으므로 60세 이상의 연령에 대한 노후 준비 지원이 필요함을 추론할 수 있다.

05

정답 ③

주어진 규칙에 따르면 5명 모두 각자 20장을 가지고 게임을 시작하며, 라운드별로 3장씩 카드를 버릴 수 있으므로 카드를 버리는 순서를 고려하지 않고 한 사람이 20장을 모두 버리는 라운드를 구하면 된다. 한 라운드에서 3장씩 버릴 수 있고, 20÷3=6 … 2이므로 6라운드까지는 3장씩 카드를 버려야 한다. 이때 카드가 2장 혹은 1장이 남았다면 해당 라운드에서 카드를 모두 버릴 수 있다. 따라서 3장씩 계속 버리다가 2장이 남아 있는 6라운드에서 남은 2장의 카드까지 총 5장을 버리게 되며, 이때 카드의 수가 0장이 되어 게임이 종료된다.

06

정답 ⑤

열차별로 A도시에서 B도시까지 가는 데 걸리는 시간을 정리하면 다음과 같다.

- 열차 1 : 600km의 거리를 시속 100km로 운행하므로 6시간이 소요되며, 10분씩 2번 정차하므로 총 6시간 20분이 소요된다.
- 열차 2 : 600km의 거리를 시속 120km로 운행하므로 5시간이 소요되며, 각각 5분, 8분, 7분 정차하므로 총 5시간 20분이 소요된다.
- 열차 3 : 600km의 거리를 시속 150km로 운행하므로 4시간이 소요되며, 15분 정차하므로 총 4시간 15분이 소요된다.
- 열차 4 : 600km의 거리를 시속 200km로 운행하므로 3시간이 소요되며, 10분씩 2번 정차하므로 총 3시간 20분이 소요된다.
- 열차 5 : 600km의 거리를 시속 300km로 운행하므로 2시간이 소요되며, 10분 정차하므로 총 2시간 10분이 소요된다.

따라서 A도시에서 B도시까지 가장 빨리 도착하는 열차는 2시간 10분이 소요되는 열차 5이다.

04 2024년 상반기

01	02	03	04	05	06				
③	①	①	③	③	⑤				

01

정답 ③

제시문은 고혈압에 대해 설명하는 글이다. 제시된 첫 번째 문단은 혈압의 개념을 바탕으로 고혈압을 판단하는 기준에 대해 설명하고 있다. 그중에서도 특별한 원인이 발견되지 않는 고혈압인 본태성 고혈압에 대해 언급하고 있으므로 고혈압의 90%를 차지하는 본태성 고혈압에 대한 구체적인 설명이 이어질 것임을 유추할 수 있다. 따라서 (나) 고혈압의 90%에 해당하는 본태성 고혈압 – (다) 고혈압과 관련된 위험요인 – (라) 고혈압의 유전력 – (마) 고혈압의 5 ~ 10%에 해당하는 이차성 고혈압의 치료 가능성 – (가) 증상이 없어 치료가 어려운 고혈압의 순서로 나열해야 한다.

02

정답 ①

'언즉시야(言卽是也)'는 말하면 곧 옳다는 의미로, '말하는 것이 사리에 맞음'을 뜻한다.

오답분석

② 삼성오신(三省吾身) : 날마다 세 번 내 몸을 살핀다는 의미로, '하루에 세 번씩 자신의 행위나 생각을 반성하는 것'을 뜻한다.

③ 삼순구식(三旬九食) : 서른 날에 아홉 끼니 밖에 못 먹는다는 의미로, '가난하여 끼니를 많이 거르는 처지'를 이르는 말이다.

④ 삼고초려(三顧草廬) : 오두막집을 세 번이나 돌아본다는 의미로, '뛰어난 인재를 얻기 위해 끈기 있게 정성을 다하는 것'을 뜻한다.

⑤ 결초보은(結草報恩) : 무덤 위 풀을 묶어 은혜를 갚는다는 의미로, '은혜가 깊어 죽어서도 잊지 않고 은혜를 갚는 것'을 뜻한다.

03

정답 ①

산업별로 사업체 수를 비교하면 발전·열공급업의 사업체 수가 115,241개로 가장 많으므로 신재생에너지 산업에서 가장 많은 비중을 차지하고 있음을 알 수 있다.

오답분석

② 지역별 발전·열공급업의 사업체 수를 비교하면 전북지역이 26,681개로 가장 많지만 주어진 자료에서 발전과 열공급업의 사업체 수를 합산하여 제시하고 있으므로 전북지역에서 가장 많은 전력을 발생시키는지는 정확히 파악할 수 없다.

③ 지역별로 신재생에너지 산업의 사업체 비중을 비교하면 전북지역은 22.8%이고, 기타지역은 0%이다. 따라서 신재생에너지 산업이 전국적으로 균일하게 분포되어 있다고 보기는 어렵다.

④·⑤ 주어진 자료는 신재생에너지 산업의 사업체 수에 대한 내용만 다루고 있으므로 발전·열공급업의 부가가치 생산액이 가장 높은지의 여부와 신재생에너지 산업에 대한 정부의 정책 방향은 자료를 통해 확인할 수 없다.

04

정답 ③

A씨가 40% 할인받아 구매한 항공권 5장 중 3장을 출발 2일 전에 취소하였으므로 취소한 항공권 3장의 정가를 x원이라 하면 A씨가 돌려받은 금액에 대해 다음 식이 성립한다.

$0.6x \times 0.7 = 88,200$

$\rightarrow 0.42x = 88,200$

$\therefore x = 210,000$

따라서 A씨가 취소한 항공권 3장의 정가가 210,000원이므로 항공권 1장의 정가는 70,000원이다.

05

정답 ③

고객만족도 조사 결과의 세부 지표에 따르면 많은 고객들이 직원의 친절도에 대해서는 높은 평가를 주었으므로 직원 교육 프로그램 강화를 통해 서비스의 품질을 높여야 한다는 해결 방안은 적절하지 않다.

오답분석

① 고객만족도 조사 결과 대기시간 상승에 대한 고객들의 불만족이 높게 나타났으므로 직원들을 추가로 배치하여 대기시간을 줄이고자 하는 해결 방안은 적절하다.

② 고객만족도 조사 결과 제품의 다양성이 부족하다는 일부 고객들의 의견이 있었으므로 제품 라인업을 확장하여 고객의 선택지를 넓히고자 하는 해결 방안은 적절하다.

④ 고객만족도 조사 결과 최근 개설한 온라인몰의 온라인 구매 시스템이 복잡하다는 의견이 다수 있었으므로 온라인 구매 시스템의 인터페이스를 개선하여 고객들의 경험을 높이는 해결 방안은 적절하다.

⑤ 고객만족도 조사 결과 프로모션 및 할인 정보에 대한 접근성이 낮다는 의견이 있었으므로 이를 고객에게 보다 적극적으로 알리고자 하는 해결 방안은 적절하다.

06

정답 ⑤

주어진 상황과 워크숍 시간표를 고려할 때, 동시에 같은 프로그램에 참여한 팀은 동일 직무에 해당하지 않아야 한다. 즉, A, B팀과 A, C팀 그리고 B, E팀과 C, E팀은 동시에 같은 프로그램에 참여하므로 같은 직무를 할 수 없다. 이를 토대로 하여 B팀과 C팀이 같은 직무라고 가정하면, 남은 팀은 A, D, E팀이다. 이때 A, D, E팀 중에서는 동시에 같은 프로그램에 참여하는 팀이 없으므로 각각 서로 같은 직무를 할 수 있다. 따라서 B팀과 C팀이 같은 직무일 경우 D팀과 E팀이 항상 같은 직무에 해당하는지의 여부는 주어진 자료만으로는 판단할 수 없다.

오답분석

① A팀과 D팀이 같은 직무이면 남은 팀은 B, C, E팀이다. 이때, 동시에 같은 프로그램에 참여하는 B, E팀과 C, E팀은 같은 직무일 수 없다. 따라서 B팀과 C팀이 같은 직무에 해당함을 알 수 있다.

② C팀과 D팀이 같은 직무이면 남은 팀은 A, B, E팀이다. 이때, 동시에 같은 프로그램에 참여하는 A, B팀과 B, E팀은 같은 직무일 수 없다. 따라서 A팀과 E팀이 같은 직무에 해당함을 알 수 있다.

③ B팀과 D팀이 같은 직무이면 남은 팀은 A, C, E팀이다. 이때, 동시에 같은 프로그램에 참여하는 A, C팀과 C, E팀은 같은 직무일 수 없다. 따라서 A팀과 E팀이 같은 직무에 해당함을 알 수 있다.

④ D팀과 E팀이 같은 직무이면 남은 팀은 A, B, C팀이다. 이때, 동시에 같은 프로그램에 참여하는 A, B팀과 A, C팀은 같은 직무일 수 없다. 따라서 B팀과 C팀이 같은 직무에 해당함을 알 수 있다.

05 2023년

01	02	03	04	05	06				
②	④	③	③	⑤	④				

01

정답 ②

개정된 윤리헌장으로 '윤리실천다짐' 결의를 갖는다고 하였고, 전문 강사의 특강은 기업윤리 실천 방안을 주제로 진행하므로 특강의 주제가 개정된 윤리헌장인 것은 아니다.

오답분석

① 윤리실천주간은 5월 30일부터 6월 5일까지 일주일 동안 진행된다.

③ 세 번째 문단에서 한국철도공사 사장은 '이해충돌방지법 시행으로 공공기관의 사회적 책임과 공직자 윤리가 더욱 중요해졌다.'라고 강조하고 있으므로 적절한 내용이다.

④ 두 번째 문단에서 한국철도공사 윤리실천주간에 진행하는 7가지 프로그램을 상세히 설명하고 있다. 마지막 부분에 의하면 '공사 내 준법·윤리경영 체계를 세우고 인권경영 지원을 위한 정책 공유와 토론의 시간을 갖는 사내 워크숍도 진행한다.'라고 하였으므로 적절한 내용이다.

⑤ 세 번째 문단에서 한국철도공사가 지난해 12월에 ○○부 산하 공공기관 최초로 준법경영시스템 국제인증을 획득하였다고 밝히고 있다.

02

정답 ④

한국철도공사의 윤리실천주간 동안 진행되는 프로그램은 '직원 윤리의식 진단', '윤리 골든벨', 'CEO의 윤리편지', '윤리실천다짐', '윤리특강', '인권존중 대국민 캠페인', '윤리·인권경영 사내 워크숍' 총 7가지이다. 따라서 ㉣의 반부패 청렴문화 확산을 위한 대국민 슬로건 공모전은 윤리실천주간에 진행되는 프로그램에 해당하지 않으므로 적절하지 않다.

오답분석

① 윤리실천주간의 목적을 밝히고 있으므로 적절한 내용이다.

② 윤리실천주간의 2번째 프로그램인 윤리 골든벨에 대한 상세 내용이므로 적절하다.

③ 윤리실천주간의 6번째 프로그램인 인권존중 대국민 캠페인에 대한 상세 내용이므로 적절하다.

⑤ 앞의 내용이 한국철도공사의 윤리적인 조직문화를 위해 노력하겠다는 다짐이고, 뒤를 이어 위한 노력에 대해 소개하고 있으므로 적절하다.

03

정답 ③

폐수처리량이 가장 적었던 연도는 $204,000m^3$를 기록한 2021년이다. 그러나 오수처리량이 가장 적은 연도는 $27,000m^3$를 기록한 2022년이므로 옳지 않다.

오답분석

① ㉠에 들어갈 수치는 2,900÷3,100×100≒94이다.

② 온실가스 배출량은 2020년 1,604,000tCO_2eq에서 2022년 1,542,000tCO_2eq까지 매년 감소하고 있다.

④ 3년 동안 녹색제품 구매액의 평균은 (1,700백만+2,900백만+2,400백만)÷3≒2,333백만 원이므로 약 23억 3,300만 원이다.

⑤ 에너지 사용량의 전년 대비 증감률을 구하면 다음과 같다.

- 2021년 : $\frac{29,000-30,000}{30,000}\times 100 \fallingdotseq -3.33\%$
- 2022년 : $\frac{30,000-29,000}{29,000}\times 100 \fallingdotseq 3.45\%$

따라서 에너지 사용량의 전년 대비 증감률의 절댓값은 2021년보다 2022년이 더 크다.

04

정답 ③

연도별 환경지표점수를 산출하면 다음과 같다.

(단위 : 점)

연도	녹색제품 구매액	에너지 사용량	폐수처리량	합계
2020년	5	5	5	15
2021년	10	10	10	30
2022년	10	5	5	20

따라서 환경지표점수가 가장 높은 연도는 2021년이고, 그 점수는 30점이다.

05

정답 ⑤

철도차량 운행상태를 수집하여 3차원 디지털 정보로 시각화하는 것은 디지털 트윈 기술이다.

오답분석

① 중정비 정의 및 개요의 네 번째 항목에서 중정비 기간 중 차량 운행은 불가능하다고 되어 있으므로 적절한 내용이다.

② 시험 검사 및 측정에서 고저온 시험기와 열화상 카메라는 온도를 사용하는 기기이므로 적절한 내용이다.

③ 중정비 절차는 총 7단계로 구성되며, 기능시험 및 출장검사는 3단계이므로 적절한 내용이다.

④ 중정비 정의 및 개요의 첫 번째 항목에서 철도차량 전반의 주요 시스템과 부품을 차량으로부터 분리해 점검한다고 했으므로 적절한 내용이다.

RAMS

Reliability(신뢰성), Availability(가용성), Maintainability(보수성), Safety(안전성) 향상을 지원·입증하기 위한 기술로, 철도차량의 부품 및 설비를 제작 – 유지보수 – 개량 – 폐기까지 각 지표에 대한 정보를 통합적으로 분석하여 철도차량의 안전관리 및 유지보수 등 전반적인 체계를 다루는 시스템 엔지니어링 방법론이다.

06

정답 ④

중정비 정기 점검 기준에 의하면 운행 연차가 3년 이상 5년 이하인 경우 (열차 등급별 정기 점검 산정 횟수)×3회의 점검을 받아야 한다. C등급의 열차의 경우 정기 점검 산정 횟수는 연간 3회이므로 4년째 운행 중인 C등급 열차의 정기 점검 산정 횟수는 3×3=9회이다.

06 2022년 하반기

01	02	03	04	05	06				
②	③	⑤	③	②	③				

01

정답 ②

첫 번째 문단에서 프레이와 오스본은 '인공 지능의 발전으로 대부분의 비정형화된 업무도 컴퓨터로 대체될 수 있다.'고 보았다. 그러나 모든 비정형화된 업무가 컴퓨터로 대체될 수 있다고 보았던 것은 아니므로 적절하지 않다.

오답분석

① 제시문의 첫 번째 문장을 통해 확인할 수 있다.
③ 두 번째 문단에서 확인할 수 있다.
④ 세 번째 문단에서 확인할 수 있다.
⑤ 마지막 문단에서 확인할 수 있다.

02

정답 ③

빈칸의 뒤의 문장에서 '하지만'이라는 접속부사로 분위기가 반전되며, 일제강점기에 서울의 옛길이 사라졌다는 내용이 이어진다. 따라서 빈칸에는 '어떤 상태나 상황을 그대로 보존하거나 변함없이 계속하여 지탱함'을 뜻하는 '유지(維持)'가 들어가는 것이 가장 적절하다.

오답분석

① 유래(由來) : 사물이나 일이 생겨남. 또는 그 사물이나 일이 생겨난 바
② 전파(傳播) : 전하여 널리 퍼뜨림
④ 전래(傳播) : 예로부터 전하여 내려옴
⑤ 답지(遝至) : 한군데로 몰려들거나 몰려옴

03

정답 ⑤

• 한 면의 유리창에 3종의 커튼을 다는 경우의 수 : 3가지
• 세 면의 콘크리트 벽에 7종의 그림을 거는 경우의 수 : $_7P_3=7\times6\times5=210$가지

따라서 가능한 인테리어의 경우의 수는 $3\times210=630$가지이다.

04

정답 ③

2020년 대구의 낮 시간대 소음도는 2019년 대비 2dB 감소하였으며, 2021년 대비 2dB 낮다.

오답분석

① 2017 ~ 2021년 광주와 대전의 낮 시간대 소음도는 모두 65dB 이하이므로 매해 소음환경기준을 만족했다.
② 2020년 밤 시간대 소음도가 소음환경기준인 55dB 이하인 곳은 대전(54dB)뿐이다.
④ 2018년의 밤 시간대 주요 대도시 평균 소음도는 61dB로 가장 높으며, 밤 시간대 소음환경기준인 55dB보다 6dB 더 높다.
⑤ 서울의 낮 시간대 평균 소음도는 68.2dB로 가장 높으며, 밤 시간대 평균 소음도는 65.8dB로, 낮 시간대 소음환경기준인 65dB 이상의 소음이 발생했다.

05

정답 ②

• 첫 번째 조건에 의해 메디컬빌딩 5층 건물 중 1층에는 약국과 편의점만 있다.
• 여섯 번째 조건에 의해 산부인과는 약국 바로 위층인 2층에 있고, 내과는 바로 위층인 3층에 있다.
• 일곱 번째 조건에 의해 산부인과는 2층 1개의 층을 모두 사용하고 있다.
• 네 번째와 일곱 번째 조건에 의해 정형외과는 4층 또는 5층에 있게 되는데, 5층에 있을 경우 마지막 조건에 위배되므로 정형외과는 4층에 있으며, 1개의 층을 모두 사용하고 있다.
• 네 번째 조건에 의해 소아과와 피부과는 정형외과 바로 아래층인 3층에 있다.
• 마지막 조건에 의해 안과와 치과는 피부과보다 높은 층인 5층에 있다.
• 다섯 번째 조건에 의해 이비인후과가 있는 층에는 진료 과가 2개 더 있어야 하므로 이비인후과는 5층에 있다.

이를 표로 정리하면 다음과 같다.

<table>
<tr><th>구분</th><th colspan="6">건물 내부</th></tr>
<tr><td>5층</td><td colspan="2">안과</td><td colspan="2">치과</td><td colspan="2">이비인후과</td></tr>
<tr><td>4층</td><td colspan="6">정형외과</td></tr>
<tr><td>3층</td><td colspan="2">내과</td><td colspan="2">소아과</td><td colspan="2">피부과</td></tr>
<tr><td>2층</td><td colspan="6">산부인과</td></tr>
<tr><td>1층</td><td colspan="3">약국</td><td colspan="3">편의점</td></tr>
</table>

따라서 안과와 이비인후과는 같은 층에 있음을 알 수 있다.

오답분석

① 산부인과는 2층에 있다.
③ 피부과가 있는 층은 진료 과가 3개이다.
④ 이비인후과는 정형외과 바로 위층에 있다.
⑤ K씨는 이비인후과와 치과를 가야 하므로 진료를 위해 찾아야 하는 곳은 5층이다.

PART 1

06

정답 ③

제시된 조건을 표로 나타내면 다음과 같다.

구분	신도림점	영등포점	여의도점
ㄱ(A)	×		
ㄴ(B)	○	○	○
ㄷ(C)		×	×
ㄹ(D)	○		○

따라서 ㄴ, ㄷ의 경우만 고려한다면, 이날 수리할 수 있었던 지점은 신도림점뿐임을 알 수 있다.

오답분석

① ㄱ, ㄴ의 경우만 고려한다면, 이날 수리할 수 있었던 지점은 영등포점 또는 여의도점이다.
② ㄱ, ㄹ의 경우만 고려한다면, 이날 영등포점의 수리 가능 여부는 알 수 없다.
④ ㄴ, ㄹ의 경우만 고려한다면, 이날 영등포점의 수리 가능 여부는 알 수 없다.
⑤ ㄷ, ㄹ의 경우만 고려한다면, 이날 수리할 수 있었던 지점은 신도림점뿐이다.

07 2022년 상반기

01	02	03	04						
①	⑤	⑤	④						

01

정답 ①

제시문은 과학과 종교가 대립한다는 주장을 다양한 근거를 들어 반박하고 있다. 따라서 궁극적으로 전달하고자 하는 바는 '과학이 종교와 양립할 수 없다는 의견은 타당하지 않다.'이다.

오답분석

② 과학이 종교와 양립할 수 없다는 의견이 타당하지 않다는 주장에 대한 논거이다.
③ 네 번째 문단에서 리처드 그레고리의 말이 인용되어 과학이 모든 것에 질문을 던진다는 것이 언급되기는 하지만, 전체적인 주제라고 볼 수는 없다.
④ 신학은 신에 대한 증거들을 의심하는 것이 아니라, 지속적으로 회의하고 재해석하는 학문이다.
⑤ 신학 또한 신의 존재를 입증하기 위해 과학적 증거를 찾으려 할 수 있다.

02

정답 ⑤

'준용'은 '표준으로 삼아 적용함'이라는 뜻이기 때문에 맥락상 쓰임이 적절하지 않다. 따라서 '허락하여 너그럽게 받아들임'의 뜻을 가진 '허용'이라고 쓰는 것이 적절하다.

03

정답 ⑤

A씨는 60km/h의 버스로 15분간 이동하였으므로 버스로 이동한 거리는 $60\times\frac{1}{4}=15$km이다. 그러므로 집에서 회사까지 거리는 30km이다. 이후 8시 20분에 75km/h의 택시를 타고 15km를 이동하였으므로 A씨가 집에 다시 도착하기까지 걸린 시간은 $\frac{15}{75}=\frac{1}{5}$시간(12분)이며, 집에 도착한 시각은 8시 32분이다. 이때 서류를 챙겨 승용차에 타기까지 3분이 걸렸으므로 A씨는 8시 35분에 회사로 다시 출발하였다. 따라서 A씨가 회사에 9시까지 도착하기 위해서는 30km의 거리를 25분 만에 도착해야 하므로 최소 $\frac{30}{25}\times60=72$km/h로 운전해야 한다.

04

정답 ④

직원 9명이 지원 가능한 경우는 다음과 같이 총 6가지이다.

구분	1지망	2지망	3지망
경우 1	기획조정부	홍보부	인사부
경우 2	기획조정부	인사부	홍보부
경우 3	홍보부	기획조정부	인사부
경우 4	홍보부	인사부	기획조정부
경우 5	인사부	기획조정부	홍보부
경우 6	인사부	홍보부	기획조정부

첫 번째 조건에 의하면 인사부를 3지망으로 지원한 직원은 없으므로 경우 1과 경우 3은 0명이다. 두 번째 조건에 의하면 경우 4는 2명, 네 번째 조건에 의하면 경우 2는 3명이다. 세 번째 조건에 의하여 경우 6을 x명, 경우 5를 $(x+2)$명이라고 할 때, 총 직원은 9명이므로 $0+3+0+2+(x+2)+x=9$가 된다. 그러므로 $x=1$이다.

이를 정리하면 다음과 같다.

구분	1지망	2지망	3지망	인원
경우 1	기획조정부	홍보부	인사부	0명
경우 2	기획조정부	인사부	홍보부	3명
경우 3	홍보부	기획조정부	인사부	0명
경우 4	홍보부	인사부	기획조정부	2명
경우 5	인사부	기획조정부	홍보부	3명
경우 6	인사부	홍보부	기획조정부	1명

이를 다시 표로 정리하면 다음과 같다.

구분	1지망	2지망	3지망
기획조정부	3명	3명	3명
홍보부	2명	1명	6명
인사부	4명	5명	0명

따라서 기획조정부를 3지망으로 지원한 직원은 3명이다.

기출복원문제

01	02	03	04	05	06	07	08	09	10
②	③	③	②	①	①	③	③	③	②
11	12	13	14	15	16	17	18	19	20
④	⑤	③	⑤	④	④	④	①	⑤	①
21	22	23	24	25	26	27	28	29	30
⑤	②	①	③	④	②	④	④	④	⑤
31	32	33	34	35	36	37	38	39	40
①	④	③	②	④	②	⑤	③	①	③
41	42	43	44						
②	③	③	④						

01

정답 ②

제시문은 '대공황'에 대한 설명이다. 1929년에 미국을 중심으로 발생한 이 세계적인 경제 공황은 다른 나라들이 경제 위기에 신속하게 대처할 수 있도록 경제 시스템을 세우는 계기가 되었다. 따라서 사람이나 사물 따위의 부정적인 면에서 얻는 깨달음이나 가르침을 주는 대상을 이르는 말인 '반면교사(反面教師)'가 제시문과 가장 관련 있는 한자성어이다.

오답분석

① 각주구검(刻舟求劍) : 융통성 없이 현실에 맞지 않는 낡은 생각을 고집하는 어리석음을 이르는 말이다.
③ 부화뇌동(附和雷同) : 줏대 없이 남의 의견에 따라 움직임을 이르는 말이다.
④ 수주대토(守株待兎) : 한 가지 일에만 얽매여 발전을 모르는 어리석은 사람을 비유적으로 이르는 말이다.
⑤ 자중지란(自中之亂) : 같은 편끼리 하는 싸움을 이르는 말이다.

02

정답 ③

'더부룩하다'는 '소화가 잘 안되어 뱃속이 거북함'을 뜻하는 말이다.

오답분석

① '어의가 없다'는 '어이가 없다'의 잘못된 표기이다.
② '너저분하게 흐트러지거나 흩어짐'의 뜻을 가진 어휘는 '널브러지다'이므로 '널브러져'가 옳은 표기이다.
④ '마음이 가라앉지 않고 들떠서 두근거림'의 뜻을 가진 어휘는 '설레다'이므로 '설렘'이 옳은 표기이다.
⑤ '사물이나 일 따위가 자신에게 해가 될까 하여 피하거나 싫어함'의 뜻을 가진 어휘는 '꺼리다'이므로 '꺼리는'이 옳은 표기이다.

03

정답 ③

된소리되기(경음화)는 'ㄱ, ㄷ, ㅂ, ㅅ, ㅈ'이 경우에 따라 'ㄲ, ㄸ, ㅃ, ㅆ, ㅉ'과 같은 된소리로 바뀌는 음운현상으로, 표준발음법 제28항에서 표기상으로는 사이시옷이 없더라도 관형격 기능을 지니는 사이시옷이 있어야 할 합성어의 경우, 뒤 단어의 첫소리 'ㄱ, ㄷ, ㅂ, ㅅ, ㅈ'을 된소리로 발음함을 규정하고 있다.
한편, '솜이불'의 경우 앞 단어의 끝이 자음이고 뒤 단어의 첫 음절이 '이'이므로, 'ㄴ' 음을 첨가하여 [솜니불]로 발음되는 음의 첨가 현상이다(표준발음법 제29항).

오답분석

① 강가[강까]
② 창살[창쌀]
④ 물동이[물똥이]
⑤ 그믐달[그믐딸]

04

정답 ②

제시문에 따르면 우리나라의 언어적 관습은 다른 사람과의 관계를 중시하고, 단순히 말을 전달하는 것이 아닌 상대방을 배려하며 말하는 것이다.

오답분석

① 상대방의 입장을 고려하기 위해 완곡하여 표현하는 것일 뿐이며, 내용 전달에는 직접적으로 표현하는 것이 유리하다.
③ 친밀도만으로 존댓말과 반말을 구분하여 사용하지 않고, 사회적 거리, 친밀도, 예의를 모두 고려하여 존댓말과 반말을 구분하여 사용한다.
④ 상대방을 배려하기 위해 돌려 말하는 것일 뿐, 직접적으로 말하는 것이 상대방과의 다툼을 발생시키는 것은 아니다.
⑤ 우리나라의 언어는 말의 의미를 정확하게 전달하는 것만 중요하게 여기는 것이 아니라, 사회적 관계와 문화적 가치도 중요하게 여긴다.

05

정답 ①

제시문은 말의 중요성에 대해 설명하는 글이다. 따라서 '낫 놓고 기역자도 모른다.'는 너무 어리석어 기본적인 내용조차 모른다는 의미이므로 제시문과 어울리지 않는 속담이다.

오답분석

② 소문은 매우 빠르게 퍼지므로 말조심해야 함을 비유적으로 이르는 말이다.
③ 말을 잘하면 어려운 일이나 불가능한 일도 해결할 수 있음을 비유적으로 이르는 말이다.
④ 자신이 남에게 말을 좋게 해야 남도 자신에게 말을 좋게 해준다는 뜻이다.
⑤ 아무리 비밀리에 한 말이라도 반드시 남의 귀에 들어가니 항상 말조심해야 한다는 뜻이다.

06

정답 ①

'明星'은 '밝을 명, 별 성'으로 '금성'을 말한다. 따라서 주어진 문장에서는 '세상에 널리 퍼져 평판 높은 이름'이라는 뜻으로 사용되었으므로 '이름 명, 소리 성'의 '名聲'이 옳은 한자이다.

오답분석

② 육체(肉體) : 구체적인 물체로서 사람의 몸
③ 영웅(英雄) : 지혜와 재능이 뛰어나고 용맹하여 보통 사람이 하기 어려운 일을 해내는 사람
④ 소유(所有) : 가지고 있음 또는 그 물건
⑤ 능력(能力) : 일을 감당해 낼 수 있는 힘

07

정답 ③

'날개 없는 키위새'는 날개가 없기 때문에 스스로 자유롭게 날아갈 수 없어 자신의 의지대로 할 수 없는 무력한 존재를 의미한다.

오답분석

① 제시된 시는 자동문의 편리함에 익숙해져 버린 현대인들을 비판하고 있다.
② 제시된 시에서는 기계의 도움 없이 아무것도 못하는 현대 문명 비판하고 있으므로 자동문은 현대 문명의 부정적 속성을 의미하는 상징어이다.
④ 의인법은 사람이 아닌 것을 사람인 것처럼 표현하는 것이다. '날름날름 우리의 몸을 핥는다.'는 전자 감응 장치를 살아 있는 생물처럼 표현하지만 사람인 것처럼 표현하지는 않으므로 활유법에 해당한다.
⑤ '퇴화하는 손'은 현대 문명의 발전으로 기계에 너무나 익숙해져 스스로의 힘을 잃어버리고 기계에 의존하는 것을 의미한다.

08

정답 ③

제시된 수의 지수가 크기 때문에 지수법칙[$a^{bc}=(a^b)^c$]에 따라 정리하는 것이 좋다. 세 지수(48, 30, 12)의 최대공약수는 6이므로 제시된 수를 정리하면 다음과 같다.

- $A=(2^8)^6=256^6$
- $B=(3^5)^6=243^6$
- $C=(17^2)^6=289^6$

지수가 모두 6이므로 밑만 비교하면 대소를 비교할 수 있다. 따라서 $B<A<C$이다.

09

정답 ③

A와 B는 서로 반대방향으로 달리므로 달리기 시작한 후 중간에 한 번 만나고, A가 먼저 400m를 완주한 뒤, 다시 운동장을 돌 때 두 번째로 마주치게 된다. 그러므로 A가 운동장 한 바퀴를 완주하는 시간에 B가 이동한 거리를 먼저 구해야 한다.

- A가 운동장 한 바퀴를 완주하는 시간
  A는 200m를 4m/s의 속력으로 달렸으므로 $200\div4=50$초 동안 200m를 달리고, 나머지 200m를 2m/s의 속력으로 달렸으므로 $200\div2=100$초 동안 달렸다. 그러므로 A는 운동장 한 바퀴를 완주하는 데 150초가 걸렸다.
- B가 150초 동안 이동한 거리
  B는 200m를 3m/s의 속력으로 달렸으므로 $\frac{200}{3}$초 동안 200m를 달렸다. 150초는 $\frac{450}{3}$초이므로 $\frac{450}{3}-\frac{200}{3}=\frac{250}{3}$초 동안 1.5m/s 속력으로 달렸다. 그러므로 A가 운동장 한 바퀴를 완주하는 동안 B는 $200+\frac{250}{3}\times1.5=325$m를 달렸다.

B가 운동장 한 바퀴를 완주하기까지 $400-325=75$m가 남았으므로 75m 거리에서 A와 B가 마주치는 위치를 구해야 한다. A는 다시 4m/s의 속력으로 뛰고, B는 아직 1.5m/s의 속력으로 달리고 있으므로 A와 B가 다시 마주치기까지 걸린 시간을 x초라고 하면 다음과 같다.

$75=4x+1.5x=5.5x$

$\therefore\ x=\frac{150}{11}$

출발 지점에서 시계방향 기준으로 몇 m인지 구하는 것이므로 A가 4m/s의 속력으로 $\frac{150}{11}$초 동안 뛴 거리를 구하면 된다.

따라서 출발 지점에서 시계방향 기준으로 $4\times\frac{150}{11}=\frac{600}{11}=54\frac{6}{11}$m 지점에서 A와 B는 두 번째로 마주치게 된다.

10

정답 ②

가로 108m, 세로 84m의 운동장의 둘레에 같은 간격으로 최소한의 깃발을 세워야 하므로 두 길이의 최대공약수마다 깃발을 꽂아야 한다. 108과 84의 최대공약수는 12이므로 깃발을 12m마다 꽂을 때, 동일 간격으로 최소한의 깃발을 세울 수 있다. 운동장의 전체 둘레는 $(108+84)\times2=384$m이므로 $384\div12=32$개의 깃발이 필요하며, 각 꼭짓점에 4개가 꽂혀 있으므로 이를 제외하고 운동장의 둘레에 세우는 깃발은 모두 $32-4=28$개이다.

11

정답 ④

제시된 도형의 규칙은 삼각형의 변으로 이어진 꼭짓점의 숫자를 각각 곱하여 모두 더한 것이다. 따라서 ?에 들어갈 수는 $(2\times4)+(4\times30)+(2\times30)=8+120+60=188$이다.

12

정답 ⑤

연도별 진도 3.0 이상 지진 발생 횟수는 다음과 같다.

- 2019년 : $32+13+5=50$회
- 2020년 : $27+18+4=49$회
- 2021년 : $30+15+6=51$회
- 2022년 : $33+20+5=58$회
- 2023년 : $19+19+4=42$회
- 2024년 : $25+18+3=46$회

연도별 진도 3.0 이상 지진 발생 횟수의 변동량을 파악하기 위해선 연도를 중심으로 한 그래프가 구성되어야 한다. 따라서 가장 적합한 그래프는 ⑤이다.

오답분석

① 2019년부터 2024년까지 K국에서 발생한 전체 지진 횟수의 그래프로 진도 3.0 미만도 포함되어 있다.
② 2019년부터 2024년까지 진도 3.0 미만 지진 발생 횟수의 그래프이다.
③ 2022년 A국에서 발생한 지진과 관련된 그래프이다.
④ 2019년부터 2024년까지 진도 3.0 이상 지진 발생 횟수에 대한 그래프이지만 그래프 구성이 지진의 진도를 중심으로 구성되어 있어 연도별 지진 횟수 변동량을 파악하는 데 적합하지 않다.

13

정답 ③

첫 번째 정보에 따라 대전 지하철의 선로길이(㉠)는 광주 지하철의 선로길이인 30km보다 길어야 하므로 선택지 ⑤는 제외된다.

또한, 두 번째 정보에 따라 대전 지하철의 열차칸 수당 승객 수는 $32,000\div4=8,000$명이다. 그러므로 광주 지하철의 열차칸 수(㉣)는 $34,000\div8,000=4.25$량 이하여야 하므로 선택지 ①, ②는 제외된다.

다음으로 네 번째 정보에 따라 대구 지하철의 승객 수(㉢)는 $100,000-(32,000+34,000)=34,000$명 이상이어야 하므로 선택지 ④는 제외된다.

따라서 빈칸에 들어갈 값이 바르게 연결된 것은 ③이다.

14

정답 ⑤

20대 여성의 고위험음주율이 높은 직군의 순서는 서비스판매직 – 단순노무직 – 사무직 – 기계직 – 관리전문직 순서이고, 30대 여성의 흡연율이 높은 직군의 순서는 서비스판매직 – 단순노무직 – 기계직 – 사무직 – 관리전문직 순서이므로 동일하지 않다.

15

정답 ④

월 ~ 목요일에 출발하는 일반승차권은 출발 3시간 전까지 무료로 환불이 가능하므로 4시간 전에 환불을 신청했다면 위약금이 부과되지 않는다.

오답분석

① 단체승차권은 11명 이상의 단체가 동일 구간을 여행할 경우 적용된다. 따라서 최소 환불액은 $11\times400=4,400$원이다.
② 일반승차권의 경우 월 ~ 목요일에 출발하는 승차권은 1개월 전부터 출발 3시간 전까지 무료로 환불이 가능하지만, 단체승차권의 경우 1개월 전부터 출발 11일 전까지 400원×(인원수)에 해당하는 위약금이 부과된다.
③ 코레일의 승차권은 출발 1개월 전부터 구매할 수 있으므로 40일 전에는 구매할 수 없다. 따라서 환불 신청도 불가능하다.
⑤ 금 ~ 일요일, 설, 추석에는 출발 후 20분까지 30%의 위약금이 부과된다.

16

정답 ④

서울역에서 평택역으로 가는 KTX는 오전 9시 26분에 출발하므로 D는 출발시각 이후 환불을 신청하였다. 출발시각 이후에는 세 번째 안내사항에 의해 역의 창구에서 환불을 신청해야 하므로 코레일톡으로는 환불신청을 할 수 없어 승차권 환불을 받지 못한다.

오답분석

① 대구로 가는 A는 출발시각인 오전 9시 42분 전에 역의 창구에서 환불을 신청하였으므로 20%의 위약금을 내고 환불받을 수 있다.
② 대전으로 가는 B는 도착시각인 오전 10시 24분 전에 역의 창구에서 환불을 신청하였고, 출발 후 20분이 초과되지 않았으므로 30%의 위약금을 내고 환불받을 수 있다.
③ 부산으로 가는 C는 도착시각인 오전 11시 37분 전에 역의 창구에서 환불을 신청하였고, 출발 후 60분이 초과되었으므로 70%의 위약금을 내고 환불받을 수 있다.

⑤ 전주로 가는 E는 열차에 승차하지 못하고, 일주일 이후에 승차권과 천재지변으로 인해 승차할 수 없었던 사유를 확인할 수 있는 증명서를 역에 제출하였으므로 여섯 번째 안내사항에 의해 50%에 해당하는 금액을 환불받을 수 있다.

17

정답 ④

브레인스토밍은 창의적인 아이디어를 얻기 위해 여러 사람이 자유롭게 의견을 제시하는 기법으로, 비판이나 평가를 하지 않고, 자유로운 사고를 장려함으로써 다양하고 독창적인 아이디어를 최대한 많이 도출하는 것을 목표로 하며, 진행 방법은 다음과 같다.

- 주제를 구체적이고 명확하게 정한다.
- 구성원의 얼굴을 볼 수 있도록 좌석을 배치한다.
- 구성원의 다양한 의견을 도출할 수 있는 사람을 리더로 선출한다.
- 다양한 분야의 5～8명 정도의 사람으로 구성한다.
- 발언은 누구나 자유롭게 하고 모든 발언 내용을 기록한다.
- 아이디어를 비판해서는 안 된다.

18

정답 ①

첫 번째와 세 번째 조건에 따라 A, C, E의 과제 시작 순서는 C → A → E이다. 두 번째 조건에 따라 B와 D는 연달아 과제를 시작하므로 하나로 묶어서 생각하면 된다. B와 D의 묶음을 ○○라고 할 때, 위치할 수 있는 경우는 다음과 같다.

- 양 끝에 위치
  - ○○ → C → A → E : C가 세 번째로 시작한다.
  - C → A → E → ○○ : E가 세 번째로 시작한다.
- C, A, E 사이에 위치
  - C → ○○ → A → E : B나 D가 세 번째로 시작한다.
  - C → A → ○○ → E : B나 D가 세 번째로 시작한다.

따라서 절대 세 번째로 시작할 수 없는 사람은 A이다.

19

정답 ⑤

주어진 사례는 지난 세 달간 공연 매진이라는 과거의 일정한 경험이 미래의 모든 경우에도 동일할 것이라고 단정하는 것이므로 성급한 일반화의 오류에 해당한다.

오답분석

① 무지의 오류 : '외계인이 존재하는 증거가 없으므로 외계인은 존재하지 않는다.'처럼 어떤 것이 증명되지 않았다고 해서 그 반대의 주장이 참인 것이라고 단정하는 오류이다.

② 애매성의 오류 : '모든 사람은 평등하므로 시험에서 모두 같은 점수를 받아야 한다.'에서 평등이라는 단어를 기회의 평등과 결과의 평등을 구분하지 않고 사용하는 것처럼 단어나 문장의 의미를 모호하게 사용하여 잘못된 결론을 이끌어내는 오류이다.

③ 연역법의 오류 : '비가 오면 길이 젖는다. 집 앞의 길이 젖어 있다. 따라서 집 앞에는 비가 왔다.'처럼 길이 젖은 이유가 반드시 비 때문이라고 단정할 수 없음에도 잘못된 삼단논법에 의해 참이라고 단정하는 오류이다.

④ 과대 해석의 오류 : '퇴근길에 조심하세요.'를 퇴근길 말고는 조심하지 말라고 받아들이는 것처럼 문맥을 무시하고 한 단어나 문구에만 과도하게 집착하여 원래의 의도와 다르게 해석하는 오류이다.

20

정답 ①

제시된 사례에서는 "신고를 확인하지 않았는가?"와 "확인하지 않은 것이 실수인가, 고의인가?"를 결합하여 신고를 확인하지 않았는지에 대한 여부를 이미 참으로 전제하고 있다. 이는 겉으로는 하나의 질문처럼 보이지만, 실제로는 두 개 이상의 질문을 결합해 한 번에 물어 답변자가 숨겨진 전제를 사실로 인정하도록 만드는 복합질문의 오류이다.
"당신은 음주운전을 한 것이 나쁘다고 생각하지 않나요?"는 "당신은 음주운전을 하였는가?"와 "음주운전을 하는 것은 나쁘다고 생각하는가?"를 결합하여 답변자가 음주운전을 한 것을 전제하고 사실로 인정하게 하는 것이므로 복합질문의 오류에 해당한다.

오답분석

② 문제에 대한 비판을 아예 고려하지 않고 단정하여 논의 자체를 차단하고 있으므로 원천봉쇄의 오류에 해당한다.

③ 벽돌 하나가 가볍다는 부분의 성질을 전체에 그대로 적용하여 건물이 가볍다고 하는 것이므로 결합의 오류에 해당한다.

④ 본래의 논제(교통사고 감소 방안)에서 벗어나 다른 논점(자동차의 필수성)을 제시함으로써 결론과 관련 없는 내용을 언급하므로 논점 일탈의 오류에 해당한다.

⑤ 먼지라는 표현을 비유적 의미와 물리적 구성요소의 의미로 구분하지 않고 사용한 애매성의 오류에 해당한다.

21

정답 ⑤

마이클 포터의 5 Forces 모델은 기업의 경쟁력을 산업 구조의 5가지 요인(기존 경쟁자 간 경쟁, 신규 진입자의 위협, 대체재의 위협, 공급자의 교섭력, 구매자의 교섭력)을 통해 분석한다. 이때 대체재가 많을수록, 진입장벽이 낮을수록, 퇴출장벽이 높을수록, 구매자가 많을수록, 공급자가 많을수록 기업 간 경쟁이 심화되고 각 기업은 경쟁우위를 확보하기 위한 전략을 수립하게 된다. 한편, 공급자가 적을수록 기업 간 경쟁이 약해지므로 가격이 상승할 가능성이 커진다.

22

정답 ②

제시된 내용은 테일러의 과학적 관리론에 대한 설명이다. 과학적 관리론은 산업 현장에서 작업 방법을 과학적으로 분석하고 표준화하여 생산성을 높이려는 관리이론이다.

23

정답 ①

직무명세서, 직무기술서, 직무평가, 직무분석은 모두 인사관리에 사용되는 개념이지만, 목적과 내용에 있어 차이가 있다. 직무분석을 통해 직무의 성격과 요구사항을 분석할 수 있으며, 그 결과로 직무기술서(직무내용 중심)와 직무명세서(인적요건 중심)를 작성한다. 또한, 직무평가는 직무의 상대적 가치를 평가하는 절차로, 직무분석을 바탕으로 이루어진다. 따라서 설명이 바르게 연결된 것은 ①이다.

24

정답 ③

유통 커버리지 전략은 집약적 유통, 전속적 유통, 선택적 유통으로 나눌 수 있다. 집약적 유통은 가능한 많은 소매점을 통해 제품을 판매하여 접근성을 극대화하는 것으로, 대중적인 소비재에 주로 사용되며, 전속적 유통은 특정 지역에서 단 하나의 판매업체에만 판매권을 부여하여 통제력을 강화하는 것으로 고급제품이나 특정 브랜드의 이미지 구축에 적합하다. 또한, 선택적 유통은 집약적 유통과 전속적 유통의 중간 형태로, 지역별 자격을 갖춘 소수의 판매점과 거래하는 전략이며, 소비자가 비교적 신중하게 선택하는 제품에 적합하다.

25

정답 ④

인바스켓 기법(In-Basket Technique)은 조직에서 관리자의 문제해결능력과 의사결정 능력을 평가하거나 훈련하기 위해 사용되는 모의 상황 평가 방법이다. 인바스켓 기법은 실제 업무와 유사한 상황을 통해 현실적인 판단력을 평가할 수 있고, 단순 지식보다 실무형 의사결정 능력을 볼 수 있으며, 관리직이나 리더 후보의 업무 처리 스타일을 파악할 수 있는 장점이 있으나, 평가 준비에 많은 시간과 비용이 소요되고, 평가자의 주관적 판단이 개입될 가능성이 있는 단점이 있다.

오답분석

① 구조적 피드백 : 구체적인 예시, 영향, 변화가 필요한 부분을 명확하게 전달하는 체계적인 방법이다.
② 직무순환 : 직무의 단조로움을 줄이고 다양한 직무 경험을 통해 직원의 능력과 만족도를 높이는 방법이다.
③ OJT : 현업에서 실제 업무를 통해 직접적으로 지식과 기술을 배우는 방법이다.
⑤ 시뮬레이션 : 실제 직무 상황과 유사한 모의 상황을 만들어 놓고, 참가자가 그 상황 속에서 역할을 수행하며 문제를 해결해 나가는 행동·상황 재현을 중심으로 하는 방법이다.

26

정답 ②

중립가격(Neutral Pricing)은 제품이나 서비스의 가격을 소비자가 인식하는 가치(경제적 가치)에 맞추어 책정하는 가격 전략이다. 소비자가 느끼는 심리적 균형점에 가격을 맞추므로 가격에 대한 저항을 최소화하고, 가격 신뢰도를 형성한다.

오답분석

① 탄력가격제 : 판매자가 시장 수요와 공급 상황, 경쟁사 가격, 소비자 행동 등 다양한 요인들을 실시간으로 고려하여 제품이나 서비스의 가격을 유동적으로 변경하는 전략이다.
③ 침투가격 : 신규 시장 진입 시 시장 점유율을 빠르게 확보하기 위해 제품 가격을 의도적으로 낮게 설정하는 전략이다.
④ 종속가격 : 본체는 저렴하게 판매하고, 주기적으로 교체해야 하는 소모품은 비싸게 파는 전략이다.
⑤ 유인가격 : 일부 제품의 가격을 원가 이하로 낮게 책정하여 고객을 매장으로 유인하고, 다른 상품 판매를 촉진하는 전략이다.

27

정답 ④

앤소프의 다각화 전략은 기업이 기존의 제품이나 시장을 벗어나 새로운 제품을 새로운 시장에 출시하는 전략으로, 새로운 수익원 창출, 기존 시장의 성장 한계 극복, 위험 분산을 목적으로 한다. 다각화 전략은 기존 시장이나 사업에 대한 의존도를 낮출 수 있고, 성공 시 새로운 수익을 기대할 수 있지만, 실패 시 위험도 크다. 다각화 전략은 다음의 세부 유형으로 구분된다.

- 동심형 다각화 전략 : 기존 사업과 연관성이 있는 새로운 제품을 새로운 시장에 출시하는 전략
- 수평형 다각화 전략 : 기존 제품과 다른 제품을 기존 고객에게 판매하는 전략
- 비관련 다각화 전략 : 기존 사업과 직접적인 연관이 없는 완전히 새로운 사업 분야에 진출하는 전략

28

정답 ④

SWOT 분석은 기업이나 조직의 내부환경과 외부환경을 종합적으로 분석하여 전략을 수립하는 기법으로, 다음 4가지 요소를 분석하고, 조합하여 전략 방향을 도출하는 것이다.

- Strength(강점) : 자사에 긍정적인 내부환경 요소
- Weakness(약점) : 자사에 부정적인 내부환경 요소
- Opportunity(기회) : 자사에 긍정적인 외부환경 요소
- Threat(위협) : 자사에 부정적인 외부환경 요소

WT전략은 외부위협을 피하고 약점을 최소화하는 전략이다. 한편, 외부기회를 활용하기 위해 내부약점을 보완하는 전략은 WO전략이다.

오답분석

② 내부환경 분석을 통해 조직의 내부적인 강점과 약점을 파악할 수 있다.

③ SO전략은 내부강점을 활용해 외부기회를 포착하는 전략을 말한다.
⑤ SWOT 분석은 내부 및 외부환경 요소를 한 번에 파악하여 분석할 수 있다는 특징을 갖는다.

29 정답 ④

포디즘(Fordism, 포드주의)은 미국의 자동차 회사 창립자 헨리 포드가 도입한 대량생산 중심의 산업체제로, 조립라인(컨베이어 시스템)을 이용하여 표준화된 제품을 효율적으로 대량생산하는 방식이다. 포디즘에서는 생산과정의 단계를 단순화・분업화・표준화하여 생산속도와 효율성을 향상시킨다. 또한, 노동자들에게 높은 임금을 지급하여 구매력을 높여 생산제품을 대량 소비할 수 있도록 유도하였다. 반면 컨베이어 시스템에 의한 대량생산이 특징이기 때문에 고객의 다양한 기호 변화에는 적응하기 어려운 한계가 있다.
따라서 보기에서 포디즘에 대한 설명으로 옳은 것은 모두 4개이다.

30 정답 ⑤

최근오류(Recency Error)는 평가자가 피평가자의 최근의 행동이나 성과에 지나치게 영향을 받아 전체 평가를 왜곡하는 인사평가 오류이다. 이러한 오류를 방지하기 위해서는 피평가자의 주요 행동, 성과, 사건 등을 정기적으로 메모하거나 기록하고 다면평가를 활용하는 것이 좋다.

오답분석

① 후광효과 : 특정한 긍정적인 특성이 다른 특성에 대한 평가에 영향을 끼치는 현상이다.
② 스테레오타이핑 : 특정 그룹이나 개인에 대한 고정관념이나 선입견이 작용하는 현상이다.
③ 중심화경향 : 평가방법에 대한 이해나 평가능력 부족으로 평가가 평균값에 집중되는 현상이다.
④ 투사오류 : 자신의 특성과 기준을 피평가자에게 투영하여 평가하는 현상이다.

31 정답 ①

경영참가제도는 크게 간접참가제도와 직접참가제도로 구분할 수 있으며, 간접참가제도는 자본참가로 종업원지주제도 등이 해당한다. 한편, 직접참가제도는 이윤참가와 경영의사결정참가로 성과분배제도, 이익분배제도, 노사협의제 등이 해당한다.

32 정답 ④

인적자원관리의 주요 요소는 노사관계 관리, 인적자원 유지, 인적자원 개발, 직무관리, 고용관리, 보상관리 등 총 6개의 요소로 나눌 수 있다. 따라서 평가관리는 해당하지 않는다.

인적자원관리의 6가지 요소
- 노사관계 관리 : 경영자와 근로자의 상하관계 및 사용자와 노동조합 간 협력관계 등의 관리
- 인적자원 유지 : 기업이 확보하고 있는 인적자원을 유지시키기 위한 복리후생 등
- 인적자원 개발 : 교육, 훈련, 경력개발 등을 통해 인적자원이 필요한 역량을 갖추도록 지원
- 직무관리 : 구성원의 직무에 대한 분석 등을 통해 효율적인 인사활동을 지원
- 고용관리 : 우수한 인적자원을 계획적으로 선발하고, 승진 등을 통해 최적의 성과 추구
- 보상관리 : 구성원의 기여에 따른 적정하고 공정한 급여 및 보상 제공

33 정답 ③

제품변형은 경쟁 우위를 확보하기 위해 기존 제품을 수정하거나 새로운 변형 제품을 출시하는 전략으로, 색상, 디자인 등을 차별화하는 수평적 차별화와 품질, 기능 등을 향상시키는 수직적 차별화로 나눌 수 있다.

오답분석

① 리브랜딩 : 기존 브랜드의 아이덴티티를 재정립하는 전략이다.
② 제품다양화 : 기존 제품 외의 새로운 제품을 추가하여 다양한 고객의 니즈를 충족시키며, 시장 변화에 대응하고 위험을 분산하는 전략이다.
④ 상품개발 : 아이디어 발굴부터 시장 출시, 이후 관리까지의 전 과정을 포괄하는 전략이다.
⑤ 가격결정 : 원가, 고객의 가치 인식, 경쟁 환경 등 다양한 요소를 고려하여 가격을 설정하는 전략이다.

34 정답 ②

팝업스토어는 특정 테마를 가진 임시 매장을 활용하는 것으로, 브랜드 인지도를 높이고 제품을 홍보하는 전략으로 볼 수 있다.

오답분석

① 판매촉진 : 소비자의 즉각적인 구매를 유도하기 위해 단기적으로 제공되는 가격 할인, 쿠폰, 샘플 증정, 경품, 사은품 등의 마케팅 기법이다.
③ 광고 : 제품, 서비스, 브랜드 등을 알리고, 구매, 이용 등 소비자의 태도와 행동 변화를 유도하기 위한 마케팅 기법이다.

④ 직접마케팅 : 기업이 고객에게 직접 메시지를 전달하고, 고객의 직접적인 응답을 유도하는 마케팅 기법이다.
⑤ 인적판매 : 판매원이 잠재 고객 또는 기존 고객과 직접 대면하거나 접촉하여 자사의 제품이나 서비스를 구매하도록 설득하는 마케팅 기법이다.

35

정답 ④

마케팅 믹스 4P는 기업이 효과적인 마케팅 전략을 수립하기 위해 고려하는 네 가지 핵심 요소를 말한다.

- Product(제품) : 소비자의 욕구를 충족시키기 위해 기업이 제공하는 재화나 서비스로, 제품의 품질, 디자인, 브랜드, 포장, 보증, 사후서비스 등이 포함된다.
- Price(가격) : 제품의 가치에 대한 금전적 평가로, 소비자가 지불해야 하는 금액이며, 할인과 같은 다양한 가격 전략이 포함된다.
- Place(유통) : 제품이 소비자에게 전달되는 경로와 과정으로, 유통채널, 재고관리, 물류 등이 해당된다.
- Promotion(촉진) : 제품이나 브랜드를 알리고 구매를 유도하기 위한 커뮤니케이션 활동으로, 광고, 판매촉진, PR, 인적판매, 온라인 마케팅 등이 포함된다.

오답분석

①·② Product(제품)에 해당한다.
③ Price(가격)에 해당한다.
⑤ Promotion(촉진)에 해당한다.

36

정답 ②

철도산업발전기본법의 목적은 철도산업의 경쟁력, 효율성, 공익성의 향상과 국민경제 발전에 이바지하기 위함이다. 따라서 전문성 향상은 철도산업발전기본법의 목적에 해당하지 않는다.

목적(철도산업발전기본법 제1조)
이 법은 철도산업의 경쟁력을 높이고 발전기반을 조성함으로써 철도산업의 효율성 및 공익성의 향상과 국민경제의 발전에 이바지함을 목적으로 한다.

37

정답 ⑤

철도관계법령(철도사업법 시행령 제2조)

철도사업법 제7조 제1호 다목 및 라목에서 대통령령으로 정하는 철도관계법령이란 각각 다음 각 호의 법령을 말한다.

1. 철도산업발전기본법
2. 철도안전법
3. 도시철도법
4. 국가철도공단법
5. 한국철도공사법

38

정답 ③

부가 운임의 징수(철도사업법 제10조 제1항)

철도사업자는 열차를 이용하는 여객이 정당한 운임·요금을 지급하지 아니하고 열차를 이용한 경우에는 승차 구간에 해당하는 운임 외에 그의 30배의 범위에서 부가 운임을 징수할 수 있다.

39

정답 ①

철도산업발전기본법 제12조에 따라 국토교통부장관은 철도산업에 관한 정보를 효율적으로 수집·관리 및 제공하기 위하여 철도산업정보센터를 설치·운영하며, 철도산업발전기본법 시행령 제16조에 따라 철도산업정보센터는 철도산업정보의 수집·분석·보급 및 홍보와 철도산업의 국제동향 파악 및 국제협력사업의 지원 업무를 수행한다.

철도산업정보센터의 업무 등(철도산업발전기본법 시행령 제16조 제1항)
법 제12조 제2항의 규정에 의한 철도산업정보센터는 다음 각 호의 업무를 행한다.
1. 철도산업정보의 수집·분석·보급 및 홍보
2. 철도산업의 국제동향 파악 및 국제협력사업의 지원

40

정답 ③

전용철도 운영의 휴업·폐업(철도사업법 제38조)

전용철도운영자가 그 운영의 전부 또는 일부를 휴업 또는 폐업한 경우에는 1개월 이내에 국토교통부장관에게 신고하여야 한다.

41

정답 ②

수지전망에 관한 서류는 철도사업법 제42조 제1항에 따라 국가가 소유·관리하는 철도시설의 점용허가를 받고자 하는 자가 점용허가신청서에 첨부하여 국토교통부장관에게 제출해야 하는 서류이다(철도사업법 시행령 제13조 제1항 제4호).

평가결과의 공표(철도사업법 시행령 제11조 제1항)
국토교통부장관이 법 제27조의 규정에 의하여 철도서비스의 품질평가결과를 공표하는 경우에는 다음 각 호의 사항을 포함하여야 한다.
1. 평가지표별 평가결과
2. 철도서비스의 품질 향상도
3. 철도사업자별 평가순위
4. 그 밖에 철도서비스에 대한 품질평가결과 국토교통부장관이 공표가 필요하다고 인정하는 사항

42

정답 ③

철도산업위원회의 심의·조정사항과 위원회에서 위임한 사항의 실무적인 검토를 위하여 철도산업위원회에 실무위원회를 두며 철도산업발전기본법 시행령 제10조 제2항에 따라 실무위원회는 위원장을 포함하여 20인 이내의 위원으로 구성된다. 따라서 실무위원회의 최대 정원은 20명이다.

실무위원회의 구성 등(철도산업발전기본법 시행령 제10조)

① 위원회의 심의·조정사항과 위원회에서 위임한 사항의 실무적인 검토를 위하여 위원회에 실무위원회를 둔다.
② 실무위원회는 위원장을 포함한 20인 이내의 위원으로 구성한다.
③ 실무위원회의 위원장은 국토교통부장관이 국토교통부의 3급 공무원 또는 고위공무원단에 속하는 일반직공무원 중에서 지명한다.
④ 실무위원회의 위원은 다음 각 호의 자가 된다.
  1. 기획재정부·과학기술정보통신부·교육부·행정안전부·산업통상부·고용노동부·국토교통부·해양수산부 및 공정거래위원회의 3급 공무원, 4급 공무원 또는 고위공무원단에 속하는 일반직공무원 중 그 소속기관의 장이 지명하는 자 각 1인
  2. 국가철도공단의 임직원 중 국가철도공단 이사장이 지명하는 자 1인
  3. 한국철도공사의 임직원 중 한국철도공사 사장이 지명하는 자 1인
  4. 철도산업에 관한 전문성과 경험이 풍부한 자 중에서 실무위원회의 위원장이 위촉하는 자
⑤ 제4항 제4호의 규정에 의한 위원의 임기는 2년으로 하되, 연임할 수 있다.
⑥ 실무위원회에 간사 1인을 두되, 간사는 국토교통부장관이 국토교통부 소속 공무원 중에서 지명한다.
⑦ 제8조(위원회의 회의)의 규정은 실무위원회의 회의에 관하여 이를 준용한다.

43

정답 ③

철도시설이란 철도운행에 필요한 선로, 신호·전력·통신설비, 관련 건축물 및 연구·교육시설 등의 일체의 기반시설을 말한다. 철도차량 내부의 안전을 위한 설비는 철도차량 자체에 포함되는 장비이므로 철도산업발전기본법에서 정의하는 철도시설이 아니다.

정의(철도산업발전기본법 제3조 제2호)

철도시설이라 함은 다음 각 목의 어느 하나에 해당하는 시설(부지를 포함한다)을 말한다.

가. 철도의 선로(선로에 부대되는 시설을 포함한다), 역시설(물류시설·환승시설 및 편의시설 등을 포함한다) 및 철도운영을 위한 건축물·건축설비
나. 선로 및 철도차량을 보수·정비하기 위한 선로보수기지, 차량정비기지 및 차량유치시설
다. 철도의 전철전력설비, 정보통신설비, 신호 및 열차제어설비
라. 철도노선 간 또는 다른 교통수단과의 연계운영에 필요한 시설
마. 철도기술의 개발·시험 및 연구를 위한 시설
바. 철도경영연수 및 철도전문인력의 교육훈련을 위한 시설
사. 그 밖에 철도의 건설·유지보수 및 운영을 위한 시설로서 대통령령으로 정하는 시설

철도시설(철도산업발전기본법 시행령 제2조)

철도산업발전기본법 제3조 제2호 사목에서 "대통령령이 정하는 시설"이라 함은 다음 각 호의 시설을 말한다.

1. 철도의 건설 및 유지보수에 필요한 자재를 가공·조립·운반 또는 보관하기 위하여 당해 사업기간 중에 사용되는 시설
2. 철도의 건설 및 유지보수를 위한 공사에 사용되는 진입도로·주차장·야적장·토석채취장 및 사토장과 그 설치 또는 운영에 필요한 시설
3. 철도의 건설 및 유지보수를 위하여 당해 사업기간 중에 사용되는 장비와 그 정비·점검 또는 수리를 위한 시설
4. 그 밖에 철도안전관련시설·안내시설 등 철도의 건설·유지보수 및 운영을 위하여 필요한 시설로서 국토교통부장관이 정하는 시설

44

정답 ④

한국철도공사는 이사회의 의결을 거쳐 사채를 발행할 수 있으며, 사채의 발행액은 공사의 자본금과 적립금을 합한 금액의 5배를 초과하지 못한다(한국철도공사법 제11조 제1항·제2항).

사채의 발행 등(한국철도공사법 제11조)

① 공사는 이사회의 의결을 거쳐 사채를 발행할 수 있다.
② 사채의 발행액은 공사의 자본금과 적립금을 합한 금액의 5배를 초과하지 못한다.
③ 국가는 공사가 발행하는 사채의 원리금 상환을 보증할 수 있다.
④ 사채의 소멸시효는 원금은 5년, 이자는 2년이 지나면 완성한다.
⑤ 공사는 공공기관의 운영에 관한 법률 제40조 제3항에 따라 예산이 확정되면 2개월 이내에 해당 연도에 발행할 사채의 목적·규모·용도 등이 포함된 사채발행 운용계획을 수립하여 이사회의 의결을 거쳐 국토교통부장관의 승인을 받아야 한다. 운용계획을 변경하려는 경우에도 또한 같다.

CHAPTER

03 2025년 상반기 기출복원문제

01	02	03	04	05	06	07	08	09	10
⑤	②	③	③	③	①	③	③	④	⑤
11	12	13	14	15	16	17	18	19	20
⑤	②	⑤	④	①	①	⑤	②	④	⑤
21	22	23	24	25	26	27	28	29	30
④	②	⑤	⑤	④	⑤	①	⑤	④	④
31	32	33	34	35	36	37	38	39	40
②	③	③	②	③	⑤	①	⑤	②	⑤
41	42	43	44	45					
④	②	④	①	③					

01 정답 ⑤

선주는 문제점을 자신의 탓으로 돌리며 상대방에게 부탁을 하고 있다. 따라서 관용의 격률에 해당하는 사례이다.

오답분석

① 민재는 상대방을 칭찬하는 표현을 최대화해서 말하고 있다. 따라서 타인에 대한 비난은 최소화하고 칭찬은 최대화하여 말하는 표현법인 찬동의 격률에 해당하는 사례로 볼 수 있다.
② 지우는 문제점을 상대방의 탓으로 돌리며 상대방에게 부탁을 하고 있다. 따라서 관용의 격률에 해당하지 않는다.
③ 다예는 자신의 이익을 위해 상대방에게 부담을 주며 말하고 있다. 따라서 관용의 격률에 해당하지 않는다.
④ 동현은 상대에게 부담이 되는 표현은 최소화하면서 도움을 요청하고 있다. 따라서 상대방의 부담은 최소화하고 이익은 최대화하여 말하는 표현법인 요령의 격률에 해당하는 사례로 볼 수 있다.

02 정답 ②

마지막 문단을 보면 현재 AI 음성 합성 기술이 사람의 감정까지 담아 표현할 수 없다는 한계점이 존재한다고 했다. 따라서 현재는 AI 음성 합성 기술이 오디오북 제작에서 전문 성우의 역할을 대체할 수 있다고 보기는 어렵다.

오답분석

① 세 번째 문단을 통해 AI 음성 합성 기술이 비용과 시간 측면에서 전문 성우 녹음보다 효율적임을 알 수 있다.
② 마지막 문단에서 문학 도서의 경우 AI 음성 합성 기술이 사람의 감정까지 담아 표현할 수 없는 반면, 비문학 도서의 경우 전문 성우가 반드시 필요하지는 않으므로 AI 음성 합성 기술로 제작이 가능하다고 하였다.
④·⑤ 두 번째 문단에서 전문 성우의 오디오북 녹음에는 많은 시간이 필요하며, 비용 또한 많이 들어 현실적인 한계에 부딪히고 있다고 하였다.

03 정답 ③

2024년 설날 노쇼 비율은 46%이지만, 이 중 약 19만 매 가량만이 재판매가 되지 않아 공석으로 운행되었다.

오답분석

① 첫 번째 문단에서 명절에 예매 경쟁률이 수십 배에 달하는 경우도 흔하다고 하였다.
② 세 번째 문단에서 노쇼 문제는 사회적 비용 증가로 연결되며, 이에 따른 비용이나 정책 변경은 국민의 부담으로 돌아올 것이라고 하였다.
④ 네 번째 문단에서 노쇼 문제를 해결하기 위해 코레일이 2025년부터 명절 특별수송기간에 출발 후 20분까지의 위약금을 기존 15%에서 30%로 상향 조정한다고 하였다.
⑤ 마지막 문단에서 노쇼 문제는 단순히 코레일의 노력만으로 해결될 수 없고, 근본적인 제도 개선과 국민 인식 변화가 함께 이루어져야 함을 이야기하고 있다.

04 정답 ③

먼저 분자와 분모를 따로 계산하면 다음과 같다.

- 분자 : $18\times(15^2+12+3)$
  $=18\times(225+12+3)$
  $=18\times240$
  $=4,320$
- 분모 : $90^2-2\times45\times4$
  $=8,100-(2\times45\times4)$
  $=8,100-360$
  $=7,740$

식을 정리하면 다음과 같다.

$\frac{4,320}{7,740}+1=\frac{4,320+7,740}{7,740}=\frac{12,060}{7,740}$

$\frac{12,060}{7,740}$을 기약분수로 만들기 위해 최대공약수 180으로 약분하면 $\frac{67}{43}$이므로 $p=43$, $q=67$이다.

따라서 $p+q=110$이다.

05

정답 ③

K시 전철의 기본요금은 1회 1,500원이고, 오전에 20% 할인을 받으면 1,500×0.8=1,200원이다. A씨의 전철 총 이용 횟수는 22×2=44회이며, 할인은 출근 시간에만 적용된다. 즉, 퇴근 시 이용하는 전철 요금은 1,500×22=33,000원이다. 한 달 전철 요금을 62,000원 이하로 유지하고자 하므로 출근 시 사용 가능한 전철 요금은 62,000−33,000=29,000원이다. 할인을 받은 일수를 x일이라 하면, 할인을 받지 않은 일수는 $(22-x)$일이므로 다음 식을 만족해야 한다.

$1,200x+1,500(22-x)\le 29,000$

$\rightarrow 1,200x+33,000-1,500x\le 29,000$

$\rightarrow -300x\le -4,000$

$\therefore x\ge 13.34$

따라서 최소 14일은 할인을 받아야 한 달 전철 요금을 62,000원 이하로 유지할 수 있다.

06

정답 ①

먼저 1부터 6까지 숫자를 사용하여 만들 수 있는 4자리 수의 조합을 계산하면 $6^4=1,296$가지이다. 조건에 따라 중복된 숫자는 최대 2번 사용할 수 있으므로 같은 숫자가 3번 이상 사용된 경우의 수를 구하여 제외해야 한다.

- 같은 숫자가 4번 사용된 경우는 6가지이다(1111, 2222, …, 6666).
- 같은 숫자가 3번 사용된 경우는 aaab, aaba, abaa, baaa 4가지 경우가 있고, a로 가능한 수는 6가지, b로 가능한 수는 a를 제외한 5가지이므로 4×6×5=120가지이다.

따라서 조건을 만족하는 4자리 비밀번호는 총 1,296−(6+120)=1,170가지이다.

07

정답 ③

셔틀버스 A ~ C가 동시에 도착하는 시간은 운행시간의 최소공배수이다. 각 버스의 운행시간을 소인수분해하면 다음과 같다.

- A : $12=2^2\times 3$
- B : $16=2^4$
- C : $30=2\times 3\times 5$

$\therefore 2^4\times 3\times 5=240$분=4시간

따라서 모든 셔틀버스는 오전 10시에서 4시간이 경과한 오후 2시에 동시에 K역에 도착한다.

08

정답 ③

KTX와 SRT를 모두 이용한 고객 수를 x명이라 하면 KTX만 이용한 고객은 $(36-x)$명, SRT만 이용한 고객은 $(42-x)$명이다. 즉, KTX와 SRT를 모두 이용한 고객 수는 다음과 같다.

$(36-x)+(42-x)+x=60$

$\rightarrow 78-x=60$

$\therefore x=18$

따라서 18명의 고객이 KTX와 SRT를 모두 이용하였으므로 SRT만 이용한 고객은 42−18=24명이다.

09

정답 ④

조사기간인 1 ~ 4월의 리뷰 수가 판매 건수이므로 월별 판매 건수와 반품 및 환불 건수를 계산하면 다음과 같다.

(단위 : 건)

구분	판매 건수	반품 건수	환불 건수
1월	1,000	1,000×0.03=30	1,000×0.02=20
2월	1,200	1,200×0.02=24	1,200×0.03=36
3월	1,500	1,500×0.04=60	1,500×0.01=15
4월	1,300	1,300×0.03=39	1,300×0.02=26
합계	5,000	153	97

따라서 반품 건수와 환불 건수를 모두 합하면 153+97=250건이다.

10

정답 ⑤

구로디지털단지역 하차 인원은 출근시간대 400명, 퇴근시간대 2,150명이므로 2,150÷400=5.375이다. 따라서 퇴근시간대 하차 인원은 출근시간대 하차 인원의 5배 이상이다.

오답분석

① 역삼역의 점심시간대는 탑승 480명, 하차 520명으로 하차 인원이 더 많다.
② 시청역의 탑승 인원은 점심시간대에 530명, 퇴근시간대에 420명으로 점심시간대에 탑승 인원이 더 많다.
③ 역삼역의 출근시간대는 탑승 1,150명, 하차 350명으로 탑승 인원이 더 많다.
④ 시청역의 출근시간대 대비 퇴근시간대 하차 인원의 증가 폭은 1,480−870=610명, 역삼역의 출근시간대 대비 퇴근시간대 하차 인원의 증가 폭은 1,250−350=900명이므로 시청역의 증가 폭이 더 작다.

11

정답 ⑤

조건에 따라 직원들의 100m 완주 시간은 다음과 같다.

- A : 13.0초
- B : 13.0−0.5=12.5초
- C : 12.5+0.4=12.9초
- D : 12.9−0.2=12.7초
- E : 12.7+0.3=13.0초
- F : 13.0−0.1=12.9초
- G : 13.0+1.0=14.0초

이때 가장 빠른 직원은 B, 가장 느린 직원은 G이다. 둘의 속력을 구하면 다음과 같다.

- B의 속력 : $\frac{100}{12.5}=8.00\text{m/s}$
- G의 속력 : $\frac{100}{14.0}\fallingdotseq 7.14\text{m/s}$

따라서 B와 G의 속력 차이의 절댓값을 구하면 8.00−7.14=0.86m/s이다.

12

정답 ②

초기의 소금물 80g에는 25g의 소금이 들어 있다. 여기에 xg의 물을 추가하였으므로 소금물의 총량은 $(80+x)$g이고, 소금은 그대로 25g이 들어 있다. 그러므로 xg의 물을 추가한 소금물의 농도는 $\frac{25}{80+x}$이다.

이때 소금물을 40g 버렸으므로 남은 소금의 양은 $\left\{25-\left(40\times\frac{25}{80+x}\right)\right\}\rightarrow\left(25-\frac{1,000}{80+x}\right)$g이고, 남은 소금물의 양은 $(40+x)$g이다.

이후 농도 37.5%의 소금물 40g을 추가로 넣었으므로 추가된 소금의 양은 40×0.375=15g이다.

그러므로 최종 소금의 양은 $\left(40-\frac{1,000}{80+x}\right)$g이고, 최종 소금물의 양은 $(80+x)$g이다. 최종 소금물의 농도가 30%이므로 다음의 식을 만족한다.

$$\frac{40-\frac{1,000}{80+x}}{80+x}=0.3$$

$$\rightarrow 40-\frac{1,000}{80+x}=24+0.3x$$

$$\rightarrow 40-24-0.3x=\frac{1,000}{80+x}$$

$$\rightarrow (16-0.3x)(80+x)=1,000$$

$$\rightarrow -0.3x^2-8x+280=0$$

$$\rightarrow 0.3x^2+8x-280=0$$

이렇게 도출한 이차방정식의 a, b, c값을 근의 공식에 대입하면 다음과 같다.

$$x=\frac{-b\pm\sqrt{b^2-4ac}}{2a}=\frac{-8\pm\sqrt{8^2-4\times0.3\times(-280)}}{2\times0.3}$$

$$\rightarrow x=\frac{-8+20}{0.6}\ (\because x\text{는 자연수})$$

$$\therefore x=20$$

따라서 처음에 넣은 물의 양은 20g이다.

13

정답 ⑤

자발적 취업자의 수는 매년 증가하고 있고, 정부 지원형 취업자 수는 매년 감소하고 있으므로 독립적인 증가 추세를 보이고 있다.

오답분석

① 정부 지원형 취업자 수는 꾸준히 감소하고 있다.
② 전체 취업자 수는 매년 증가하고 있지만, 정부 지원형 취업자 수는 매년 감소하고 있으므로 옳지 않다.
③ 전체 노인 취업자 수와 자발적 취업자 수 모두 증가하고 있다.
④ 자발적으로 취업하는 노인의 수는 매년 증가하고 있지만, 정부 지원 취업자 수는 매년 감소하므로 옳지 않다.

14

정답 ④

산사태 피해면적은 2023년이 210ha로 조사연도 중 최대이며, 복구비용도 2023년이 112억 원으로 최대이다. 따라서 산사태 피해면적과 복구비용이 모두 가장 높았던 해는 2023년이다.

오답분석

① 2023년의 피해면적 1ha당 복구비용은 약 0.533억 원이고, 2022년의 피해면적 1ha당 복구비용은 약 0.513억 원이다. 따라서 피해면적 대비 복구비용이 가장 높은 연도는 2023년이다.
② 연도별 복구비용은 2022년과 2024년에 감소하였으므로 매년 증가하지 않았다.
③ 연도별 피해면적 1ha당 복구비용을 구하면 다음과 같다.
   - 2020년 : 65÷130=0.5억 원/ha
   - 2021년 : 98÷190≒0.516억 원/ha
   - 2022년 : 82÷160≒0.513억 원/ha
   - 2023년 : 112÷210≒0.533억 원/ha
   - 2024년 : 93÷175≒0.531억 원/ha

   따라서 매년 소폭의 변화가 있으므로 피해면적 1ha당 복구비용은 일정하게 유지되지 않았다.
⑤ 2024년에는 피해면적과 복구비용 모두 전년보다 감소하였다.

15

정답 ①

A직원은 직원들의 호흡기 질환이라는 문제 현상을 인지하였고, 질의응답을 통해 역사 내 공기질 저하가 주요 문제임을 파악하고 있다. 이는 문제의 존재 자체를 인식하는 초기단계인 문제 인식 단계에 해당한다. 이후 문제 도출 단계에서 역사 내 분진 현황, 환기 시스템의 출력 저하 등 역사 내 공기질 저하에 대한 세부적인 문제점을 설정해야 하고, 원인 분석을 통해 각 문제점의 근본 원인을 파악하여 해결안을 개발하고, 해결안을 실행 및 평가하는 단계를 거쳐야 한다.

문제해결 절차 5단계

1. 문제 인식 : 해결해야 할 전체 문제를 파악하여 우선순위를 정하고 선정 문제에 대한 목표를 명확히 하는 단계
2. 문제 도출 : 선정된 문제를 분석하여 해결해야 할 것이 무엇인지를 명확히 하는 단계로, 현상에 대한 문제를 분해하여 인과관계 및 구조를 파악하는 단계
3. 원인 분석 : 파악된 핵심 문제에 대한 분석을 통해 근본 원인을 도출해 내는 단계
4. 해결안 개발 : 문제로부터 도출된 근본 원인을 효과적으로 해결할 수 있는 최적의 해결 방안을 수립하는 단계
5. 실행 및 평가 : 해결안 개발을 통해 만들어진 실행계획을 실제 상황에 적용하는 단계로, 해결안을 통해 문제의 원인들을 제거해 나가는 단계

16

정답 ①

A주임은 복잡한 역사 구조로 승객들이 길을 헤매는 문제를 해결하기 위한 아이디어를 지하철역과 비슷한 대상인 쇼핑센터의 증강현실 지도 기술에서 얻었고, 지하철역에서 이용 가능한 증강현실 길안내 서비스를 기획하였다. 따라서 주어진 사례에서 나타나는 창의적 사고 개발방법으로 가장 적절한 것은 대상과 비슷한 것을 찾아내 그것을 힌트로 새로운 아이디어를 생각해 내는 비교발상법인 NM법이다.

오답분석

② Synectics : 서로 관련이 없어 보이는 것들을 조합하여 새로운 것을 도출해 내는 비교발상법이다.
③ 체크리스트 : 미리 준비된 힌트들을 시각화하고, 주제를 힌트에 연결 지어 발상하는 강제연상법이다.
④ SCAMPER : 체크리스트의 발전된 기법으로, 대체, 결합, 응용, 수정, 전용, 제거, 반전과 같이 7가지 키워드를 주제와 연결 지어 발상하는 강제연상법이다.
⑤ 브레인스토밍 : 어떤 주제에서 자유롭게 생각나는 것을 계속해서 열거하여 창의적인 아이디어를 이끌어 내는 자유연상법이다.

17

정답 ⑤

A씨는 사고로 학생과 부딪힌 사건 하나만을 부풀려 젊은이들이 모두 조심성이 없으며 남을 배려하지 않는다고 주장하고 있다. 이는 특정한 사례 하나를 토대로 집단을 일반화하는 주장이므로 성급한 일반화의 오류에 해당한다.

오답분석

① 무지의 오류 : '외계인이 있다는 증거가 없으므로 외계인은 존재하지 않는다.'처럼 어떠한 주장이 증명되지 않았다고 해서 그 반대의 주장이 참이라고 주장하는 오류이다.
② 결합의 오류 : '머리카락 1개가 빠지면 대머리가 되지 않는다. 2개가 빠져도, 100개가 빠져도 그렇다. 따라서 1만 개가 빠져도 대머리가 되지 않는다.'처럼 하나의 사례에는 오류가 없지만, 여러 사례를 잘못 결합하여 발생하는 오류이다.
③ 애매성의 오류 : '여자는 남자보다 약하다. 따라서 여자는 오래 살지 못한다.'처럼 애매한 어휘의 사용으로 발생하는 오류이다.
④ 과대 해석의 오류 : '퇴근길에 조심하세요.'라는 말을 퇴근길에만 조심하라는 의미로 받아들이는 것처럼 문맥을 무시하고 과도하게 문구에만 집착하여 발생하는 오류이다.

18

정답 ②

ㄱ. 철도 이용객 수 증가는 외부환경요인인 법안에 의한 긍정적 효과이므로 기회에 해당한다.
ㄷ. 민간투자의 확대는 외부환경요인의 긍정적인 효과이므로 기회에 해당한다.
ㅂ. 기업 외부에서 발생한 공동 프로젝트에 참여하는 것은 기술혁신 등 긍정적인 측면에 해당하므로 기회에 해당한다.

오답분석

ㄴ. 내부환경요인인 운영 노하우는 기업 내부의 긍정적인 요소로 강점(Strength)에 해당한다.
ㄹ. 외부환경요인인 정부에서의 부정적 요소인 교통요금 동결 정책은 위협(Threat)에 해당한다.
ㅁ. 내부환경요인인 직원 수 부족으로 인한 저조한 고객 만족도는 약점(Weakness)에 해당한다.

19

정답 ④

ㄱ. A차장은 노인 이용자 대표와 논리적 토론을 통해 합리적 타협점을 찾고 있다. 이는 상이한 문화적 토양을 가지고 있는 구성원을 가정하여 서로의 생각을 직설적으로 주장하고 논쟁이나 협상을 통해 의견을 조정하는 하드 어프로치에 해당한다.
ㄴ. A센터장은 역할극과 브레인스토밍 기법을 통하여 직원들이 자발적으로 의견을 제시하고, 창의적인 해결방법을 도모할 수 있도록 촉진하고 있다. 이는 어떤 그룹이나 집단이 자발적으로 창의적인 문제해결을 할 수 있도록 촉진하는 퍼실리테이션에 해당한다.

ㄷ. A팀장은 B사원에게 실수에 대한 결과를 시사하여 실수를 줄일 수 있도록 넌지시 제안하였으며, 다른 팀원들에게도 B사원을 잘 도와줄 수 있도록 요청하였다. A팀장은 중재자로서 같은 문화적 토양을 가지고 있는 팀원들이 서로를 이해할 수 있도록 돕고, 권위와 공감에 의지하여 의견을 중재하고 있으므로 소프트 어프로치에 해당한다.

20

정답 ⑤

오답분석

ㄱ. 주식회사는 주식의 소유비율에 따라 주주들이 의사결정 권한을 나누어 가지며, 주주총회가 최고 의사결정기구의 역할을 한다.

ㄷ. 주주는 주식회사에 대하여 본인이 투자한 금액만큼의 출자의무를 가지며, 그 이상의 금액에 대해서는 어떠한 책임이나 의무도 갖지 않는다.

21

정답 ④

조정은 목표를 달성하기 위해 자원의 중복, 부족 등을 보완하는 과정을 말한다.

22

정답 ②

유사한 특징을 가진 고객을 그룹으로 분류하는 것은 고객 세그먼트에 대한 설명이다. 고객 페르소나는 특정 고객 그룹을 대표하는 가상의 프로필을 생성하여 행동 패턴, 라이프스타일 등 다양한 데이터로 전략을 수립하는 고객 맞춤형 마케팅 전략이다.

23

정답 ⑤

매슬로의 욕구 5단계는 아래부터 생리적 욕구 → 안전 욕구 → 사랑과 소속 욕구(관계 욕구) → 존경 욕구 → 자아실현 욕구이다. 따라서 관계 욕구 이하의 욕구는 생리적 욕구와 안전 욕구이다.

매슬로의 욕구 5단계

- 1단계(생리적 욕구) : 음식, 물, 잠 등 생존에 필요한 최소한의 욕구
- 2단계(안전 욕구) : 신체적, 경제적 안전에 대한 욕구
- 3단계(사랑과 소속 욕구) : 가족, 친구, 동료 등으로부터 갖는 소속감, 애정 욕구
- 4단계(존경 욕구) : 자신을 존중하고 타인에게 존중받고 싶어 하는 욕구
- 5단계(자아실현 욕구) : 자신의 잠재력을 끌어내어 의미 있는 삶을 살고 싶어 하는 욕구

24

정답 ⑤

제품 수명주기(PLC; Product Life Cycle)

- 개발기 : 제품 수명주기의 첫 번째 단계로, 제품 출시 전 제품컨셉을 잡고 테스트 등을 거치는 단계이며 매출은 발생하지 않으나 비용이 많이 소요된다.
- 도입기 : 제품 판매가 완만히 상승세를 타기 시작하나, 생산량이 적고 생산원가는 높아 적자상태가 지속된다.
- 성장기 : 제품 판매가 급속히 증가하여 이익이 크게 발생하고, 생산량도 크게 증가한다.
- 성숙기 : 제품 판매가 체감적으로는 증가하나 안정된 상태를 유지하고, 경쟁이 심화됨에 따라 이익이 차츰 감소하게 된다.
- 쇠퇴기 : 제품 판매가 빠르게 감소하여 매출이 하락하고 경쟁 제품들이 시장에서 철수하게 된다.

25

정답 ④

SMS 마케팅은 휴대폰 문자메시지(SMS; Short Message Service)를 활용해 상품・서비스 홍보, 이벤트 안내 등을 하는 모바일 마케팅 기법으로, 저비용으로 고객에게 간결한 핵심 정보를 즉각적으로 전달하는 특징이 있다.

오답분석

① 드립 마케팅 : 미리 작성된 마케팅 메시지를 일정 시간 이후에 고객 또는 잠재고객에게 발송하는 마케팅이다.

② 뉴로 마케팅 : 소비자의 무의식적 반응과 뇌 활동을 분석하여 적용하는 마케팅이다.

③ 애드네트워크 : 광고 지면을 수집 및 중개하여 수수료를 받고 광고주에게 판매하는 마케팅이다.

⑤ PPL 마케팅 : 각종 콘텐츠 속에 기업제품을 소품이나 배경으로 등장시켜 소비자들에게 홍보하는 마케팅이다.

26

정답 ⑤

명목집단법(NGT; Nominal Group Technique)은 참여자들이 서로 문제나 이슈 등을 분석하고 순위를 정하는 가중서열화 방법으로, 의사결정 과정 동안 토론이나 대인 커뮤니케이션을 제한하고, 서면을 통해 아이디어를 작성해서 투표를 통해 결정한다. 명목집단법은 참여자가 생각하고 있는 아이디어를 제약조건 없이 빠르게 이끌어 낼 수 있다. 한편, 자유분방하게 다양한 아이디어를 비판 없이 제시하는 자유연상법은 브레인스토밍에 해당한다.

27

정답 ①

인바운드 마케팅은 고객이 제품이나 서비스 등에 관심을 가지고 먼저 오도록 하여 잠재고객을 유치하고 구매를 유도하는 마케팅 전략이다.

오답분석

② 아웃바운드 마케팅 : 기업이 고객에게 찾아가 적극적으로 상품 및 서비스를 판매하는 마케팅이다.
③ 프로모션 마케팅 : 할인, 사은품 등 프로모션을 통해 고객을 유도하고 판매를 촉진하는 마케팅이다.
④ 소셜미디어 마케팅 : 인스타그램, 페이스북 등 소셜미디어를 활용하는 마케팅이다.
⑤ 콘텐츠 마케팅 : 제품, 서비스 등에 대한 콘텐츠를 제작하여 고객참여 및 브랜드이미지를 제고하는 마케팅이다.

28

정답 ⑤

호손실험은 1924 ~ 1932년 미국 웨스턴일렉트릭사의 호손공장에서 수행된 실험으로, 조직 내 인간행동의 비합리적·감정적 측면을 규명한 연구이다. 이 실험을 통해 좋은 근무조건 같은 물질적 요인보다 사회적·심리적 요인이 생산성에 큰 영향을 준다는 것을 파악하여 과학적 관리론의 한계점을 규명하고, 조직 관리에서의 비물질적 요소의 중요성을 인지하였다.

29

정답 ④

빈칸에 들어갈 단어는 가치사슬(Value Chain)이다. 가치사슬 모형은 마이클 포터가 기업의 모든 활동을 주요 활동(생산, 마케팅, 서비스 등)과 지원 활동(인프라, 인사, 기술개발 등)으로 구분해 경쟁우위 원천을 분석한 것을 말한다. 이를 통해 기업의 경쟁전략이 가장 잘 적용될 수 있고, 정보시스템이 가장 효과적으로 운영될 수 있는 특정 활동을 강조할 수 있다.

30

정답 ④

트러스트는 카르텔이나 콘체른보다 더 강력한 기업연합으로, 각 기업이 독립성을 상실하고 합동하여 시장을 독점하는 형태를 말한다.

오답분석

①·② 카르텔에 대한 설명이다.
③ 신디케이트에 대한 설명이다.
⑤ 콘체른에 대한 설명이다.

31

정답 ②

인기형 리더는 직원들에 대한 관심은 매우 높으나, 업무성과는 좋지 않은 리더를 의미한다. 직원들의 사기 및 조직목표를 이상적으로 조합하여 성과를 추구하는 리더는 관리형 리더이다.

32

정답 ③

변혁적 리더십은 구성원들에게 자율성과 권한을 부여하여 스스로 의사결정 및 책임을 질 수 있게 한다.

33

정답 ③

중간경영자는 하위경영자들을 관리하며, 조직의 효율성을 높이는 역할을 한다. 현장에서 직접 업무를 감독 및 조정하고, 생산성을 높이는 역할을 하는 것은 일선관리자이다.

34

정답 ②

B2C는 Business to Customer를 뜻하는 것으로, 기업이 소비자에게 제품이나 서비스를 판매하는 것을 의미한다. 기업이 다른 기업에게 제품이나 서비스를 판매하는 것은 B2B에 해당한다.

35

정답 ③

철도사업자는 열차를 이용하는 여객이 정당한 운임·요금을 지급하지 아니하고 열차를 이용한 경우에는 승차 구간에 해당하는 운임 외에 그의 30배의 범위에서 부가 운임을 징수할 수 있다(철도사업법 제10조 제1항).

오답분석

① 철도사업법 제10조 제5항에서는 부가 운임의 징수 대상자가 이를 성실하게 납부하여야 한다고 그 의무를 정하고 있다.
② 철도사업법 제10조 제2항에 따라 송하인(送荷人 : 화물 발송인)이 운송장에 적은 화물의 품명·중량·용적 또는 개수에 따라 계산한 운임이 정당한 사유 없이 정상 운임보다 적은 경우에는 송하인에게 그 부족 운임 외에 그 부족 운임의 5배의 범위에서 부가 운임을 징수할 수 있다.
④ 철도사업법 제10조 제3항에 따라 철도사업자가 부가 운임을 징수하기 위해서는 사전에 부가 운임의 징수 대상 행위, 열차의 종류 및 운행 구간 등에 따른 부가 운임 산정기준을 정하고 철도사업약관에 포함하여 국토교통부장관에게 신고하여야 한다.
⑤ 철도사업법 제10조 제4항에 따라 국토교통부장관은 신고를 받은 날로부터 3일 이내에 신고수리 여부를 신고인에게 통지하여야 한다(철도사업법 제11조 제3항에 따라 변경으로 인한 신고도 동일).

36 정답 ⑤

한국철도공사법 제5조에 따라 공사는 주된 사무소의 소재지에서 설립등기를 함으로써 성립한다. 공사의 등기에 필요한 사항은 한국철도공사법 시행령 제2조에 따라 다음과 같다.
1. 설립목적
2. 명칭
3. 주된 사무소 및 하부조직의 소재지
4. 자본금
5. 임원의 성명 및 주소
6. 공고의 방법

따라서 설립등기에 필요한 사항이 아닌 것은 공익 서비스 비용 서류이다.

37 정답 ①

철도사업자란 한국철도공사법에 따라 설립된 한국철도공사 및 제5조에 따라 철도사업 면허를 받은 자를 말한다(철도사업법 제2조 제8호).

38 정답 ⑤

전용철도 등록사항의 경미한 변경 등(철도사업법 시행령 제12조 제1항)
법 제34조 제1항 단서에서 대통령령으로 정하는 경미한 변경의 경우란 다음 각 호의 어느 하나에 해당하는 경우를 말한다.
1. 운행시간을 연장 또는 단축한 경우
2. 배차간격 또는 운행횟수를 단축 또는 연장한 경우
3. 10분의 1의 범위 안에서 철도차량 대수를 변경한 경우
4. 주사무소・철도차량기지를 제외한 운송관련 부대시설을 변경한 경우
5. 임원을 변경한 경우(법인에 한한다)
6. 6월의 범위 안에서 전용철도 건설기간을 조정한 경우

따라서 주사무소・철도차량기지와 같은 운송관련 부대시설을 변경한 경우 경미한 변경에 해당하지 않아 철도사업법 제34조 제1항에 따라 전용철도의 건설・운전・보안 및 운송에 관한 사항이 포함된 운영계획서를 첨부하여 국토교통부장관에게 등록해야 한다.

39 정답 ②

국가부담비용의 지급(철도산업발전기본법 시행령 제41조 제1항)
철도운영자는 국가부담비용의 지급을 신청하고자 하는 때에는 국토교통부장관이 지정하는 기간 내에 국가부담비용지급신청서에 다음 각 호의 서류를 첨부하여 국토교통부장관에게 제출하여야 한다.
1. 국가부담비용지급신청액 및 산정내역서
2. 당해 연도의 예상수입・지출명세서
3. 최근 2년간 지급받은 국가부담비용내역서
4. 원가계산서

40 정답 ⑤

한국철도공사는 공공기관의 운영에 관한 법률 제40조 제3항에 따라 예산이 확정되면 2개월 이내에 해당 연도에 발행할 사채의 목적・규모・용도 등이 포함된 사채발행 운용계획을 수립하여 이사회의 의결을 거쳐 국토교통부장관의 승인을 받아야 한다. 운용계획을 변경하려는 경우에도 또한 같다(한국철도공사법 제11조 제5항).

오답분석

① 공사는 이사회의 의결을 거쳐 사채를 발행할 수 있다(한국철도공사법 제11조 제1항).
② 국가는 공사가 발행하는 사채의 원리금 상환을 보증할 수 있다(한국철도공사법 제11조 제3항).
③ 사채의 소멸시효는 원금은 5년, 이자는 2년이 지나면 완성한다(한국철도공사법 제11조 제4항).
④ 사채의 발행액은 공사의 자본금과 적립금을 합한 금액의 5배를 초과하지 못한다(한국철도공사법 제11조 제2항).

41 정답 ④

철도산업발전기본법 시행령 제6조 제2항 제1호에 의해 기획재정부차관・과학기술정보통신부차관・교육부차관・행정안전부차관・산업통상부차관・고용노동부차관・국토교통부차관・해양수산부차관 및 공정거래위원회부위원장은 위원이 될 수 있다.

오답분석

① 위원의 임기는 2년으로 하되, 연임할 수 있다(철도산업발전기본법 시행령 제6조 제3항).
② 법 제6조의 규정에 의한 철도산업위원회의 위원장은 국토교통부장관이 된다(철도산업발전기본법 시행령 제6조 제1항).
③ 철도산업위원회는 위원장을 포함한 25인 이내의 위원으로 구성한다(철도산업발전기본법 제6조 제3항).
⑤ 국가철도공단의 이사장 및 한국철도공사의 사장 모두 위원이 될 수 있다(철도산업발전기본법 시행령 제6조 제2항 제2호・제3호).

42 정답 ②

한국철도공사는 제1항에 따른 전대(국가로부터 대부받거나 사용・수익을 허가받은 국유재산의 전대)를 하려면 미리 국토교통부장관의 승인을 받아야 한다. 이를 변경하려는 경우에도 또한 같다(한국철도공사법 제15조 제2항).

오답분석

① 한국철도공사로부터 전대 받은 국유재산은 다른 사람에게 대부하거나 사용・수익하게 할 수 없다(한국철도공사법 제15조 제3항).

③ 한국철도공사로부터 전대 받은 국유재산에는 건물이나 그 밖의 영구시설물을 축조하지 못하지만, 국토교통부장관이 행정 목적 또는 공사의 사업 수행에 필요하다고 인정하는 시설물의 축조는 가능하다(한국철도공사법 제15조 제4항).
④ 한국철도공사는 사업을 효율적으로 수행하기 위하여 대부받거나 사용·수익을 허가받은 국유재산을 전대할 수 있다(한국철도공사법 제15조 제1항).
⑤ 전대한 사항을 변경하려는 경우에도 국토교통부장관의 승인이 필요하다(한국철도공사법 제15조 제2항).

43

정답 ④

사업용철도노선은 다음과 같이 분류할 수 있다(철도사업법 제4조 제2항).

- 운행지역과 운행거리에 따른 분류
  - 간선(幹線)철도
  - 지선(支線)철도
- 운행속도에 따른 분류
  - 고속철도노선
  - 준고속철도노선
  - 일반철도노선

따라서 운행속도에 따라 분류한 것은 ㄴ, ㄷ, ㅁ이다.

44

정답 ①

손익금의 처리(한국철도공사법 제10조 제1항)

공사는 매 사업연도 결산 결과 이익금이 생기면 다음 각 호의 순서로 처리하여야 한다.

1. 이월결손금의 보전(補塡)
2. 자본금의 2분의 1이 될 때까지 이익금의 10분의 2 이상을 이익준비금으로 적립
3. 자본금과 같은 액수가 될 때까지 이익금의 10분의 2 이상을 사업확장적립금으로 적립
4. 국고에 납입

45

정답 ③

국가는 국유재산법에도 불구하고 철도산업발전기본법 제22조 제1항 제1호에 따른 운영자산을 현물로 출자한다(한국철도공사법 제4조 제3항).

오답분석

①·② 공사의 자본금은 22조 원으로 하고, 그 전부를 정부가 출자한다(한국철도공사법 제4조 제1항).
④ 자본금의 납입 시기와 방법은 재정경제부장관이 정하는 바에 따른다(한국철도공사법 제4조 제2항).
⑤ 제3항에 따라 국가가 공사에 출자를 할 때에는 국유재산의 현물출자에 관한 법률에 따른다(한국철도공사법 제4조 제4항).

CHAPTER

04 2024년 하반기 기출복원문제

01	02	03	04	05	06	07	08	09	10
④	③	⑤	③	③	③	④	④	③	③
11	12	13	14	15	16	17	18	19	20
④	⑤	②	②	①	③	④	⑤	③	④
21									
③									

01

정답 ④

쉼이란 대화 도중에 잠시 침묵하는 것을 말한다. 쉼을 사용하는 대표적인 경우는 다음과 같다.

- 이야기의 전이 시(흐름을 바꾸거나 다른 주제로 넘어갈 때)
- 양해, 동조, 반문의 경우
- 생략, 암시, 반성의 경우
- 여운을 남길 때

위와 같은 목적으로 쉼을 활용함으로써 논리성, 감정 제고, 동질감 등을 확보할 수 있다.

반면, 연단공포증은 면접이나 발표 등 청중 앞에서 이야기할 때 가슴이 두근거리고, 입술이 타고, 식은땀이 나고, 얼굴이 달아오르는 생리적인 현상으로, 쉼과는 관련이 없다. 연단공포증은 90% 이상의 사람들이 호소하는 불안이므로 극복하기 위해서는 연단공포증에 대한 걱정을 떨쳐내고 이러한 심리현상을 잘 통제하여 의사 표현하는 것을 연습해야 한다.

02

정답 ③

미국의 심리학자인 도널드 키슬러는 대인관계 의사소통 방식을 체크리스트로 평가하여 8가지 유형으로 구분하였다. 이 중 친화형은 따뜻하고 배려심이 깊으며, 타인과의 관계를 중시하는 유형이다. 또한 협동적이고 조화로운 성격으로, 자기희생적인 경향이 강하다.

키슬러의 대인관계 의사소통 유형

- 지배형 : 자신감이 있고 지도력이 있으나 논쟁적이고 독단이 강하여 대인 갈등을 겪을 수 있으므로 타인의 의견을 경청하고 수용하는 자세가 필요하다.
- 실리형 : 이해관계에 예민하고 성취 지향적으로 경쟁적인 데다 자기중심적이어서 타인의 입장을 배려하고 관심을 갖는 자세가 필요하다.
- 냉담형 : 이성적인 의지력이 강하고 타인의 감정에 무관심하며 피상적인 대인관계를 유지하므로 타인의 감정 상태에 관심을 가지고 긍정적인 감정을 표현하는 것이 필요하다.
- 고립형 : 혼자 있는 것을 선호하고 사회적 상황을 회피하며 지나치게 자신의 감정을 억제하므로 대인관계의 중요성을 인식하고 타인에 대한 비현실적인 두려움의 근원을 성찰하는 것이 필요하다.
- 복종형 : 수동적이고 의존적이며 자신감이 없으므로 적극적인 자기표현과 주장이 필요하다.
- 순박형 : 단순하고 솔직하며 자기주관이 부족하므로 자기주장을 하는 노력이 필요하다.
- 친화형 : 따뜻하고 인정이 많고 자기희생적이나 타인의 요구를 거절하지 못하므로 타인과의 정서적인 거리를 유지하는 노력이 필요하다.
- 사교형 : 외향적이고 인정하는 욕구가 강하며, 타인에 대한 관심이 많아서 간섭하는 경향이 있고 흥분을 잘 하므로 심리적 안정과 지나친 인정욕구에 대한 성찰이 필요하다.

03

정답 ⑤

철도사고는 달리는 도중에도 발생할 수 있으므로 먼저 인터폰을 통해 승무원에게 사고를 알리고, 열차가 멈춘 후에 안내방송에 따라 비상핸들이나 비상콕크를 돌려 문을 열고 탈출해야 한다. 만약 화재가 발생했을 경우에는 승무원에게 사고를 알리고 곧바로 119에도 신고를 해야 한다.

오답분석

① 침착함을 잃고 패닉에 빠지게 되면, 적절한 행동요령에 따라 대피하기 어렵다. 따라서 사고현장에서 대피할 때는 승무원의 안내에 따라 질서 있게 대피해야 한다.

② 화재사고 발생 시 승객들은 여유가 있을 경우 전동차 양 끝에 비치된 소화기를 통해 초기 진화를 시도해야 한다.

③ 역이 아닌 곳에서 열차가 멈췄을 경우 감전의 위험이 있으므로 반드시 승무원의 안내에 따라 반대편 선로의 열차 진입에 유의하며 대피 유도등을 따라 침착하게 비상구로 대피해야 한다.

④ 전동차에서 대피할 때는 부상자, 노약자, 임산부 등 탈출이 어려운 사람부터 먼저 대피할 수 있도록 배려하고 도와주어야 한다.

04

정답 ③

하향식 읽기 모형은 독자의 배경지식을 바탕으로 글의 맥락을 먼저 파악하는 읽기 전략이다. ③의 경우 제품 설명서를 통해 세부 기능과 버튼별 용도를 파악하고 기계를 작동시켰으므로 상향식 읽기를 수행한 사례이다. 제품 설명서를 하향식으로 읽는다면 제품 설명서를 읽기 전 제품을 보고 배경지식을 바탕으로 어떤 기능이 있는지 예측하고, 해당 기능을 수행하는 세부 방법을 제품 설명서를 통해 찾아봐야 한다.

오답분석

① 헤드라인을 먼저 읽어 배경지식을 바탕으로 전체적인 내용을 파악하고 상세 내용을 읽었으므로 하향식 읽기 모형에 해당한다.

② 회의 주제에 대한 배경지식을 가지고 회의 안건을 예상한 후 회의 자료를 파악하였으므로 하향식 읽기 모형에 해당한다.

④ 요리에 대한 경험과 지식을 바탕으로 요리 과정을 파악하였으므로 하향식 읽기 모형에 해당한다.

⑤ 해당 분야에 대한 기본적인 지식을 바탕으로 서문이나 목차를 통해 책의 전체적인 흐름을 파악하였으므로 하향식 읽기 모형에 해당한다.

05

정답 ③

농도가 15%인 소금물 200g의 소금의 양은 $200\times\frac{15}{100}=30$g이고, 농도가 20%인 소금물 300g의 소금의 양은 $300\times\frac{20}{100}=60$g이다.

따라서 두 소금물을 섞었을 때의 농도는 $\frac{30+60}{200+300}\times100=\frac{90}{500}\times100=18\%$이다.

06

정답 ③

동성끼리 인접하지 않아야 하므로 남직원과 여직원은 모두 번갈아 앉아야 한다. 이때 여직원 D의 자리를 기준으로 남직원 B가 옆에 앉는 경우를 다음과 같이 나눌 수 있다.

- 첫 번째, 여섯 번째 자리에 여직원 D가 앉는 경우
  남직원 B가 여직원 D 옆에 앉는 경우는 1가지뿐으로, 남은 자리에 남직원, 여직원이 번갈아 앉아 경우의 수는 $2\times1\times2!\times2!=8$가지이다.
- 두 번째, 세 번째, 네 번째, 다섯 번째 자리에 여직원 D가 앉는 경우
  각 경우에 대하여 남직원 B가 여직원 D 옆에 앉는 경우는 2가지이다. 남은 자리에 남직원, 여직원이 번갈아 앉으므로 경우의 수는 $4\times2\times2!\times2!=32$가지이다.

따라서 구하고자 하는 경우의 수는 $8+32=40$가지이다.

07

정답 ④

제시된 수열은 홀수 항일 때 +12, +24, +48, …이고, 짝수 항일 때 +20인 수열이다.

따라서 빈칸에 들어갈 수는 $13+48=61$이다.

08

정답 ④

2022년에 중학교에서 고등학교로 진학한 학생의 비율은 99.7%이고, 2023년 중학교에서 고등학교로 진학한 학생의 비율은 99.6%이다. 따라서 진학한 비율이 감소하였으므로 중학교에서 고등학교로 진학하지 않은 학생의 비율은 증가하였음을 알 수 있다.

오답분석

① 중학교의 취학률이 가장 낮은 해는 97.1%인 2020년이다. 이는 97% 이상이므로 중학교의 취학률은 매년 97% 이상이다.

② 매년 초등학교의 취학률이 가장 높다.

③ 고등교육기관의 취학률은 2020년 이후로 계속해서 70% 이상을 기록하였다.

⑤ 고등교육기관의 취학률이 가장 낮은 해는 2016년이고, 고등학교의 상급학교 진학률이 가장 낮은 해 또한 2016년이다.

09

정답 ③

오답분석

① B기업의 매출액이 가장 많은 때는 2024년 3월이지만, 그래프에서는 2024년 4월의 매출액이 가장 많은 것으로 나타났다.
② 2024년 2월에는 A기업의 매출이 더 많지만, 그래프에서는 B기업이 더 많은 것으로 나타났다.
④ A기업의 매출액이 가장 적은 때는 2024년 4월이지만, 그래프에서는 2024년 3월의 매출액이 가장 적은 것으로 나타났다.
⑤ A기업과 B기업의 매출액의 차이가 가장 큰 때는 2024년 1월이지만, 그래프에서는 2024년 5월과 6월의 매출액 차이가 더 큰 것으로 나타났다.

10

정답 ③

A～F 모두 문맥을 무시하고 일부 문구에만 집착하여 뜻을 해석하고 있으므로 '과대 해석의 오류'를 범하고 있다. 과대 해석의 오류는 전체적인 상황이나 맥락을 고려하지 않고 특정 단어나 문장에만 집착하여 의미를 해석하는 오류로, 글의 의미를 지나치게 확대하거나 축소하여 생각하고, 문자 그대로의 의미에만 너무 집착하여 다른 가능성이나 해석을 배제하게 되는 논리적 오류이다.

오답분석

① 무지의 오류 : '신은 존재하지 않는다가 증명되지 않았으므로 신은 존재한다.'처럼 증명되지 않았다고 해서 그 반대의 주장이 참이라고 생각하는 오류이다.
② 연역법의 오류 : '조류는 날 수 있다. 펭귄은 조류이다. 따라서 펭귄은 날 수 있다.'처럼 잘못된 삼단논법에 의해 발생하는 논리적 오류이다.
④ 허수아비 공격의 오류 : '저 사람은 과거에 거짓말을 한 적이 있으니 이번에 일어난 사기 사건의 범인이다.'처럼 개별적 인과관계를 입증하지 않고 전혀 상관없는 별개의 논리를 만들어 공격하는 논리적 오류이다.
⑤ 권위나 인신공격에 의존한 논증 : '제정신을 가진 사람이면 그런 주장을 할 수가 없다.'처럼 상대방의 주장 대신 인격을 공격하거나, '최고 권위자인 A교수도 이런 말을 했습니다.'처럼 자신의 논리적인 약점을 권위자를 통해 덮으려는 논리적 오류이다.

11

정답 ④

A～E열차의 운행시간 단위를 시간 단위로, 평균 속력의 단위를 시간당 운행거리로 통일하여 정리하면 다음과 같다.

구분	운행시간	평균 속력	운행거리
A 열차	900분 =15시간	50m/s =(50×60×60)m/h =180km/h	15×180= 2,700km
B 열차	10시간 30분 =10.5시간	150km/h	10.5×150 =1,575km
C 열차	8시간	55m/s =(55×60×60)m/h =198km/h	8×198= 1,584km
D 열차	720분 =12시간	2.5km/min =(2.5×60)km/h =150km/h	12×150= 1,800km
E 열차	10시간	2.7km/min =(2.7×60)m/h =162km/h	10×162= 1,620km

따라서 C열차의 운행거리는 네 번째로 길다.

12

정답 ⑤

스마트팜 관련 정부 사업 참여 경험은 K사의 강점 요인이다. 또한 정부의 적극적인 지원은 스마트팜 시장 성장에 따른 기회 요인이다. 따라서 스마트팜 관련 정부 사업 참여 경험을 바탕으로 정부의 적극적인 지원을 확보하는 것은 내부의 강점을 통해 외부의 기회 요인을 극대화하는 SO전략에 해당한다.

오답분석

①·②·③·④ 외부의 기회를 이용하여 내부의 약점을 보완하는 WO전략에 해당한다.

SWOT 분석 전략

- SO전략 : 내부 강점과 외부 기회를 극대화하는 전략
- WO전략 : 외부 기회를 이용하여 내부 약점을 강점으로 전환하는 전략
- ST전략 : 외부 위협을 최소화하기 위해 내부 강점을 극대화하는 전략
- WT전략 : 내부 약점과 외부 위협을 최소화하는 전략

13

정답 ②

K대학교 기숙사 운영위원회는 단순히 '기숙사에 문제가 있다.'라는 큰 문제에서 벗어나 식사, 시설, 통신환경이라는 세 가지 주요 문제를 파악하고 문제별로 다시 세분화하여 더욱 구체적으로 인과관계 및 구조를 파악하여 분석하고 있다. 따라서 제시문에서 나타난 문제해결 절차는 '문제 도출'이다.

문제해결 절차 5단계

1. 문제 인식 : 해결해야 할 전체 문제를 파악하여 우선순위를 정하고 선정 문제에 대한 목표를 명확히 하는 단계
2. 문제 도출 : 선정된 문제를 분석하여 해결해야 할 것이 무엇인지를 명확히 하는 단계로, 현상에 대한 문제를 분해하여 인과관계 및 구조를 파악하는 단계
3. 원인 분석 : 파악된 핵심 문제에 대한 분석을 통해 근본 원인을 도출해 내는 단계
4. 해결안 개발 : 문제로부터 도출된 근본 원인을 효과적으로 해결할 수 있는 최적의 해결 방안을 수립하는 단계
5. 실행 및 평가 : 해결안 개발을 통해 만들어진 실행계획을 실제 상황에 적용하는 단계로, 해결안을 통해 문제의 원인들을 제거해 나가는 단계

14

정답 ②

국토교통부장관은 기본계획을 수립하거나, 수립된 계획을 변경할 경우 철도산업위원회의 심의를 거쳐야 한다. 이때 대통령령으로 정하는 경미한 변경은 제외된다(철도산업발전기본법 제5조 제4항). 여기서 경미한 변경은 사업 규모·비용·기간별로 구분되며 다음과 같다(철도산업발전기본법 시행령 제4조).

- 사업 규모 : 철도시설투자사업 규모의 100분의 1의 범위 안에서의 변경
- 사업 비용 : 철도시설투자사업 총투자비용의 100분의 1의 범위 안에서의 변경
- 사업 기간 : 철도시설투자사업 기간의 2년의 기간 내에서의 변경

따라서 밑줄 친 경미한 변경의 기간 조건은 2년 이내의 변경이다.

15

정답 ①

철도산업발전기본법 제3조 제4호에 따르면 철도차량은 선로를 운행할 목적으로 제작된 동력차·객차·화차 및 특수차를 뜻하며, 각 차량의 뜻은 다음과 같다.

- 동력차 : 동력에 의하여 선로를 이동하는 것을 목적으로 제작된 철도차량
- 객차 : 여객, 수화물 및 우편물을 운송할 수 있는 구조로 제작된 철도차량
- 화차 : 화물을 운송할 수 있는 구조로 제작된 철도차량
- 특수차 : 특수 사용을 목적으로 제작된 사고복구용차, 작업차, 시험차 등으로, 동력차와 객차 및 화차에 속하지 않는 철도차량

따라서 동력차는 특수차와 다른 분류의 철도차량이므로 특수차에 해당하지 않는다.

특수차의 종류(철도차량기술기준 별표 2)

- 사고복구용차 : 사고복구차, 사고복구용 기중기
- 작업차 : 굴삭차, 가선차, 자갈정리차, 고압살수차 등
- 시험차 : 종합검측차, 궤도검측차, 선로점검차, 전철시험차 등

16

정답 ③

한국철도공사는 이사회의 의결을 거쳐 사채를 발행할 수 있으며, 사채의 발행액은 공사의 자본금과 적립금을 합한 금액의 5배를 초과하지 못한다(한국철도공사법 제11조 제1항·제2항). 따라서 최대 5배까지 가능하다.

17

정답 ④

운영자산은 영업활동이 주된 목적인 운영시설로, 운영시설과 직접 관련된 토지 및 업무용 건물이 포함되며 역사, 철도차량, 차량기지 등이 포함된다. 반면 시설자산은 사회간접자본(SOC)으로, 공공성이 있는 기반시설을 의미한다. 즉, 국가에 귀속된 시설이지만 시설사용계약을 통해 한국철도공사로 위탁된 시설로, 선로, 터널 등이 포함된다. 따라서 ㄴ, ㄷ, ㅁ은 운영자산에 해당하고, ㄱ, ㄹ은 시설자산에 해당한다.

철도자산의 구분 등(철도산업발전기본법 제22조 제1항)

국토교통부장관은 철도산업의 구조개혁을 추진하는 경우 철도청과 고속철도건설공단의 철도자산을 다음 각 호와 같이 구분하여야 한다.

1. 운영자산 : 철도청과 고속철도건설공단이 철도운영 등을 주된 목적으로 취득하였거나 관련 법령 및 계약 등에 의하여 취득하기로 한 재산·시설 및 그에 관한 권리
2. 시설자산 : 철도청과 고속철도건설공단이 철도의 기반이 되는 시설의 건설 및 관리를 주된 목적으로 취득하였거나 관련 법령 및 계약 등에 의하여 취득하기로 한 재산·시설 및 그에 관한 권리
3. 기타자산 : 제1호 및 제2호의 철도자산을 제외한 자산

18

정답 ⑤

철도시설의 건설 및 관리와 사업을 효율적으로 시행하는 것은 국가철도공단의 사업으로, 국가철도공단법의 목적이다.

오답분석

① 공사의 자본금은 22조 원으로 하고, 그 전부를 정부가 출자한다(한국철도공사법 제4조 제1항).
② 공사의 주된 사무소의 소재지는 정관으로 정한다(한국철도공사법 제3조 제1항).
③ 공사는 주된 사무소의 소재지에서 설립등기를 함으로써 성립한다(한국철도공사법 제5조 제1항).
④ 제3항에 따라 국가가 공사에 출자를 할 때에는 국유재산의 현물출자에 관한 법률에 따른다(한국철도공사법 제4조 제4항).

목적(한국철도공사법 제1조)
한국철도공사법은 한국철도공사를 설립하여 철도 운영의 전문성과 효율성을 높임으로써 철도산업과 국민경제의 발전에 이바지함을 목적으로 한다.

19

정답 ③

국토교통부장관은 철도사업자가 노선 운행중지, 운행제한, 감차 등을 수반하는 사업계획 변경명령을 받은 후 1년이 지나지 아니한 경우 사업계획의 변경을 제한할 수 있다(철도사업법 제12조 제2항 제2호).

사업계획의 변경(철도사업법 제12조 제2항)
국토교통부장관은 철도사업자가 다음 각 호의 어느 하나에 해당하는 경우에는 제1항에 따른 사업계획의 변경을 제한할 수 있다.
1. 제8조에 따라 국토교통부장관이 지정한 날 또는 기간에 운송을 시작하지 아니한 경우
2. 제16조에 따라 노선 운행중지, 운행제한, 감차(減車) 등을 수반하는 사업계획 변경명령을 받은 후 1년이 지나지 아니한 경우
3. 제21조에 따른 개선명령을 받고 이행하지 아니한 경우
4. 철도사고(철도운영 또는 철도시설관리와 관련하여 사람이 죽거나 다치거나 물건이 파손되는 사고)의 규모 또는 발생 빈도가 대통령령으로 정하는 기준(100만 km당 철도사고로 인한 사망자 수 및 철도사고의 발생횟수가 직전 연도를 제외한 최근 5년간 평균의 10분의 2이상 증가) 이상인 경우

20

정답 ④

"사업용철도"란 철도사업을 목적으로 설치하거나 운영하는 철도를 말한다(철도사업법 제2조 제4호).

오답분석

① "전용철도"란 다른 사람의 수요에 따른 영업을 목적으로 하지 아니하고 자신의 수요에 따라 특수 목적을 수행하기 위하여 설치하거나 운영하는 철도를 말한다(철도사업법 제2조 제5호).
②·③·⑤ 법령에서 정의하지 않는 명칭이다.

21

정답 ③

K사는 국토교통부장관의 개선명령을 위반하여 철도사업법 제16조 제1항 제11호에 따라 6개월의 사업정지처분을 받았다. 그러나 K사는 이에 불복하여 사업정지처분기간 중에 철도사업을 경영하였으므로 철도사업법 제49조 제1항 제3호(사업정지처분기간 중에 철도사업을 경영)를 위반하였다. 이 경우 2년 이하의 징역 또는 2천만 원 이하의 벌금에 처해지므로 벌금의 최대 액수는 2천만 원이다.

벌칙(철도사업법 제49조)
- 2년 이하의 징역 또는 2천만 원 이하의 벌금
  - 면허를 받지 아니하고 철도사업을 경영한 자
  - 거짓이나 부정한 방법으로 철도사업의 면허를 받은 자
  - 사업정지처분기간 중에 철도사업을 경영한 자
  - 사업계획의 변경명령을 위반한 자
  - 타인에게 자기의 성명 또는 상호를 대여하여 철도사업을 경영하게 한 자
  - 철도사업자의 공동 활용에 관한 요청을 정당한 사유 없이 거부한 자
- 1년 이하의 징역 또는 1천만 원 이하의 벌금
  - 국토교통부장관에게 등록을 하지 아니하고 전용철도를 운영한 자
  - 거짓이나 그 밖의 부정한 방법으로 전용철도의 등록을 한 자
- 1천만 원 이하의 벌금
  - 국토교통부장관의 인가를 받지 아니하고 공동운수협정을 체결하거나 변경한 자
  - 인증을 받지 않았음에도 우수서비스마크 또는 이와 유사한 표지를 철도차량 등에 붙이거나 인증 사실을 홍보한 자

CHAPTER

05 2024년 상반기 기출복원문제

01	02	03	04	05	06	07	08	09	10
③	④	⑤	③	②	③	①	③	④	⑤
11	12	13	14	15	16	17	18	19	20
②	①	④	③	③	①	②	②	①	⑤
21	22	23	24	25	26	27	28	29	30
③	④	③	⑤	②	③	①	①	③	⑤
31	32	33	34	35	36	37	38	39	40
⑤	③	①	④	③	③	③	②	①	③
41	42	43	44	45					
④	②	⑤	④	③					

01

정답 ③

제시된 시는 신라시대 6두품 출신의 문인인 최치원이 지은 「촉규화」이다. 최치원은 자신을 향기 날리는 탐스러운 꽃송이에 비유하여 뛰어난 학식과 재능을 뽐내고 있지만, 수레와 말 탄 사람에 비유한 높은 지위의 사람들이 자신을 외면하는 현실을 한탄하고 있다.

최치원

신라시대 6두품 출신의 문인으로, 12세에 당나라로 유학을 간 후 6년 만에 당의 빈공과에 장원으로 급제할 정도로 학문적 성취가 높았다. 그러나 당나라에서 제대로 인정을 받지 못했으며, 신라에 돌아와서도 6두품이라는 출신의 한계로 원하는 만큼의 관직에 오르지는 못하였다. 「촉규화」는 최치원이 당나라 유학시절에 지은 시로 알려져 있으며, 자신을 알아주지 않는 시대에 대한 개탄을 담고 있다. 최치원은 인간 중심의 보편성과 그에 따른 다양성을 강조하였으며, 신라의 쇠퇴로 인해 이러한 그의 정치 이념과 사상은 신라 사회에서는 실현되지 못하였으나 이후 고려 국가의 체제 정비에 영향을 미쳤다.

02

정답 ④

네 번째 문단에서 백성들이 적지 않고, 토산품이 구비되어 있지만 이로운 물건이 세상에 나오지 않고, 그렇게 하는 방법을 모르기 때문에 경제를 윤택하게 하는 것 자체를 모른다고 하였다. 따라서 조선의 경제가 윤택하지 못한 이유를 생산량이 부족해서가 아닌 유통의 부재로 보고 있다.

오답분석

① 세 번째 문단에서 쓸모없는 물건을 사용하여 유용한 물건을 유통하고 거래하지 않는다면 유용한 물건들이 대부분 한 곳에 묶여서 고갈될 것이라고 하며 유통이 원활하지 않은 현실을 비판하고 있다.
② 세 번째 문단에서 옛날의 성인과 제왕은 유통의 중요성을 알고 있었기 때문에 주옥과 화폐 등의 물건을 조성하여 재물이 원활하게 유통될 수 있도록 노력했다고 하며 재물 유통을 위한 성현들의 노력을 제시하고 있다.
③ 여섯 번째 문단에서 재물을 우물에 비유하여 설명하고 있다. 재물의 소비를 하지 않으면 물을 길어내지 않는 우물처럼 말라 버릴 것이며, 소비를 한다면 물을 퍼내는 우물처럼 물이 가득할 것이라며 재물에 대한 소비가 경제의 규모를 늘릴 것이라고 강조하고 있다.
⑤ 여섯 번째 문단에서 비단옷을 입지 않으면 비단을 짜는 사람과 베를 짜는 여인 등 관련 산업 자체가 황폐해질 것이라고 하고 있다. 따라서 산업의 발전을 위한 적당한 사치(소비)가 있어야 함을 제시하고 있다.

03

정답 ⑤

'말로는 친한 듯 하나 속으로는 해칠 생각이 있음'을 뜻하는 한자성어는 '口蜜腹劍(구밀복검)'이다.

- 刻舟求劍(각주구검) : 융통성 없이 현실에 맞지 않는 낡은 생각을 고집하는 어리석음

오답분석

① 水魚之交(수어지교) : 아주 친밀하여 떨어질 수 없는 사이
② 結草報恩(결초보은) : 죽은 뒤에라도 은혜를 잊지 않고 갚음
③ 靑出於藍(청출어람) : 제자나 후배가 스승이나 선배보다 나음
④ 指鹿爲馬(지록위마) : 윗사람을 농락하여 권세를 마음대로 함

04

정답 ③

③에서 '뿐이다'는 체언(명사, 대명사, 수사)인 '셋'을 수식하므로 조사로 사용되었다. 따라서 앞말과 붙여 써야 한다.

오답분석

① 종결어미 '-는지'는 앞말과 붙여 써야 한다.
② '만큼'은 용언(동사, 형용사)인 '애쓴'을 수식하므로 의존명사로 사용되었다. 따라서 앞말과 띄어 써야 한다.
④ '큰지'와 '작은지'는 모두 연결어미 '-ㄴ지'로 쓰였으므로 앞말과 붙여 써야 한다.
⑤ '-판'은 앞의 '씨름'과 합성어를 이루므로 붙여 써야 한다.

05

정답 ②

'채이다'는 '차이다'의 잘못된 표기이다. 따라서 '차였다'로 표기해야 한다.

- 차이다 : 주로 남녀 관계에서 일방적으로 관계가 끊기다.

오답분석

① 금세 : 지금 바로. '금시에'의 준말
③ 핼쑥하다 : 얼굴에 핏기가 없고 파리하다.
④ 낯설다 : 전에 본 기억이 없어 익숙하지 아니하다.
⑤ 곰곰이 : 여러모로 깊이 생각하는 모양

06

정답 ③

한자어에서 'ㄹ' 받침 뒤에 연결되는 'ㄷ, ㅅ, ㅈ'은 된소리로 발음되므로 [몰쌍식]으로 발음해야 한다.

오답분석

①·④ 받침 'ㄴ'은 'ㄹ'의 앞이나 뒤에서 [ㄹ]로 발음하지만, 결단력, 공권력, 상견례 등에서는 [ㄴ]으로 발음한다.
② 받침 'ㄱ(ㄲ, ㅋ, ㄳ, ㄺ), ㄷ(ㅅ, ㅆ, ㅈ, ㅊ, ㅌ, ㅎ), ㅂ(ㅍ, ㄼ, ㄿ, ㅄ)'은 'ㄴ, ㅁ' 앞에서 [ㅇ, ㄴ, ㅁ]으로 발음한다.
⑤ 받침 'ㄷ, ㅌ(ㄾ)'이 조사나 접미사의 모음 'ㅣ'와 결합되는 경우에는 [ㅈ, ㅊ]으로 바꾸어서 뒤 음절 첫소리로 옮겨 발음한다.

07

정답 ①

$865\times865+865\times270+135\times138-405$
$=865\times865+865\times270+135\times138-135\times3$
$=865\times(865+270)+135\times(138-3)$
$=865\times1,135+135\times135$
$=865\times(1,000+135)+135\times135$
$=865\times1,000+(865+135)\times135$
$=865,000+135,000$
$=1,000,000$

따라서 식을 계산하여 나온 수의 백의 자리는 0, 십의 자리는 0, 일의 자리는 0이다.

08

정답 ③

터널의 길이를 xm라 하면 다음과 같은 식이 성립한다.

$\frac{x+200}{60}:\frac{x+300}{90}=10:7$

$\frac{x+300}{90}\times10=\frac{x+200}{60}\times7$

$\rightarrow 600(x+300)=630(x+200)$

$\rightarrow 30x=54,000$

$\therefore x=1,800$

따라서 터널의 길이는 1,800m이다.

09

정답 ④

나열된 수의 규칙은 (첫 번째 수)×[(두 번째 수)−(세 번째 수)]=(네 번째 수)이다.

따라서 빈칸에 들어갈 수는 $9\times(16-9)=63$이다.

10

정답 ⑤

제시된 수열은 +3, +5, +7, +9, …인 수열이다.

따라서 빈칸에 들어갈 수는 $97+21=118$이다.

11

정답 ②

A반과 B반 모두 2번의 경기를 거쳐 결승에 만나는 경우는 다음과 같다.

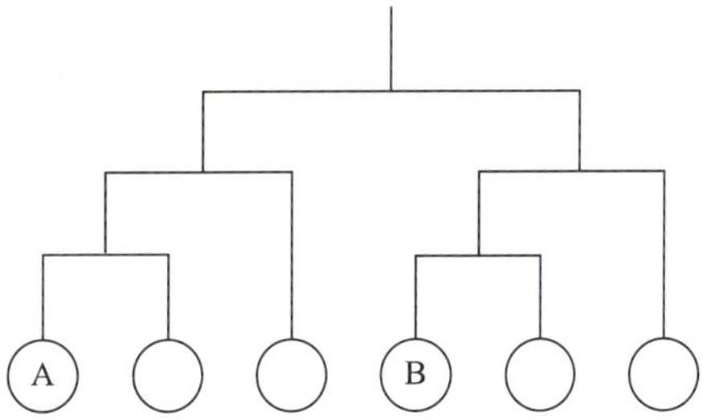

이때 남은 네 반을 배치할 때마다 모두 다른 경기가 진행되므로 구하고자 하는 경우의 수는 $4!=24$가지이다.

12

정답 ①

방사형 그래프는 여러 평가 항목에 대하여 중심이 같고 크기가 다양한 원 또는 다각형을 도입하여 구역을 나누고, 각 항목에 대한 도수 등을 부여하여 점을 찍은 후 그 점끼리 이어 생성된 다각형으로 자료를 분석할 수 있다. 따라서 방사형 그래프인 ①을 사용하면 항목별 균형을 쉽게 파악할 수 있다.

13 정답 ④

3월의 경우 K톨게이트를 통과한 영업용 승합차 수는 229천 대이고, 영업용 대형차 수는 139천 대이다.

$139\times2=278>229$이므로 3월의 영업용 승합차 수는 영업용 대형차 수의 2배 미만이다.

따라서 모든 달에서 영업용 승합차 수는 영업용 대형차 수의 2배 이상인 것은 아니므로 옳지 않은 설명이다.

오답분석

① 월별 전체 승용차 수와 전체 승합차 수의 합은 다음과 같다.
- 1월 : 3,807+3,125=6,932천 대
- 2월 : 3,555+2,708=6,263천 대
- 3월 : 4,063+2,973=7,036천 대
- 4월 : 4,017+3,308=7,325천 대
- 5월 : 4,228+2,670=6,898천 대
- 6월 : 4,053+2,893=6,946천 대
- 7월 : 3,908+2,958=6,866천 대
- 8월 : 4,193+3,123=7,316천 대
- 9월 : 4,245+3,170=7,415천 대
- 10월 : 3,977+3,073=7,050천 대
- 11월 : 3,953+2,993=6,946천 대
- 12월 : 3,877+3,040=6,917천 대

따라서 전체 승용차 수와 승합차 수의 합이 가장 많은 달은 9월이고, 가장 적은 달은 2월이다.

② 4월을 제외하고 K톨게이트를 통과한 비영업용 승합차 수는 월별 3,000천 대(=300만 대)를 넘지 않는다.

③ 모든 달에서 (영업용 대형차 수)$\times10\geq$(전체 대형차 수)이므로 영업용 대형차 수의 비율은 모든 달에서 전체 대형차 수의 10% 이상이다.

⑤ 승용차가 가장 많이 통과한 달은 9월이고, 이때 영업용 승용차 수의 비율은 9월 전체 승용차 수의 $\frac{140}{4,245}\times100≒3.3$%로 3% 이상이다.

14 정답 ③

첫 번째 조건에 따라 ①, ②는 70대 이상에서 도시의 여가생활 만족도(1.7점)가 같은 연령대의 농촌(ㄹ) 만족도(3.5점)보다 낮으므로 제외되고, 두 번째 조건에 따라 도시에서 10대의 여가생활 만족도는 농촌에서 10대(1.8점)의 2배보다 높으므로 $1.8\times2=3.6$점을 초과해야 하나 ④는 도시에서 10대(ㄱ)의 여가생활 만족도가 3.5점이므로 제외된다. 또한, 세 번째 조건에 따라 ⑤는 도시에서 여가생활 만족도가 가장 높은 연령대인 40대(3.9점)보다 30대(ㄴ)가 4.0점으로 높으므로 제외된다. 따라서 마지막 조건까지 모두 만족하는 것은 ③이다.

15 정답 ③

가격을 10,000원 인상할 때 판매량은 (10,000−160)개이고, 20,000원 인상할 때 판매량은 (10,000−320)개이다. 또한, 가격을 10,000원 인하할 때 판매량은 (10,000+160)개이고, 20,000원 인하할 때 판매량은 (10,000+320)개이다. 그러므로 K제품의 가격이 $(500,000+10,000x)$원일 때 판매량은 $(10,000-160x)$개이므로, 총 판매금액을 y원이라 하면 $(500,000+10,000x)\times(10,000-160x)$원이 된다.

y는 x에 대한 이차식이므로 이를 표준형으로 표현하면 다음과 같다.

$$y=(500,000+10,000x)\times(10,000-160x)$$
$$=-1,600,000\times(x+50)\times(x-62.5)$$
$$=-1,600,000\times(x^2-12.5x-3,125)$$
$$=-1,600,000\times\left(x-\frac{25}{4}\right)^2+1,600,000\times\left(\frac{25}{4}\right)^2+1,600,000\times3,125$$

따라서 $x=\frac{25}{4}$일 때 총 판매금액이 최대가 되지만 가격은 10,000원 단위로만 변경할 수 있으므로 $\frac{25}{4}$와 가장 가까운 자연수인 $x=6$일 때 총 판매금액이 최대가 되고, 제품의 가격은 $500,000+10,000\times6=560,000$원이 된다.

16 정답 ①

마지막 조건에 따라 C는 항상 두 번째에 도착하게 되고, 첫 번째 조건에 따라 A－B가 순서대로 도착했으므로 A, B는 첫 번째로 도착할 수 없다. 또한 두 번째 조건에 따라 D는 E보다 늦게 도착하므로 가능한 경우를 정리하면 다음과 같다.

구분	첫 번째	두 번째	세 번째	네 번째	다섯 번째
경우 1	E	C	A	B	D
경우 2	E	C	D	A	B

따라서 E는 항상 가장 먼저 도착한다.

17 정답 ②

전제 1의 전건(P)인 'TV를 오래 보면'은 후건(Q)인 '눈이 나빠진다.'가 성립하는 충분조건이며, 후건은 전건의 필요조건이 된다(P → Q). 그러나 삼단논법에서 단순히 전건을 부정한다고 해서 후건 또한 부정되지는 않는다(~P → ~Q, 역의 오류). 철수가 TV를 오래 보지 않아도 눈이 나빠질 수 있는 가능성은 얼마든지 있기 때문이다. 이러한 형식적 오류를 '전건 부정의 오류'라고 한다.

오답분석

① 사개명사의 오류 : 삼단논법에서 개념이 4개일 때 성립하는 오류이다(A는 B이고, A와 C는 모두 D이다. 따라서 B는 C이다).

③ 후건 긍정의 오류 : 후건을 긍정한다고 전건 또한 긍정이라고 하는 오류이다(P → Q이므로 Q → P이다. 이의 오류).
④ 선언지 긍정의 오류 : 어느 한 명제를 긍정하는 것이 필연적으로 다른 명제의 부정을 도출한다고 여기는 오류이다(A는 B와 C이므로 A가 B라면 반드시 C는 아니다. ∵ B와 C 둘 다 해당할 가능성이 있음).
⑤ 매개념 부주연의 오류 : 매개념(A)이 외연 전부(B)에 대하여 성립되지 않을 때 발생하는 오류이다(A는 B이고 C는 B이므로 A는 C이다).

18

정답 ②

제시된 열차의 부산역 도착시간을 계산하면 다음과 같다.

- KTX
  8:00(서울역 출발) → 10:30(부산역 도착)
- ITX-청춘
  7:20(서울역 출발) → 8:00(대전역 도착) → 8:15(대전역 출발) → 11:05(부산역 도착)
- ITX-마음
  6:40(서울역 출발) → 7:20(대전역 도착) → 7:35(대전역 출발) → 8:15(울산역 도착) → 8:30(울산역 출발) → 11:00(부산역 도착)
- 새마을호
  6:30(서울역 출발) → 7:30(대전역 도착) → 7:40(ITX-마음 출발 대기) → 7:55(대전역 출발) → 8:55(울산역 도착) → 9:10(울산역 출발) → 10:10(동대구역 도착) → 10:25(동대구역 출발) → 11:55(부산역 도착)
- 무궁화호
  5:30(서울역 출발) → 6:50(대전역 도착) → 7:05(대전역 출발) → 8:25(울산역 도착) → 8:35(ITX-마음 출발 대기) → 8:50(울산역 출발) → 10:10(동대구역 도착) → 10:30(새마을호 출발 대기) → 10:45(동대구역 출발) → 12:25(부산역 도착)

따라서 가장 늦게 도착하는 열차는 무궁화호로, 12시 25분에 부산역에 도착한다.

오답분석

① ITX-청춘은 11시 5분에 부산역에 도착하고, ITX-마음은 11시에 부산역에 도착한다.
③ ITX-마음은 정차역인 대전역과 울산역에서 다른 열차와 시간이 겹치지 않는다.
④ 부산역에 가장 빨리 도착하는 열차는 KTX로, 10시 30분에 도착한다.
⑤ 무궁화호는 울산역에서 8시 15분에 도착한 ITX-마음으로 인해 8시 35분까지 대기하며, 동대구역에서 10시 10분에 도착한 새마을호로 인해 10시 30분까지 대기한다.

19

정답 ①

A과장과 팀원 1명은 7시 30분까지 K공사에서 사전 회의를 가져야 하므로 8시에 출발하는 KTX만 이용할 수 있다. 남은 팀원 3명은 11시 30분까지 부산역에 도착해야 하므로 10시 30분에 도착하는 KTX, 11시 5분에 도착하는 ITX-청춘, 11시에 도착하는 ITX-마음이 이용 가능한데, 이 중 가장 저렴한 열차를 이용해야 하므로 ITX-마음을 이용한다. 따라서 KTX 2인과 ITX-마음 3인의 요금을 계산하면 (59,800×2)+(42,600×3)=119,600+127,800=247,400원이다.

20

정답 ⑤

A는 B의 부정적인 의견들을 구조화하여 B가 그러한 논리를 가지게 된 궁극적 원인인 경쟁력 부족을 찾아내었고, 이러한 원인을 해소할 수 있는 방법을 찾아 자신의 계획을 재구축하여 B에게 설명하였다. 따라서 제시문에서 나타난 논리적 사고의 구성요소는 '상대 논리의 구조화'이다.

오답분석

① 설득 : 논증을 통해 나의 생각을 다른 사람에게 이해·공감시키고, 타인이 내가 원하는 행동을 하도록 하는 것이다.
② 구체적인 생각 : 상대가 말하는 것을 잘 알 수 없을 때, 이미지를 떠올리거나 숫자를 활용하는 등 구체적인 방법을 활용하여 생각하는 것이다.
③ 생각하는 습관 : 논리적 사고를 개발하기 위해 일상적인 모든 것에서 의문점을 가지고 원인을 생각해 보는 습관이다.
④ 타인에 대한 이해 : 나와 상대의 주장이 서로 반대될 때, 상대의 주장 전부를 부정하지 않고 상대의 인격을 존중하는 것이다.

21

정답 ③

공정성 이론에 따르면 공정성 유형은 크게 절차적 공정성, 상호작용적 공정성, 분배적 공정성으로 나누어진다.

- 절차적 공정성 : 과정통제, 접근성, 반응속도, 유연성, 적정성
- 상호작용적 공정성 : 정직성, 노력, 감정이입
- 분배적 공정성 : 형평성, 공평성

22

정답 ④

e-비즈니스 기업은 비용절감 등을 통해 더 낮은 가격으로 우수한 품질의 상품 및 서비스를 제공할 수 있다는 장점이 있다.

23 정답 ③

조직시민행동은 조직 구성원의 내재적 만족으로 인해 촉발되므로 구성원에 대한 처우가 합리적일수록 자발적으로 일어난다.

24 정답 ⑤

동기부여이론은 내용이론과 과정이론으로 나누어지며, 내용이론에는 전통적 동기이론, ERG이론, XY이론, 성취동기이론, 욕구이론이 있고, 과정이론에는 기대이론, 공정성 이론, 목표설정이론, 학습이론이 있다.

25 정답 ②

협상을 통해 공동의 이익을 확대(Win – Win)하는 것은 통합적 협상에 대한 설명이다.

분배적 협상과 통합적 협상의 비교

- 분배적 협상
  - 고정된 자원을 대상으로 합리적인 분배를 위해 진행하는 협상이다.
  - 한정된 자원량으로 인해 제로섬 원칙이 적용되어 갈등이 발생할 가능성이 많다.
  - 당사자 간 이익 확보를 목적으로 하며, 협상 참여자 간 관계는 단기적인 성격을 나타낸다.
- 통합적 협상
  - 당사자 간 이해관계를 조율하여 더 큰 이익을 추구하기 위해 진행하는 협상이다.
  - 협상을 통해 확보할 수 있는 자원량이 변동될 수 있어 갈등보다는 문제해결을 위해 노력한다.
  - 협상 참여자의 이해관계, 우선순위 등이 달라 장기적인 관계를 가지고 통합적인 문제해결을 추구한다.

26 정답 ③

워크샘플링법은 전체 작업과정에서 무작위로 많은 관찰을 실시하여 직무활동에 대한 정보를 얻는 방법이다. 여러 직무활동을 동시에 기록하므로 전체 직무의 모습을 파악할 수 있다.

오답분석

① 관찰법 : 조사자가 직접 조사대상과 생활하면서 관찰을 통해 자료를 수집하는 방법이다.
② 면접법 : 조사자가 조사대상과 직접 대화를 통해 자료를 수집하는 방법이다.
④ 질문지법 : 설문지로 조사내용을 작성하고 자료를 수집하는 방법이다.
⑤ 연구법 : 기록물, 통계자료 등을 토대로 자료를 수집하는 방법이다.

27 정답 ①

가구, 가전제품 등은 선매품에 해당한다. 한편, 명품제품, 자동차, 아파트 등이 전문품에 해당한다.

28 정답 ①

연속생산은 동일제품을 대량생산하기 때문에 규모의 경제가 적용되어 여러 가지 제품을 소량생산하는 단속생산에 비해 단위당 생산원가가 낮다.

오답분석

② 연속생산의 경우 표준화된 상품을 대량으로 생산함에 따라 운반에 따른 자동화 비율이 매우 높고, 속도가 빨라 운반비용이 적게 소요된다.
③·④ 제품의 수요가 다양하거나 제품의 수명이 짧은 경우 단속생산 방식이 적합하다.
⑤ 연속생산은 작업자의 숙련도와 관계없이 작업에 참여가 가능하다.

29 정답 ③

테일러의 과학적 관리법은 하루 작업량을 과학적으로 설정하고 과업 수행에 따른 임금을 차별적으로 설정하는 차별적 성과급제를 시행한다.

오답분석

①·② 시간연구와 동작연구를 통해 표준 노동량을 정하고 해당 노동량에 따라 임금을 지급하여 생산성을 향상시킨다.
④ 각 과업을 전문화하여 관리한다.
⑤ 근로자가 노동을 하는 데 필요한 최적의 작업조건을 유지한다.

30 정답 ⑤

기능목록제도는 종업원별로 기능보유색인을 작성하고 데이터베이스에 저장하여 인적자원관리 및 경력개발에 활용하는 제도이며, 근로자의 직무능력 평가에 있어 필요한 정보를 파악하기 위해 개인능력평가표를 활용한다.

오답분석

① 자기신고제도 : 근로자에게 본인의 직무내용, 능력수준, 취득자격 등에 대한 정보를 직접 자기신고서에 작성하여 신고하게 하는 제도이다.
② 직능자격제도 : 직무능력을 자격에 따라 등급화하고 해당 자격을 취득하는 경우 직위를 부여하는 제도이다.
③ 평가센터제도 : 근로자의 직무능력을 객관적으로 발굴하고 육성하기 위한 제도이다.
④ 직무순환제도 : 담당직무를 주기적으로 교체함으로써 직무 전반에 대한 이해도를 높이는 제도이다.

31

정답 ⑤

데이터베이스 마케팅(DB 마케팅)은 고객별로 맞춤화된 서비스를 제공하기 위해 정보 기술을 이용하여 고객의 정보를 데이터베이스로 구축하여 관리하는 마케팅 전략이다. 이를 위해 고객의 성향, 이력 등 관련 정보가 필요하므로 기업과 고객 간 양방향 의사소통을 통해 1 : 1 관계를 구축하게 된다.

32

정답 ③

사례의 변화는 공정성 이론에 따른 불공정의 해결방법과 관계가 없다.

오답분석

① 비교대상의 변화 : 비교대상이 되는 사람, 집단 등과 같은 대상을 자신 또는 자신이 속해있는 집단과 비슷한 수준의 대상으로 변경하여 불평등을 해결하고자 하는 것이다.
② 투입의 변화 : 직무에 투입하는 시간, 노력 등의 양을 변화시키거나 작업수준의 변화 등을 통해 불평등을 해결하고자 하는 것이다.
④ 산출의 변화 : 임금이나 작업환경 개선 등을 통해 생산량을 증대시켜 불평등을 해결하고자 하는 것이다.
⑤ 태도의 변화 : 자신 또는 타인의 태도 자체를 변화시킴으로써 불평등을 해결하고자 하는 것이다.

33

정답 ①

조직시민행동(OCB; Organizational Citizenship Behavior)은 조직의 원활한 운영을 위해 공식적으로 주어진 임무 외에 구성원들이 자발적으로 수행하는 부차적인 행동을 의미하며, 이 중 예의성은 조직 내 구성원 간 갈등이 발생할 가능성을 미리 막으려고 노력하는 행동이다.

오답분석

② 이타성에 대한 설명이다.
③ 양심성에 대한 설명이다.
④ 스포츠맨십에 대한 설명이다.
⑤ 시민정신에 대한 설명이다.

34

정답 ④

직무평가 요소는 노력성과 책임성으로 구분할 수 있으며, 책임성에는 직무개선, 관리감독, 기계설비, 원재료책임 등이 해당된다. 반면 도전성은 노력성과 관련 있는 직무평가 요소이다.

35

정답 ③

분배적 협상은 희소하거나 한정적인 자원을 대상으로 진행하는 협상 방식이다. Win－Win 등 창의적인 가치창출 전략을 제시하는 것은 통합적 협상에서 고려해야 하는 사항이다.

오답분석

① 분배적 협상은 상호 배타적인 방식의 협상이므로 자신의 이익을 최대화하기 위해 상대방과의 이해관계나 제약사항 등에 대한 사전조사가 필요하다.
② 목표치를 높게 잡되 상대방이 수긍할 수 있는 합리적인 수준이어야 한다.
④ 상대방이 주어진 조건을 기준으로 결정할 수 있도록 유도하며, 앵커링 전략이라고도 한다.
⑤ 최선의 대안을 확보하고 있을 경우 상대방의 불리한 제안을 충분히 거절할 수 있다.

36

정답 ③

집단 간 많은 경쟁은 집단과 자신을 보호하고 안전을 지키도록 하며, 집단의 응집성이 증가되는 원인으로 작용한다.

오답분석

① 구성원의 수가 많아질수록 여러 가지 다양한 의견이 존재하여 집단의 의견을 통일하는 데 어려움을 겪을 수 있다.
② 가입 난이도가 쉬울수록 다양한 특성을 가진 구성원의 참여가 늘어남에 따라 개인 간 역량의 편차가 커지고 경쟁 등이 심화되어 집단의 응집성을 저해할 수 있다.
④ 집단 내 실패 경험이 많아질수록 의사결정 또는 과정에 대한 서로 간의 불신이 커지게 되어 집단의 응집성을 저해할 수 있다.
⑤ 구성원 간 교류가 적을수록 중요한 정보 공유 등에 제약이 생겨 집단의 성과창출을 위한 응집성을 저해할 수 있다.

37

정답 ③

스캔런 플랜은 종업원의 참여의식을 높이기 위해 위원회제도를 통해 종업원의 경영참여와 개선된 생산품의 판매가치를 기준으로 성과급을 분배하는 방식이다.

오답분석

① 임프로쉐어 플랜 : 단위당 소요되는 표준 노동시간과 실제 노동시간을 비교하여 절약된 시간만큼 분배하는 것이다.
② 러커 플랜 : 스캔런 플랜을 개선한 방식으로, 노동비용을 판매가치에서 재료비, 간접비 등을 제외한 부가가치로 나누는 것이다.
④ 링컨 플랜 : 근로자의 생산성 향상을 위한 방식으로, 성과급제와 이윤분배제를 결합한 것이다.
⑤ 카이저 플랜 : 재료, 노무 등에서 발생하는 비용을 절약한 만큼 분배하는 것이다.

38

정답 ②

이미지 포지셔닝은 소비자들에게 자사 제품의 긍정적 이미지가 떠오르게 유도하는 전략으로, 제품의 직접적인 편익보다 기업 이미지라는 추상적인 편익을 강조하여 소구하는 전략이다.

오답분석

① 경쟁자 포지셔닝 : 경쟁사를 이용하여 자사를 돋보이게 하는 전략이다.
③ 제품속성 포지셔닝 : 경쟁제품과 자사 제품을 비교하여 차별적인 속성을 강조하는 전략이다.
④ 사용자 기반 포지셔닝 : 자사 제품을 활용함으로써 사용자가 얻을 수 있는 이미지를 부각하는 전략이다.
⑤ 니치시장 소구 포지셔닝 : 기존 제품이 충족하지 못하는 틈새시장을 공략하는 전략이다.

39

정답 ①

동기, 지각, 학습, 신념, 태도 등은 소비자의 심리적 요인에 해당한다. 반면, 직업은 개인적 요인에 해당한다.

40

정답 ③

재마케팅은 상품에 대한 수요가 줄어드는 감퇴적 수요에 대한 대응전략으로, 제품의 성능 향상, 가격 인하 등 새로운 수요를 만들어내어 줄어든 수요를 회복하기 위한 전략이다.

오답분석

① 전환마케팅 : 부정적 인식을 긍정적 인식으로 전환하는 전략이다.
② 자극마케팅 : 잠재고객이 필요로 하는 니즈를 충족시킬 수 있다는 점을 어필하여 실제 수요로 바꾸는 전략이다.
④ 개발마케팅 : 잠재고객이 필요로 하는 제품을 새롭게 개발하는 전략이다.
⑤ 에이지마케팅 : 잠재고객의 연령에 따라 마케팅을 차별화하는 전략이다.

41

정답 ④

유기적 조직의 경우 부서 간, 구성원 간 유기적인 의존관계가 이루어지기 때문에 관리의 폭이 넓다.

42

정답 ②

예비재고는 향후 예상되는 수요가 있어 의도적으로 비축하는 재고이다.

오답분석

① 안전재고 : 불확실한 수요변화에 대처하기 위하여 사전에 보유하는 재고를 말한다.
③ 주기재고 : 주기적으로 일정한 단위의 재고품목을 발주하여 발생되는 재고를 말한다.
④·⑤ 운송 중 재고(이동재고) : 현재 운송 중에 있는 재고를 말한다.

43

정답 ⑤

오답분석

① 폐쇄성 : 개별요소들이 서로 연결되어 있는 연속된 형태로 본다.
② 단순성 : 여러 가능한 형태 중 가장 단순한 형태로 본다.
③ 근접성 : 가까이 있는 요소들을 하나의 집단으로 묶어서 본다.
④ 유사성 : 형태가 유사한 요소들을 하나의 집단으로 묶어서 본다.

44

정답 ④

Pull 전략은 소비자가 자사의 제품을 적극적으로 찾게 함으로써 중간상들이 자발적으로 자사 제품을 취급하게 만드는 전략이다. 한편, 직접적이고 적극적이며, 고객을 대상으로 1 : 1 마케팅을 하는 것은 Push 전략에 해당한다.

45

정답 ③

마르코프 체인이란 미래의 조건부 확률분포가 현재 상태에 의해서 결정되는 마르코프 특성을 이용하는 것으로, 현재의 안정적인 인력상황, 조직환경 등을 측정하여 미래에 예상되는 인력공급, 직무이동확률 등을 예측하는 방법이다.

오답분석

① 자격요건 분석 : 현재 직무에 대한 직무기술서 및 직무명세서를 토대로 특정 시점의 직무명세서와 직무기술서를 예측하는 방법이다.
② 기능목록 분석 : 근로자가 보유하고 있는 기능, 경험, 교육수준 등을 정리 및 분석하는 방법이다.
④ 대체도 : 조직 내 특정직무에 대한 공석을 가정하여 대체할 수 있는 인력에 대한 연령, 성과 등을 표시하는 방법이다.
⑤ 외부공급 예측 : 경제활동인구, 실업률 등의 외부정보를 활용해 인력공급을 예측하는 방법이다.

CHAPTER

06 2023년 상반기 기출복원문제

01	02	03	04	05	06	07	08	09	10
④	②	⑤	⑤	④	①	⑤	④	①	②
11	12	13	14	15	16	17	18	19	20
②	⑤	⑤	④	②	①	④	③	④	③
21	22	23	24	25	26	27	28	29	30
②	②	③	③	⑤	①	①	④	③	②
31	32	33	34	35					
③	①	⑤	⑤	③					

01

정답 ④

제시문의 두 번째 문단에 따르면 CCTV는 열차 종류에 따라 운전실에서 실시간으로 상황을 파악할 수 있는 네트워크 방식과 각 객실에서의 영상을 저장하는 개별 독립 방식으로 설치된다고 하였다. 따라서 개별 독립 방식으로 설치된 일부 열차에서는 각 객실의 상황을 실시간으로 모니터링하지 못할 수 있다.

오답분석

① 첫 번째 문단에 따르면 현재 운행하고 있는 열차의 모든 객실에 CCTV를 설치하겠다는 내용으로 보아, 현재 모든 열차의 모든 객실에 CCTV가 설치되지 않았음을 유추할 수 있다.
② 첫 번째 문단에 따르면 2023년까지 모든 열차 승무원에게 바디 캠을 지급하겠다고 하였다. 이에 따라 승객이 승무원을 폭행하는 등의 범죄 발생 시 해당 상황을 녹화한 바디 캠 영상이 있어 수사의 증거자료로 사용할 수 있게 되었다.
③ 두 번째 문단에 따르면 CCTV는 사각지대 없이 설치되며 일부는 휴대 물품 보관대 주변에도 설치된다고 하였다. 따라서 인적 피해와 물적 피해 모두 파악할 수 있게 되었다.
⑤ 세 번째 문단에 따르면 CCTV 품평회와 시험을 통해 제품의 형태와 색상, 재질, 진동과 충격 등에 대한 적합성을 고려한다고 하였다.

02

정답 ②

- (가)를 기준으로 앞의 문장과 뒤의 문장이 상반되는 내용을 담고 있으므로 가장 적절한 접속어는 '하지만'이다.
- (나)를 기준으로 앞의 문장은 기차의 냉난방시설을, 뒤의 문장은 지하철의 냉난방시설을 다루고 있으므로 가장 적절한 접속어는 '반면'이다.
- (다)의 앞뒤 내용을 살펴보면, 앞선 내용의 과정들이 끝나고 난 이후의 내용이 이어지므로, 이를 이어주는 접속어인 '마침내'가 들어가는 것이 가장 적절하다.

03

정답 ⑤

제시문의 세 번째 문단에 따르면 스마트글라스 내부 센서를 통해 충격과 기울기를 감지할 수 있어 작업자에게 위험한 상황이 발생할 경우 통보 시스템을 통해 바로 파악할 수 있게 되었음을 알 수 있다.

오답분석

① 첫 번째 문단에 따르면 스마트글라스를 통한 작업자의 음성인식만으로 철도시설물의 점검이 가능해졌음을 알 수 있지만, 다섯 번째 문단에 따르면 아직 유지보수 작업은 가능하지 않음을 알 수 있다.
② 첫 번째 문단에 따르면 스마트글라스의 도입 이후에도 사람의 작업이 필요함을 알 수 있다.
③ 세 번째 문단에 따르면 스마트글라스의 도입으로 추락 사고나 그 밖의 위험한 상황을 미리 예측할 수 있어 이를 방지할 수 있게 되었음을 알 수 있지만, 실제로 안전사고 발생 횟수가 감소하였는지는 알 수 없다.
④ 두 번째 문단에 따르면 여러 단계를 거치던 기존 작업 방식에서 벗어나 스마트글라스의 도입으로 작업을 한 번에 처리할 수 있게 된 것을 통해 작업 시간이 단축되었음을 알 수 있지만, 필요한 작업 인력의 감소 여부는 알 수 없다.

04

정답 ⑤

마지막 문단에 따르면 인공지능 등의 스마트 기술 도입으로 까치집 검출 정확도는 95%까지 상승하였으므로, 까치집 제거율 또한 상승할 것임을 예측할 수 있으나, 근본적인 문제인 까치집 생성의 감소를 기대할 수는 없다.

오답분석

① 세 번째와 마지막 문단에 따르면 정확도가 65%에 불과했던 인공지능의 까치집 식별 능력이 딥러닝 방식의 도입으로 95%까지 상승했음을 알 수 있다.
② 세 번째 문단에서 시속 150km로 빠르게 달리는 열차에서의 까치집 식별 정확도는 65%에 불과하다는 내용으로 보아, 빠른 속도에서 인공지능의 사물 식별 정확도는 낮음을 알 수 있다.
③ 마지막 문단에 따르면 작업자의 접근이 어려운 곳에는 드론을 띄워 까치집을 발견 및 제거하는 기술도 시범 운영하고 있다고 하였다.
④ 세 번째 문단에 따르면 실시간 까치집 자동 검출 시스템 개발로 실시간으로 위험 요인의 위치와 이미지를 작업자에게 전달할 수 있게 되었다.

05

정답 ④

작년 K대학교의 재학생 수는 6,800명이고 남학생 수와 여학생 수의 비가 8 : 9이므로, 남학생 수는 $6,800\times\frac{8}{8+9}=$ 3,200명이고, 여학생 수는 $6,800\times\frac{9}{8+9}=3,600$명이다.

올해 줄어든 남학생 수와 여학생 수의 비가 12 : 13이므로 올해 K대학교에 재학 중인 남학생 수와 여학생 수의 비는 $(3,200-12k):(3,600-13k)=7:8$이다.

$7\times(3,600-13k)=8\times(3,200-12k)$

→ $25,200-91k=25,600-96k$

→ $5k=400$

$\therefore k=80$

따라서 올해 K대학교에 재학 중인 남학생 수는 $3,200-12\times80=2,240$명이고, 여학생 수는 $3,600-13\times80=2,560$명이므로 올해 K대학교의 전체 재학생 수는 $2,240+2,560=$ 4,800명이다.

06

정답 ①

A씨는 장애의 정도가 심하지 않으므로 KTX 이용 시 평일 이용에 대해서만 30% 할인을 받으며, 동반 보호자에 대한 할인은 적용되지 않는다. 그러므로 3월 11일(토) 서울 → 부산 구간의 이용 시에는 할인이 적용되지 않고, 3월 13일(월) 부산 → 서울 구간 이용 시에는 A씨만 운임의 30%를 할인받는다. 따라서 한 사람의 편도 운임을 x원이라 할 때, 두 사람의 왕복 운임($4x$)을 기준으로 $0.3x\div4x=0.075$, 즉 7.5% 할인받았음을 알 수 있다.

07

정답 ⑤

K공사를 통한 예약 접수는 온라인 쇼핑몰 홈페이지를 통해 가능하며, 오프라인(방문) 접수는 우리·농협은행의 창구를 통해서만 이루어진다.

오답분석

① 구매자를 대한민국 국적자로 제한한다는 내용은 없다.
② 단품으로 구매 시 화종별 최대 3장으로 총 9장, 세트로 구매할 때도 최대 3세트로 총 9장까지 신청이 가능하며, 세트와 단품은 중복 신청이 가능하므로 구매 가능한 최대 개수는 18장이다.
③ 우리·농협은행의 계좌가 없다면, K공사 온라인 쇼핑몰을 이용하거나 우리·농협은행에 직접 방문하여 구입할 수 있다.
④ 총 발행량은 예약 주문 이전부터 화종별 10,000장으로 미리 정해져 있다.

08

정답 ④

우리·농협은행 계좌 미보유자인 외국인 A씨가 예약 신청을 할 수 있는 경로는 두 가지이다. 하나는 신분증인 외국인등록증을 지참하고 우리·농협은행의 지점을 방문하여 신청하는 것이고, 다른 하나는 K공사 온라인 쇼핑몰에서 가상계좌 방식으로 신청하는 것이다.

오답분석

① A씨는 외국인이므로 창구 접수 시 지참해야 하는 신분증은 외국인등록증이다.
② K공사 온라인 쇼핑몰에서는 가상계좌 방식을 통해서만 예약 신청이 가능하다.
③ 홈페이지를 통해 신청이 가능한 은행은 우리은행과 농협은행뿐이다.
⑤ 우리·농협은행의 홈페이지를 통해 예약 접수를 하려면 해당 은행에 미리 계좌가 개설되어 있어야 한다.

09

정답 ①

3종 세트는 186,000원, 단품은 각각 63,000원이므로 5명의 구매 금액을 계산하면 다음과 같다.

- A : $(186,000\times2)+63,000=435,000$원
- B : $63,000\times8=504,000$원
- C : $(186,000\times2)+(63,000\times2)=498,000$원
- D : $186,000\times3=558,000$원
- E : $186,000+(63,000\times4)=438,000$원

따라서 가장 많은 금액을 지불한 사람은 D이며, 구매 금액은 558,000원이다.

10

정답 ②

마일리지 적립 규정에는 회원 등급에 관련된 내용이 없으며, 마일리지 적립은 지불한 운임의 액수, 더블적립 열차 탑승 여부, 선불형 교통카드 Rail+ 사용 여부에 따라서만 결정된다.

오답분석

① KTX 마일리지는 KTX 열차 이용 시에만 적립된다.
③ 비즈니스 등급은 기업회원 여부와 관계없이 최근 1년간의 활동내역을 기준으로 부여된다.
④ 추석 및 설 명절 특별수송 기간 탑승 건을 제외하고 4만 점을 적립하면 VIP 등급을 부여받는다.
⑤ VVIP 등급과 VIP 등급 고객은 한정된 횟수 내에서 무료 업그레이드 쿠폰으로 KTX 특실을 KTX 일반실 가격에 구매할 수 있다.

11

정답 ②

㉠ 연간 수요는 일정하게 발생하고, 주문량에 따라 재고 유지비도 선형적으로 증가한다.
㉢ 각 주문은 끊임없이 공급되어 품절 등이 발생하지 않는다.

오답분석

㉡ 주문량은 전량 일시에 입고된다.
㉣ 단위당 구매비, 생산비 등이 일정하며, 할인은 적용하지 않는다.

12

정답 ⑤

광고는 단기적인 매출 향상을 목표로 진행하는 경우가 많으며, 반대로 PR은 이미지 제고 등을 목표로 장기간 진행하는 경우가 많다.

오답분석

② PR은 정보 전달뿐만 아니라 소비자의 피드백도 중요하게 고려한다.
③ 광고는 매출 향상 등 이익 창출을 주목표로 하며, PR은 공익, 기업 이미지 제고 등 이해 창출을 주목표로 한다.
④ 광고는 TV, 라디오, 잡지, 인터넷 등 다양한 매체를 활용하여 진행하는 경우가 많으며, PR은 사회적 이슈나 기업의 특성 등을 부각할 수 있는 이벤트 등을 주로 활용한다.

13

정답 ⑤

페이욜은 기업활동을 기술활동, 영업활동, 재무활동, 회계활동, 관리활동, 보전활동 6가지 분야로 구분하였다.

오답분석

② 차별성과급제, 기능식 직장제도, 과업관리, 계획부 제도, 작업지도표 제도 등은 테일러의 과학적 관리법을 기본이론으로 한다.
③ 포드의 컨베이어 벨트 시스템은 생산원가를 절감하기 위해 표준 제품을 정하고 대량생산하는 방식을 정립한 것이다.
④ 베버의 관료제 조직은 계층에 의한 관리, 분업화, 문서화, 능력주의, 사람과 직위의 분리, 비개인성의 6가지 특징을 가지며, 이를 통해 조직을 가장 합리적이고 효율적으로 운영할 수 있다고 주장한다.

14

정답 ④

㉡ 자동화 기계 도입에 따른 다기능공 활용이 늘어나면, 작업자는 여러 기능을 숙달해야 하는 부담이 증가한다.
㉣ 혼류 생산을 통해 공간 및 설비 이용률을 향상시킨다.

오답분석

㉠ 현장 낭비 제거를 통해 원가를 낮추고 생산성을 향상시킬 수 있다.
㉢ 소 LOT 생산을 통해 재고율을 감소시켜 재고비용, 공간 등을 줄일 수 있다.

15

정답 ②

논리적인 자료 제시를 통해 높은 이해도를 이끌어 내는 것은 이성적 소구에 해당한다.

오답분석

① 감성적 소구는 감정전이형 광고라고도 하며, 브랜드 이미지 제고, 호의적 태도 등을 목표로 한다.
③ 감성적 소구 방법으로 유머소구, 공포소구, 성적소구 등이 해당된다.
④ 이성적 소구는 자사 제품이 선택되어야만 하는 이유 또는 객관적 근거를 제시하고자 하는 방법이다.
⑤ 이성적 소구는 제품은 위험성이 있거나 새로운 기술이 적용된 제품 등의 지식과 정보를 제공함으로써 표적소비자들이 제품을 선택할 수 있게 한다.

16

정답 ①

가치사슬은 미시경제학 또는 산업조직론을 기반으로 하는 분석 도구이다.

오답분석

② 가치사슬은 기업의 경쟁우위를 강화하기 위한 기본적 분석 도구로, 기업이 수행하는 활동을 개별적으로 나누어 분석한다.
③ 구매, 제조, 물류, 판매, 서비스 등을 기업의 본원적 활동으로 정의한다.
④ 인적자원 관리, 인프라, 기술개발, 조달활동 등을 기업의 지원적 활동으로 정의한다.
⑤ 가치사슬의 이윤은 전체 수입에서 가치창출을 위해 발생한 모든 비용을 제외한 값이다.

17

정답 ④

주식회사 발기인의 인원 수는 별도의 제한이 없다.

오답분석

① 주식회사의 법인격에 대한 설명이다.
② 출자자의 유한책임에 대한 설명이다(상법 제331조).
③ 주식은 자유롭게 양도할 수 있는 것이 원칙이다.
⑤ 주식회사는 사원(주주)의 수가 다수인 경우가 많기 때문에 사원이 직접 경영에 참여하기보다는 이사회로 경영권을 위임한다.

18

정답 ③

직무급은 임금수준 설정에 직무평가라는 객관적인 근거를 부여할 수 있다는 장점이 있다.

오답분석

①·⑤ 직무에 따라 급여율을 결정하고, 학벌, 성별에 따라 초임금을 결정하며 근속연수, 연령에 따라 급여가 올라가는 연공서열제(호봉제)와 반대되는 개념이다.
② 하나의 직무만 오래 수행할 경우, 해당 직무에 정형화되어 인력배치에 문제가 발생할 수 있다.
④ 학벌, 근속연수, 연령 등을 고려하지 않기 때문에 인력배치 시 반발에 부딪힐 수 있다.

19

정답 ④

기능식 조직은 환경변화에 대한 적응력이 낮아 혁신이 느린 반면, 사업부 조직은 불안정한 환경에서 신속한 대응 및 조정이 가능하다.

오답분석

① 기능식 조직은 업무활동을 기능별로 분화하여 조직화하며, 사업부 조직은 외부환경에 맞춰 최고경영자의 전략적 의사결정 및 산출물이 나올 수 있도록 부서를 조직한다.
② 기능식 조직은 구성원들이 동일 부서에 배치되고 생산설비 등을 공동 사용하므로 규모의 경제 효과를 누릴 수 있으나, 사업부 조직은 모든 제품마다 생산설비 등을 갖추어야 하는 등 자원이 비효율적으로 사용될 수 있다.
③ 기능식 조직은 구성원들이 소속부서에서 단시간 내 기술개발을 통한 전문화가 유리하나, 사업부 조직은 여러 사업부로 기술이 분산됨에 따라 기술의 전문화가 어렵다.
⑤ 기능식 조직은 조직 전반의 통합적인 관리업무를 배울 수 있는 기회가 적은 반면, 사업부 조직은 포괄적인 업무수행으로 최고경영자 양성에 유리하다.

20

정답 ③

단수가격은 심리학적 가격결정 전략으로, 1,000원, 10,000원 단위로 가격을 결정하지 않고, 900원, 990원, 9,900원 등 단수로 가격을 결정하여 상대적으로 저렴하게 보이게 하는 전략이다.

오답분석

① 명성가격 : 판매자의 명성이나 지위를 나타내는 제품을 수요가 증가함에 따라 높게 설정하는 가격이다.
② 준거가격 : 소비자가 상품가격을 평가할 때 자신의 기준이나 경험을 토대로 생각하는 가격이다.
④ 관습가격 : 소비자들이 오랜 기간 동안 일정금액으로 구매해 온 상품의 특정 가격이다.
⑤ 유인가격 : 잘 알려진 제품을 저렴하게 판매하여 소비자들을 유인하기 위한 가격이다.

21

정답 ②

프로그램의 최고 단계 훈련을 마치고, 프로젝트 팀 지도를 전담하는 직원은 블랙벨트이다. 마스터 블랙벨트는 식스 시그마의 최고과정에 이른 사람으로, 블랙벨트가 수행하는 프로젝트를 전문적으로 관리한다.

22

정답 ②

준거가격은 소비자의 과거 경험이나 기억, 정보 등이 제품의 구매를 결정할 때 기준이 되는 가격이다.

오답분석

① 단수가격 : 제품 가격의 끝자리를 홀수(단수)로 표시하여 구매욕을 부추기는 가격이다.
③ 명성가격 : 소비자가 가격에 의하여 품질을 평가하는 경향이 강할 경우 비교적 고급품질이 선호되는 상품에 설정되는 가격이다.
④ 관습가격 : 일용품의 경우처럼 장기간에 걸친 소비자의 수요로 인해 관습적으로 형성되는 가격이다.
⑤ 기점가격 : 제품을 생산하는 공장의 입지 조건 등을 막론하고 특정 기점에서 공장까지의 운임을 일률적으로 원가에 더하여 형성되는 가격이다.

23

정답 ③

미시적 마케팅은 선행적 마케팅과 후행적 마케팅으로 구분되며, 선행적 마케팅은 생산이 이루어지기 전의 마케팅을, 후행적 마케팅은 생산이 이루어진 이후의 마케팅 활동을 의미한다. 후행적 마케팅의 대표적인 활동으로는 경로, 가격, 판촉 등이 있다.

24

정답 ③

수요예측기법은 수치를 이용한 계산방법의 적용 여부에 따라 정성적 기법과 정량적 기법으로 구분할 수 있다. 정성적 기법은 개인의 주관이나 판단 또는 여러 사람의 의견에 의하여 수요를 예측하는 방법으로, 델파이 기법, 역사적 유추법, 시장조사법, 라이프 사이클 유추법 등이 있다. 정량적 기법은 수치로 측정된 통계자료에 기초하여 계량적으로 예측하는 방법으로, 사건에 대하여 시간의 흐름에 따라 기록한 시계열 데이터를 바탕으로 분석하는 시계열 분석법이 이에 해당한다.

오답분석

① 델파이 기법 : 여러 전문가의 의견을 되풀이해 모으고 교환하고 발전시켜 미래를 예측하는 방법이다.
② 역사적 유추법 : 수요 변화에 관한 과거 유사한 제품의 패턴을 바탕으로 유추하는 방법이다.
④ 시장조사법 : 시장에 대해 조사하려는 내용의 가설을 세운 뒤 소비자 의견을 조사하여 가설을 검증하는 방법이다.
⑤ 라이프 사이클 유추법 : 제품의 라이프 사이클을 분석하여 수요를 예측하는 방법이다.

25

정답 ⑤

재고 부족현상이 발생하게 되면 EOQ 모형을 적용하기 어렵다. 하지만 실제 상황에서는 갑작스러운 수요 상승으로 인한 재고부족이 나타날 수 있고, 이러한 단점으로 인해 실제로는 추가적으로 여러 가지 요소들을 함께 고려해야 EOQ 모형을 적절하게 사용할 수 있다. 따라서 EOQ 모형을 사용하기 위해서는 재고 부족현상은 발생하지 않고, 주문 시 정확한 리드타임이 적용된다는 것을 가정으로 계산해야 한다.

26

정답 ①

적시생산시스템(JIT; Just In Time)은 무재고 생산방식 또는 도요타 생산방식이라고 하며, 필요한 것을 필요한 양만큼 필요한 때에 만드는 생산방식이다. 재고가 생산의 비능률을 유발하는 원인이기 때문에 이를 없애야 한다는 사고방식에 의해 생겨난 기법이다. 고품질, 저원가, 다양화를 목표로 한 철저한 낭비제거 사상을 수주부터 생산, 납품에 이르기까지 적용하는 것으로 풀(Pull) 방식을 도입하고 있다.

27

정답 ①

자존적 편견이란 자신의 성공에 대해서는 능력이나 성격 등과 같은 내적인 요소에 귀인하고, 자신의 실패에 대해서는 상황이나 외적인 요소에 귀인하는 것을 말한다.

오답분석

② 후광효과 : 한 사람의 두드러진 특성이 그 사람의 다른 특성을 평가하는 데 영향을 미치는 것을 말한다.
③ 투사 : 자신의 불만이나 불안을 해소하기 위해 그 원인을 다른 사람에게 뒤집어씌우는 심리적 현상이다.
④ 통제의 환상 : 사람들이 자신을 통제할 수 있는 경향이거나 혹은 외부환경을 자신이 원하는 방향으로 이끌어 갈 수 있다고 믿는 심리적 상태를 말한다.
⑤ 대비효과 : 대상을 객관적으로 보지 않고 다른 대상과의 비교를 통해 평가하는 것을 말한다.

28

정답 ④

시장세분화는 수요층별로 시장을 분할해 각 수요층에 대해 집중적인 마케팅 전략을 펴는 것을 말한다.

오답분석

① 프로모션(Promotion) : 제품 판매를 위한 선전이나 판촉 활동이다.
② 타깃팅(Targeting) : 전체 시장을 세분화한 후, 하나 혹은 복수의 소비자 집단을 목표시장으로 선정하는 마케팅 전략이다.
③ 포지셔닝(Positioning) : 소비자의 마음속에 자사 제품이나 기업이 가장 유리한 포지션에 있도록 노력하는 과정이다.
⑤ 이벤트(Event) : 기업에서 신제품 출시나 제품 홍보를 위해 개최하는 행사이다.

29

정답 ③

소유경영자는 주인의식을 바탕으로 기업가 정신에 따라 많은 노력을 기울일 수 있다.

오답분석

①·② 전문경영자는 검증된 경영능력으로 전문성을 발휘할 수 있고, 다양한 의견을 수렴하여 유연한 의사결정이 가능하며, 주주 중시 및 기업 투명성 강화 정책을 추진하는 데 유리하다.
④·⑤ 소유경영자는 신속하고 빠른 의사결정이 가능하고, 장기적인 관점에서 사업을 추진하는 데 유리하다.

30

정답 ②

커뮤니케이션 네트워크 유형 중 수레바퀴형(Wheel)에 대한 설명이다.

오답분석

① 사슬형 : 구성원들 간 의사소통이 연결되지 않은 유형으로, 단계적으로 최종인물에게 정보가 전달되는 수직적 구조와 전달 방향에 따라 중간인물에게 정보가 전달되는 수평적 구조로 나눌 수 있다.
③ Y형 : 뚜렷한 중심인물 또는 리더는 없으나 대다수의 구성원을 대표하는 중심인물이 나타난다.
④ 원형 : 구성원 간 서열이나 신분 관계가 뚜렷하지 않은 경우에 나타나고, 중심인물이 없는 상태에서 정보가 전달된다.
⑤ 완전연결형 : 가장 이상적인 유형으로, 구성원들 간 정보전달이 완전히 이루어지는 유형이다.

31

정답 ③

저압적 마케팅은 소비자의 욕구를 파악하는 것에 중점을 두기 때문에 생산 전 마케팅 조사 및 계획 활동을 선행한다.

오답분석

①·②·④·⑤ 고압적 마케팅에 대한 설명이다.

32

정답 ①

순서대로 M&A 방어 전략 중 주식공개매수, 황금낙하산, 독소조항에 대한 설명이다.

오답분석

- 불가침협정 : 인수기업이 매입한 피인수기업 주식을 높은 가격에 재매입하는 조건으로 더 이상 적대적 M&A를 진행하지 않도록 협약을 체결하는 전략이다.
- 복수의결권 : 일반주식이 가지는 의결권보다 훨씬 더 많은 의결권을 부여하는 전략이다.

33

정답 ⑤

순서대로 노동조합 숍(Shop) 제도 중 클로즈드 숍, 오픈 숍, 유니온 숍에 대한 설명이다.

오답분석

- 프리퍼런셜 숍 : 근로자 고용 시 노동조합의 조합원 가입을 우선순위로 두는 제도이다.
- 에이전시 숍 : 비조합원도 조합원과 동일하게 노동조합에 대해 재정적 지원을 부담하는 제도이다.
- 메인테넌스 숍 : 일정 기간 동안 노동조합의 조합원 지위를 유지해야 하는 제도이다.

34

정답 ⑤

주경로는 모든 경로 중 소요시간이 가장 긴 경로를 의미한다.

오답분석

② 주경로는 여러 개가 될 수 있으며, 이때 다중경로로 인해 프로젝트가 지연될 리스크가 발생한다.
③ 주공정은 플롯이 0인 작업을 연결한 경로이기 때문에 주공정 작업이 지연되면 전체 프로젝트도 함께 지연된다.
④ ES(가장 빨리 시작할 수 있는 날), EF(가장 빨리 끝날 수 있는 날)를 계산하고, LS(가장 늦게 시작해도 되는 날), LF(가장 늦게 끝나도 되는 날)를 계산하여 Float(여유시간)을 계산한다.

35

정답 ③

EQM이란 고객요구 – 품질지표 – 핵심공정지표 – 설비관리인자 등을 분석하여 부문 간 협업 및 역량을 극대화하고 고객니즈에 충족하는 제품 품질을 확보하는 방법이다.

오답분석

① DBMS : 데이터베이스에 적재된 작업을 운영하고 관리하는 소프트웨어를 말한다.
② SCM : 공급사슬에서 발생하는 일련의 작업들을 효과적으로 운영하고 관리하는 것을 말한다.
④ VCS : 파일의 변화를 시간에 따라 추적하고 관리하는 시스템을 말한다.
⑤ QMS : 품질관리를 세부적으로 전문화하고 일관성 있는 품질결과를 도출하기 위한 시스템을 말한다.

CHAPTER

07 2022년 하반기 기출복원문제

01	02	03	04	05	06	07	08	09	10
③	⑤	④	④	⑤	①	①	④	⑤	④
11	12								
⑤	②								

01

정답 ③

제시문의 중심 내용은 나이 계산법 방식이 세 가지로 혼재되어 있어 '나이 불일치'로 인한 행정서비스 및 계약상의 혼선과 법적 다툼이 발생하므로 이를 해소하고자 나이 계산 방식을 하나로 통합하자는 것이다. 또한 나이 방식이 통합되어도 일상에는 변화가 없으며 일부 법에 대해서는 기존 방식이 유지될 수 있다고 하였다. 따라서 제시문의 주제로 가장 적절한 것은 ③이다.

오답분석

① 마지막 문단의 '연 나이를 채택해 또래 집단과 동일한 기준을 적용하는 것이 오히려 혼선을 막을 수 있고 법 집행의 효율성이 담보'라는 내용에서 일부 법령에 대해서는 연 나이 계산법을 유지한다는 것을 알 수 있으나, 해당 내용이 전체 글을 다루고 있다고 보기는 어렵다.

② 세 번째 문단에 따르면 나이 불일치가 야기한 혼선과 법적 다툼은 우리나라 나이 계산법으로 인한 문제가 아니라 나이 계산법 방식이 세 가지로 혼재되어 있어 발생하는 문제라고 하였다.

④ 제시문은 나이 계산법 혼용에 따른 분쟁 해결 방안을 다루기보다는 이러한 분쟁이 발생하지 않도록 나이 계산법을 하나로 통일하자는 내용을 다루고 있다.

⑤ 다섯 번째 문단의 '법적·사회적 분쟁이 크게 줄어들 것으로 기대하고 있지만, 국민 전체가 일상적으로 체감하는 변화는 크지 않을 것'이라는 내용으로 보아 나이 계산법의 변화로 달라지는 행정서비스는 크게 없을 것으로 보이며, 글의 전체적인 주제로 보기에도 적절하지 않다.

02

정답 ⑤

마지막 문단의 '정부도 규제와 의무보다는 사업자의 자율적인 부분을 인정해 주고 사업자 노력을 드라이브 걸 수 있는 지원책을 마련하여야 한다.'라는 내용을 통해 정부는 OTT 플랫폼에 장애인 편의 기능과 관련한 규제와 의무를 줬지만, 이에 대한 지원책은 부족했음을 유추할 수 있다.

오답분석

① 세 번째 문단의 '재생 버튼에 대한 설명이 제공되는 넷플릭스도 영상 재생 시점을 10초 앞으로 또는 뒤로 이동하는 버튼은 이용하기 어렵다.'라는 내용을 통해 국내 OTT 플랫폼보다는 장애인을 위한 서비스 기능이 더 제공되고 있지만, 여전히 충분히 제공되고 있지 않음을 알 수 있다.

② 세 번째 문단을 통해 장애인들의 국내 OTT 플랫폼의 이용이 어려움을 짐작할 수는 있지만, 서비스를 제공하는지의 유무는 확인하기 어렵다.

③ 외국 OTT 플랫폼은 국내 OTT 플랫폼보다 상대적으로 장애인 편의 기능을 더 제공하고 있는 것으로 보아 장애인을 수동적인 시혜자가 아닌 능동적인 소비자로 보고 있음을 알 수 있다.

④ 제시문에서는 우리나라 장애인이 외국 장애인보다 OTT 플랫폼의 이용이 어렵다기보다는 우리나라 OTT 플랫폼이 외국 OTT 플랫폼보다 장애인이 이용하기 어렵다고 말하고 있다.

03

정답 ④

빈칸 앞의 '기증 전 단계의 고민은 물론이고 막상 기증한 뒤에'라는 내용을 통해 이는 공여자의 고민에 해당함을 알 수 있다. 따라서 빈칸 ㉣은 공여자가 기증 후 공여를 받는 사람, 즉 수혜자와의 관계에 대한 우려를 다루고 있다.

오답분석

① ㉠ : 생체 – 두 번째 문단에서 '신장이나 간을 기증한 공여자에게서 만성 신·간 부전의 위험이 확인됐다.'라고 하였다. 따라서 제시문은 살아있는 상태에서 기증한 생체 기증자에 대해 다루고 있음을 알 수 있다.

② ㉡ : 상한액 – 빈칸은 앞서 말한 '진료비를 지원하는 제도'을 이용하는 데 제한을 다루고 있음을 짐작할 수 있다. 따라서 하한액보다는 상한액이 들어가는 것이 문맥상 적절하다.

③ ㉢ : 불특정인 – 빈칸 앞의 '아무 조건 없이'라는 말로 볼 때, 문맥상 특정인보다는 불특정인이 들어가는 것이 적절하다.
⑤ ㉤ : 수요 – 빈칸 앞 문장의 '해마다 늘어가는 장기 이식 대기 문제'라는 내용을 통해 공급이 아닌 수요를 감당하기 어려운 상황임을 알 수 있다. 따라서 빈칸에 들어갈 내용으로 적절한 것은 수요이다.

04

정답 ④

다섯 번째 문단의 '특히 여성들이 임신과 출산을 경험하는 경우 따가운 시선을 감수해야 한다.'라는 내용으로 볼 때, 임신으로 인한 공백 문제 등이 발생하지 않도록 법적으로 공백 기간을 규제하는 것이 아니라 적절한 공백 기간을 제공하는 것은 물론 임신과 출산으로 인해 퇴직하는 등 경력이 단절되지 않도록 규제하여야 한다.

오답분석

① 세 번째 문단의 '결혼과 출산, 임신을 한 여성 노동자는 조직 전체에 부정적인 영향을 준다고 인식하는 경향이 강한데'라는 내용으로 볼 때 결혼과 출산, 임신과 같은 가족계획을 지지하는 환경으로 만들어 여성 노동자에 대한 인식을 개선하여야 한다.
② 네 번째 문단의 '여성 노동자가 많이 근무하는 서비스업 등의 직업군의 경우 임금 자체가 상당히 낮게 책정되어 있어 남성에 비하여 많은 임금을 받지 못하는 구조'라는 내용으로 볼 때, 여성 노동자가 주로 종사하는 직종의 임금 체계를 합리적으로 변화시켜야 한다.
③ 네 번째 문단의 '여성 노동자를 차별한 결과 여성들은 남성 노동자들보다 저임금을 받아야 하고 비교적 질이 좋지 않은 일자리에서 일해야 하며 고위직으로 올라가는 것 역시 힘들고 임금 차별이 나타나게 된다.'라는 내용으로 볼 때, 여성들 또한 남성과 마찬가지의 권리를 가질 수 있도록 양질의 정규직 일자리를 만들어야 한다.
⑤ 다섯 번째 문단의 '여성 노동자들을 노동자 그 자체로 보기보다는 여성으로 바라보는 남성들의 잘못된 시선으로 인해 여성 노동자는 신성한 노동의 현장에서 성희롱을 당하고 있으며'라는 내용으로 볼 때, 여성을 대하는 인식을 개선해야 한다.

05

정답 ⑤

먼저 서두에는 흥미를 유도하거나 환기시킬 수 있는 내용이 오는 것이 적절하다. 따라서 영국의 보고서 내용인 (나) 또는 OECD 조사 내용인 (다)가 서두에 오는 것이 적절하다. 하지만 (나)의 경우 첫 문장에서의 '또한'이라는 접속사를 통해 앞선 글이 있었음을 알 수 있으므로 서두에 오는 것이 가장 적절한 문단은 (다)이고 이어서 (나)가 오는 것이 적절하다. 그리고 다음으로 앞선 문단에서 다룬 성별 간 임금 격차의 이유에 해당하는 (라)가 이어지고 이에 대한 구체적 내용인 (가)가 오는 것이 가장 적절하다.

06

정답 ①

첫 번째 문단의 '특히 해당 건물은 조립식 샌드위치 패널로 지어져 있어 이번 화재는 자칫 대형 산불로 이어져'라는 내용과 빈칸 앞뒤의 '빠르게 진화되었지만', '불이 삽시간에 번져'라는 내용을 미루어 볼 때, 해당 건물의 화재가 빠르게 진화되었음에도 사상자가 발생한 것은 조립식 샌드위치 패널로 이루어진 화재에 취약한 구조이기 때문으로 볼 수 있다. 따라서 빈칸에 들어갈 내용으로 가장 적절한 것은 ①이다.

오답분석

② 건조한 기후와 관련한 내용은 제시문에서 찾을 수 없다.
③ 해당 건물이 불법 가건물에 해당되지만, 해당 건물의 안정성과 관련한 내용은 제시문에서 찾을 수 없다.
④ 소방시설과 관련한 내용은 제시문에서 찾을 수 없으며, 첫 번째 문단의 '화재는 30여 분 만에 빠르게 진화되었지만'이라는 내용으로 보아 소방 대처가 화재에 영향을 줬다고 보기는 어렵다.
⑤ 인적이 드문 지역에 있어 해당 건물의 존재를 파악하기는 어려웠지만, 화재로 인한 피해를 더 크게 했다고 보기에도 어렵다.

07

정답 ①

운동을 하기 전 세현이의 체지방량을 $x$kg, 근육량을 $y$kg이라 하자.

$x+y=65 \cdots$ ㉠

$-0.2x+0.25y=-4 \cdots$ ㉡

㉡×20을 하면 $-4x+5y=-80 \cdots$ ㉢

(㉠×4)+㉢을 풀면 $9y=180$, $y=20$이고, 이 값을 ㉠에 대입하면 $x=45$이다.

따라서 운동을 한 후 세현이의 체지방량은 운동 전에 비해 20%인 9kg이 줄어 36kg이고, 근육량은 운동 전에 비해 25%인 5kg이 늘어 25kg이다.

08

정답 ④

둘레에 심는 꽃의 수가 최소가 되려면 꽃 사이의 간격이 최대가 되어야 하므로 꽃 사이의 간격은 $140=2^2\times5\times7$, $100=2^2\times5^2$의 최대공약수인 $2^2\times5=20$m가 된다. 따라서 이때 심어야 하는 꽃은 $2\times\{(140+100)\div20\}=24$송이다.

09

정답 ⑤

제품 50개 중 1개가 불량품일 확률은 $\frac{1}{50}$이다.

따라서 제품 2개를 고를 때 2개가 모두 불량품일 확률은 $\frac{1}{50}\times\frac{1}{50}=\frac{1}{2,500}$이다.

10

정답 ④

처음 A비커에 들어 있는 소금의 양은 $\frac{6}{100}\times300=18$g이고, 처음 B비커에 들어 있는 소금의 양은 $\frac{8}{100}\times300=24$g이다.
A비커에서 소금물 100g을 퍼서 B비커에 옮겨 담았으므로 옮겨진 소금의 양은 $\frac{6}{100}\times100=6$g이고, A비커에 남아 있는 소금의 양은 12g이다. 그러므로 B비커에 들어 있는 소금물은 400g이고, 소금의 양은 $24+6=30$g이다.
다시 B비커에서 소금물 80g을 퍼서 A비커에 옮겨 담았으므로 옮겨진 소금의 양은 $30\times\frac{1}{5}=6$g이다. 따라서 A비커의 소금물은 280g이 되고, 소금의 양은 $12+6=18$g이 되므로 농도는 $\frac{18}{280}\times100\fallingdotseq6.4$%가 된다.

11

정답 ⑤

1, 2, 3, 4, 5가 각각 적힌 카드에서 3장을 뽑아 만들 수 있는 세 자리 정수는 $5\times4\times3=60$가지이다.
이 중에서 216 이하의 정수는 백의 자리가 1일 때 $4\times3=12$가지, 백의 자리가 2일 때 213, 214, 215로 3가지이다.
따라서 216보다 큰 정수는 $60-(12+3)=45$가지이다.

12

정답 ②

제품 20개 중 3개를 꺼낼 때 불량품이 1개도 나오지 않는 확률은 $\frac{{}_{18}C_3}{{}_{20}C_3}=\frac{816}{1,140}=\frac{68}{95}$이다. 따라서 제품 3개를 꺼낼 때 적어도 1개가 불량품일 확률은 $1-\frac{68}{95}=\frac{27}{95}$이다.

CHAPTER

08 2022년 상반기 기출복원문제

01	02	03	04	05	06	07	08	09	10
③	③	③	②	④	④	③	④	②	①
11	12	13	14	15	16	17			
④	③	②	②	④	③	⑤			

01

정답 ③

문장의 형태소 중에서 조사나 선어말어미, 어말어미 등으로 쓰인 문법적 형태소의 개수를 파악해야 한다.

이, 니, 과, 에, 이, 었, 다 → 총 7개

오답분석

① 이, 을, 었, 다 → 총 4개
② 는, 가, 았, 다 → 총 4개
④ 는, 에서, 과, 를, 았, 다 → 총 6개
⑤ 에, 이, 었, 다 → 총 4개

02

정답 ③

'피상적(皮相的)'은 '본질적인 현상은 추구하지 아니하고 겉으로 드러나 보이는 현상에만 관계하는 것'을 의미한다. 제시된 문장에서는 '표면적(表面的)'과 반대되는 뜻의 단어를 써야 하므로 '본질적(本質的)'이 적절하다.

오답분석

① 정례화(定例化) : 규칙적이지 않았던 일이 규칙적인 일로 됨 또는 그렇게 함
② 중장기적(中長期的) : 길지도 짧지도 않은 중간쯤 되는 기간에 걸치거나 오랜 기간에 걸치는 긴 것
④ 친환경(親環境) : 자연환경을 오염하지 않고 자연 그대로의 환경과 잘 어울리는 일 또는 그런 행위나 철학
⑤ 숙려(熟慮) : 곰곰이 생각하거나 궁리함 또는 그런 생각이나 궁리

03

정답 ③

'서슴다'는 '결단을 내리지 못하고 머뭇거리며 망설이다. 또는 어떤 행동을 선뜻 결정하지 못하고 머뭇거리며 망설이다.'라는 뜻으로, '서슴치 않다'가 아닌 '서슴지 않다'가 어법상 옳다.

오답분석

① '잠거라'가 아닌 '잠가라'가 되어야 어법상 옳은 문장이다.
② '담궈'가 아니라 '담가'가 되어야 어법상 옳은 문장이다.
④ '염치 불구하고'가 아니라 '염치 불고하고'가 되어야 어법상 옳은 문장이다.
⑤ '뒷뜰'이 아니라 '뒤뜰'이 되어야 어법상 옳은 문장이다.

04

정답 ②

제시문의 첫 문단은 '2022 K-농산어촌 한마당'에 대해 처음 언급하며 화두를 던지는 (가)가 적절하다. 이후 K-농산어촌 한마당 행사에 대해 자세히 설명하는 (다)가 오고, 행사에서 소개된 천일염과 관련 있는 음식인 김치에 대해 언급하는 (나)가 오는 것이 자연스럽다.

05

정답 ④

실험실의 수를 x개라 하면, 학생의 수는 $(20x+30)$명이다. 실험실 한 곳에 25명씩 입실시킬 경우 $(x-3)$개의 실험실은 모두 채워지고 2개의 실험실에는 아무도 들어가지 않는다. 그리고 나머지 실험실 한 곳에는 최소 1명에서 최대 25명이 들어간다. 이를 식으로 정리하면 다음과 같다.

$25(x-3)+1 \leq 20x+30 \leq 25(x-2)$

$\therefore\ 16 \leq x \leq 20.8$

따라서 위의 식을 만족하는 범위 내에서 가장 작은 홀수는 17이므로 최소한의 실험실은 17개이다.

06

정답 ④

기존 사원증의 가로와 세로의 길이 비율이 1 : 2이므로 가로 길이를 $x$cm, 세로 길이를 $2x$cm라 하자. 기존 사원증 대비 새 사원증의 가로 길이 증가폭은 $(6-x)$cm, 세로 길이 증가폭은 $(9-2x)$cm이다. 주어진 디자인 변경 비용을 적용하여 식으로 정리하면 다음과 같다.

$2,800+\{(6-x)\times12\div0.1\}+\{(9-2x)\times22\div0.1\}=2,420$

$\rightarrow 2,800+720-120x+1,980-440x=2,420$

$\rightarrow 560x=3,080$

$\therefore\ x=5.5$

따라서 기존 사원증의 가로 길이는 5.5cm이고, 세로 길이는 11cm이며, 둘레는 $(5.5\times2)+(11\times2)=33$cm이다.

07

정답 ③

A공장에서 45시간 동안 생산된 제품은 총 45,000개이고, B공장에서 20시간 동안 생산된 제품은 총 30,000개로 두 공장에서 생산된 제품은 총 75,000개이다. 또한, 두 공장에서 생산된 불량품은 총 $(45+20)\times45=2{,}925$개이다. 따라서 생산된 제품 중 불량품의 비율은 $2{,}925\div75{,}000\times100=3.9\%$이다.

08

정답 ④

연속교육은 하루 안에 진행되어야 하므로 4시간 연속교육으로 진행되어야 하는 문제해결능력 수업은 하루 전체를 사용해야 한다. 즉 5일 중 1일은 문제해결능력 수업만 진행되며, 나머지 4일에 걸쳐 남은 세 과목의 수업을 진행한다. 수리능력 수업은 3시간 연속교육, 자원관리능력 수업은 2시간 연속교육이며, 하루 수업은 총 4교시로 구성되므로 수리능력 수업과 자원관리능력 수업은 같은 날 진행되지 않는다. 수리능력 수업의 총 교육시간은 9시간으로, 최소 3일이 필요하므로 자원관리능력 수업은 하루에 몰아서 진행해야 한다. 그러므로 문제해결능력 수업과 자원관리능력 수업을 배정하는 경우의 수는 $5\times4=20$가지이다. 문제해결능력 수업과 자원관리능력 수업이 진행되는 이틀을 제외한 나머지 3일간은 매일 수리능력 수업 3시간과 의사소통능력 수업 1시간이 진행되며, 수리능력 수업 후에 의사소통능력 수업을 진행하는 경우와 의사소통능력 수업을 먼저 진행하고 수리능력 수업을 진행하는 경우로 나뉜다. 그러므로 이에 대한 경우의 수는 $2^3=8$가지이다. 따라서 주어진 규칙을 만족하는 경우의 수는 모두 $5\times4\times2^3=160$가지이다.

09

정답 ②

제시된 공연장의 주말 매표 가격은 평일 매표 가격의 1.5배로 책정되므로, 지난주 1층 평일 매표 가격은 $6\div1.5=4$만 원이 된다. 따라서 지난주 1층 매표 수익은 $(4\times200\times5)+(6\times200\times2)=6{,}400$만 원이고, 2층 매표 수익은 $8{,}800-6{,}400=2{,}400$만 원이다. 이때, 2층 평일 매표 가격을 x원이라고 한다면, 2층 주말 매표 가격은 $1.5x$원이 되므로 다음 식이 성립한다.

$(x\times5)+(1.5x\times2)=2{,}400$

$\therefore\ x=3$

따라서 지난주 2층의 평일 매표 가격은 3만 원이다.

10

정답 ①

조건에 따르면 A팀의 남자 직원이 여자 직원의 두 배라고 했으므로, 남자 직원은 6명, 여자 직원은 3명이 된다. 이에 동일한 성별의 2명을 뽑는 경우의 수는 다음과 같다.

- 남자 직원 2명을 뽑을 경우 : ${}_6C_2=\dfrac{6\times5}{2\times1}=15$가지
- 여자 직원 2명을 뽑을 경우 : ${}_3C_2\ \dfrac{3\times2}{2\times1}=3$가지

따라서 가능한 경우의 수는 18가지이다.

11

정답 ④

첫 번째 조건에서 전체 지원자 120명 중 신입직은 경력직의 2배이므로, 신입직 지원자는 80명, 경력직 지원자는 40명이다. 이어서 두 번째 조건에서 신입직 중 기획부서에 지원한 사람이 30%라고 했으므로 $80\times0.3=24$명이 되고, 신입직 중 영업부서와 회계부서에 지원한 사람은 $80-24=56$명이 된다. 또한 세 번째 조건에서 신입직 중 영업부서와 회계부서에 지원한 사람의 비율이 3 : 1이므로, 영업부서에 지원한 신입직은 $56\times\dfrac{3}{3+1}=42$명, 회계부서에 지원한 신입직은 $56\times\dfrac{1}{3+1}=14$명이 된다. 다음 네 번째 조건에 따라 기획부서에 지원한 경력직 지원자는 $120\times0.05=6$명이다. 마지막으로 다섯 번째 조건에 따라 전체 지원자 120명 중 50%에 해당하는 60명이 영업부서에 지원했다고 했으므로, 영업부서 지원자 중 경력직 지원자는 세 번째 조건에서 구한 신입직 지원자 42명을 제외한 $60-42=18$명이 되고, 회계부서에 지원한 경력직 지원자는 전체 경력직 지원자 중 기획부서와 영업부서의 지원자를 제외한 $40-(6+18)=16$명이 된다. 따라서 전체 회계부서 지원자는 $14+16=30$명이다.

12

정답 ③

먼저 장마전선이 강원도에서 인천으로 이동하기까지 소요된 시간을 구하면 $(\text{시간})=\dfrac{(\text{거리})}{(\text{속도})}=\dfrac{304}{32}=9.5$시간, 즉 9시간 30분이다. 따라서 강원도에서 장마전선이 시작된 시각은 장마전선이 인천에 도달한 시각인 오후 9시 5분에서 9시간 30분 전인 오전 11시 35분이다.

13

정답 ②

기계 A와 기계 B의 생산량 비율이 2 : 3이므로, 총 생산량인 1,000개 중 기계 A가 $1{,}000\times\dfrac{2}{2+3}=400$개, 기계 B가 $1{,}000\times\dfrac{3}{2+3}=600$개를 생산하였다. 이때 기계 A의 불량률이 3%이므로 기계 A로 인해 발생한 불량품의 개수는 $400\times0.03=12$개이다. 따라서 기계 B로 인해 발생한 불량품의 개수는 $39-12=27$개이므로, 기계 B의 불량률은 $\dfrac{27}{600}\times100=4.5\%$이다.

14

정답 ②

의자의 개수를 x개, 10인용 의자에서 비어있는 의자 2개를 제외한 가장 적은 인원이 앉아있는 의자의 인원을 y명이라고 하면 다음 식이 성립한다(단, $0<y<10$).

$(7\times x)+4=\{10\times(x-3)\}+y$

$\rightarrow 7x+4=10x-30+y$

$\therefore 3x+y=34$

이때 가능한 x, y의 값과 전체 인원은 다음과 같다.

1) $x=9$, $y=7$ → (전체 인원)$=7x+4=67$명

2) $x=10$, $y=4$ → (전체 인원)$=74$명

3) $x=11$, $y=1$ → (전체 인원)$=81$명

따라서 가능한 최대 인원과 최소 인원의 차이는 $81-67=14$명이다.

15

정답 ④

먼저 가장 많은 수업시간을 할애하는 고등학생의 배치 가능한 경우는 다른 학생의 배치시간과 첫 번째 조건의 첫 수업 시작시간을 고려하여 1 ~ 4시, 3 ~ 6시의 2가지 경우만 가능하다. 따라서 고등학생의 수업 배치 경우의 수를 구하면 다음과 같다.

$2\times2\times{}_4P_2=48$가지

다음으로 중학생의 배치 가능한 경우는 고등학생이 배치된 요일을 제외한 두 요일 중 첫 번째 조건의 첫 수업 시작시간과 다섯 번째 조건의 휴게시간을 고려하여 하루는 2명이 각각 1 ~ 3시와 4 ~ 6시, 다른 하루는 남은 한 명이 1 ~ 3시 또는 3 ~ 5시 중에 배치될 수 있다. 따라서 중학생의 수업 배치 경우의 수를 구하면 다음과 같다.

- 경우 1

  A요일에 1 ~ 3시, 4 ~ 6시, B요일에 1 ~ 3시 배치

  : $3!=3\times2\times1=6$가지

- 경우 2

  A요일에 1 ~ 3시, 4 ~ 6시, B요일에 4 ~ 6시 배치

  : $3!=3\times2\times1=6$가지

마지막으로 초등학생의 수업 배치가 가능한 경우는 고등학생이 배치된 요일인 이틀과 중학생이 한 명만 배치된 요일에 진행된다. 가능한 경우의 수를 구하면 다음과 같다.

$3!=3\times2\times1=6$가지

따라서 가능한 경우의 수는 $48\times6\times6\times2=3,456$가지이다.

16

정답 ③

보기의 정부 관계자들은 향후 청년의 공급이 줄어들게 되는 인구구조의 변화가 문제해결에 유리한 조건을 형성한다고 말하였다. 그러나 기사에 따르면 이러한 인구구조의 변화가 곧 문제해결이나 완화로 이어지지 않는다고 설명하고 있으므로, 정부 관계자의 태도로 ③이 가장 적절하다.

오답분석

①·② 올해부터 3 ~ 4년간 인구 문제가 부정적으로 작용할 것이라고 말하였으나, 올해가 가장 좋지 않다거나 현재 문제가 해결 중에 있다는 언급은 없다.

④ 에코세대의 노동시장 진입으로 인한 청년 공급 증가에 대응해야 함을 인식하고 있다.

⑤ 일본의 상황을 참고하여 한국도 점차 좋아질 것이라고 예측하고 있을 뿐, 한국의 상황이 일본보다 낫다고 평가하는지는 알 수 없다.

17

정답 ⑤

제시문에서 지하철역 주변, 대학교, 공원 등을 이용한 현장홍보와 방송, SNS 등을 이용한 온라인 홍보를 진행한다고 하였으며, 이러한 홍보 방식은 특정한 계층군이 아닌 일반인들을 대상으로 하는 홍보 방식이다.

오답분석

① 제시문에 등장하는 협의체에는 산업부가 포함되어 있지 않다. 포함된 기관은 국무조정실, 국토부, 행안부, 교육부, 경찰청이다.

② 전동킥보드인지 여부에 관계없이 안전기준을 충족한 개인형 이동장치여야 자전거도로 운행이 허용된다.

③ 개인형 이동장치로 인한 사망사고는 최근 3년간 지속적으로 증가하였다.

④ 13세 이상인 사람 중 원동기 면허 이상의 운전면허를 소지한 사람에 한해 개인형 이동장치 운전이 허가된다.

PART 2

직업기초능력평가

CHAPTER 01 의사소통능력
CHAPTER 02 수리능력
CHAPTER 03 문제해결능력

CHAPTER

01 의사소통능력

대표기출유형 01 기출응용문제

01

정답 ⑤

제시문에서는 우리말과 영어의 어순 차이에 대해 설명하면서 우리말에서 주어 다음에 목적어가 오는 것은 '나의 의사보다 상대방에 대한 관심을 먼저 보이는 우리의 문화'에서 기인한 것이라고 언급하고 있다. 또한 '나의 의사를 밝히는 것이 먼저인 영어를 사용하는 사람들의 문화'라는 내용으로 볼 때 상대방에 대한 관심보다 나의 생각을 우선시하는 것은 영어의 문장 표현이다.

02

정답 ④

제시문의 마지막 문단에서 정약용은 청렴을 지키는 것의 두 가지 효과로 '다른 사람에게 긍정적 효과를 미친다.', '목민관 자신에게도 좋은 결과를 가져다준다.'라고 하였으므로 적절하다.

오답분석

① 두 번째 문단에서 '정약용은 청렴을 당위 차원에서 주장하는 기존의 학자들과 달리 행위자 자신에게 실질적 이익이 된다는 점을 들어 설득하고자 한다.'라고 설명하고 있다.
② 두 번째 문단에서 정약용은 "지자(知者)는 인(仁)을 이롭게 여긴다."라는 공자의 말을 빌려 "지혜로운 자는 청렴함을 이롭게 여긴다."라고 하였으므로 공자의 뜻을 계승한 것이 아니라 공자의 말을 빌려 청렴의 중요성을 강조한 것이다.
③ 두 번째 문단에서 '지혜롭고 욕심이 큰 사람은 청렴을 택하지만 지혜가 짧고 욕심이 작은 사람은 탐욕을 택한다.'라고 하였으로 청렴한 사람은 욕심이 크기 때문에 탐욕에 빠지지 않는다고 볼 수 있다.
⑤ 첫 번째 문단에서 '이황과 이이는 청렴을 사회 규율이자 개인 처세의 지침으로 강조하였다.'라고 하였으므로 이황과 이이는 청렴을 사회 규율로 보았다는 것을 알 수 있다.

03

정답 ⑤

제시문의 마지막 문단에 따르면 괴델은 '참이지만 증명할 수 없는 명제가 존재한다.'라고 하였지만, '주어진 공리와 규칙만으로 일관성과 무모순성을 증명할 수 없다.'라고 하였다.

오답분석

① 두 번째 문단에 따르면 유클리드는 공리를 기반으로 끌어낸 명제들이 성립함을 증명하였으나, 공리를 증명하려 시도하지는 않았다.
② 세 번째 문단에 따르면 힐베르트는 공리의 무모순성과 독립성을 증명할 수 있다고 예상하였다.
③·④ 괴델은 증명할 수 없어도 참인 명제가 존재한다고 하였으며, 기존의 수학 체계 자체를 부정한 것이 아니라 그 자체 체계만으로 일관성과 무모순성을 증명할 수 없다는 불완전성을 정리한 것이다.

대표기출유형 02 기출응용문제

01

정답 ①

제시문은 사회보장제도가 무엇인지 정의하고 있다. 따라서 ①이 글의 제목으로 가장 적절하다.

오답분석

②·⑤ 제시문에서 언급하고 있지만 글 내용의 일부이므로 글의 전체적인 제목으로는 적절하지 않다.
③ 우리나라만의 사회보장에 대한 설명은 아니다.
④ 제시문에서 언급하고 있지 않다.

02

정답 ①

제시문의 첫 번째 문단에서는 사회적 자본이 늘어나면 정치 참여도가 높아진다는 주장을 하였고, 두 번째 문단에서는 사회적 자본의 개념을 사이버공동체에 도입하였으나 현실과 잘 맞지 않는다고 하면서 사회적 자본의 한계를 서술했다. 그리고 마지막 문단에서는 사회적 자본만으로는 정치 참여가 늘어나기 어렵고 정치적 자본의 매개를 통해서 정치 참여가 활성화된다는 주장을 하고 있다. 따라서 ①이 제시문의 주제로 가장 적절하다.

03

정답 ⑤

제시된 기사는 미세먼지 특별법의 제정과 시행 내용에 대해 설명하고 있다. 따라서 ⑤가 기사의 제목으로 가장 적절하다.

대표기출유형 03 기출응용문제

01

정답 ④

제시문의 하찮고 더러운 일을 주옥(珠玉)처럼 소중히 여겼으나 이는 그 사람의 청렴한 인격에는 아무런 손상을 가져오지 않았다는 내용은 사람을 평가할 때 그 사람이 하는 일을 가지고 판단해서는 안 된다는 의미이다. 따라서 제시문에 나타난 견해와 가장 유사한 견해는 사람을 평가할 때는 그 사람의 언행과 성품·태도를 우선적으로 고려해야 한다는 ④이다.

02

정답 ⑤

김씨에게 탁구를 가르쳐 준 사람에 대한 정보는 말로 표현할 수 있는 서술 정보에 해당하며, 이는 뇌의 내측두엽에 있는 해마에 저장된다.

오답분석

① 김씨는 내측두엽의 해마가 손상된 것일 뿐 감정이나 공포와 관련된 기억이 저장되는 편도체의 손상 여부는 알 수 없다.
② 대뇌피질에 저장된 수술 전의 기존 휴대폰 번호는 말로 표현할 수 있는 서술 정보에 해당한다.
③ 운동 기술은 대뇌의 선조체나 소뇌에 저장되는데, 김씨는 수술 후 탁구 기술을 배우는 데 문제가 없으므로 대뇌의 선조체는 손상되지 않았음을 알 수 있다.
④ 탁구 기술은 비서술 정보이므로 대뇌의 선도체나 소뇌에 저장되었을 것이다.

03

정답 ④

제시문에 따르면 '살쾡이'가 표준어가 된 것은 주로 서울 지역에서 그렇게 발음하기 때문이다. 따라서 가장 광범위하게 사용되기 때문이라는 추론은 적절하지 않다.

오답분석

① 제시문에서는 '삵'이라는 단어에 비해 '살쾡이'가 후대에 생겨난 단어라고 하였다. 이때, '호랑이'라는 단어도 이와 같은 식으로 생겨났다고 하였으므로 '호'라는 단어가 먼저 생겨나고 '호랑이'가 후대에 생겨난 단어임을 알 수 있다.

② '삵'과 '괭이'라는 두 개의 단어가 합쳐져 '살쾡이'를 지시하고 있고, '호'와 '랑'이 합쳐져 '호랑이'라는 하나의 대상을 지시하고 있다는 점에서 알 수 있는 내용이다.

③ 남한에서는 '살쾡이'를 표준어로 삼고 '살괭이'를 방언으로 처리한 반면, 북한에서는 '살괭이'만을 사전에 등재하고 '살쾡이'는 그렇지 않다는 점에서 알 수 있는 내용이다.

⑤ '살쾡이'는 지역에 따라 삵괭이, 삭괭이, 삭꽹이, 살꽹이 등의 방언으로 불리는데 이는 지역의 발음이 다르기 때문이다.

대표기출유형 04 기출응용문제

01

정답 ②

제시문은 상품 생산자와 상품의 관계를 제시하며, 시장 안에서 사람이 아닌 상품이 주체가 되고, 사람과 사람 간의 관계가 사물과 사물 간의 관계에 가려 보이지 않게 되면서, 인간관계가 소외됨을 설명하는 글이다. 따라서 (가) 상품이 시장에서 생산자의 통제를 벗어남 – (다) 그 결과 상품이 주체가 되어 인간소외 현상이 일어남 – (라) 시장 법칙으로 인해 인간관계가 사물 간 관계에 가려짐 – (나) 앞의 내용을 정리해 인간소외 현상을 규정함 순으로 나열하는 것이 적절하다.

02

정답 ⑤

제시문은 철학에서의 '부조리'에 대한 개념을 설명하는 글이다. 따라서 (나) 부조리의 개념 – (라) 부조리라는 개념을 처음 도입하고 설명한 알베르 카뮈 – (가) 연극의 비유에 대한 설명 – (다) 인간이 부조리를 느끼는 순간의 순서로 나열해야 한다.

대표기출유형 05 기출응용문제

01

정답 ④

동사는 의미에 따라 '–는' 또는 '–은'의 어미와 활용할 수 있지만, 형용사는 '–은'으로만 활용할 수 있다. 따라서 '걸맞다'는 '두 편을 견주어 볼 때 서로 어울릴 만큼 비슷하다.'는 의미의 형용사이므로 '걸맞은'으로 활용해야 한다.

02

정답 ④

제시문에서는 임대주택에서의 원상복구에 대해 설명하고 있으며, 임차인은 퇴거 시 입주 당시의 상태로 유지하거나 복원해야 하는 의무를 지닌다. 따라서 '일부러 하는 생각이나 태도'의 의미를 가지는 '고의(故意)'는 빈칸에 들어갈 단어로 적절하지 않다.

오답분석

① 오손(汚損) : 더럽히고 손상함
② 박리(剝離) : 벗겨 냄
③ 망실(亡失) : 잃어버려 없어짐
⑤ 손모(損耗) : 써서 닳아 없어짐

03

정답 ③

'만큼'은 주로 어미 뒤에 붙어 앞의 내용에 상당하는 수량이나 정도임을 나타내는 의존명사 '만큼'과 체언 뒤에 붙어 앞말과 비슷한 정도나 한도임을 나타내는 격조사 '–만큼'으로 구분할 수 있다. 한글 맞춤법에 따라 의존명사 '만큼'은 앞말과 띄어 써야 하고, 격조사 '–만큼'은 붙여 써야 한다. 따라서 ③은 체언인 '생각'과 결합하는 격조사이므로 '생각만큼'으로 붙여 써야 한다.

대표기출유형 06 기출응용문제

01

정답 ④

제시문은 상황에 따라 직원들을 대하는 회사의 태도가 변함을 설명하고 있다. 따라서 제시문의 상황과 가장 관련 있는 한자성어는'달면 삼키고 쓰면 뱉는다.'는 뜻으로, 자신의 비위에 따라서 사리의 옳고 그름을 판단함을 이르는 말인 '감탄고토(甘呑苦吐)'이다.

오답분석

① 감언이설(甘言利說) : '귀가 솔깃하도록 남의 비위를 맞추거나 이로운 조건을 내세워 꾀는 말'을 뜻한다.
② 당랑거철(螳螂拒轍) : '제 역량을 생각하지 않고, 강한 상대나 되지 않을 일에 덤벼드는 무모한 행동거지'를 비유적으로 이르는 말이다.
③ 무소불위(無所不爲) : '하지 못하는 일이 없음'을 뜻한다.
⑤ 속수무책(束手無策) : '손을 묶은 것처럼 어찌할 도리가 없어 꼼짝 못함'을 뜻한다.

02

정답 ③

제시문은 『구운몽』의 일부 내용으로, 주인공이 부귀영화를 누렸던 한낱 꿈으로부터 현실로 돌아오는 부분이다. 따라서 제시문과 가장 관련 있는 속담은 부귀영화란 일시적인 것으로, 한때가 지나면 그만임을 비유적으로 이르는 속담인 '열흘 붉은 꽃이 없다.'이다.

오답분석

① 힘을 다하고 정성을 다하여 한 일은 그 결과가 반드시 헛되지 아니함을 비유적으로 이르는 말이다.
② 무엇을 전혀 모르던 사람도 오랫동안 보고 듣노라면 제법 따라 할 수 있게 됨을 비유적으로 이르는 말이다.
④ 속으로는 해칠 마음을 품고 있으면서, 겉으로는 생각해 주는 척함을 비유적으로 이르는 말이다.
⑤ 일이 이미 잘못된 뒤에는 손을 써도 소용이 없다는 것을 비유적으로 이르는 말이다.

CHAPTER

02 수리능력

대표기출유형 01 기출응용문제

01

정답 ①

- 7명의 학생이 원탁에 앉는 경우의 수 : $(7-1)!=6!$가지
- 7명의 학생 중 여학생 3명이 원탁에 이웃해서 앉는 경우의 수 : $(5-1)!\times3!$가지

따라서 7명의 학생 중 여학생 3명이 원탁에 이웃해서 앉는 확률은 $\frac{4!\times3!}{6!}=\frac{1}{5}$이다.

02

정답 ①

나무를 최소로 심으려면 가로와 세로의 길이인 432와 720의 최대공약수만큼의 간격으로 나무를 심어야 한다. 432와 720의 최대공약수인 144로 나누면 각각 3과 5이다. 이때 시작 지점의 꼭짓점은 제외하고 끝나는 지점의 꼭짓점은 포함하므로, 4개의 꼭짓점을 제외하고 계산하면 가로와 세로에 각각 2그루와 4그루씩 심을 수 있다. 따라서 $(2\times2)+(4\times2)+4=16$그루를 심을 수 있다.

03

정답 ②

전체 일의 양을 1이라고 하면 유진이의 분당 일의 양은 $\frac{1}{80}$이고 상민이의 분당 일의 양은 $\frac{1}{120}$이다.

두 사람이 함께 일하는 시간을 x분이라고 하면 다음 식이 성립한다.

$$\left(\frac{1}{80}+\frac{1}{120}\right)x=1$$

$$\therefore\ x=\frac{1}{\frac{1}{80}+\frac{1}{120}}=\frac{240}{3+2}=48$$

따라서 두 사람이 함께 쓰레기를 주울 때 걸리는 시간은 48분이다.

04

정답 ④

열차의 속력이 300km/h이므로 거리가 400km인 지점까지 달리는 시간은 $\frac{400}{300}=1\frac{1}{3}$=1시간 20분이고, 정차시간은 $10\times7=1$시간 10분이다. 따라서 목적지까지 가는 데 걸린 시간은 총 2시간 30분이다.

대표기출유형 02 기출응용문제

01

정답 ①

제시된 수열은 분자는 앞의 항에 $+1$, 분모는 2의 거듭제곱 형태, 즉 2^1, 2^2, 2^3, 2^4, 2^5인 수열이다.

따라서 ($)=\frac{39+1}{2^5}=\frac{40}{32}$ 이다.

02

정답 ②

제시된 수열은 n을 자연수라고 할 때, n항의 값이 $(n+10)\times(n+11)$인 수열이다.

따라서 ($)=(6+10)\times(6+11)=16\times17=272$이다.

03

정답 ③

제시된 숫자들의 배열규칙은 다음과 같다.

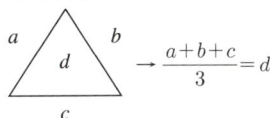

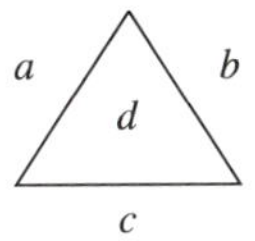

$\rightarrow \frac{a+b+c}{3}=d$

따라서 ($)=\frac{12+71-2}{3}=27$이다.

대표기출유형 03 기출응용문제

01

정답 ①

800g 소포의 개수를 x개, 2.4kg 소포의 개수를 y개라 하면 다음 식이 성립한다.

$800\times x+2,400\times y \le 16,000$

$\rightarrow x+3y \le 20 \cdots$ ㉠

B회사는 동일지역, C회사는 타지역이므로 다음 식이 성립한다.

$4,000\times x+6,000\times y=60,000$

$\rightarrow 2x+3y=30$

$\rightarrow 3y=30-2x \cdots$ ㉡

㉡을 ㉠에 대입하면 다음과 같다.

$x+30-2x \le 20$

$\therefore x \ge 10 \cdots$ ㉢

이때 ㉡, ㉢을 동시에 만족하는 값은 $x=12$, $y=2$이다.

따라서 A회사는 800g 소포는 12개, 2.4kg 소포는 2개 보냈음을 알 수 있다.

02

정답 ②

2022년 대비 2024년에 눈에 띄는 증가율을 보인 면세점과 편의점, 무점포 소매점의 2022년 대비 2024년 판매액 증가율을 계산하면 다음과 같다.

- 면세점 판매액의 증가율 : $\frac{14,465-9,198}{9,198}\times 100 ≒ 57\%$
- 편의점 판매액의 증가율 : $\frac{22,237-16,455}{16,455}\times 100 ≒ 35\%$
- 무점포 소매점 판매액의 증가율 : $\frac{61,240-46,788}{46,788}\times 100 ≒ 31\%$

따라서 2022년 대비 2024년에 두 번째로 높은 비율의 판매액 증가를 보인 소매 업태는 편의점이고, 증가율은 35%이다.

대표기출유형 04 기출응용문제

01

정답 ③

제시된 인구성장률 그래프의 경사가 완만할수록 인구수 변동이 적다. 따라서 2000 ~ 2010년의 기간보다 2025 ~ 2030년의 기간의 인구성장률 그래프의 경사가 더 완만하므로 인구증가가 덜할 것임을 추론할 수 있다.

오답분석

① 인구성장률은 1970년 이후 계속 감소하고 있다.
② 총인구가 감소하려면 인구성장률 그래프가 (−)값을 가져야 하는데 2011년과 2015년에는 (+)값을 갖는다.
④ 1990년의 총인구가 2040년의 총인구보다 더 적다.
⑤ 총인구수는 2020년부터 감소하고 있다.

02

정답 ④

ㄴ. 건설 부문의 도시가스 소비량은 2023년에 1,808TOE, 2024년에 2,796TOE이다. 따라서 2024년의 전년 대비 증가율은 $\frac{2,796-1,808}{1,808}\times 100 ≒ 54.6\%$이므로 옳은 설명이다.

ㄷ. 2024년 온실가스 배출량 중 간접 배출이 차지하는 비중은 $\frac{28,443}{35,638}\times 100 ≒ 79.8\%$이고, 2023년 온실가스 배출량 중 고정 연소가 차지하는 비중은 $\frac{4,052}{30,823}\times 100 ≒ 13.1\%$이다. 이의 5배는 $13.1\times 5=65.5\%$로 2024년 온실가스 배출량 중 간접 배출이 차지하는 비중인 79.8%보다 작으므로 옳은 설명이다.

오답분석

ㄱ. 에너지 소비량 중 이동 부문에서 경유가 차지하는 비중은 2023년에 $\frac{196}{424}\times 100 ≒ 46.2\%$이고, 2024년에 $\frac{179}{413}\times 100 ≒ 43.3\%$으로, 전년 대비 약 2.9%p 감소하였으므로 옳지 않은 설명이다.

03

정답 ③

연평균 무용 관람횟수가 가장 많은 지역은 강원도이며, 연평균 스포츠 관람횟수가 가장 많은 지역은 서울특별시이다.

오답분석

① 모든 지역에서 연평균 무용 관람횟수보다 연평균 영화 관람횟수가 더 많다.
② 경상남도에서 영화 다음으로 연평균 관람횟수가 많은 항목은 스포츠이다.
④ 대구광역시의 연평균 박물관 관람횟수는 2.5회로, 제주특별자치도의 연평균 박물관 관람횟수의 $\frac{2.5}{2.9}\times100 \fallingdotseq 86.2\%$이므로 80% 이상이다.
⑤ 주어진 자료에 따르면 대전광역시는 연극·마당극·뮤지컬을 제외한 모든 항목에서 충청북도보다 연평균 관람횟수가 많은 것을 알 수 있다.

04

정답 ③

이륜차와 관련된 교통사고는 29+11=40%로 2,500×0.4=1,000건이며, 30대 이하 가해자는 38+21=59%로 총 1,475명이므로 $\frac{1,000}{1,475}\times100 \fallingdotseq 67.8\%$이다.

오답분석

① 60대 이상의 비율은 100−(38+21+11+8)=22%로, 30대보다 높다.
② 사륜차와 사륜차 교통사고 사망건수는 2,500×0.42×0.32=336건이고, 20대 가해자 수는 2,500×0.38=950명으로, $\frac{336}{950}\times100 \fallingdotseq 35.4\%$로 35% 이상이다.
④ 보행자와 관련된 교통사고는 18+11=29%로 2,500×0.29=725건이며, 그중 40%가 사망사건이라고 했으므로 사망건수는 725×0.4=290건이다. 이때, 사륜차와 사륜차 교통사고 사망건수는 336건이므로 보행자와 관련된 교통사고 사망건수보다 많다.
⑤ 사륜차와 이륜차 교통사고 사상자 수는 2,500×0.29=725명이고, 이 중 사망자의 비율은 68%이므로 사망건수는 725×0.68=493건이다. 따라서 사륜차와 사륜차 교통사고 사망건수인 336건보다 많다.

05

정답 ⑤

이륜차 또는 보행자와 관련된 교통사고는 29+18+11=58%로 2,500×0.58=1,450건이다. 이 중 20%의 가해자가 20대라고 했으므로 1,450×0.2=290건이다. 이때 전체 교통사고 중 20대 가해건수는 2,500×0.38=950건이므로, 이륜차 또는 보행자와 관련된 교통사고 중 20대 가해자는 전체 교통사고 20대 가해자의 $\frac{290}{950}\times100 \fallingdotseq 30\%$를 차지한다.

대표기출유형 05 기출응용문제

01

정답 ②

연도별 누적 막대그래프로, 각 지역의 적설량이 바르게 나타나 있다.

오답분석

① 적설량의 단위는 'm'가 아니라 'cm'이다.
③ 수원과 강릉의 2021년, 2022년 적설량 수치가 서로 바뀌었다.
④ 그래프의 가로축을 지역으로 수정해야 한다.
⑤ 지역별 그래프 수치가 섞여있다.

02

정답 ③

연도별 영업이익과 영업이익률을 포함한 표는 다음과 같다.

(단위 : 억 원)

구분	2020년	2021년	2022년	2023년	2024년
매출액	1,485	1,630	1,410	1,860	2,055
매출원가	1,360	1,515	1,280	1,675	1,810
판관비	30	34	41	62	38
영업이익	95	81	89	123	207
영업이익률	6.4%	5.0%	6.3%	6.6%	10.1%

따라서 해당 자료를 나타낸 그래프로 옳은 것은 ③이다.

03

정답 ④

연도별 자동차 등록 증가율은 다음과 같다.

연도	2014년	2015년	2016년	2017년	2018년	2019년	2020년	2021년	2022년	2023년	2024년
대수 (만 대)	1,794	1,844	1,887	1,940	2,012	2,099	2,180	2,253	2,320	2,368	2,437
증가 (만 대)	–	50	43	53	72	87	81	73	67	48	69
증가율 (%)	–	2.8	2.3	2.8	3.7	4.3	3.9	3.3	3.0	2.0	2.9

따라서 2023년 증가율은 2022년 대비 낮으므로, 해당 자료를 나타낸 그래프로 옳지 않은 것은 ④이다.

CHAPTER

03 문제해결능력

대표기출유형 01 기출응용문제

01

정답 ③

주어진 조건을 토대로 다음과 같이 정리해 볼 수 있다. 원형 테이블은 회전시켜도 좌석 배치가 동일하므로 좌석에 1 ~ 7번으로 번호를 붙이고, A가 1번 좌석에 앉았다고 가정하여 배치한다.

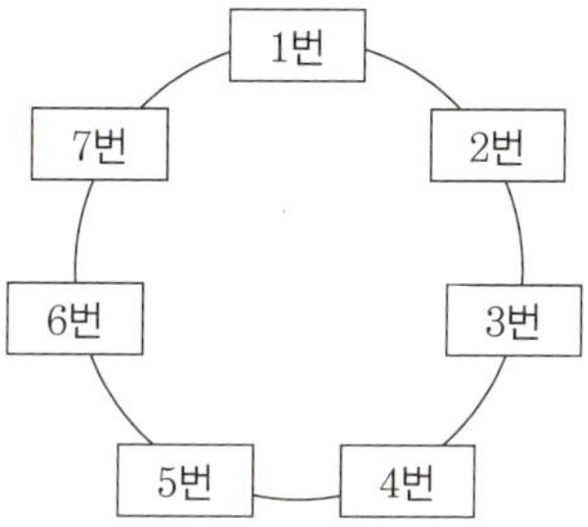

첫 번째 조건에 따라 2번에는 부장이, 7번에는 차장이 앉게 된다.
세 번째 조건에 따라 부장과 이웃한 자리 중 비어 있는 3번 자리에 B가 앉게 된다.
네 번째 조건에 따라 7번에 앉은 사람은 C가 된다.
다섯 번째 조건에 따라 5번에 과장이 앉게 되고, 과장과 차장 사이인 6번에 G가 앉게 된다.
여섯 번째 조건에 따라 A와 이웃한 자리 중 직원명이 정해지지 않은 2번, 부장 자리는 D가 앉게 된다.
일곱 번째 조건에 따라 4번 자리에는 대리, 3번 자리에는 사원이 앉는 것을 알 수 있으며, 3번 자리에 앉는 사람은 사원 직급인 B임을 알 수 있다.
두 번째 조건에 따라 E는 사원과 이웃하지 않았으므로 직원명이 정해지지 않은 5번, 과장 자리에 앉는다는 것을 알 수 있다.
이를 정리하면 다음과 같은 좌석 배치가 되며, F는 이 중 빈자리인 4번, 대리 자리에 앉는다.

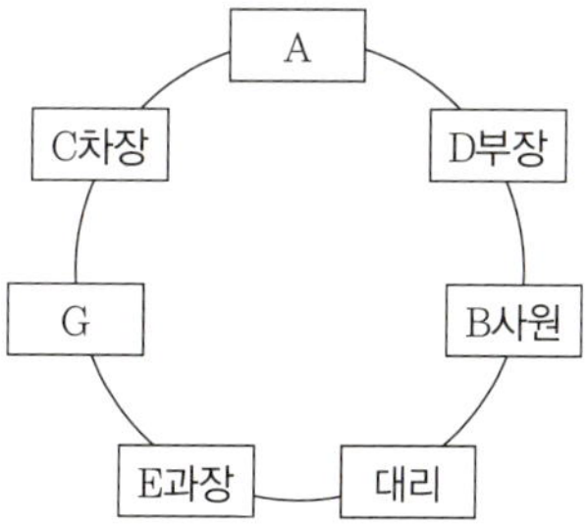

따라서 사원인 사람은 B, 대리인 사람은 F임을 도출할 수 있다.

02

정답 ④

과제별 선행관계에 따라 b과제는 c, f, g, h과제보다 먼저 수행하므로 T사원이 가장 첫 번째로 수행하는 과제는 b과제임을 알 수 있다. 또한 e과제보다 먼저 수행하는 f과제를 c과제보다 나중에 수행하므로 c과제와 f과제가 각각 두 번째, 세 번째 수행 과제임을 알 수 있다. 마지막으로 남은 g과제와 h과제 중 g과제는 h과제보다 먼저 수행한다.

T사원이 수행할 교육 과제의 순서를 정리하면 다음과 같다.

첫 번째	두 번째	세 번째	네 번째	다섯 번째	여섯 번째
b과제	c과제	f과제	e과제	g과제	h과제

따라서 T사원이 다섯 번째로 수행할 교육 과제는 g과제이다.

대표기출유형 02 기출응용문제

01

정답 ②

초고령화 사회는 실버산업(기업)을 기준으로 외부환경 요소로 볼 수 있으므로 기회 요인으로 적절하다.

오답분석

① 제품의 우수한 품질은 기업의 내부환경 요소로 볼 수 있으므로 강점 요인에 해당한다.
③ 기업의 비효율적인 업무 프로세스는 기업의 내부환경 요소로 볼 수 있으므로 약점 요인에 해당한다.
④ 살균제 달걀 논란은 빵집(기업)을 기준으로 외부환경 요소로 볼 수 있으므로 위협 요인에 해당한다.
⑤ 근육운동 열풍은 헬스장(기업)을 기준으로 외부환경 요소로 볼 수 있으므로 기회 요인에 해당한다.

02

정답 ②

WT전략은 외부환경의 위협 요인을 회피하고 약점을 보완하는 전략을 적용해야 한다. 따라서 ②는 강점(S)을 강화하는 전략이므로 적절하지 않다.

오답분석

① WO전략은 외부의 기회를 사용해 약점을 보완하는 전략이므로 적절하다.
③ SO전략은 기회를 활용하면서 강점을 더욱 강화시키는 전략이므로 적절하다.
④ ST전략은 외부환경의 위협을 회피하며 강점을 적극 활용하는 전략이므로 적절하다.
⑤ WT전략은 외부환경의 위협 요인을 회피하고 약점을 보완하는 전략이므로 적절하다.

대표기출유형 03 기출응용문제

01

정답 ③

선택지별 부품 구성에 따른 총 가격 및 총 소요시간을 계산하면 다음과 같으며, 총 소요시간에서 30초는 0.5분으로 환산한다.

구분	부품	총 가격	총 소요시간
①	A, B, E	(20×3)+(35×5)+(80×1)=315원	6+7+8.5=21.5분
②	A, C, D	(20×3)+(33×2)+(50×2)=226원	6+5.5+11.5=23분
③	B, C, E	(35×5)+(33×2)+(80×1)=321원	7+5.5+8.5=21분
④	B, D, F	(35×5)+(50×2)+(90×2)=455원	7+11.5+10=28.5분
⑤	D, E, F	(50×2)+(80×1)+(90×2)=360원	11.5+8.5+10=30분

세 번째 조건에 따라 ④, ⑤의 부품 구성은 총 소요시간이 25분 이상이므로 제외된다. 마지막 조건에 따라 ①, ②, ③의 부품 구성의 총 가격 차액이 서로 100원 미만이므로 총 소요시간이 가장 짧은 것을 택한다. 따라서 총 소요시간이 21분으로 가장 짧은 B, C, E부품으로 마우스를 조립한다.

PART 2

02

정답 ⑤

보기에 주어진 각 운전자의 운동량을 계산하면 다음과 같다.

- 갑 : 1.4×2=2.8
- 을 : 1.2×2×0.8=1.92
- 병 : 2×1.5=3
- 정 : (2×0.8)+(1×1.5)=3.1
- 무 : (0.8×2×0.8)+1.2=2.48

따라서 5명의 운전자를 운동량이 많은 순서대로 나열하면 정>병>갑>무>을이다.

03

정답 ④

조건에 따라 각 프로그램의 점수와 선정 여부를 정리하면 다음과 같다.

(단위 : 점)

운영 분야	프로그램명	가중치 반영 인기 점수	가중치 반영 필요성 점수	수요도 점수	비고
운동	강변 자전거 타기	12	5	–	탈락
진로	나만의 책 쓰기	10	7+2	19	
여가	자수 교실	8	2	–	탈락
운동	필라테스	14	6	20	선정
교양	독서 토론	12	4+2	18	
여가	볼링 모임	16	3	19	선정

수요도 점수는 '나만의 책 쓰기'와 '볼링 모임'이 19점으로 같지만, 인기 점수가 더 높은 '볼링 모임'이 선정된다. 따라서 상반기 동안 운영될 프로그램은 '필라테스'와 '볼링 모임'이다.

04

정답 ⑤

K교통카드 본사에서 10만 원 이상의 고액 환불 시 내방 당일 카드 잔액 차감 후 익일 18시 이후 계좌로 입금받을 수 있다.

오답분석

① K교통카드 본사 방문 시에는 월 누적 50만 원까지 수수료 없이 환불이 가능하므로, 13만 원 전액 환불 가능하다.
② 모바일 환불 시 1인 최대 50만 원까지 환불 가능하며, 수수료는 500원이므로 카드 잔액이 40만 원일 경우 399,500원이 계좌로 입금된다.
③ 카드 잔액이 30만 원인 경우 20만 원 이하까지만 환불이 가능한 A은행을 제외한 은행 ATM에서 수수료 500원을 제외하고 299,500원 환불 가능하다.
④ 부분 환불은 환불 요청금액이 1만 원 이상 5만 원 이하일 때 가능하며, K교통카드 본사와 지하철 역사 내 K교통카드 서비스센터에서 가능하다.

05

정답 ①

3만 원 초과 10만 원 이하 소액통원의료비를 청구할 경우 진단서 없이 보험금 청구서와 병원영수증, 질병분류기호(질병명)가 기재된 처방전만으로 접수가 가능하다.

대표기출유형 04 기출응용문제

01

정답 ①

창의적 사고는 정보와 정보의 조합으로, 정보에는 내적 정보와 외부 정보가 있다.

02

정답 ③

브레인스토밍을 위한 인원은 5～8명 정도가 적당하며, 주제에 대한 전문가를 절반 이하로 구성하고, 다양한 분야의 사람들을 참석시키는 것이 다양한 의견을 도출하는 데 유리하다.

오답분석

① ㉠ : 주제를 구체적이고 명확하게 선정한다.
② ㉡ : 구성원의 다양한 의견을 도출할 수 있는 사람을 리더로 선출한다.
④ ㉣ : 발언은 누구나 자유롭게 하고, 모든 발언 내용을 기록한 후 구조화한다.
⑤ ㉤ : 제시된 아이디어는 비판해서는 안 되며, 실현 가능한 아이디어를 평가한다.

01

정답 ①

A씨는 고향 친구의 말끔한 정장을 보고, 부자일 확률보다 부자이면서 좋은 차도 끌고 다닐 확률이 높다고 생각하고 있다. 이는 두 사건(부자, 좋은 차 소유)이 동시에 일어날 확률이 실제로는 각 사건 중 하나가 단독으로 일어날 확률보다 항상 작거나 같음에도 불구하고, 두 사건이 동시에 일어날 확률이 더 높다고 잘못 판단하는 인지적 편향이다. 따라서 A씨의 사례는 결합의 오류에 해당한다.

오답분석

② 무지의 오류 : 어떤 논리가 증명되지 않았다고 해서 그 반대의 주장이 참이라고 단정하는 오류이다.
③ 연역법의 오류 : 'TV를 많이 보면 눈이 나빠진다.', '철수는 TV를 많이 보지 않는다.', '따라서 철수는 눈이 나빠지지 않는다.'처럼 대전제와 주장이 잘못 연결되었지만, 삼단논법에 의하기 때문에 참이라고 단정하는 오류이다.
④ 과대 해석의 오류 : 문맥을 무시하고 과도하게 문구에만 집착하여 발생하는 오류이다.
⑤ 복합 질문의 오류 : 두 가지 이상의 질문을 하나의 질문에 욱여넣음으로써 상대방이 '예' 또는 '아니오'로 대답할 시 공격의 여지를 남기는 오류이다.

02

정답 ③

(가) 허수아비 공격의 오류 : 상대가 의도하지 않은 것을 강조하거나 허점을 비판하여 자신의 주장을 내세운다.
(나) 성급한 일반화의 오류 : 적절한 증거가 부족함에도 불구하고 몇몇 사례만을 토대로 성급하게 결론을 내린다.
(다) 대중에 호소하는 오류 : 타당한 논거를 제시하지 않고 많은 사람들이 그렇게 생각하거나 행동한다는 것을 논거로 제시한다.

오답분석

• 인신공격의 오류 : 상대방의 주장이 아닌 상대방의 인격을 공격하는 오류이다.
• 애매성의 오류 : 논증에 사용된 개념이 여러 가지로 해석될 수 있을 때, 상황에 맞지 않는 의미로 해석하는 오류이다.
• 무지의 오류 : 어떤 논리가 증명되지 않았다고 해서 그 반대의 주장이 참이라고 단정하는 오류이다.

03

정답 ③

제한된 증거를 가지고 결론을 도출하는 '성급한 일반화의 오류'의 사례로 볼 수 있다.

오답분석

① 대중에 호소하는 오류에 해당한다. 소비자의 80%가 사용하고 있다는 점과 세탁기의 성능은 논리적으로 연결되지 않는다.
② 권위에 호소하는 오류에 해당한다. 도서 디자인과 무관한 인사부 최부장님의 견해를 신뢰하여 발생하는 오류로 볼 수 있다.
④ 인신공격의 오류에 해당한다. 기획서 내용을 반박하면서 이와 무관한 S사원의 성격을 근거로 사용하여 발생하는 오류로 볼 수 있다.
⑤ 대중에 호소하는 오류에 해당한다. 대마초 허용에 많은 사람들이 찬성했다는 이유만으로 대마초와 관련된 의약개발 투자를 주장하여 발생하는 오류로 볼 수 있다.

M E M O

PART 3

직무수행능력평가

CHAPTER 01 경영학

CHAPTER

01 경영학

01	02	03	04	05	06	07	08	09	10	11	12	13	14	15	16	17	18	19	20
⑤	③	③	②	⑤	③	①	⑤	②	②	①	⑤	③	④	①	⑤	③	③	②	⑤
21	22	23	24	25	26	27	28	29	30										
④	⑤	②	③	②	③	①	①	①	①										

01

정답 ⑤

편의품의 경우에는 고객의 쉽고 빈번한 접근성이 중요하다. 따라서 소수의 대리점이 넓은 상권을 포괄하여 운영하는 방식은 편의품이 아니라 전문품에 적합한 판매 방식이다.

02

정답 ③

BCG 매트릭스는 보스턴 컨설팅 그룹(Boston Consulting Group)에 의해 1970년대 초반 개발된 것으로, 기업의 경영전략 수립에 있어 하나의 기본적인 분석도구로 활용되는 사업포트폴리오(Business Portfolio) 분석기법이다. BCG 매트릭스는 X축을 '상대적 시장점유율'로 하고, Y축을 '시장성장률'로 한다. 이때 미래가 불투명한 사업을 물음표(Question Mark), 점유율과 성장률이 모두 좋은 사업을 별(Star), 투자에 비해 수익이 월등한 사업을 현금젖소(Cash Cow), 점유율과 성장률이 둘 다 낮은 사업을 개(Dog)로 구분했다. 현금젖소는 수익을 많이 내고 있으며, 시장확대는 불가능하다. 한편, 물음표는 시장성장률은 높지만 점유율은 낮은 상태이다. 따라서 현금젖소에서의 수익을 물음표에 투자하여 최적 현금흐름을 달성할 수 있다.

03

정답 ③

린(Lean) 생산방식은 작업 공정 혁신을 통해 비용은 줄이고 생산성은 높이는 것을 말한다. 린 생산방식의 특징으로는 풀 시스템 도입, 원천적 품질 확보, 작업장 부하 균일화, 부품 및 작업방법 표준화, 유연 노동력, 자동화, 생산적인 작업환경조성 등을 들 수 있다.

04

정답 ②

소비자의 구매의사결정과정

문제인식(Problem Recognition) → 정보탐색(Information Search) → 대안평가(Evaluation of Alternatives) → 구매의사결정(Purchase Decision) → 구매 후 행동(Post – Purchase Behavior)

05

정답 ⑤

자재소요계획(MRP)은 생산 일정계획의 완제품 생산일정(MPS)과 자재명세서(BOM), 재고기록철(IR)에 대한 정보를 근거로 수립하여 재고 관리를 모색한다.

오답분석

① MRP는 푸시 생산방식(Push System)이다.
② MRP는 종속수요를 갖는 부품들의 생산수량과 생산시기를 결정하는 방법이다.
③ 부품별 계획 주문 발주시기는 MRP의 결과물이다.
④ 필요할 때마다 요청해서 생산하는 방식은 풀 생산방식(Pull System)이다.

06

정답 ③

테일러(Tailor)의 과학적 관리법은 노동자의 심리상태와 인격은 무시하고, 노동자를 단순한 숫자 및 부품으로 바라본다는 한계점이 있다. 이러한 한계점으로 인해 직무특성이론과 목표설정이론이 등장하게 되었다.

07

정답 ①

변혁적 리더십은 장기적인 비전을 제시하여 구성원의 태도 변화를 통한 조직몰입과 초과성과를 달성하도록 하는 리더십이다. 변혁적 리더십의 특징으로는 카리스마, 개별적 배려, 지적자극이 있다.

오답분석

② 슈퍼 리더십 : 자신이 처한 상황을 스스로 효과적으로 처리해 갈 수 있도록 도움을 줌으로써 다른 사람들의 공헌을 극대화한다.
③ 서번트 리더십 : 부하와 목표를 공유하고 부하들의 성장을 도모하면서 리더와 부하 간 신뢰를 형성시켜 궁극적으로 조직성과를 달성하게 한다.
④ 카리스마적 리더십 : 긴급하고 어려운 환경에 적합하며, 비전을 제시하고 구성원들이 효과적으로 단기성과를 낼 수 있도록 한다.
⑤ 거래적 리더십 : 변혁적 리더십의 반대 개념으로, 부하직원들이 직무를 완수하고 조직의 규칙을 따르도록 한다.

08

정답 ⑤

테일러(Tailor)의 과학적 관리법에 해당하는 내용으로, 일반 관리론은 앙리 페이욜이 경영관리를 경영자와 경영실무자의 입장에서 주장한 것이다. 한편, 호손 실험으로는 인간관계론이 등장하였다.

09

정답 ②

제품 차별화가 낮은 경우 비슷한 기능과 형태의 제품이 다양하게 시장에 진입할 수 있으므로 진입장벽이 낮은 경우에 해당한다.

오답분석

① 초기투자가 많이 필요한 경우 그만큼 자금력이 뒷받침되어야 하므로 진입장벽이 높다.
③ 법적 규제가 있는 경우 해당 규제에 맞는 제품만 시장에 들어올 수 있으므로 진입장벽이 높다.
④ 기존 경쟁업체가 많은 경우 시장에 참여해도 성과를 내기 쉽지 않기 때문에 진입장벽이 높다.
⑤ 오랜 기간 축적된 생산 경험이나 공정 노하우가 필요한 경우 신규 기업이 따라가기 어렵기 때문에 진입장벽이 높다.

10

정답 ②

생산량 비례급은 생산량에 따라 임금이 결정되는 단순성과급 방식이다. 한편, 복률성과급, 비도우식 할증급, 할시식 할증급, 맨체스터 플랜은 복률성과급 방식에 해당한다.

오답분석

① 복률성과급 : 작업성과에 따라 적용 임금률을 다르게 산정하는 복률성과급 방식이다.
③ 비도우식 할증급 : 성과달성을 기준으로 임금을 일정 비율로 할증 지급하는 복률성과급 방식이다.
④ 할시식 할증급 : 일정 작업에 대하여 표준시간을 단축할 경우 임금의 일부를 할증급으로 지급하는 복률성과급 방식이다.
⑤ 맨체스터 플랜 : 미숙련 근로자가 성과를 달성하지 못해도 최저수준의 임금을 보장하는 복률성과급 방식이다.

11

정답 ①

균형 상태란 자신 – 상대방 – 관련 사물의 세 가지 요소가 내부적으로 일치되어 있는 것처럼 보이는 상태를 말한다. 균형이론은 개인(자신), 태도 대상(상대방), 관련 대상(자신 – 상대방과 관련된 사물)의 세 가지 삼각관계에 대한 이론으로, 이 관계들에 대한 값(-1 또는 $+1$)을 곱한 결과 양의 값이 나오면 균형 상태이고, 음의 값이 나오면 불균형 상태이다. 값이 음일 경우 사람들은 심리적 불균형 상태가 되어 균형으로 맞추려고 하는 경향이 있다고 본다.

12

정답 ⑤

에이전시 숍은 근로자들 중에서 조합가입의 의사가 없는 자에게는 조합가입이 강제되지 않지만, 조합가입을 대신하여 조합에 조합비를 납부함으로써 조합원과 동일한 혜택을 받을 수 있도록 하는 제도이다.

13

정답 ③

허즈버그의 2요인이론에 따르면 인간행동에 영향을 주는 요인은 충족된다면 불만족을 없애주는 위생요인과 만족증가를 유도해 어떤 행동을 유발시키는 동기요인으로 구분된다. 동기요인에는 성취감, 안정감, 책임감, 개인의 성장 및 발전, 보람 있는 직무내용, 존경과 자아실현 욕구 등이 포함된다. 한편, 위생요인에는 임금, 작업환경 등이 포함된다.

14

정답 ④

근로자가 스스로 계획하고 실행하여 그 결과에 따른 피드백을 수집하고 수정해 나가며, 일의 자부심과 책임감을 가지고 자발성을 높이는 기법은 직무충실화이론에 해당한다. 직무충실화이론은 직무확대보다 더 포괄적으로 구성원들에게 더 많은 책임과 더 많은 선택의 자유를 요구하기 때문에 수평적 측면으로는 질적 개선에 따른 양의 증가, 수직적 측면으로는 본래의 질적 개선의 증가로 볼 수 있다.

15

정답 ①

오답분석

② 준거가격 : 소비자의 경험이나 기억, 정보 등이 제품의 구매를 결정할 때 기준이 되는 가격이다.
③ 명성가격 : 소비자가 가격에 의하여 품질을 평가하는 경향이 특히 강하여 비교적 고급품질이 선호되는 상품에 설정되는 가격이다.
④ 관습가격 : 일용품의 경우처럼 장기간에 걸친 소비자의 수요로 인해 관습적으로 형성되는 가격이다.
⑤ 기점가격 : 제품을 생산하는 공장의 입지 조건 등을 막론하고 특정 기점에서 공장까지의 운임을 일률적으로 원가에 더하여 형성되는 가격이다.

16

정답 ⑤

사업 다각화는 무리하게 추진할 경우 오히려 수익성에 악영향을 줄 수 있는 단점이 있다.

오답분석

① 지속적인 성장을 추구하여 미래 유망산업에 참여하고 구성원에게 더 많은 기회를 줄 수 있다.
② 기업이 한 가지 사업만 영위하는 데 따르는 위험에 대비할 수 있다.
③ 보유자원 중 남는 자원을 활용하여 범위의 경제를 실현할 수 있다.
④ 사업 다각화를 통해 공동으로 대규모 거래를 하고 자금을 조달하거나 유통망을 장악하여 시장을 지배할 수 있다.

17

정답 ③

순위효과에 대한 설명으로, 최초효과 또는 최근효과 등이 있다.

오답분석

① 자성적 예언 : 개인의 기대 또는 신념이 본인의 행동, 성과 등에 영향을 미치는 오류이다.
② 지각적 방어 : 위험을 주는 자극 또는 사건을 인식하지 않으려고 하며 방어하려고 하는 오류이다.
④ 대비오류 : 대상을 평가할 때 다른 대상과 비교하여 평가함으로써 발생하는 오류이다.
⑤ 후광효과 : 어떤 대상이 가지는 특성이 해당 대상에 대한 평가에 긍정적 영향을 끼치는 오류이다.

18

정답 ③

영업권에 대한 설명이다. 이때 내부적으로 창출한 영업권은 자산으로 인식하지 않는다.

19

정답 ②

카르텔은 같은 종류의 상품을 생산하는 기업이 서로 가격이나 생산량, 출하량 등을 협정해서 경쟁을 피하고 이윤을 확보하려는 행위로, 대표적인 단체로 석유수출기구(OPEC)가 있다.

오답분석

① PMI(Post Merger Integration)에 대한 설명이다.
③ 트러스트(Trust)에 대한 설명이다.
④ 신디케이트(Syndicate)에 대한 설명이다.
⑤ 콘체른(Konzern)에 대한 설명이다.

20

정답 ⑤

목표관리는 목표의 설정뿐 아니라 성과평가 과정에도 부하직원이 참여하는 관리기법이다.

오답분석

① 목표설정이론은 명확하고 도전적인 목표가 성과에 미치는 영향을 분석한다.
② 목표는 지시적 목표, 자기설정 목표, 참여적 목표로 구분되며, 이 중 참여적 목표가 종업원의 수용성이 가장 높다.
③ 조직의 상·하 구성원이 모두 협의하여 목표를 설정한다.
④ 조직의 목표를 부서별, 개인별 목표로 전환하여 조직 구성원 각자의 책임을 정하고, 조직의 효율성을 향상시킬 수 있다.

21

정답 ④

데이터 산출에 따른 의사결정이 필요하기는 하지만, 이는 초기 세팅 과정이며 이후에는 자동적인 관리가 가능하다.

자재 관리 시스템(MRP; Manufacturing Resource Planning)의 특징
- 고객에 대한 서비스 개선
- 설비가동능률 증진
- 생산계획의 효과적 도구
- 적시에 최소비용으로 공급
- 의사결정 자동화에 기여

22

정답 ⑤

네트워크 구조는 다수의 다른 장소에서 이루어지는 프로젝트들을 관리 · 통솔하는 과정에서 다른 구조보다 훨씬 더 많은 층위에서의 감독이 필요하며, 그만큼 관리비용이 증가한다. 또한, 다수의 관리감독자들은 구성원들에게 혼란을 야기하거나 프로젝트 진행을 심각하게 방해할 수도 있다. 이러한 단점을 상쇄하기 위해 최근 많은 기업들은 공동 프로젝트 통합관리 시스템 개발을 통해 효율적인 네트워크 조직운영을 목표로 하고 있다.

네트워크 조직(Network Organization)
자본적으로 연결되지 않은 독립된 조직들이 각자의 전문 분야를 추구하면서도 제품의 생산과 프로젝트 수행을 위한 관계를 형성하여 상호의존적인 협력관계를 형성하는 조직이다.

23

정답 ②

제품 – 시장 매트릭스

구분	기존제품	신제품
기존시장	시장침투 전략	신제품개발 전략
신시장	시장개발 전략	다각화 전략

24

정답 ③

시장지향적 마케팅이란 고객지향적 마케팅의 장점을 포함하면서 그 한계점을 극복하기 위한 포괄적 마케팅 노력이며, 기업이 최종 고객들과 원활한 교환을 통하여 최상의 가치를 제공해 주기 위해 기업 내외의 모든 구성요소들 간 상호작용을 관리하는 총체적 노력이 수반되기도 한다. 그에 따른 노력으로 외부사업이나 이익, 기회들을 확인하며 다양한 시장 구성요소들이 원만하게 상호작용 하도록 관리하며, 외부시장의 기회에 대해 적시에 정확하게 대응한다. 또한, 때에 따라 기존 사업시장을 포기하며 전혀 다른 사업부분으로 진출하기도 한다.

25

정답 ②

공정성 이론은 조직 구성원이 자신의 투입에 대한 결과의 비율을 동일한 직무 상황에 있는 준거인의 투입에 대한 결과의 비율과 비교하여 자신의 행동을 결정하게 된다는 이론이다.

오답분석

① 기대이론 : 구성원 개인의 동기의 강도를 성과에 대한 기대와 성과의 유의성에 의해 설명하는 이론이다.
③ 욕구단계이론 : 인간의 욕구는 위계적으로 조직되어 있으며, 하위 단계의 욕구 충족이 상위 계층 욕구의 발현을 위한 조건이 된다는 이론이다.
④ 목표설정이론 : 의식적인 목표나 의도가 동기의 기초이며 행동의 지표가 된다고 보는 이론이다.
⑤ 인지적평가이론 : 성취감이나 책임감에 의해 동기유발이 되어 있는 것에 외적인 보상(승진, 급여인상, 성과급 등)을 도입하면 오히려 동기유발 정도가 감소한다고 보는 이론이다.

26

정답 ③

오답분석

① 서열법 : 피평정자의 근무성적을 서로 비교해서 그들 간의 서열을 정하여 평정하는 방법이다.
② 평정척도법 : 관찰하려는 행동에 대해 어떤 질적 특성의 차이를 단계별로 구분하여 판단하는 방법이다.
④ 중요사건기술법 : 피평정자의 근무실적에 큰 영향을 주는 중요사건들을 평정자로 하여금 기술하게 하거나 주요 사건들에 대한 설명구를 미리 만들고 평정자로 하여금 해당되는 사건에 표시하게 하는 평정방법이다.
⑤ 목표관리법 : 전통적인 충동관리나 상사 위주의 지식적 관리가 아니라 공동목표를 설정 · 이행 · 평가하는 전 과정에서 아랫사람의 능력을 인정하고 그들과 공동노력을 함으로써 개인목표와 조직목표 사이, 상부목표와 하부목표 사이에 일관성이 있도록 하는 관리방법이다.

27

정답 ①

인과모형은 예측방법 중 가장 정교한 방식으로, 관련된 인과관계를 수학적으로 표현하는 연구모형이다.

28

정답 ①

신제품 개발 과정은 '아이디어 창출 → 아이디어 선별 및 평가 → (제품개념 테스트 → 마케팅 전략 개발) → 사업타당성 분석 → 제품 개발 → 시험마케팅 → 상업화'의 순서로 진행된다.

29

정답 ①

인원 · 신제품 · 신시장의 추가 및 삭감이 신속하고 신축적인 것은 기능별 조직에 대한 설명이다.

30

정답 ①

테일러시스템은 표준작업량을 산출하여 노동의욕을 고취시키기 위해 차별적 성과급제도를 채택한 관리방식이다.

M E M O

PART 4

철도법령

CHAPTER 07 철도법령 적중예상문제

CHAPTER

07 철도법령 적중예상문제

01	02	03	04	05	06	07	08	09	10	11	12	13	14	15	16	17	18	19	20
⑤	②	③	②	⑤	②	②	②	②	④	③	③	④	④	①	②	⑤	①	③	②

01

정답 ⑤

한국철도공사가 법 제11조 제1항의 규정에 의하여 사채를 발행함에 있어서 실제로 응모된 총액이 사채청약서에 기재한 사채발행총액에 미달하는 때에도 사채를 발행한다는 뜻을 사채청약서에 표시할 수 있다. 이 경우 그 응모총액을 사채의 발행총액으로 한다(한국철도공사법 시행령 제11조).

오답분석

① 공사가 법 제11조 제1항의 규정에 의하여 사채를 발행하고자 하는 때에는 모집·총액인수 또는 매출의 방법에 의한다(한국철도공사법 시행령 제9조).
② 채권은 사채의 인수가액 전액이 납입된 후가 아니면 이를 발행하지 못한다(한국철도공사법 제15조 제1항).
③ 채권은 무기명식으로 한다. 다만, 응모자 또는 소지인의 청구에 의하여 기명식으로 할 수 있다(한국철도공사법 시행령 제16조).
④ 공사는 사채의 응모가 완료된 때에는 지체 없이 응모자가 인수한 사채의 전액을 납입시켜야 한다(한국철도공사법 시행령 제14조 제1항).

02

정답 ②

지도·감독(한국철도공사법 제16조)

국토교통부장관은 한국철도공사의 업무 중 다음 각 호의 사항과 그와 관련되는 업무에 대하여 지도·감독한다.

1. 연도별 사업계획 및 예산에 관한 사항
2. 철도서비스 품질 개선에 관한 사항
3. 철도사업계획의 이행에 관한 사항
4. 철도시설·철도차량·열차운행 등 철도의 안전을 확보하기 위한 사항
5. 그 밖에 다른 법령에서 정하는 사항

03

정답 ③

법 제42조 제1항의 규정에 의하여 철도시설의 점용허가를 받은 자는 점용허가기간이 만료되거나 점용을 폐지한 날부터 3월 이내에 점용허가받은 철도시설을 원상으로 회복하여야 한다. 다만, 국토교통부장관이 불가피하다고 인정하는 경우에는 원상회복 기간을 연장할 수 있다(철도사업법 시행령 제16조 제1항).

04

정답 ②

실무위원회 위원의 해촉 등(철도산업발전기본법 시행령 제10조의2)

실무위원회의 구성 등의 규정에 따라 위원을 지명한 자는 위원이 다음 각 호의 어느 하나에 해당하는 경우에는 그 지명을 철회할 수 있다.

1. 심신장애로 인하여 직무를 수행할 수 없게 된 경우
2. 직무와 관련된 비위사실이 있는 경우
3. 직무태만, 품위손상이나 그 밖의 사유로 인하여 위원으로 적합하지 아니하다고 인정되는 경우
4. 위원 스스로 직무를 수행하는 것이 곤란하다고 의사를 밝히는 경우

05

정답 ⑤

철도시설 사용계획(철도산업발전기본법 시행령 제35조 제1항)

법 제31조 제1항에 따른 철도시설의 사용계약에는 다음 각 호의 사항이 포함되어야 한다.

1. 사용기간·대상시설·사용조건 및 사용료
2. 대상시설의 제3자에 대한 사용승낙의 범위·조건
3. 상호책임 및 계약위반 시 조치사항
4. 분쟁 발생 시 조정절차
5. 비상사태 발생 시 조치
6. 계약의 갱신에 관한 사항
7. 계약내용에 대한 비밀누설금지에 관한 사항

PART 4

06

정답 ②

보조금 등(한국철도공사법 제12조)

국가는 한국철도공사의 경영 안정 및 철도차량·장비의 현대화 등을 위하여 재정 지원이 필요하다고 인정하면 예산의 범위에서 사업에 필요한 비용의 일부를 보조하거나 재정자금의 융자 또는 사채 인수를 할 수 있다.

07

정답 ②

사업(한국철도공사법 제9조 제1항)

한국철도공사는 다음 각 호의 사업을 한다.

1. 철도여객사업, 화물운송사업, 철도와 다른 교통수단의 연계운송사업
2. 철도 장비와 철도용품의 제작·판매·정비 및 임대사업
3. 철도차량의 정비 및 임대사업
4. 철도시설의 유지·보수 등 국가·지방자치단체 또는 공공법인 등으로부터 위탁받은 사업
5. 역세권 및 공사의 자산을 활용한 개발·운영 사업으로서 대통령령으로 정하는 사업
6. 철도의 건설 및 철도시설 유지관리에 관한 법률 제2조 제6호 가목의 역시설 개발 및 운영 사업으로서 대통령령으로 정하는 사업
7. 물류정책기본법에 따른 물류사업으로서 대통령령으로 정하는 사업
8. 관광진흥법에 따른 관광사업으로서 대통령령으로 정하는 사업
9. 제1호부터 제8호까지의 사업과 관련한 조사·연구, 정보화, 기술 개발 및 인력 양성에 관한 사업
10. 제1호부터 제9호까지의 사업에 딸린 사업으로서 대통령령으로 정하는 사업

08

정답 ②

철도산업위원회는 위원장을 포함한 25인 이내의 위원으로 구성한다(철도산업발전기본법 제6조 제3항).

오답분석

① 철도산업위원회에서는 철도안전과 철도운영에 관한 중요정책 사항을 심의·조정한다(철도산업발전기본법 제6조 제2항 제4호).
③ 철도산업위원회 및 분과위원회의 구성·기능 및 운영에 관하여 필요한 사항은 대통령령으로 정한다(철도산업발전기본법 제6조 제5항).
④ 철도산업위원회에 상정할 안건을 미리 검토하고 철도산업위원회가 위임한 안건을 심의하기 위하여 철도산업위원회에 분과위원회를 둔다(철도산업발전기본법 제6조 제4항).
⑤ 철도산업에 관한 기본계획 및 중요정책 등을 심의·조정하기 위하여 국토교통부에 철도산업위원회를 둔다(철도산업발전기본법 제6조 제1항).

09

정답 ②

점용허가의 신청 및 점용허가기간(철도사업법 시행령 제13조 제1항)

법 제42조 제1항의 규정에 의하여 국가가 소유·관리하는 철도시설의 점용허가를 받고자 하는 자는 국토교통부령이 정하는 점용허가신청서에 다음 각 호의 서류를 첨부하여 국토교통부장관에게 제출하여야 한다.

1. 사업개요에 관한 서류
2. 시설물의 건설계획 및 사용계획에 관한 서류
3. 자금조달계획에 관한 서류
4. 수지전망에 관한 서류
5. 법인의 경우 정관
6. 설치하고자 하는 시설물의 설계도서(시방서·위치도·평면도 및 주단면도를 말한다)
7. 그 밖에 참고사항을 기재한 서류

10

정답 ④

운송 시작의 의무(철도사업법 제8조)

철도사업자는 국토교통부장관(㉠)이 지정하는 날 또는 기간에 운송을 시작하여야 한다. 다만, 천재지변이나 그 밖의 불가피한 사유로 철도사업자가 국토교통부장관이 지정하는 날 또는 기간에 운송을 시작할 수 없는 경우에는 국토교통부장관(㉡)의 승인을 받아 날짜를 연기하거나 기간을 연장할 수 있다.

11

정답 ③

철도산업발전시행계획의 수립절차 등(철도산업발전기본법 시행령 제5조)

① 관계 행정기관의 장은 법 제5조 제6항의 규정에 의한 당해 연도의 시행계획을 전년도 11월 말까지 국토교통부장관에게 제출하여야 한다.
② 관계 행정기관의 장은 전년도 시행계획의 추진실적을 매년 2월 말까지 국토교통부장관에게 제출하여야 한다.

12

정답 ③

법인의 임원 중 철도사업법 또는 대통령령으로 정하는 철도 관계 법령(철도산업발전기본법, 철도안전법, 도시철도법, 국가철도공단법, 한국철도공사법)을 위반하여 금고 이상의 실형을 선고받고 그 집행이 끝나거나(끝난 것으로 보는 경우를 포함한다) 면제된 날부터 2년이 지나지 아니한 사람에 해당하는 사람이 있는 법인은 철도사업의 면허를 받을 수 없다(철도사업법 제7조 제1호 다목).

13

정답 ④

철도시설(철도산업발전기본법 제20조 제2항)

국토교통부장관은 철도시설에 대한 다음 각 호의 시책을 수립・시행한다.

1. 철도시설에 대한 투자 계획수립 및 재원조달
2. 철도시설의 건설 및 관리
3. 철도시설의 유지보수 및 적정한 상태유지
4. 철도시설의 안전관리 및 재해대책
5. 그 밖에 다른 교통시설과의 연계성 확보 등 철도시설의 공공성 확보에 필요한 사항

14

정답 ④

한국철도공사의 자본금은 22조 원으로 하고, 그 전부를 정부가 출자한다(한국철도공사법 제4조 제1항).

오답분석

① 국가는 운영자산을 공사에 현물로 출자한다(한국철도공사법 제4조 제3항).
② 공사의 주된 사무소의 소재지는 정관으로 정한다(한국철도공사법 제3조 제1항).
③ 공사의 자본금 납입시기와 방법은 재정경제부장관이 정하는 바에 따른다(한국철도공사법 제4조 제2항).
⑤ 공사는 주된 사무소의 소재지에서 설립등기를 함으로써 성립한다(한국철도공사법 제5조 제1항).

15

정답 ①

철도산업정보센터의 업무 등(철도산업발전기본법 시행령 제16조 제1항)

법 제12조 제2항의 규정에 의한 철도산업정보센터는 다음 각 호의 업무를 행한다.

1. 철도산업정보의 수집・분석・보급 및 홍보
2. 철도산업의 국제동향 파악 및 국제협력사업의 지원

16

정답 ②

역세권 및 한국철도공사의 자산을 활용한 개발・운영 사업이다(한국철도공사법 시행령 제7조의2 제1항).

역세권 개발・운영 사업 등(한국철도공사법 시행령 제7조의2 제2항)

법 제9조 제1항 제6호에서 역시설 개발 및 운영 사업으로서 대통령령으로 정하는 사업이란 다음 각 호의 시설을 개발・운영하는 사업을 말한다.

1. 물류정책기본법 제2조 제1항 제4호의 물류시설 중 철도운영이나 철도와 다른 교통수단과의 연계운송을 위한 시설
2. 도시교통정비촉진법 제2조 제3호에 따른 환승시설
3. 역사와 같은 건물 안에 있는 시설로서 건축법 시행령 제3조의5에 따른 건축물 중 제1종 근린생활시설, 제2종 근린생활시설, 문화 및 집회시설, 판매시설, 운수시설, 의료시설, 운동시설, 업무시설, 숙박시설, 창고시설, 자동차 관련 시설, 관광휴게시설과 그 밖에 철도이용객의 편의를 증진하기 위한 시설

17

정답 ⑤

사채의 모집에 응하고자 하는 자는 사채청약서 2통에 그 인수하고자 하는 사채의 수・인수가액과 청약자의 주소를 기재하고 기명날인하여야 한다. 다만, 사채의 최저가액을 정하여 발행하는 경우에는 그 응모가액을 기재하여야 한다(한국철도공사법 시행령 제10조 제1항).

18

정답 ①

여객에 대한 운임이란 여객운송에 대한 직접적인 대가를 말하며, 여객운송과 관련된 설비·용역에 대한 대가는 제외한다(철도사업법 제9조 제1항).

19

정답 ③

철도산업구조개혁의 중장기 추진방향에 관한 사항이다.

철도산업구조개혁기본계획의 내용(철도산업발전기본법 시행령 제25조)
철도산업구조개혁을 위하여 필요한 사항으로서 대통령령으로 정하는 사항은 다음 각 호의 사항을 말한다.
1. 철도서비스 시장의 구조개편에 관한 사항
2. 철도요금·철도시설사용료 등 가격정책에 관한 사항
3. 철도안전 및 서비스향상에 관한 사항
4. 철도산업구조개혁의 추진체계 및 관계기관의 협조에 관한 사항
5. 철도산업구조개혁의 중장기 추진방향에 관한 사항
6. 그 밖에 국토교통부장관이 철도산업구조개혁의 추진을 위하여 필요하다고 인정하는 사항

20

정답 ②

국토교통부장관은 대통령령으로 정하는 바에 의하여 철도산업의 구조개혁을 추진하기 위한 철도자산의 처리계획을 위원회의 심의를 거쳐 수립하여야 한다(철도산업발전기본법 제23조 제1항).

오답분석

① 철도자산 중 기타자산은 운영자산과 시설자산을 제외한 자산이다(철도산업발전기본법 제22조 제1항 제3호).
③ 한국철도공사는 현물출자받은 운영자산과 관련된 권리와 의무를 포괄하여 승계한다(철도산업발전기본법 제23조 제3항).
④ 철도청이 건설 중인 시설자산은 철도자산이 완공된 때에 국가에 귀속된다(철도산업발전기본법 제23조 제5항 후단).
⑤ 국가는 국유재산법에도 불구하고 철도자산처리계획에 의하여 한국철도공사에 운영자산을 현물출자한다(철도산업발전기본법 제23조 제2항).

PART 5

최종점검 모의고사

제1회 최종점검 모의고사
제2회 최종점검 모의고사

제 1 회 최종점검 모의고사

01 직업기초능력평가

01	02	03	04	05	06	07	08	09	10	11	12	13	14	15	16	17	18	19	20
④	④	④	③	⑤	④	②	③	⑤	③	④	②	④	③	②	③	①	③	④	⑤
21	22	23	24	25	26	27	28	29	30										
④	⑤	①	⑤	②	④	③	④	②	⑤										

01 글의 주제

정답 ④

제시문에서는 금융권, 의료업계, 국세청 등 다양한 영역에서 빅데이터가 활용되고 있는 사례들을 열거하고 있다. 따라서 글의 주제로 가장 적절한 것은 ④이다.

02 문서 내용 이해

정답 ④

제시문에서 천연 아드레날린과 합성 아드레날린의 차이 여부는 언급되지 않았다.

03 어휘

정답 ④

- ㉠ : 빈칸 바로 앞에서는 국민의 직접 위임에 의한 헌법재판관의 선출이 이상적이라고 이야기하고 있으나, 빈칸 뒤에서는 이러한 선출이 현실적으로 용이하지 않다고 설명하므로 역접의 접속어인 '그러나'가 가장 적절하다.
- ㉡ : 빈칸 뒤의 문장은 이러한 선출이 용이하지 않기 때문에 대의기간이 관여하여 헌법재판관을 임명해야 한다는 것이므로 앞에서 말한 일이 뒤에서 말할 일의 원인, 이유가 됨을 나타내는 '따라서'가 가장 적절하다.

04 한자성어

정답 ③

'격세지감(隔世之感)'은 '오래지 않은 동안에 몰라보게 변하여 아주 다른 세상이 된 것 같은 느낌'을 이르는 말로, 직접 역에 방문하여 기차표를 예매해야 했던 과거와 달리 집에서도 기차표를 예매할 수 있는 현재의 상황에 놀란 아버지의 상황과 가장 관련이 있는 한자성어이다.

오답분석

① 건목수생(乾木水生) : 마른나무에서 물이 난다는 뜻으로, 아무것도 없는 사람에게 무리하게 무엇을 내라고 요구함을 이르는 말이다.
② 견강부회(牽强附會) : 이치에 맞지 않는 말을 억지로 끌어 붙여 자기에게 유리하게 함을 이르는 말이다.
④ 독불장군(獨不將軍) : 무슨 일이든 자기 생각대로 혼자서 처리하는 사람을 이르는 말이다.
⑤ 수구초심(首丘初心) : 여우가 죽을 때에 머리를 자기가 살던 굴 쪽으로 둔다는 뜻으로, 고향을 그리워하는 마음을 이르는 말이다.

05 글의 제목

정답 ⑤

제시문은 부모 사망 시 장애인 자녀의 안정적인 생활을 위해 가입할 수 있는 보험과 그와 관련된 세금 혜택, 그리고 부모 및 그 밖의 가족들의 재산 증여 시 받을 수 있는 세금 혜택에 대해 다루고 있다. 따라서 ⑤가 제시문의 제목으로 가장 적절하다.

오답분석

① 제시문은 부모 사망 시 장애인 자녀가 직면하는 상속의 어려움에 대해 언급하고 있지만, 구체적으로 유산 상속 과정을 다루고 있지는 않다.
② 제시문은 부모 사망 시 장애인 자녀가 받을 수 있는 세금 혜택을 다루고는 있으나, 단순히 '혜택'이라고 명시하기에는 제목이 포괄적이므로 적절하지 않다.
③ 제시문은 부모 사망 시 장애인 자녀가 직면하는 상속의 어려움과 생활 안정 방안에 대해 다루고 있으므로 '사회적 문제'는 전체적인 글의 제목으로 보기에는 적절하지 않다.
④ 제시문은 부모 사망 시 장애인 자녀가 받는 보험 혜택과 증여세 혜택보다는 수령하는 보험금에 있어서의 세금 혜택과 보험금을 어떻게 수령하여야 장애인 자녀의 생활 안정에 유리한지, 상속세 및 증여세법에 의해 받는 세금 혜택이 무엇인지에 대해 다루고 있으므로 글의 내용 전체를 담고 있지 않아 적절하지 않다.

06 문서 내용 이해

정답 ④

수술이 필요한 경우 지역에 위치한 안과와 연계하며, 무조건 서울에 위치한 병원에서 수술을 받아야 하는 것은 아니다.

오답분석

① 노인층을 사업의 대상으로 한다고 하였다.
② 저시력 위험군에 선정되면 개안 수술과 재활 훈련을 지원해 준다.
③ 정기적인 검진을 받기 힘든 계층의 안구 질환 조기발견과 적기 치료를 추구한다.
⑤ 보건소에서 재단에 신청하는 것이며, 개별 신청은 받지 않는다.

07 문단 나열

정답 ②

제시문은 나무를 가꾸기 위해 고려해야 하는 사항에 대해 설명하는 글이다. 따라서 (가) 나무를 가꾸기 위해 고려해야 할 사항과 가장 중요한 생육조건 – (라) 나무를 양육할 때 주로 저지르는 실수인 나무 간격을 촘촘하게 심는 것 – (다) 그러한 실수를 저지르는 이유 – (나) 또 다른 식재계획 시 고려해야 하는 주의점 순으로 나열해야 한다.

08 어휘

정답 ③

'옥수수'와 '강냉이'는 복수 표준어이다.

오답분석

① 마추다(×) / 맞추다(○)
② 우뢰(×) / 천둥(○), 우레(○)
④ 좀체로(×) / 좀체(○), 좀처럼(○)
⑤ 우미다(×) / 매만지다(○)

09 맞춤법

정답 ⑤

'대로'는 주로 어미와 결합하는 의존명사 '대로'와 체언 뒤에 붙는 보조사 '–대로'로 구분할 수 있다. 한글 맞춤법에 따라 의존명사 '대로'는 앞말과 띄어 써야 하고, 보조사 '–대로'는 붙여 써야 한다. 따라서 ⑤는 '약속한'의 어미 '–ㄴ'과 결합한 의존명사이므로 '약속한 대로'로 띄어 써야 한다.

10 내용 추론

정답 ③

제시된 질문에 따르면 어떤 행위가 착한 행위인지를 판단하는 기준은 '신이 명령했으므로'와 '원래부터 착한 행위이므로'로 나누어 볼 수 있다. 그리고 답변은 전자를 지지하는 입장을 취하고 있다. 따라서 이를 반박하기 위해서는 후자인 '원래부터 착한 행위이므로'의 입장에서 진술할 가능성이 매우 높다.

ㄴ. 신이 그렇게 명령한 적이 없더라도 그 행위는 착한 행위라고 하는 것은 후자의 입장인 '원래부터 착한 행위이므로'를 지지하는 입장이다. 따라서 제시된 답변에 대한 반박으로 볼 수 있다.

ㄷ. 장기 기증을 하라는 신의 명령이 없었음에도 그 행위가 착한 행위라는 것은 후자의 입장을 지지하는 입장이다. 따라서 제시된 답변에 대한 반박으로 볼 수 있다.

오답분석

ㄱ. 정직함을 착한 행위로 만드는 것은 바로 신의 명령이라고 하였으므로 이는 전자인 '신이 명령했으므로'를 지지하는 입장이다.

ㄹ. 제시된 대화에서 다루는 것은 착한 행위로 판단하기 위한 기준을 어떻게 볼 것이냐에 대한 것이지 신의 명령이 무엇이냐에 대한 것이 아니다. 따라서 전체 논지와는 무관한 진술이다.

11 응용 수리

정답 ④

석훈이는 평균 6m/s로 소영이는 4m/s의 속도로 달리므로 1초에 10m씩 가까워진다. 점점 가까워지다가 만나게 되고 그 과정을 한 번 더 반복하게 되는데, 두 번째 만날 때까지 두 사람이 달린 거리는 트랙의 길이의 2배와 같다.

따라서 1분 15초 동안 달린 거리는 10m/s×75초=750m이며 트랙의 길이는 그 절반인 375m이다.

12 자료 계산

정답 ②

최초 투입한 원유의 양을 aL라 하자.

- LPG를 생산하고 남은 원유의 양 : $(1-0.05a)=0.95a$L
- 휘발유를 생산하고 남은 원유의 양 : $0.95a(1-0.2)=0.76a$L
- 등유를 생산하고 남은 원유의 양 : $0.76a(1-0.5)=0.38a$L
- 경유를 생산하고 남은 원유의 양 : $0.38a(1-0.1)=0.342a$L

따라서 아스팔트의 생산량은 $0.342a\times0.04=0.01368a$L이고, 아스팔트는 최초 투입한 원유량의 0.01368×100=1.368%가 생산된다.

13 응용 수리

정답 ④

더 넣어야 하는 녹차가루의 양을 xg이라 하면 다음 식이 성립한다.

$$\frac{30+x}{120+30+x}\times100\geq40$$

$\rightarrow 3,000+100x\geq6,000+40x$

$\rightarrow 60x\geq3,000$

$\therefore x\geq50$

따라서 더 넣어야 하는 녹차가루의 양은 최소 50g이다.

14 자료 이해

정답 ③

ㄱ. 대형마트의 종이봉투 사용자 수는 2,000×0.05=100명으로, 중형마트의 종이봉투 사용자 수인 800×0.02=16명의 $\frac{100}{16}=$ 6.25배이다.

ㄷ. 마트 및 편의점의 비닐봉투 사용자 수를 정리하면 다음과 같다.

- 대형마트 : 2,000×0.07=140명
- 중형마트 : 800×0.18=144명
- 개인마트 : 300×0.21=63명
- 편의점 : 200×0.78=156명

따라서 비닐봉투 사용률이 가장 높은 곳은 78%로 편의점이며, 비닐봉투 사용자 수가 가장 많은 곳도 156명으로 편의점이다.

ㄹ. 마트규모별 개인 장바구니의 사용률을 살펴보면, 대형마트가 44%, 중형마트가 36%, 개인마트가 29%이다. 따라서 마트의 규모가 커질수록 개인 장바구니 사용률이 증가함을 알 수 있다.

오답분석

ㄴ. 전체 종량제봉투 사용자 수를 구하면 다음과 같다.

- 대형마트 : 2,000×0.28=560명
- 중형마트 : 800×0.37=296명
- 개인마트 : 300×0.43=129명
- 편의점 : 200×0.13=26명
- 전체 종량제봉투 사용자 수 : 560+296+129+26=1,011명

따라서 대형마트의 종량제봉투 사용자 수인 560명은 전체 종량제봉투 사용자 수인 1,011명의 절반 이상이다.

15 수열 규칙

정답 ②

제시된 수열은 분자는 ×3이고, 분모는 +4, +8, +12, +16, +20, …인 수열이다.

따라서 분자는 243×3=729, 분모는 57+20=77이므로 빈칸에 들어갈 수는 $\frac{729}{77}$이다.

16 자료 변환

정답 ③

판매 비중이 큰 순서대로 판매사 4곳을 나열하면 D사, W사, S사, K사 순이다.
이 중 상위 3개사(D사, W사, S사)의 판매액 합계는 전체 판매액인 4조 3천억 원의 40%인 43,000×0.4=17,200억 원이다.
따라서 D사, W사, S사의 판매액 합계가 9,100+6,800+1,300=17,200억 원인 그래프 ③이 옳다.

오답분석

① D사, W사, S사의 판매액 합계가 전체의 40% 미만을 차지한다.
②·④·⑤ D사, W사, S사의 판매액 합계가 전체의 40%를 초과한다.

17 자료 계산

정답 ①

(A), (B), (C)에 들어갈 수는 다음과 같다.

- (A) : 299,876−179,743=120,133
- (B) : (B)−75,796=188,524 → (B)=188,524+75,796=264,320
- (C) : 312,208−(C)=224,644 → (C)=312,208−224,644=87,564

18 자료 이해

정답 ③

주어진 자료를 통해 전산장비 가격을 구하는 공식은 '$(\text{전산장비 가격})=\frac{(\text{연간유지비})}{(\text{유지비 비율})}\times 100$'으로 정리할 수 있다. 이에 따라 각 전산장비의 가격을 계산해 보면 다음과 같다.

- A전산장비 : $\frac{322}{8}\times 100=4,025$만 원
- B전산장비 : $\frac{450}{7.5}\times 100=6,000$만 원
- C전산장비 : $\frac{281}{7}\times 100 \fallingdotseq 4,014$만 원
- D전산장비 : $\frac{255}{5}\times 100=5,100$만 원
- E전산장비 : $\frac{208}{4}\times 100=5,200$만 원
- F전산장비 : $\frac{100}{3}\times 100 \fallingdotseq 3,333$만 원

따라서 가격이 가장 낮은 전산장비는 F이다.

오답분석

① B의 연간유지비는 D의 연간유지비의 $\frac{450}{255} \fallingdotseq 1.8$배이다.

② 가격이 가장 높은 전산장비는 B이다.

④ C의 전산장비 가격은 약 4,014만 원이고, E의 전산장비 가격은 5,200만 원이다. 따라서 E의 전산장비 가격이 더 높다.

⑤ E의 전산장비 가격이 C보다 더 높지만, 연간유지비는 C가 더 높다.

19 자료 이해 정답 ④

㉠ 지분율 상위 4개 회원국은 중국, 인도, 러시아, 독일이다. 따라서 네 국가의 투표권 비율을 합하면 26.06+7.51+5.93+4.15=43.65%이다.

㉡ 중국을 제외한 지분율 상위 9개 회원국의 지분율과 투표권 비율의 차를 구하면 다음과 같다.

- 인도 : 8.52−7.51=1.01%p
- 러시아 : 6.66−5.93=0.73%p
- 독일 : 4.57−4.15=0.42%p
- 한국 : 3.81−3.50=0.31%p
- 호주 : 3.76−3.46=0.30%p
- 프랑스 : 3.44−3.19=0.25%p
- 인도네시아 : 3.42−3.17=0.25%p
- 브라질 : 3.24−3.02=0.22%p
- 영국 : 3.11−2.91=0.20%p

따라서 중국을 제외한 지분율 상위 9개 회원국 중 지분율과 투표권 비율의 차이가 가장 큰 회원국은 인도이다.

㉣ 독일과 프랑스의 지분율 합은 4.57+3.44=8.01%이다. AIIB의 자본금 총액이 2,000억 달러일 때, 독일과 프랑스가 AIIB에 출자한 자본금의 합을 x억 달러라고 하면 다음이 성립한다.

$$8.01=\frac{x}{2,000}\times100$$

$$\therefore\ x=\frac{8.01\times2,000}{100}=160.2$$

따라서 160억 달러 이상이므로 옳은 설명이다.

오답분석

㉢ 지분율 상위 10개 회원국 중 A지역과 B지역 회원국의 지분율 합을 구하면 다음과 같다.

- A지역 : 30.34+8.52+3.81+3.76+3.42=49.85%
- B지역 : 6.66+4.57+3.44+3.24+3.11=21.02%

따라서 21.02×3=63.06>49.85이므로 옳지 않은 설명이다.

20 응용 수리 정답 ⑤

5인승 차량에 팀원들을 먼저 배치한 후 나머지를 7인승 차량에 배치하면 된다. 운전자는 2명이므로 그중 1명을 선택하여 배치한 후, 나머지 좌석에 팀원들을 각각 4명, 3명, 2명 배치할 수 있으므로 식을 세우면 다음과 같다.

$$2\times({}_8C_4+{}_8C_3+{}_8C_2)=2\times\left(\frac{8\times7\times6\times5}{4!}+\frac{8\times7\times6}{3!}+\frac{8\times7}{2!}\right)=2\times(70+56+28)=308\text{가지}$$

따라서 구하고자 하는 경우의 수는 308가지이다.

21 논리적 오류 정답 ④

후광효과는 대상에 대한 긍정적 또는 부정적인 측면으로 인해 그와 무관한 영역에 대해서도 같은 시각으로 평가하는 오류이다.

오답분석

① 근접효과 : 평가표상 위치에 근접하거나 평가시점과 근접한 평가요소로 인해 평가 결과가 유사하게 나타나는 논리적 오류이다.

② 초두효과 : 먼저 인지한 정보가 이후 접하는 정보보다 더 큰 영향력을 끼치는 현상이다.

③ 최신효과 : 최근에 인지한 정보가 그보다 이전에 접한 정보보다 더 큰 영향력을 끼치는 현상이다.

⑤ 현저성 효과 : 가장 눈에 들어오고 특징적인 정보에서 받은 인상만으로 대상을 판단하는 논리적 오류이다.

22 명제 추론

정답 ⑤

첫 번째 조건과 네 번째 조건에서 여학생 X와 남학생 B가 동점이 아니므로 여학생 X와 남학생 C가 동점이다. 또한, 세 번째 조건에서 여학생 Z와 남학생 A가 동점임을 알 수 있고, 두 번째 조건에서 여학생 Y와 남학생 B가 동점임을 알 수 있다. 따라서 남은 남학생 D는 여학생 W와 동점임을 알 수 있다.

23 자료 해석

정답 ①

조건에 따라 K회사의 4월 일정표를 정리하면, K회사는 기존 4월 10일까지의 휴무 기간에서 일주일 더 연장하여 4월 17일까지 휴무한다. 가능한 빠르게 신입사원 채용시험을 진행해야 하지만 토 · 일 · 월요일은 필기 및 면접시험을 진행할 수 없으므로 화요일인 21일에 필기시험을 진행한다. 이후 필기시험일로부터 3일이 되는 24일에 면접대상자에게 관련 내용을 고지하고, 고지한 날로부터 2일이 되는 26일에 면접시험을 진행하여야 한다. 그러나 일요일과 월요일에는 시험을 진행할 수 없으므로 화요일인 28일에 면접시험을 진행한다.

24 자료 해석

정답 ⑤

23번 문제를 통해 결정된 면접시험일은 4월 28일 화요일이므로 이틀 뒤인 4월 30일 목요일에 최종 합격자를 발표한다. 최종 합격자는 그 다음 주 월요일인 5월 4일에 첫 출근을 하여 5월 18일까지 2주간의 신입사원 교육을 받는다. 교육이 끝나면 5월 19 ~ 20일 이틀 동안 회의를 통해 신입사원의 배치가 결정되고, 신입사원은 그 다음 주 월요일인 5월 25일에 소속 부서로 출근하게 된다.

25 창의적 사고

정답 ②

브레인스토밍은 문제의 해결책을 찾기 위해 여러 사람이 자유롭게 아이디어를 제시하는 방법이므로 어떠한 내용의 아이디어라도 그에 대해 비판을 해서는 안 된다.

26 창의적 사고

정답 ④

해결안 개발은 문제로부터 도출된 근본원인을 효과적으로 해결할 수 있는 최적의 해결 방안을 수립하는 단계로, 해결안 도출, 해결안 평가 및 최적안 선정의 절차로 진행된다. 홍보팀 팀장은 팀원들이 제시한 다양한 홍보 방안을 중요도와 실현 가능성 등을 고려하여 최종 홍보 방안을 결정해야 한다. 따라서 해결안 개발 단계 중에서 해결안을 평가하고 가장 효과적인 해결안을 선정해야 하는 단계에 해당한다.

27 SWOT 분석

정답 ③

ⓛ WO전략은 약점을 보완하여 기회를 포착하는 전략이다. 따라서 원전 운영 기술력은 강점에 해당하므로 적절하지 않다.

ⓒ ST전략은 강점을 살려 위협을 회피하는 전략이다. 따라서 위협 회피와 관련하여 정부의 탈원전 정책 기조를 고려하지 않았으므로 적절하지 않다.

오답분석

㉠ SO전략은 강점을 살려 기회를 포착하는 전략이다. 따라서 강점인 기술력을 활용해 해외 시장에서 우위를 점하려는 것은 적절한 SO전략으로 볼 수 있다.

㉣ WT전략은 약점을 보완하여 위협을 회피하는 전략이다. 따라서 안전에 대한 우려를 고려하여 안전점검을 강화하고, 정부의 탈원전 정책 기조에 협조하는 것은 적절한 WT전략으로 볼 수 있다.

28 명제 추론

정답 ④

제시된 조건을 종합해 보면 E, F, G는 3층에, C, D, I는 2층에, A, B, H는 1층에 투숙해 있는 것을 알 수 있으며, 다음과 같이 2가지 경우로 정리가 가능하다.

경우 1)

G		F	E
I		C	D
H	B	A	

경우 2)

G		E	F
	C	D	I
B	A		H

따라서 2가지 경우 모두 G는 301호에 투숙하게 되므로 항상 참이다.

오답분석

①·③ 경우 2에만 해당되므로 항상 참인 것은 아니다.

②·⑤ 경우 1에만 해당되므로 항상 참인 것은 아니다.

29 자료 해석

정답 ②

투자 여부 판단 조건에 대한 인과 및 상관관계를 추가로 정리하면 다음과 같다.

- ii)를 근거로 ㉯가 나타나지 않으면 ㉱는 나타나지 않는다.
- iii)을 근거로 ㉯ 또는 ㉰가 나타나지 않으면 ㉲는 나타나지 않는다.

조건에 따라 이상 징후 발견 여부를 정리하면 다음과 같다.

구분	㉮	㉯	㉰	㉱	㉲
A	○		○	×	×
B	○	○	○	○	
C	○	×	○	×	×
D	×	○	×		
E	×	×	×	×	×

따라서 투자 부적격 기업은 4개 이상의 징후가 발견된 B이다.

30 자료 해석

정답 ⑤

- A : TOEIC 점수는 국내 응시 시험에 한함으로 지원이 불가능하다.
- B : 지원분야와 전공이 맞지 않다.
- C : 대학 재학 중이므로 지원이 불가능하다.
- D : TOEIC 점수가 750점 이상이 되지 않는다.
- E : 병역 미필로 지원이 불가능하다.

따라서 A~E 5명 모두 지원자격에 부합하지 않는다.

02 직무수행능력평가(경영학)

31	32	33	34	35	36	37	38	39	40	41	42	43	44	45	46	47	48	49	50
③	①	⑤	①	④	④	③	⑤	②	④	②	④	③	⑤	③	⑤	③	④	②	②
51	52	53	54	55	56	57	58	59	60										
⑤	①	③	④	②	②	①	②	①	④										

31

정답 ③

OJT(On the Job Training)는 직장 내 교육훈련으로, 회사 내에서 업무를 진행하면서 직속 상사로부터 교육, 훈련을 받는 것을 뜻한다. 다른 말로는 도제식 훈련이라고 한다. OJT의 장점은 종업원이 실제로 수행하게 될 직무와 직접 관련성이 높은 교육을 받게 되며, 작업현장에서 교육이 실시되므로 결과에 대한 피드백이 즉각 주어지고, 동기부여 효과가 크다. 또한 상대적으로 비용이 적게 들어 효율적이며 능력과 수준에 따른 맞춤형 교육이 가능하다. 한편, 단점은 전문교육자가 아니므로 교육훈련의 성과가 떨어질 수 있으며, 일과 교육의 병행으로 집중도가 낮아질 수 있다는 것이다.

32

정답 ①

오답분석

② 가족상표 : 한 기업에서 생산되는 유사제품군이나 전체 품목에 동일하게 부착하는 브랜드이다.
③ 상표확장 : 성공적인 상표명을 다른 제품범주의 신제품에 그대로 사용하는 전략이다.
④ 복수상표 : 본질적으로 동일한 제품에 대하여 두 개 이상의 상이한 상표를 설정하여 별도의 품목으로 차별화하는 전략이다.
⑤ 사적상표 : 유통업체가 제조사와 공동기획하고 개발해서 자사 점포에만 출시하는 상품이다.

PART 5

33

정답 ⑤

직무명세서는 특정 직무를 수행함에 있어서 갖추어야 할 직무담당자의 자격요건을 정리한 문서로, 인적사항, 직무명세 정보 등 인적요건이 기술되어 있다.

오답분석

① 직무급 제도의 기초 작업을 실시하기 위해서는 직무분석이 선행되어야 한다.
② 직무기술서와 직무명세서는 직무분석의 1차적 결과물이다.
③ 직무명세서는 특정 직무를 수행함에 있어서 갖추어야 할 직무담당자의 자격요건을 정리한 문서이다.
④ 직무기술서는 직무분석의 결과로 얻어진 직무정보를 정리한 문서이다.

34

정답 ①

2부제 가격(이중요율) 전략은 제품의 가격체계를 기본가격과 사용가격으로 구분하여 2부제로 부가하는 가격 전략을 말한다. 즉, 제품의 구매량과는 상관없이 기본가격과 단위가격이 적용되는 가격시스템을 의미한다.

35

정답 ④

글로벌경쟁이 심화될수록 해당 사업의 경쟁력이 낮아지며, 다각화 전략보다 집중화 현상이 심해진다.

- 다각화(Diversification) : 한 기업이 다른 여러 산업에 참여하는 것이다.
  - 관련다각화 : 제품이나 판매지역 측면에서 관련된 산업에 집중하는 것이다.
  - 비관련다각화 : 서로 연관되지 않은 사업에 참여하여 영위하는 전략(한국식 재벌기업형태)이다.

36

정답 ④

동시공학(Concurrent Engineering)은 제품과 서비스 설계, 생산, 인도, 지원 등을 통합하는 체계적이고 효율적인 접근 방법이다. 동시공학은 팀 – 관리 기법, 정보 시스템, 통합 데이터베이스 환경, 제품 또는 서비스의 정보 교환을 위한 표준으로 구성된다. 즉, 시장의 소비자, 소비 형태와 기호를 분석하고, 설계, 생산하며 이를 유통하고 판매하는 모든 프로세스를 거의 동시에 진행한다. 또한, 정부, 기업 등의 조직이 동시설계에 의한 민첩한 생산 및 서비스 활동을 통하여 경쟁력을 강화할 수 있고, 모든 프로세스를 동시에 진행하여 기간을 단축시키는 방법이면서 비용절감과 품질향상을 동시에 달성하고자 하는 경영방식이다.

37

정답 ③

ISO 14000 시리즈는 환경경영에 대한 국제표준규격으로, 기업이 환경보호 및 환경관리 개선을 위한 환경경영체제의 기본 요구사항을 갖추고 규정된 절차에 따라 체계적으로 환경경영을 하고 있음을 인증해 주는 제도이다.

38

정답 ⑤

외부실패비용은 고객에게 판매된 후에 발생하는 비용을 말하며, 대개 고객 서비스와 관련된 비용이다. 외부실패비용에는 반품비용, 보상 위자료, 반환품 비용, 리콜 비용, 품질 보증 클레임 비용 등이 있다.

39

정답 ②

MRP II(Manufacturing Resource Planning II)는 제조자원을 계획하는 관리시스템으로, 자재소요계획(MRP)과의 구별을 위해 II를 붙였다.

오답분석

① MRP(Material Requirement Planning) : 자재소요량계획으로, 제품(특히 조립제품)을 생산함에 있어서 부품(자재)이 투입될 시점과 투입되는 양을 관리하기 위한 시스템이다.
③ JIT(Just In Time) : 적기공급생산으로 재고를 쌓아 두지 않고서도 필요한 때 제품을 공급하는 생산방식이다.
④ FMS(Flexible Manufacturing System) : 다품종 소량생산을 가능하게 하는 생산 시스템으로, 생산 시스템을 자동화, 무인화하여 다품종 소량 또는 중량생산에 유연하게 대응하는 시스템이다.
⑤ BPR(Business Process Reengineering) : 경영혁신기법의 하나로, 기업의 활동이나 업무의 전반적인 흐름을 분석하고, 경영목표에 맞도록 조직과 사업을 최적으로 다시 설계하여 구성한다.

40

정답 ④

LMX는 리더 – 구성원 간의 관계에 따라 리더십 결과가 다르다고 본다.

41

정답 ②

집약적 유통은 가능한 많은 중간상들에게 자사의 제품을 취급하도록 하는 것으로, 과자, 저가 소비재 등과 같이 소비자들이 구매의 편의성을 중시하는 품목에서 채택한다.

오답분석

①·④ 전속적 유통채널에 대한 설명이다.
③·⑤ 선택적 유통채널에 대한 설명이다.

42

정답 ④

오답분석

① 침투가격전략 : 신제품을 출시할 때 처음에는 경쟁제품보다 낮은 가격을 제시한 후 점차적으로 가격을 올리는 전략이다.
② 적응가격전략 : 다양한 소비자들의 구매를 유도하기 위하여 동일하거나 유사한 제품의 가격을 다르게 적용하는 전략이다.
③ 시가전략 : 가격 결정 시 경쟁업자의 가격과 동일한 가격으로 설정하는 전략이다.
⑤ 명성가격전략 : 가격 결정 시 해당 제품군의 주 소비자층이 지불할 수 있는 가장 높은 가격이나 시장에서 제시된 가격 중 가장 높은 가격을 설정하는 전략이다.

43

정답 ③

오답분석

① 빅데이터(Big Data) : 디지털 환경에서 생성되는 데이터로, 그 규모가 방대하고 생성 주기도 짧으며 형태도 수치 데이터뿐만 아니라 문자와 영상 데이터를 포함하는 대규모 데이터이다.
② 클라우드 컴퓨팅(Cloud Computing) : 컴퓨터를 활용하는 작업에 있어서 필요한 요소들을 인터넷 서비스를 통해 다양한 종류의 컴퓨터 단말 장치로 제공하는 것으로, 가상화된 IT자원을 서비스로 제공한다.
④ 핀테크(Fintech) : 금융(Finance)과 기술(Technology)을 결합한 합성어로, 첨단 정보 기술을 기반으로 한 금융 서비스 및 산업의 변화를 일으키고자 하는 움직임이다.
⑤ 사물인터넷(IoT; Internet of Things) : 인터넷을 기반으로 모든 사물을 연결하여 사람과 사물, 사물과 사물 간의 정보를 상호 소통하는 지능형 기술 및 서비스이다.

44

정답 ⑤

시장세분화 단계에서는 시장세분화 기준을 확인하여 시장을 분석하고 프로필을 작성한다.

오답분석

①·② 재포지셔닝 단계에 해당한다.
③ 포지셔닝 단계에 해당한다.
④ 표적시장 선정 단계에 해당한다.

45

정답 ③

㉡ 중요사건법 : 직무수행에 중요한 영향을 끼친 사건 또는 사례를 중심으로 정보를 수집한다.
㉢ 워크샘플링법 : 직무담당자가 작성하는 작업일지 등을 통해 해당 직무정보를 수집한다.

오답분석

㉠ 면접법 : 업무흐름표, 분담표 등을 참고하여 직무담당자 또는 소속집단 대상 면접을 통해 정보를 수집한다.
㉣ 설문지법 : 표준화된 설문지를 활용하여 직무담당자가 관련 항목에 체크하도록 하여 정보를 수집한다.
㉤ 관찰법 : 훈련된 직무분석 담당자가 직무담당자를 직접 관찰하여 정보를 수집한다.

46

정답 ⑤

체계적 오차는 측정 과정에서 일정한 패턴이나 규칙성을 가지는 오차를 말한다. 반면 측정 도구와 관계없이 측정상황에 따라 발생하는 오차는 비체계적 오차이다. 이때 비체계적 오차가 적은 것은 신뢰성이 높다고 볼 수 있다.

47

정답 ③

TQM(Total Quality Management)은 전통적 조직에 비하여 과업의 전문화가 낮고, 팀 단위로 과업이 이루어진다.

오답분석

① TQM은 종업원의 참여를 통한 프로세스의 지속적 개선을 통해 고객 만족도를 향상시키는 것을 목표로 한다.
② TQM은 지속적 개선을 강조하며, 지속적 개선은 계획(Plan) – 실행(Do) – 검토(Check) – 조치(Act)의 과정을 통해 이루어진다.
④ TQM은 고객 만족도 향상이라는 공동의 목적을 달성하기 위해 기업의 전 부문 종업원들이 참여하는 방식이다.
⑤ TQM은 결과 지향적보다는 과정 지향적이다.

48

정답 ④

대비오류(Contrast Error)는 대조효과라고도 하며, 연속적으로 평가되는 두 피고과자 간의 평가점수 차이가 실제보다 더 큰 것으로 느끼게 되는 오류를 말한다. 면접 시 우수한 후보의 바로 뒤 순서에 면접을 보는 평범한 후보가 중간 이하의 평가점수를 받는 경우가 그 예라고 할 수 있다.

49

정답 ②

데이터웨어하우스는 정보(Data)와 창고(Warehouse)를 합성한 말로, 여러 개로 분산 운영되는 데이터베이스 시스템들을 효율적으로 통합하여 조정·관리하고 효율적인 의사결정 정보를 제공하는 것을 의미한다. 한편, 대규모의 데이터베이스 안에서 관계와 패턴을 탐색하고 일정한 규칙을 찾아내어 데이터를 분석하는 것은 데이터 마이닝이다.

50

정답 ②

인간관계론은 행정조직이나 민간조직을 단순한 기계적인 구조로만 보고, 오직 시스템의 개선만으로 능률성을 추구하려 했던 과거의 과학적 관리론과 같은 고전적 조직이론의 개념을 탈피하여 한계점을 수용하고, 노동자들의 감정, 기분과 같은 사회·심리적 요인과 비경제적 보상을 고려하며 인간중심적 관리를 중시하였다.

51

정답 ⑤

1. 상대평가 : 선별형 인사평가
   - 상대평가의 개념
     상대평가는 피평가자들 간에 비교를 통하여 피평가자를 평가하는 방법으로, 피평가자들의 선별에 초점을 두는 인사평가이다.
   - 평가기법 : 서열법, 쌍대비교법, 강제할당법 등
     - 서열법 : 피평가자의 능력·업적 등을 통틀어 그 가치에 따라 서열을 매기는 기법
     - 쌍대비교법 : 두 사람씩 쌍을 지어 비교하면서 서열을 정하는 기법
     - 강제할당법 : 사전에 범위와 수를 결정해 놓고 피평가자를 일정한 비율에 맞추어 강제로 할당하는 기법
2. 절대평가 : 육성형 인사평가
   - 절대평가의 개념
     절대평가는 피평가자의 실제 업무수행 사실에 기초한 평가방법으로, 피평가자의 육성에 초점을 둔 평가방법이다.
   - 평가기법 : 평정척도법, 체크리스트법, 중요사건기술법 등
     - 평정척도법 : 피평가자의 성과, 적성, 잠재능력, 작업행동 등을 평가하기 위하여 평가요소들을 제시하고, 이에 따라 단계별 차등을 두어 평가하는 기법
     - 체크리스트법 : 직무상 행동들을 구체적으로 제시하고 평가자가 해당 서술문을 체크하는 기법
     - 중요사건기술법 : 피평가자의 직무와 관련된 효과적이거나 비효과적인 행동을 관찰하여 기록에 남긴 후 평가하는 기법

52

정답 ①

미국의 경영자 포드는 부품의 표준화, 제품의 단순화, 작업의 전문화 등 '3S 운동'을 전개하고 컨베이어 시스템에 의한 이동조립방법을 채택해 작업의 동시 관리를 꾀하여 생산능률을 극대화했다.

53

정답 ③

제시된 사례는 서번트 리더십에 대한 사례이다. 서번트 리더십은 구성원들의 자발적 희생은 리더의 자기희생에서 비롯됨을 말하며, 제시된 사례는 자기희생을 통해 현장을 체험한 리더가 직접적으로 직원들의 고충을 몸소 겪으며 직원들의 적극적 행동을 유발하여 조직의 환경 변화에 대한 적응력을 높인 사례로 볼 수 있다.

54

정답 ④

롱테일(Long Tail)은 판매곡선 그래프를 봤을 때 머리 부분에서 내려와 길게 끝없이 이어지는 부분을 가리킨다. 하위 80%의 구매자들이 모이면 큰 매출을 창출할 수 있다는 이론으로, 상위 20%가 매출을 좌우한다는 파레토의 법칙과 반대되는 개념이다.

55

정답 ②

푸시전략은 제조업체는 도매상에게, 도매상은 소매상에게, 소매상은 최종소비자에게 제품을 적극적으로 판매하는 것을 말한다. 주로 판매원에 의한 인적판매를 중심으로 한다.

56

정답 ②

모듈화설계는 여러 가지의 서로 다른 제품조립에 널리 사용할 수 있는 기본 구성품을 만들고 최종소비자의 기호에 따라 고객이 원하는 대로 조립하도록 하는 방법이다.

57

정답 ①

마이클 포터(M. Porter)의 경쟁전략 유형

- 원가우위 전략
- 차별화 전략
- 원가 집중화 전략
- 차별적 집중화 전략

58

정답 ②

②는 변혁적 리더십의 특징이다. 변혁적 리더십의 특징으로는 카리스마, 지적자극, 이상적인 역할모델, 개인화된 배려가 있으며, 부하가 가지는 욕구보다 더 높은 수준의 욕구를 활성화시킴으로써 기대하는 것보다 훨씬 높은 성과를 올리도록 하는 리더십이다.

59

정답 ①

기능목록은 인적자원의 필요에 대비하여 기업의 현재 인적자원의 이용가능성을 평가하기 위해 만들어진 데이터베이스이다. 기능목록에는 종업원의 인적사항이나 보유기능, 능력, 훈련 여부 등 기본적인 정보가 포함되어 있다.

60

정답 ④

가치사슬은 기업활동에서 부가가치가 생성되는 과정을 의미한다. 그 과정은 본원적 활동과 지원 활동으로 구분되는데 본원적 활동은 제품 생산, 운송, 마케팅, 판매, 물류, 서비스 등과 같은 부가가치를 직접 창출하는 활동이다. 한편, 지원 활동은 구매, 기술개발, 인사, 재무, 기획 등 현장활동을 지원하는 제반업무로 부가가치를 간접적으로 창출하는 활동으로, R&D기술개발활동은 지원 활동에 속한다.

03 철도법령

61	62	63	64	65	66	67	68	69	70										
②	④	②	③	③	②	①	③	⑤	③										

61 정답 ②

제1항의 규정에 의하여 이익준비금 또는 사업확장적립금을 자본금에 전입한 때에는 한국철도공사는 그 사실을 국토교통부장관에게 보고하여야 한다(한국철도공사법 시행령 제8조 제2항).

62 정답 ④

사업의 휴업 · 폐업 내용의 게시(철도사업법 시행령 제7조)

철도사업자는 법 제15조 제1항에 따라 철도사업의 휴업 또는 폐업의 허가를 받은 때에는 그 허가를 받은 날부터 7일 이내에 법 제15조 제4항에 따라 다음 각 호의 사항을 철도사업자의 인터넷 홈페이지, 관계 역 · 영업소 및 사업소 등 일반인이 잘 볼 수 있는 곳에 게시하여야 한다. 다만, 선로 또는 교량의 파괴, 철도시설의 개량, 그 밖의 정당한 사유로 휴업을 신고하는 경우에는 해당 사유가 발생한 때에 즉시 다음 각 호의 사항을 게시하여야 한다.

1. 휴업 또는 폐업하는 철도사업의 내용 및 그 사유
2. 휴업의 경우 그 기간
3. 대체교통수단 안내
4. 그 밖에 휴업 또는 폐업과 관련하여 철도사업자가 공중에게 알려야 할 필요성이 있다고 인정하는 사항이 있는 경우 그에 관한 사항

63 정답 ②

철도청과 고속철도건설공단이 철도운영 등을 주된 목적으로 취득하였거나 관련 법령 및 계약 등에 의하여 취득하기로 한 재산 · 시설 및 그에 관한 권리는 운영자산에 해당한다(철도산업발전기본법 제22조 제1항 제1호).

철도자산의 구분(철도산업발전기본법 제22조 제1항)

국토교통부장관은 철도산업의 구조개혁을 추진하는 경우 철도청과 고속철도건설공단의 철도자산을 다음 각 호와 같이 구분하여야 한다.

1. 운영자산 : 철도청과 고속철도건설공단이 철도운영 등을 주된 목적으로 취득하였거나 관련 법령 및 계약 등에 의하여 취득하기로 한 재산 · 시설 및 그에 관한 권리
2. 시설자산 : 철도청과 고속철도건설공단이 철도의 기반이 되는 시설의 건설 및 관리를 주된 목적으로 취득하였거나 관련 법령 및 계약 등에 의하여 취득하기로 한 재산 · 시설 및 그에 관한 권리
3. 기타자산 : 제1호 및 제2호의 철도자산을 제외한 자산

64 정답 ③

역세권 개발 사업(한국철도공사법 제13조)

한국철도공사는 철도사업과 관련하여 일반업무시설, 판매시설, 주차장, 여객자동차터미널 및 화물터미널 등 철도이용자에게 편의를 제공하기 위한 역세권 개발 사업을 할 수 있고, 정부는 필요한 경우에 행정적 · 재정적 지원을 할 수 있다.

65

정답 ③

③은 철도운수종사자의 준수사항이다(철도사업법 제22조 제2호).

철도사업자의 준수사항(철도사업법 제20조)

① 철도사업자는 운전업무 실무수습에 따른 요건을 갖추지 아니한 사람을 운전업무에 종사하게 하여서는 아니 된다.
② 철도사업자는 사업계획을 성실하게 이행하여야 하며, 부당한 운송 조건을 제시하거나 정당한 사유 없이 운송계약의 체결을 거부하는 등 철도운송 질서를 해치는 행위를 하여서는 아니 된다.
③ 철도사업자는 여객 운임표, 여객 요금표, 감면 사항 및 철도사업약관을 인터넷 홈페이지에 게시하고 관계 역·영업소 및 사업소 등에 갖추어 두어야 하며, 이용자가 요구하는 경우에는 제시하여야 한다.
④ 제1항부터 제3항까지에 따른 준수사항 외에 운송의 안전과 여객 및 화주(貨主)의 편의를 위하여 철도사업자가 준수하여야 할 사항은 국토교통부령으로 정한다.

66

정답 ②

철도사업자에 대한 과징금의 부과기준(철도사업법 시행령 제9조 별표 1)

철도사업자 또는 그 소속 종사자의 고의 또는 중대한 과실에 의하여 다음의 사고가 발생한 경우

- 1회의 철도사고로 인한 사망자가 40명 이상인 경우 : 5,000만 원
- 1회의 철도사고로 인한 사망자가 20명 이상 40명 미만인 경우 : 2,000만 원
- 1회의 철도사고로 인한 사망자가 10명 이상 20명 미만인 경우 : 1,000만 원
- 1회의 철도사고로 인한 사망자가 5명 이상 10명 미만인 경우 : 500만 원

67

정답 ①

철도시설관리자 또는 시설사용계약자는 철도시설을 사용하는 자로부터 사용료를 징수할 수 있다(철도산업발전기본법 제31조 제2항).

철도시설관리자(철도산업발전기본법 제3조 제9호)

"철도시설관리자"라 함은 철도시설의 건설 및 관리 등에 관한 업무를 수행하는 자로서 다음 각 목의 어느 하나에 해당하는 자를 말한다.

가. 제19조에 따른 관리청(국토교통부장관)
나. 제20조 제3항에 따라 설립된 국가철도공단
다. 제26조 제1항에 따라 철도시설관리권을 설정받은 자
라. 가목부터 다목까지의 자로부터 철도시설의 관리를 대행·위임 또는 위탁받은 자

68

정답 ③

채권의 발행 및 기재사항(한국철도공사법 시행령 제15조 제2항)

채권에는 다음 각 호의 사항을 기재하고, 사장이 기명날인하여야 한다. 다만, 매출의 방법에 의하여 사채를 발행하는 경우에는 사채의 발행총액은 이를 기재하지 아니한다.

1. 공사의 명칭 내지 이자지급의 방법 및 시기의 사항
2. 채권번호
3. 채권의 발행연월일

69

정답 ⑤

비상사태 시 처분(철도산업발전기본법 시행령 제49조)

법 제36조 제1항 제7호에서 철도서비스의 수급안정을 위하여 대통령령으로 정하는 사항이란 다음 각 호의 사항을 말한다.

1. 철도시설의 임시사용
2. 철도시설의 사용제한 및 접근 통제
3. 철도시설의 긴급복구 및 복구지원
4. 철도역 및 철도차량에 대한 수색 등

70

정답 ③

국유재산의 전대의 절차(한국철도공사법 시행령 제21조)

한국철도공사는 법 제14조 제1항의 규정에 의하여 대부받거나 사용·수익의 허가를 받은 국유재산을 법 제15조 제1항의 규정에 의하여 전대(轉貸)하고자 하는 경우에는 다음 각 호의 사항이 기재된 승인신청서를 국토교통부장관에게 제출하여야 한다.

1. 전대재산의 표시(도면을 포함한다)
2. 전대를 받을 자의 전대재산 사용목적
3. 전대기간
4. 사용료 및 그 산출근거
5. 전대를 받을 자의 사업계획서

제 2 회 최종점검 모의고사

01 직업기초능력평가

01	02	03	04	05	06	07	08	09	10	11	12	13	14	15	16	17	18	19	20
②	②	③	②	⑤	④	③	③	②	④	④	②	④	⑤	③	③	④	④	②	④
21	22	23	24	25	26	27	28	29	30										
②	②	②	⑤	①	②	④	⑤	③	③										

01 한자성어 정답 ②

제시문의 글쓴이는 집의 수리와 관련된 경험을 통해 나라의 정치에 있어서 백성들을 괴롭히는 이들은 미리 제거해야 나중에 큰일을 당하지 않게 된다고 하였다. 따라서 하늘의 뜻을 따르는 임금의 통치에 대한 평가는 임금이 죽은 후에 해야 한다는 보기의 글쓴이에 대해 '가혹한 정치로 백성을 못살게 들볶는 형태'를 뜻하는 '가렴주구(苛斂誅求)'를 내버려 두어서는 안 된다는 내용으로 비판할 것이다.

오답분석

① 태평천하(太平天下) : 어진 임금이 잘 다스리어 태평한 세상이나 시대를 이르는 말이다.
③ 과유불급(過猶不及) : 정도를 지나침은 미치지 못함과 같다는 뜻으로, 중용(中庸)이 중요함을 이르는 말이다.
④ 대기만성(大器晩成) : 큰 그릇을 만드는 데는 시간이 오래 걸린다는 뜻으로, 크게 될 사람은 늦게 이루어짐을 이르는 말이다.
⑤ 근묵자흑(近墨者黑) : 나쁜 사람과 가까이 지내면 나쁜 버릇에 물들기 쉬움을 비유적으로 이르는 말이다.

02 문서 내용 이해 정답 ②

'에너지 하베스팅은 열, 빛, 운동, 바람, 진동, 전자기 등 주변에서 버려지는 에너지를 모아 전기를 얻는 기술을 의미한다.'라는 내용을 통해서 버려진 에너지를 전기라는 또 다른 에너지로 만든다는 것을 알 수 있다.

오답분석

① 무체물인 에너지도 재활용이 가능하다고 했으므로 적절하지 않은 내용이다.
③ '에너지 하베스팅은 열, 빛, 운동, 바람, 진동, 전자기 등 주변에서 버려지는 에너지를 모아 전기를 얻는 기술을 의미한다.'라는 내용에서 다른 에너지에 대한 언급이 없고 '전기를 얻는 기술'이라고 언급했으므로 적절하지 않은 내용이다.
④ 태양광을 이용하는 광 에너지 하베스팅, 폐열을 이용하는 열 에너지 하베스팅이라고 따로 구분하여 언급하였으므로 다른 에너지원에 속한다는 것을 알 수 있다.
⑤ '사람이 많이 다니는 인도 위에 버튼식 패드를 설치하여 사람이 밟을 때마다 전기가 생산되도록 하는 것이다.'라고 했으므로 사람의 체온을 이용한 신체 에너지 하베스팅 기술보다는 진동이나 압력을 가해 이용하는 진동 에너지 하베스팅으로 볼 수 있다.

03 글의 제목 정답 ③

(다) 문단에서 보건복지부와 국립암센터에서 국민 암 예방 수칙의 하나를 '하루 한두 잔의 소량 음주도 피하기'로 개정하였으며, 뉴질랜드 연구진의 연구에 따르면 '소량이나 적당량의 알코올 섭취도 몸에 상당한 부담으로 작용한다.'라고 하였으므로 '가벼운 음주라도 몸에 위험하다.'라는 결론을 도출할 수 있다. 따라서 가벼운 음주가 대사 촉진에 도움이 된다는 내용의 소제목은 적절하지 않다.

PART 5

04 문단 나열

정답 ②

다문화정책의 두 가지 핵심을 밝히고 있는 (다)가 가장 먼저 와야 하고 (다)의 내용을 뒷받침하기 위해 프랑스를 사례로 든 (가)를 두 번째에 배치하는 것이 자연스럽다. 그 다음으로는 이민자에 대한 지원 촉구 및 다문화정책의 개선 등에 관한 내용이 이어지는 것이 글의 흐름상 적절하므로, 이민자에 대한 배려의 필요성을 주장하는 (라)와 다문화정책의 패러다임 전환을 주장하는 (나)의 순서로 이어져야 한다. 따라서 (다) – (가) – (라) – (나)의 순서로 나열하는 것이 적절하다.

05 내용 추론

정답 ⑤

ㄱ. '아기가 태어난 지 약 20일이 지나면 배냇저고리를 벗기고 돌띠저고리를 입혔다.'라는 부분을 통해 알 수 있는 내용이다.

ㄷ. 돌띠저고리와 백줄을 누빈 저고리는 모두 장수하기를 바라는 의미를 지니고 있으므로 적절한 내용이다.

ㄹ. 첫 생일인 돌에 남자아기에게는 색동저고리를 입히고 복건이나 호건을 씌우며, 여자아기에게는 색동저고리를 입히고 굴레를 씌웠다고 하였다. 따라서 남자아기와 여자아기 모두 첫 생일에 색동저고리를 입혔다는 것을 알 수 있다.

오답분석

ㄴ. 여자아기가 아닌 남자아기의 배냇저고리를 재수가 좋다고 하여 시험을 치르는 사람이 부적같이 몸에 지니는 풍습이 있었다고 하였으므로 적절하지 않은 내용이다.

06 맞춤법

정답 ④

한글맞춤법 제4장 제4절 제30항에 따르면 ㉢, ㉤의 표기가 적절하지 않다.

한글맞춤법 제4장 제4절 제30항

사이시옷은 다음과 같은 경우에 받치어 적는다.

1. 순 우리말로 된 합성어로서 앞말이 모음으로 끝난 경우
   (1) 뒷말의 첫소리가 된소리로 나는 것
   예 바닷가, 쳇바퀴, 나뭇가지, 조갯살
   (2) 뒷말의 첫소리 'ㄴ, ㅁ' 앞에서 'ㄴ' 소리가 덧나는 것
   예 잇몸, 멧나물, 아랫마을
   (3) 뒷말의 첫소리 모음 앞에서 'ㄴㄴ' 소리가 덧나는 것
   예 깻잎, 베갯잇, 도리깻열
2. 순 우리말과 한자어로 된 합성어로서 앞말이 모음으로 끝난 경우
   (1) 뒷말의 첫소리가 된소리로 나는 것
   예 샛강, 탯줄, 전셋집, 등굣길
   (2) 뒷말의 첫소리 'ㄴ, ㅁ' 앞에서 'ㄴ' 소리가 덧나는 것
   예 곗날, 양칫물, 제삿날
   (3) 뒷말의 첫소리 모음 앞에서 'ㄴㄴ' 소리가 덧나는 것
   예 예삿일, 가욋일, 사삿일
3. 두 음절로 된 다음 한자어
   예 곳간(庫間), 셋방(貰房), 숫자(數字), 찻간(車間), 툇간(退間), 횟수(回數)

07 어휘

정답 ③

- ㉠ : 빈칸 뒤의 문장에서 국가의 통제하에 박물관이 설립된 유럽과 달리 미국은 민간 차원에서 박물관이 설립되었다고 이야기하고 있으므로 '반면'이 들어가야 한다.
- ㉡ : 빈칸 뒤의 문장에서는 19세기 중후반에 설립된 박물관들과 더불어 해당 시기에 전문 박물관이 급진적으로 증가하였다는 내용이 이어지므로 '또한'이 들어가야 한다.

08 속담

정답 ③

'미꾸라지 한 마리가 온 물을 흐린다.'는 '한 사람이 저지른 악행 탓에 그 사람의 속한 단체나 가족 자체의 이미지를 수치스럽게 만든다.'라는 뜻이다. 따라서 제시문의 밑줄 친 부분, 즉 '여성에 대한 부정적인 고정관념'과 관련 있는 속담이 아닌 것은 ③이다.

오답분석

① '날이 샜다고 울어야 할 수탉이 제구실을 못하고 대신 암탉이 울면 집안이 망한다.'라는 뜻으로, 가정에서 아내가 남편을 제쳐 놓고 떠들고 간섭하면 집안일이 잘 안 된다는 말이다.
② 여자의 운명은 남편에게 매인 것이나 다름없다는 말이다.
④ 여자는 집에서 살림이나 하고 사는 것이 가장 행복한 것임을 비유적으로 이르는 말이다.
⑤ '딸을 둔 어머니는 중매쟁이가 되다시피 하여야 딸을 시집보낼 수 있다.'라는 뜻으로, 과년한 딸을 가진 어머니는 딸을 시집보내기 위해서 누구보다 애쓰고 뛰어야 한다는 말이다.

09 어휘

정답 ②

제시문의 내용에 따르면 ㉡에는 '고르거나 가지런하지 않고 차별이 있음 또는 그렇게 대함'을 의미하는 '차등(差等)'이 사용되어야 한다.

• 차등(次等) : 다음가는 등급

오답분석

① 자생력(自生力) : 스스로 살길을 찾아 살아 나가는 능력이나 힘
③ 엄선(嚴選) : 엄격하고 공정하게 가리어 뽑음
④ 도출(導出) : 판단이나 결론 따위를 이끌어 냄
⑤ 지속적(持續的) : 어떤 상태가 오래 계속되는

10 문서 내용 이해

정답 ④

'꼭 필요한 부위에만 접착제와 대나무 못을 사용하여 목재가 수축·팽창하더라도 뒤틀림과 휘어짐이 최소화될 수 있도록 하였다.'라는 내용에 따르면 접착제와 대나무 못을 사용하면 수축과 팽창이 발생하지 않게 된다는 것은 적절하지 않다.

11 수열 규칙

정답 ④

제시된 수열은 앞의 항에 $\times1+1^2$, $\times2+2^2$, $\times3+3^2$, $\times4+4^2$, …인 수열이다.
따라서 ($\quad$)$=8\times3+3^2=33$이다.

12 자료 이해

정답 ②

전체 고용인원의 절반은 $16,178\div2=8,089$명이다. 태양광에너지 분야에 고용된 인원은 8,698명이므로 전체 고용인원의 절반 이상을 차지한다.

오답분석

① 폐기물에너지 분야의 기업체 수가 가장 많다.
③ 전체 매출액 중 풍력에너지 분야의 매출액이 차지하는 비율은 $\frac{14,571}{113,076}\times100\fallingdotseq12.89\%$이므로 15% 미만이다.
④ 전체 수출액 중 바이오에너지 분야의 수출액이 차지하는 비율은 $\frac{506}{40,743}\times100\fallingdotseq1.24\%$로 1% 이상이다.
⑤ 전체 매출액 대비 전체 투자액의 비율은 $\frac{7,966}{113,076}\times100\fallingdotseq7.04\%$로 7.5% 미만이다.

13 자료 계산

정답 ④

A, B, E구의 1인당 소비량을 각각 a, b, $e$kg라고 하고, 제시된 조건을 식으로 나타내면 다음과 같다.

- 첫 번째 조건 : $a+b=30$ … ㉠
- 두 번째 조건 : $a+12=2e$ … ㉡
- 세 번째 조건 : $e=b+6$ … ㉢

㉢을 ㉡에 대입하여 식을 정리하면

$a+12=2(b+6) \rightarrow a-2b=0$ … ㉣

㉠-㉣을 하면

$3b=30$

$\therefore b=10,\ a=20,\ e=16$

A ~ E구의 변동계수를 구하면 다음과 같다.

- A구 : $\frac{5}{20}\times100=25\%$
- B구 : $\frac{4}{10}\times100=40\%$
- C구 : $\frac{6}{30}\times100=20\%$
- D구 : $\frac{4}{12}\times100\fallingdotseq33.33\%$
- E구 : $\frac{8}{16}\times100=50\%$

따라서 변동계수가 세 번째로 큰 구는 D구이다.

14 자료 변환

정답 ⑤

4월의 전월 대비 수출액은 감소했고, 5월의 전월 대비 수출액은 증가했는데, 반대로 나타나 있다.

15 자료 이해

정답 ③

30년 경과 비공개기록물 중 공개로 재분류된 기록물의 비율은 $\frac{1,079,690}{1,199,421}\times100\fallingdotseq90\%$이고, 30년 미경과 비공개기록물 중 비공개로 재분류된 기록물의 비율은 $\frac{1,284,352}{1,503,232}\times100\fallingdotseq85.4\%$이므로 옳지 않은 설명이다.

오답분석

① 비공개기록물 공개 재분류 사업 대상 전체 기록물은 2,702,653건이고, 비공개로 재분류된 문건은 1,404,083건이므로 비공개로 재분류된 기록물의 비율은 50%를 넘는다.

② 30년 경과 비공개기록물 중 전부공개로 재분류된 기록물 건수는 33,012건이고, 30년 경과 비공개기록물 중 개인사생활 침해 사유에 해당하여 비공개로 재분류된 기록물의 건수는 46,298건이다.

④ 30년 경과 비공개기록물 중 재분류 건수가 많은 분류를 순서대로 나열하면 부분공개, 비공개, 전부공개 순서이고, 30년 미경과 비공개기록물 중 재분류 건수가 많은 분류를 순서대로 나열하면 비공개, 전부공개, 부분공개 순서이다.

⑤ 국민의 생명 등 공익침해와 개인 사생활 침해의 사유로 비공개로 재분류된 기록물 건수의 합은 54,329+46,298=100,627건이다. 따라서 $\frac{100,627}{2,702,653}\times100\fallingdotseq3.7\%$이므로 옳다.

16 수열 규칙

정답 ③

제시된 숫자들의 배열규칙은 다음과 같다.

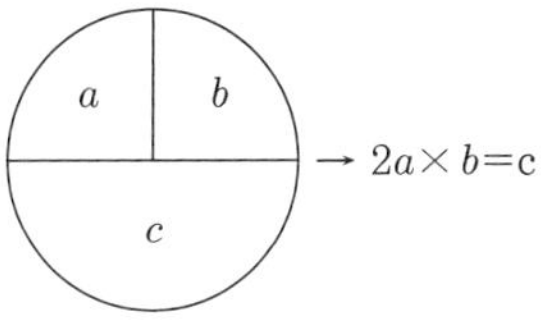

따라서 ( )=2×5×6=60이다.

17 응용 수리

정답 ④

- 부장과 과장이 같은 팀으로 배정될 확률

  남은 4명 중 팀원으로 남자 대리와 같은 팀일 확률은 $\frac{1}{4}$이므로 부장, 과장, 남자 대리가 같은 팀일 확률은 $0.3\times0.25=0.075$이다.

- 부장과 과장이 서로 다른 팀으로 배정될 확률

  과장을 제외한 남은 4명 중 둘을 배정하는 경우의 수는 ${}_4C_2=6$가지이고, 그중에서 남자 대리를 배정하는 경우의 수는 ${}_3C_1=3$가지이므로, 부장과 과장이 서로 다른 팀일 때 부장과 남자 대리가 같은 팀일 확률은 $0.7\times\frac{3}{6}=0.35$이다.

따라서 구하고자 하는 확률은 $0.075+0.35=0.425=42.5\%$이다.

18 응용 수리

정답 ④

A열차의 길이를 xm라 하면 A열차의 속력은 $\left(\frac{258+x}{18}\right)$m/s이고, B열차의 길이가 80m이므로 B열차의 속력은 $\frac{144+80}{16}=$ 14m/s이다.

두 열차가 마주보는 방향으로 달려 완전히 지나가는 데 9초가 걸렸으므로 9초 동안 두 열차가 달린 거리의 합은 두 열차의 길이의 합과 같다.

$\left(\frac{258+x}{18}+14\right)\times9=x+80$

$\rightarrow \frac{258+x}{2}+126=x+80$

$\rightarrow 510+x=2x+160$

$\therefore\ x=350$

따라서 A열차의 길이는 350m이다.

19 응용 수리

정답 ②

첫 시작점에 있는 나무는 제외하고, 간격을 6m로 옮겨 심을 때 256m 도로에는 $\frac{256}{6}$≒42그루를 심어야 한다. 그중 옮기지 않아도 되는 나무들은 4m와 6m의 최소공배수인 12m 간격으로 심어진 나무들이다. $\frac{256}{12}$≒21그루가 12m 간격으로 심어져 있으므로 나무 21그루는 첫 시작점의 나무와 같이 그대로 놔두면 된다.

따라서 옮겨 심어야 하는 나무들은 $42-21=21$그루임을 알 수 있다.

20 자료 이해

정답 ④

소비자물가지수는 상품의 가격 변동을 수치화한 것으로, 각 상품의 정확한 가격은 알 수 없다.

오답분석

① 그래프를 보면 세 품목이 모두 2020년에 물가지수 100을 나타낸다. 따라서 모든 품목의 소비자 물가지수는 2020년 물가를 100으로 하여 등락률을 산정했음을 알 수 있다.
② 짜장면의 2024년 물가지수와 2020년 물가지수 차이는 115−100=15로, 물가지수가 가장 많이 오른 음식이다.
③ 설렁탕은 2015년에 물가지수가 가장 낮은 품목이며, 2020년의 세 품목의 물가지수는 100으로 동일하다. 따라서 설렁탕은 2015년부터 2020년까지 물가지수가 가장 많이 오른 음식이다.
⑤ 2020년에는 세 품목의 물가지수가 100으로 동일하였으나 2024년의 물가지수는 짜장면, 설렁탕, 커피 순이다. 따라서 가격 역시 짜장면, 설렁탕, 커피 순으로 올랐음을 알 수 있다.

21 명제 추론

정답 ②

네 번째 조건에 따르면 갑의 점수가 될 수 있는 경우는 빨강 2회, 노랑 2회, 검정 1회이거나 빨강 1회, 노랑 2회, 파랑 2회로 2가지이다. 또한, 병의 점수가 될 수 있는 경우를 정리하면 다음과 같다.

(단위 : 회)

구분	빨강	노랑	파랑	검정
경우 1	−	−	1	4
경우 2	−	1	−	4
경우 3	1	−	−	4
경우 4	−	−	2	3

또한 을의 점수는 갑의 점수보다 높아야 하므로 빨강, 노랑에 각각 2회, 파랑에 1회로 41점인 경우가 가능하다. 그러나 나머지 경우는 빨강 또는 노랑에 3회를 맞혀야 하므로 다섯 번째 조건에 부합하지 않는다. 따라서 갑, 을, 병의 게임 결과로 가능한 경우의 수는 총 2×4×1=8가지이다.

22 논리적 오류

정답 ②

제시문은 각각의 원소들이 개별적으로 가진 성질(머리카락이 빠진다고 대머리는 아님)을 부분으로 볼 때는 참이지만 그 부분들의 결합인 전체로 볼 때는 거짓인 것을 참이라고 주장하는 오류이므로 결합의 오류(합성의 오류)에 해당한다.

오답분석

① 분할의 오류 : 전체가 가지고 있는 속성을 전체에 속해있는 부분들이 모두 똑같이 가지고 있을 것이라고 주장하는 오류이다.
③ 우연의 오류 : 자료적 오류의 하나로, 사물의 본질적 속성과 특수한 우연적 속성을 혼동함으로써 생기는 오류이다.
④ 허수아비의 오류 : 상대방 주장의 전부 혹은 일부를 왜곡하고, 그 왜곡된 입장을 공격하는 비형식적 오류이다.
⑤ 원천 봉쇄의 오류 : 주장에 대한 반론이 일어날 수 있는 유일한 원천을 비판(공격)하면서 반론 자체를 봉쇄하는 논리적 오류이다.

23 SWOT 분석

정답 ②

고급 포장과 스토리텔링은 모두 수제 초콜릿의 강점에 해당되므로 SWOT 분석에 의한 마케팅 전략으로 볼 수 없다. SO전략과 ST전략으로 보일 수 있으나, 기회를 포착하거나 위협을 회피하는 모습을 보이지 않기에 적절하지 않다.

오답분석

① 수제 초콜릿의 스토리텔링(강점)을 포장에 명시하여 소비자들의 요구를 충족(기회)시키는 SO전략에 해당한다.
③ 값비싼 포장(약점)을 보완하여 좋은 식품에 대한 인기(기회)에 발맞춰 홍보하는 WO전략에 해당한다.
④ 수제 초콜릿의 존재를 모르는(약점) 사람들이 많으므로 마케팅을 강화하여 대기업과의 경쟁(위협)을 이겨내는 WT전략에 해당한다.
⑤ 수제 초콜릿의 풍부한 맛(강점)을 알리고, 맛을 보기 전에는 알 수 없는 일반 초콜릿과의 차이(위협)도 알리는 ST전략에 해당한다.

24 창의적 사고

정답 ⑤

창의적 사고는 통상적인 것이 아니라 기발하거나 신기하며, 독창적이다. 또한 발산적 사고로서 아이디어가 많고, 다양하고, 독특한 것을 의미하며, 유용하고 가치가 있어야 한다.

25 자료 해석

정답 ①

오답분석

② 법정대리인이 자녀와 함께 방문한 경우 법정대리인의 실명확인증표로 인감증명서를 대체할 수 있다.
③ 법정대리인 동의서 양식은 '홈페이지 → 고객센터 → 약관 · 설명서 · 서식 → 서식자료' 중 '전자금융게시'의 내용을 참고하면 된다.
④ 법정대리인 신청 시 부모 각각의 동의서가 필요하다.
⑤ 만 18세인 B가 전자금융서비스를 변경하기 위해서는 법정대리인 동의서와 성명 · 주민등록번호 · 사진이 포함된 학생증이 필요하다. 학생증에 주민등록번호가 포함되지 않은 경우, 미성년자의 기본증명서가 추가로 필요하다.

26 자료 해석

정답 ②

A씨와 B씨의 일정에 따라 요금을 계산하면 다음과 같다.

- A씨
  - 이용요금 : 1,310원×6×3=23,580원
  - 주행요금 : 92×170원=15,640원
  - 반납지연에 따른 패널티 요금 : (1,310원×9)×2=23,580원

  ∴ 23,580+15,640+23,580=62,800원
- B씨
  - 이용요금

    목요일 : 39,020원

    금요일 : 880원×6×8=42,240원 → 81,260원
  - 주행요금 : 243×170원=41,310원

  ∴ 39,020+81,260+41,310=122,570원

27 자료 해석

정답 ④

제시된 자료를 바탕으로 교통수단별 요금을 계산하면 다음과 같다.

구분	교통수단	비용		
		어른	어린이	총비용
①	지하철 → 지하철 → 기차	(1,850+1,250+4,800)×2 =15,800원	(1,850×0.4)+(1,250×0.4) +(4,800×0.5×2)=6,040원	21,840원
②	버스 → 지하철 → 기차	(2,500+1,250+4,800)×2 =17,100원	(2,500×0.2)+(1,250×0.4) +(4,800×0.5×2)=5,800원	22,900원
③	지하철 → 버스 → 기차	(1,850+1,200+4,800)×2 =15,700원	(1,850×0.4)+(1,200×0.2) +(4,800×0.5×2)=5,780원	21,480원
④	기차 → 버스 → 지하철	(2,700+1,200+2,150)×2 =12,100원	(2,700×0.5×2)+(1,200×0.2) +(2,150×0.4)=3,800원	15,900원
⑤	기차 → 지하철 → 지하철	(2,700+1,250+2,150)×2 =12,200원	(2,700×0.5×2)+(1,250×0.4) +(2,150×0.4)=4,060원	16,260원

따라서 수원역에서 가평역까지 소요시간에 상관없이 기차를 한 번만 이용하여 최소비용으로 가는 방법은 '기차 → 버스 → 지하철'이며, 비용은 15,900원이다.

28 자료 해석

정답 ⑤

교통수단에 따른 소요시간 및 총비용을 구하면 다음과 같다.

구분	교통수단	소요시간	총비용
①	지하철 → 지하철 → 기차	63+18+38=119분	21,840원
②	버스 → 지하철 → 기차	76+18+38=132분	22,900원
③	지하철 → 버스 → 기차	63+40+38=141분	21,480원
④	기차 → 버스 → 지하철	32+40+77=149분	15,900원
⑤	기차 → 지하철 → 지하철	32+18+77=127분	16,260원

따라서 소요시간이 120～140분인 교통수단은 ②・⑤이며, 그중 최소비용으로 가는 방법은 '기차 → 지하철 → 지하철'이다.

29 자료 해석

정답 ③

A～C길을 이용할 때 드는 비용[(통행료)+(총 주유비)]을 계산하면 다음과 같다.

- A길 : 4,500+(124×98.28)≒16,690원
- B길 : 4,400+(124×97.08)≒16,440원
- C길 : 6,600+(124×102.35)≒19,290원

따라서 최대비용이 드는 C길과 최소비용이 드는 B길의 비용 차이는 19,290−16,440=2,850원이다.

30 명제 추론

정답 ③

주어진 조건을 표로 정리하면 다음과 같다.

구분	인사팀	영업팀	홍보팀	기획팀	개발팀	디자인팀	참석인원
보고서 작성	× (2명)	× (4명)	○ (3명)	○ (2명)	○ (5명)	○ (4명)	14명
사내 예절	○ (2명)	× (4명)	○ (3명)	○ (2명)	○ (5명)	○ (4명)	16명

따라서 교육에 참석한 홍보팀 신입사원은 모두 3명이다.

02 직무수행능력평가(경영학)

31	32	33	34	35	36	37	38	39	40	41	42	43	44	45	46	47	48	49	50
②	④	④	③	②	③	②	①	①	⑤	②	③	③	②	④	②	②	①	②	④
51	52	53	54	55	56	57	58	59	60										
④	②	①	③	②	③	②	⑤	⑤	④										

31

정답 ②

인사관리는 채용과 평가, 보상, 배치 등을 관리하는 HRM(Human Resource Management)과 인적자원의 교육, 훈련, 육성, 역량개발, 경력관리 및 개발 등을 관리하는 HRD(Human Resources Development)로 구분된다.

32

정답 ④

분석 결과에 따라 초기 기업 목적, 시작 단계에서의 평가수정이 가능하다는 것이 앤소프 의사결정의 장점이다.

앤소프의 의사결정 유형
- 전략적 의사결정
  - 기업의 목표 목적을 설정하고 그에 따른 각 사업에 효율적인 자원배분을 전략화한다.
  - 비일상적이며, 일회적 의사결정이라는 특징이 있다.
- 운영적 의사결정
  - 기업 현장에서 일어나는 생산 판매 등 구체적인 행위와 관련된 의사결정이다.
  - 일상적이면서 반복적이다.
- 관리적 의사결정
  - 결정된 목표와 전략을 가장 효과적으로 달성하기 위한 활동들과 관련되어 있다.
  - 전략적 의사결정과 운영적 의사결정의 중간 지점이다.

33

정답 ④

㉠ 피들러(Fiedler)의 리더십 상황이론에 따르면 리더십 스타일은 리더가 가진 고유한 특성으로, 한 명의 리더가 과업지향적 리더십과 관계지향적 리더십을 모두 가질 수 없다. 그렇기 때문에 어떤 상황에 어떤 리더십이 어울리는가를 분석한 것이다.
㉢ 상황이 호의적인지 비호의적인지를 판단하는 상황변수로 리더 – 구성원 관계, 과업구조, 리더의 직위권력을 고려하였다.
㉣ 상황변수들을 고려하여 총 8가지 상황을 분류하였고, 이를 다시 호의적인 상황, 보통의 상황, 비호의적인 상황으로 구분하였다. 상황이 호의적이거나 비호의적인 경우에는 과업지향적 리더십이 적합하다. 반면, 상황이 보통인 경우에는 관계지향적 리더십이 적합하다.

오답분석

㉡ LPC 설문을 통해 리더의 특성을 측정하였다. LPC 점수가 낮으면 과업지향적 리더십, 높으면 관계지향적 리더십으로 정의한다.
㉤ 리더가 처한 상황이 호의적이거나 비호의적인 경우에는 과업지향적 리더십이 적합하다.

34

정답 ③

SWOT 분석은 기업을 Strength(강점), Weakness(약점), Opportunity(기회), Threat(위협)의 4가지 요인으로 분석하여 마케팅 전략을 세우는 방법이다. ①·②·④·⑤는 Strength(경쟁기업과 비교하여 소비자로부터 강점으로 인식되는 것이 무엇인지)에 해당하지만, ③은 Opportunity(외부환경에서 유리한 기회요인), Threat(외부환경에서 불리한 위협요인)에 해당한다.

PART 5

35

정답 ②

비즈니스 리엔지니어링(BR; Business Reengineering)은 업무 프로세스 중심의 개혁으로 비약적인 업적 향상을 실현하는 기법이며, 원점에서 재검토하여 프로세스를 중심으로 업무를 재편성한다. 업적을 비약적으로 향상시키고, 기능별 조직의 한계를 넘어 고객의 요구를 충족시킨다는 관점에서 업무 프로세스를 근본적으로 재편하는 톱다운(Top – down)식 접근 방법이다.

오답분석

① 동시공학(CE; Concurrent Engineering) : 기업의 제품개발 프로세스를 재설계하여 신제품 개발 기간의 단축, 비용절감 및 고품질의 제품생산을 도모하는 경영혁신 기법이다.
③ 조직 리스트럭처링(RS; Restructuring) : 한 기업이 여러 사업부를 가지고 있을 때 미래변화를 예측하여 어떤 사업부는 주력사업으로 하고, 어떤 사업부는 축소・철수하고, 어떤 사업부는 신규 사업으로 새로이 진입하고 더 나아가 중복사업을 통합하는 등 사업구조를 개혁하는 것이다.
④ 다운사이징(DS; Downsizing) : 조직의 효율성, 생산성, 그리고 경쟁력을 개선하기 위해 조직 인력의 규모, 비용규모, 업무흐름 등에 변화를 가져오는 일련의 조치이다.
⑤ 벤치마킹(BM; Benchmarking) : 경영혁신 프로그램으로 해당 분야의 최고 경영 비결을 찾아내어 자사에 적용하는 생산성 향상 방법의 구체적 사안을 다루는 기법이다.

36

정답 ③

오답분석

① 편의품 : 최소한의 노력으로 적합한 제품을 구매하려는 행동의 특성을 보이는 제품으로, 주로 일상생활에서 소비빈도가 가장 높으며 가장 인접해 있는 점포에서 구매하는 상품이다.
② 선매품 : 여러 점포를 방문하거나 다양한 제품들의 가격수준, 품질, 스타일 등에 대한 적합성을 비교하여 최선의 선택으로 결정하는 제품이다.
④ 자본재 : 다른 재화를 생산하기 위해 사용되는 재화이다.
⑤ 원자재 : 공업 생산의 원료가 되는 자재이다.

37

정답 ②

②는 X이론에 해당한다.

맥그리거(D. McGregor)의 X – Y이론

- X이론 : 명령통제에 관한 전통적 견해이며 낡은 인간관이다.
  - 인간은 선천적으로 일을 싫어하며 가능한 한 일을 하지 않고 지냈으면 한다.
  - 기업 내의 목표달성을 위해서는 통제・명령・상벌이 필요하다.
  - 종업원은 대체로 평범하며, 자발적으로 책임을 지기보다는 명령받기를 좋아하고 안전제일주의의 사고・행동을 취한다.
- Y이론 : 인간의 행동에 관한 여러 사회과학의 성과를 토대로 한 것이다.
  - 종업원들은 자발적으로 일할 마음을 가지게 된다.
  - 개개인의 목표와 기업목표의 결합을 꾀할 수 있다.
  - 일의 능률을 향상시킬 수 있다.

38

정답 ①

초기고가전략은 가격 변화에 둔감한 경우, 즉 수요의 가격탄력성이 낮은 경우에 채택해야 한다.

39

정답 ①

오답분석

② 적시생산시스템 : 필요한 때에 맞추어 물건을 생산 · 공급하는 것으로, 제조업체가 부품업체로부터 부품을 필요한 시기에 필요한 수량만큼만 공급받아 재고가 없도록 하는 재고관리시스템이다.
③ 린 생산 : 작업 공정 혁신을 통해 비용은 줄이고 생산성은 높이는 것으로, 숙련된 기술자의 편성과 자동화 기계의 사용으로 적정량의 제품을 생산하는 방식이다.
④ 공급사슬관리 : 어떤 제품을 판매하는 경우 자재 조달, 제품 생산, 유통, 판매 등의 흐름을 적절히 관리하여 공급망 체인을 최적화함으로써 조달 시간 단축, 재고 비용이나 유통 비용 삭감, 고객 문의에 대한 빠른 대응을 실현하는 것이다.
⑤ 칸반 시스템 : 적시생산시스템의 생산통제수단으로, 낭비를 제거하고 필요한 때에 필요한 물건을 필요한 양만큼만 만들어서 보다 빨리, 보다 싸게 생산하기 위한 목적으로 활용되는 시스템이다.

40

정답 ⑤

촉진믹스(Promotion Mix) 활동

- 광고
- 인적판매
- 판매촉진
- PR(Public Relationship)
- 직접마케팅
- 간접마케팅

41

정답 ②

조직 의사결정이 제약된 합리성 혹은 제한된 합리성에 기초하게 된다고 주장한 사람은 사이먼(Herbert Simon)이다.

42

정답 ③

마케팅 활동은 본원적 활동에 해당한다.

오답분석

① 기업은 본원적 활동 및 지원 활동을 통하여 이윤을 창출한다.
② 물류 투입, 운영, 산출, 마케팅 및 서비스 활동은 본원적 활동에 해당한다.
④ 인적자원관리, 기술 개발, 구매, 조달 활동 등은 지원 활동에 해당한다.
⑤ 가치사슬 모형은 기업의 내부적 핵심 역량을 파악하는 모형으로, 지원 활동에 해당하는 항목도 핵심 역량이 될 수 있다.

43

정답 ③

오답분석

① 호감득실이론 : 자신을 처음부터 계속 좋아해 주던 사람보다 자신을 싫어하다가 좋아하는 사람을 더 좋아하게 되고, 반대로 자신을 처음부터 계속 싫어하던 사람보다 자신을 좋아하다가 싫어하는 사람을 더 싫어하게 된다고 주장하는 이론이다.
② 사회교환이론 : 두 사람의 인간관계에서 비용과 보상을 주고받는 과정을 사회교환과정이라 하고, 보상에서 비용을 제한 결과에 따라 그 관계의 존속여부가 결정된다는 이론이다.
④ 기대 – 불일치이론 : 1981년 올리버(Oliver)에 의해 제시된 이론으로, 성과가 기대보다 높아 긍정적 불일치가 발생하면 만족하고, 성과가 기대보다 낮아 부정적 불일치가 발생하면 불만족을 가져온다는 이론이다.
⑤ 인지불협화이론 : 페스팅거(Festinger)가 주장한 이론으로, 사람들은 자신의 태도와 행동이 일치하지 않을 때 불편한 긴장을 경험한다고 제안한 이론이다.

44

정답 ②

성과급제는 노동성과를 측정하여 측정된 성과에 따라 임금을 산정・지급하는 제도이다. 따라서 이 제도에서 임금은 성과와 비례한다.

45

정답 ④

노동조합의 통제력은 노조가입의 강제성의 정도에 따른 것이므로 '클로즈드 숍 – 유니언 숍 – 오픈 숍' 순서이다.

46

정답 ②

앰부시 마케팅(Ambush Marketing)의 앰부시(Ambush)는 '매복'을 뜻하는 말로, 교묘히 규제를 피해 가는 매복 마케팅이라고도 한다. 대형 스포츠 이벤트에서 공식 후원사가 아니면서도 TV 광고나 개별 선수 후원을 활용해 공식 스폰서와 같은 인상을 주어서 홍보 효과를 극대화하는 전략 등이 해당한다.

오답분석

① 니치 마케팅(Niche Marketing) : '틈새시장'이라는 뜻을 가진 말로, 시장의 빈틈을 공략하는 새로운 상품을 잇달아 시장에 내놓음으로써 다른 특별한 제품 없이도 셰어(Share)를 유지하는 마케팅 기법이다.
③ 버즈 마케팅(Buzz Marketing) : 소비자들이 자발적으로 메시지를 전달하게 하여 상품에 대한 긍정적인 입소문을 내게 하는 마케팅 기법이다.
④ 플래그십 마케팅(Flagship Marketing) : 시장에서 성공을 거둔 특정 상품을 중심으로 판촉활동을 하는 마케팅 기법이다.
⑤ 바이럴 마케팅(Viral marketing) : 네티즌들이 이메일이나 메신저 혹은 블로그 등을 통해 자발적으로 기업이나 상품을 홍보하도록 만드는 마케팅 기법이다.

47

정답 ②

JIT시스템의 주요 요소는 부품의 표준화, 고품질, 가동준비 시간의 감소, 소규모 로트 사이즈, 예방관리가 있다.

48

정답 ①

마케팅 전략을 수립하는 순서는 STP, 즉 시장세분화(Segmentation) → 표적시장 선정(Targeting) → 포지셔닝(Positioning)이다.

49

정답 ②

㉠ 집약적 유통 : 가능한 많은 중간상들에게 자사의 제품을 취급하도록 하는 것이다.
㉡ 전속적 유통 : 일정 지역 내에서의 독점 판매권을 중간상에게 부여하는 방식이다.
㉢ 선택적 유통 : 집약적 유통과 전속적 유통의 중간 형태이다.

50

정답 ④

재판매가격 유지정책은 사업자가 제품의 거래 가격을 정하여 그 가격대로 판매하도록 하는 정책이다.

51

정답 ④

PR(Public Relations)은 일반 대중을 대상으로 이미지의 가치를 높이거나 제품을 홍보하는 것을 주된 목적으로 한다. 기업에서는 자사의 이미지나 제품을 PR하기 위해 제품홍보 및 로비활동을 하고, 언론을 활용한다.

52

정답 ②

상동적 태도는 피평가자들이 속한 집단의 한 가지 범주에 따라 판단할 때 나타날 수 있는 오류이다. 예를 들면 미국인은 개인주의적이고, 한국인은 매우 부지런하며, 이탈리아인은 정열적이라고 하는 것 등이 있다. 한편, 현혹효과는 피평가자의 한 가지 특성에 근거할 때 나타나는 오류이다.

53

정답 ①

임프로쉐어 플랜은 단위당 소요되는 표준노동시간과 실제노동시간을 비교하여 절약된 노동시간만큼 시간당 임률을 노사가 1 : 1로 배분하는 것으로, 개인별 인센티브 제도에 쓰이는 성과측정방법을 집단의 성과측정에 이용한 방식이다. 산업공학의 원칙을 이용하여 보너스를 산정한다는 특징이 있다.

오답분석

② 스캔런 플랜 : 노사협력에 의한 생산성 향상에 대한 대가를 지불하는 방식의 성과배분계획 모형이다.
③ 러커 플랜 : 매출액에서 각종 비용을 제한 일종의 부가가치 개념인 생산가치로부터 임금상수를 도출하여, 실제 부가가치 발생규모를 표준부가가치와 비교하여 그 절약분에 임금상수를 곱한 만큼 종업원에게 배분하는 방식이다.
④ 메리크식 복률성과급 : 표준작업량의 83%와 100%선을 기준으로 하여 83% 미만의 성과자들에게는 낮은 임률을 적용하고, 83 ~ 100% 사이의 성과자들에게는 표준임금률을 약간 상회하는 수준, 100% 이상의 성과자들에게는 더 높은 수준의 임률을 제공하여 중간 정도의 목표를 달성하는 종업원을 배려하는 방식이다.
⑤ 테일러식 차별성과급 : 표준작업량을 기준으로 임금률을 고저로 나누는 방식이다.

54

정답 ③

오답분석

① 아웃소싱 : 일부의 자재, 부품, 노동, 서비스를 외주업체에 이전해 전문성과 비용 효율성을 높이는 것을 말한다.
② 합작투자 : 2개 이상의 기업이 공동으로 투자하여 새로운 기업을 설립하는 것을 말한다.
④ 턴키프로젝트 : 공장이나 여타 생산설비를 가동 직전까지 준비한 후 인도해 주는 방식을 말한다.
⑤ 그린필드투자 : 해외 진출 기업이 투자 대상국에 생산시설이나 법인을 직접 설립하여 투자하는 방식으로, 외국인직접투자(FDI)의 한 유형이다.

55

정답 ②

마케팅 조사의 과정

• 1단계 : 조사문제의 제기와 조사목적의 결정
통상적으로 마케팅 조사를 수행하기 위해서는 먼저 조사문제를 정확하게 정의해야 한다. 마케팅 조사는 특정한 의사결정을 위해 수행되는 것이므로, 의사결정 문제에서부터 조사문제가 결정된다.
• 2단계 : 마케팅 조사의 설계
연구에 대한 구체적인 목적을 공식화하여 조사를 수행하기 위한 순서와 책임을 구체화시켜야 한다. 보통 연구조사의 주체, 대상, 시점, 장소 및 방법 등을 결정하는 단계이다.
• 3단계 : 자료의 수집과 분석
자료의 수집방법, 설문지의 작성, 조사대상에 대한 선정 및 실사 등을 통해 자료를 수집하고 통계적 집계를 수행하여 분석한다.
• 4단계 : 보고서 작성
나온 결과에 대해 의미 있는 정보를 추출하여 보고서를 작성한다.

56

정답 ③

경영관리 과정은 '계획수립 → 조직화 → 지휘 → 통제' 순서이다.

57

정답 ②

유지가능성이란 세분시장이 충분한 규모이거나 이익을 낼 수 있는 정도의 크기가 되어야 함을 말한다. 즉, 각 세분시장 내에는 특정 마케팅 프로그램을 지속적으로 실행할 가치가 있을 만큼의 가능한 한 동질적인 수요자들이 존재해야 한다.

58

정답 ⑤

라인 확장은 기존 제품 카테고리에서 새로운 세분시장으로 진입할 때, 새롭게 개발된 제품에 모 브랜드를 적용하여 확장하는 것이다. 해당 기업은 불닭볶음면이라는 브랜드 라인을 적용하여 확장한 대표적인 사례이다.

오답분석

① 대의명분 마케팅(Cause Related Marketing) : 기업이나 상표(브랜드)를 자선이나 대의명분과 연관지어 이익을 도모한다는 전략적 위치설정의 도구이다.
② 카테고리 확장(Category Extension) : 모 브랜드의 제품군과 전혀 다른 범주의 제품군으로 진입할 때, 모 브랜드를 적용하여 확장하는 것이다. 라인 확장 전략과 함께 이분법으로 구분된다.
③ 구전 마케팅(Word of Mouth Marketing) : 소비자 또는 그 관련인의 입에서 입으로 전달되는 제품, 서비스, 기업 이미지 등에 대한 마케팅을 말한다.
④ 귀족 마케팅(Noblesse Marketing) : VIP 고객을 대상으로 차별화된 서비스를 제공하는 것을 말한다.

59

정답 ⑤

A팀장은 평소 팀원들과 돈독한 관계를 맺으며 충성심과 존경을 바탕으로 부하들로부터 헌신과 동일화, 내재화를 이끌어 내고 있으므로 준거적 권력의 사례로 볼 수 있다.

준거적 권력(Reference Power)

개인적인 매력과 존경심 등을 바탕으로 부하들로부터 헌신과 동일화, 내재화를 지속적으로 이끌어 낼 수 있는 가장 훌륭한 권력의 원천이 된다. 자신이 알고 있는 지식이나 기술 노하우 등은 업무가 바뀌거나 환경이 바뀌면 그 가치가 없어질 수도 있지만, 개인적 특성은 상황에 따라 변하거나 사라지는 성질이 아니다. 따라서 장기적이고 지속적으로 부하나 주위 사람들에게 영향력을 행사하고 싶다면 준거적 권력이 전문적 권력보다 더 바람직하다.

60

정답 ④

포드는 고임금 저가격의 원칙을 주장하였다.

03 철도법령

61	62	63	64	65	66	67	68	69	70										
④	①	③	⑤	⑤	⑤	④	⑤	②	④										

61

정답 ④

철도자산의 인계·이관 등의 절차 및 시기(철도산업발전기본법 시행령 제32조 제1항·제2항)

① 철도청장(㉠) 또는 한국고속철도건설공단 이사장은 법 제23조 제6항의 규정에 의하여 철도자산의 인계·이관 등에 관한 승인을 얻고자 하는 때에는 인계·이관 자산의 범위·목록 및 가액이 기재된 승인신청서에 인계·이관에 필요한 서류를 첨부하여 국토교통부장관(㉡)에게 제출하여야 한다.

② 법 제23조 제7항의 규정에 의한 철도자산의 인계·이관 등의 시기는 다음 각 호와 같다.

1. 한국철도공사가 법 제23조 제2항의 규정에 의한 철도자산을 출자받는 시기 : 한국철도공사의 설립등기일(㉢)
2. 국토교통부장관이 법 제23조 제4항의 규정에 의한 철도자산을 이관받는 시기 : 2004년 1월 1일(㉣)
3. 국가철도공단이 법 제23조 제5항의 규정에 의한 철도자산을 인계받는 시기 : 2004년 1월 1일(㉤)

62

정답 ①

손익금의 처리(한국철도공사법 제10조 제1항)

한국철도공사는 매 사업연도 결산 결과 이익금이 생기면 다음 각 호의 순서로 처리하여야 한다.

1. 이월결손금의 보전(補塡)
2. 자본금의 2분의 1이 될 때까지 이익금의 10분의 2 이상을 이익준비금으로 적립
3. 자본금과 같은 액수가 될 때까지 이익금의 10분의 2 이상을 사업확장적립금으로 적립
4. 국고에 납입

63

정답 ③

부가 운임의 징수(철도사업법 제10조)

- 철도사업자는 열차를 이용하는 여객이 정당한 운임·요금을 지급하지 아니하고 열차를 이용한 경우에는 승차 구간에 해당하는 운임 외에 그의 30배의 범위에서 부가 운임을 징수할 수 있다.
- 철도사업자는 부가 운임을 징수하려는 경우에는 사전에 부가 운임의 징수 대상 행위, 열차의 종류 및 운행 구간 등에 따른 부가 운임 산정기준을 정하고 철도사업약관에 포함하여 국토교통부장관에게 신고하여야 한다.
- 국토교통부장관은 신고를 받은 날부터 3일 이내에 신고수리 여부를 신고인에게 통지하여야 한다.

64

정답 ⑤

대리·대행인의 선임·변경 또는 해임의 등기의 경우에는 그 선임·변경 또는 해임이 법 제7조의 규정에 의한 것임을 증명하는 서류와 대리·대행인이 그 권한이 제한된 때에는 그 제한을 증명하는 서류를 첨부해야 한다(한국철도공사법 시행령 제7조 제5호).

65

정답 ⑤

변상금의 징수(철도사업법 제44조의2)

국토교통부장관은 제42조 제1항에 따른 점용허가를 받지 아니하고 철도시설을 점용한 자에 대하여 제44조 제1항에 따른 점용료의 100분의 120에 해당하는 금액을 변상금으로 징수할 수 있다.

PART 5

66

정답 ⑤

철도산업에 관한 전문성과 경험이 풍부한 자 중에서 실무위원회의 위원장이 위촉한 위원의 임기는 2년으로 하되, 연임할 수 있다(철도산업발전기본법 시행령 제10조 제5항).

오답분석

① 철도산업발전기본법 시행령 제10조 제2항
② 철도산업발전기본법 시행령 제10조 제6항
③ 철도산업발전기본법 시행령 제10조 제4항 제2호
④ 철도산업발전기본법 시행령 제10조 제1항

67

정답 ④

대리·대행인의 선임등기(한국철도공사법 시행령 제6조 제1항)

한국철도공사의 사장이 법 제7조에 따라 사장을 대신해 공사의 업무에 관한 재판상 또는 재판 외의 행위를 할 수 있는 직원(이하 대리·대행인)을 선임한 경우에는 선임 후 2주일 이내에 주된 사무소의 소재지에서 다음 각 호의 사항을 등기하여야 한다. 등기한 사항이 변경된 때에도 또한 같다.

1. 대리·대행인의 성명 및 주소
2. 대리·대행인을 둔 주된 사무소 또는 하부조직의 명칭 및 소재지
3. 대리·대행인의 권한을 제한한 때에는 그 제한의 내용

68

정답 ⑤

전용철도 등록사항의 경미한 변경 등(철도사업법 시행령 제12조 제1항)

법 제34조 제1항 단서에서 대통령령으로 정하는 경미한 변경의 경우란 다음 각 호의 어느 하나에 해당하는 경우를 말한다.

1. 운행시간을 연장 또는 단축한 경우
2. 배차간격 또는 운행횟수를 단축 또는 연장한 경우
3. 10분의 1의 범위 안에서 철도차량 대수를 변경한 경우
4. 주사무소·철도차량기지를 제외한 운송관련 부대시설을 변경한 경우
5. 임원을 변경한 경우(법인에 한한다)
6. <u>6월의 범위</u> 안에서 전용철도 건설기간을 조정한 경우

69

정답 ②

목적(철도산업발전기본법 제1조)

철도산업발전기본법은 철도산업의 경쟁력을 높이고 발전기반을 조성함으로써 철도산업의 <u>효율성 및 공익성</u>의 향상과 국민경제의 발전에 이바지함을 목적으로 한다.

70

정답 ④

공휴일·방학기간 등 수송수요와 열차운행계획상의 수송력과 현저한 차이가 있는 경우로서 3월 이내의 기간 동안 운행횟수를 변경하는 경우는 중요사항을 변경하려는 경우에서 제외한다(철도사업법 시행령 제5조 제4호 후단).

코레일 한국철도공사 필기시험 답안카드

성 명

지원 분야

문제지 형별기재란	
(　　　)형	Ⓐ Ⓑ

수 험 번 호						
⓪	⓪	⓪	⓪	⓪	⓪	⓪
①	①	①	①	①	①	①
②	②	②	②	②	②	②
③	③	③	③	③	③	③
④	④	④	④	④	④	④
⑤	⑤	⑤	⑤	⑤	⑤	⑤
⑥	⑥	⑥	⑥	⑥	⑥	⑥
⑦	⑦	⑦	⑦	⑦	⑦	⑦
⑧	⑧	⑧	⑧	⑧	⑧	⑧
⑨	⑨	⑨	⑨	⑨	⑨	⑨

감독위원 확인
인

1	① ② ③ ④ ⑤	21	① ② ③ ④ ⑤	41	① ② ③ ④ ⑤	61	① ② ③ ④ ⑤
2	① ② ③ ④ ⑤	22	① ② ③ ④ ⑤	42	① ② ③ ④ ⑤	62	① ② ③ ④ ⑤
3	① ② ③ ④ ⑤	23	① ② ③ ④ ⑤	43	① ② ③ ④ ⑤	63	① ② ③ ④ ⑤
4	① ② ③ ④ ⑤	24	① ② ③ ④ ⑤	44	① ② ③ ④ ⑤	64	① ② ③ ④ ⑤
5	① ② ③ ④ ⑤	25	① ② ③ ④ ⑤	45	① ② ③ ④ ⑤	65	① ② ③ ④ ⑤
6	① ② ③ ④ ⑤	26	① ② ③ ④ ⑤	46	① ② ③ ④ ⑤	66	① ② ③ ④ ⑤
7	① ② ③ ④ ⑤	27	① ② ③ ④ ⑤	47	① ② ③ ④ ⑤	67	① ② ③ ④ ⑤
8	① ② ③ ④ ⑤	28	① ② ③ ④ ⑤	48	① ② ③ ④ ⑤	68	① ② ③ ④ ⑤
9	① ② ③ ④ ⑤	29	① ② ③ ④ ⑤	49	① ② ③ ④ ⑤	69	① ② ③ ④ ⑤
10	① ② ③ ④ ⑤	30	① ② ③ ④ ⑤	50	① ② ③ ④ ⑤	70	① ② ③ ④ ⑤
11	① ② ③ ④ ⑤	31	① ② ③ ④ ⑤	51	① ② ③ ④ ⑤		
12	① ② ③ ④ ⑤	32	① ② ③ ④ ⑤	52	① ② ③ ④ ⑤		
13	① ② ③ ④ ⑤	33	① ② ③ ④ ⑤	53	① ② ③ ④ ⑤		
14	① ② ③ ④ ⑤	34	① ② ③ ④ ⑤	54	① ② ③ ④ ⑤		
15	① ② ③ ④ ⑤	35	① ② ③ ④ ⑤	55	① ② ③ ④ ⑤		
16	① ② ③ ④ ⑤	36	① ② ③ ④ ⑤	56	① ② ③ ④ ⑤		
17	① ② ③ ④ ⑤	37	① ② ③ ④ ⑤	57	① ② ③ ④ ⑤		
18	① ② ③ ④ ⑤	38	① ② ③ ④ ⑤	58	① ② ③ ④ ⑤		
19	① ② ③ ④ ⑤	39	① ② ③ ④ ⑤	59	① ② ③ ④ ⑤		
20	① ② ③ ④ ⑤	40	① ② ③ ④ ⑤	60	① ② ③ ④ ⑤		

※ 본 답안카드는 마킹연습용 모의 답안카드입니다.

〈절취선〉

코레일 한국철도공사 필기시험 답안카드

성 명

지원 분야

문제지 형별기재란	
(　　　)형	Ⓐ Ⓑ

수 험 번 호						
⓪	⓪	⓪	⓪	⓪	⓪	⓪
①	①	①	①	①	①	①
②	②	②	②	②	②	②
③	③	③	③	③	③	③
④	④	④	④	④	④	④
⑤	⑤	⑤	⑤	⑤	⑤	⑤
⑥	⑥	⑥	⑥	⑥	⑥	⑥
⑦	⑦	⑦	⑦	⑦	⑦	⑦
⑧	⑧	⑧	⑧	⑧	⑧	⑧
⑨	⑨	⑨	⑨	⑨	⑨	⑨

감독위원 확인
㉟ 인

1	①	②	③	④	⑤	21	①	②	③	④	⑤	41	①	②	③	④	⑤	61	①	②	③	④	⑤
2	①	②	③	④	⑤	22	①	②	③	④	⑤	42	①	②	③	④	⑤	62	①	②	③	④	⑤
3	①	②	③	④	⑤	23	①	②	③	④	⑤	43	①	②	③	④	⑤	63	①	②	③	④	⑤
4	①	②	③	④	⑤	24	①	②	③	④	⑤	44	①	②	③	④	⑤	64	①	②	③	④	⑤
5	①	②	③	④	⑤	25	①	②	③	④	⑤	45	①	②	③	④	⑤	65	①	②	③	④	⑤
6	①	②	③	④	⑤	26	①	②	③	④	⑤	46	①	②	③	④	⑤	66	①	②	③	④	⑤
7	①	②	③	④	⑤	27	①	②	③	④	⑤	47	①	②	③	④	⑤	67	①	②	③	④	⑤
8	①	②	③	④	⑤	28	①	②	③	④	⑤	48	①	②	③	④	⑤	68	①	②	③	④	⑤
9	①	②	③	④	⑤	29	①	②	③	④	⑤	49	①	②	③	④	⑤	69	①	②	③	④	⑤
10	①	②	③	④	⑤	30	①	②	③	④	⑤	50	①	②	③	④	⑤	70	①	②	③	④	⑤
11	①	②	③	④	⑤	31	①	②	③	④	⑤	51	①	②	③	④	⑤						
12	①	②	③	④	⑤	32	①	②	③	④	⑤	52	①	②	③	④	⑤						
13	①	②	③	④	⑤	33	①	②	③	④	⑤	53	①	②	③	④	⑤						
14	①	②	③	④	⑤	34	①	②	③	④	⑤	54	①	②	③	④	⑤						
15	①	②	③	④	⑤	35	①	②	③	④	⑤	55	①	②	③	④	⑤						
16	①	②	③	④	⑤	36	①	②	③	④	⑤	56	①	②	③	④	⑤						
17	①	②	③	④	⑤	37	①	②	③	④	⑤	57	①	②	③	④	⑤						
18	①	②	③	④	⑤	38	①	②	③	④	⑤	58	①	②	③	④	⑤						
19	①	②	③	④	⑤	39	①	②	③	④	⑤	59	①	②	③	④	⑤						
20	①	②	③	④	⑤	40	①	②	③	④	⑤	60	①	②	③	④	⑤						

※ 본 답안카드는 마킹연습용 모의 답안카드입니다.

코레일 한국철도공사 필기시험 답안카드

성 명

지원 분야

문제지 형별기재란	
(　　　)형	Ⓐ Ⓑ

수 험 번 호						
⓪	⓪	⓪	⓪	⓪	⓪	⓪
①	①	①	①	①	①	①
②	②	②	②	②	②	②
③	③	③	③	③	③	③
④	④	④	④	④	④	④
⑤	⑤	⑤	⑤	⑤	⑤	⑤
⑥	⑥	⑥	⑥	⑥	⑥	⑥
⑦	⑦	⑦	⑦	⑦	⑦	⑦
⑧	⑧	⑧	⑧	⑧	⑧	⑧
⑨	⑨	⑨	⑨	⑨	⑨	⑨

감독위원 확인
인

1	① ② ③ ④ ⑤	21	① ② ③ ④ ⑤	41	① ② ③ ④ ⑤	61	① ② ③ ④ ⑤
2	① ② ③ ④ ⑤	22	① ② ③ ④ ⑤	42	① ② ③ ④ ⑤	62	① ② ③ ④ ⑤
3	① ② ③ ④ ⑤	23	① ② ③ ④ ⑤	43	① ② ③ ④ ⑤	63	① ② ③ ④ ⑤
4	① ② ③ ④ ⑤	24	① ② ③ ④ ⑤	44	① ② ③ ④ ⑤	64	① ② ③ ④ ⑤
5	① ② ③ ④ ⑤	25	① ② ③ ④ ⑤	45	① ② ③ ④ ⑤	65	① ② ③ ④ ⑤
6	① ② ③ ④ ⑤	26	① ② ③ ④ ⑤	46	① ② ③ ④ ⑤	66	① ② ③ ④ ⑤
7	① ② ③ ④ ⑤	27	① ② ③ ④ ⑤	47	① ② ③ ④ ⑤	67	① ② ③ ④ ⑤
8	① ② ③ ④ ⑤	28	① ② ③ ④ ⑤	48	① ② ③ ④ ⑤	68	① ② ③ ④ ⑤
9	① ② ③ ④ ⑤	29	① ② ③ ④ ⑤	49	① ② ③ ④ ⑤	69	① ② ③ ④ ⑤
10	① ② ③ ④ ⑤	30	① ② ③ ④ ⑤	50	① ② ③ ④ ⑤	70	① ② ③ ④ ⑤
11	① ② ③ ④ ⑤	31	① ② ③ ④ ⑤	51	① ② ③ ④ ⑤		
12	① ② ③ ④ ⑤	32	① ② ③ ④ ⑤	52	① ② ③ ④ ⑤		
13	① ② ③ ④ ⑤	33	① ② ③ ④ ⑤	53	① ② ③ ④ ⑤		
14	① ② ③ ④ ⑤	34	① ② ③ ④ ⑤	54	① ② ③ ④ ⑤		
15	① ② ③ ④ ⑤	35	① ② ③ ④ ⑤	55	① ② ③ ④ ⑤		
16	① ② ③ ④ ⑤	36	① ② ③ ④ ⑤	56	① ② ③ ④ ⑤		
17	① ② ③ ④ ⑤	37	① ② ③ ④ ⑤	57	① ② ③ ④ ⑤		
18	① ② ③ ④ ⑤	38	① ② ③ ④ ⑤	58	① ② ③ ④ ⑤		
19	① ② ③ ④ ⑤	39	① ② ③ ④ ⑤	59	① ② ③ ④ ⑤		
20	① ② ③ ④ ⑤	40	① ② ③ ④ ⑤	60	① ② ③ ④ ⑤		

※ 본 답안카드는 마킹연습용 모의 답안카드입니다.

〈절취선〉

코레일 한국철도공사 필기시험 답안카드

성 명

지원 분야

문제지 형별기재란	
(　　　)형	Ⓐ Ⓑ

수 험 번 호						
⓪	⓪	⓪	⓪	⓪	⓪	⓪
①	①	①	①	①	①	①
②	②	②	②	②	②	②
③	③	③	③	③	③	③
④	④	④	④	④	④	④
⑤	⑤	⑤	⑤	⑤	⑤	⑤
⑥	⑥	⑥	⑥	⑥	⑥	⑥
⑦	⑦	⑦	⑦	⑦	⑦	⑦
⑧	⑧	⑧	⑧	⑧	⑧	⑧
⑨	⑨	⑨	⑨	⑨	⑨	⑨

감독위원 확인
(인)

1	① ② ③ ④ ⑤	21	① ② ③ ④ ⑤	41	① ② ③ ④ ⑤	61	① ② ③ ④ ⑤
2	① ② ③ ④ ⑤	22	① ② ③ ④ ⑤	42	① ② ③ ④ ⑤	62	① ② ③ ④ ⑤
3	① ② ③ ④ ⑤	23	① ② ③ ④ ⑤	43	① ② ③ ④ ⑤	63	① ② ③ ④ ⑤
4	① ② ③ ④ ⑤	24	① ② ③ ④ ⑤	44	① ② ③ ④ ⑤	64	① ② ③ ④ ⑤
5	① ② ③ ④ ⑤	25	① ② ③ ④ ⑤	45	① ② ③ ④ ⑤	65	① ② ③ ④ ⑤
6	① ② ③ ④ ⑤	26	① ② ③ ④ ⑤	46	① ② ③ ④ ⑤	66	① ② ③ ④ ⑤
7	① ② ③ ④ ⑤	27	① ② ③ ④ ⑤	47	① ② ③ ④ ⑤	67	① ② ③ ④ ⑤
8	① ② ③ ④ ⑤	28	① ② ③ ④ ⑤	48	① ② ③ ④ ⑤	68	① ② ③ ④ ⑤
9	① ② ③ ④ ⑤	29	① ② ③ ④ ⑤	49	① ② ③ ④ ⑤	69	① ② ③ ④ ⑤
10	① ② ③ ④ ⑤	30	① ② ③ ④ ⑤	50	① ② ③ ④ ⑤	70	① ② ③ ④ ⑤
11	① ② ③ ④ ⑤	31	① ② ③ ④ ⑤	51	① ② ③ ④ ⑤		
12	① ② ③ ④ ⑤	32	① ② ③ ④ ⑤	52	① ② ③ ④ ⑤		
13	① ② ③ ④ ⑤	33	① ② ③ ④ ⑤	53	① ② ③ ④ ⑤		
14	① ② ③ ④ ⑤	34	① ② ③ ④ ⑤	54	① ② ③ ④ ⑤		
15	① ② ③ ④ ⑤	35	① ② ③ ④ ⑤	55	① ② ③ ④ ⑤		
16	① ② ③ ④ ⑤	36	① ② ③ ④ ⑤	56	① ② ③ ④ ⑤		
17	① ② ③ ④ ⑤	37	① ② ③ ④ ⑤	57	① ② ③ ④ ⑤		
18	① ② ③ ④ ⑤	38	① ② ③ ④ ⑤	58	① ② ③ ④ ⑤		
19	① ② ③ ④ ⑤	39	① ② ③ ④ ⑤	59	① ② ③ ④ ⑤		
20	① ② ③ ④ ⑤	40	① ② ③ ④ ⑤	60	① ② ③ ④ ⑤		

※ 본 답안카드는 마킹연습용 모의 답안카드입니다.

2026 최신판 시대에듀 All-New 코레일 한국철도공사 사무직 통합기본서

개정27판1쇄 발행	2025년 11월 21일 (인쇄 2025년 12월 15일)
초 판 발 행	2010년 05월 06일 (인쇄 2010년 04월 21일)
발 행 인	박영일
책 임 편 집	이해욱
편 저	SDC(Sidae Data Center)
편 집 진 행	여연주 · 김미진
표지디자인	김경모
편집디자인	김경원 · 장성복
발 행 처	(주)시대고시기획
출 판 등 록	제10-1521호
주 소	서울시 마포구 큰우물로 75 [도화동 538 성지 B/D] 9F
전 화	1600-3600
팩 스	02-701-8823
홈 페 이 지	www.sdedu.co.kr

I S B N	979-11-434-0469-5 (13320)
정 가	26,000원

코레일 한국철도공사

사무직

통합기본서

최신 출제경향 전면 반영

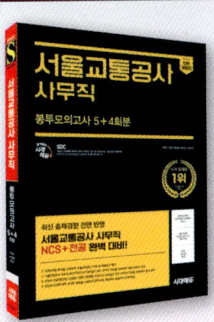

NEXT STEP
시대에듀가 합격을 준비하는
당신에게 제안합니다.
성공의 기회
시대에듀를 잡으십시오.
시대에듀
기회란 포착되어 활용되기 전에는 기회인지조차 알 수 없는 것이다.
– 마크 트웨인 –